中国老教材封面图录

第二卷

ZHONGGUO
LAO JIAOCAI
FENGMIAN
TULU

李保田 主编

GUANGXI NORMAL UNIVERSITY PRESS
广西师范大学出版社
·桂林·

图书在版编目（CIP）数据

中国老教材封面图录：全五卷 / 李保田主编. —桂林：广西
师范大学出版社，2019.9
ISBN 978-7-5598-1436-4

Ⅰ．①中… Ⅱ．①李… Ⅲ．①教材－封面－中国－清代－图录
②教材－封面－中国－民国－图录 Ⅳ．①G423.3-092

中国版本图书馆 CIP 数据核字（2018）第 282580 号

广西师范大学出版社出版发行

（广西桂林市五里店路 9 号　邮政编码：541004）

网址：http://www.bbtpress.com

出版人：张艺兵

全国新华书店经销

广西广大印务有限责任公司印刷

（桂林市临桂区秧塘工业园西城大道北侧广西师范大学出版社
集团有限公司创意产业园内　邮政编码：541199）

开本：787 mm × 1 092 mm　1/16

印张：157.5　　　　　字数：1100 千字

2019 年 9 月第 1 版　　2019 年 9 月第 1 次印刷

定价：1980.00 元（全五卷）

目　录

第二部分

民国时期各政府学校教育教材

北洋政府及国民政府学校教育教材

① 国文与国语类教材

书名：中等国文典（中学校／师范学校用）
著者：章士钊／编纂
出版印行：商务印书馆
出版时间：丁未年（1907）初版　民国二年（1913）5版
册数：一

中學校
師範學校用
中等國文典
上海商務印書館印行
直侯窟

426 | 书名：重订中学国文教科书
著者：吴曾祺／评选　许国英／重订
出版印行：商务印书馆
出版时间：戊申年（1908）初版　民国二年（1913）订正8版　民国三年（1914）订正10版
册数：四

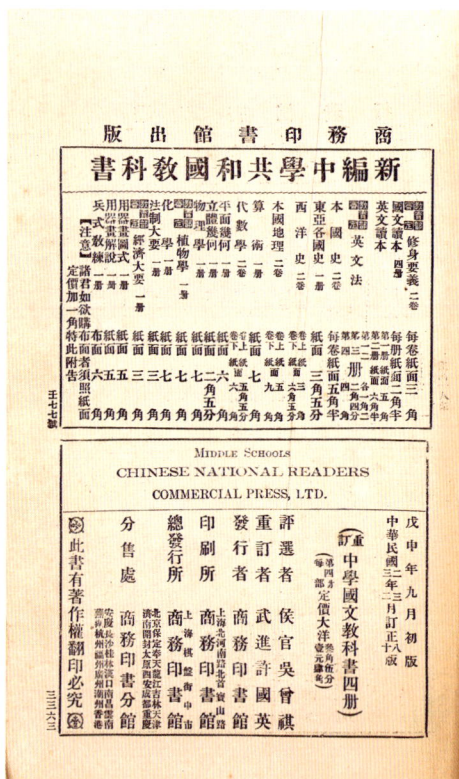

书名：重订中学国文读本

著者：林纾／评选　许国英／重订

出版印行：商务印书馆

出版时间：己酉年（1909）初版　民国二年（1913）5版

册数：八

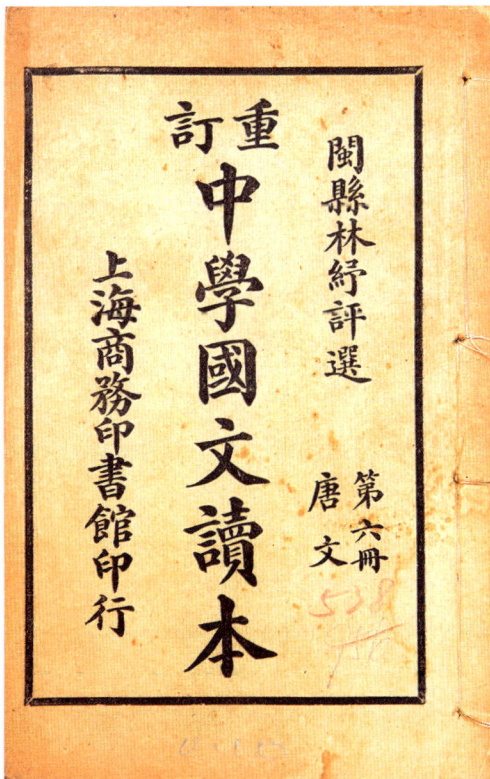

重訂中學國文讀本

閩縣林紓評選

第六冊　唐文

上海商務印書館印行

商務印書館出版

清史綱要　吳曾祺編

一元六角

本書將前清一代重要事件編

年紀載凡事必提綱絜要首尾
完全計參考官書史傳實錄邸
鈔奏議公牘專集筆記野史雜
記凡數百種取材旣富選擇尤
精以三十餘萬字網羅二百六
十八年大事於雍乾諸帝之專
制孝欽后之擅權皆據事直書。
又向來指外國及人民暴動等
爲逆匪寇賊者亦均改正尤爲
本書特色誠欲知近世史事者。
不可不讀之書分訂六冊附勘
誤表一頁尤便繙閱。

于七二五

MIDDLE SCHOOLS

CHINESE LITERATURE READERS

(Revised Edition)

COMMERCIAL PRESS, LTD

翻印必究

己酉年八月初版

中華民國二年三月訂正五版

（匯中學國文讀本八冊）

（第六冊定價大洋壹角伍分）

評選者	閩縣林紓
重訂者	武進許國英
發行者	商務印書館 上海北河南路北首寶山路
印刷者	商務印書館
總發行所	商務印書館 上海棋盤街中市
分售處	商務印書分館 北京 奉天 龍江 天津 濟南 安慶 太原 西安 成都 蕪湖 長沙 桂林 漢口 重慶 杭州 福州 廣州 南昌 潮州

二九五

428 | 书名：中华高等小学国文教科书
著者：汪渤、何振武 / 编辑
出版印行：中华书局
出版时间：民国元年（1912）初版　民国元年（1912）10版
册数：八

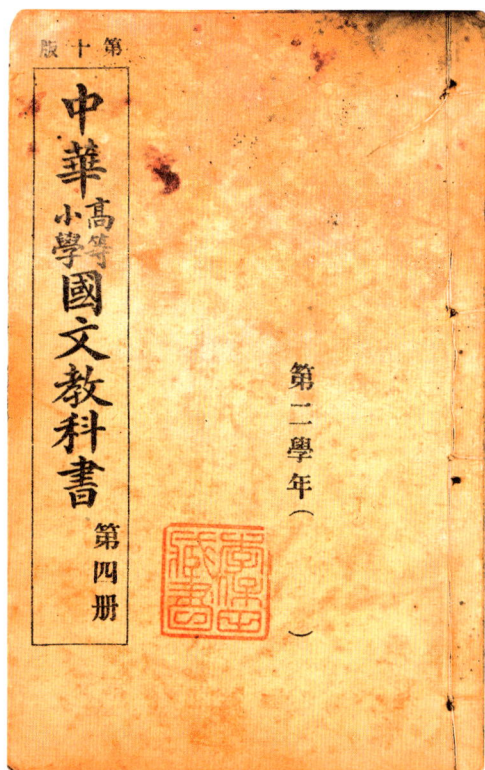

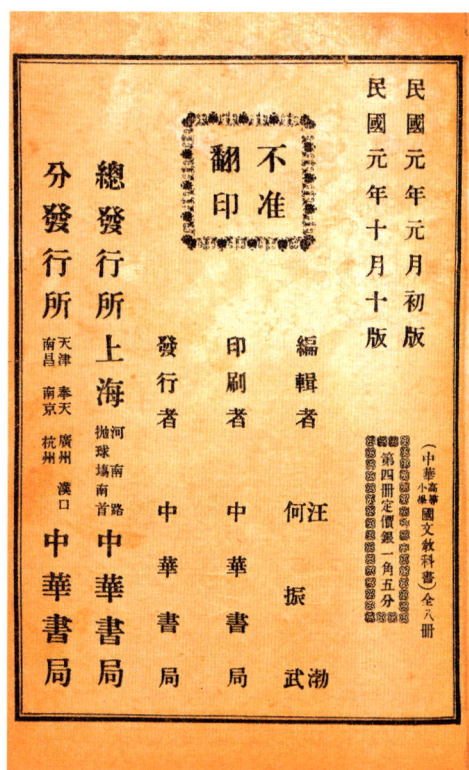

书名：中华民国最新国文教科书（初等小学用）

著者：戴克让 / 编辑　彪蒙编译所 / 校阅

出版印行：彪蒙书室

出版时间：民国元年（1912）初版

册数：不详

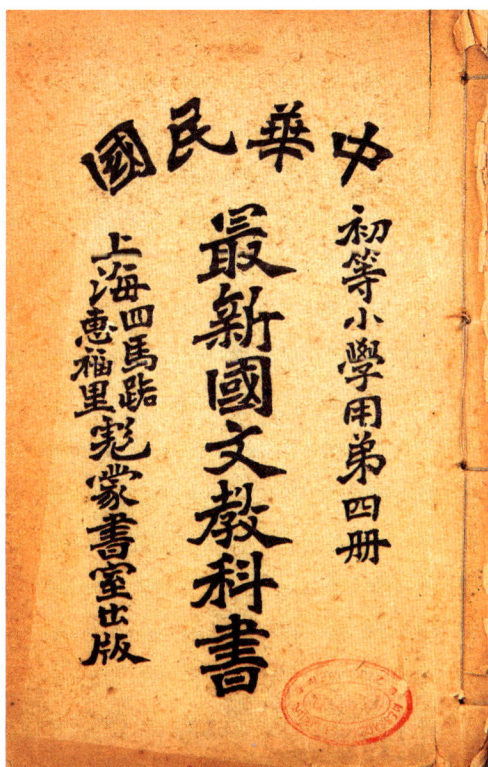

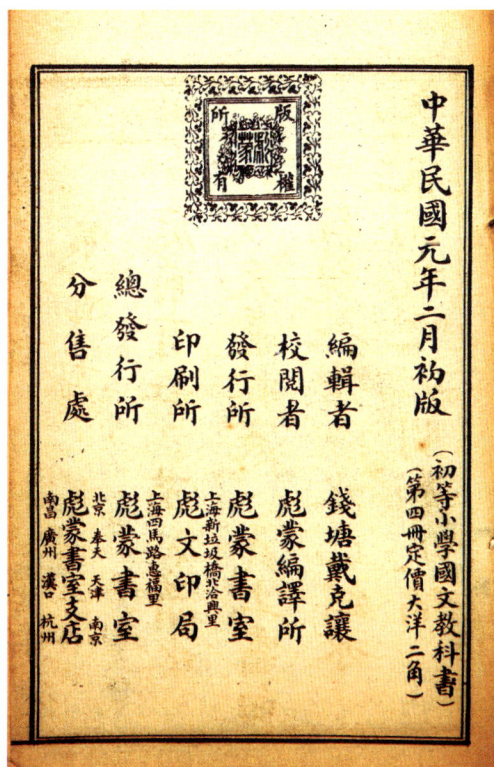

书名：女子新国文（女子高等小学校用）

著者：庄俞、沈颐、樊炳清 / 编纂　高凤谦、张元济 / 校订

出版印行：商务印书馆

出版时间：民国元年（1912）初版　民国二年（1913）6版

册数：六

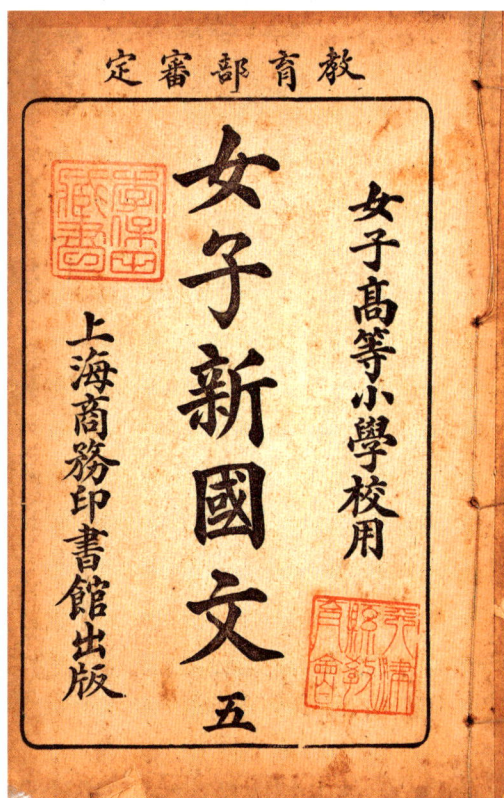

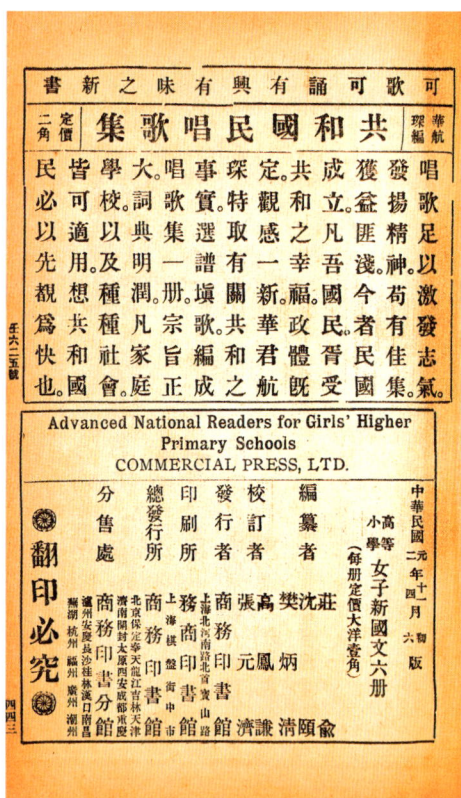

教育部審定

女子新國文

女子高等小學校用

五

上海商務印書館出版

可歌可誦有興有味之新書

共和國民唱歌集　華航琛編　定價二角

唱歌足以激發志氣。發揚精神。苟有佳集。獲益匪淺。今者民國成立。凡吾國民。胥受共和之幸福。政體既定。觀感一新。華君航琛特取有關共和之事實。選譜塡歌。編成唱歌集一册。宗旨正大。詞典明潤。凡家庭學校。以及種種社會。皆可適用。想共和國民必以先覩爲快也。

Advanced National Readers for Girls' Higher Primary Schools
COMMERCIAL PRESS, LTD.

中華民國元年十一月初版
中華民國二年四月六版

高等小學女子新國文六册（每册定價大洋壹角）

編纂者　莊俞　沈頤　樊炳清

校訂者　高鳳謙　張元濟

發行者　商務印書館

印刷所　上海北河南路北首寶山路　商務印書館

總發行所　上海棋盤街中市　商務印書館

分售處　商務印書分館　北京 保定 奉天 龍江 吉林 天津 濟南 開封 太原 西安 成都 重慶 瀘州 安慶 長沙 桂林 漢口 南昌 蕪湖 杭州 福州 廣州 潮州

书名：订正女子国文教科书（初等小学用）
著者：戴克敦、蒋维乔、沈颐、庄俞／编纂　高凤谦、张元济／校订
出版印行：商务印书馆
出版时间：民国元年（1912）初版
册数：八

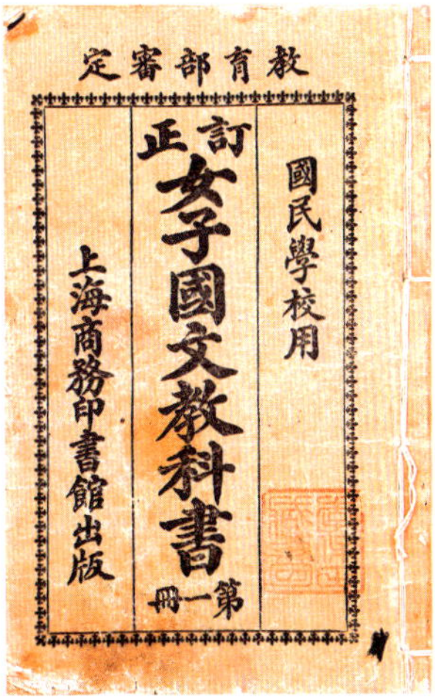

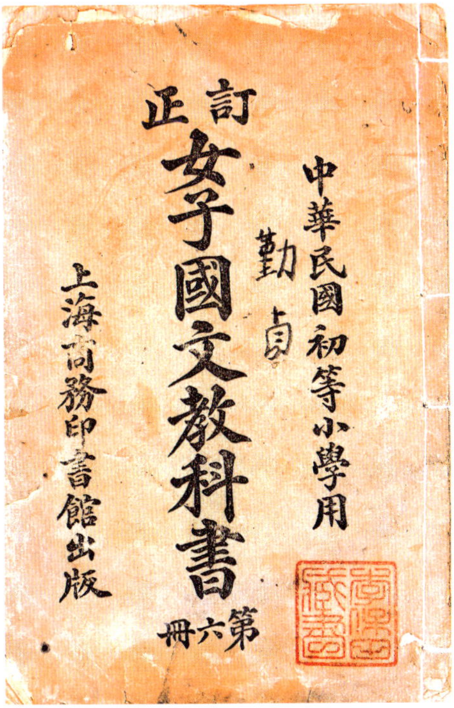

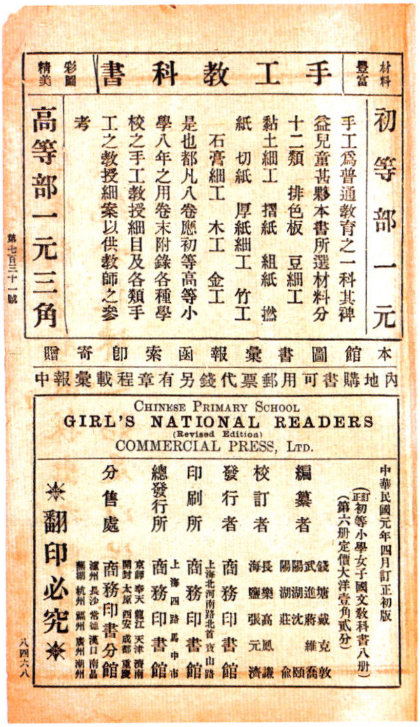

材料豐富　手工教科書　彩圖精美

初等部一元

手工為普通教育之一科其裨益兒童甚夥本書所選材料分十二類　排色板　豆細工　黏土細工　摺紙　組紙　撚紙　切紙　厚紙細工　竹工　石膏細工　木工　金工是也都凡八卷應初等高等小學八年之用卷末附錄各種學校之手工教授細目及各類手工之教授細案以供教師之參考

高等部一元三角

第七百三十一號

本館圖書彙報函索即寄贈

內地購書可用郵票代錢另有章程載彙報中

CHINESE PRIMARY SCHOOL
GIRL'S NATIONAL READERS
(Revised Edition)
COMMERCIAL PRESS, LTD.

中華民國元年四月訂正初版

（訂正初等小學女子國文教科書八冊）
（第六冊定價大洋壹角貳分）

編纂者　錢塘戴克敦　武進蔣維喬　陽湖沈頤　陽湖莊俞
校訂者　長樂高鳳謙　海鹽張元濟
發行者　商務印書館
印刷所　上海北河南路北首寶山路　商務印書館
總發行所　上海四馬路中市　商務印書館
分售處　京師　奉天　龍江　天津　濟南　開封　太原　西安　成都　重慶　瀘州　長沙　常德　漢口　南昌　蕪湖　杭州　福州　廣州　潮州　商務印書分館

※翻印必究※

八四六八

432

书名：订正最新国文教科书（高等小学用）

著者：高凤谦、张元济、蒋维乔 / 编纂

出版印行：商务印书馆

出版时间：民国元年（1912）订正初版

册数：八

书名：共和国教科书新国文（国民学校春季始业学生用）

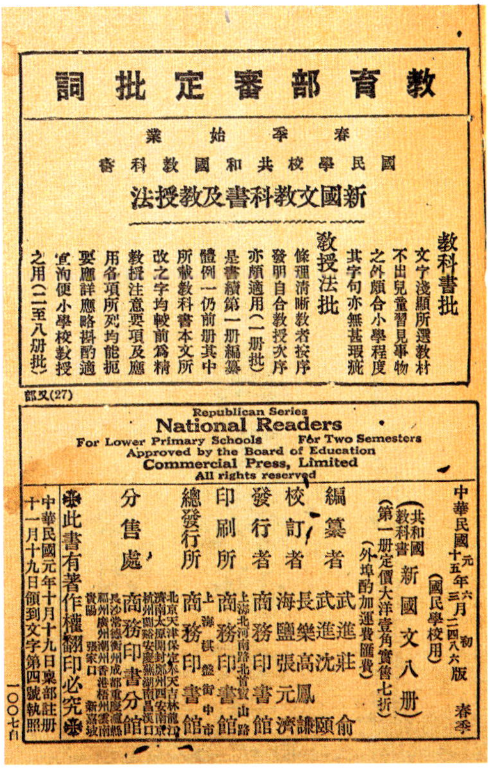

著者：庄俞、沈颐 / 编纂　高凤谦、张元济 / 校订

出版印行：商务印书馆

出版时间：民国元年（1912）初版　民国十五年（1926）2486 版

册数：八

教育部審定

國民學校

春季始業

學生用

第一冊

共和國

教科書

新國文

光耀堂

商務印書館發行

教育部審定批詞

春季始業

國民學校共和國教科書

新國文教科書及教授法

教科書批

文字淺顯所選教材不出兒童習見事物之外頗合小學程度其字句亦無甚瑕疵

教授法批

條理清晰教者按序發明自合教授次序亦頗適用（一册批）

是書續第一册編纂體例一仍前册其中所載教科書本文所改之字均較前爲精教授注意要項及應用各項所列均能扼要應詳應略斟酌適宜洵便小學校教授之用（二至八册批）

部又(27)

Republican Series
National Readers
For Lower Primary Schools　For Two Semesters
Approved by the Board of Education
Commercial Press, Limited
All rights reserved

中華民國元年三月初版 十五年六月二四八六版 春季

（共和國教科書 新國文八册）（國民學校用）

（第一册定價大洋壹角實售七折）（外埠酌加運費匯費）

編纂者　武進莊俞　武進沈頤

校訂者　長樂高鳳謙　海鹽張元濟

發行者　商務印書館

印刷所　上海北河南路北首寶山路 商務印書館

總發行所　上海棋盤街中市 商務印書館

分售處　北京 天津 保定 奉天 吉林 龍江 濟南 太原 開封 鄭州 西安 南京 杭州 蘭谿 安慶 蕪湖 南昌 漢口 長沙 常德 衡州 成都 重慶 瀘縣 福州 廣州 潮州 香港 梧州 雲南 貴陽 張家口 新嘉坡 商務印書分館

此書有著作權翻印必究

中華民國元年十月十九日稟部註册 十一月十九日領到文字第四號執照

一〇〇七白

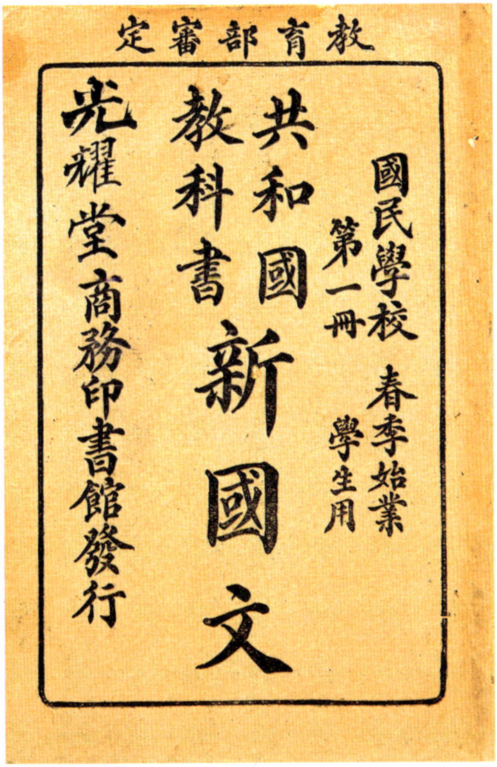

434　书名：订正简明国文教科书（高等小学用）

著者：蒋维乔、庄俞、沈颐、戴克敦 / 编纂　高凤谦、张元济 / 校订

出版印行：商务印书馆

出版时间：民国元年（1912）订正初版

册数：八

中華民國高等小學用

訂正簡明國文教科書　第一冊

上海商務印書館出版

商務印書館出版

女高子高謙　沈頤　戴克敦　蔣維喬　莊俞　編

女子等高小學國文教科書四冊

前二冊每冊二角　後二冊每冊二角半

女子之性質及將來之生計多與男子異欲養成一般之賢妻良母自宜與男子有別本書承接本館前編女子初等小學國文教科書而成所採材料仍以女子必需之智識技能爲主而於家政女工衛生諸務尤言之綦詳文字簡潔明顯可誦可法誠女子國文最適用之書卽未入學者亦當各手一編獲益匪淺

第七百三十號

本館圖書彙報函索卽寄　贈

內地購書可用郵票代錢另有章程載彙報中

CHINESE COMMON SCHOOL

SIMPLIFIED NATIONAL READERS

(Revised Edition)

COMMERCIAL PRESS, LTD.

翻印必究

中華民國元年三月訂正初版

（訂高等小學簡明國文教科書八冊）

（第一册定價大洋壹角伍分）

編纂者	校訂者	發行者	印刷所	總發行所	分售處
武進蔣維喬	錢塘高夢旦	商務印書館	商務印書館	上海商務印書館	商務印書館分館

八四七一

书名：中华民国初等小学国文教科书

著者：蔡元培、汤寿潜／鉴定　杜芝庭／编辑　蔡郎／校订

出版印行：上海会文堂

出版时间：民国元年（1912）初版　民国四年（1915）18版

册数：不详

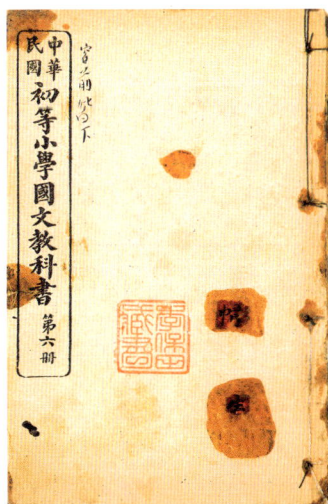
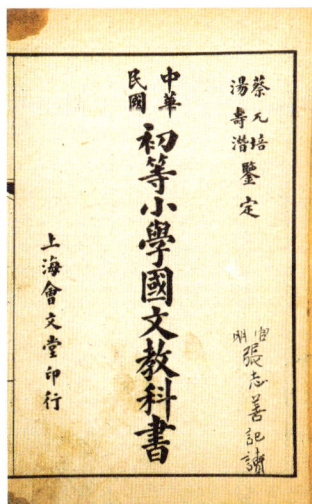
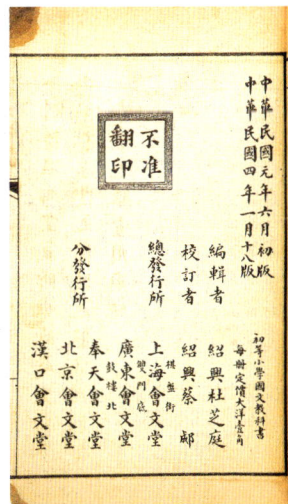

436

书名：共和国教科书国文读本（中学校用）

著者：许国英 / 编纂　张元济、蒋维乔、高凤谦、庄俞 / 校订

出版印行：商务印书馆

出版时间：民国二年（1913）初版　民国三年（1914）4版

册数：四

教育部審定

中學校用

共和國
教科書
國文讀本
第四冊

商務印書館出版

教育部審定批語

中學校共和國教科書　國文讀本

是編選錄各文　斟酌中學程度　以次遞進歷代　之文亦略備大　要現時中學國　文善本尚匙是　書在中學較爲　適用

部(2)

Republican Series
CHINESE READERS
for Middle Schools
COMMERCIAL PRESS, LTD.

中華民國三年七月八月初版（中學校用）
（共和國教科書）
國文讀本四冊
（第四冊軟布面每冊定價大洋貳角半）

編纂者　武進許國英

校訂者　武進張元濟　海鹽蔣維喬　長樂高鳳謙　庄俞

發行者　商務印書館

印刷所　商務印書館　上海北河南路寶山路

總發行所　商務印書館　上海棋盤街中市

分售處　商務印書分館　北京保定奉天龍江吉林青林天津濟南開封太原西安成都重慶安慶漢口南昌蕪湖杭州潮州廣州漳州汕頭香港

※此書有著作權翻印必究※

四七九一

书名：新制中华国文教科书（高等小学校用）
著者：郭成爽、汪涛、何振武、缪徵麟 / 编　戴克敦、沈颐、陆费逵 / 阅
出版印行：中华书局
出版时间：民国二年（1913）初版　民国二年（1913）7版
册数：九

437

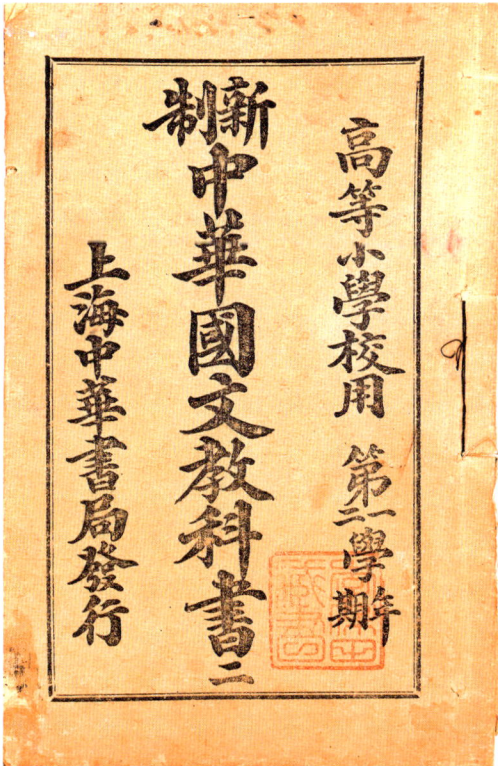

438　书名：新制中华国文教科书（国民学校用）

著者：沈颐、陆费逵、戴克敦、华鸿年 / 编　范源廉 / 阅

出版印行：中华书局

出版时间：民国二年（1913）初版　民国九年（1920）76版

册数：十二

教育部審定

新制中華國文教科書

國民學校用　第四學年　第二學期　十一

上海中華書局發行

糖手鎗

打强盜

兒童創作集

居似强盜看見明生拿了手鎗瞥着，
還盜墻得動都不敢動。那裏知道那枝
手鎗是糖做的。哈哈！眞有趣呀！諸
位要看嗎？請買

十集，每集五分。

中華書局發行

牛 (2032)

NEW CHUNG HWA CHINESE READERS
FOR LOWER PRIMARY SCHOOLS
CHUNG HWA BOOK COMPANY

編者　沈頤　陸費逵　戴克敦　華鴻年

閱者　范源廉

發行者　中華書局

印刷所　中華書局

總發行所　上海　中華書局

分發行所　中華書局

發行有著作權不准翻印

新制國民學校國文教科書（全十二冊）

民國二年四月發行

民國九年三月七六版發行

书名：初等小学国文课本（改正单级用）

著者：陶守恒、孙锡皋、黄龙骧、章鸿遇、顾倬／编辑　沈恩孚、杨保恒／校订

出版印行：中国图书公司

出版时间：民国二年（1913）5版

册数：八

初等小學國文課本

改正單級用　第二編　下卷

上海中國圖書公司編印

羅迓光福書東

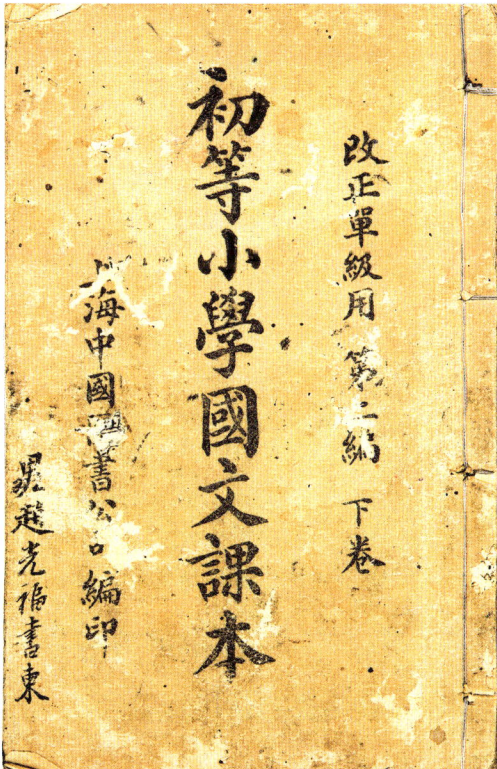

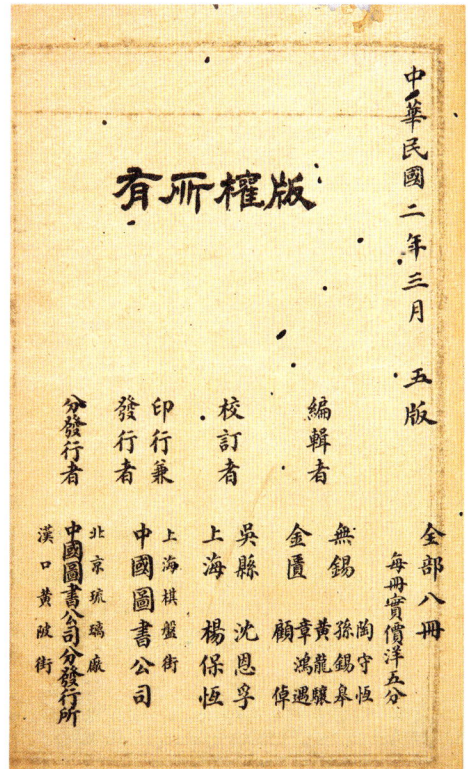

中華民國二年三月　五版

有所權版

全部八冊

每冊實價洋五分

編輯者　無錫　陶守恒　孫錫皋　顧倬　黃龍驤　章鴻遇

校訂者　吳縣　沈恩孚　上海　楊保恆

印行兼發行者　上海棋盤街　中國圖書公司

發行者　中國圖書公司

分發行者　北京琉璃廠　中國圖書公司分發行所　漢口黃陂街

440

书名：中华中学国文教科书

著者：刘法曾、姚汉章／评辑　陆费逵、戴克敦／阅

出版印行：中华书局

出版时间：民国二年（1913）初版

册数：四

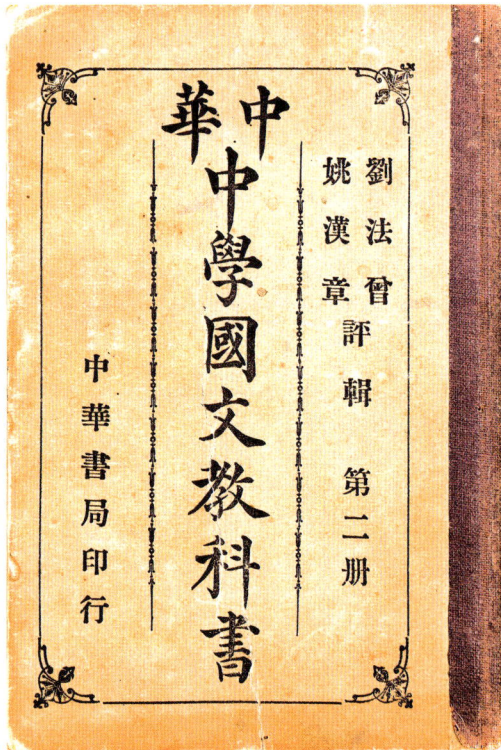

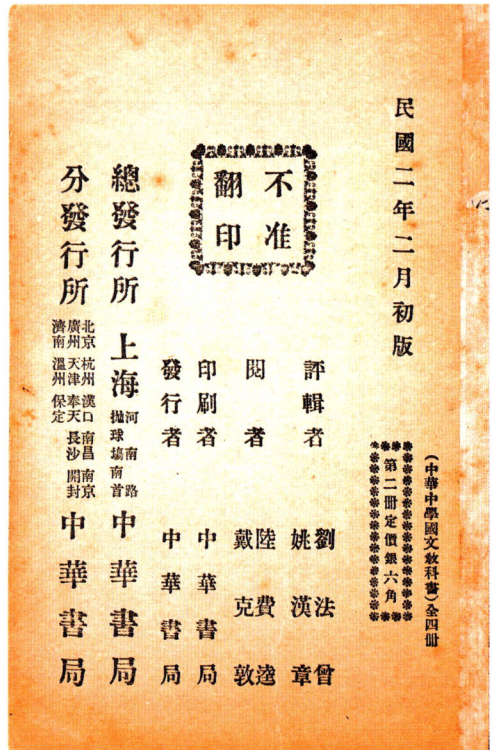

书名：共和国教科书新国文（高等小学校秋季始业学生用）

著者：樊炳清、庄俞 / 编纂　高凤谦、张元济 / 校订

出版印行：商务印书馆

出版时间：民国二年（1913）初版　民国十一年（1922）48版

册数：六

教育部審定

共和國教科書 新國文

高等小學校 秋季始業

第六冊 第三學年 第三學期 學生用

商務印書館發行

七六三四相

教育部審定批詞

秋季始業

高等小學共和國教科書

新國文教科書及教授法

是書用春季始業本教材另加排列以合秋季始業時令其中改易之字句及排列之次序均頗適當便於高等小學校秋季始業之用

郜又（244）

Republican Series

National Readers

For Higher Primary Schools　　For Three Terms

Approved by the Board of Education

Commercial Press, Limited

All rights reserved

中華民國十一年二月四八版

秋季

共和國 新國文（高等小學校用）

新國文六冊

（教科書）

（每冊定價大洋壹角實售七折）

（外埠酌加運費匯兌）

編纂者　武進莊俞　紹興樊炳清

校訂者　海鹽張元濟　長樂高鳳謙

發行所　商務印書館

印刷所　商務印書館

總發行所　上海商務印書館

分售處　北京　天津　奉天　保定　太原　濟南　開封　南京　蘇州　杭州　安慶　南昌　長沙　漢口　成都　重慶　廣州　桂林　雲南　貴陽　福州　廈門　潮州　梧州

★ 此書有著作權翻印必究 ★

中華民國二年五月二十七日農部註冊　六月二十日領到文字第六十七號執照

442　书名：中华民国女子高等小学国文教科书
　　　著者：蔡郕 / 编辑　葛遵礼 / 校订
　　　出版印行：上海会文堂
　　　出版时间：民国二年（1913）
　　　册数：不详

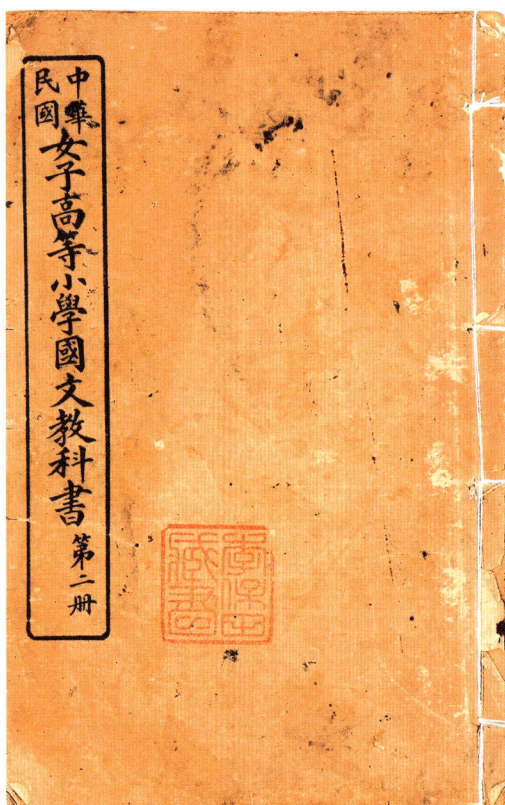

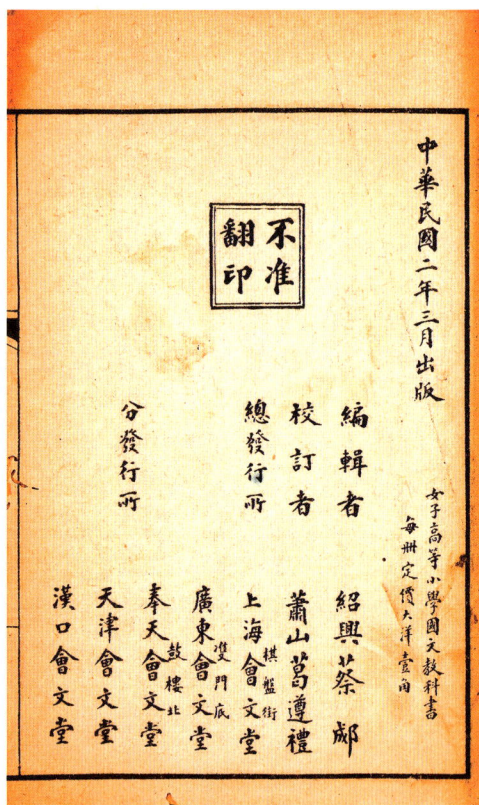

书名：共和国教科书国文读本评注（中学校用）

著者：许国英 / 评注　蒋维乔 / 校订

出版印行：商务印书馆

出版时间：民国三年（1914）初版　民国七年（1918）16版

册数：四

443

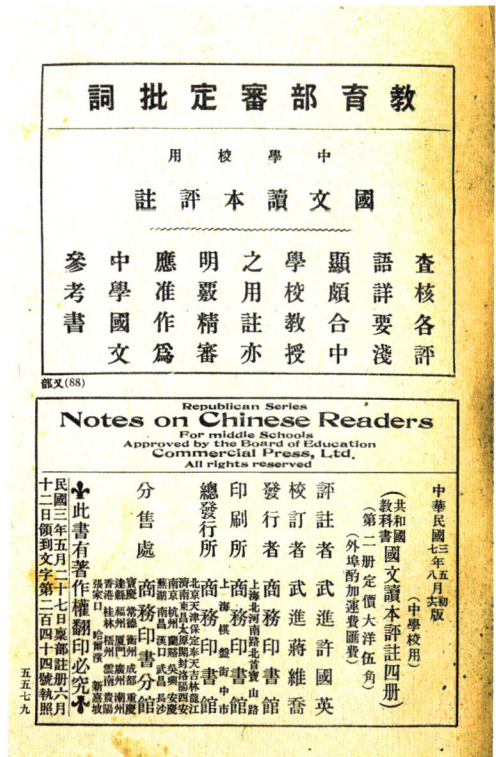

444　书名：新编中华国文教科书（春季始业高等小学校用）

　　　著者：沈颐、杨喆 / 编　范源廉 / 阅

　　　出版印行：中华书局

　　　出版时间：民国三年（1914）初版　民国四年（1915）4 版

　　　册数：六

教育部审定

訂正

編新

中華國文教科書

五

春季始業　高等小學校用

上海中華書局印行

NEW CHUNG HWA CHINESE READERS

FOR GRAMMAR SCHOOLS

(SECOND SERIES)

CHUNG HWA BOOK COMPANY

版權所有
不准翻印

民國三年二月初版

民國四年二月四版

新編中華高等小學國文教科書（全六冊）

每冊定價大洋一角五折實售五分

（外埠卽郵派費六折實售六分）
（躉鬻大宗來函面議七折實售七分）

編　　著　　　　　沈頤
閲　　著　　　　　楊喆
　　　　　　　　　范源廉
印刷者　　　　　中華書局
發行者　　　　　中華書局
總發行所上海河南路　　　中華書局
　　　　　　　　　　　　上海虹口東百老滙路
分發行所　　　　中華書局
北京天津華天廣州民沙開封
濟南保定武昌太原常德
溫州長春渡口南昌南沙杭州

沈

四年三月十三日印行

书名：新制国文教本（中学校适用）

著者：谢无量／编　范源廉、姚汉章／阅

出版印行：中华书局

出版时间：民国三年（1914）发行　民国八年（1919）9版

册数：四

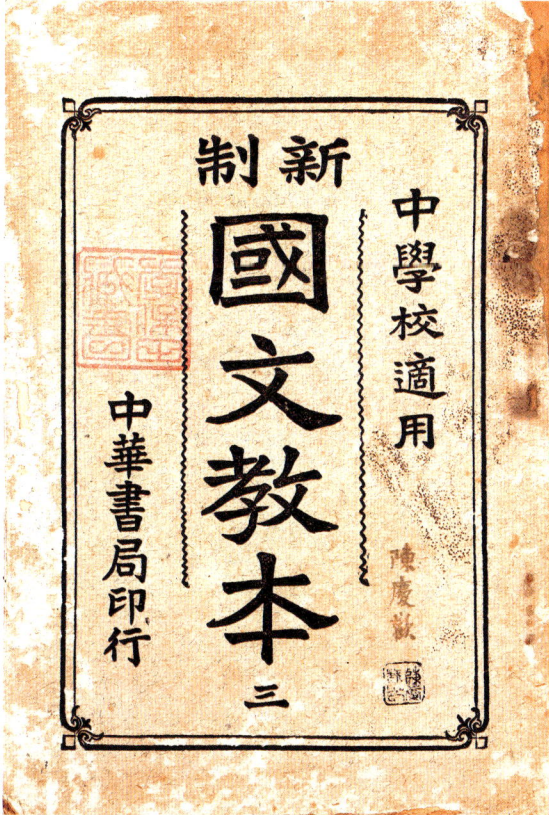

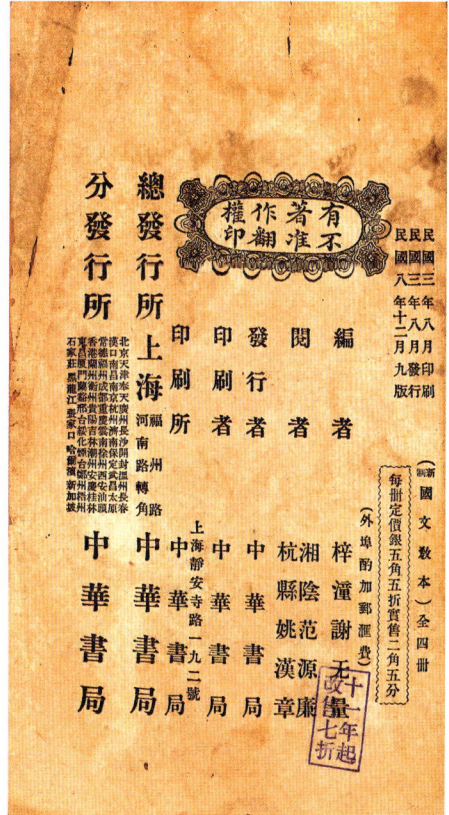

446 　书名：高等小学国文选本

著者：诸宗元 / 评选

出版印行：商务印书馆

出版时间：民国三年（1914）初版　民国九年（1920）6 版

册数：六

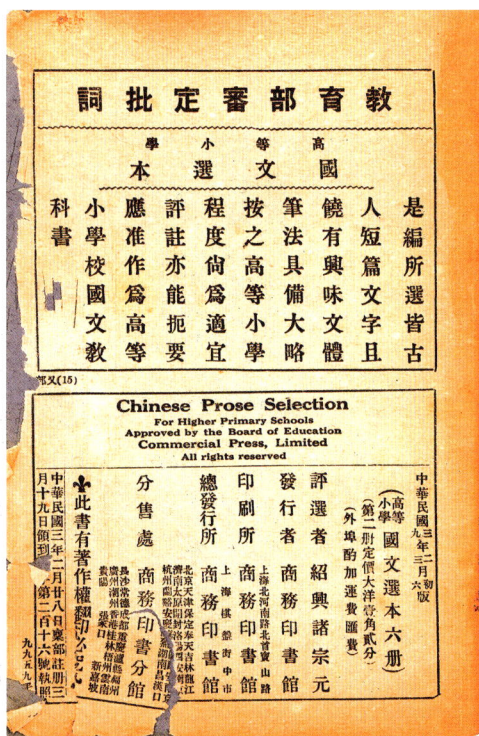

书名：单级国文教科书（国民学校用）

著者：庄适、郑朝熙／编纂　高凤谦、陈宝泉、庄俞、张元济／校订

出版印行：商务印书馆

出版时间：民国三年（1914）初版　民国七年（1918）51版

册数：十二

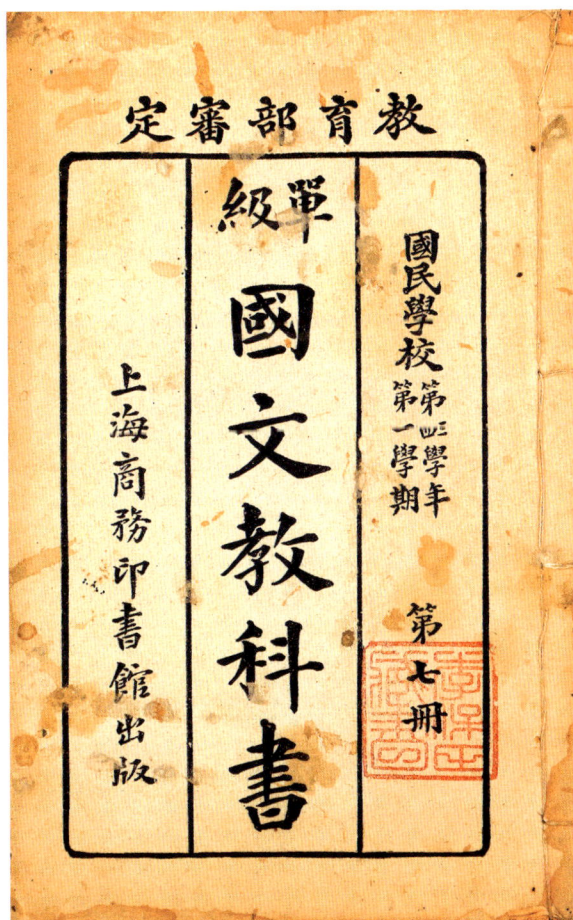

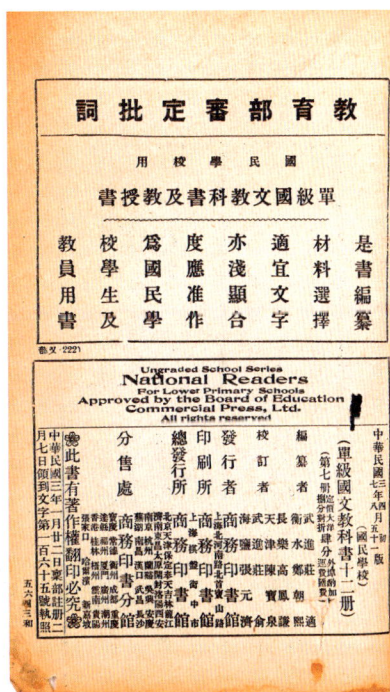

448

书名：国文教科书（半日学校学生用）

著者：庄庆祥 / 编纂　蒋维乔 / 校订

出版印行：商务印书馆

出版时间：民国三年（1914）初版

册数：六

半日學校學生用　第二冊

國文教科書

上海商務印書館出版

版出館書印務商

正訂 新撰學生尺牘 冊二角半

是書專爲學生作範本共分二十類一致一覆用意遣詞兩兩針對最易引人入勝凡所議論皆合學生口吻文字由淺而深極易仿效末附書札各款及襯頭稱謂封套格式無不具備尤便初學

正訂 新撰女子尺牘 冊二角半

此書體例與前書相仿惟所列各函專就女子設想分家庭親長學友三門文字淺顯議論純正日語語不失女子身分尤爲親切有味誠女界適用之本也

National Readers
FOR HALF-DAY SCHOOLS
COMMERCIAL PRESS, LTD.

中華民國三年六月初版

（半日學校）國文教科書六冊

第二冊定價大洋伍分

編纂者　江陰莊慶祥

校訂者　武進蔣維喬

發行者　商務印書館

印刷所　商務印書館

總發行所　商務印書館

分售處　商務印書分館

※ 此書有著作權翻印必究 ※

书名：实用国文教科书（国民学校学生用）

著者：北京教育图书社／编纂　郑朝熙、邓庆澜、陈宝泉、王凤岐、秦同培／校订

出版印行：商务印书馆

出版时间：民国四年（1915）初版　民国十一年（1922）67版

册数：八

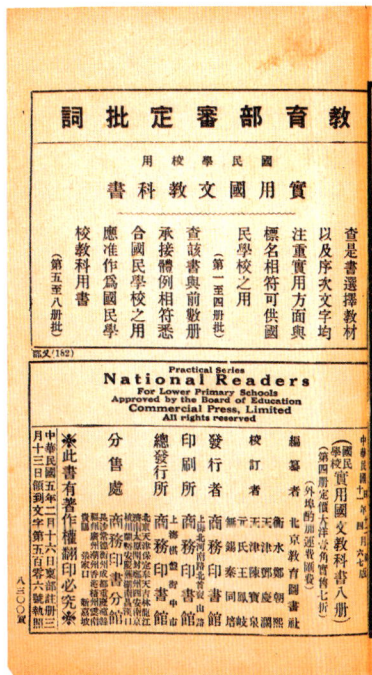

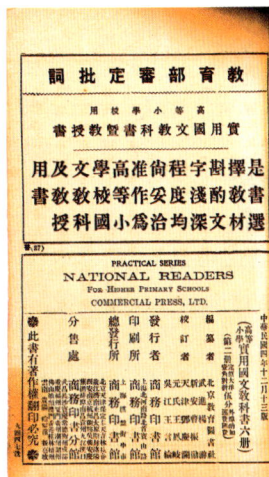

450 书名：女子国文教科书（国民学校用）

著者：沈颐／编　范源廉／阅

出版印行：中华书局

出版时间：民国四年（1915）发行　民国十年（1921）14版

册数：八

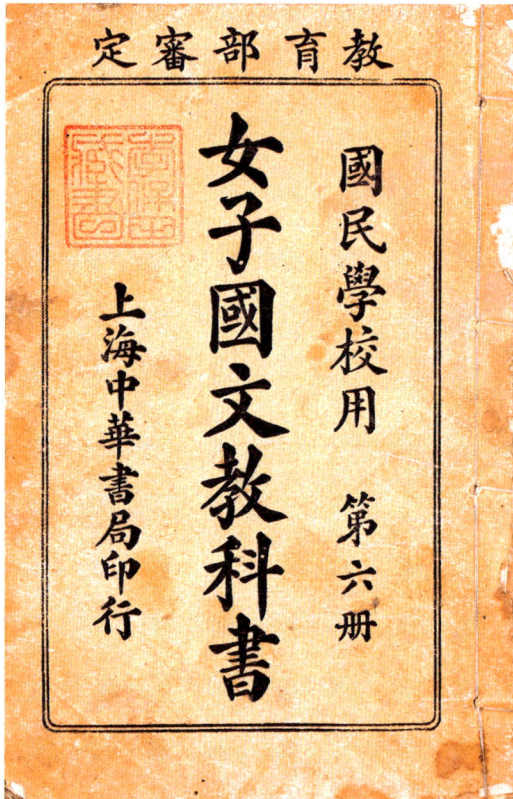

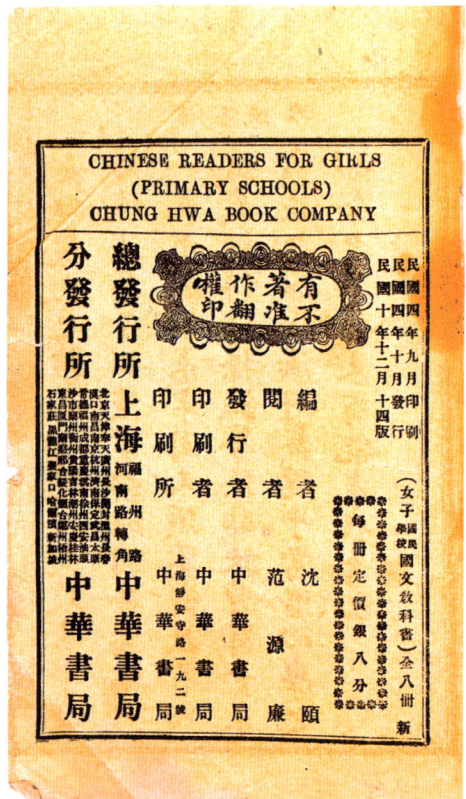

书名：新式国文教科书（高等小学校用）

著者：吕思勉 / 编辑　崔景元、刘械、范源廉、沈颐、吴景濂、鞠承颖 / 阅订

出版印行：中华书局

出版时间：民国五年（1916）初版　民国十三年（1924）51版

册数：六

452　书名：中学国文课本菁华

著者：启明女学校 / 编辑

出版印行：土山湾印书馆

出版时间：民国八年（1919）初版　　1925年21版

册数：不详

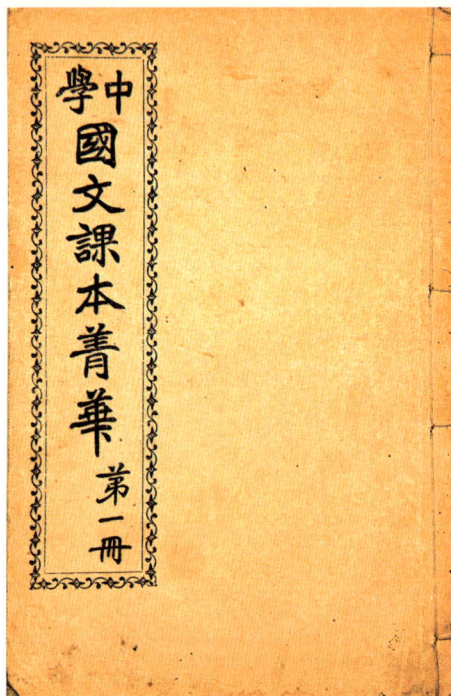

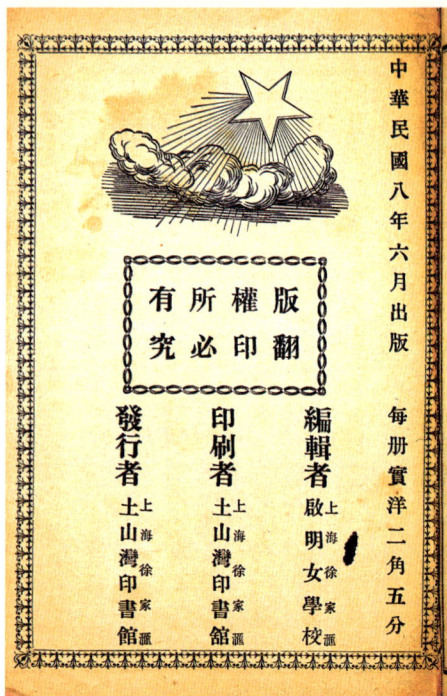

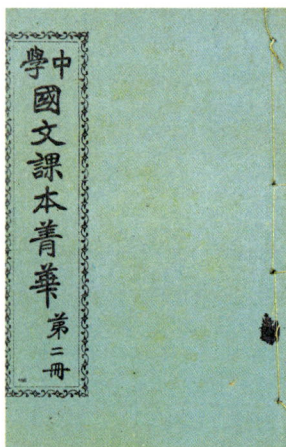

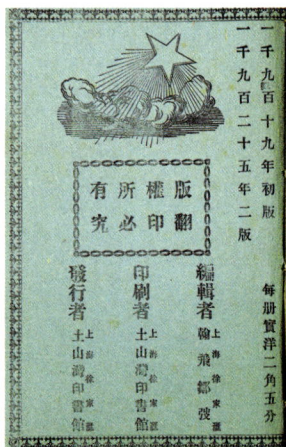

书名：复式学级国文教科书（国民学校学生用）
著者：俞子夷、金世则、江枚、张熙祚、屠颖、李樑、施毓麒、范祥善／编纂
　　　庄俞、吴研因、高凤谦、庄适／校订
出版印行：商务印书馆
出版时间：民国八年（1919）初版　民国八年（1919）再版
册数：十二

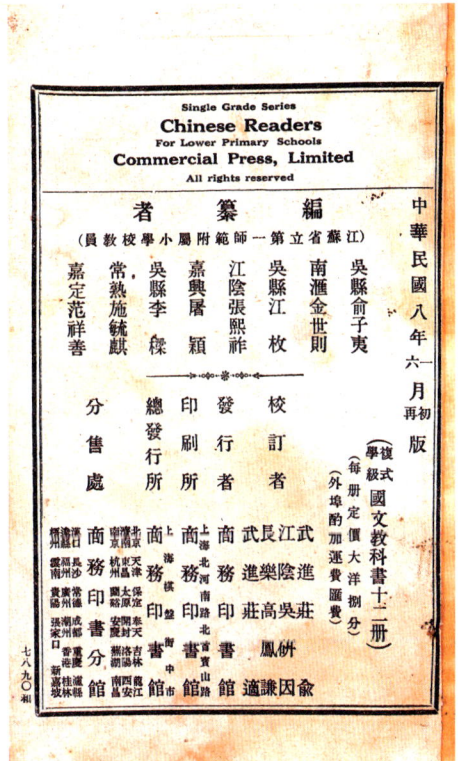

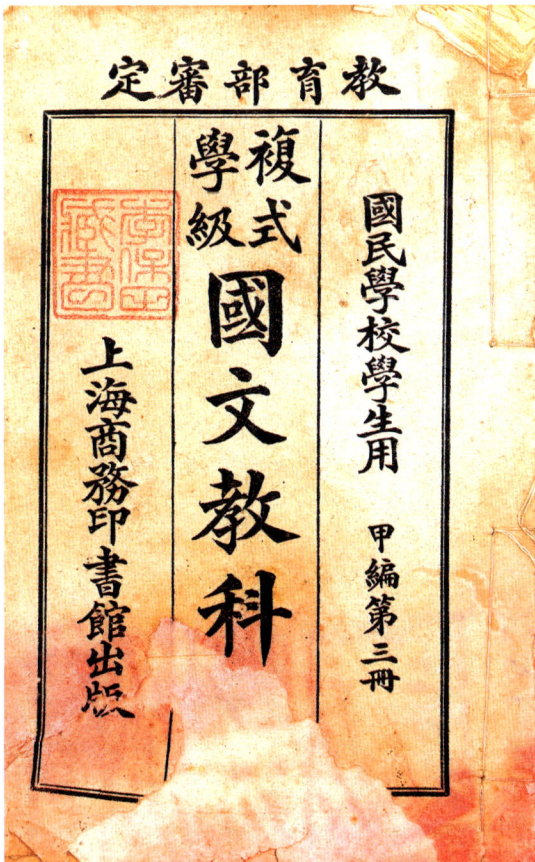

书名：新教育教科书国文读本（高等小学校用）
著者：朱麟、陆衣言、潘文安、陆费逵、任镕、刘传厚、戴克敦、李直、张相 / 编辑及校阅
出版印行：中华书局
出版时间：民国十年（1921）发行　民国十年（1921）4版
册数：六

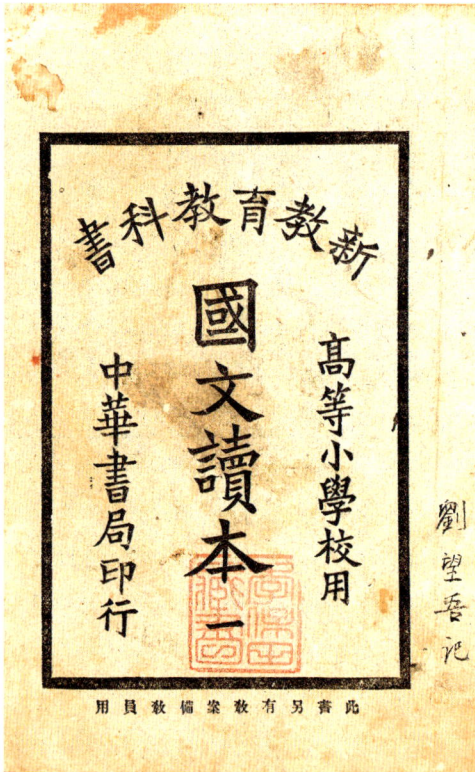

新教育教科书
国文读本 一
高等小学校用
中华书局印行
此书另有教科参备教员用
刘望吾记

NEW EDUCATIONAL LANGUAGE READERS
FOR HIGHER PRIMARY SCHOOLS
CEUNG HWA BOOK COMPANY LTD.

新六（654）

书名：新编国文读本
著者：雷瑨 / 编辑　雷瑊 / 注释
出版印行：扫叶山房
出版时间：民国十年（1921）
册数：四

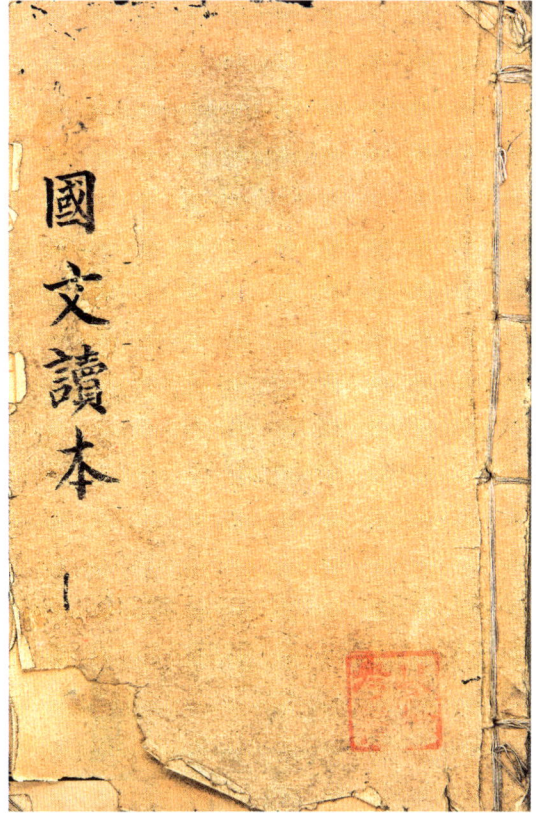

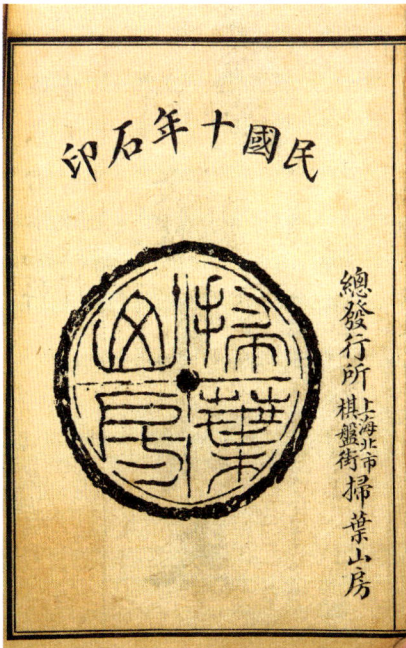

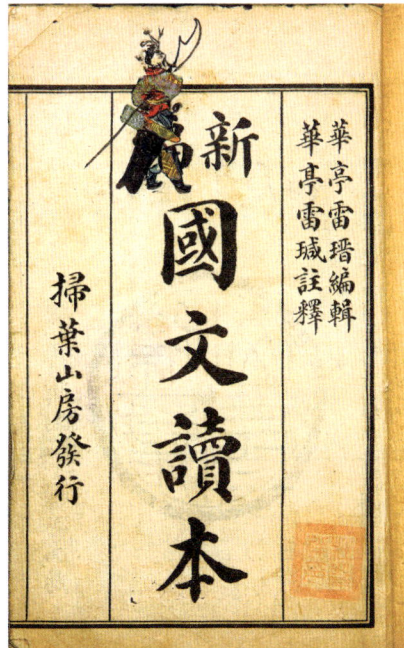

456 书名：共和国民国文读本

著者：苏本铫 / 编辑　朱家翔 / 校订

出版印行：上海民立中学校

出版时间：民国十一年（1922）初版

册数：六

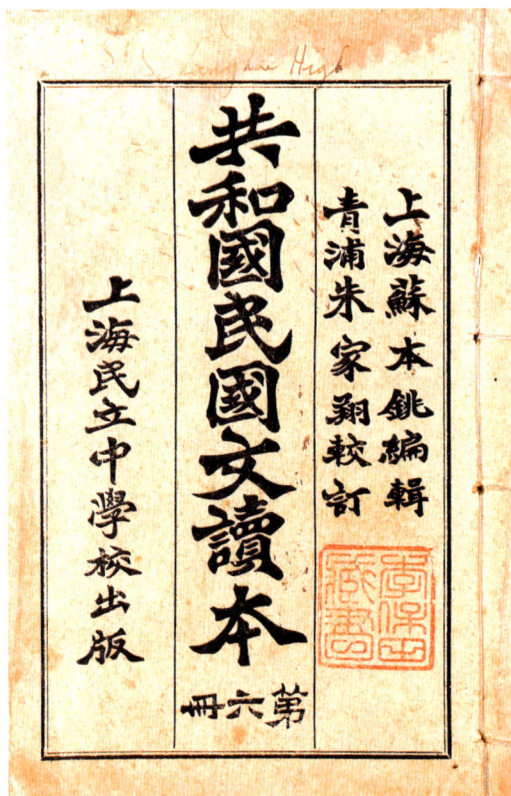

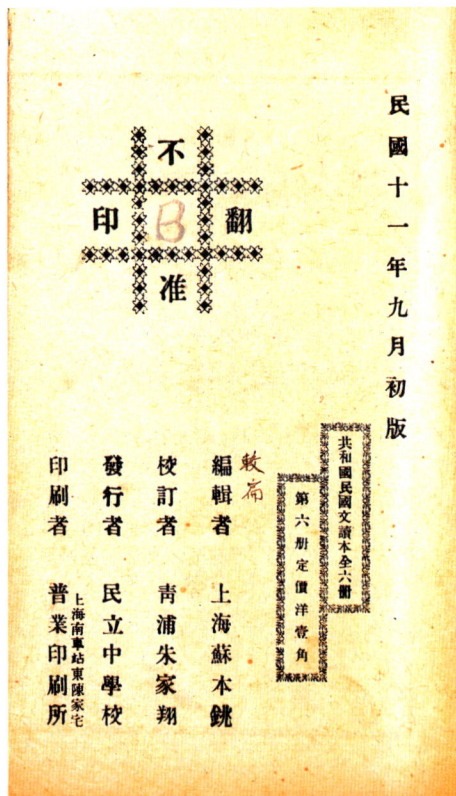

共和國民國文讀本　第六冊

上海蘇本銚編輯

青浦朱家翔校訂

上海民立中學校出版

民國十一年九月初版

不翻
准印

共和國民國文讀本全六冊

第六冊定價洋壹角

編輯者　上海蘇本銚

校訂者　青浦朱家翔

發行者　民立中學校

印刷者　上海南車站東陳家宅　普業印刷所

书名：国文读本（言文对照；初级中学适用）　　　　457
著者：秦同培
出版印行：世界书局
出版时间：1923年
册数：一

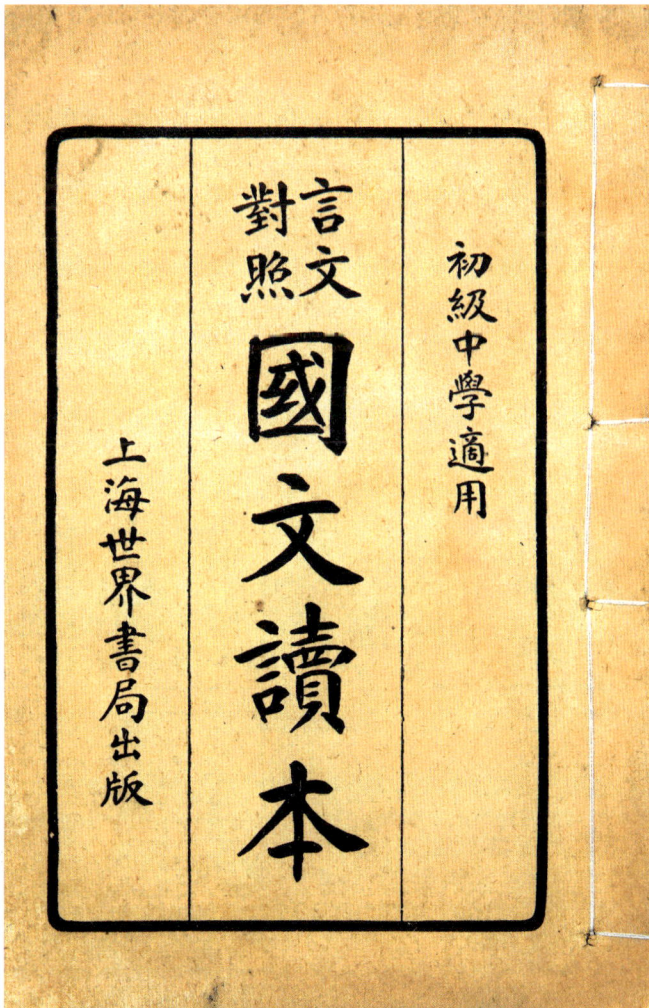

言文
對照
國文讀本

初級中學適用

上海世界書局出版

书名：新中学教科书初级古文读本

著者：沈星一 / 编

　　　沈颐、黎锦熙、金兆梓 / 校

出版印行：中华书局

出版时间：民国十二年（1923）发行

　　　　　民国十三年（1924）9 版

册数：三

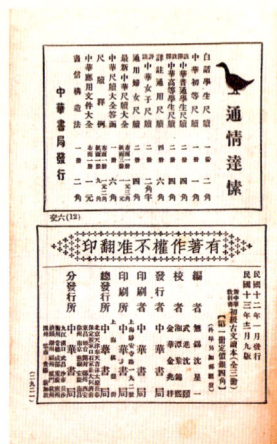

书名：新中学教科书高级古文读本

著者：穆济波 / 编　戴克敦、张相 / 校

出版印行：中华书局

出版时间：民国十四年（1925）发行　　民国十九年（1930）14 版

册数：三

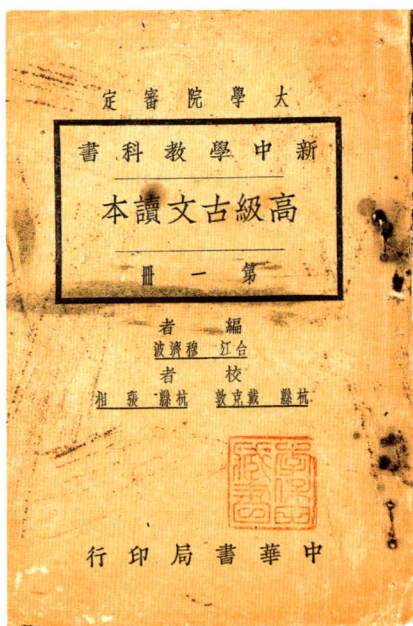
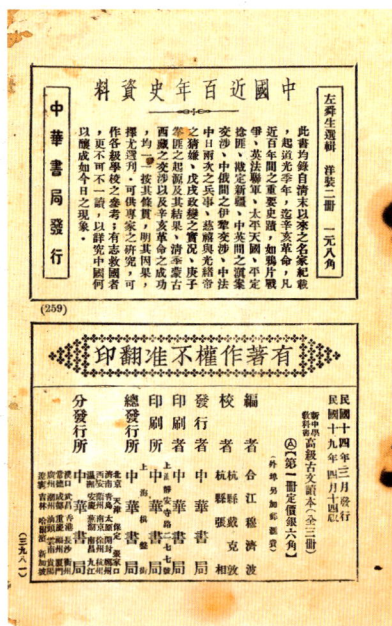

书名：新学制初级中学教科书国语（大学院审定）
著者：周予同、吴研因、范祥善 / 编辑　胡适、王云五、朱经农 / 校订
出版印行：商务印书馆
出版时间：民国十二年（1923）初版　民国二十一年（1932）国难后第5版
册数：六

中華民國十七年八月輕
大學院審定
領到第八十號執照
新學制初級中學教科書
國語
第一冊
周予同等編
胡適等校
商務印書館發行

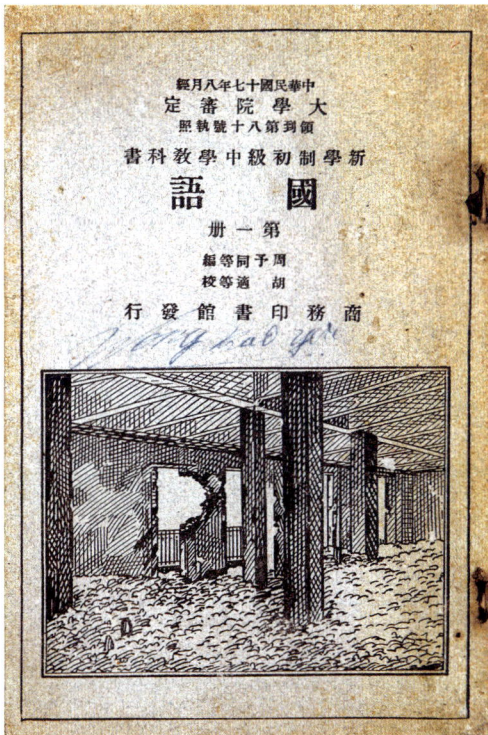

民國二十一年一月二十九日
敝公司突遭國難總務處印刷所編譯所書棧房均被炸燬附設之涵芬樓東方圖書館尚公小學亦遭殃及盡付焚如三十五載之經營悉於一旦迭蒙各界懇問督望速圖恢復詞意懇摯銜感何窮館雖處境艱銀困不敢不勉爲其難因將學校需用各書先行覆印其他各書亦將次第出版惟是圖版裝製不能盡如原式事勢所限想荷原諒謹布下忱統祈垂詧

上海商務印書館謹啓

版權所有翻印必究

中華民國十二年二月初版
民國二十一年五月印行國難後第一版
民國二十一年六月印行國難後第五版
新學制初級中學教科書
國語六冊
第一冊定價大洋叁角伍分

編輯者　周予同　吳研因　范祥善
校訂者　胡適　王雲五　朱經農
印刷發行者兼　上海商務印書館
發行所　上海及各埠　商務印書館
本書於十七年八月經大學院審定領到第八十號執照

460　书名：新学制国文读本（初小学生自修适用）

著者：杨喆、范祥善／编辑　秦同培、胡仁源、张肇熊、印鸾章、汪蓉第／参订

出版印行：图文自修社

出版时间：民国十三年（1924）初版

册数：八

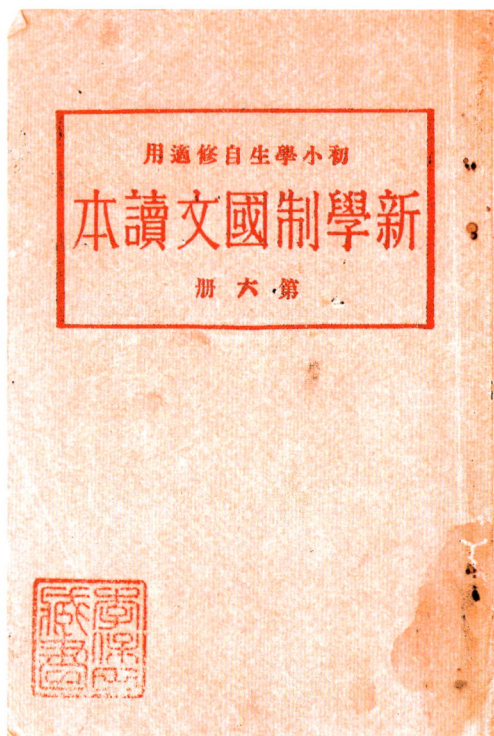

书名：新学制小学教科书初级国文读本

著者：杨喆、范祥善 / 编辑　秦同培、胡仁源、张肇熊、印鸾章、汪蓉第 / 参订

出版印行：世界书局

出版时间：民国十三年（1924）初版　民国十三年（1924）11 版

册数：八

新學制小學教科書
初級國文讀本
第一册
世界書局出版

繪圖學生樂

學生樂　學生樂
內容趣味眞正好
看了學生樂益處眞不少
弟弟要看；
男的要看；
女的要看；
老的要看；
少的要看；
妹妹要看；
大家都要爭來看

繪圖小物語大觀	二册	四角
繪圖小神話大觀	二册	六角
繪圖小故事大觀	二册	六角
繪圖小謎語大觀	一册	三角
繪圖小戲游大觀	一册	三角
繪圖小童話大觀	二册	四角

CHINESE LANGUAGE READERS: BOOK I TO BOOK VIII
Specially compiled under the New System
For the use of Lower Primary Schools
THE WORLD BOOK CO., LTD.
All Rights Reserved

中華民國十三年六月初版
中華民國十三年十二月十一版
新學制小學教科書
初級國文讀本八册
（一册至八册每册定價圖畫一角）
（另售插圖加以另畫圖畫）

編輯者　楊喆　范祥善

參訂者　秦同培　胡仁源　張肇熊　印鸞章　汪蓉第

供給材料者　小學部同人

印刷者　世界書局

發行者　世界書局

印行所　世界書局

發行所　上海　世界書局

總發行所　上海閘北虬江路　世界書局

分發行所　北京天津太原　杭州武昌漢口　衡州南昌寬慶　廣州汕頭香港　世界書局

▲此書有著作權翻印必究▼

462

书名：现代初中教科书国文

著者：庄适 / 编辑　朱经农、任鸿隽、王岫庐 / 校订

出版印行：商务印书馆

出版时间：民国十三年（1924）初版　民国十五年（1926）60版

册数：六

现代初中教科书

國文

第一册

编辑者 莊適

上海商务印书馆出版

分科編輯 ★ 初中適用

現代初級中學教科書

新學制初中的特色在混合教授；但當改革之初一部份學校，仍有採用分科教授法者本館廳此需要另編現代初中教科書一套分科之中仍注重於全體之聯絡書名列下

商務印書館發行

公民	初一二三册
本國歷史	二三册
世界地理	二三册
本國地理	二册
世界物理	二册
動物學	二册
植物學	一册
生理學	一册
國文	六册
物理學	一二册
化學	一册
算術	二三册
代數	二册
幾何	二册
三角	一册
英語	二三册
英文法	二册
水彩畫	二册

元1748(一)　　4-7-14

編輯者　莊適

校訂者　朱經農　任鴻雋　王岫廬

發行者　商務印書館

印刷所　商務印書館

總發行所　上海商務印書館

分售處　商務印書館分館
北京　天津　保定　奉天　吉林　哈爾濱
濟南　常德　太原　開封　安慶　蕪湖
福州　杭州　長沙　南昌　西安　南京
貴陽　廣州　成都　重慶　漢口　九江
張家口　香港　梧州　南寧　雲南
新嘉坡

中華民國十三年十月初版

（現代初中國文六册）
（教科書）
（第一册定價大洋貳角）
（外埠酌加運費匯兌）

二九九二毛

书名：新撰国文教科书（新学制小学校初级用）

著者：胡怀琛、庄适／编纂　朱经农、王岫庐／校订

出版印行：商务印书馆

出版时间：民国十四年（1925）初版　民国十五年（1926）20版

册数：八

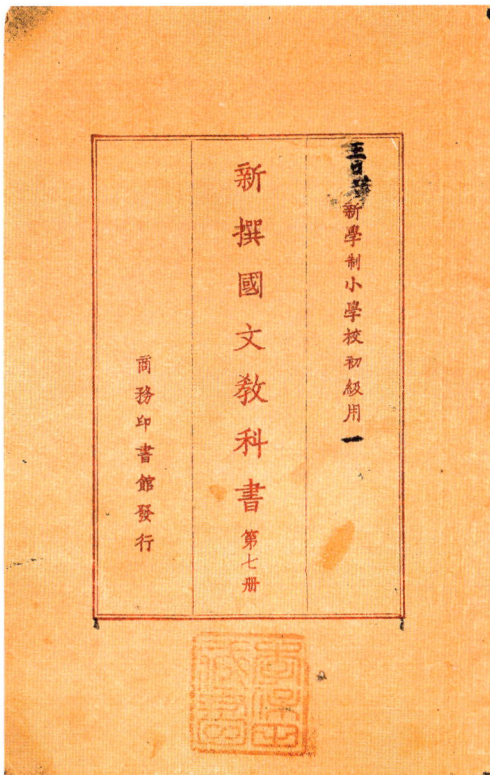

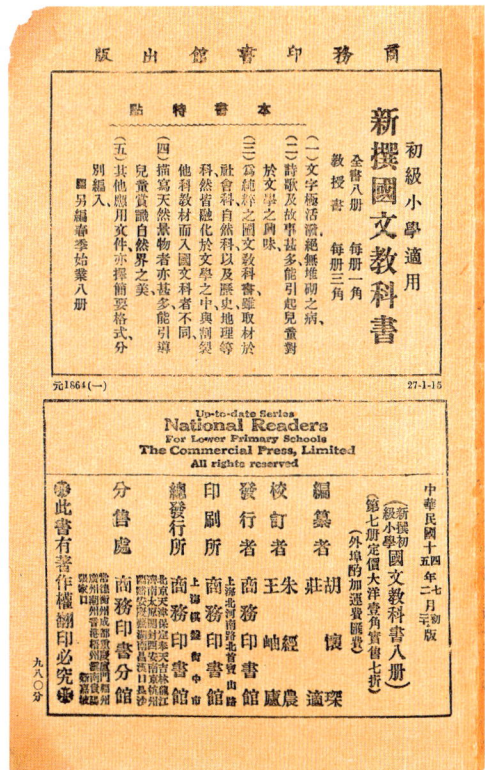

464　书名：高级国文读本（高小学生自修适用）

　　　著者：秦同培、陈和祥／编辑　杨喆、张肇熊／校订

　　　出版印行：国文自修社

　　　出版时间：民国十四年（1925）初版

　　　册数：四

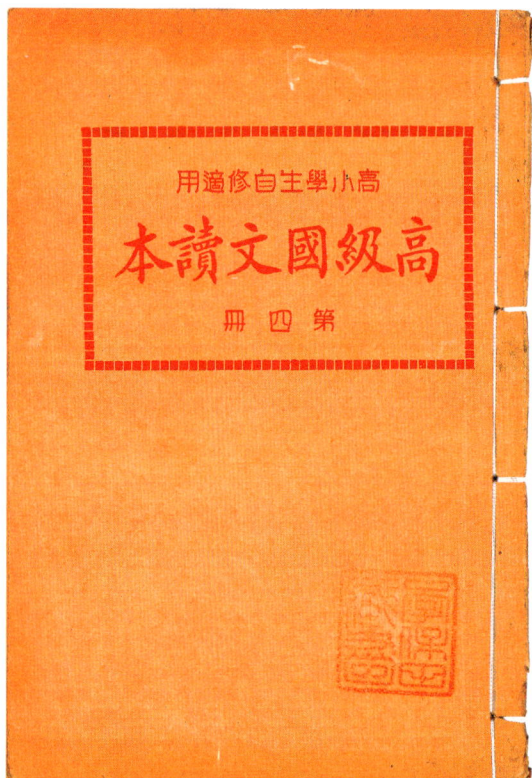

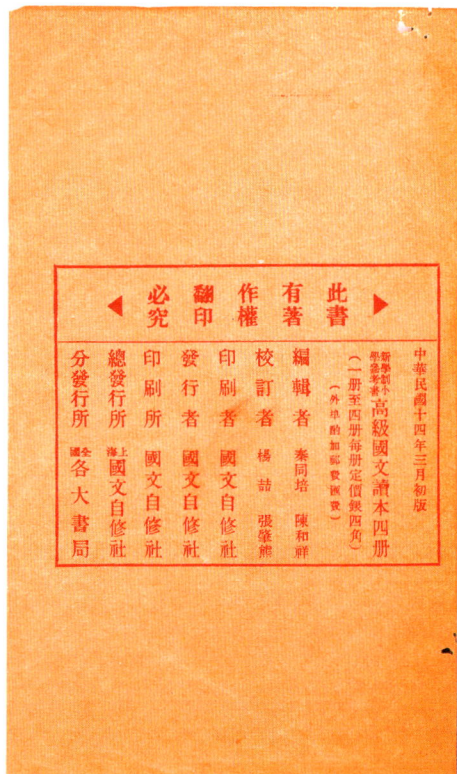

高小學生自修適用

高級國文讀本

第四冊

此書有著作權翻印必究

中華民國十四年三月初版

高級國文讀本四冊

（一冊至四冊每冊定價銀四角）

（外埠酌加郵費匯費）

新學制高小補充教材

編輯者　秦同培　陳和祥

校訂者　楊喆　張肇熊

印刷者　國文自修社

發行者　國文自修社

印刷所　國文自修社

總發行所　上海國文自修社

分發行所　全國各大書局

书名：国文经纬贯通大义
著者：唐文治
出版印行：不详
出版时间：1925年
册数：二

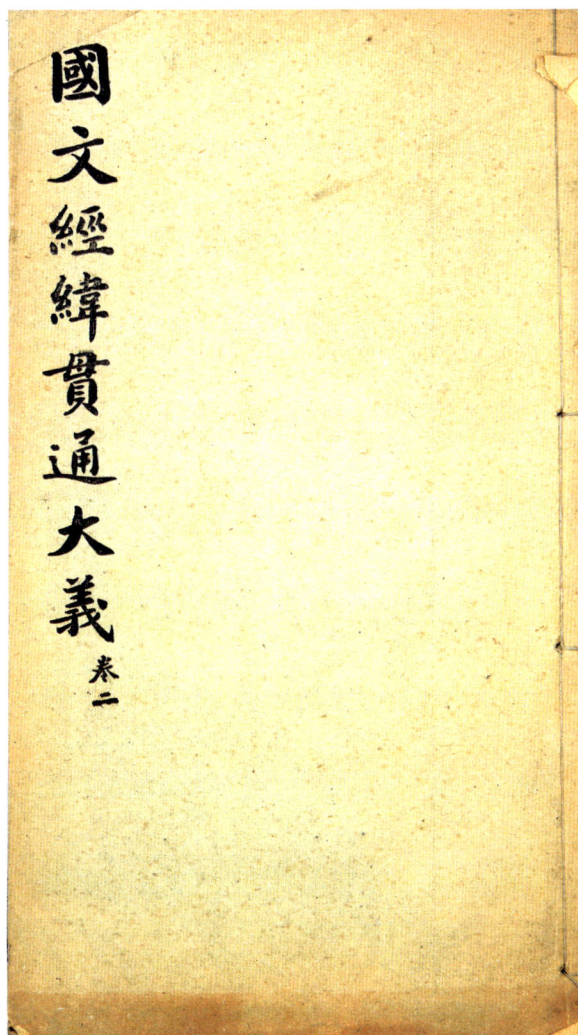

466 书名：新中学古文读本（高级中学用）
著者：穆济波 / 编　戴克敦、张相 / 校
出版印行：中华书局
出版时间：民国十五年（1926）初版　民国廿一年（1932）11 版
册数：三

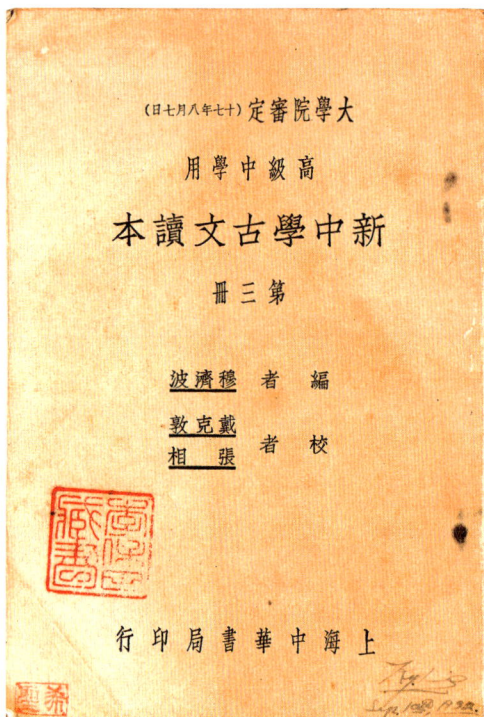

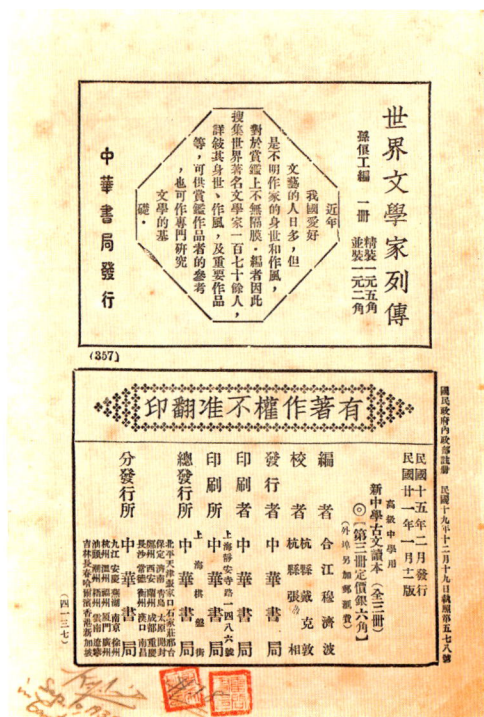

书名：新主义教科书前期小学国文读本　　　　　　　　467

著者：朱剑芒、陈霭麓／编辑　魏冰心、范祥善／校订

出版印行：世界书局

出版时间：民国十六年（1927）初版　民国十七年（1928）9版

册数：八

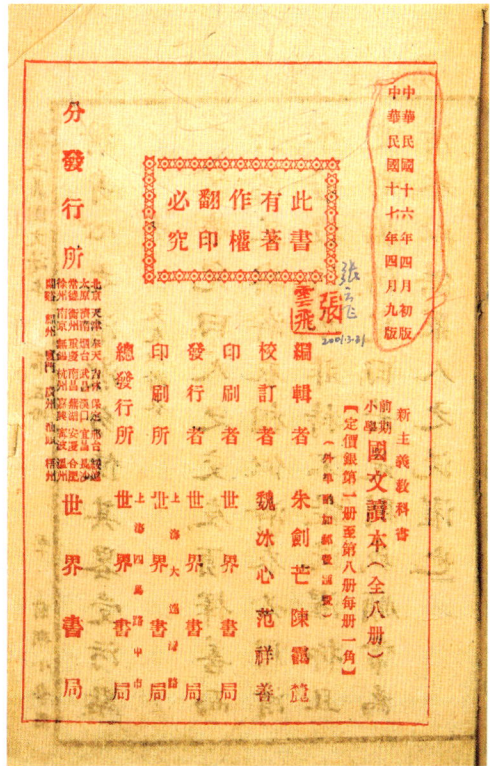

468

书名：新主义国文读本（初小学生自修适用）

著者：朱剑芒、陈霭麓／编辑　魏冰心、范祥善／校订

出版印行：世界书局

出版时间：民国十六年（1927）初版

册数：八

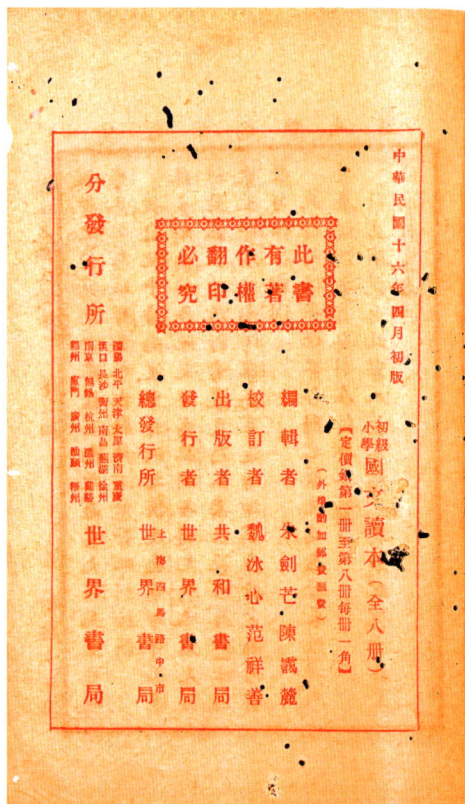

初小学生自修适用

新主义国文读本

第八册

又本農學校教

唐月葵

世界書局發行

中華民國十六年四月初版

初級小學國文讀本（全八册）

定價每第一册至第八册每册一角

（外埠加郵費照算）

編輯者　朱劍芒　陳霭麓

校訂者　魏冰心　范祥善

出版者　世界書局

發行者　世界書局

總發行所　上海四馬路中　世界書局

分發行所

青島　北平　天津　太原　讀州　重慶　漢口　長沙　衡州　南昌　杭州　紹興　無錫　蘇州　鎮江　揚州　寧波　溫州　廈門　福州　汕頭　潮州　梧州

世界書局

此書有著作權翻印必究

书名：新学制高级中学教科书国文读本
著者：江恒源/编辑
出版印行：商务印书馆
出版时间：民国十七年（1928）初版　民国二十一年（1932）国难后第6版
册数：四

民國十八年三月廿二日
教育部審定
第四十八號執照

新學制高級中學教科書
國文讀本
第一冊
（下）

江恆源　編
商務印書館發行

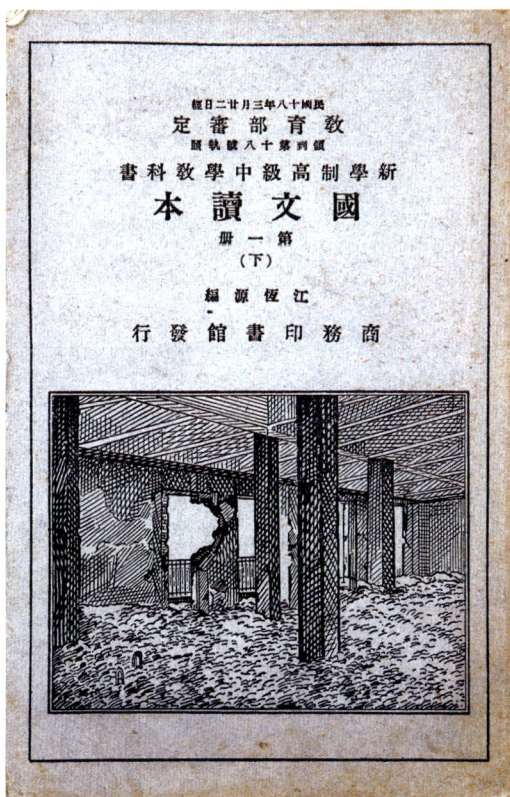

民國二十一年一月二十九日
敝公司突遭國難總務處印刷所編譯所書棧房均被炸燬附股之涵芬樓東方圖書館尚公小學亦遭殃及盡付焚如三十五載之經營隱於一旦迭蒙各界慰問督望速復詞意懇摯衛何窮敝館雖處境艱困不敢不勉為其難因將學校需用各書先行覆印其他各書亦將次第出版惟是圖版裝製不能盡如原式事勢所限想荷鑒原薩布下忱統祈垂詧
上海商務印書館謹啟

版權所有翻印必究

中華民國十七年五月初版
民國二十一年六月行國難後第一版
民國二十一年十一月行國難後第六版
（二四一二）

新學制高級中學教科書
國文讀本第四冊
第一冊上下定價大洋壹元捌角
（外埠酌加運費匯費）

編輯者　　江恆源
發行兼印刷者　上海商務印書館
發行所　上海及各埠商務印書館

本書於十八年三月二十二日經教育部審定領到第十八號執照

●二八一一

书名：初中国文（初级中学学生用）

著者：朱剑芒／编辑　魏冰心／校订

出版印行：世界书局

出版时间：民国十八年（1929）初版　民国十九年（1930）订正4版

册数：六

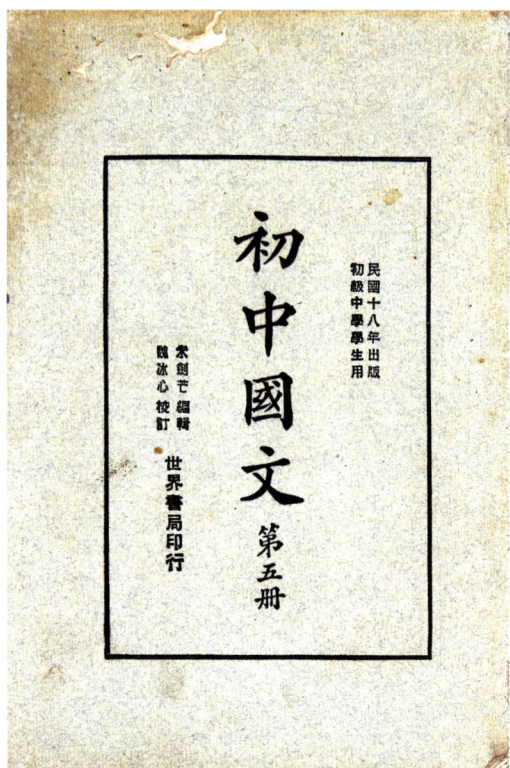

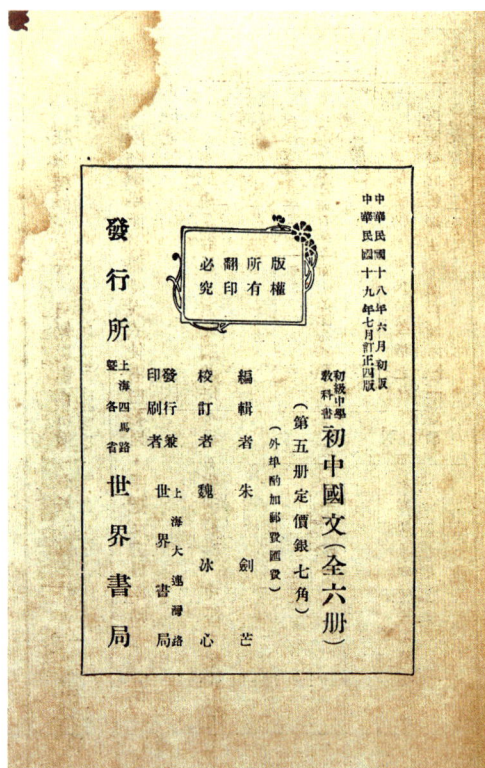

书名：高中国文（高级中学学生用）
著者：朱剑芒 / 编　徐蔚南 / 校
出版印行：世界书局
出版时间：民国十八年（1929）初版
册数：不详

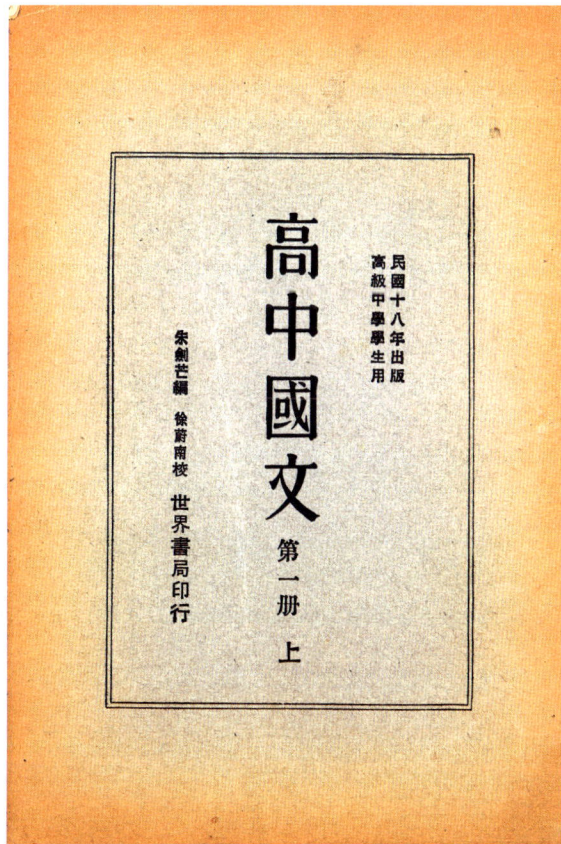

471

高中國文

民國十八年出版
高級中學學生用

朱劍芒輯　徐蔚南校　世界書局印行

第一册　上

472 | 书名：职业学校教科书国文
著者：赵宗预 / 编辑　江恒源 / 校订
出版印行：世界书局
出版时间：民国二十年（1931）
册数：六

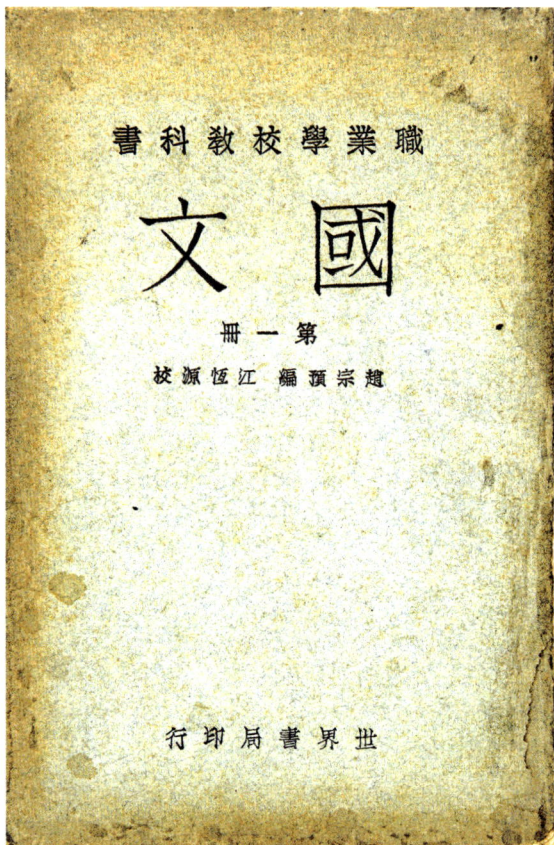

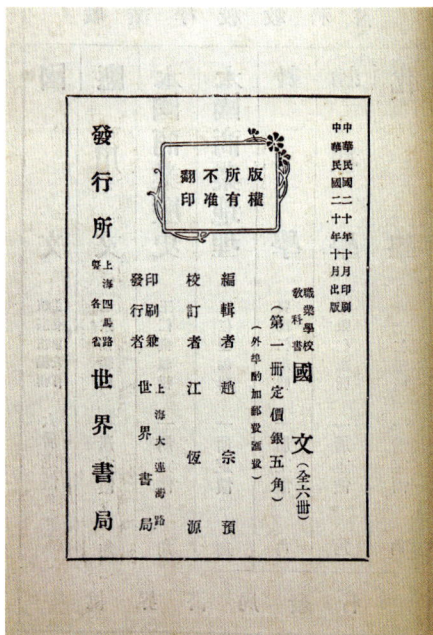

书名：新中华国文（高级中学用）

著者：沈颐 / 编　喻璞、韩棐、范作乘、方钦照、华士诚 / 注

出版印行：中华书局

出版时间：民国二十年（1931）发行　民国廿一年（1932）4版

册数：六

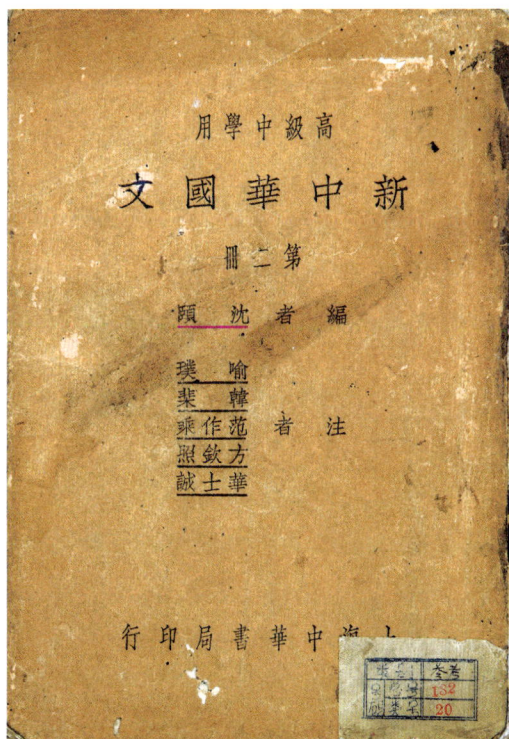

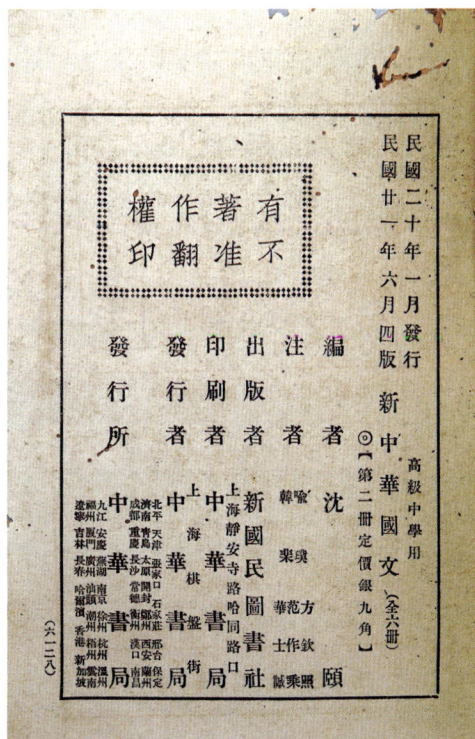

474

书名：新学制中学国文教科书高中国文

著者：徐公美、胡宛春、萧征万、孙雨廷、范耕研、张须 / 编注　江苏省立扬州中学国文分科会议 / 主编
　　　江苏省立中学国文学科会议联合会 / 校订

出版印行：南京书店

出版时间：民国二十一年（1932）初版

册数：不详

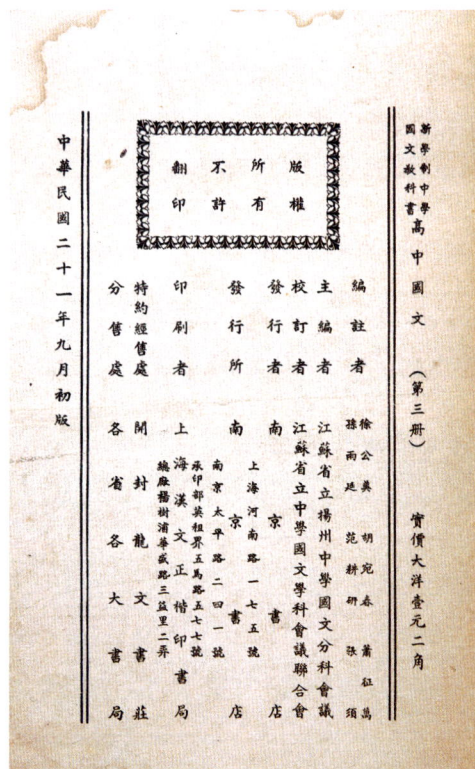

新學制中學國文教科書

高國中文

第三冊

南京書店發行

版權所有　不許翻印

新學制中學國文教科書高中國文（第三冊）　實價大洋壹元二角

編　註　者　徐公美　胡宛春　萧征萬　范耕研　張須

主編者　江蘇省立揚州中學國文分科會議聯合會

校訂者　江蘇省立中學國文學科會議聯合會

發行所　南京書店

印刷者　上海漢文正楷印書局

特約經售處　上海河南路二四一號　南京太平路二五號

分售處　各省各大書局

承印部英租界五馬路五七號　編麻楊樹浦華武昭三益里二弄

開封龍文書莊

中華民國二十一年九月初版

书名：高中师范教科书高中国文

著者：罗根泽、高远公／编著

出版印行：文化学社

出版时间：民国二十一年（1932）初版

册数：不详

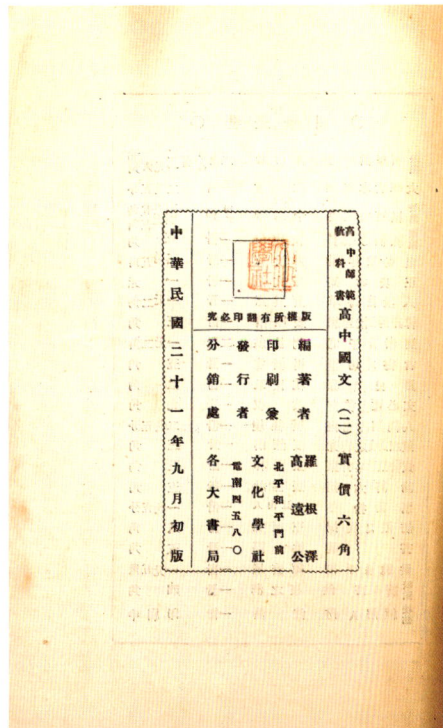

476 　书名：初级中学国文读本
　著者：张鸿来、卢怀琦 / 选注
　出版印行：师大附中国文丛刊社
　出版时间：民国二十一年（1932）初版
　册数：不详

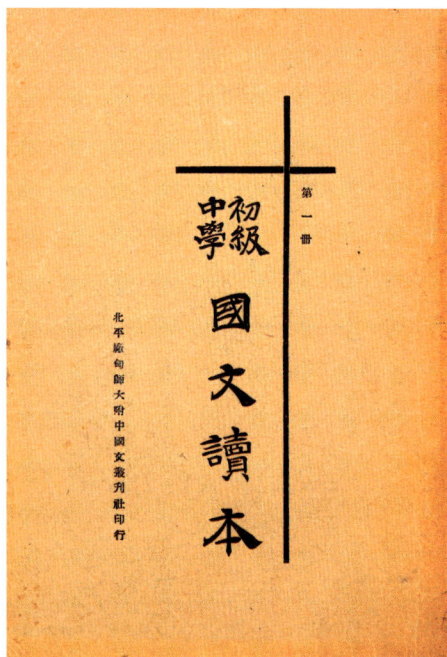

书名：开明国文读本（初级中学学生用）
著者：王伯祥／编
出版印行：开明书店
出版时间：民国廿一年（1932）初版　民国廿二年（1933）再版
册数：不详

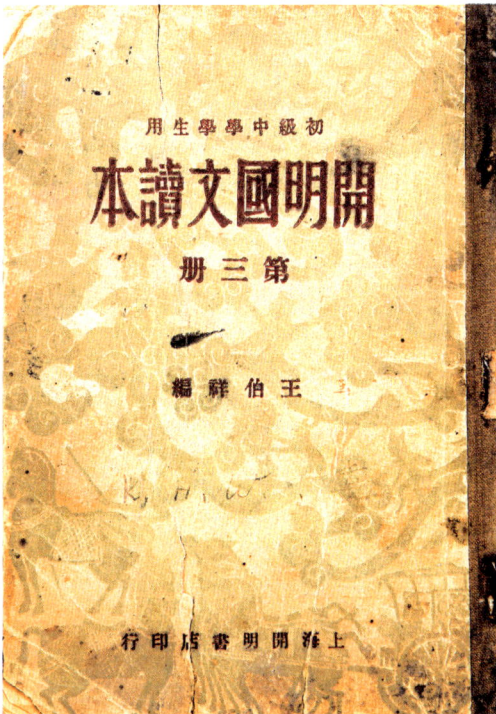

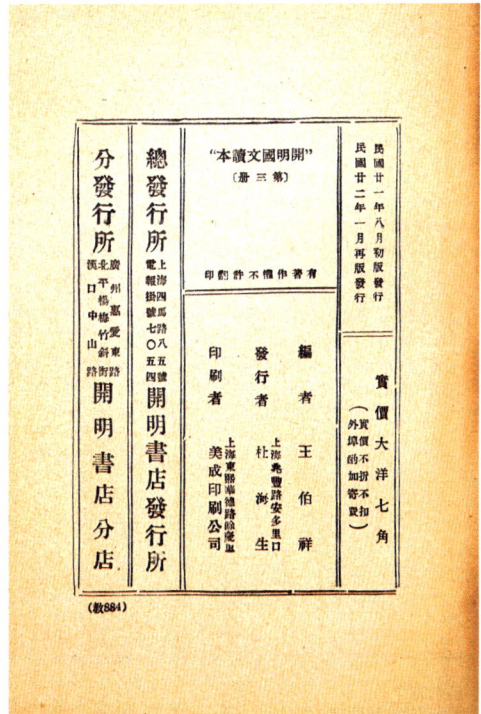

478

书名：杜韩两氏高中国文（高级中学学生用）

著者：杜天縻、韩楚原／编辑

出版印行：世界书局

出版时间：民国二十二年（1933）初版　民国二十五年（1936）6版

册数：六

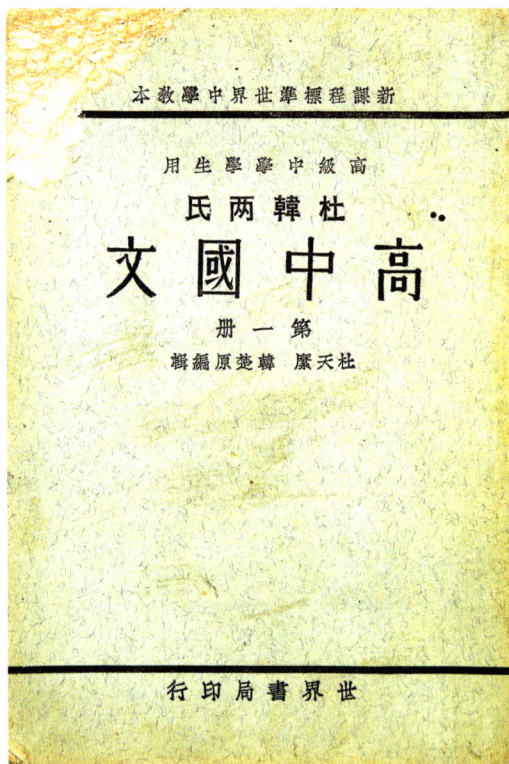

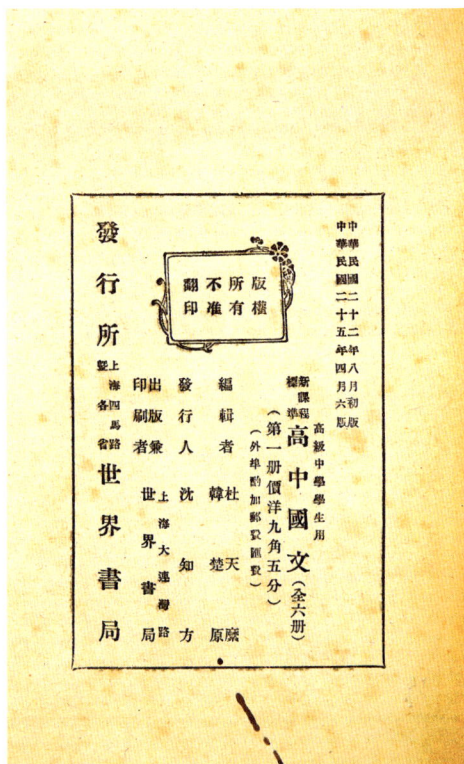

书名：国文读本
著者：不详
出版印行：北平文化学社
出版时间：民国二十二年（1933）
册数：不详

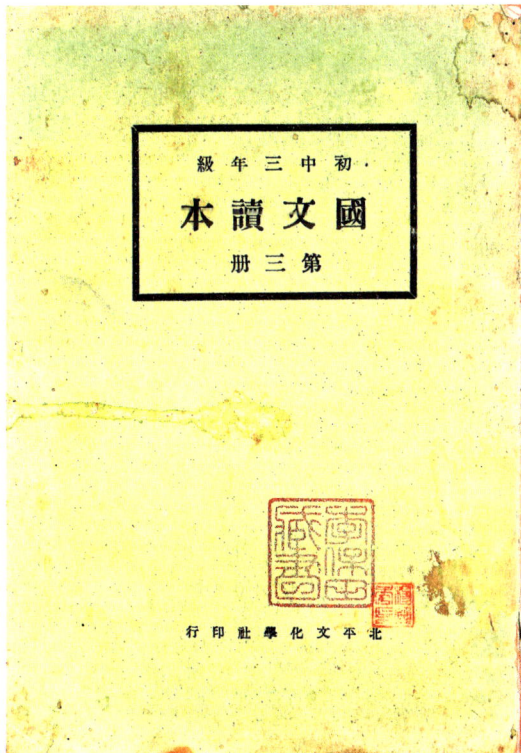

·初中三年級·
國文讀本
第三冊

北平文化學社印行

國文科叢書

CHINESE ESSAYS

FOR MIDDLE SCHOOLS AND NORMAL SCHOOLS

The Peiping Cultural Association

國文讀本

中華民國二十二年一月印

出版者　　北平文化學社
總發行所　北平文化學社

·社址北平和平門前·

電話南局〇八五四　電報掛號二四二九

❀版權所有　翻印必究❀

480 书名：国文研究读本
著者：史本直 / 编
出版印行：大众书局
出版时间：1933年
册数：四

书名：基本教科书国文（初级中学用）

著者：傅东华、陈望道／编辑

出版印行：商务印书馆

出版时间：民国二十二年（1933）初版

册数：六

481

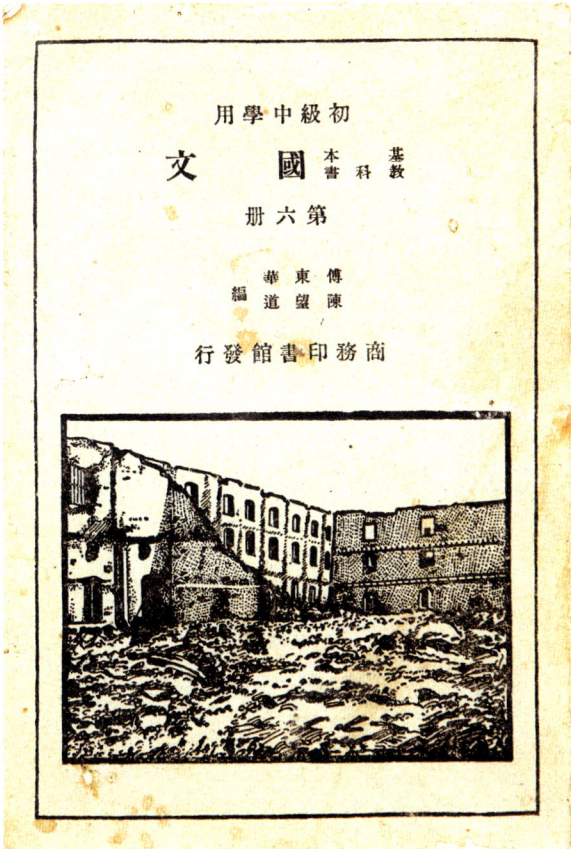

初級中學用

基教
文 國 本科
書科

第六冊

傅東
華

陳望
道 編

商務印書館發行

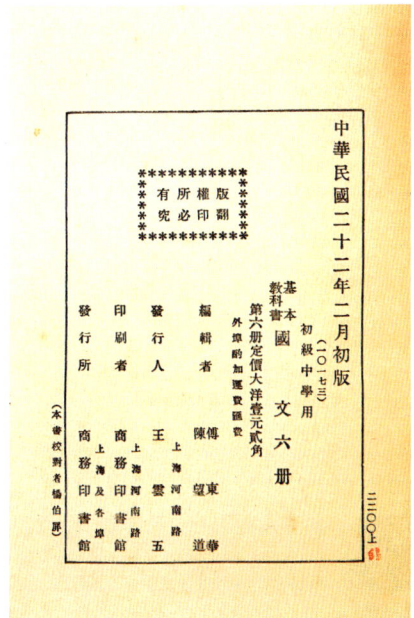

中華民國二十二年二月初版
（一〇一七四）

基本
教科書國

初級中學用

文 六 冊

第六冊定價大洋壹元貳角
外埠的加運費匯費

版權所有
翻印必究

編輯者　　　　　　　傅　東　華
　　　　　　　　　　陳　望　道

發行人　　上海河南路五　　　王　雲　五

印刷者　　上海河南路　　商務印書館

發行所　　上海及各埠　　商務印書館

（本書校對者編伯展）

书名：高级小学国文补充读本
著者：谭步云、陈泮藻、谭明新 / 编辑
出版印行：群化印刷公司
出版时间：民国二十三年（1934）再版
册数：不详

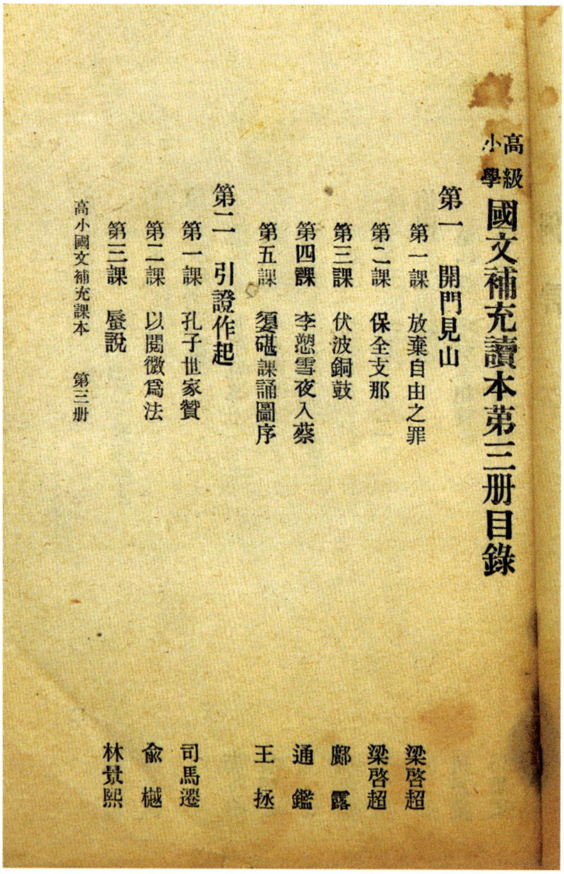

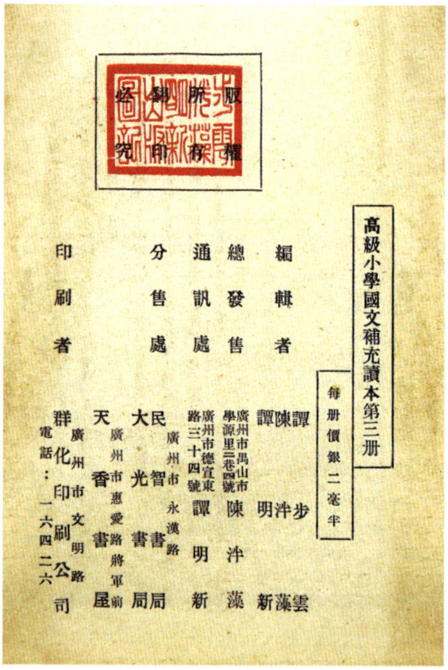

高級小學國文補充讀本第三册目錄
第一 開門見山
第一課 放棄自由之罪 梁啓超
第二課 保全支那 梁啓超
第三課 伏波銅鼓 鄺露
第四課 李愬雪夜入蔡 通鑑
第五課 嬃砧課誦圖序 王拯
第二 引證作起
第一課 孔子世家贊 司馬遷
第二課 以闊微爲法 俞樾
第三課 蠹說 林景熙
高小國文補充課本 第三册

版權所有 翻印必究
高級小學國文補充讀本第三册
每册價銀二毫半
編輯者 譚步雲 陳泮藻 譚明新
總發售 廣州市禺山市學源里二巷四號 陳泮藻
通訊處 廣州市德宣東路三十四號 譚明新
分售處 廣州市永漢路 民智書局 大光書局 廣州市惠愛路將軍前 天香書屋
印刷者 廣州市文明路 群化印刷公司 電話：一六四二六

书名：高中国文读本（新课程标准适用）

著者：刘劲秋、朱文叔 / 编　张文治 / 注

出版印行：中华书局

出版时间：民国二十三年（1934）初版　民国二十四年（1935）9版

册数：三

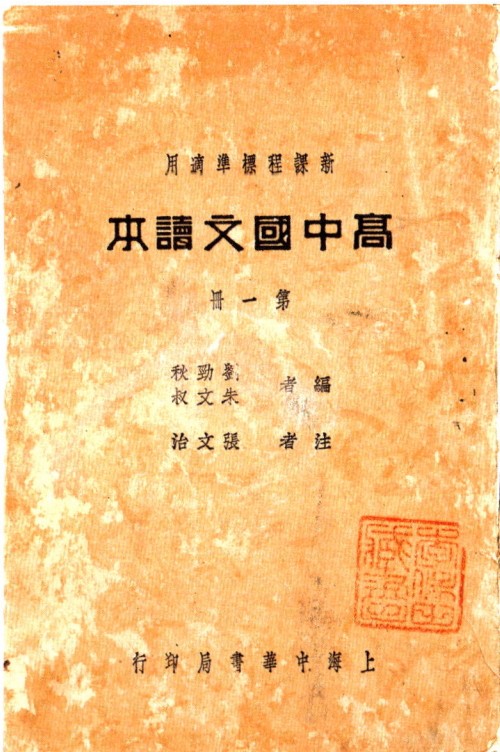

新課程標準適用

高中國文讀本

第一冊

編者　劉勁秋
　　　朱文叔

注者　張文治

上海中華書局印行

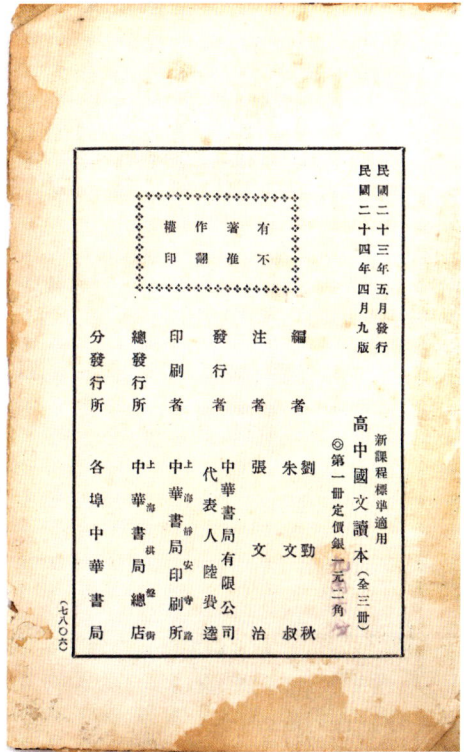

民國二十三年五月發行
民國二十四年四月九版

高中國文讀本（全三冊）

◎第一冊定價銀一元二角

編者　劉勁秋
　　　朱文叔

注者　張文治

發行者　中華書局有限公司
　　　　代表人陸費逵

印刷者　中華書局印刷所
　　　　上海靜安寺路

總發行所　中華書局總店
　　　　　上海棋盤街

分發行所　各埠中華書局

（七八〇七）

484　书名：初中国文读本（新课程标准适用）

　　　著者：朱文叔／编　舒新城、陆费逵／校

　　　出版印行：中华书局

　　　出版时间：民国二十三年（1934）7版

　　　册数：六

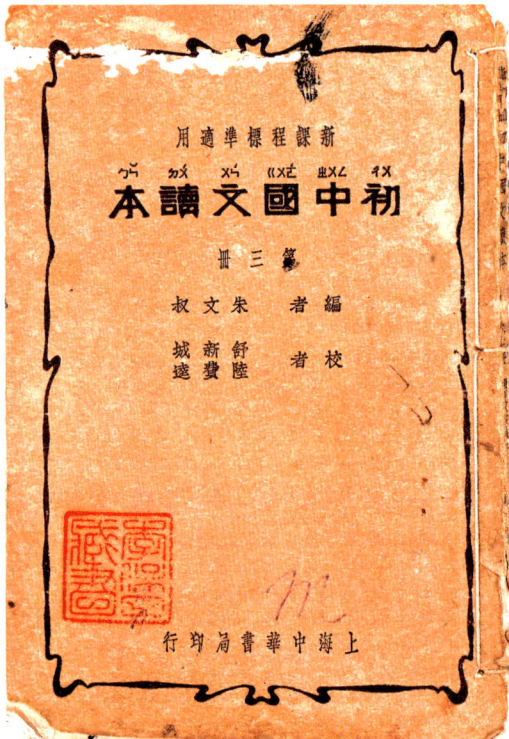

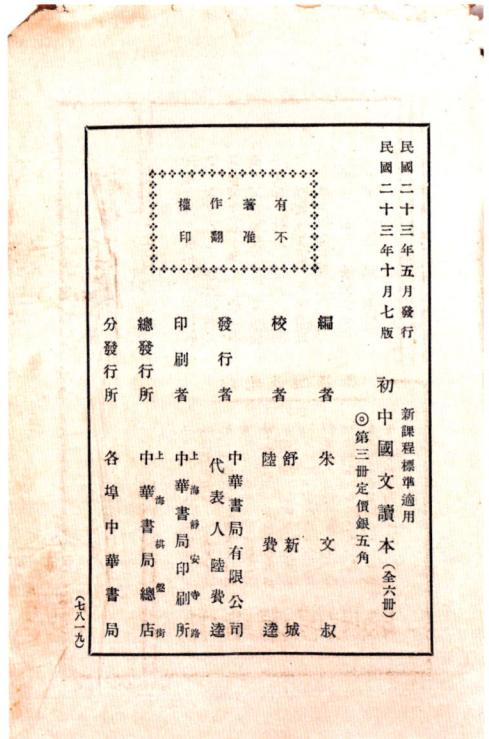

新課程標準適用

初中國文讀本

第三冊

編　者　朱文叔

校　者　舒新城
　　　　陸費逵

上海中華書局印行

有著作權　不准翻印

民國二十三年五月發行
民國二十三年十月七版

新課程標準適用

初中國文讀本（全六冊）

◎第三冊定價銀五角

編　者　朱文叔

校　者　舒新城
　　　　陸費逵

發行者　陸費逵

印刷者　中華書局印刷所
　　　　（上海澳門路）

總發行所　中華書局總店
　　　　　（上海河南路）

代表人　陸費逵
　　　　中華書局有限公司

分發行所　各埠中華書局

（七八一）

书名：初级中学国文教科书（新课程标准适用）
著者：孙怒潮 / 编
出版印行：中华书局
出版时间：民国二十三年（1934）再版
册数：六

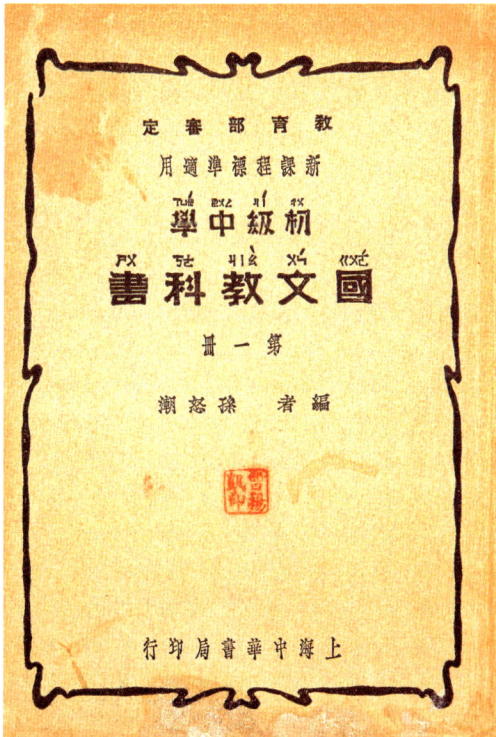

教育部審定

新課程標準適用

初級中學

國文教科書

第一冊

編者 孫怒潮

上海中華書局印行

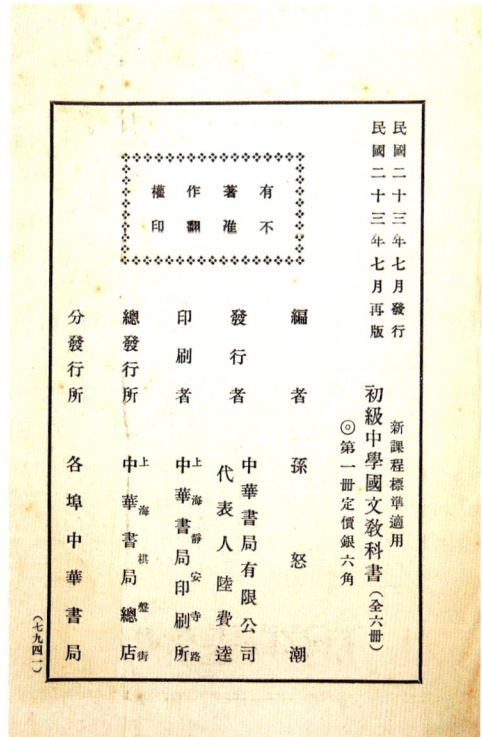

新課程標準適用

初級中學國文教科書（全六冊）

◎第一冊定價銀六角

民國二十三年七月發行

民國二十三年七月再版

有著作權 不准翻印

編者 孫怒潮

發行者 中華書局有限公司 代表人陸費達

印刷者 中華書局印刷所 上海靜安寺路

總發行所 中華書局總店 上海棋盤街

分發行所 各埠中華書局

（七九四一）

486　书名：开明国文讲义（开明中学讲义）

著者：夏丏尊、叶圣陶、宋云彬、陈望道 / 编著

出版印行：开明书店

出版时间：民国廿三年（1934）初版　民国廿六年（1937）五版

册数：不详

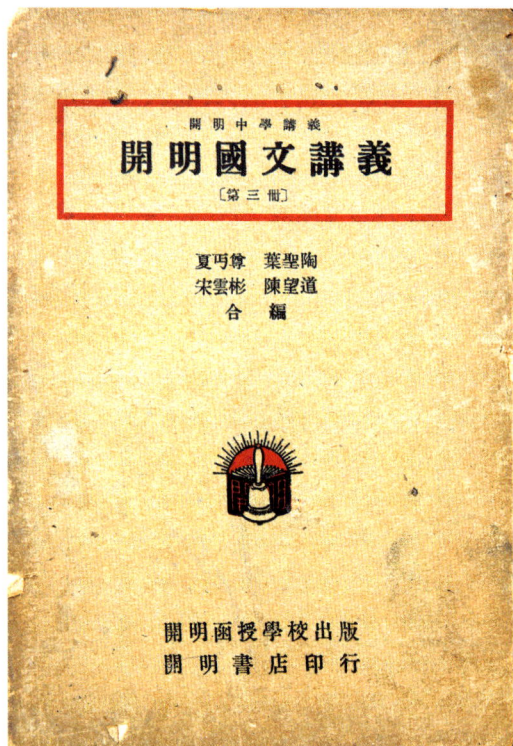

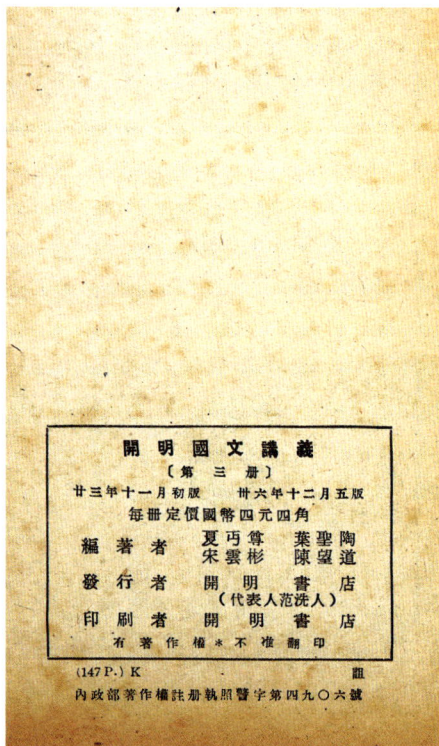

书名：复兴高级中学教科书国文

著者：傅东华 / 编著

出版印行：商务印书馆

出版时间：民国二十四年（1935）初版　民国二十九年（1940）16版

册数：六

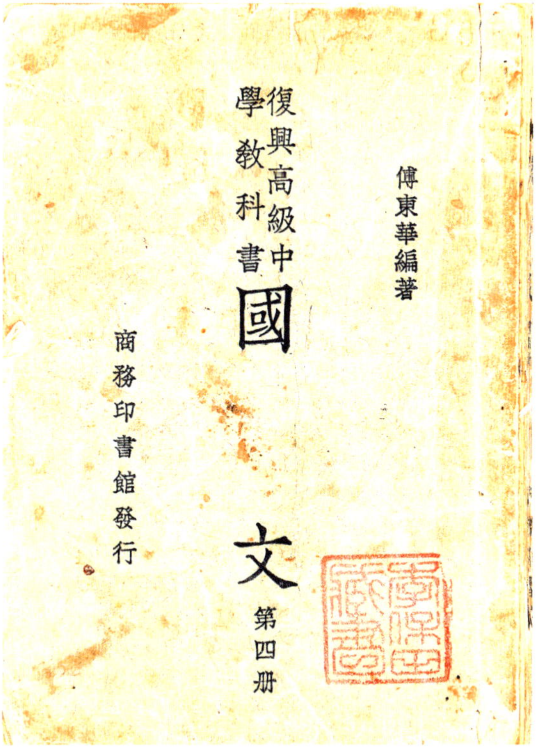

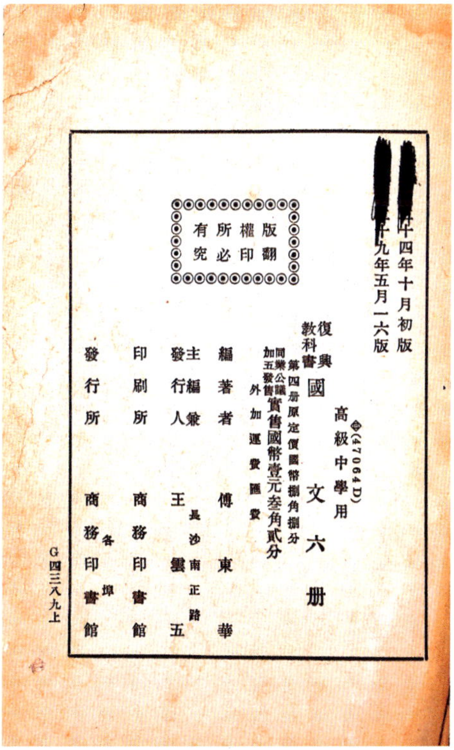

488 | 书名：师范学校教科书国文
著者：何炳松、孙俍工 / 编纂
出版印行：商务印书馆
出版时间：民国二十四年（1935）初版　民国三十五年（1946）8版
册数：六

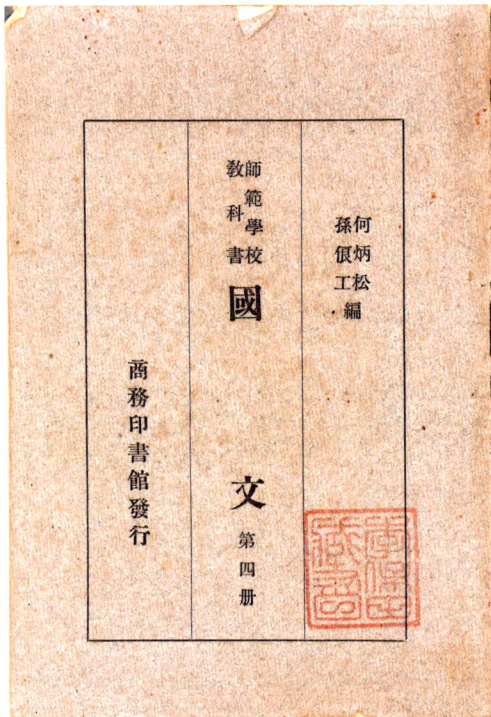

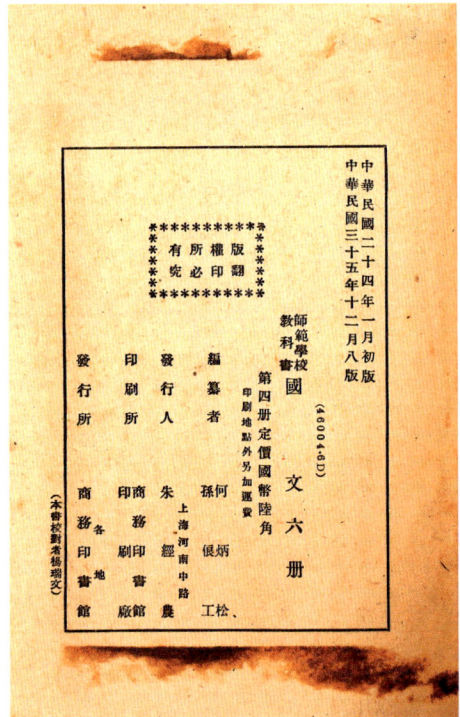

书名：复兴初级中学教科书国文

著者：傅东华 / 编著

出版印行：商务印书馆

出版时间：民国二十四年（1935）初版　民国二十九年（1940）57版

册数：六

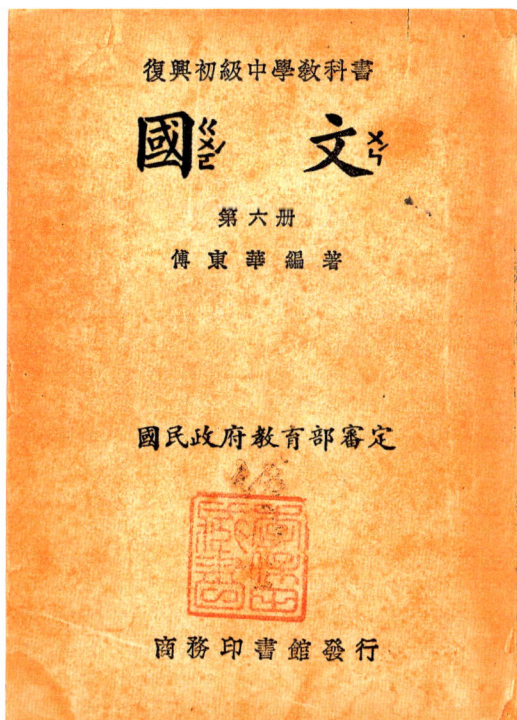

復興初級中學教科書

國　文

第六冊

傅東華編著

國民政府教育部審定

商務印書館發行

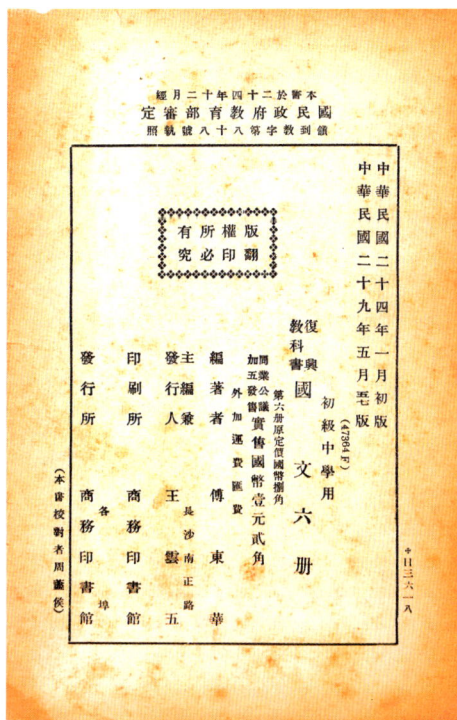

本書於二十四年十二月經

國民政府教育部審定

領到教字第八十八號訓令照

有所權版
究必印翻

中華民國二十四年一月初版
中華民國二十九年五月五七版
（43384 F）

復興教科書

國文六冊

初級中學用

第六冊原定價國幣壹角
加同業公議實售國幣壹元武角
外加運費匯費

編著者　傅東華

主編人兼　王雲五
發行人　長沙南正路

印刷所　商務印書館

發行所　商務印書館
各埠

（本書校對者周蘆養）

＋廿三六一八

490　　书名：国文百八课（初中国文科教学自修用）
　　　　著者：夏丏尊、叶绍钧 / 编
　　　　出版印行：开明书店
　　　　出版时间：民国廿四年（1935）初版
　　　　册数：六

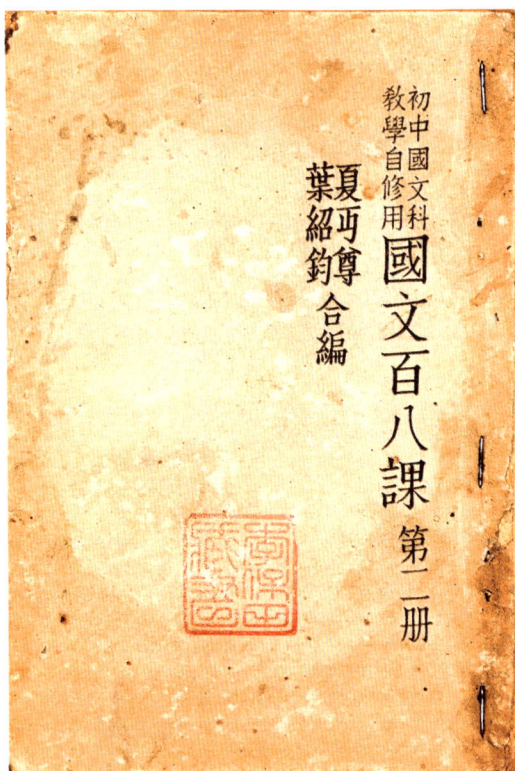

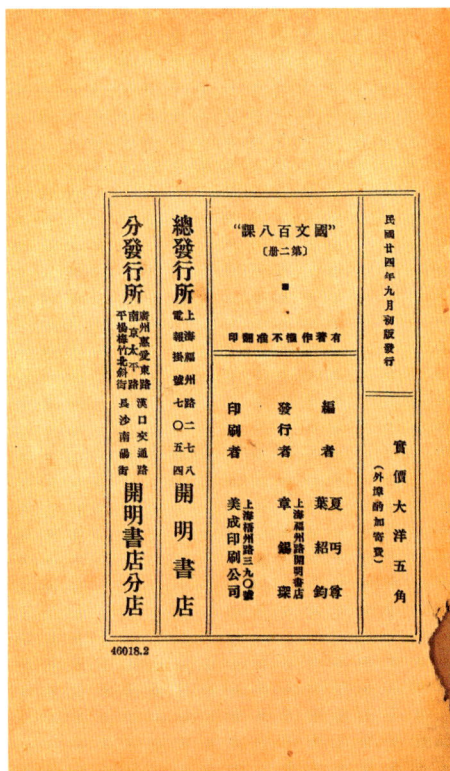

书名：复兴高级中学国文课本

著者：何炳松、孙俍工 / 编著

出版印行：商务印书馆

出版时间：民国二十四年（1935）初版　民国二十七年（1938）12版

册数：六

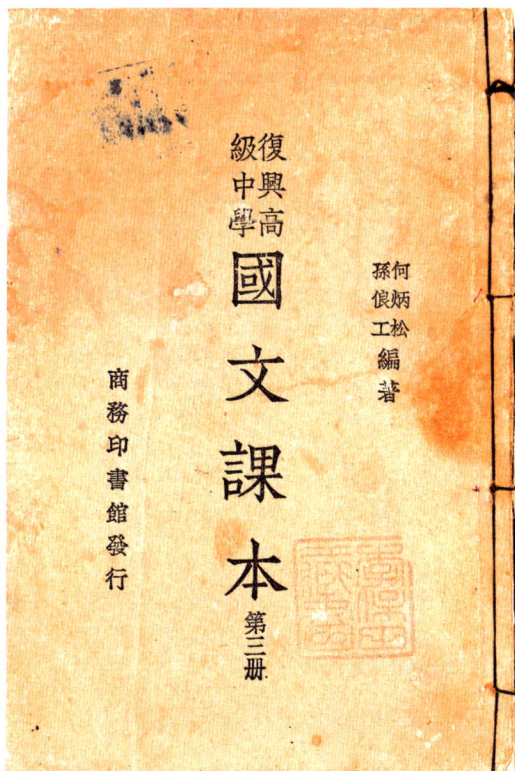

復興高級中學高

國文課本 第三册

何炳松
孫俍工 編著

商務印書館發行

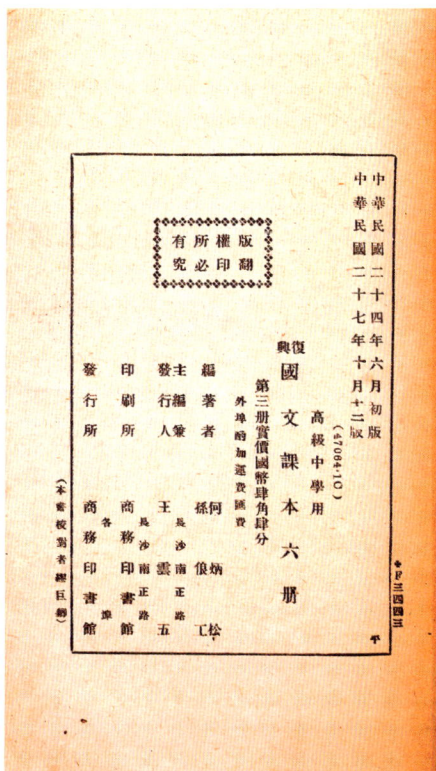

中華民國二十四年六月初版
中華民國二十七年十月十二版

（47084·10）

有所權版
究必印翻

高級中學用

復興
國文課本 六册

第三册實價國幣肆角肆分
外埠酌加運費匯費

編　著　者　　何俍炳
　　　　　　　孫工松

主　編　籑　　長沙南正路五
發　行　人　　王長沙雲南正路五

印　刷　所　　商務印書館
　　　　　　　各埠

發　行　所　　商務印書館

（本書授到者總巨辮）

492　书名：初中国文选读
著者：汇师中学／编选
出版印行：土山湾印书馆
出版时间：民国二十四年（1935）3版
册数：不详

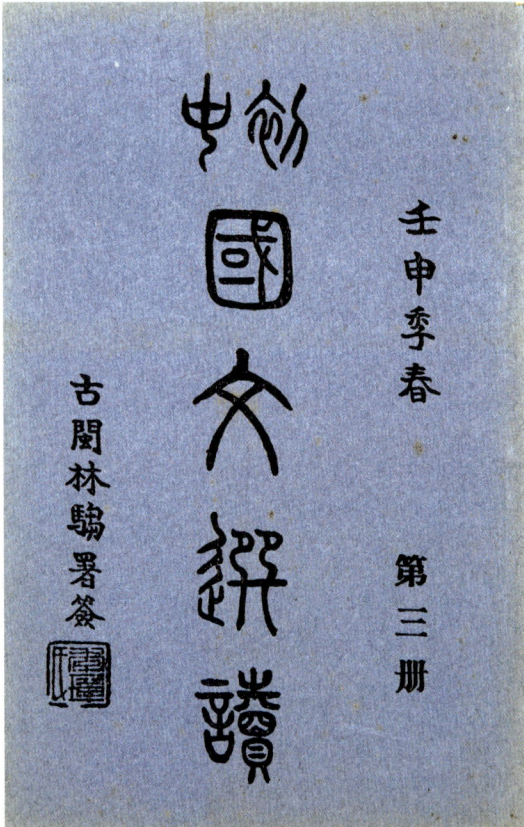

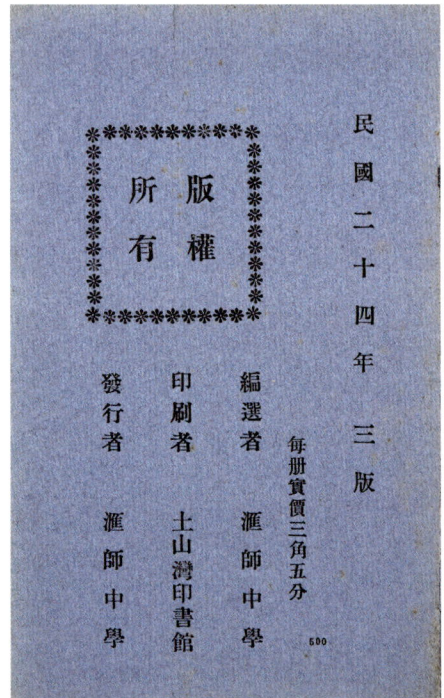

书名：简易师范学校及简易乡村师范学校国文

著者：叶楚伧 / 主编　汪懋祖、叶溯中 / 校阅　唐庐锋 / 选注

出版印行：正中书局

出版时间：民国二十五年（1936）初版　民国三十一年（1942）25版

册数：不详

493

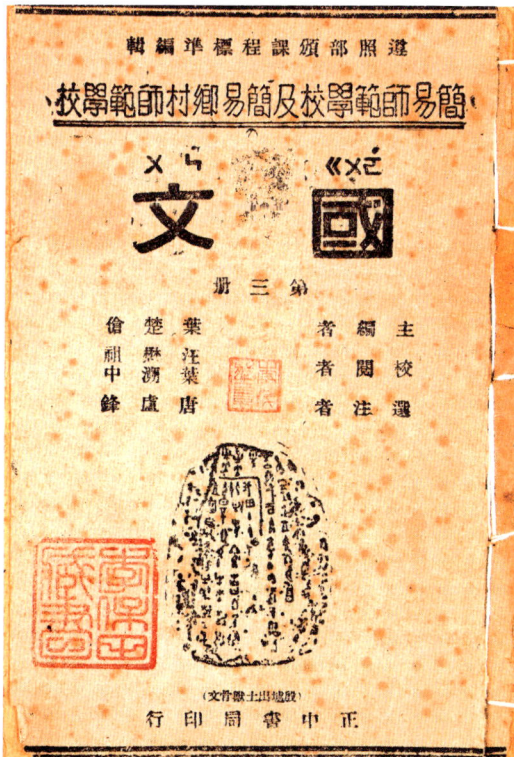

遵照部頒課程標準編輯

簡易師範學校及簡易鄉村師範學校

國文

第三冊

主編者　葉楚傖

校閱者　汪懋祖　葉溯中

選注者　唐盧鋒

正中書局印行

版權所有　翻印必究

中華民國二十五年八月初版
中華民國三十一年五月二五版國難本

簡易師範
簡易鄉村師範

第三冊

國文

（外埠酌加運費匯費）

實售國幣六角

主編者　葉楚傖

校閱者　汪懋祖

注者　葉溯中

發行者　唐盧鋒

印刷人　吳　乘

印刷所　正中書局

發行所　正中書局

494

书名：高级中学国文（新课程标准适用）
著者：叶楚伧 / 主编　汪懋祖、叶溯中 / 校订　穆济波 / 选注
出版印行：正中书局
出版时间：民国二十五年（1936）初版　民国二十五年（1936）10版
册数：六

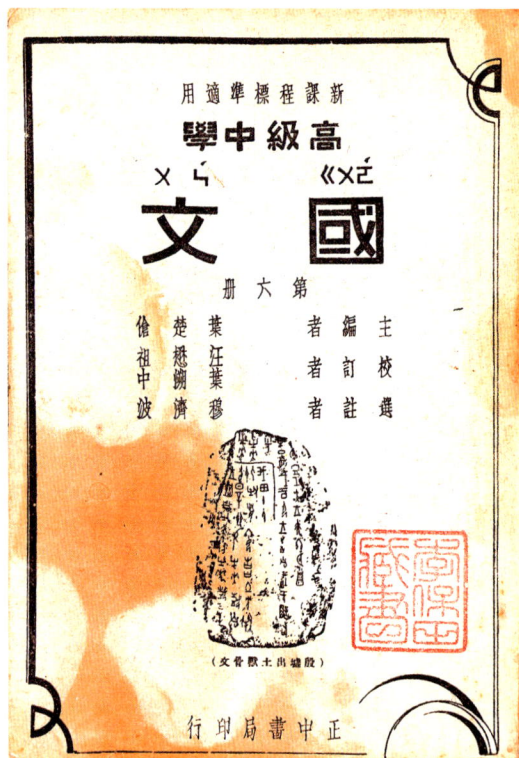

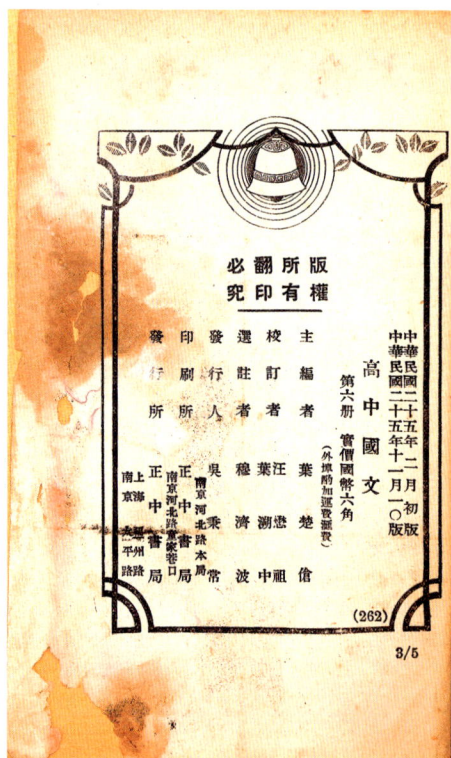

书名：初中新国文（初级中学学生用）

著者：朱剑芒／编辑

出版印行：世界书局

出版时间：民国二十六年（1937）印刷　民国二十七年（1938）新3版

册数：六

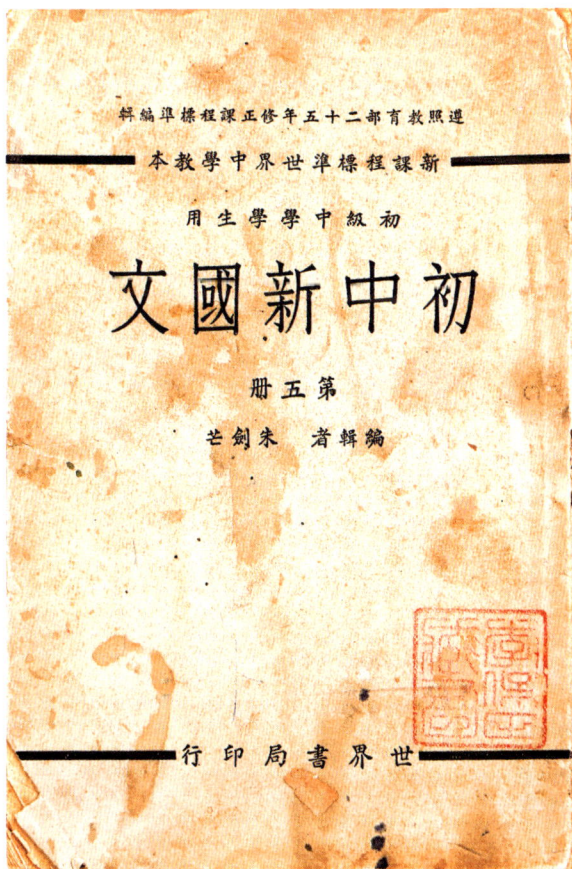

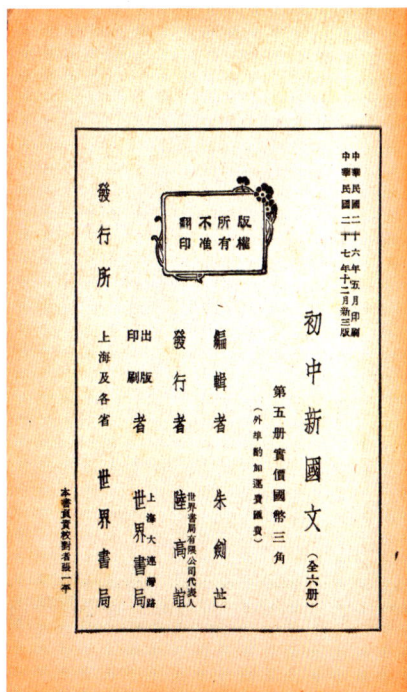

496　书名：模范国文（中学活用课本）
　　　　著者：陆高谊 / 主编　朱公振 / 编著
　　　　出版印行：世界书局
　　　　出版时间：民国二十八年（1939）2版
　　　　册数：一

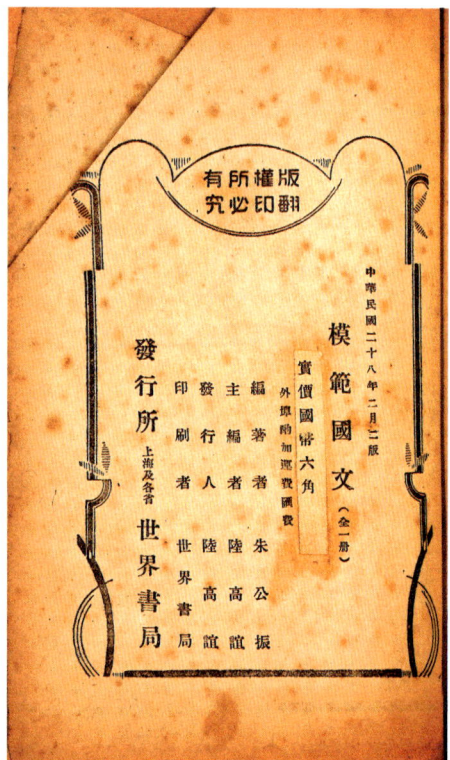

书名：初中国文（初级中学学生用）

著者：徐书海／编　徐谷生／校

出版印行：艺文书社

出版时间：民国二十九年（1940）再版

册数：六

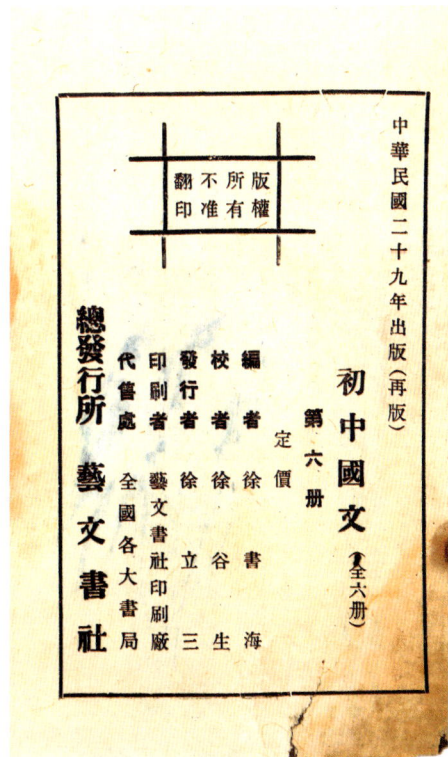

498 书名：初中国文讲义

著者：国民出版社、浙江省动员会战时教育文化事业委员会 / 编注

出版印行：国民出版社

出版时间：民国二十九年（1940）　民国二十九年（1940）3版

册数：不详

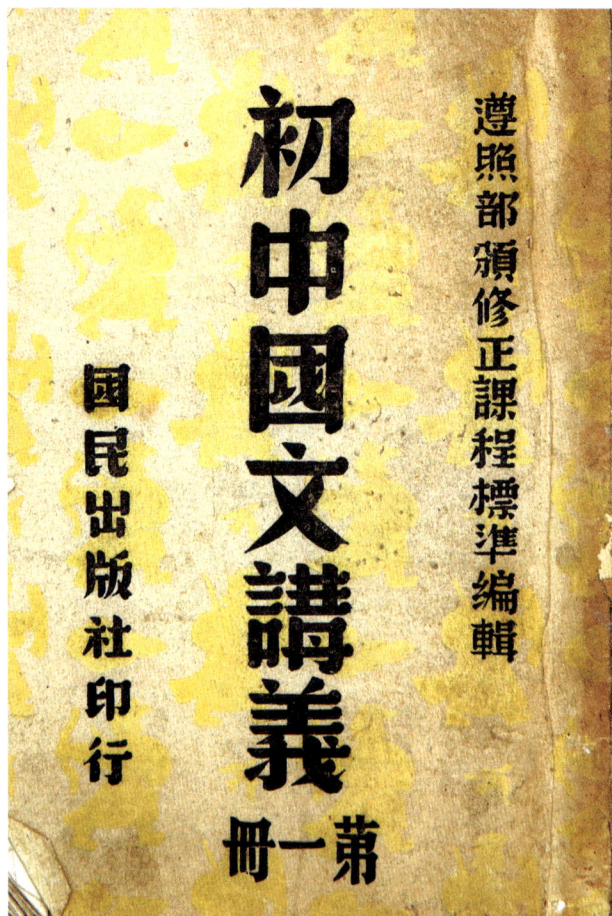

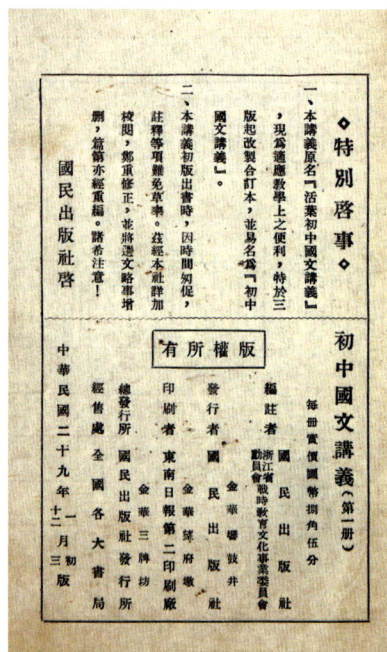

书名：国文读本（新课程标准师范／乡村师范学校用）

著者：宋文翰／编

出版印行：中华书局

出版时间：民国三十年（1941）9版

册数：五

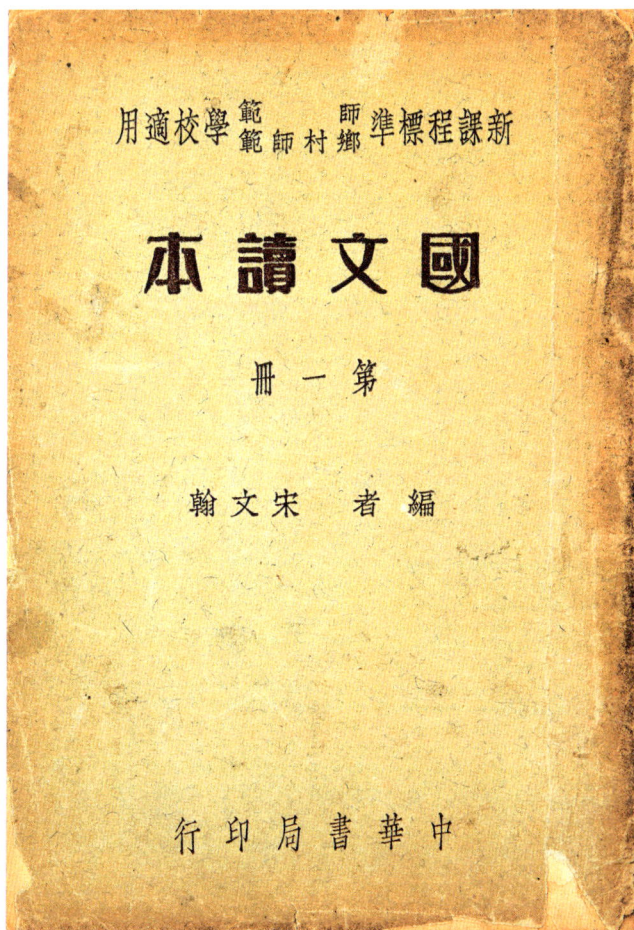

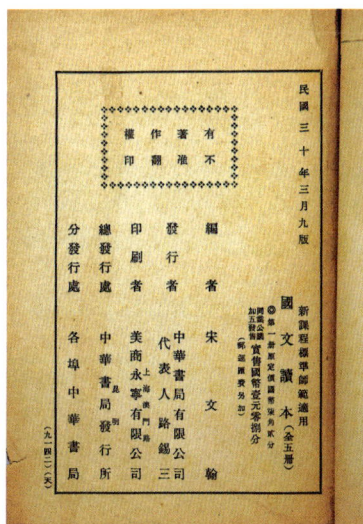

新課程標準鄉師適用 鄉村師範學校適用

國文讀本

第一冊

編者 宋文翰

中華書局印行

新課程標準師範適用

國文讀本（全五冊）

◎第一册定價國幣壹元武分

閩黔會加運費實售國幣壹元柒捌分

（黔邊再加）

民國三十年三月九版

編　著　宋文翰

發行者　中華書局有限公司

代表人　路錫三

印刷者　美商永寧有限公司　上海澳門路

總發行所　中華書局發行所

分發行處　各埠中華書局

（九四三二六）

有著作權　不准翻印

500　书名：中学国文读本

　　　　著者：翟世镇、卢冠六 / 编

　　　　出版印行：春江书局、三民图书公司

　　　　出版时间：民国三十二年（1943）再版

　　　　册数：不详

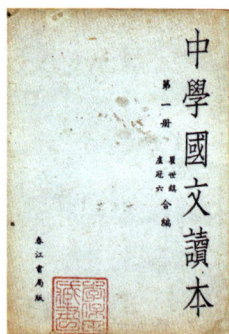

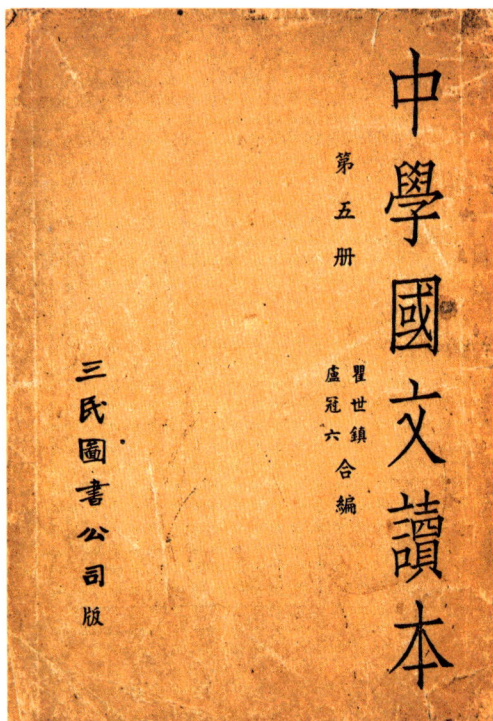

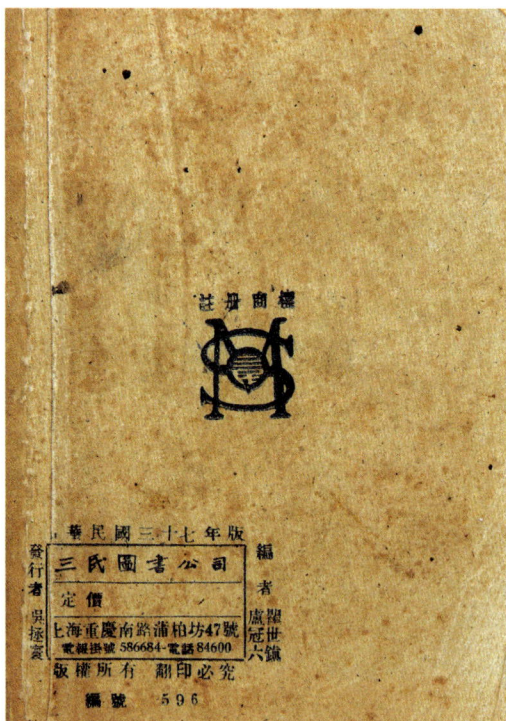

书名：初中国文教本（修正课程标准适用）

著者：夏丏尊、叶绍钧 / 著

出版印行：开明书店

出版时间：民国三十二年（1943）成都3版

册数：不详

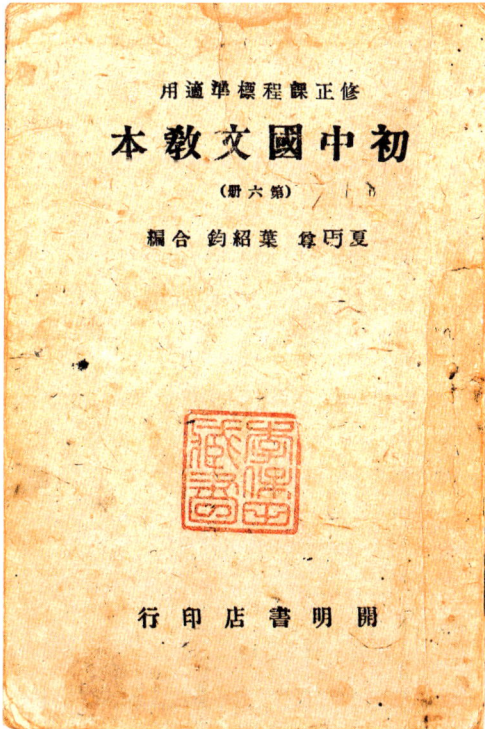

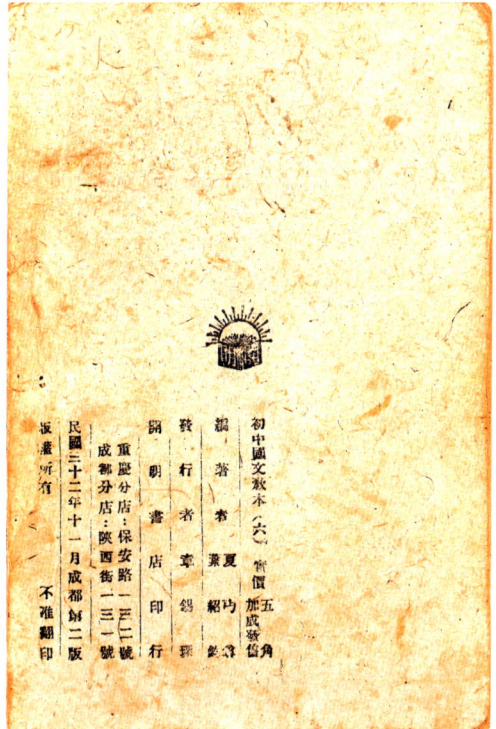

502

书名：初级中学国文

著者：方阜云、羊达之、吴伯威、徐文珊、徐世璜、桑继芬、彭阜午／编辑　国立编译馆／校订

　　　尹石公、王云五、朱家骅、朱锦江、吴大均、吴俊升、吴铁城、余井塘、沈其达、侯堮、陈可忠、

　　　陈布雷、陈仲子、陈果夫、梁实秋、常道直、许心武、黄觉民、叶溯中、叶楚伧、赵荣光、潘公展、

　　　卢前、钱少华、顾毓琇／参阅

出版印行：国定中小学教科书七家联合供应处

出版时间：民国三十四年（1945）初版　民国三十五（1946）35版

册数：六

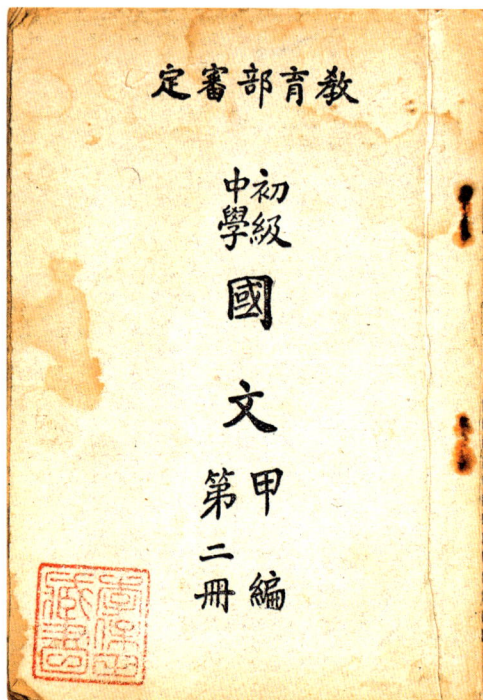

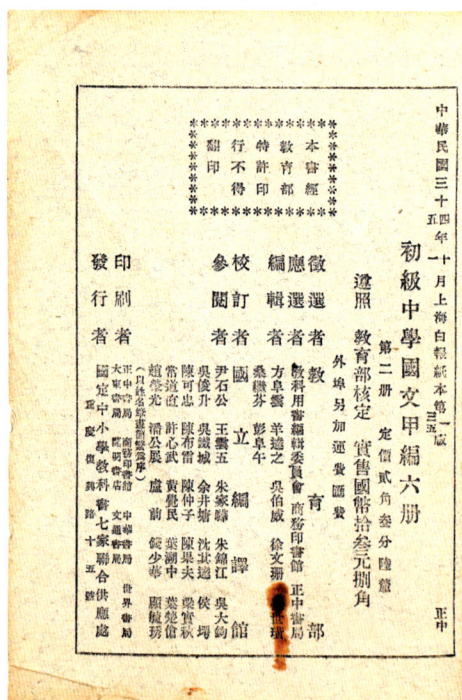

书名：开明新编国文读本（释注本）
著者：叶圣陶、周予同、郭绍虞、覃必陶／编
出版印行：开明书店
出版时间：民国三十五年（1946）初版　　民国三十七年（1948）5版
册数：不详

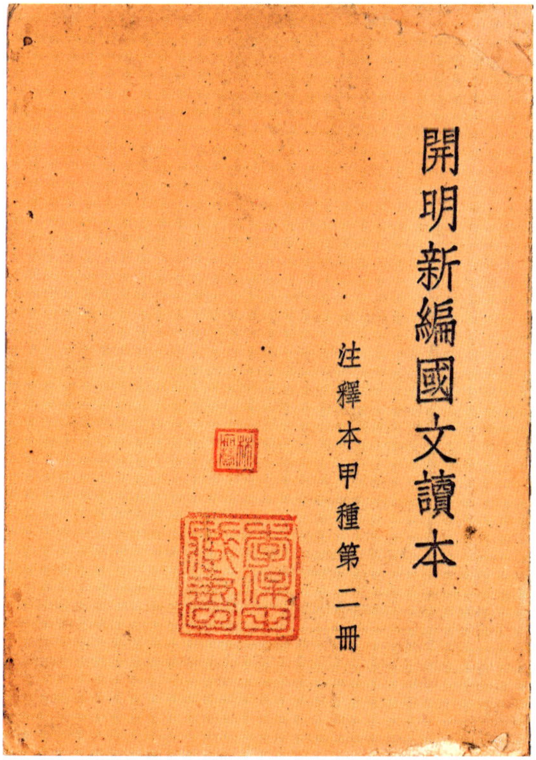

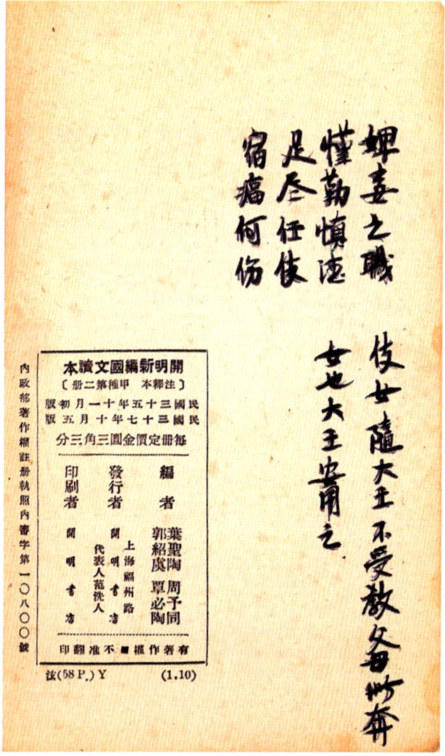

開明新編國文讀本

注釋本甲種第二冊

婢妾之職
懂勤慎速
是盡任使
宿瘡何傷

伇女隨大王不受教父每忦奔
去也大王告甫之

開明新編國文讀本
〔注釋本甲種第二冊〕
民國三十五年十一月初版
民國三十七年十月十日五版
每冊定價金圓三角三分
編　者　葉聖陶　周予同　郭紹虞　覃必陶
發行者　開明書店　上海福州路　代表人范洗人
印刷者　開明書店
內政部著作權註冊執照內審字第一〇八〇〇號
有著作權　不准翻印
汝(58 P.)Y　(1,10)

504 　书名：中学国文副读本
著者：宋成志 / 编著
出版印行：日新出版社
出版时间：民国三十六年（1947）初版
册数：不详

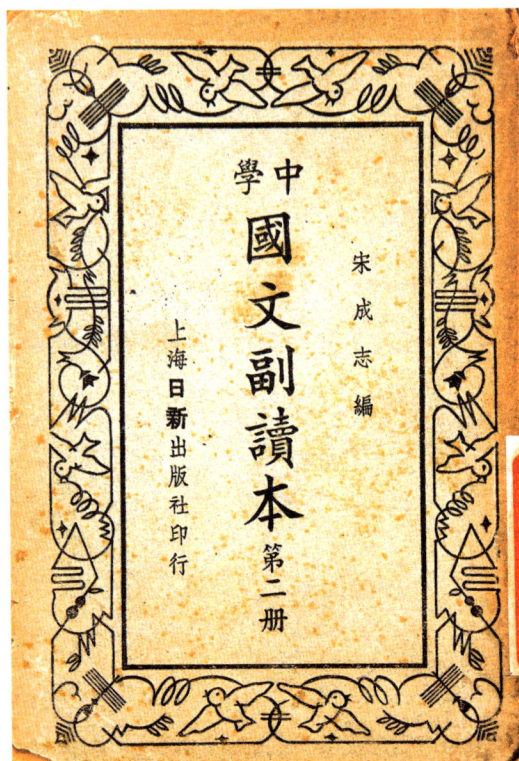

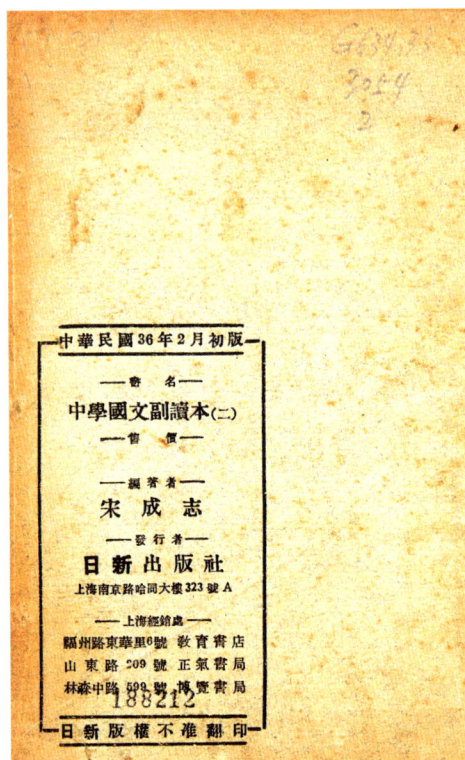

中學
中國文副讀本第二冊

宋成志編

上海日新出版社印行

中華民國36年2月初版

— 書 名 —
中學國文副讀本 (二)

— 售 價 —

— 編著者 —
宋 成 志

— 發行者 —
日 新 出 版 社
上海南京路哈同大樓323號A

— 上海經銷處 —
福州路東華里6號 教育書店
山東路509號 正氣書局
林森中路500號 博覽書局

188212

日新版權不准翻印

书名：蒋氏高中新国文（高级中学学生用）

著者：蒋伯潜 / 编辑

出版印行：世界书局

出版时间：民国三十六年（1947）10版

册数：六

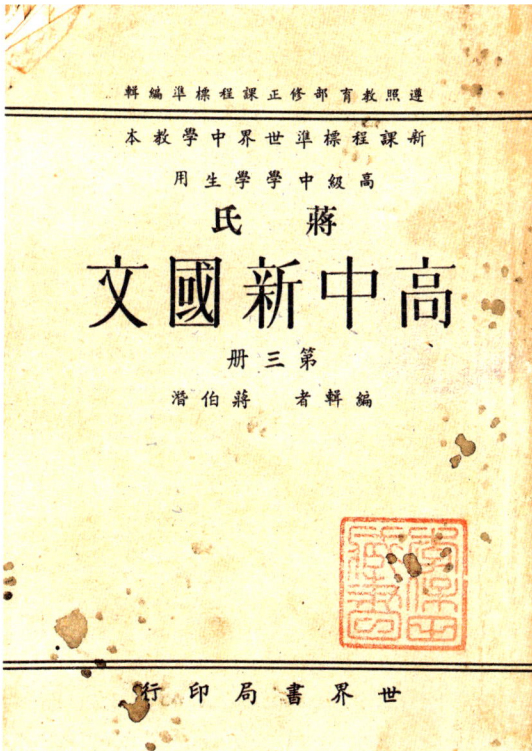

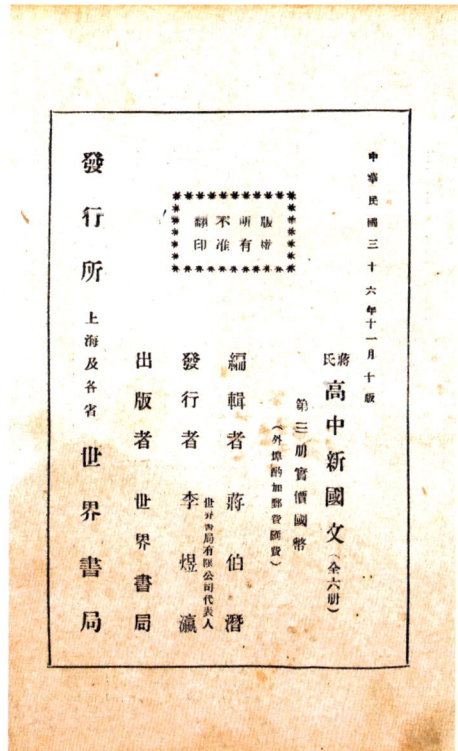

506

书名：初级中学国文

著者：国立编译馆 / 主编　桑继芬 / 编辑　金兆梓、陈子展、卢前、罗振泽 / 校阅

出版印行：商务印书馆

出版时间：民国三十七年（1948）第50版

册数：六

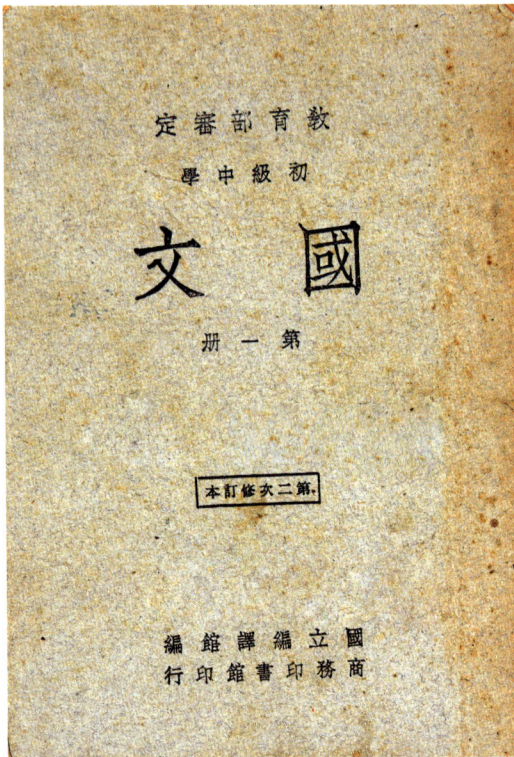

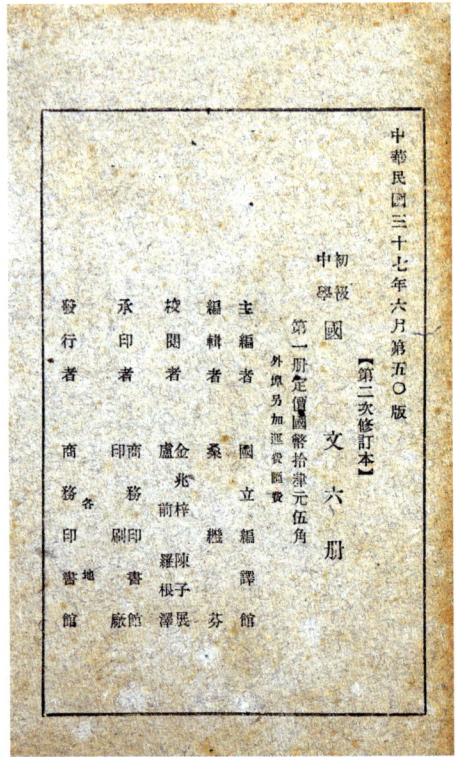

书名：国文（初级中学适用）

著者：傅东华 / 编著

出版印行：商务印书馆

出版时间：民国三十七年（1948）修正第1版

册数：六

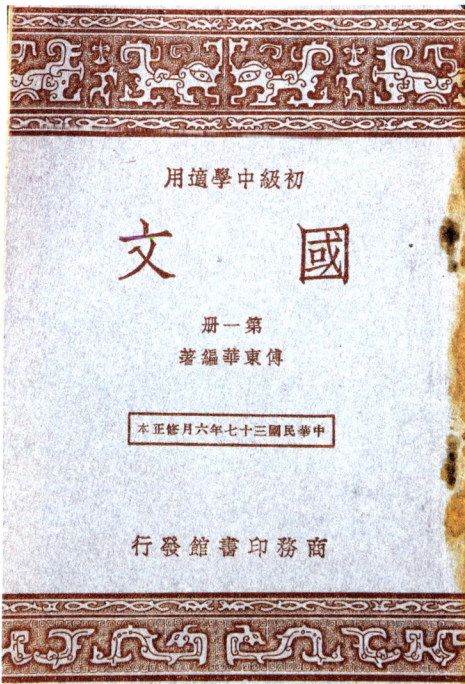

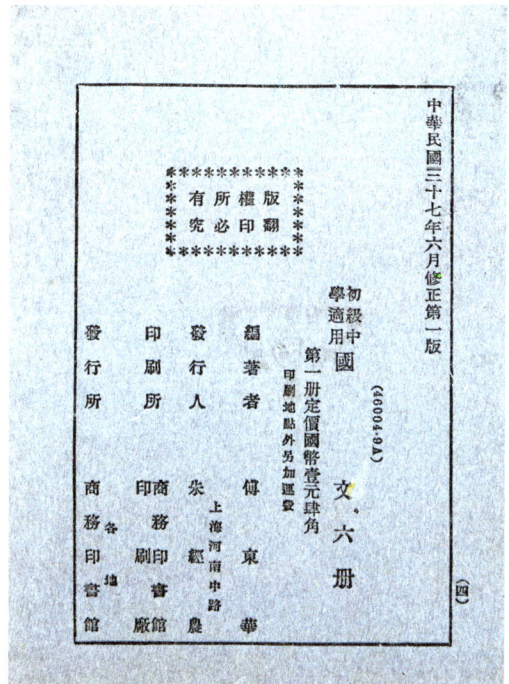

508　书名：开明文言读本
　　著者：叶圣陶、朱自清、吕叔湘 / 编
　　出版印行：开明书店
　　出版时间：民国三十八年（1949）初版
　　册数：不详

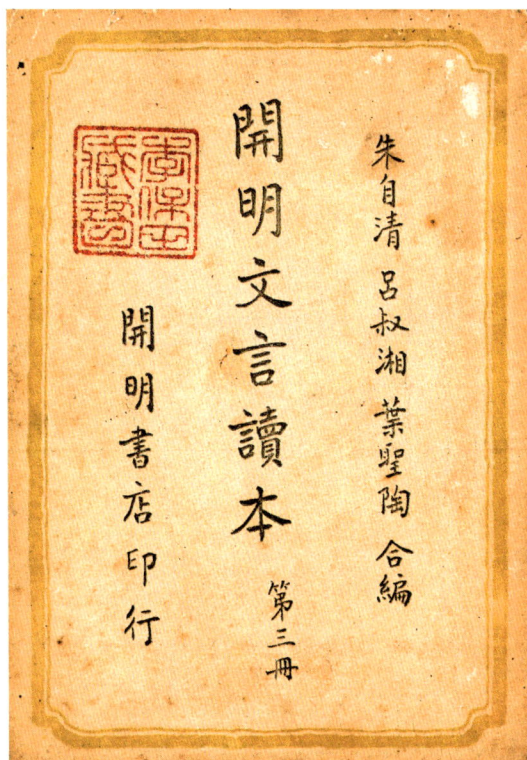

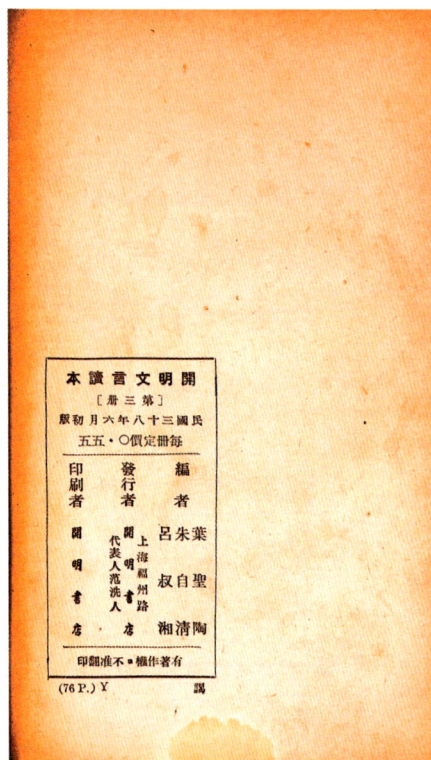

书名：基本国文
著者：暨南大学
出版印行：不详
出版时间：不详
册数：不详

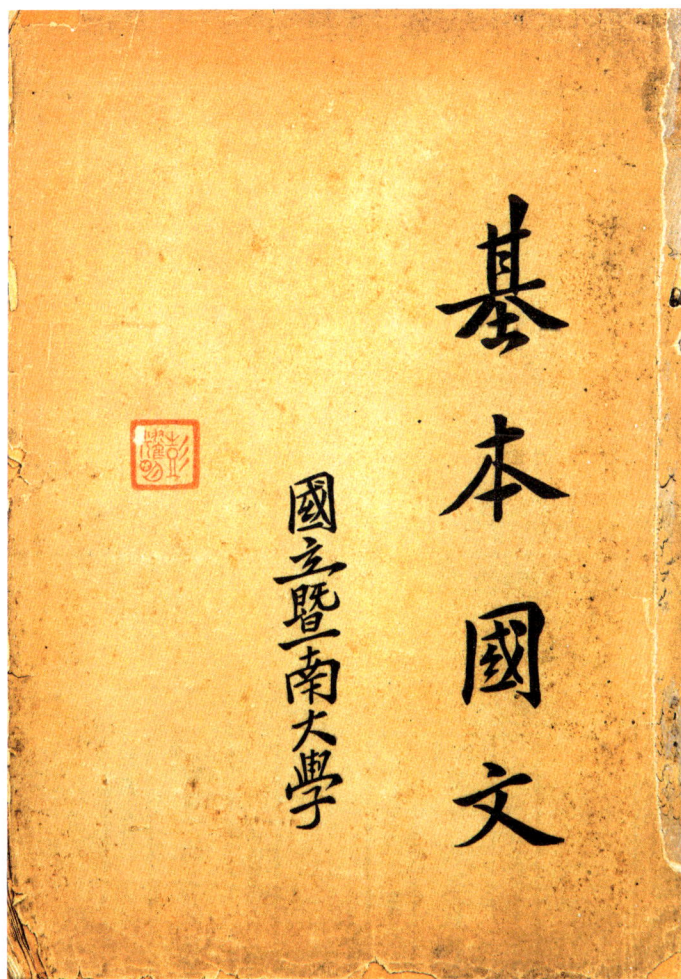

基本國文

國立暨南大學

510 书名：单极军事国文教科书
著者：陆军检阅使署参谋处 / 编辑
出版印行：北京武学书局
出版时间：不详
册数：八

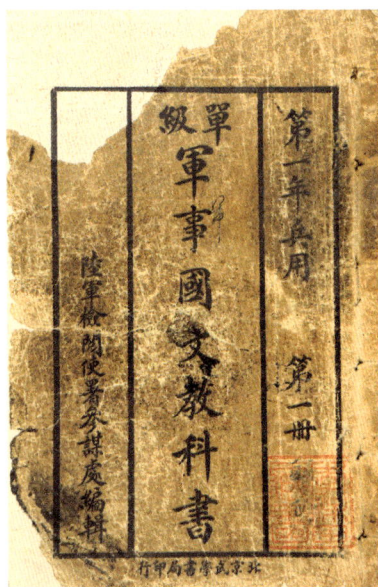
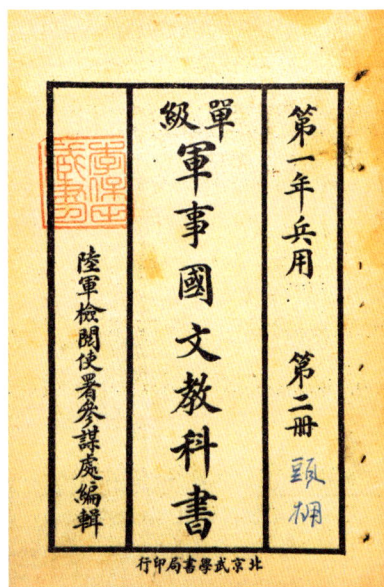

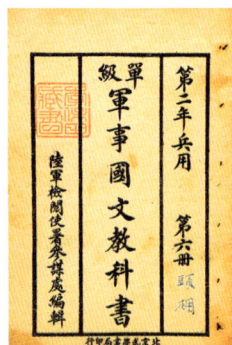

书名：初级国文读本
著者：商务印书馆函授学社国文科
出版印行：商务印书馆
出版时间：不详
册数：不详

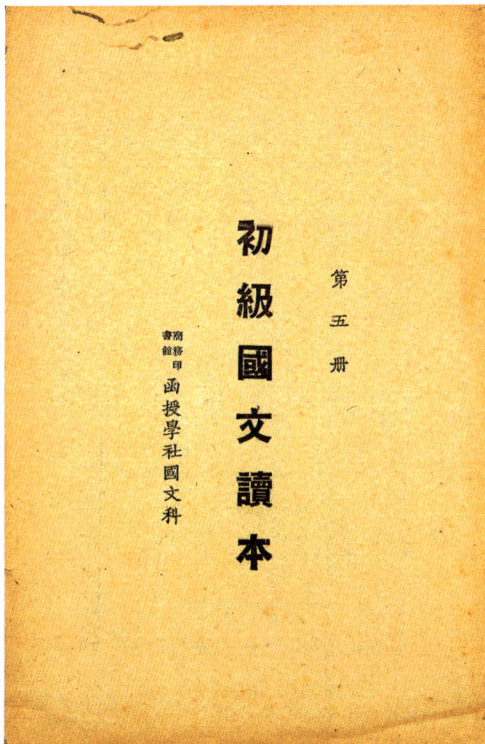

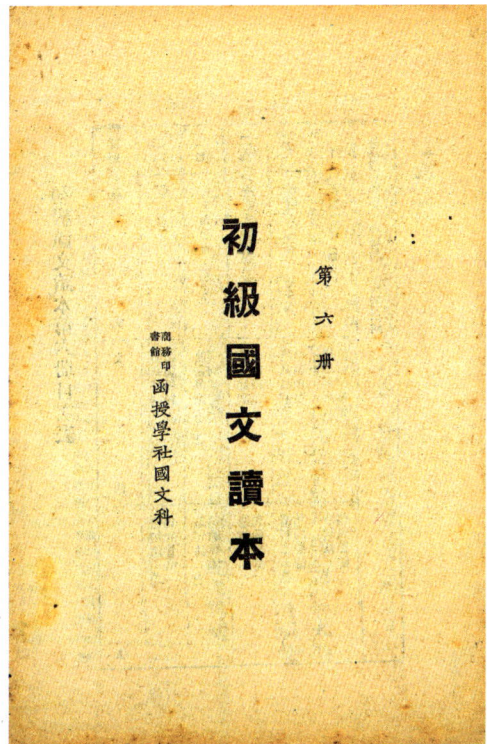

512　书名：新学制教科书国文读本

著者：不详

出版印行：世界书局

出版时间：不详

册数：不详

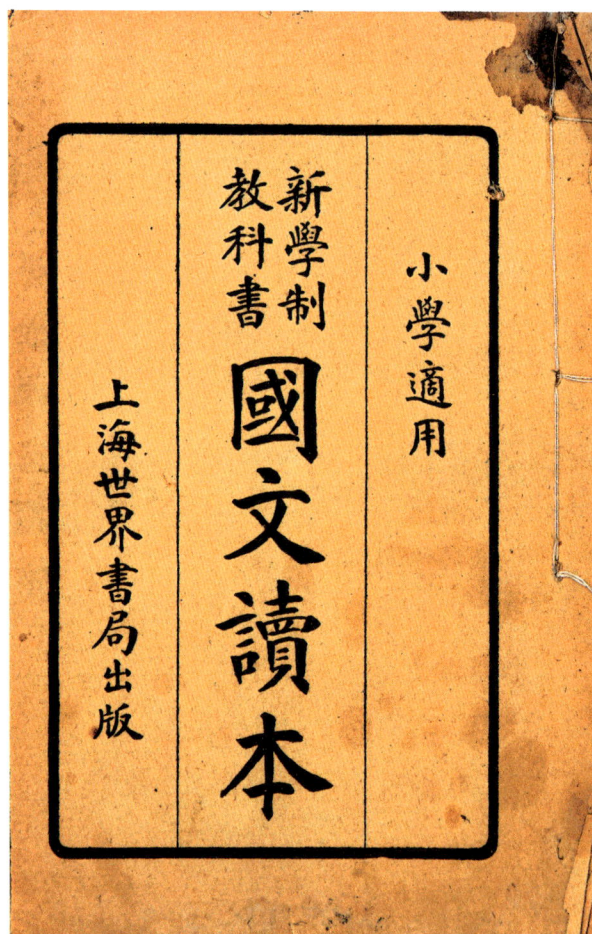

书名：新学制高级中学教科书国文读本

著者：江恒源 / 编

出版印行：商务印书馆

出版时间：不详

册数：不详

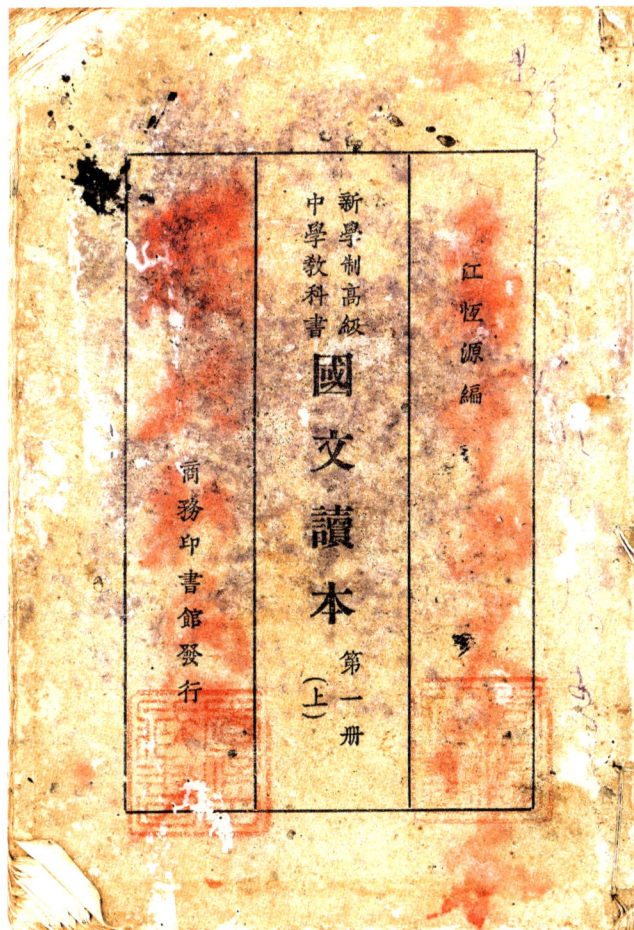

514

書名：普通适用新国文

著者：不详

出版印行：汉口震华书店

出版时间：不详

册数：八

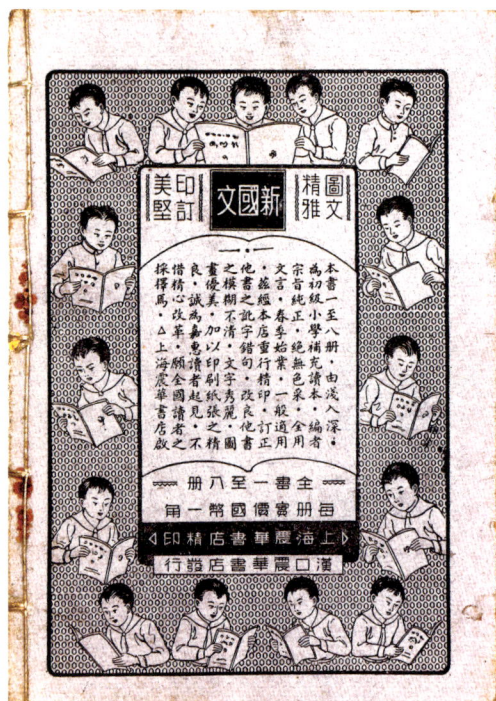

书名：补充读本新国文（初级小学用）
著者：不详
出版印行：上海商业书局
出版时间：不详
册数：不详

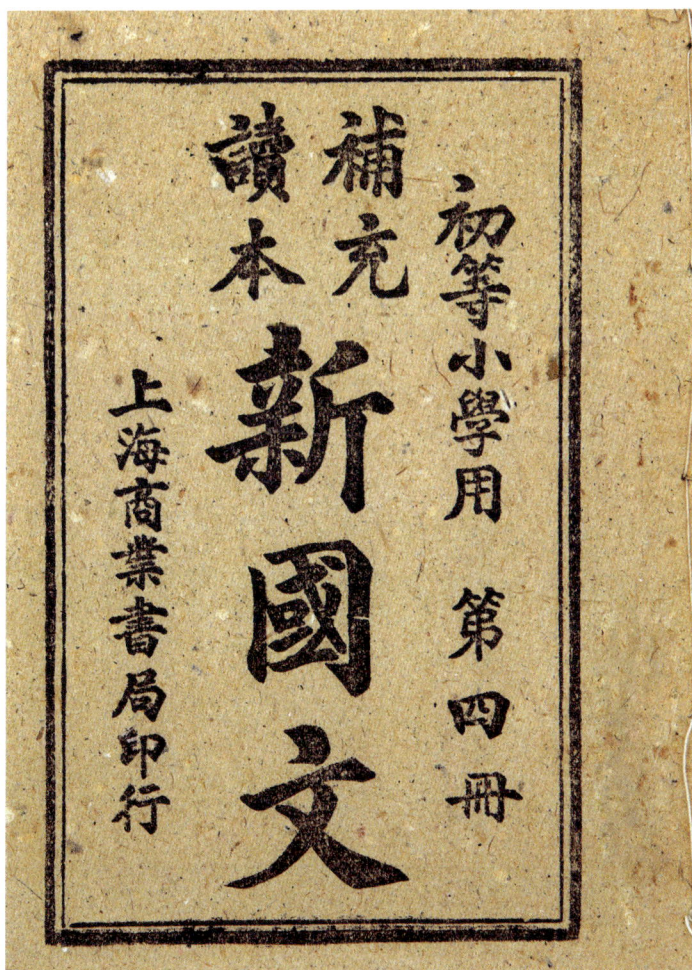

516 　书名：修正标准新式初中国文

著者：郑育青、汤际亨 / 编　李子扬、张天庐、李谷诒 / 校

出版印行：不详

出版时间：不详

册数：不详

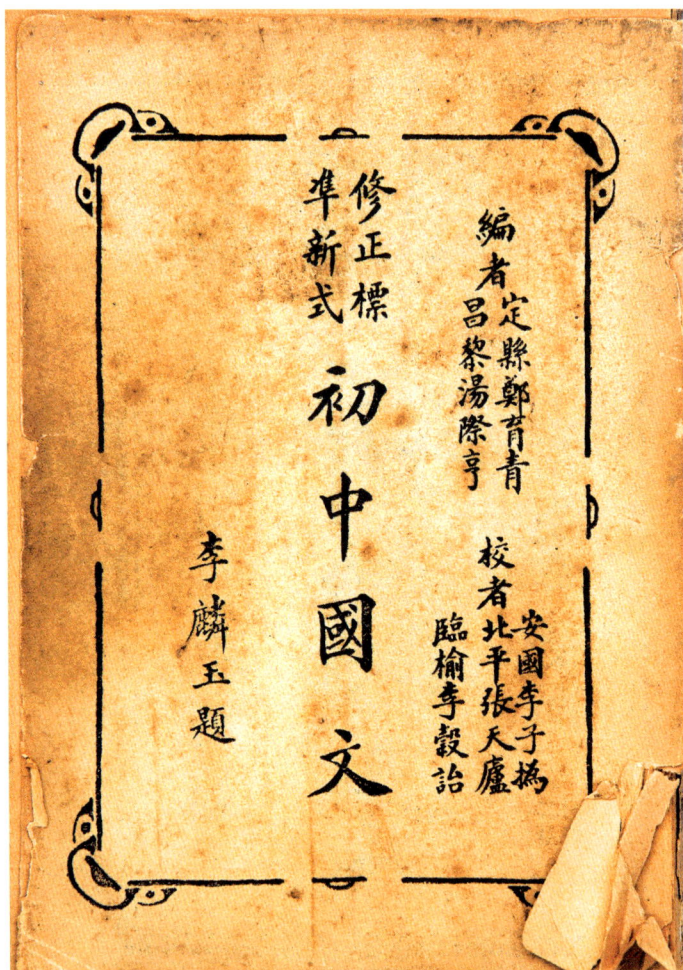

修正標準新式　初中國文

李麟玉題

編者　定縣鄭育青

　　　昌黎湯際亨

校者　安國李子撝

　　　北平張天廬

　　　臨榆李穀詒

书名：订正新编国文教科书（春季始业国民学校用）

著者：戴克敦、范源廉、沈颐、杨喆 / 编

出版印行：中华书局

出版时间：不详

册数：八

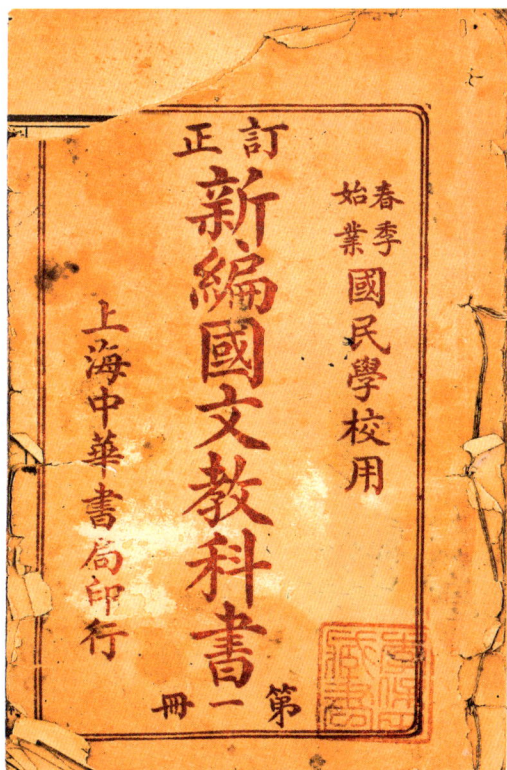

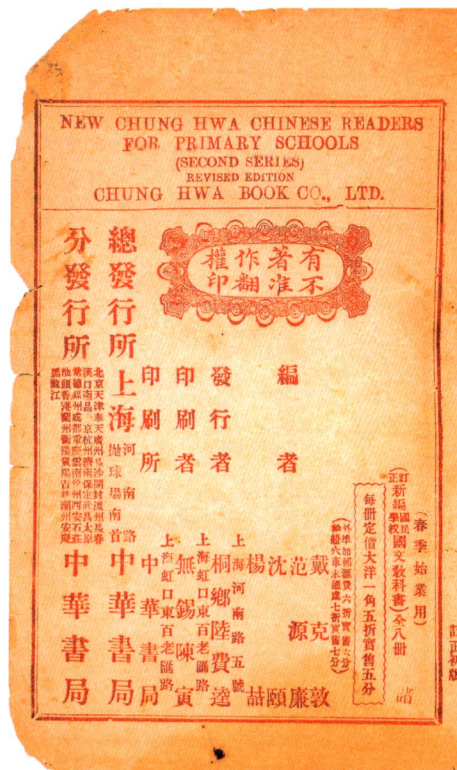

订正新编国文教科书

春季始业 国民学校用

上海中华书局印行

第一册

NEW CHUNG HWA CHINESE READERS
FOR PRIMARY SCHOOLS
(SECOND SERIES)
REVISED EDITION
CHUNG HWA BOOK CO., LTD.

有著作權不准翻印

編著

發行者

印刷所

總發行所上海河南路南首

分發行所

北京天津天津馬口威海州河口高昌州蘇州杭州沙州開封漢州濟南保定常德長沙柏州湖州西安五安香港黑龍江

中華書局

中華書局

中華書局

上海虹口東百老匯路寅

上海無錫百老匯路逵

上海桐鄉河南路五號陸費

楊喆

沈頤

范源廉

戴克敦

（春季始業用）

《訂正新編國民學校國文教科書》全八冊

每冊定價大洋一角五折實售五分

（另埠加郵費六折實售六分）
（掛號六角本通匯七折實售七分）

訂正初版

518 书名：初级中学教科书国文（新课程标准适用）
著者：不详
出版印行：正中书局
出版时间：不详
册数：不详

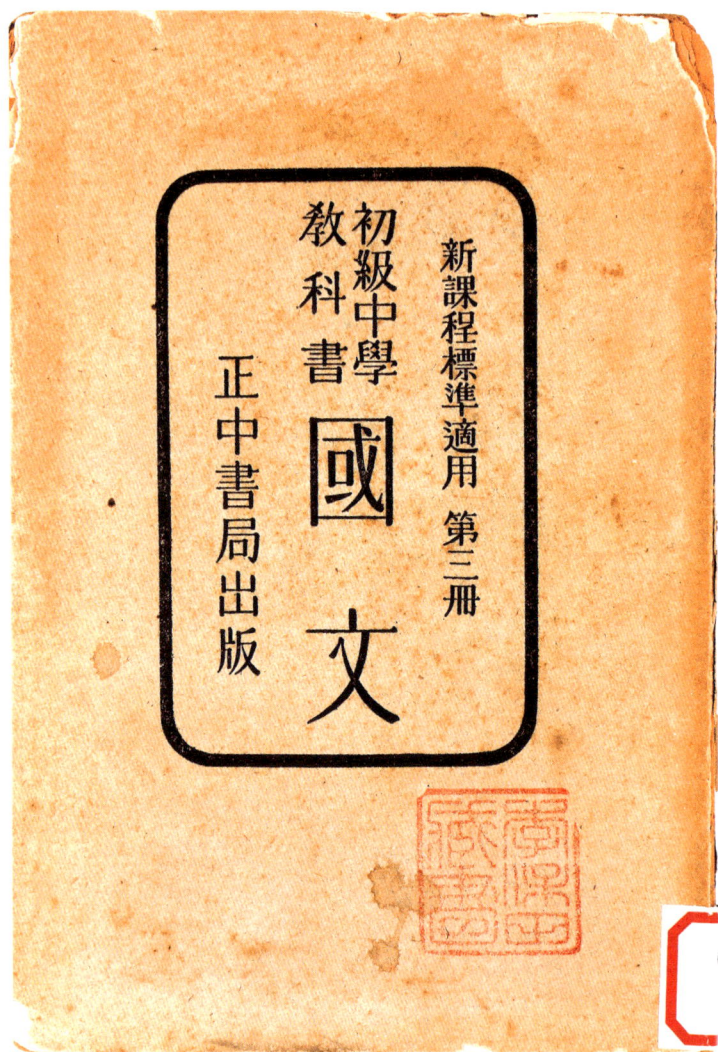

书名：国文读本（初级中学适用）
著者：不详
出版印行：上海青年会高级中学
出版时间：不详
册数：不详

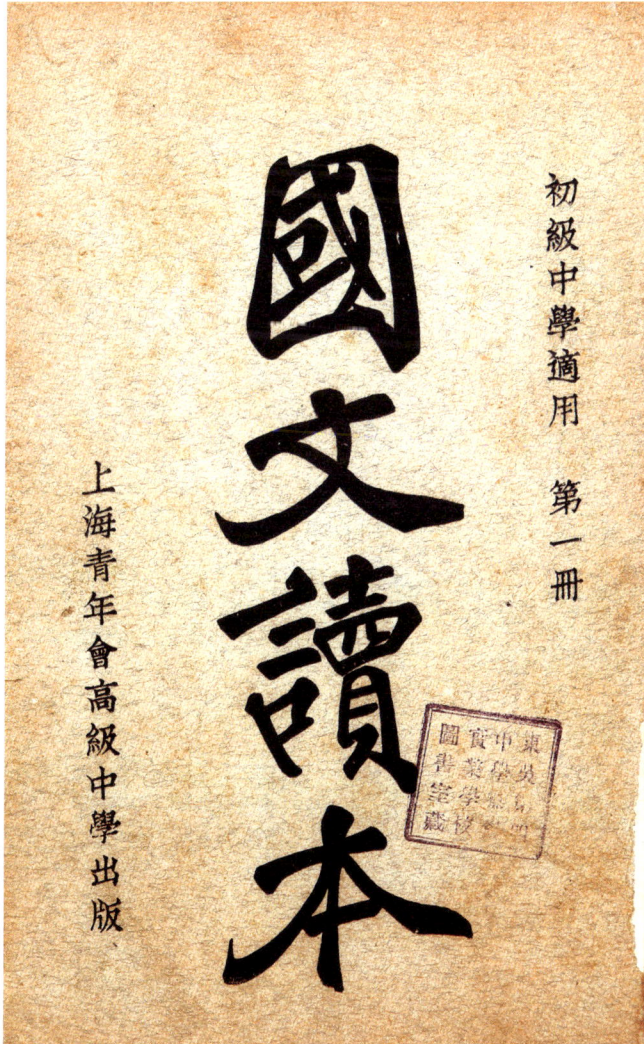

初級中學適用　第一冊

國文讀本

上海青年會高級中學出版

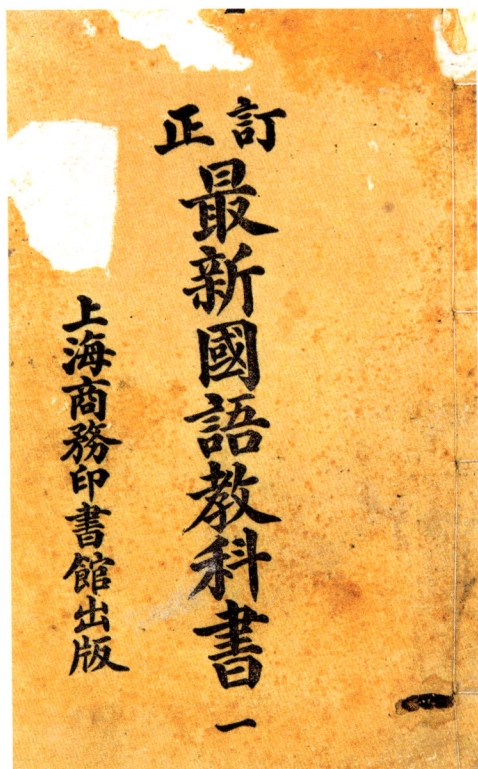

520 | 书名：订正最新国语教科书
著者：黄展云、林万里、王永炘 / 编纂
出版印行：商务印书馆
出版时间：丙午年（1906）出版　民国九年（1920）20版
册数：四

② 国语教材

訂正最新國語教科書 一

上海商務印書館出版

商務印書館發行

已出六冊　新國語教科書　每册八分

◆本書之特色

（一）完全用國語編輯最合國民學校應用（二）生字之勞均加注音字母（三）句讀圈點均用新符號（四）所選教材與常識實用均有關係（五）材料極有興趣（六）注重練習

【教育部審定批詞】是書專爲國民學校練習國語而設用意可嘉第一册支配注音字母完全納入並加練習各課具見苦心

惠思

元（339）

Primary Lessons In Mandarin
For Lower Primary Schools
Commercial Press, Ltd.
All rights reserved

丙午年八月初版
中華民國九年六月二十版
（初等小學等國語教科書四册）
（第一册定價大洋壹角伍分）
（外埠酌加運費隨徵）

編纂者　黄展雲　林萬里　王永炘　閩侯侯侯黃永泰

發行者　上海　商務印書館

印刷所　山　商務印書館

總發行所　上海棋盤街　商務印書館

分售處　商務印書分館

☸此書有著作權翻印必究
前清宣統三年二月二十八日稟到著字第九號執照
册四月十四日領

书名：小学词料教科书（蒙学书局最新）
著者：陈子褒 / 编辑
出版印行：蒙学书局
出版时间：民国四年（1915）3版
册数：三

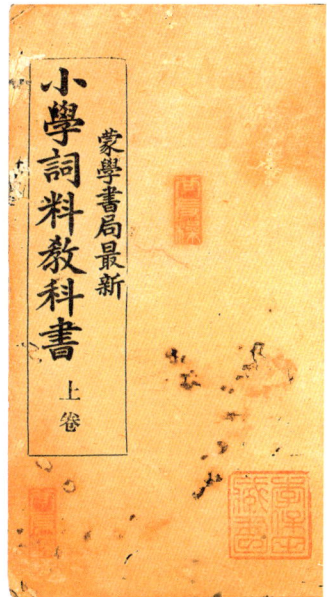

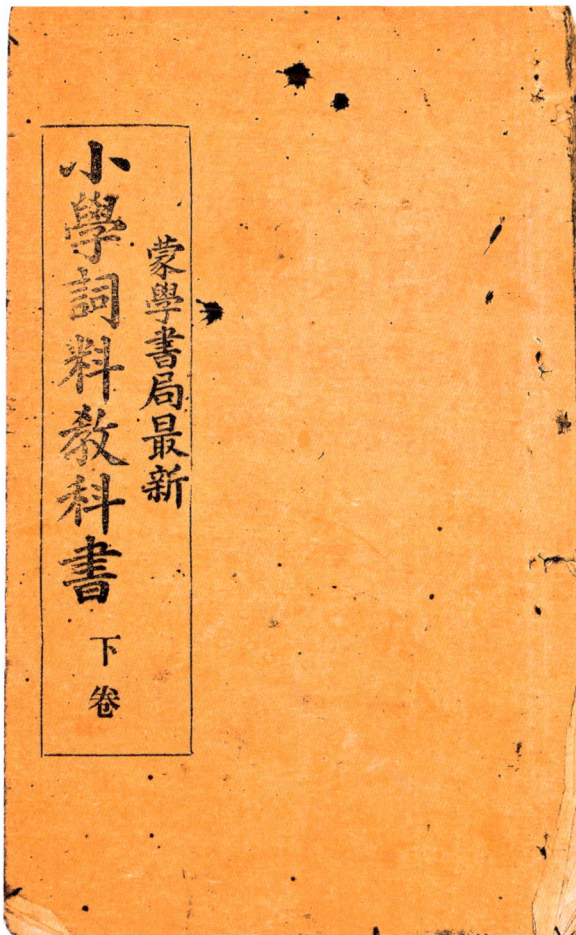

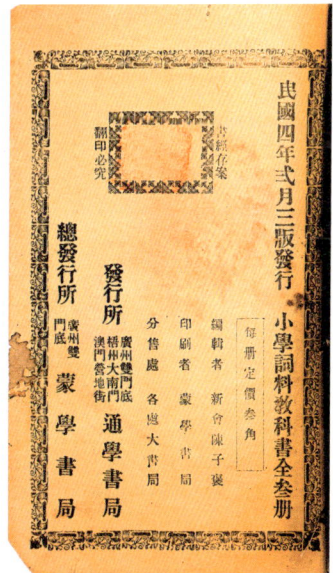

522 | 书名：新体国语教科书（国民学校春季始业用）
著者：庄适／编纂　庄俞、范祥善、黎锦熙、陈宝泉、蒋维乔、王璞／校订
出版印行：商务印书馆
出版时间：民国八年（1919）初版　民国九年（1920）30版
册数：八

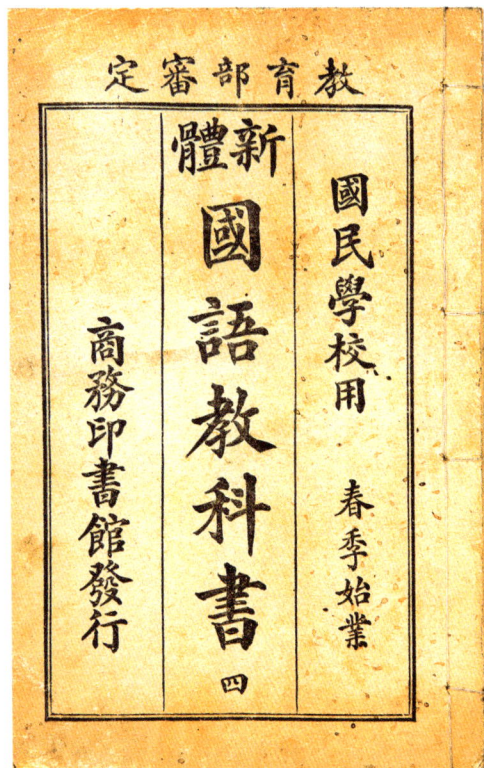

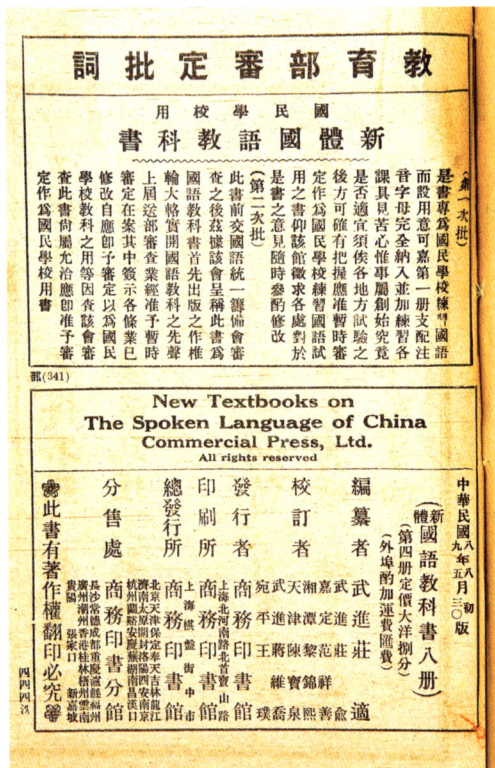

书名：国音浅说

著者：范祥善 / 编纂　方毅 / 校订

出版印行：商务印书馆

出版时间：民国八年（1919）初版　民国九年（1920）7版

册数：一

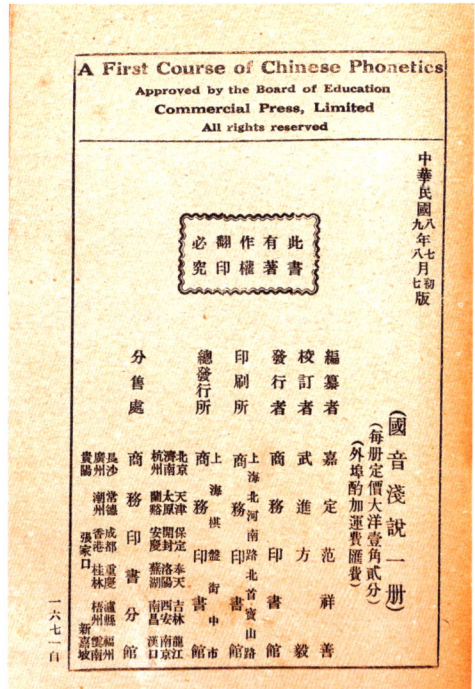

A First Course of Chinese Phonetics

Approved by the Board of Education

Commercial Press, Limited

All rights reserved

524 书名：国语学讲义

著者：黎锦熙 / 编纂

出版印行：商务印书馆

出版时间：民国八年（1919）初版　民国九年（1920）3版

册数：一

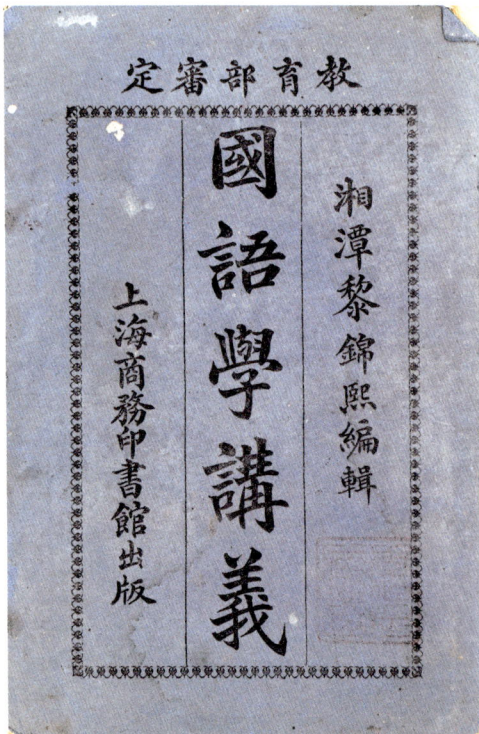

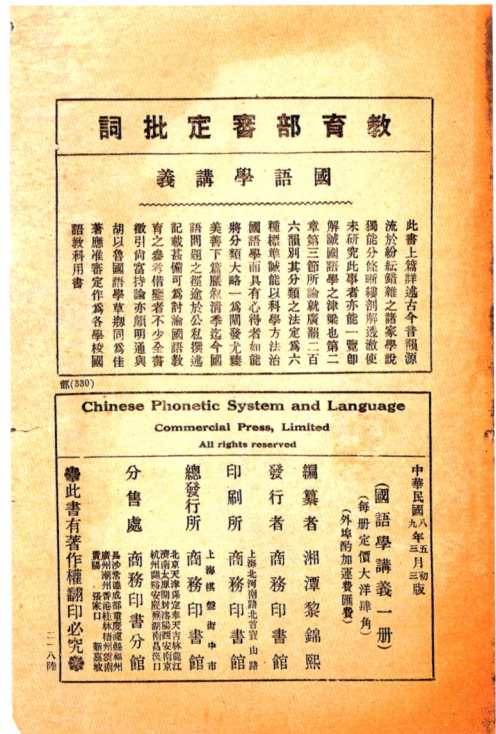

书名：国音教本

著者：方宾观 / 编纂

出版印行：商务印书馆

出版时间：民国九年（1920）初版

册数：一

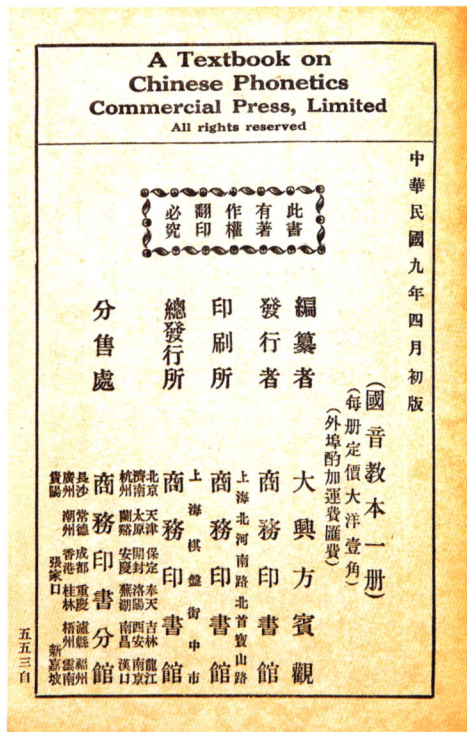

大興方賓觀編纂　誠孚

國音教本

商務印書館出版

A Textbook on
Chinese Phonetics
Commercial Press, Limited
All rights reserved

中華民國九年四月初版

（國音教本一册）

（每册定價大洋壹角）

（外埠酌加運費匯費）

編纂者　大興方賓觀

發行者　商務印書館

印刷所　上海北河南路北首寶山路商務印書館

總發行所　上海棋盤街中市商務印書館

分售處　北京　濟南　杭州　天津　太原　開封　保定　洛陽　奉天　南昌　吉安　西安　南京　龍江　漢口　雲南　長沙　常德　潮州　廣州　貴陽　成都　重慶　桂林　香港　張家口　梧州　瀘縣　霑益　稻南　新嘉坡　商務印書館分館

五五三白

书名：白话文范（中等学校用）

著者：洪北平／编纂

出版印行：商务印书馆

出版时间：民国九年（1920）初版　民国十一年（1922）81版

册数：不详

526

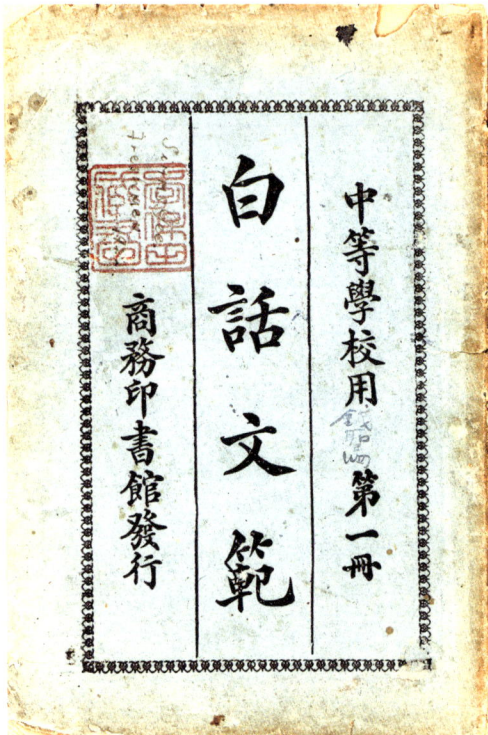

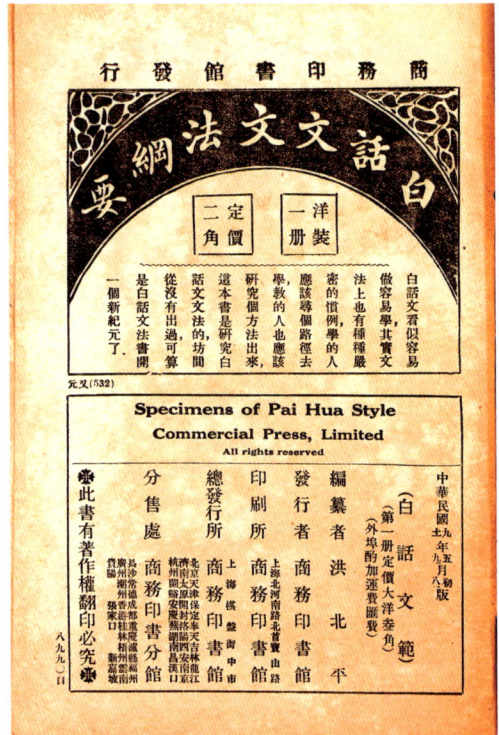

书名：实用国语会话

著者：王璞／编纂　范祥善／校订

出版印行：商务印书馆

出版时间：民国九年（1920）初版　民国十四年（1925）8版

册数：一

宛平王璞編纂

實用國語會話

上海商務印書館出版

教育部審定

國語教學法講義

一冊定價四角

這書是江都劉儒先生在江蘇國語講習所及商務印書館國語講習所擔任國語教學法的時候編輯的，隨講隨即修改，又經黎錦熙先生校正，教育部審定批詞，有：「將國音字體，詞類，語法等分章條述教法，各景實例證明，淺顯適用，師範生和小學教員看了，都有益處，」等語。這書實在使小學教員和師範生在教授上得到不少的幫助！

商務印書館發行

元(1181)

Practical Conversation

The Commercial Press, Limited

編纂者	校訂者	發行者	印刷所	總發行所	分售處	分售處
宛平王璞	嘉定范祥善	商務印書館	商務印書館	上海棋盤街中市商務印書館	商務印書分館	

中華民國十四年九月八版

〔實用國語會話一冊〕

（每冊定價大洋壹角陸分）

（外埠酌加運費匯費）

終此書有著作權翻印必究

九六八九九沈

书名：新法国语教科书（高等小学学生用）

著者：刘大绅、吴俊升、戴杰、范祥善、吕思勉、于人骥、缪珩、王国元、田广生／编纂　庄俞／校订

出版印行：商务印书馆

出版时间：民国九年（1920）初版　民国十年（1921）35 版

册数：六

 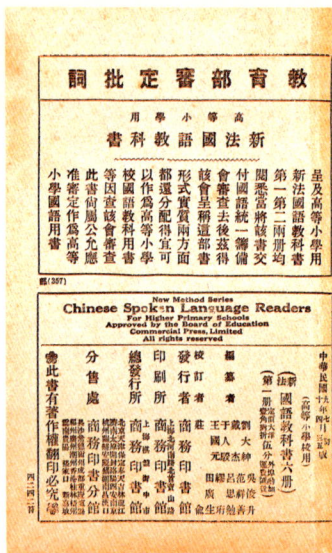

书名：新法国语教科书（国民学校学生用）

著者：庄适／编纂

　　　沈圻、刘儒、黎锦熙、范祥善、庄俞／校订

出版印行：商务印书馆

出版时间：民国十年（1921）初版

　　　　　民国十一年（1922）60 版

册数：八

书名：新法国语教科书（新学制小学后期用）

著者：沈圻／编纂　庄俞／校订

出版印行：商务印书馆

出版时间：民国十一年（1922）初版

　　　　　民国十二年（1923）7 版

册数：四

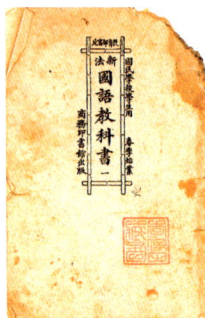 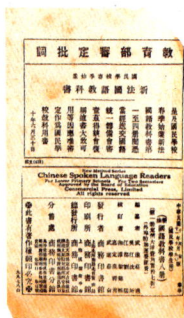  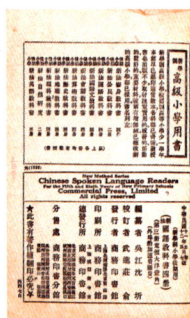

书名：国音读本
著者：易作霖 / 编辑
出版印行：中华书局
出版时间：民国九年（1920）
册数：一

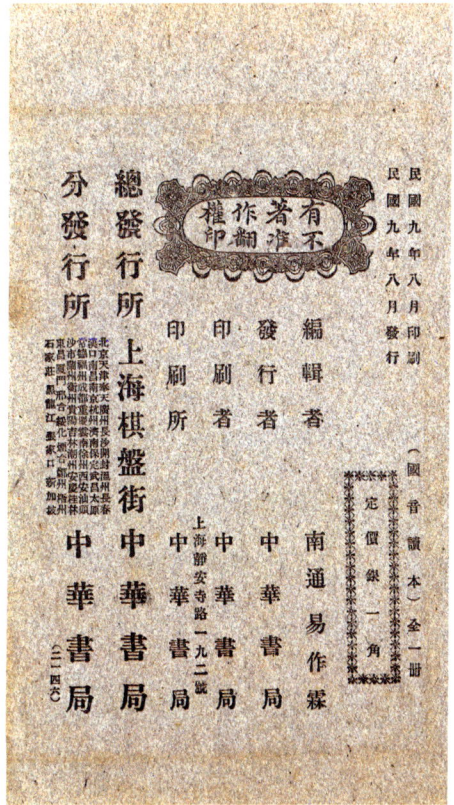

國音讀本

中華書局印行

民國九年八月印刷
民國九年八月發行

有不
著作
作翻
權印

編輯者　　南通易作霖

發行者　　中華書局

印刷者　　中華書局
　　　　　上海靜安寺路一九二號

印刷所　　中華書局

總發行所　上海棋盤街中華書局

分發行所　中華書局
（二四六）

（國音讀本）全一冊

定價壹角

书名：新教育教科书国语读本（国民学校春季始业用）

著者：胡舜华、陆费逵、杨敬勤、戴克敦、陆衣言、张相、黎均荃、刘传厚 / 编辑

　　　黎锦熙、沈恩孚、王璞、李廷翰、李廷慧 / 校阅

出版印行：中华书局

出版时间：民国十年（1921）初版　民国十一年（1922）13版

册数：八

新教育教科

國語讀本 八

國民學校春季始業用

中華書局印行

此書另有彙案儒教員用

中華書局發行

教育遊戲品

兒童課餘不可無消遣游戲之品以增其旨趣下列各種寫意深造使兒童於游戲之際得普通智識淘冶家庭中導誘兒童唯一良好之游戲品

新六（608）

CHINESE NATIONAL LANGUAGE READERS
FOR LOWER PRIMARY SCHOOLS
CHUNG HWA BOOK COMPANY, LTD.

新教育教科書國語讀本（全八冊）

（每冊定價銅元二角七分）

民國十一年二月發行　民國十一年十二月十三版（春季始業用）

編輯者　胡舜華　楊敬勤　陸費逵　黎錦熙
校閱者　王璞　李廷翰　李廷慧　沈恩孚　劉傳厚　張相　戴克敦　黎均荃

书名：新法会话读本（小学适用）
著者：范祥善／编纂　黎锦熙、庄俞／校订
出版印行：商务印书馆
出版时间：民国十年（1921）初版　民国十三年（1924）20版
册数：四

小學適用

新
法
會話讀本
三

商務印書館出版

行發館書印務商

高級小學用書

國語教科書　四册
公民教科書　四册
歷史教科書　四册
地理教科書　四册
算術教科書　四册
自然教科書　四册
衛生教科書　四册
英語教科書　四册
商業教科書　二册
農業教科書　四册

新法會話讀本第三册（完）

New Method Series
Chinese Conversation
(In Phonetic Transcript)
Commercial Press, Limited
All rights reserved

中華民國十三年三月二十版

新法會話讀本四册
（小學適用）
（每册定價大洋陸分實售七折）
（外埠酌加運費匯費）

編纂者　嘉定范祥善
校訂者　武進莊俞　湘潭黎錦熙
印刷所　商務印書館
發行者　商務印書館
總發行所　上海棋盤街中市商務印書館
分售處　商務印書分館

文此書有著作權翻印必究文

532 | 书名：国音初阶
著者：赫永襄 / 编纂
出版印行：商务印书馆
出版时间：民国十一年（1922）初版　民国十九年（1930）7 版
册数：一

仲明　國音初階

商務印書館印行

First Step in Chinese Phonetics
Commercial Press, Limited
All rights reserved

中華民國十九年四月七版

（國音初階）一册
（每册定價大洋壹角）
（外埠酌加運費匯費）

編纂者　赫永襄
發行者　商務印書館
印刷所　上海北河南路北首寶山路　商務印書館
總發行所　上海棋盤街中市　商務印書館
分售處　商務印書館分館

北平　天津　濟南　太原　開封　安慶　南昌　南京　吉安　龍江　漢口　長沙　常德　衡州　潭州　張家口　香港　成都　重慶　雲南　嘉興　寧波　新

N一七一〇沈

书名：新国语留声片课本（乙种；国语罗马字本）

著者：赵元任 / 著

出版印行：商务印书馆

出版时间：1923年

册数：不详

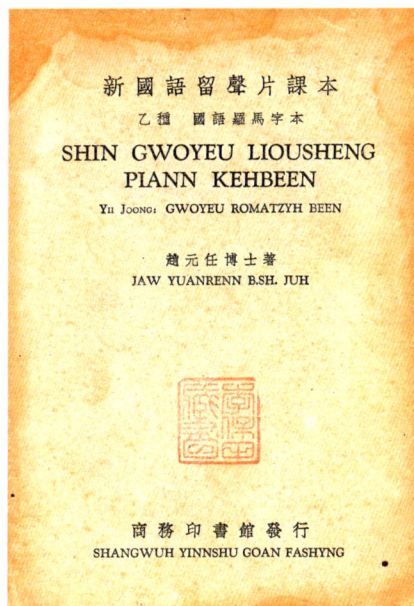

书名：新国语留声片课本（甲种；注音符号本）

著者：赵元任 / 编著

出版印行：商务印书馆

出版时间：民国二十四年（1935）初版　民国三十六年（1947）订正15版

册数：一

备注：赵元任为清华大学四大国学导师之一，所注《新国语留声片课本》（甲种、乙种），对台湾地区现行中文读音影响很大。

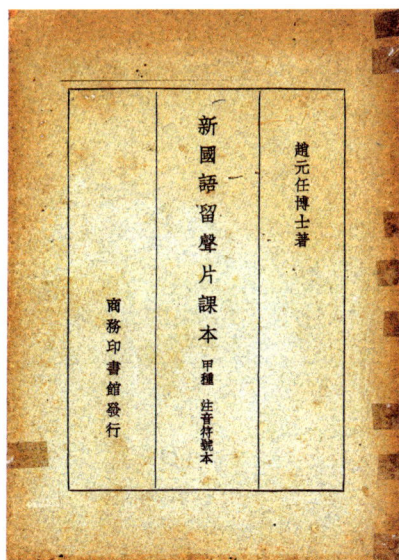

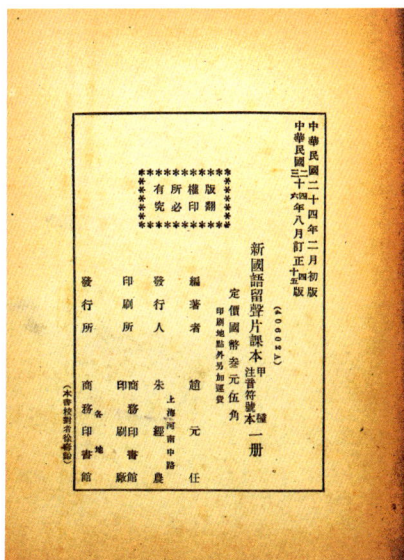

书名：新法会话教科书（新学制小学后期用）

著者：马昌期 / 编纂　黎锦熙、王璞、范祥善 / 校订

出版印行：商务印书馆

出版时间：民国十二年（1923）初版　民国十二年（1923）10版

册数：四

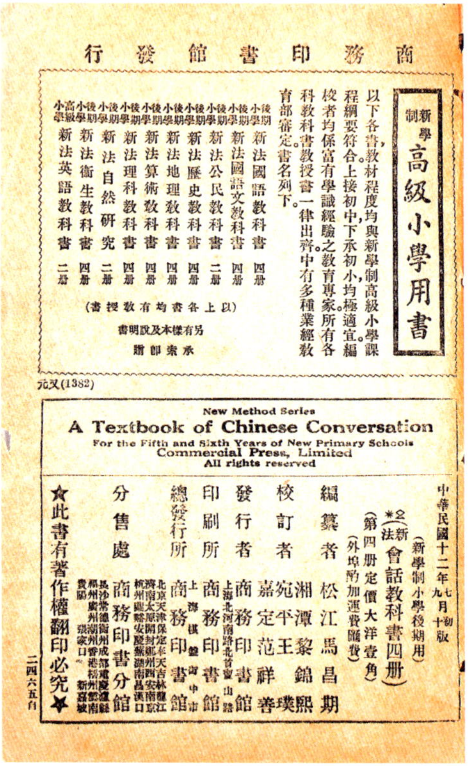

书名：新小学教科书国语读本（新学制适用）
著者：黎锦晖、陆费逵、易作霖 / 编　戴克敦、张相、金兆梓、朱文叔 / 校
出版印行：中华书局
出版时间：民国十二年（1923）发行　民国十三年（1924）6版
册数：四

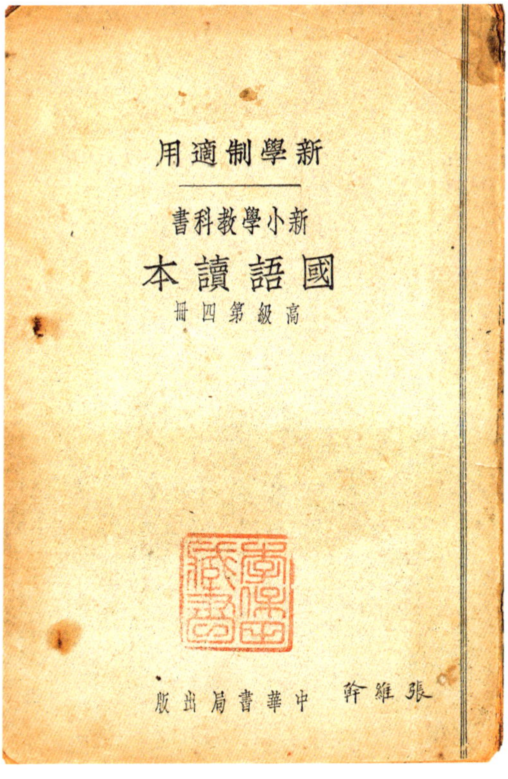

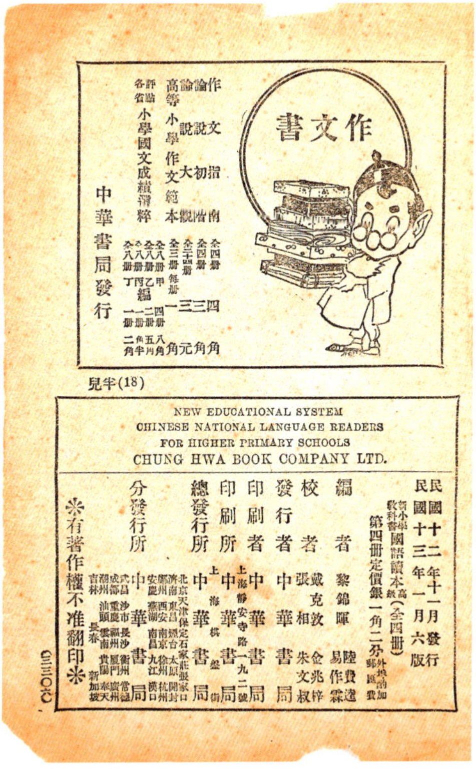

536　书名：新学制国语教科书（初级中学用）
著者：顾颉刚、叶绍钧 / 编辑　胡适、王岫庐、朱经农 / 校订
出版印行：商务印书馆
出版时间：民国十二年（1923）初版　民国十四年（1925）4版
册数：六

新學制
國語教科書
第三冊
初級中學用

編輯者　顧頡剛　葉紹鈞

校訂者　胡　適　王岫廬　朱經農

商務印書館印行．

商務印書館發行

高元國音學　國語草學創

一冊定價五角　一冊四角五分

高元先生深於發音學，且嫻英德法三國文字，這書是他的精采之作，理論一廳徹底詳讓充足張一廳錢玄同、黎錦熙、胡適諸先生都有序文推崇備至

本書爲胡以魯先生的遺著胡先生湛深語學在二十年前首先討論國語問題實爲國語中的第一部創作研究國語者不可不讀。

元(1473)

New System Series
Chinese Language Readers
For Junior Middle Schools
The Commercial Press, Limited
All rights reserved

編輯者	校訂者	發行所	印刷所	總發行所	分售處	此書有著作權翻印必究
顧葉	王胡朱	商	商	商		
頡紹	岫　經	務	務	務		
剛鈞	廬適農	印	印	印		
		書	書	書		
		館	館	館		

（新學　國語教科書六冊）
第三冊定價大洋叁角伍分
（外埠酌加運費匯費）

中華民國十二年七月初版
（初級中學用）
中華民國十四年五月四版

八八八五號

书名：国音新教本
著者：方宾观、章寿栋 / 编辑　刘儒 / 校订
出版印行：商务印书馆
出版时间：民国十二年（1923）初版　民国十七年（1928）9版
册数：一

國音新教本

編輯者

方賓觀　章壽棟

校訂者

劉儒

上海商務印書館發行

中華民國十七年六月九版
十二年四月初版

編輯者　方賓觀　章壽棟

校訂者　劉儒

發行者　商務印書館

印刷所　上海北河南路北首寶山路商務印書館

總發行所　商務印書館

分售處　商務印書館分館
北京 天津 保定 奉天 吉林 龍江
濟南 開封 西安 南京 杭州 江
關 安慶 蘇州 湖南昌 漢口 長沙
太原 杭州 新嘉坡
常德 衢州 重慶 貴陽 雲南
廣州 潮州 梧州 香港 張家口

國音新教本一册
（每册定價大洋壹角伍分）
（外埠的加運費匯費）

538

书名：新学制小学教科书初级国语读本

著者：魏冰心、朱翊新、范祥善 / 编辑　沈知方、胡仁源、秦同培、印鸾章、张肇熊、汪蓉第 / 参订

出版印行：世界书局

出版时间：民国十三年（1924）初版　民国十五年（1926）17版

册数：八

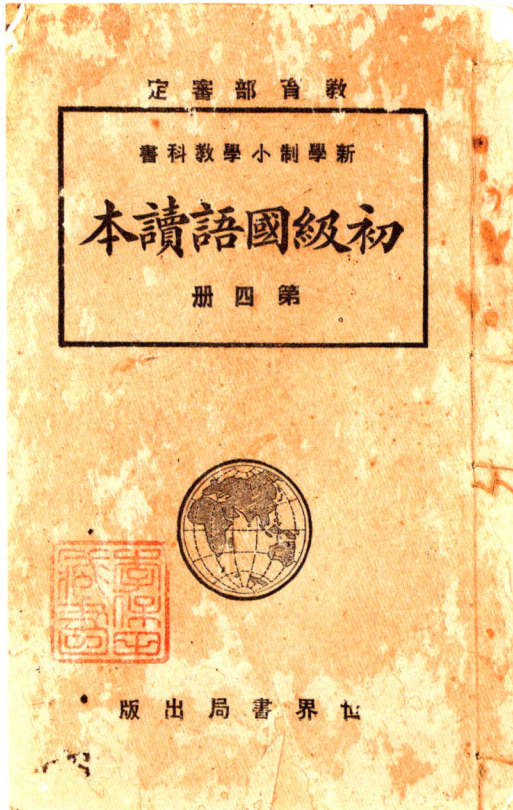

教育部審定

新學制小學教科書

初級國語讀本

第四冊

世界書局出版

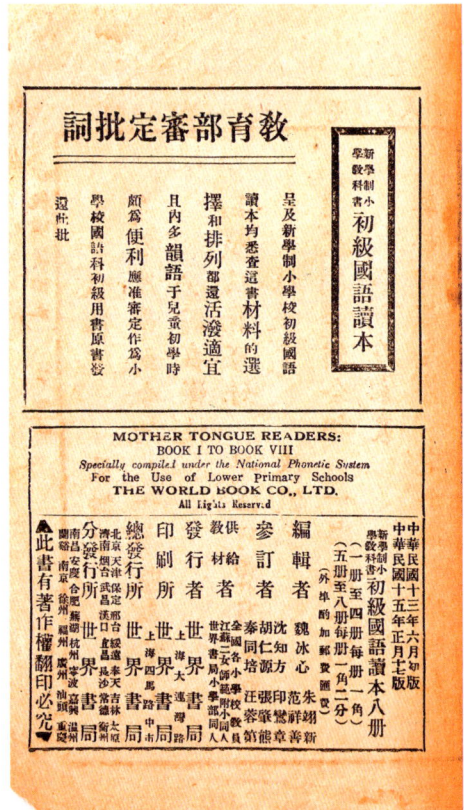

新學制小學教科書 初級國語讀本

教育部審定批詞

呈及新學制小學校初級國語
讀本均悉審查這書材料的選
擇和排列都邊活潑適宜
且內多韻語于兒童初學時
頗為便利應准審定作為小
學校國語科初級用書原書發

邊批批

MOTHER TONGUE READERS:
BOOK I TO BOOK VIII
Specially compiled under the National Phonetic System
For the Use of Lower Primary Schools
THE WORLD BOOK CO., LTD.
All Rights Reserved.

編輯者　魏冰心 朱翊新 范祥善 汪蓉第 張肇熊 印鸞章

參訂者　沈知方 胡仁源 秦同培

供給者　世界書局

發行者　世界書局

印刷所　世界書局

總發行所　北京 天津 上海 武昌 漢口

分發行所　南昌 南京 安慶 合肥 徐州 蕪湖 杭州 寧波 奉天 吉林 常德 長沙 廣州 汕頭 溫州 溫嶺

中華民國十三年六月初版
中華民國十五年正月七版
新學制小學教科書初級國語讀本八冊
（一冊至四冊每冊一角）
（五冊至八冊每冊一角二分）
（外埠酌加郵費匯兌）

此書有著作權翻印必究

书名：新学制初级中学教科书国语

著者：顾颉刚、叶绍钧 / 编纂　胡适、王云五、朱经农 / 校订

出版印行：商务印书馆

出版时间：民国十三年（1924）初版

册数：六

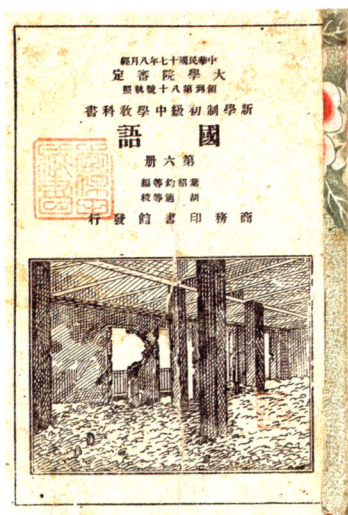 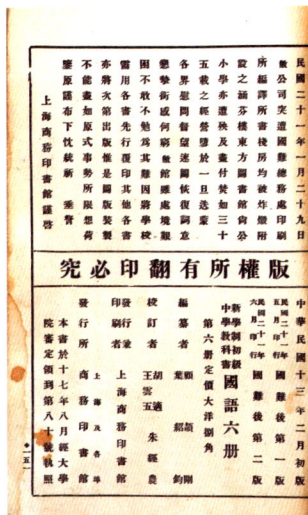

书名：新学制国语教科书（初级中学用）

著者：范祥善、顾颉刚、叶绍钧 / 编辑

　　　朱经农、胡适、王岫庐 / 校订

出版印行：商务印书馆

出版时间：民国十二年（1923）初版

　　　　　民国十五年（1926）67版

册数：六

书名：新学制国语教科书（小学校初级用）

著者：庄适、吴研因、沈圻 / 编

　　　朱经农、高梦旦、王岫庐、唐钺 / 校

出版印行：商务印书馆

出版时间：民国十二年（1923）初版

　　　　　民国十二年（1923）13版

册数：八

 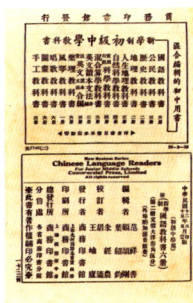  

540

书名：高级中学国语读本古白话文选

著者：吴遁生、郑次川 / 编辑　王岫庐、朱经农 / 校订

出版印行：商务印书馆

出版时间：民国十三年（1924）初版　民国十六年（1927）4 版

册数：二

书名：新中学教科书初级国语读本
著者：沈星一／编　黎锦熙、沈颐／校
出版印行：中华书局
出版时间：民国十三年（1924）发行　民国十七年（1928）8版
册数：三

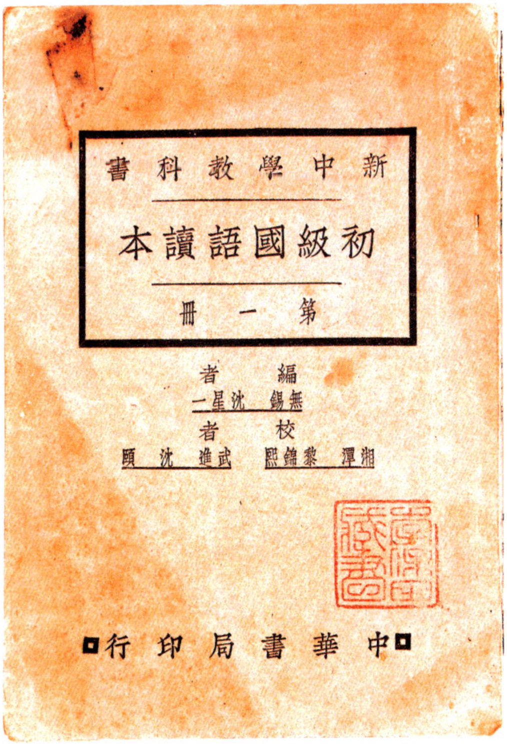

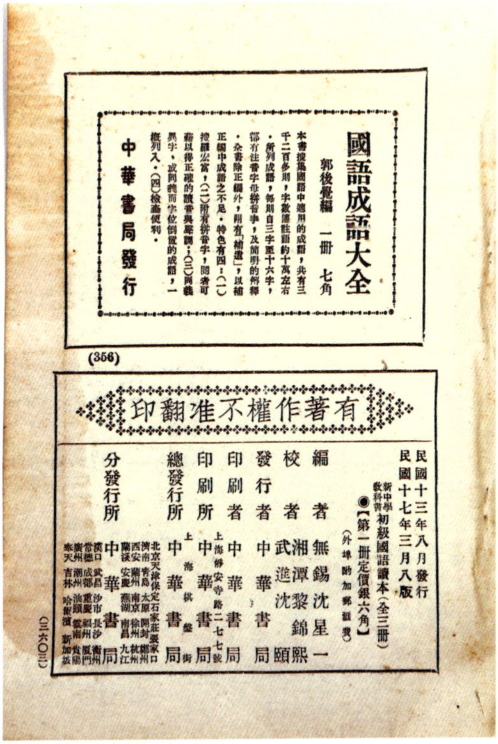

书名：新时代国语教科书（小学校初级用）

著者：胡贞惠 / 编纂　蔡元培、王云五 / 校订

出版印行：商务印书馆

出版时间：民国十六年（1927）初版　民国二十一年（1932）40版

册数：八

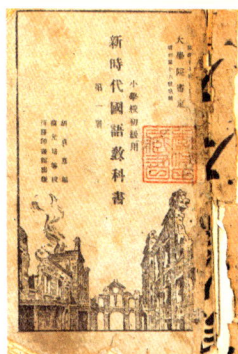

书名：新时代国语教科书（小学校高级用）

著者：胡贞惠 / 编纂　王云五 / 校订

出版印行：商务印书馆

出版时间：民国十六年（1927）初版

　　　　　民国十八年（1929）130版

册数：四

书名：新时代国语教科书（初级中学用）

著者：胡怀琛、陈彬龢、汤彬华 / 编辑　蔡元培 / 校订

出版印行：商务印书馆

出版时间：民国十七年（1928）初版

　　　　　民国十八年（1929）30版

册数：六

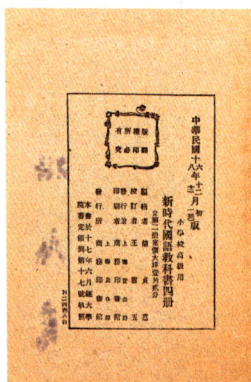

书名：新主义国语读本（小学高级学生用）　　　　　　　　　　543

著者：魏冰心、吕伯攸／编辑　范祥善／校订　于右任／校阅

出版印行：世界书局

出版时间：民国十七年（1928）

册数：四

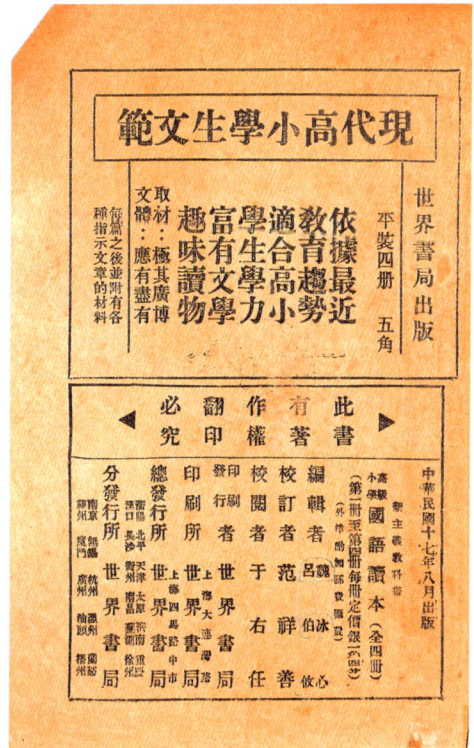

书名：前期小学国语读本

著者：魏冰心（主干）、吕伯攸、殷叔平、王剑星、朱亮基 / 编辑　范祥善 / 校订　于右任 / 校阅

出版印行：世界书局

出版时间：民国十七年（1928）审定　民国十八年（1929）66版

册数：八

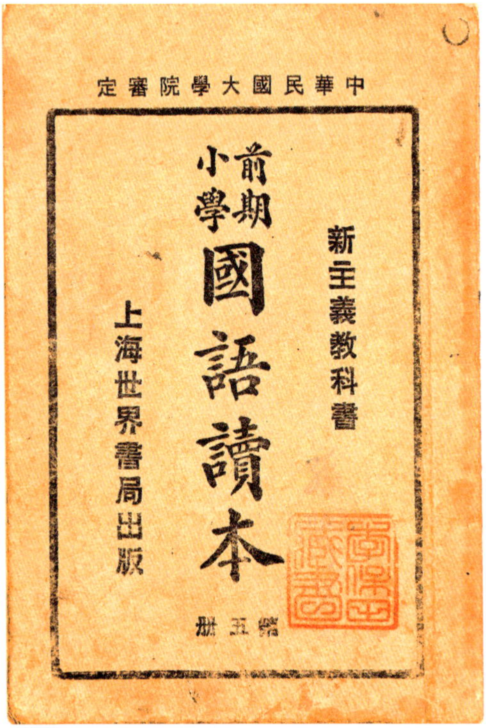

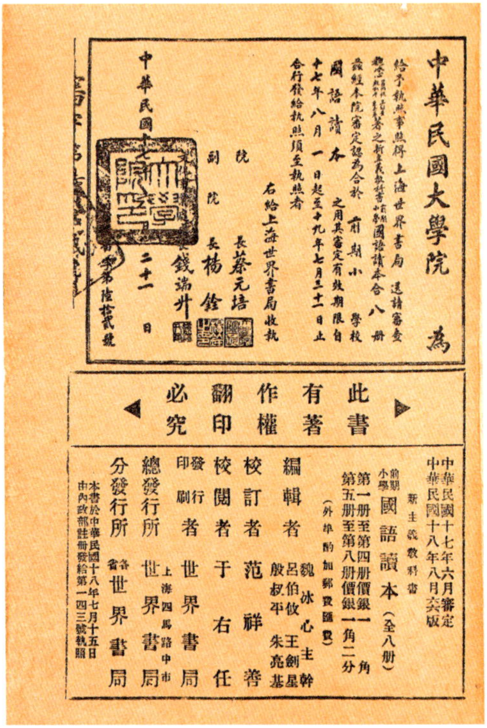

书名：新中华国语读本（小学校初级用）

著者：王祖廉、黎锦晖、黎明 / 著　吴稚晖 / 校阅

出版印行：新国民图书社 / 出版　中华书局 / 发行

出版时间：民国十七年（1928）发行　民国二十年（1931）42版

册数：八

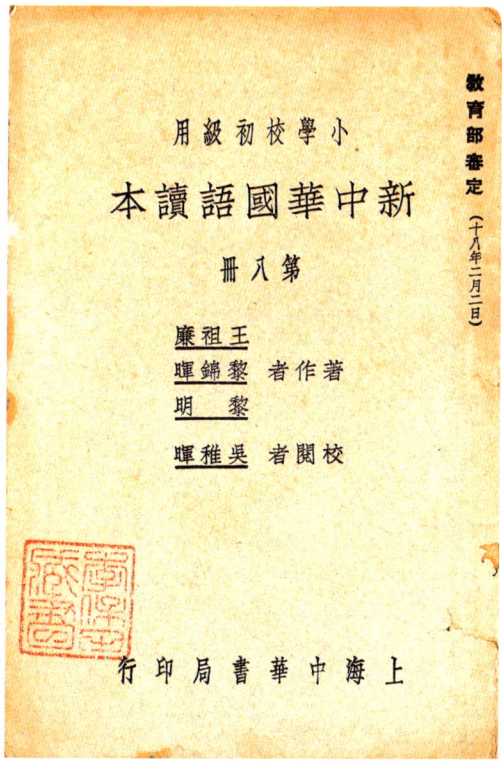

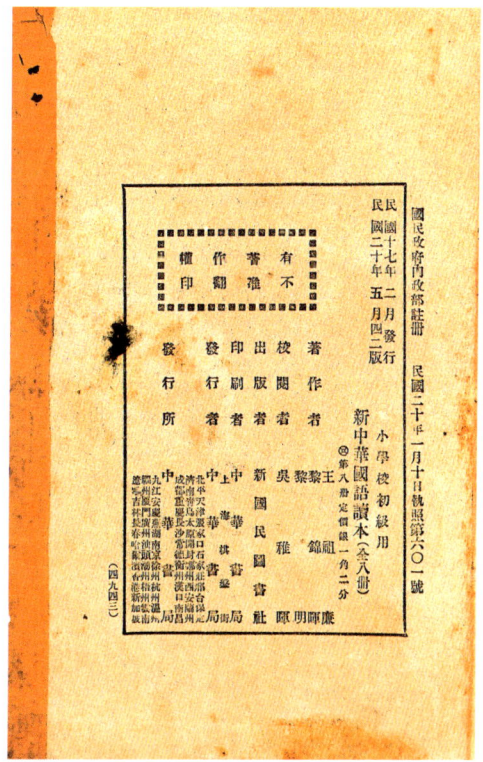

小學校初級用

新中華國語讀本

第八冊

著作者　王祖廉
　　　　黎錦暉
　　　　黎明

校閱者　吳稚暉

上海中華書局印行

國民政府內政部註冊　民國二十年二月十日執照第六○一號

民國十七年二月發行
民國二十年五月四二版

新中華國語讀本（全八冊）

小學校初級用

⊙第八冊定價銀一角二分

著作者　　王祖廉　黎錦暉　黎明暉

校閱者　　吳稚暉

出版者　　新國民圖書社

印刷者　　中華書局

發行者　　中華書局

發行所　　中華書局

上海　南京　漢口　廣州　福州　瀋陽　太原　重慶　成都　九江
天津　杭州　西安　梧州　昆明　南昌　桂林　貴陽　長沙　開封
（四九四三）

有著作權
翻印必究

546　书名：新中华教科书国语与国文（初级中学用）
著者：朱文叔 / 编　陈棠 / 校
出版印行：新国民图书社 / 出版　中华书局 / 发行
出版时间：民国十八年（1929）初版
册数：六

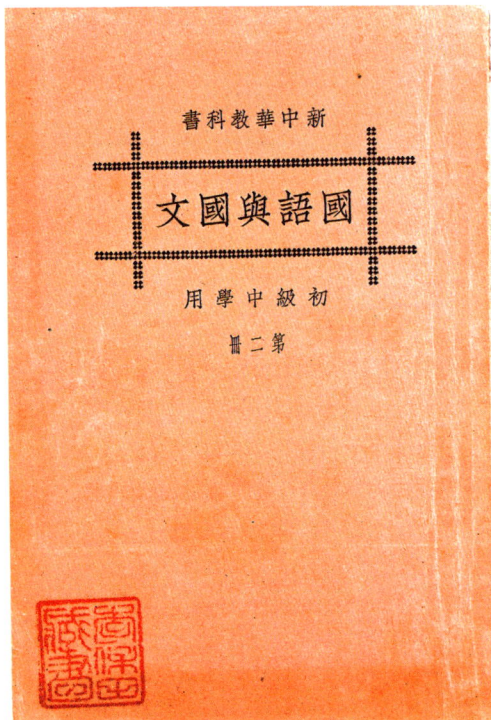

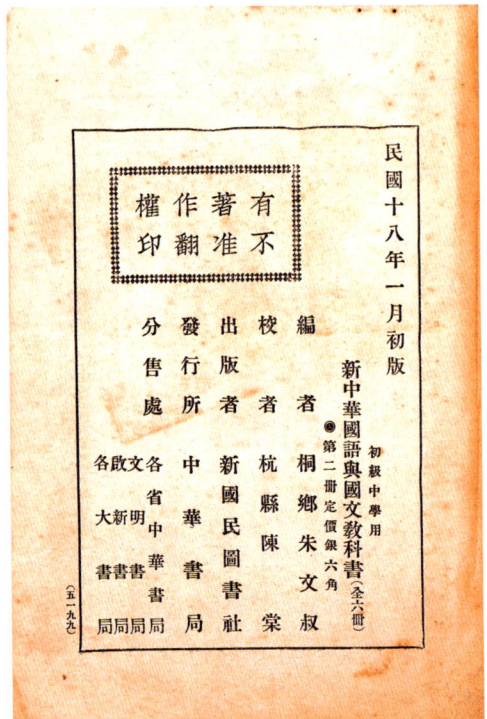

新中華教科書

國語與國文

初級中學用

第二冊

民國十八年一月初版

初級中學用

新中華國語與國文教科書（全六冊）

第二冊定價銀六角

編　著　桐鄉　朱文叔

校　者　杭縣　陳棠

出版者　新國民圖書社

發行所　中華書局

分售處　各省中華書局
各省明書書局
大新書書局
各啟文書局

有著不准
作翻印
權

（五一九九）

书名：初中混合国语

著者：赵景深 / 编辑

出版印行：青光书局 / 出版　北新书局 / 发行

出版时间：民国十九年（1930）初版　民国二十四年（1935）13版

册数：不详

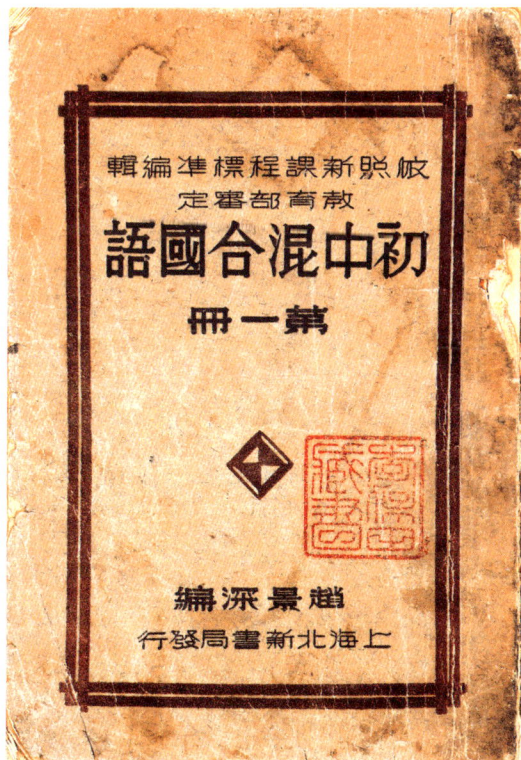

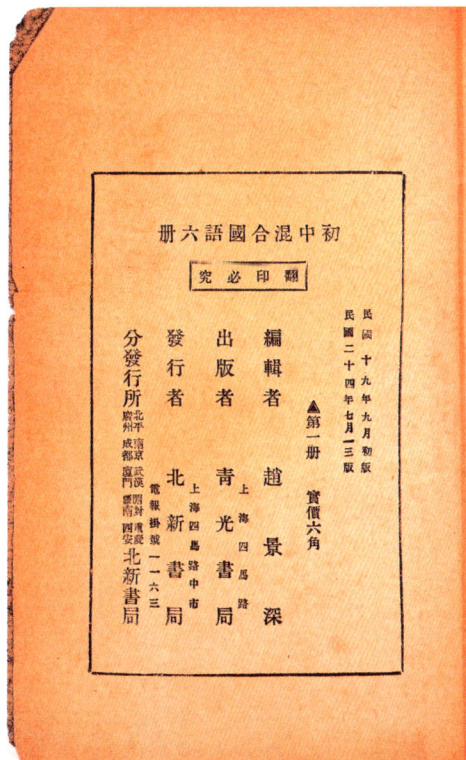

548 书名：注音符号课本

著者：陆问梅 / 编辑　陆衣言 / 校订

出版印行：世界书局

出版时间：民国十九年（1930）

册数：一

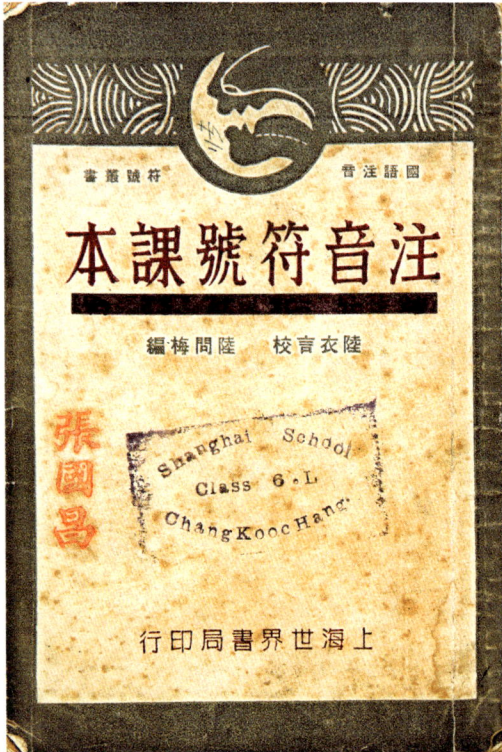

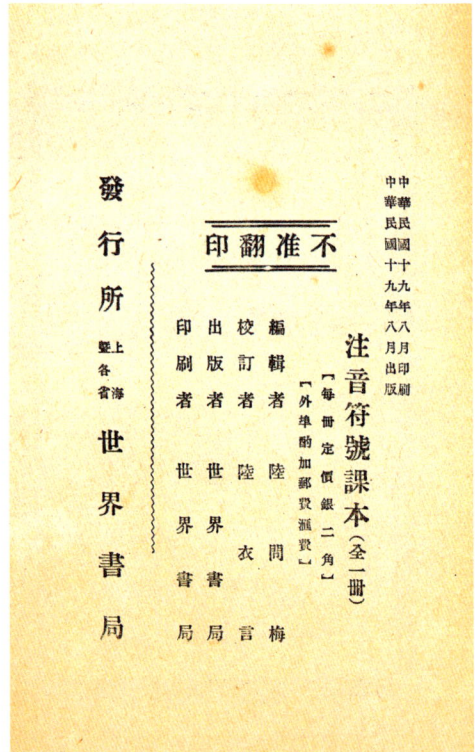

书名：国语会话

著者：马国英 / 编辑　陆衣言 / 校订

出版印行：世界书局

出版时间：民国十九年（1930）初版　民国卅七年（1948）14 版

册数：一

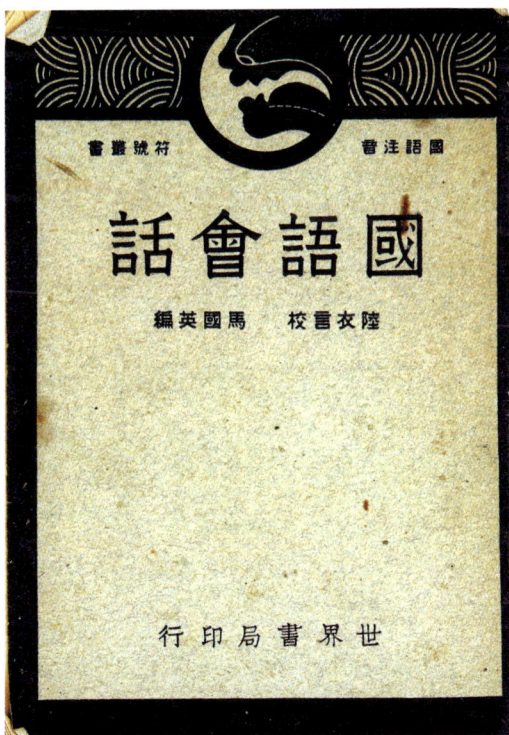

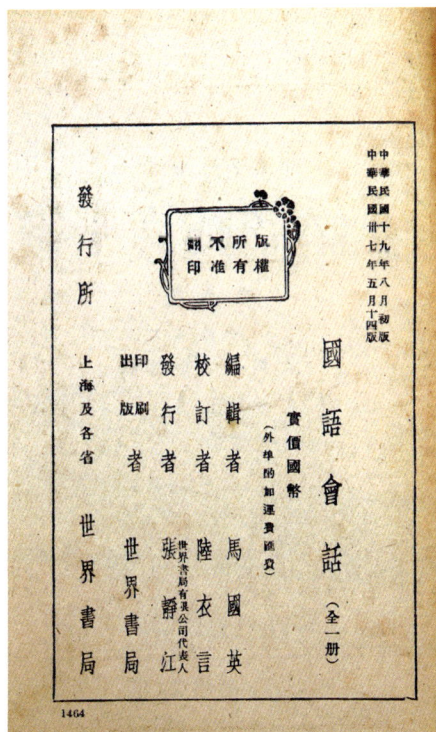

550　书名：新主义国语读本（小学初级学生用）
　　　著者：魏冰心（主干）、吕伯攸、王剑星、殷叔平、朱亮基／编辑　范祥善／校订　于右任／校阅
　　　出版印行：世界书局
　　　出版时间：民国二十年（1931）78版
　　　册数：八

中華民國二十一年一月教育部審定

小學初級學生用

新主義國語讀本

第八册

編輯著

魏冰心　吕伯攸

上海世界書局印行

世界書局出版

幼稚園
小學校
故事集

張雪門編　厚二册定價一元

內容包含神仙故事，名人故事，寓言故事，笑話故事，迎神賽會故事，百神故事，神話故事十篇，數材厚，取材富，用語園科補充。已合，話言都是兒童經驗過並合於小學幼稚之材料，合趣味濃，說理實際地，用之小學幼稚國。

◀ 此書有著作權翻印必究 ▶

小學初級　新主義教科書
國語讀本（全八册）

中華民國二十年七月七版
中華民國二十年一月審定
第五册至第八册價銀一角二分
第一册至第四册價銀一角

編輯者　魏冰心（主幹）吕伯攸　王剑星　朱亮基　殷叔平
校訂者　范祥善
校閱者　于右任

印刷所　世界書局
發行所　世界書局　上海四馬路中市
總發行所　世界書局　北平　長沙　漢口　瀋陽
分發行所　世界書局　南京　天津　太原　衡陽　杭州　廣州　無錫　寧波　蘇州　重慶　開封　福州

书名：混合国语教科书（初级中学）
著者：赵景深 / 编辑
出版印行：北新书局
出版时间：1931年再版
册数：不详

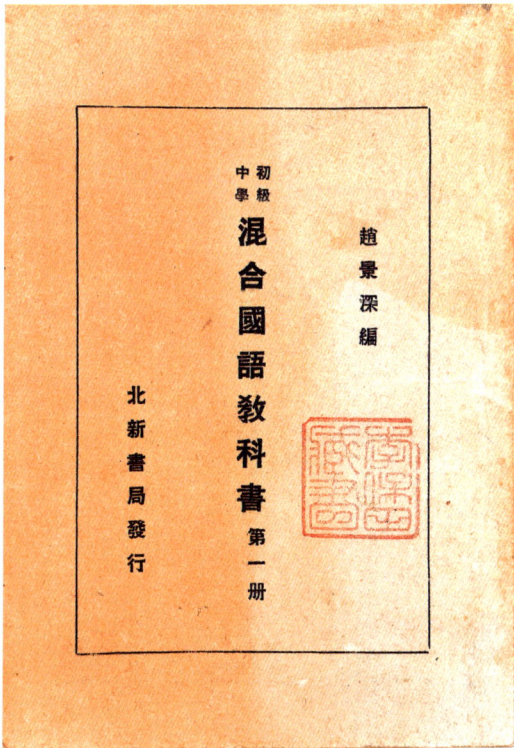

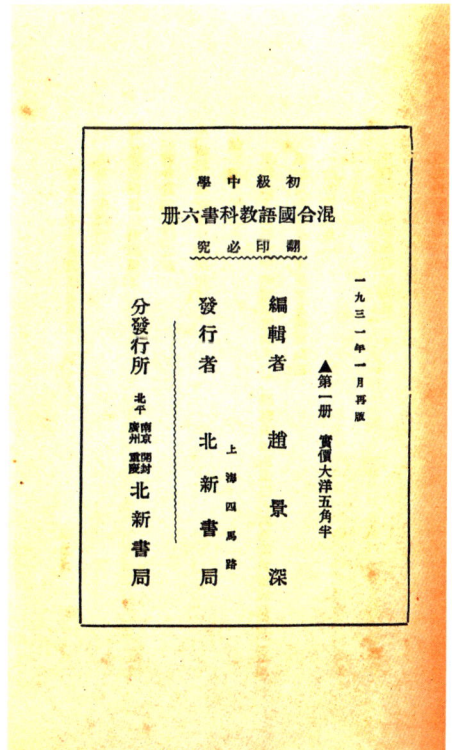

552 | 书名：初级中学北新混合国语
著者：赵景深 / 编辑
出版印行：北新书局
出版时间：1932年初版　1933年3版
册数：不详

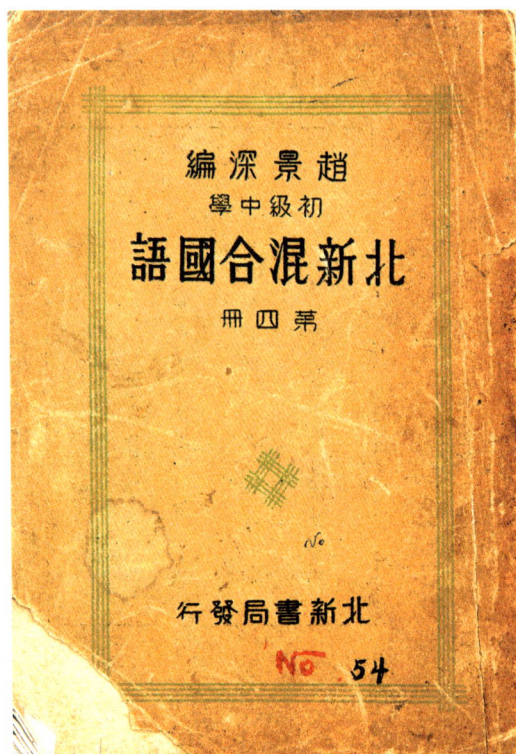

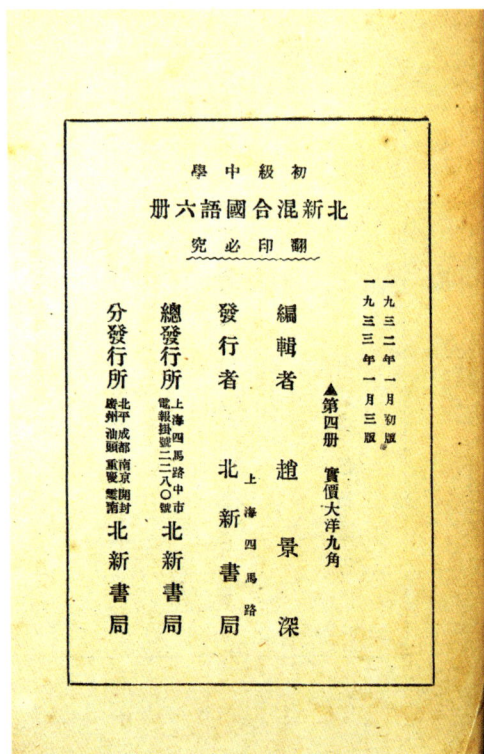

书名：新国音读本
著者：陆衣言 / 著
出版印行：商务印书馆
出版时间：民国二十一年（1932）1版　民国二十一年（1932）2版
册数：一

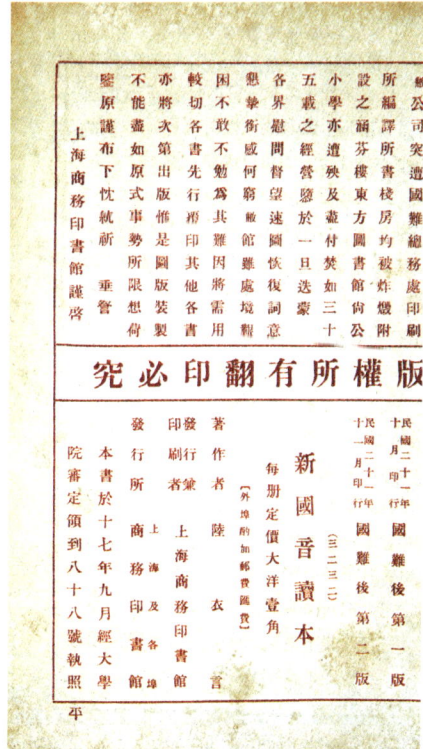

554

書名：新课程国语读本（小学初级学生用）
著者：魏冰心、苏兆骧 / 编辑　薛天汉、范祥善 / 校订
出版印行：世界书局
出版时间：民国廿一年（1932）12版
册数：八

中華民國二十年八月教育部審定

小學初級學生用

新課程國語讀本

第三册

編輯者

魏冰心　蘇兆骧

上海世界書局印行

繪圖新兒童樂園

——共十四册——

兒童故事　兒童遊記　兒童尺牘　兒童圖畫　兒童物語　兒童歌謠　兒童謎語　兒童工藝　兒童神話　兒童鼓詞　兒童笑話　兒童傳記　兒童作文　兒童遊戲

——九角八分——

世界書局出版

此書　著作權有　翻印必究

新課程國語讀本（全八册）

一册至四册每册價銀一角　五册至八册每册價銀二角半
（外埠酌加郵費匯費）

中華民國二十年八月審定
中華民國廿一年十二月三版
初級小學學生用

編輯者　魏冰心　蘇兆骧
校訂者　薛天漢　范祥善
發行者　世界書局
印刷者　世界書局　上海四馬路

總發行所　世界書局
分發行所　世界書局　南京　天津　長沙　廣州　杭州　漢口　無錫　汕頭

书名：基本教科书国语（小学校初级用）

著者：沈百英 / 编纂　蔡元培、吴研因 / 校订

出版印行：商务印书馆

出版时间：民国二十一年（1932）国难后第1版　民国二十一年（1932）国难后第46版

册数：八

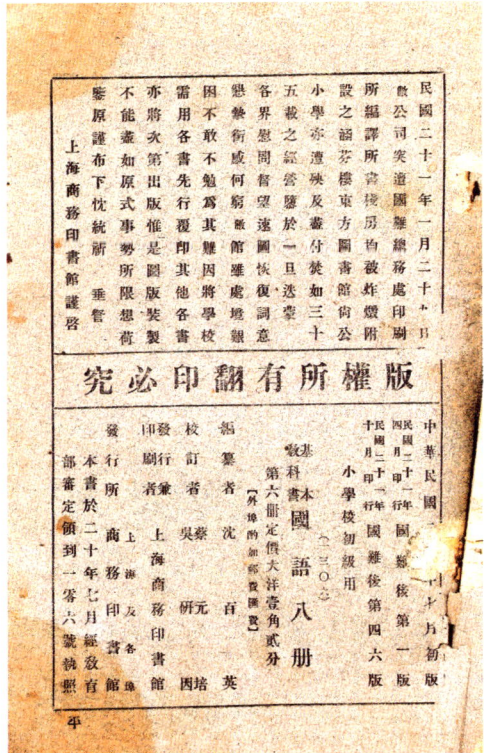

556　书名：复兴说话范本（小学校高级用）
著者：齐铁恨／编著　何炳松／校订
出版印行：商务印书馆
出版时间：民国二十二年（1933）初版　民国二十八年（1939）75版
册数：四

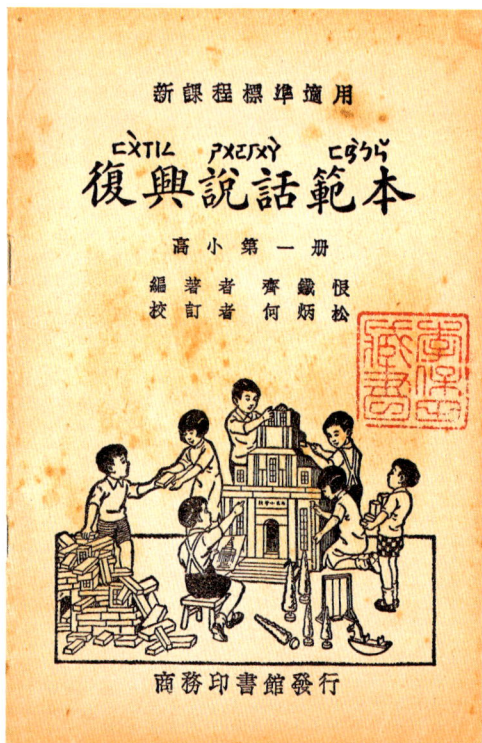

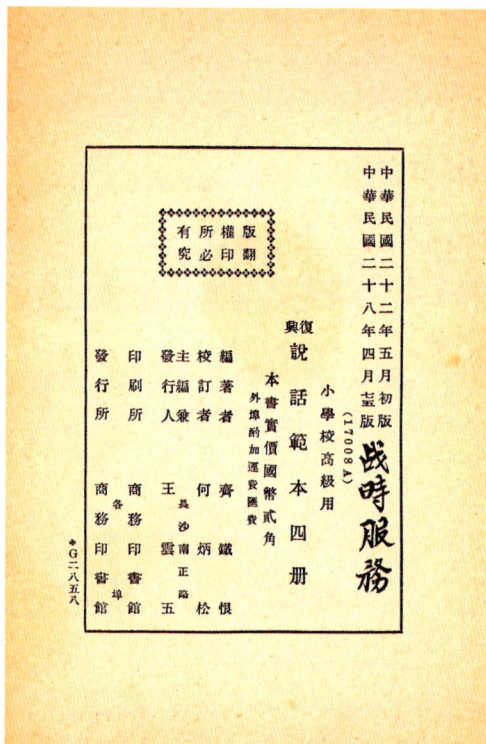

书名：复兴国语教科书（小学校初级用）

著者：沈百英、沈秉廉 / 编著　王云五、何炳松 / 校订

出版印行：商务印书馆

出版时间：民国二十二年（1933）出版　民国二十四年（1935）365版

册数：八

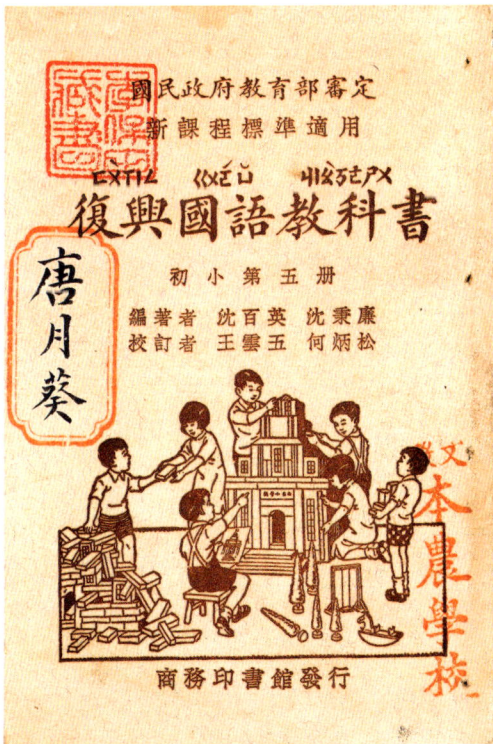

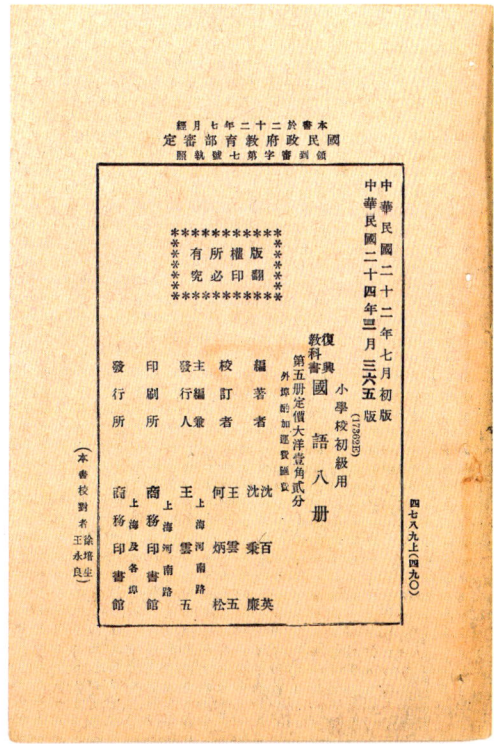

书名：新生活教科书国语（小学校高级用）
著者：蒋息岑、朱荄阳、余之介 / 编辑
出版印行：大东书局
出版时间：民国二十二年（1933）3版
册数：四

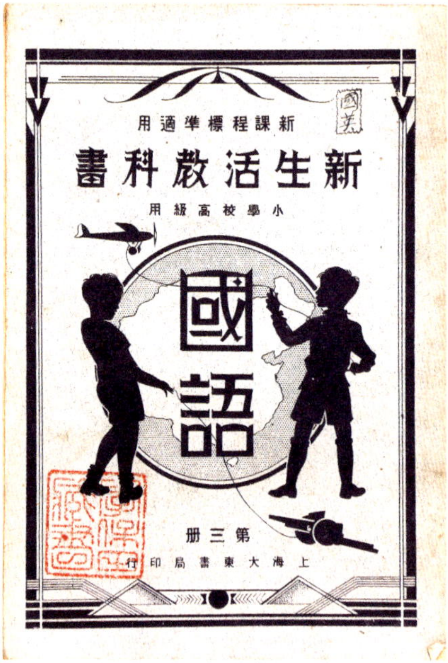

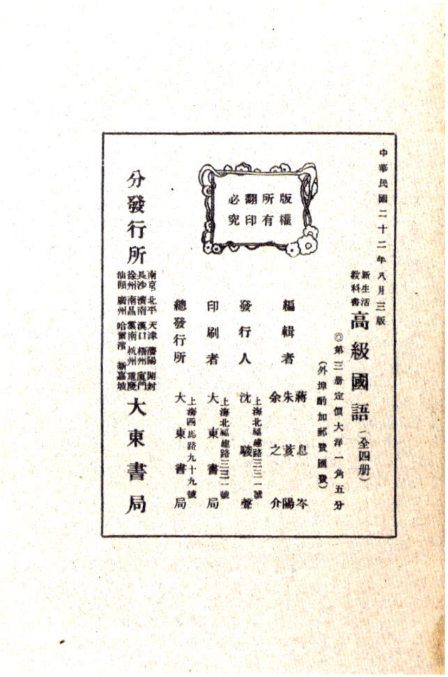
中華民國二十二年八月三版
新生活教科書 高級國語（全四冊）
◎第三冊定價大洋一角五分
（外埠酌加郵費匯費）
版權所有 翻印必究
編輯者 蔣息岑 朱荄陽 余之介
發行人 沈駿聲 上海北福建路三三一號
印刷者 大東書局 上海北福建路三三一號
總發行所 大東書局 上海四馬路九十九號
分發行所 南京 北平 天津 瀋陽 開封 長沙 濟南 漢口 福州 廈門 徐州 南昌 雲南 杭州 重慶 仙頭 廣州 哈爾濱 新嘉坡 大東書局

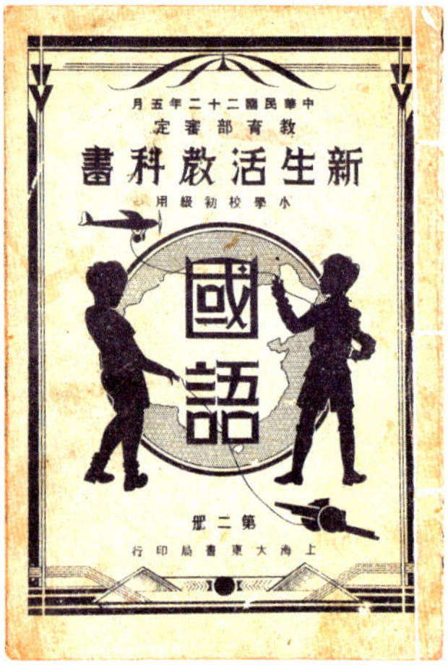

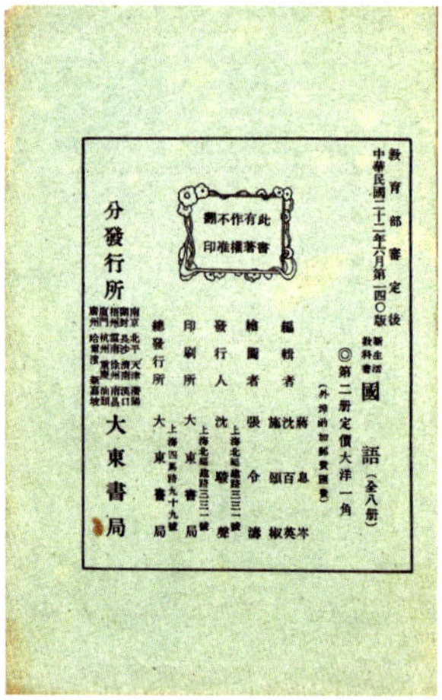
教育部審定後
中華民國二十二年六月第一四〇版
新生活教科書 國語（全八冊）
◎第二冊定價大洋一角
（外埠酌加郵費匯費）
此書有著作權不准翻印
編輯者 蔣息岑 沈百英 施頌椒
繪圖者 張令濤
發行人 沈駿聲 上海北福建路三三一號
印刷所 大東書局 上海北福建路三三一號
總發行所 大東書局 上海四馬路九十九號
分發行所 南京 開封 福州 廈門 廣州 北平 長沙 雲南 杭州 哈爾濱 天津 濟南 徐州 重慶 漢口 瀋陽 南昌 汕頭 新嘉坡 大東書局

书名：新生活教科书国语（小学校初级用）
著者：蒋息岑、沈百英、施颂椒 / 编辑
张令涛 / 绘图
出版印行：大东书局
出版时间：民国二十二年（1933）第140版
册数：八

书名：小学国语读本（新课程标准适用；初级）

著者：朱文叔 / 编纂　尚仲衣、黄铁崖等 / 分撰　陆费逵 / 校阅

出版印行：中华书局

出版时间：民国二十二年（1933）37版

册数：八

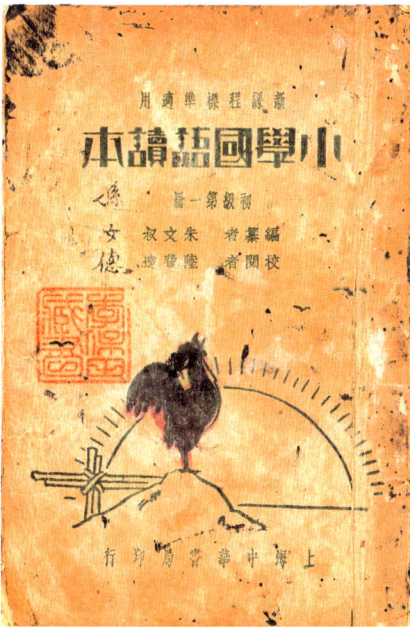

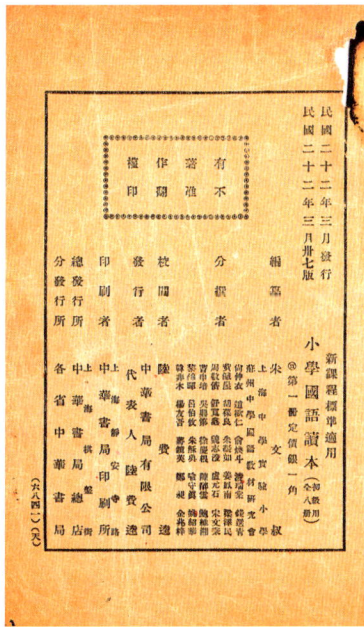

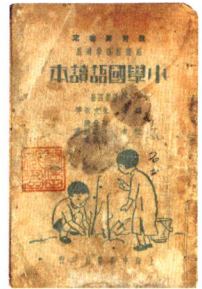

书名：世界第三种国语新读本（初级小学学生用）

著者：吴研因 / 编著　陈履坦 / 缮写　陈丹旭 / 绘图

出版印行：世界书局

出版时间：民国廿二年（1933）3版

册数：八

繪圖新兒童樂園

——共十四冊——

兒童故事 兒童遊記 兒童尺牘 兒童圖畫 兒童物語 兒童歌謠 兒童謎語 兒童工藝 兒童神話 兒童鼓詞 兒童笑話 兒童傳記 兒童作文 兒童遊戲

——九角八分——

世界書局出版

中華民國廿二年四月三版

世界第三種 初級小學學生用 國語新讀本（全八冊）

一冊至四冊每冊定價銀[illegible]

五冊至八冊每冊定價銀[illegible]

（外埠酌加郵費匯費）

此書有著作權翻印必究

編著者 吳研因

繕寫者 陳履坦

繪圖者 陳丹旭

發行者 世界書局

印刷者 世界書局

總發行所 上海四馬路中市 世界書局

分發行所 瀋陽 北平 天津 太原 濟南 漢口 長沙 衡州 常德 重慶 南昌 九江 南京 徐州 蕪湖 杭州 溫州 蘭谿 福州 廈門 廣州 汕頭 梧州 世界書局

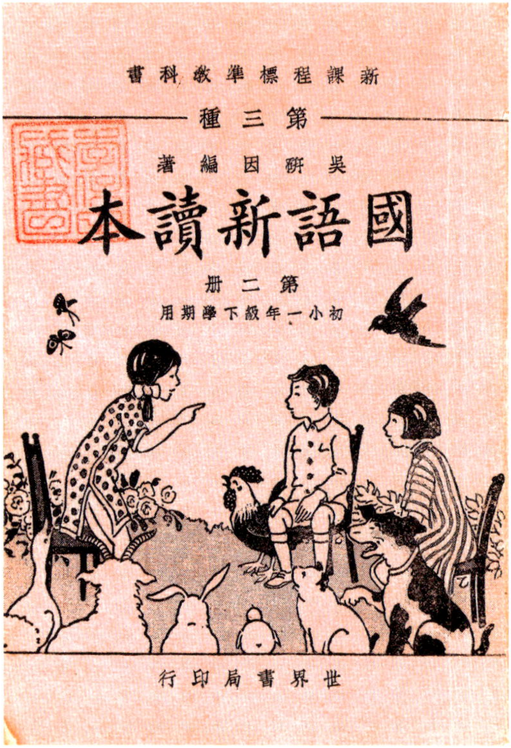

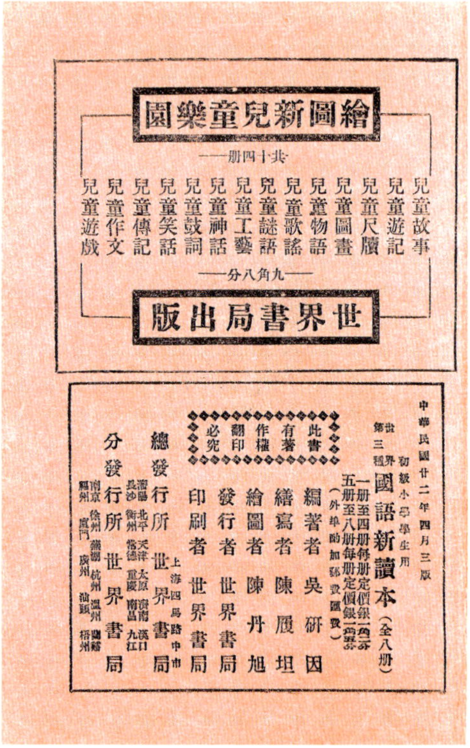

书名：小学国语读本（新课程标准适用；春季始业用；高级）
著者：朱文叔、吕伯攸 / 编　尚仲衣、黄铁崖等 / 分撰
孙世庆、鞠承颖、陆费逵、沈颐、张相、舒新城、金兆梓 / 校
出版印行：中华书局
出版时间：民国二十三年（1934）五版
册数：四

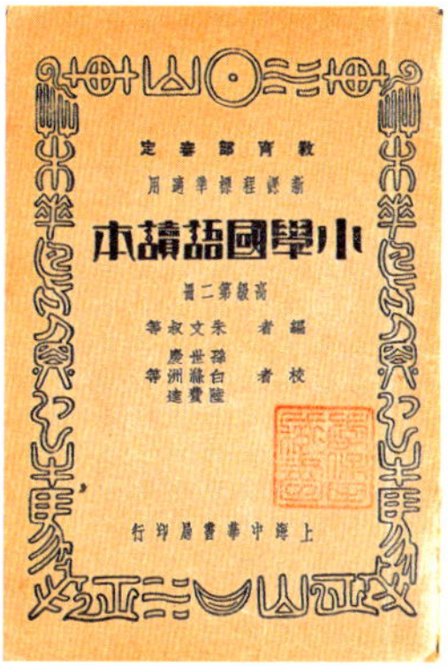

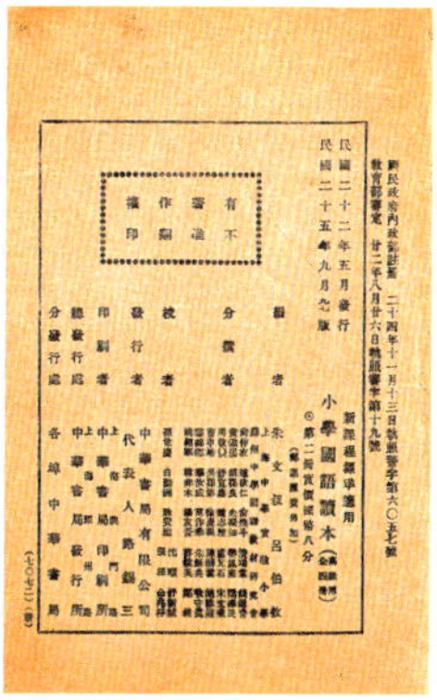

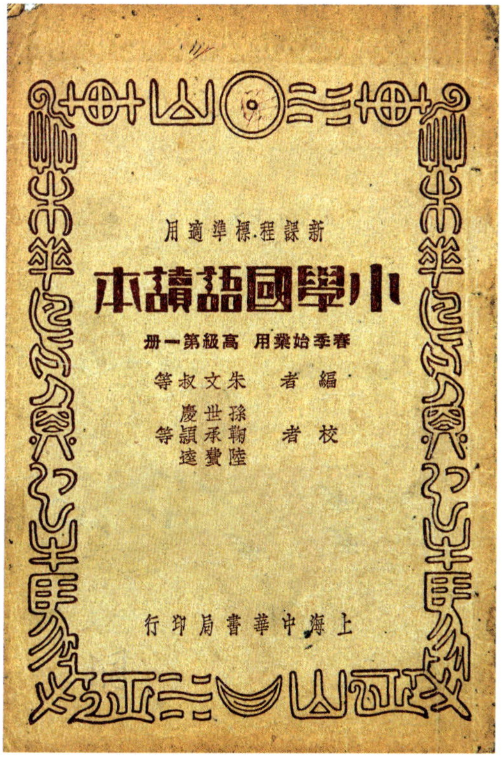

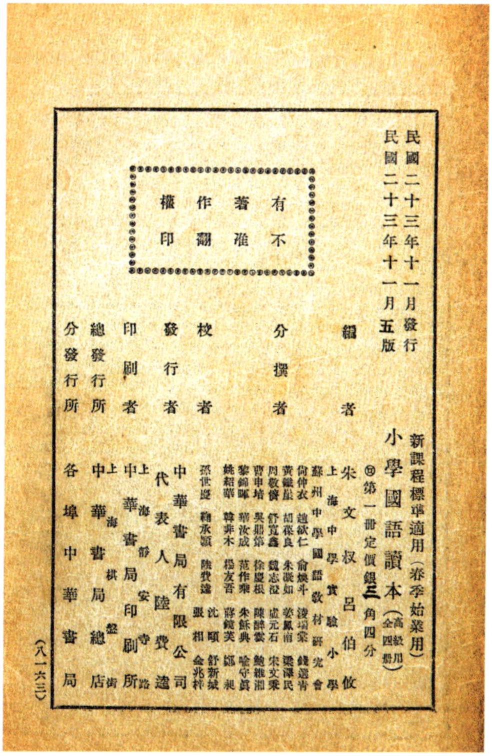
民國二十三年十一月發行
民國二十三年十一月五版
有著作權 不准翻印
新課程標準適用 小學國語讀本（春季始業用）（高級用 全四冊）
㊉第一冊定價銀三角四分
編者 朱文叔 呂伯攸
上海中學實驗小學
蘇州中學國語教材研究會
分撰者 尚仲衣 趙欲仁 俞煥斗 淩塌棠 錢選青 黃鐵崖 胡葆良 朱滌知 姜鳳南 梁澤民 周敬儕 舒寬鑫 魏志澄 盧元石 宋文秉 曹申培 吳鼎第 徐慶根 陳靜雲 鮑維湘 黎錦暉 葛汝成 范作乘 朱鉌典 喻守眞 姚紹華 韓非木 楊友吾 蔣鏡芙 鄒昶
校者 孫世慶 鞠承穎 陸費逵 沈頤 舒新城 張相 金兆梓
發行者 中華書局有限公司 代表人陸費逵
印刷者 上海靜安寺路 中華書局印刷所
總發行所 上海棋盤街 中華書局總店
分發行所 各埠中華書局
（八一六三）

562　书名：世界第一种国语读本（初级小学学生用）

著者：魏冰心、苏兆骧 / 编辑　朱翊新 / 改编　薛天汉、范祥善 / 校订

出版印行：世界书局

出版时间：民国廿四年（1935）23 版

册数：八

书名：世界第二种国语读本（初级小学学生用）

著者：小学教科书改进社 / 编辑　魏冰心 / 撰稿　陈履坦 / 缮写　陈丹旭、庞亦鹏 / 绘图

　　　沈知方、范云六、徐蔚南、张云石 / 校订

出版印行：世界书局

出版时间：民国二十四年（1935）27版

册数：八

564　书名：注音符号课本

著者：李友琴、米景清、李剑南 / 编辑

出版印行：中华平民教育促进会

出版时间：民国二十四年（1935）

册数：一

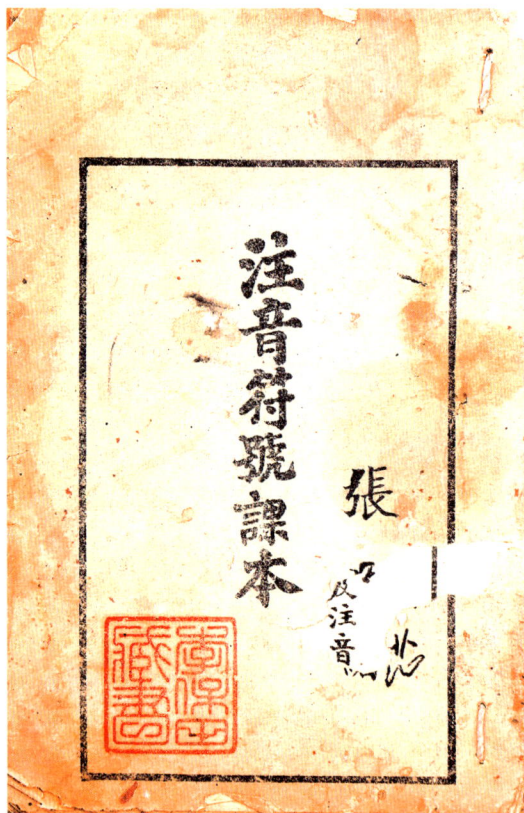

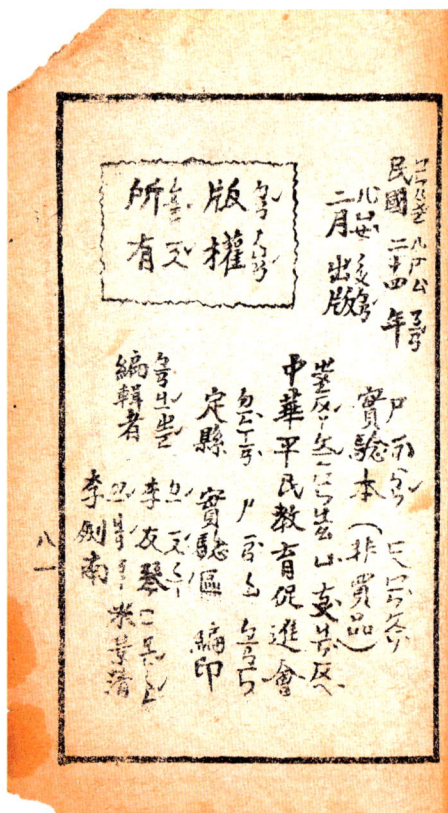

书名：国语课本（一年短期小学用）

著者：朱文叔、杨复耀 / 编

出版印行：中华书局

出版时间：民国二十四年（1935）发行　民国二十五年（1936）14版

册数：四

一年短期小学用

國語讀本

第一冊

編者

朱文叔　楊復耀

上海中華書局印行

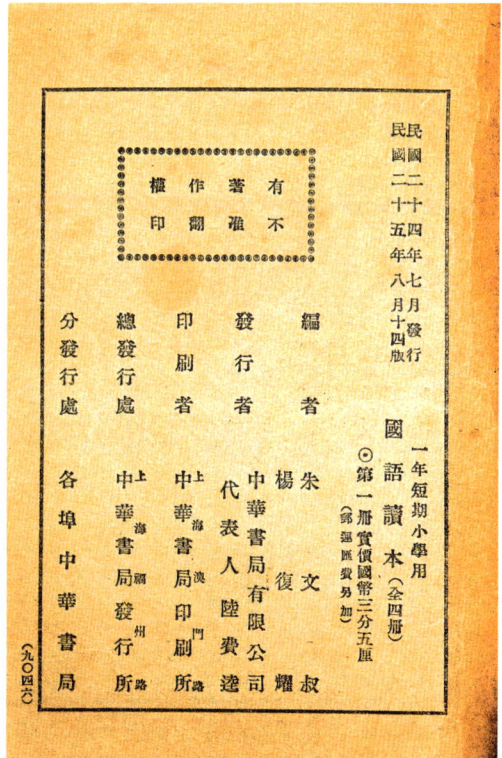

民國二十四年七月發行
民國二十五年八月十四版

國語讀本（全四冊）
一年短期小學用
⊙第一冊實價國幣三分五厘
（郵運匯費另加）

編　　者　朱文叔

發　行　者　楊復耀

印　刷　者　中華書局有限公司
　　　　　　代表人陸費逵
　　　　　　上海澳門路中華書局印刷所

總發行處　上海河南路中華書局發行所

分發行處　各埠中華書局

（九〇四七）

566　书名：大众教科书国语（新课程标准初级小学用）
著者：廉行／撰稿　戴渭清／校订　倪诚均／缮写
出版印行：大众书局
出版时间：民国二十五年（1936）
册数：八

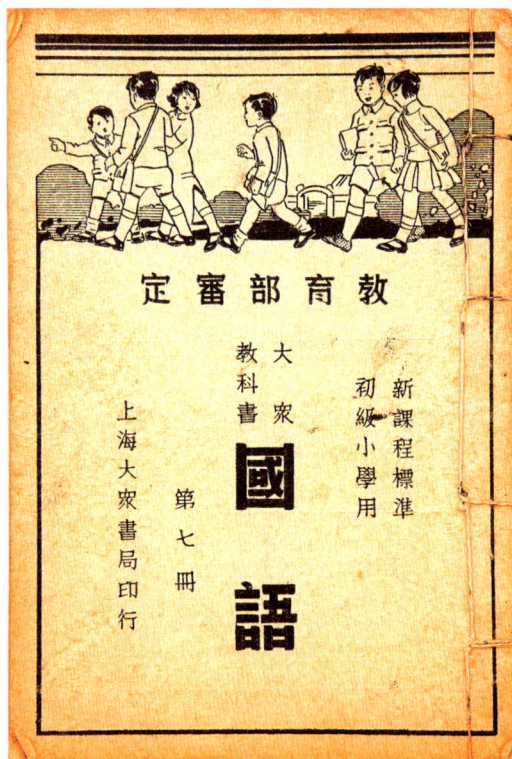

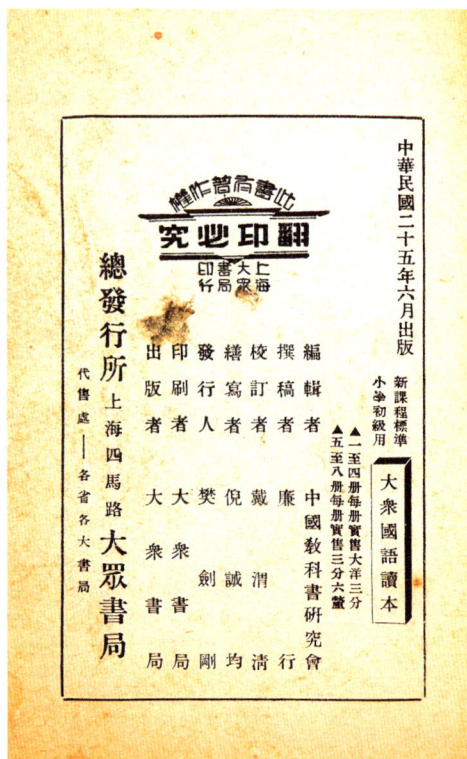

教育部审定

新課程標準
初級小學用

大眾教科書
國語

第七冊

上海大眾書局印行

中華民國二十五年六月出版

新課程標準
小學初級用

大眾國語讀本

▲一至四册每册實售大洋三分
▲五至八册每册實售三分六釐

編輯者	中國教科書研究會
撰稿者	廉　行
校訂者	戴　渭　清
繕寫者	倪　誠　均
發行人	樊　劍　剛
印刷者	大　眾　書　局
出版者	大　眾　書　局

總發行所 上海四馬路 **大眾書局**

代售處—各省各大書局

此書業經本局呈請
翻印必究
上海
大眾
書局
印行

书名：国语读本（小学高级学生用）

著者：朱翊新 / 编辑　范祥善 / 校订

出版印行：世界书局

出版时间：民国廿五年（1936）74版

册数：四

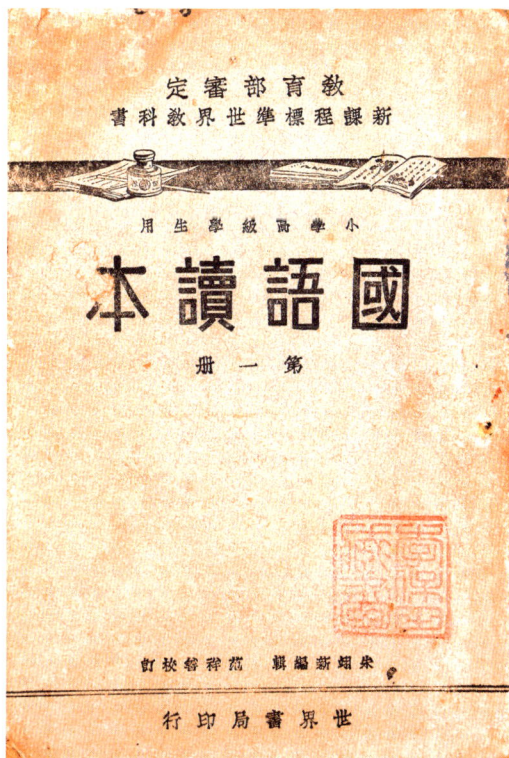

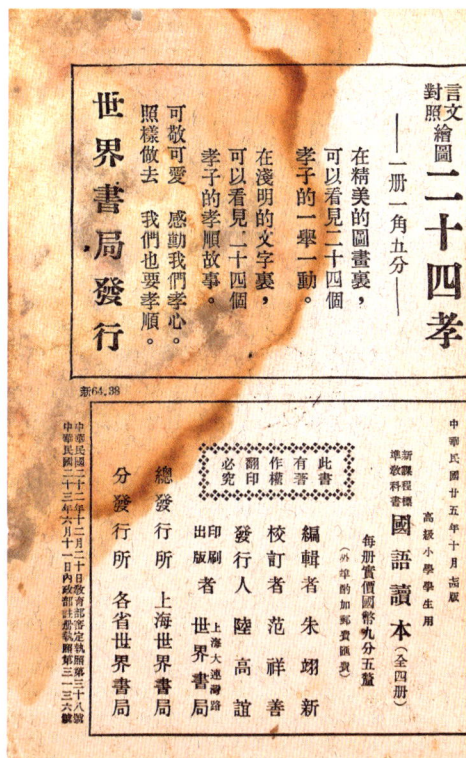

教育部審定

新課程標準世界教科書

小學高級學生用

國語讀本

第一冊

范祥善校訂　朱翊新編輯

世界書局印行

言文對照繪圖

二十四孝

—— 一冊一角五分 ——

在精美的圖畫裏，可以看見二十四個孝子的一舉一動。

在淺明的文字裏，可以看見二十四個孝子的孝順故事。

可敬可愛，感勸我們孝心。

照樣做去，我們也要孝順。

世界書局發行

憲64.38

中華民國廿五年十月出版

新課程標準教科書

高級小學學生用

國語讀本（全四冊）

每冊實價國幣九分五釐
（外埠的加郵費匯票）

此書有著作權翻印必究		
編輯者	朱翊新	
校訂者	范祥善	
發行人	陸高誼	
出版者	世界書局（上海大連灣路）	
總發行所	上海世界書局	
分發行所	各省世界書局	

中華民國二十二年十二月三十日教育部審定執照附第三十八號

中華民國二十三年六月三十一日內政部註冊執照警字第三二三六號

568　书名：短期小学课本
　　　著者：国立编译馆 / 编纂
　　　出版印行：商务印书馆、中华书局、世界书局、正中书局
　　　出版时间：民国二十五年（1936）197 版
　　　册数：四

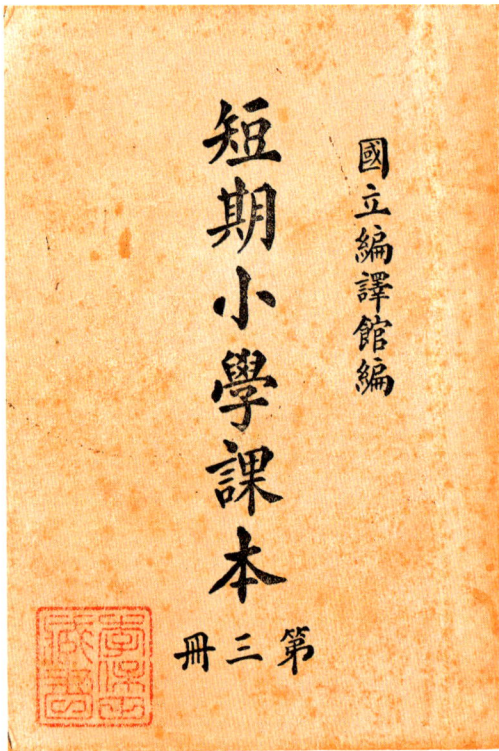

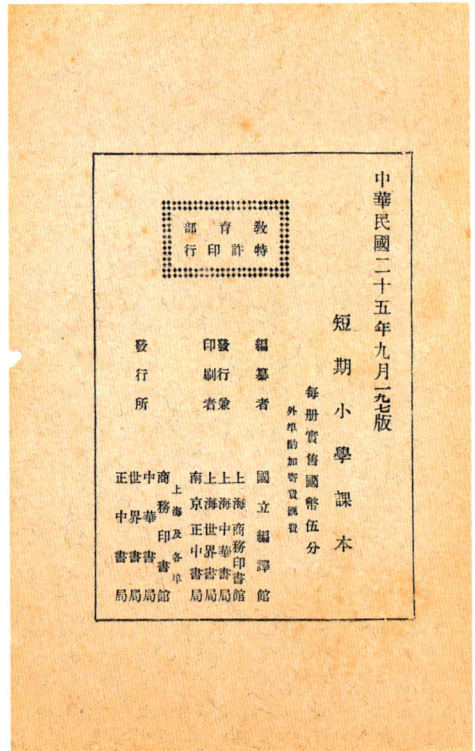

书名：实验国语教科书（小学校高级用）

著者：国立编译馆／主编

出版印行：商务印书馆、中华书局、世界书局、正中书局、大东书局、开明书店

出版时间：民国二十五年（1936）初版

册数：不详

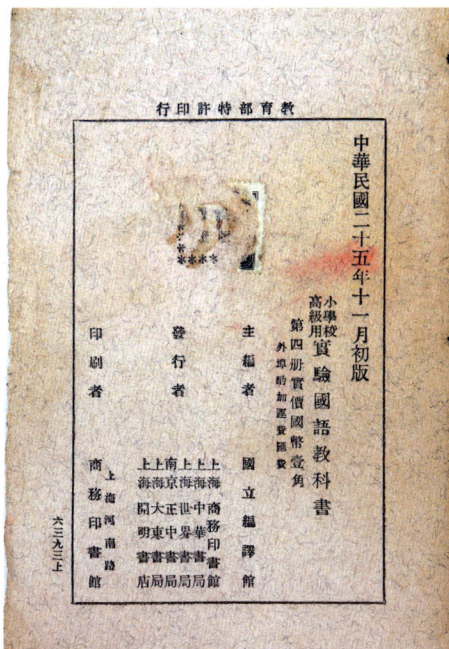

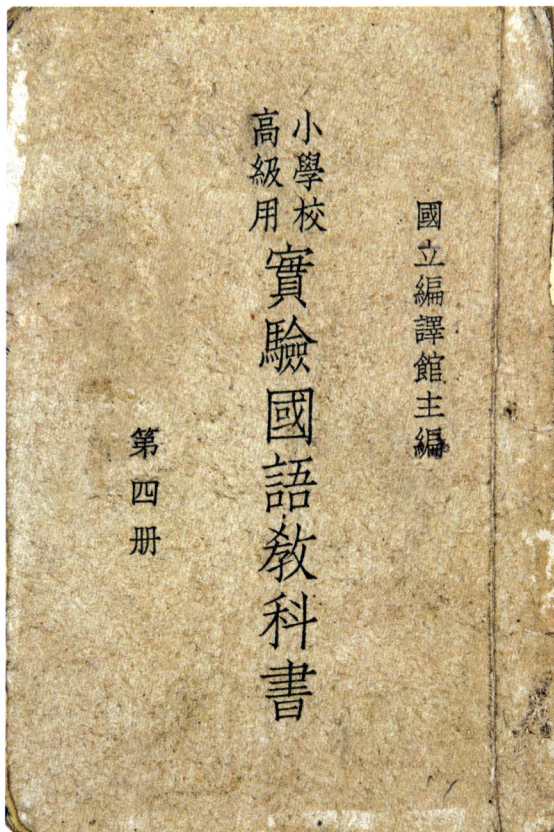

书名：复兴国语教科书（小学校初级用）

著者：赵景源、沈百英、沈秉廉／编校

出版印行：商务印书馆

出版时间：民国二十六年（1937）初版　　民国二十八年（1939）259版

册数：八

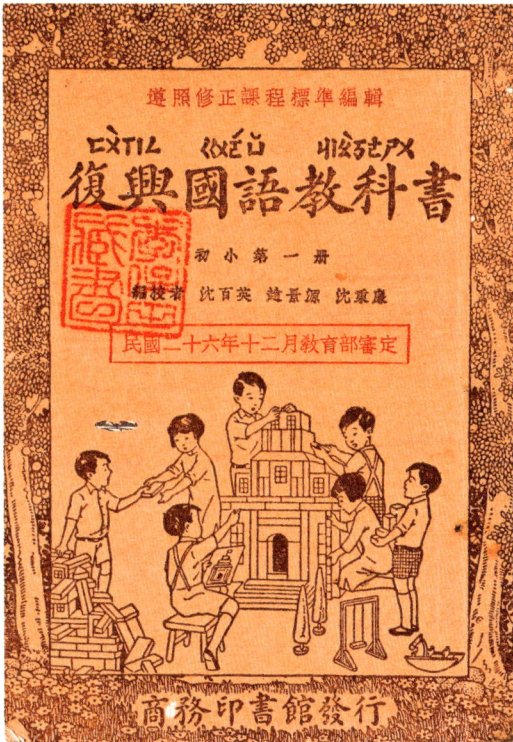

书名：世界第一种高小国语读本

著者：朱翊新 / 编辑　范祥善 / 校订

出版印行：世界书局

出版时间：民国二十六年（1937）改编新4版

册数：四

遵照教育部最近颁布修正课程标准编辑
新译世界教科书

世 界 第 一 种

高小國語讀本

第 二 册

朱翊新編輯　范祥善校訂

世界書局印行

遵照教育部最近颁布修正课程标准重新编辑改编

初小新國語讀本　　　朱翊新心編　四冊
初小新國語　　　　　朱翊新心編　八冊
初小新常識　　　　　　吳研因編　八冊
高小新國語　　　　　　朱翊新心編　四冊
高小新算術　　　　　　　文溥編　四冊
高小新公民　　　　　　王研因編　四冊
高小新歷史　　　　　　朱翊新編　四冊
高小新地理　　　　　　朱翊新編　四冊
高小自然　　　　　　　吳研因編　四冊
高小國語新讀本　　　朱翊新心編　四冊

本書內容最新，定有效期內均有教學
價值，最適用。

世界書局出版

新课程标准编辑世界教科书

高小國語讀本（全四册）

每册實價國幣九分
（外埠的加郵費匯費）

有著作權	不准翻印

編輯者　　朱翊新

校訂者　　范祥善

發行人　　高　誼

印刷者　　世界書局

出版者　　世界書局
上海大連灣路

發行所　　上海及各埠
世界書局

中華民國二十六年十二月改编新四版

572　书名：初级小学国语新读本

　　　著者：吴研因 / 编著

　　　出版印行：世界书局

　　　出版时间：民国二十六年（1937）新5版

　　　册数：八

教育部核定

初級
小學
國語新讀本
第八冊

吳研因編著

行印局書界世

完全依照教育部最近頒布修正課程標準新編或改編

住音符號叢讀本　　　　　顏綠心編　　一冊
初小第一國語讀本　　　　朱坦新等　　一冊
初小短篇國語讀本　　　　朱坦新等　　八冊
初小新常識讀本　　　　　　　　　　　八冊
初小新算術　　　　　　　　　　　　　八冊
初小新算術　　　　　　　　吳研新編　八冊
初小第一國語讀本　　　　　　　　　　八冊
初小新常識　　　　　　　　朱坦心編　八冊
初小新算術　　　　　　　　顏綠心編　四冊
高小新社會　　　　　　　　魏冰心編　四冊
小小新公民　　　　　　　　董文編　　四冊
新歷史　　　　　　　　　　發選青等　四冊
新地理　　　　　　　　　　朱坦新編　四冊
高小國語新讀本　　　　　　吳研因編　四冊
高小國語新讀本　　　　　　王劍星編　四冊

世界書局出版

內容最新　售價最廉　均有教學法

初級
小學
國語新讀本（全八冊）

中華民國二十六年五月改編
中華民國二十六年三月新五版

發行所
上海及各省
世界書局

翻有
印著
不作
准權

編著者　　吳研因
發行人　　陸高誼
出版者　　世界書局
印刷所　　上海大連灣路　世界書局

一至四冊每冊實價國幣七分
五至八冊每冊實價國幣九分
（外埠酌加運費酌算）

书名：国语副课本

著者：葛鲤庭 / 编著　钱君匋 / 校订

出版印行：上海万叶书店

出版时间：民国二十六年（1937）初版　民国三十五年（1946）7版

册数：不详

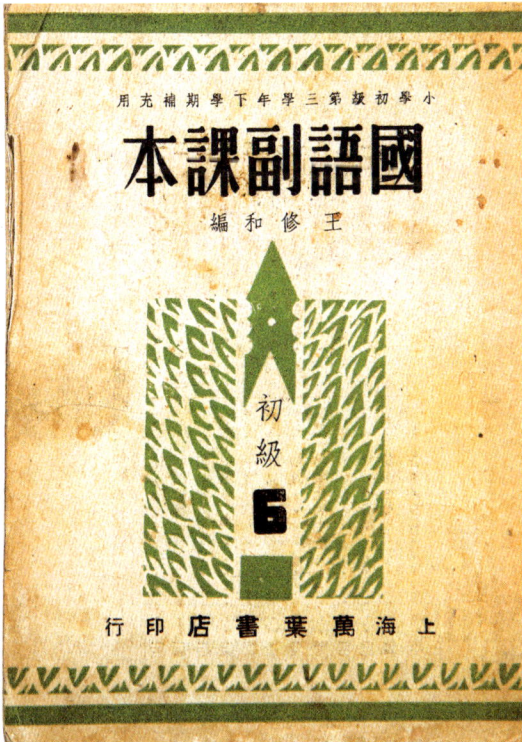

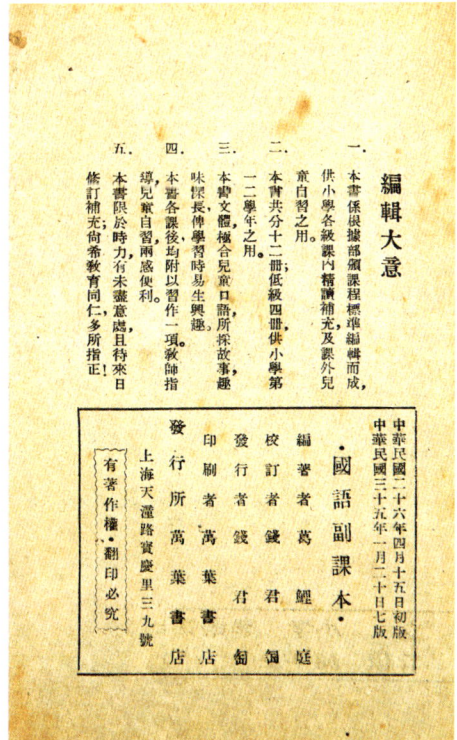

<pre>574</pre>

书名：世界第一种初小国语读本

著者：魏冰心、朱翊新、苏兆骧 / 编辑　薛天汉、范祥善 / 校订

出版印行：世界书局

出版时间：民国廿六年（1937）修正新15版

册数：八

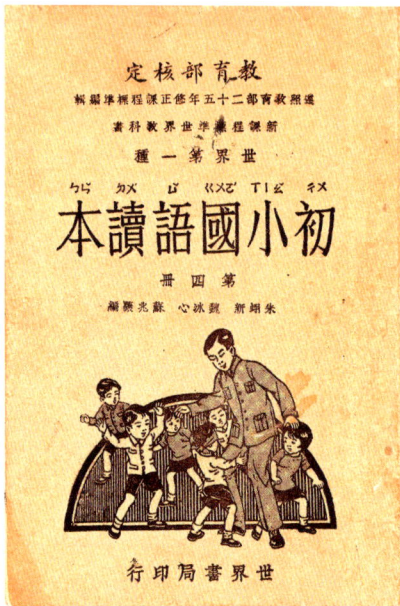

书名：基本国语

著者：乔砚农 / 著

出版印行：华侨国语教育社

出版时间：民国廿八年（1939）初版　民国卅八年（1948）10版

册数：不详

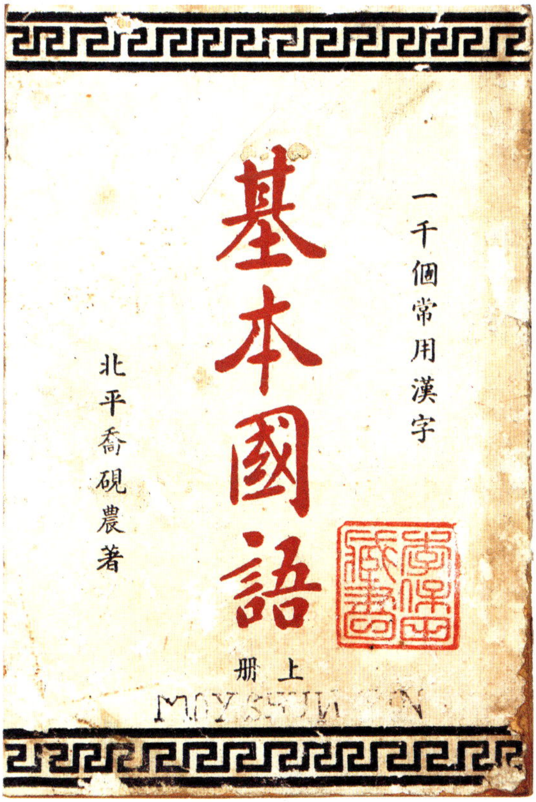

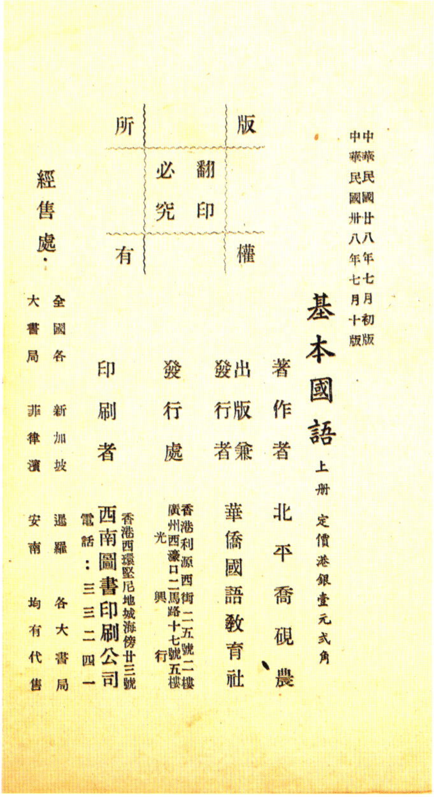

一千個常用漢字

基本國語

北平喬硯農著

册上

MOY.SUI.N

中華民國廿八年七月初版
中華民國卅八年七月十版

基本國語 上册 定價港銀壹元式角

版權所有　翻印必究

著作者　北平喬硯農

出版兼發行者　華僑國語教育社

發行處　香港利源西街二五號二樓
廣州西濠口二馬路十七號五樓
光　興有

印刷者　西南圖書印刷公司
香港西環堅尼地城海傍廿三號
電話：三三二四一

經售處：

全國各新加坡　各大書局
大書局　暹羅　各大書局
菲律濱　安南　均有代售

576 书名：新编高小国语读本（修正课程标准适用）
著者：吕伯攸、朱文叔、徐亚倩 / 编　陆费逵 / 校
出版印行：中华书局
出版时间：民国二十九年（1940）81 版
册数：四

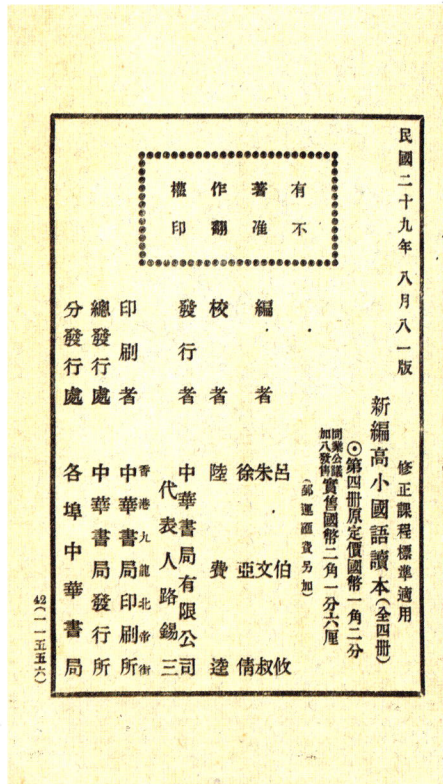

书名：新编初小国语读本（修正课程标准适用）

著者：吕伯攸 / 编　朱文叔 / 校

出版印行：中华书局

出版时间：民国二十九年（1940）178版

册数：八

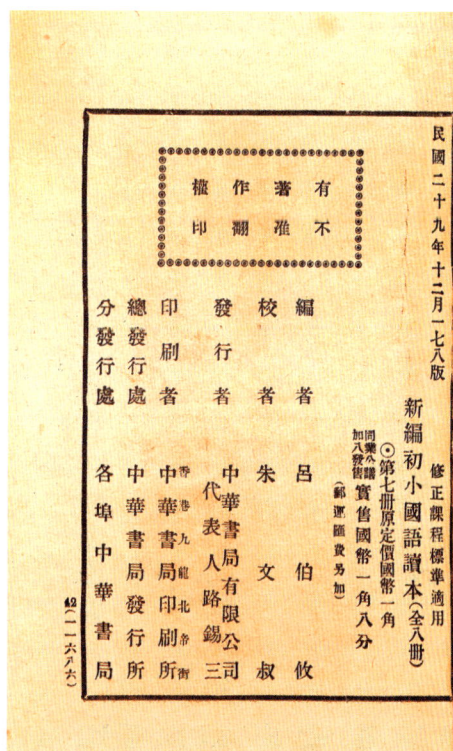

578　书名：大众教科书国语（新课程标准；高级小学用）

著者：江涛 / 编辑　戴渭清 / 校阅

出版印行：大众书局

出版时间：民国二十九年（1940）再版

册数：四

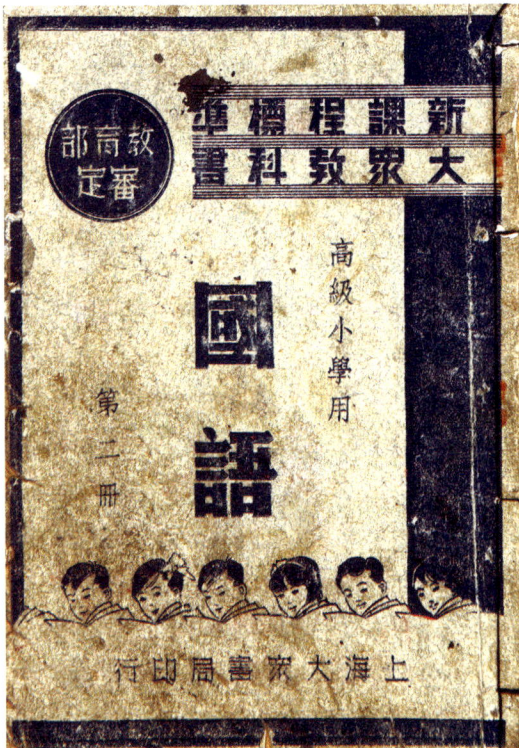

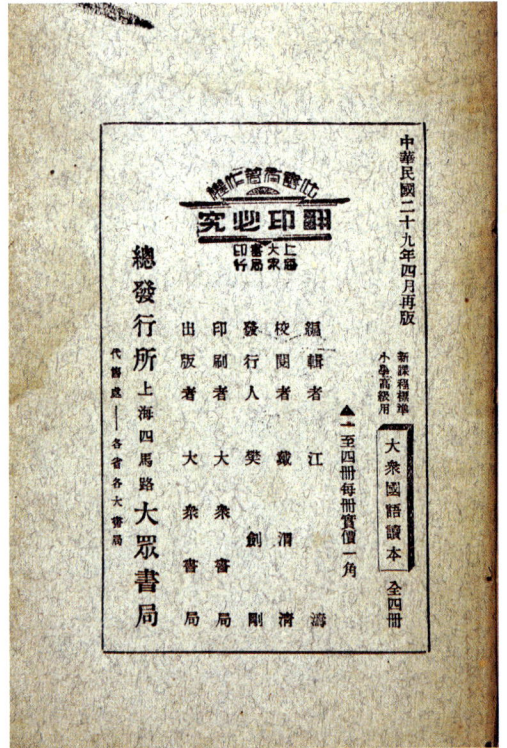

书名：由国语到国文

著者：谭正璧 / 编

出版印行：中华书局

出版时间：民国三十三年（1944）初版

册数：四

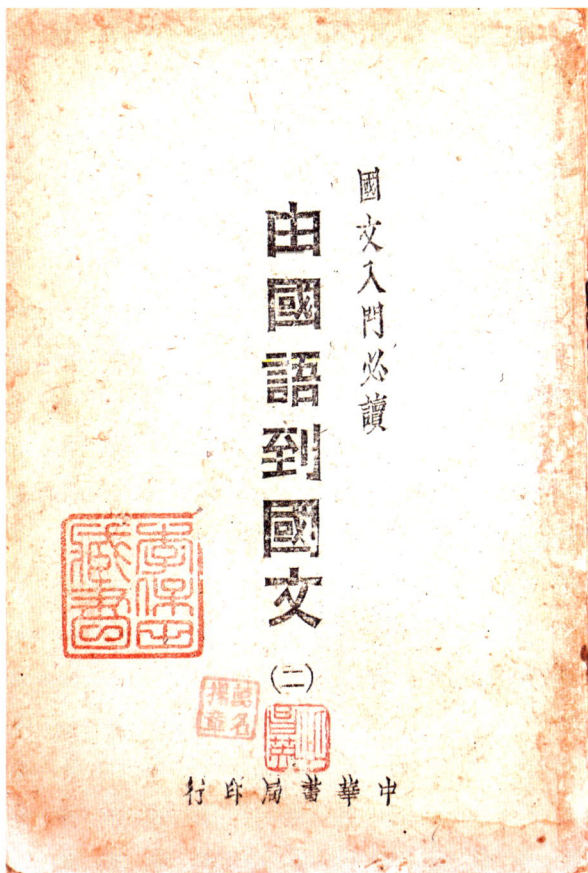

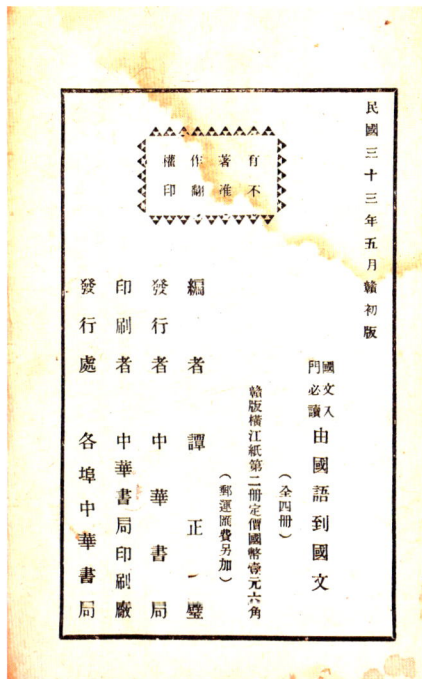

书名：国语注音符号（抗战胜利后新版本）

著者：儿童编译所 / 编辑　王鸿文 / 主编

出版印行：儿童书局

出版时间：民国三十五年（1946）初版　民国三十八年（1949）95版

册数：一

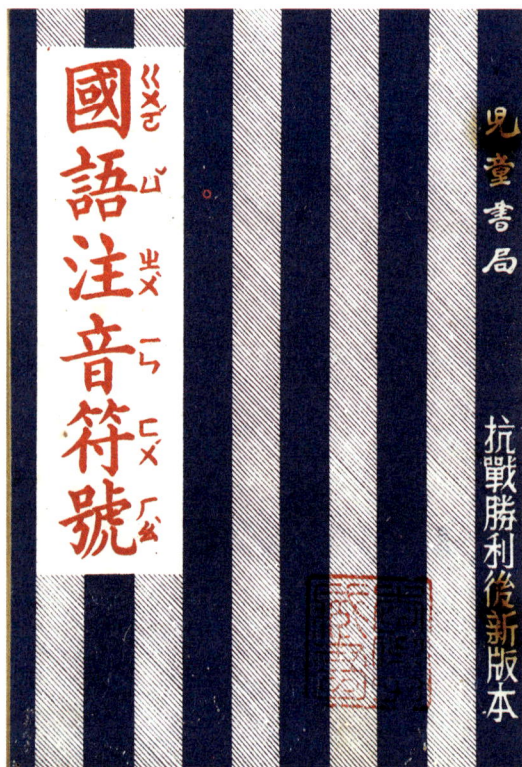

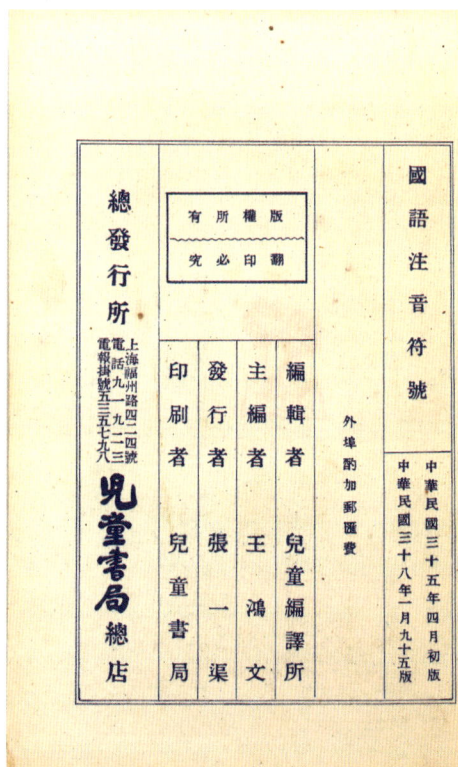

書名：初级小学国语常识课本   581

著者：国立编译馆 / 主编　吴织云、祁致贤、李伯棠、俞焕斗、陈伯吹、高兰蕙、莫明坤、彭荣泩、潘仁、
　　　赵荣光 / 编辑　沈麓元、陈惠、唐冠芳 / 缮绘

出版印行：国定中小学教科书七家联合供应处

出版时间：民国三十五年（1946）标准本上海白报纸本第 1 版

册数：八

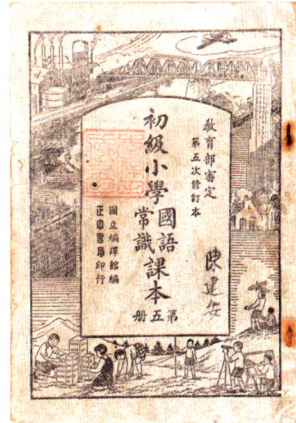

582　书名：初级小学国语常识课本

著者：国立编译馆 / 主编　吴织云、祁致贤、李伯棠、俞焕斗、陈伯吹、高兰蕙、彭荣泫、潘仁、赵荣光、沈麓元 / 编辑　丁晓先、丁燮林、王向辰、白动生、江学珠、李清悚、李廉方、金兆梓、柯象寅、胡昌才、胡颜立、相菊潭、范寿康、倪达书、夏敬农、马客谈、梁实秋、陈剑恒、黄觉民、单人骅、叶溯中、杨振声、杨衔晋、潘平之、赵士卿、钱少华、薛天汉、萧承慎、魏冰心、顾树森 / 校阅　孙叔民、张令涛、沈涤凡 / 缮绘

出版印行：大东书局

出版时间：民国三十六年（1947）第5次修订　民国三十七年（1948）第2版

册数：八

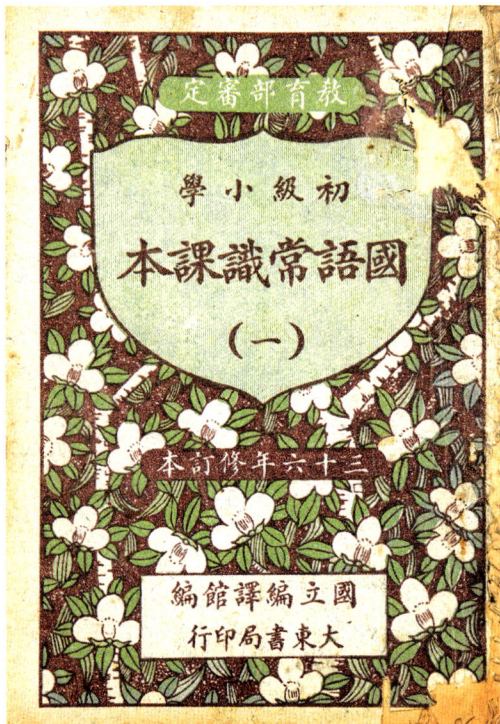

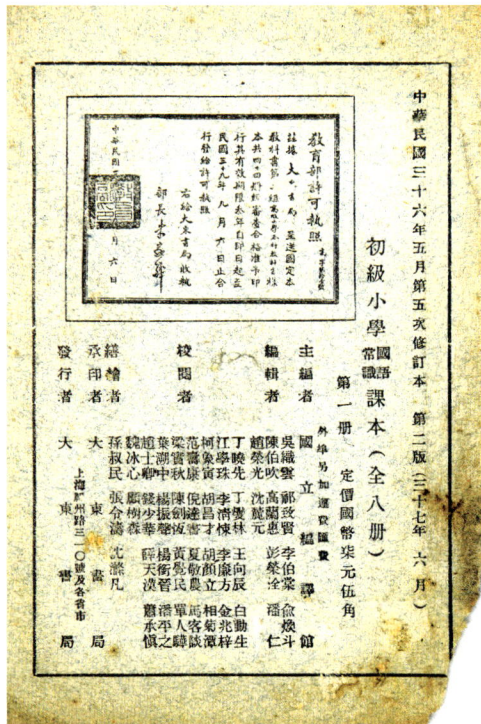

书名：高级小学国语课本
著者：国立编译馆 / 主编
　　　俞焕斗、陈伯吹、张超 / 编辑
　　　金兆梓、陈子展、罗根泽 / 校阅
出版印行：大中国图书局
出版时间：民国三十六年（1947）粤1版
册数：四
备注：民国三十六修订本。

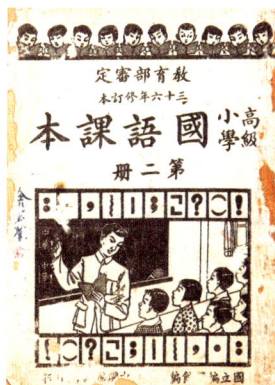

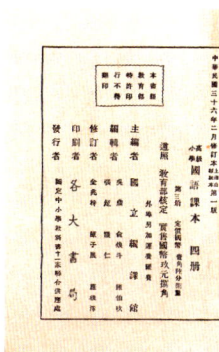

书名：高级小学国语课本
著者：国立编译馆 / 主编
　　　吴鼎、俞焕斗、陈伯吹、张超、潘仁 / 编辑
　　　金兆梓、陈子展、罗根泽 / 修订
出版印行：国定中小学教科书十一家联合供应处
出版时间：民国三十六年（1947）上海白报纸1版
册数：四
备注：民国三十六年修订本。

书名：高级小学国语课本
著者：国立编译馆 / 主编
　　　俞焕斗、陈伯吹、张超 / 编辑
　　　金兆梓、陈子展、罗根泽 / 校阅
出版印行：正中书局
出版时间：民国三十七年（1948）沪5版
册数：四
备注：第二次修订本。

书名：高级小学国语课本
著者：国立编译馆 / 主编
　　　俞焕斗、陈伯吹、张超 / 编辑
　　　金兆梓、陈子展、罗根泽 / 校阅
出版印行：南光书店
出版时间：民国三十七年（1948）1版
册数：四
备注：民国三十六年修订本。

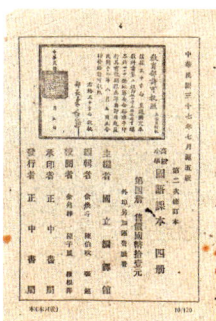

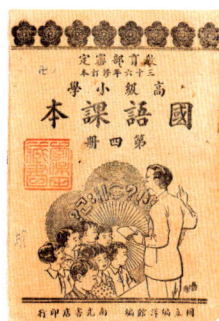

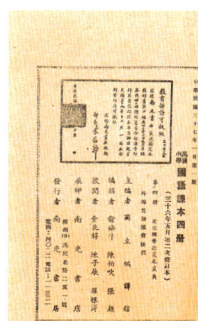

584　书名：国语常识课本（初级小学）

著者：国立编译馆／主编　吴织云、祁致贤、李伯棠、俞焕斗、陈伯吹、高兰蕙、彭荣涂、潘仁、赵荣光、
　　　沈麓元／编辑　丁晓先、丁燮林等／校阅　沈麓元、陈惠、唐冠芳／绘图

出版印行：商务印书馆

出版时间：民国三十六年（1947）第五次修订本第1版

册数：八

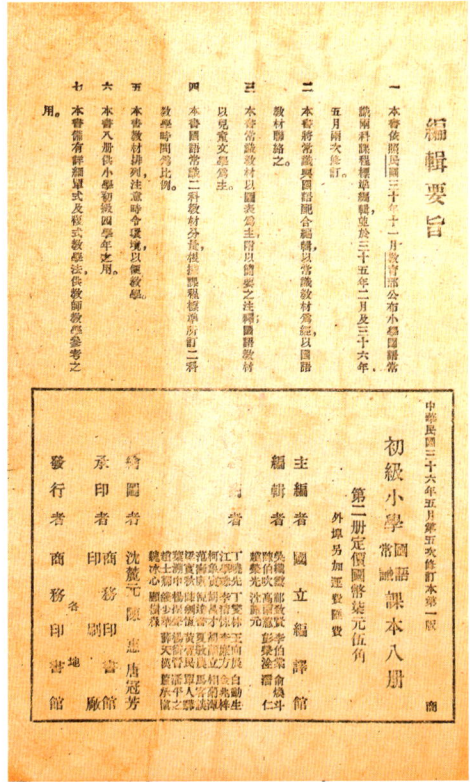

书名：小学暑期补习课本国语
著者：于人骥 / 编选　刘开申 / 绘图
出版印行：正中书局
出版时间：民国三十七年（1948）初版
册数：五

小學暑期補習課本
國語
第五冊
編選者　于人驥
正中書局印行

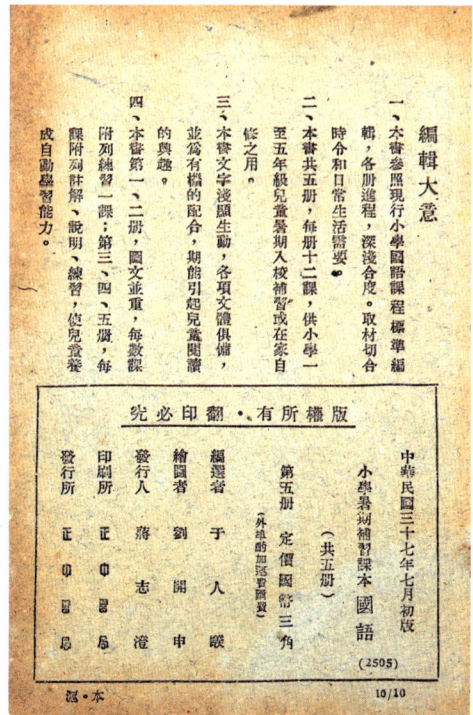

編輯大意

一、本書參照現行小學國語課程標準編輯，各冊進程，深淺合度。取材切合時令和日常生活需要。

二、本書共五冊，每冊十二課，供小學一至五年級兒童暑期入校補習或在家自修之用。

三、本書文字淺顯生動，各項文體俱備，並爲有趣的配合，期能引起兒童閱讀的興趣。

四、本書第一、二冊，圖文並重，每數課課附列總練習一課；第三、四、五冊，每課附列註解、說明、練習，俾兒童養成自動學習能力。

版權所有・翻印必究

中華民國三十七年七月初版

小學暑期補習課本　國語

第五冊　定價國幣三角
（共五冊）
（外埠酌加運費實價）
(2505)

編選者　于人驥
繪圖者　劉開申
發行人　蔣志澄
印刷所　正中書局
發行所　正中書局

10/10

孤・本

586 书名：国民学校副课本国语
著者：许书绅、王遵武、施颂椒、黄子寿、杨思成、施家淼 / 编校　朱翊新 / 修订
出版印行：大东书局
出版时间：民国三十七年（1948）5版
册数：八

國民學校副課本
國語編輯大意

（一）本書全八冊係就本局審定本小學國語讀本加以改編。該書於民國二十六年經教育部審定，編制精審，選材適當。茲復詳加校訂，增添新教材，益求完善。

（二）本書教材編選，注重三民主義精神之培養，根據兒童心理，切合實際生活。

（三）本書文體，分年分配，凡普通文、實用文、詩歌、戲劇等，無不完備。

（四）本書形式之要點，如下：
❶語句合於兒童語法。
❷每隔五六課，加一練習課文，以便兒童自學。
❸插圖力求正確明顯。
❹字體大小，依年級排列。

（五）本書編有教學指引八冊，供教師參考之用。

版權所有　不准翻印

中華民國三十七年十一月五版
國民學校副課本 國語（全八冊）
第八冊定價金圓 一角
（外埠局加郵運包紮登）

編校者　許書紳 王遵武 施頌椒 黃子壽 楊思成 施家森
修訂者　朱翊新
發行人　杜　鏞
印刷者　大東書局
發行者　大東書局
上海福州路三一〇號
發行所　大東書局
上海福州路及各省市

书名：国语会话教科书
著者：尤峻 / 著
出版印行：香港宏图出版社
出版时间：不详
册数：不详

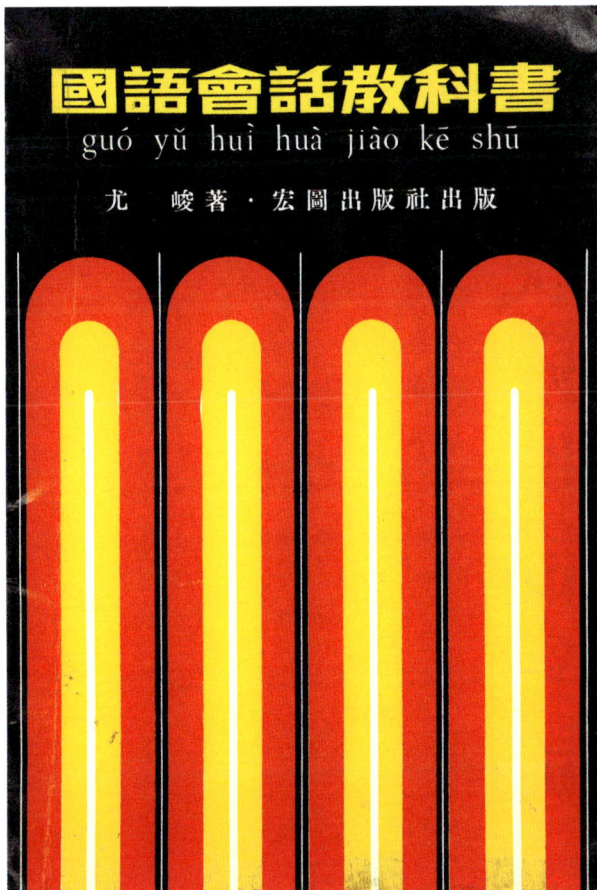

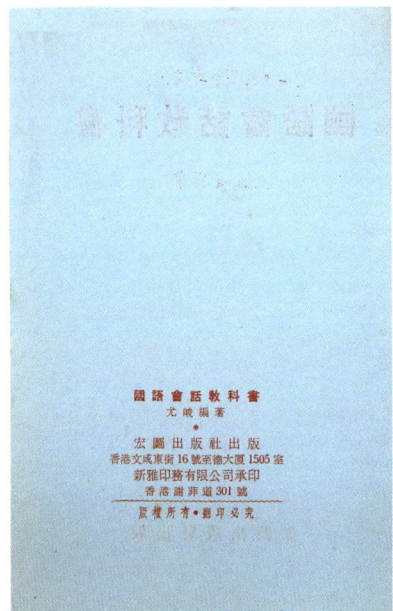

588 书名：交际国语会话

著者：陆衣言 / 编

出版印行：不详

出版时间：不详

册数：不详

交際國語會話

陸衣言編

书名：新标准活用说话（中年级）

著者：新儿童书局／编

出版印行：新儿童书局

出版时间：民国三十八年（1949）修订本

册数：不详

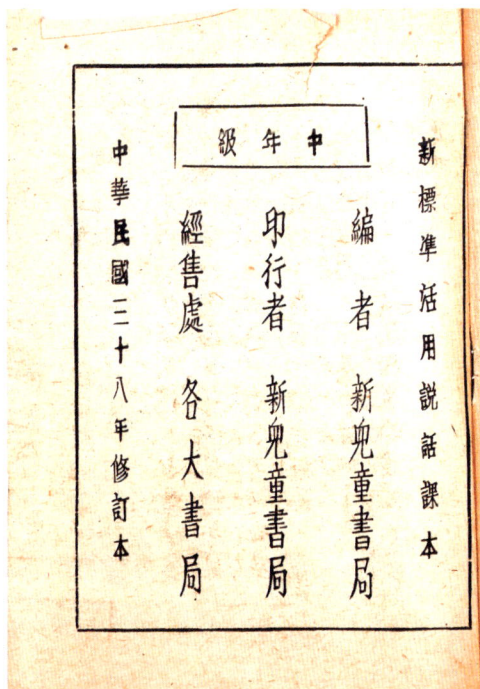

国语补充用书

ㄒㄧㄣ ㄆㄧㄠ ㄓㄨㄣ ㄏㄨㄛ ㄩㄥ ㄕㄨㄛ ㄏㄨㄚ

話說用活準標新

中年級

新兒童書局印行

新標準活用說話課本

中年級

編　者　新兒童書局

印行者　新兒童書局

經售處　各大書局

中華民國三十八年修訂本

590

书名：声律启蒙

著者：不详

出版印行：不详

出版时间：不详

册数：不详

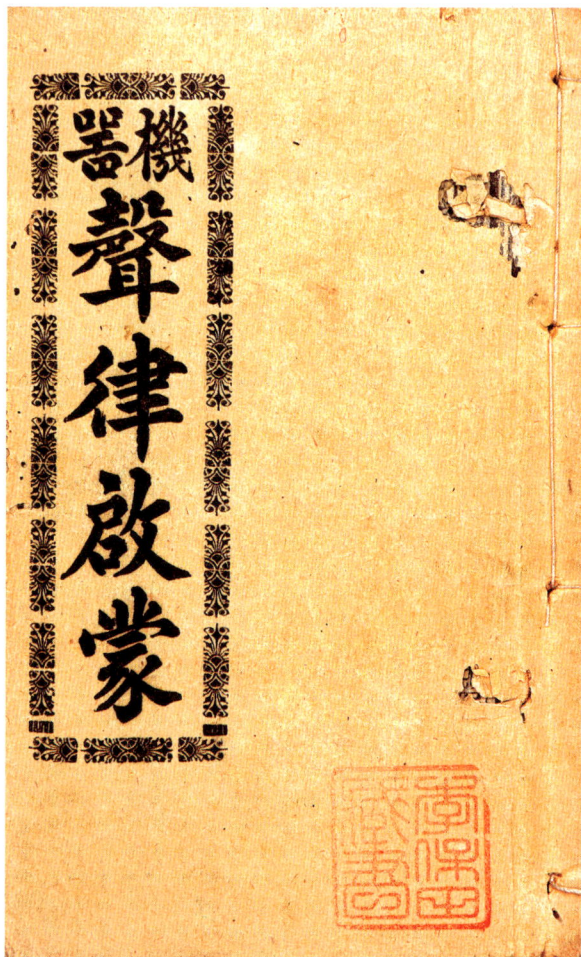

书名：初小国语
著者：不详
出版印行：不详
出版时间：不详
册数：不详

592 书名：新国民国语教科书（小学校初级用）
著者：不详
出版印行：上海国民书局
出版时间：不详
册数：八

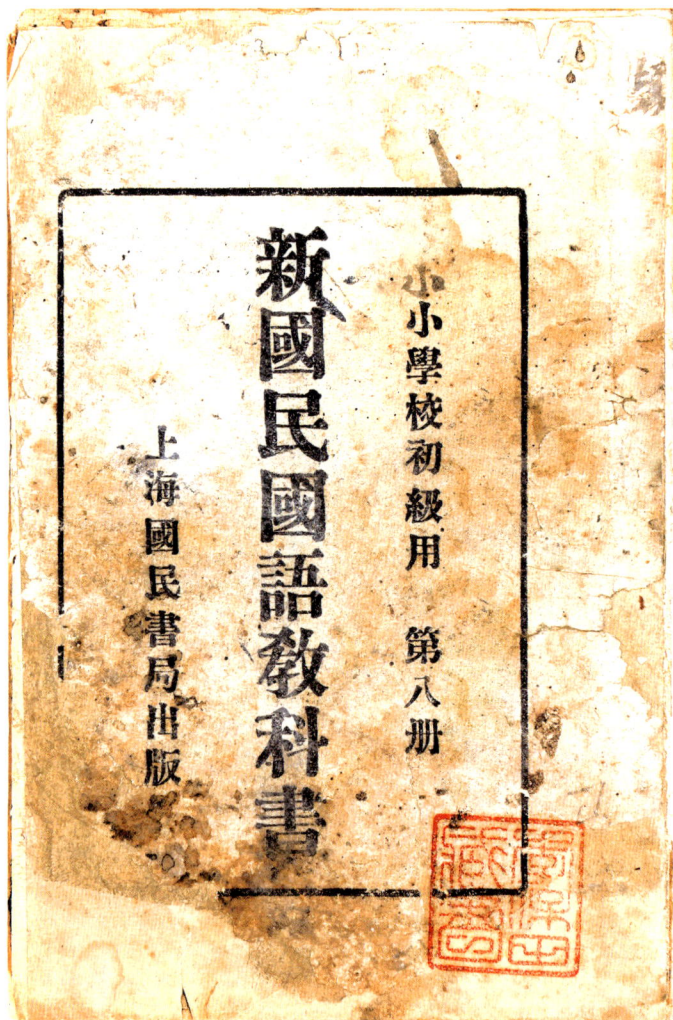

书名：标准国音
著者：不详
出版印行：不详
出版时间：不详
册数：不详

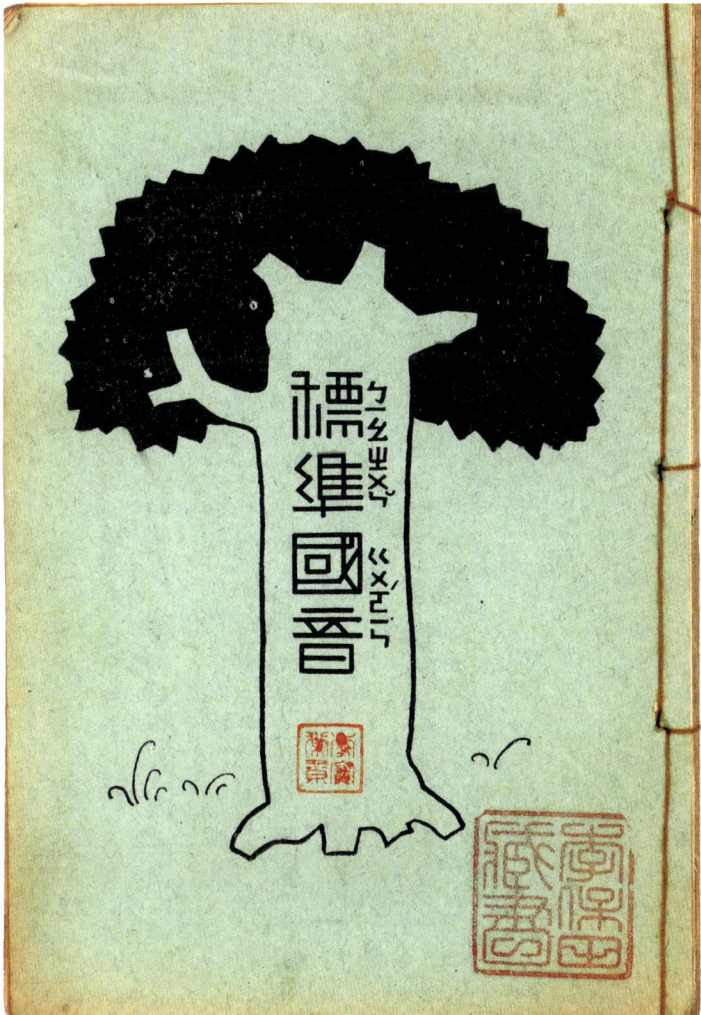

594 书名：大中华民国标准语
著者：桓力行 / 编
出版印行：上海新宇宙出版公司
出版时间：不详
册数：不详

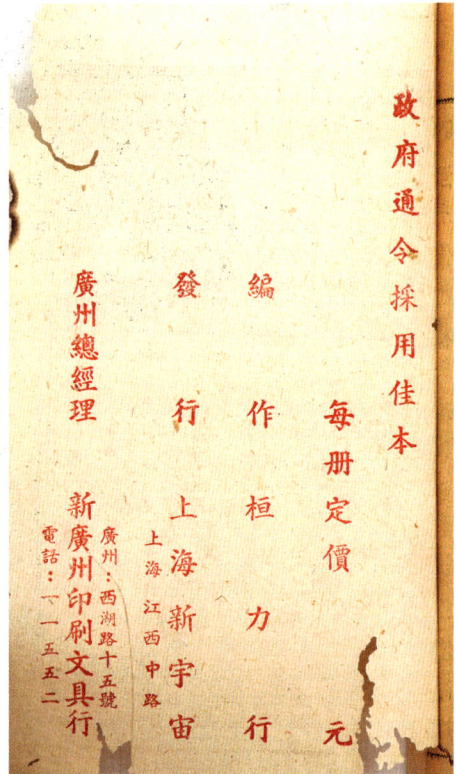

书名：初级师范学校教科书各科教授法
著者：蒋维乔、杨天骥/编校
出版印行：商务印书馆
出版时间：民国二年（1913）7版
册数：一
备注：版权页标注书名为《师范学堂各科教授法》。

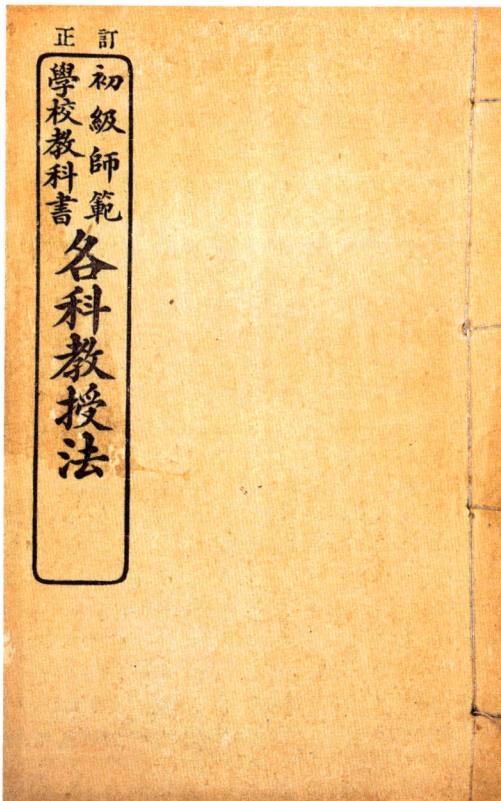

正訂
初級師範學校教科書
各科教授法

商務印書館發行

新字典

洋布面金字裝　定價二元四角
華裝分訂六册　價定一元四角

沈秉鈞　方毅　傅運森　陸爾奎　蔡文森　張元濟　高鳳謙　輯編

訂正舊義　增補新義
凡通俗字　及新造字
譯音字等　搜羅靡遺
注釋明瞭　音韻確切
符號軒豁　圖畫精工
可謂開字書之新紀元

千七二號

CHINESE NORMAL SCHOOL.
PRIMARY PEDAGOGICS.
COMMERCIAL PRESS, LTD.

中華民國二年三月七版
（師範學堂各科教授法一册）
每册定價大洋貳角

編校者　武進蔣維喬　吳江楊天驥
發行者　商務印書館
印刷所　商務印書館
總發行所　上海棋盤街中市　商務印書館
分售處　商務印書館分館
京師　奉天　天津　開封　太原　濟南　成都　重慶　蕪湖　長沙　龍江　漢口　南昌　潮州　福州　常德　南寧　杭州　外埠

翻印必究

596 | 书名：共和国教科书新国文教授法（初等小学校秋季始业教员用）
著者：秦同培 / 编纂　庄俞 / 校订
出版印行：商务印书馆
出版时间：民国二年（1913）初版
册数：八

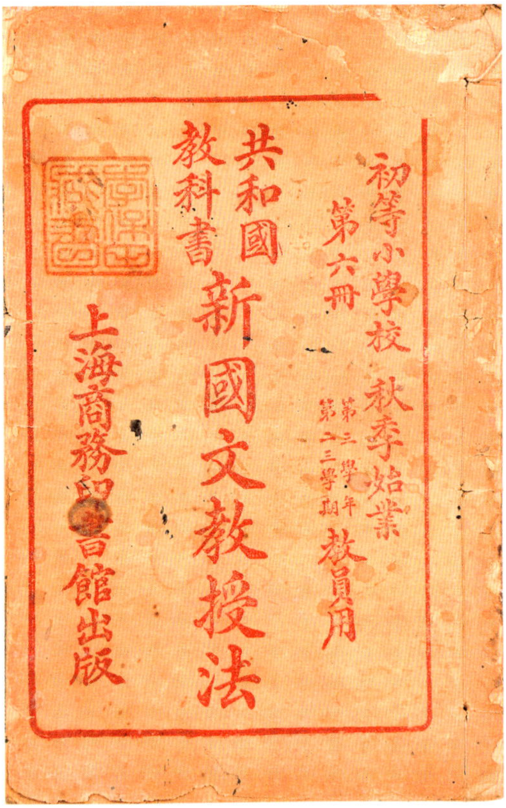

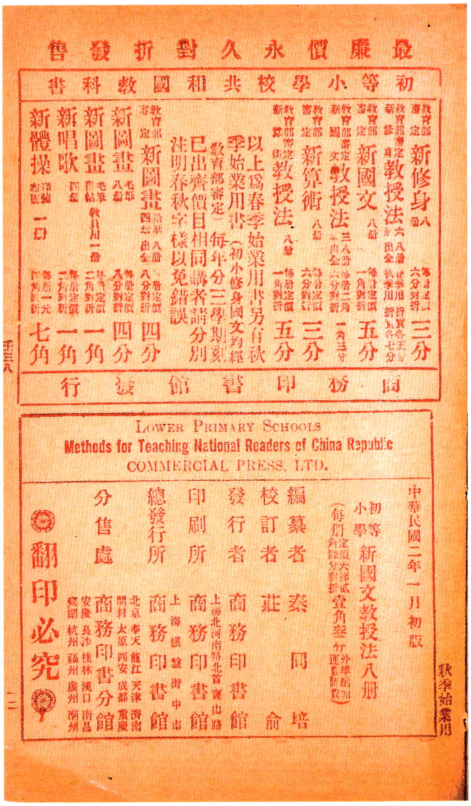

书名：小学文法初阶
著者：王艺
出版印行：商务印书馆
出版时间：1914年
册数：二

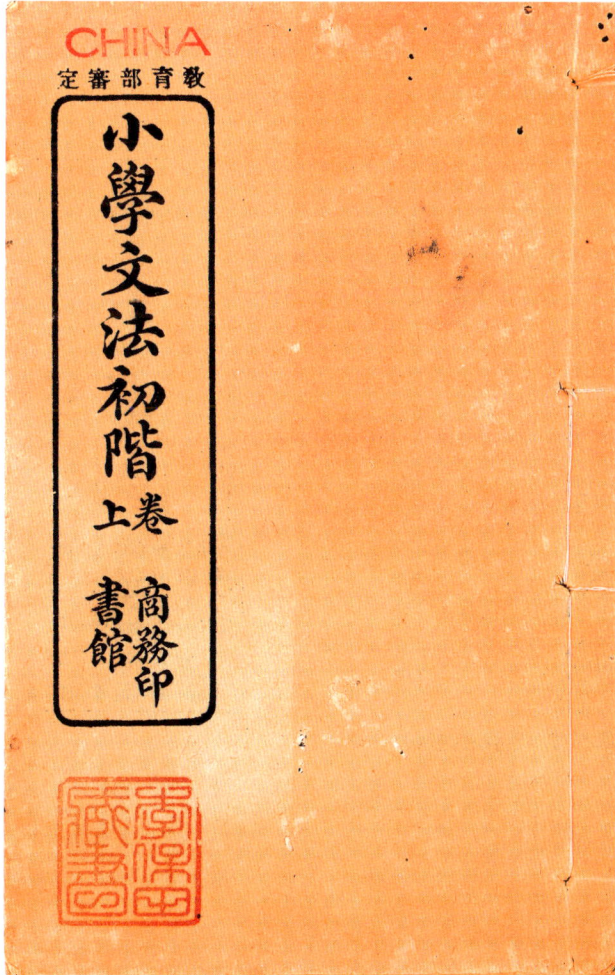

CHINA

教育部审定

小學文法初階 上卷

商務印書館

598 书名：共国和教科书文法要略（中学校用）

著者：庄庆祥／编纂　蒋维乔／校订

出版印行：商务印书馆

出版时间：民国四年（1915）初版　民国十六年（1927）15版

册数：二

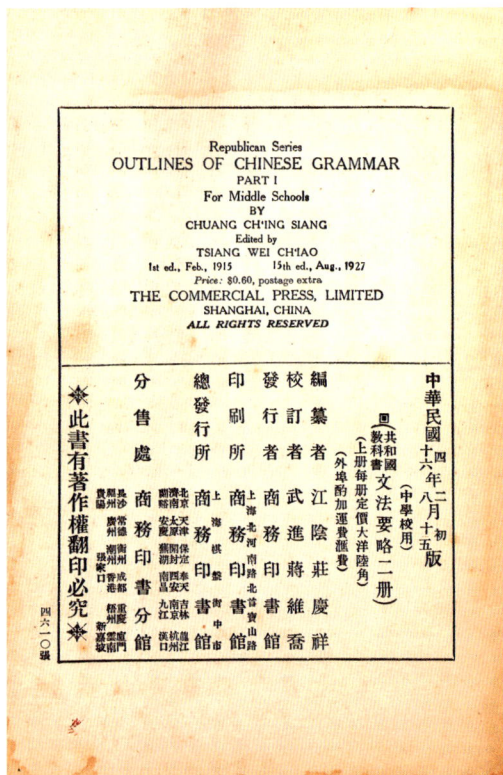

书名：新式国文教授书（国民学校用）

著者：吴研蘅 / 编校　张熙祚、范祥善、孙蔚清、苏养培、金润清、李樑、施毓麟、徐志熙 / 同编
　　　李步青、沈颐 / 阅订

出版印行：中华书局

出版时间：民国五年（1916）发行　民国八年（1919）11版

册数：八

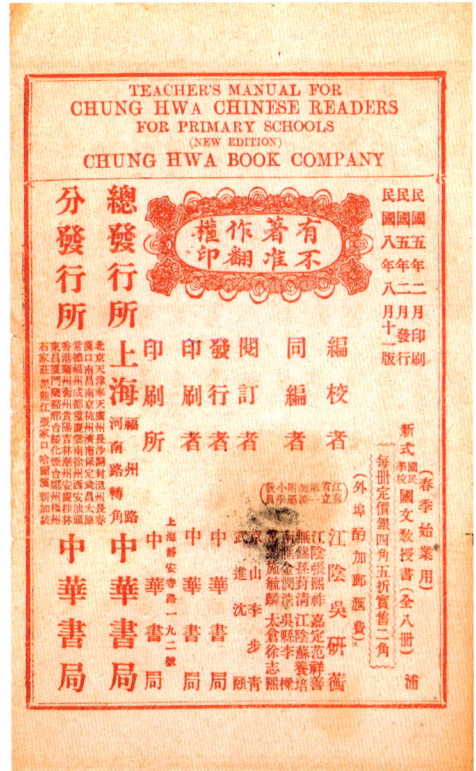

600 书名：新教育教科书国语读本教案（国民学校春季始业用）

著者：顾公毅、丛圻、朱建勋、刘俊升、宋禀恭、李国奎、易作霖、陆费逵、戴克敦、张相、

刘传厚 / 编辑及校阅

出版印行：中华书局

出版时间：民国十年（1921）

册数：八

蕢科教育教新

國語讀本教案

中華書局印行

國民學校春季始業用 第三冊

TEACHER'S MANUAL FOR
CHINESE NATIONAL LANGUAGE READERS
FOR PRIMARY SCHOOLS
CHUNG HWA BOOK COMPANY LTD.

有不
著准
作翻
權印

民國十年二月印刷
民國十年二月發行

新教育教科書國語讀本教案（全八冊）浦

每冊定價銀三角五折實售一角五分

（外埠酌加郵匯費）

分發行所

總發行所 上海棋盤街中華書局

印刷所 上海靜安寺路一九二號 中華書局

發行者 中華書局

校閱者 中華書局

編輯及

南通顧公毅 南通朱建勳 如皋劉俊升 南通宋禀恭 南通徐國奎 南通丛圻 武進劉傳厚 杭縣張相 杭縣戴克敦 桐鄉陸費逵 南通易作霖 李國奎

石家莊 黑龍江 張家口 歸化 新州 加坡 杭州 招州 桂林 太原府 吉林 西安 重慶 成都 衡州 徐州 濟南 南昌 南京 天津 北京 沙市 漢口 常州 溫州

书名：新撰国文教授书（新学制小学高级用）　　　　　　　601

著者：沈圻、计志中 / 编纂　庄适 / 校订

出版印行：商务印书馆

出版时间：民国十三年（1924）初版　民国十五年（1926）10版

册数：四

新學制小學校高級用

新撰國文教授書 第二冊

上海商務印書館發行

行 發 館 書 印 務 商

用學小等高　定審部育教

共和國教科書

新體操教授書　三冊各二角二分
新唱歌教授書　一冊一角二分
新縫紉工教授書　一冊各二角二分
新圖畫毛筆教授書　三冊各二角二分
英文讀本教授書　四冊各四角
新商業教授法　一冊一元四角
新理科教授書　六冊各二角六分
新理科掛圖　六幅原價五元
新算術教授書　六冊各二角六分
新算術筆算教授法　六冊各二角六分
新歷史教授書　六冊各二角六分
新國文教授書　八冊各二角六分
新地理教授書　六冊各二角六分
法制大意教授法　一冊二角六分
新修身教授書　六冊各二角六分

（加有※者春秋兩季通用錄春秋季通用）

元1929（一）

Up-to-date Series

National Readers: Teacher's Manual

For Higher Primary Schools

The Commercial Press, Limited

All rights reserved

中華民國十五年七月十版
中華民國十三年九月初版
（小學校高級用書）
新撰國文教授書四冊
（第二冊定價大洋叁角實售七折）
（外埠酌加運費匯費）

編纂者　計志中　沈圻

校訂者　莊適

發行者　商務印書館

印刷所　上海河南路北首寶山路　商務印書館

總發行所　上海棋盤街中市　商務印書館

分售處　商務印書分館
北京　天津　保定　奉天　吉林　黑龍江　濟南　開封　太原　南京　杭州　安慶　南昌　長沙　常德　武昌　宜昌　成都　重慶　貴陽　雲南　廣州　桂林　梧州　香港　潮州　汕頭　廈門　福州　温州　蕪湖

602 书名：高级国文读本教学法（新学制小学教员用书）
著者：秦同培、陈和祥 / 编辑　杨喆、范祥善 / 校订
出版印行：世界书局
出版时间：民国十四年（1925）初版
册数：四

高級國文讀本教學法

第四冊

新學制小學教員用書

上海世界書局出版

新學制高級小學教科書

這套書的編制最新穎教
材最活潑程度深淺恰與新
學制初級小學教科書相銜
接確是新學制高級小學教
科書中的第一善本

高級國語讀本	高級國文讀本	高級公民課本	高級歷史課本	高級地理課本	高級算術課本	高級自然課本	高級衛生讀本	高級英語讀本
全書四冊每冊一分	全書八冊每冊一分	全書四冊每冊一分	全書四冊每冊一分	全書四冊每冊一分	全書四冊每冊一分	全書四冊每冊一分	全書二冊每冊一分	全書二冊每冊一分

教學法每冊各有專供教員講授之用

TEACHER'S MANUAL FOR
CHINESE LITERATURE READERS: BOOK I TO BOOK IV
Specially Compiled under the New System
For the Use of Higher Primary Schools
THE WORLD BOOK CO., LTD.
All Rights Reserved

高級國文讀本教學法四冊
（一冊至四冊每冊定價銀四角）
（外埠的加郵費匯費）

新學制小學教員用者

中華民國十四年四月初版

編輯者	校訂者	印刷者	發行者	印刷所	總發行所	分發行所
秦同培 陳和祥	楊喆 范祥善	世界書局	世界書局	世界書局 上海北河南路	世界書局 上海福州路	北京 天津 濟南 太原 長沙 漢口 武昌 杭州 常德 徐州 南昌 濟南 樹昌堂

△此書有著作權翻印必究▽

书名：新时代国语教授书（小学校高级用）

著者：王志瑞 / 编辑

出版印行：商务印书馆

出版时间：民国十七年（1928）初版　民国十七年（1928）8版

册数：四

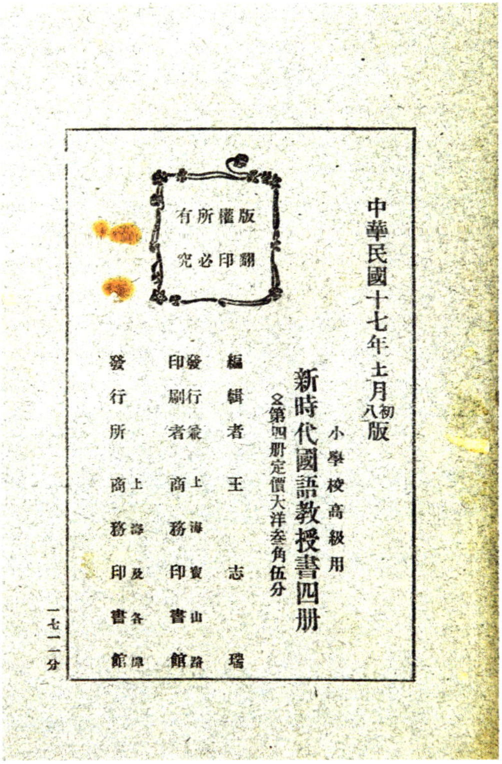

小學校高級用

新時代國語教授書 第四冊

商務印書館出版

有所權版
究必印翻

中華民國十七年上月八版初

小學校高級用

新時代國語教授書四冊
（第四冊定價大洋叁角伍分）

編輯者　王　志　瑞

發行兼　上　海　寶　山　路
印刷者　商　務　印　書　館

發行所　上海及各埠
商務印書館

一七二一分

604 书名：实用国语文法
著者：王应伟 / 编辑
出版印行：商务印书馆
出版时间：民国十九年（1930）
册数：二

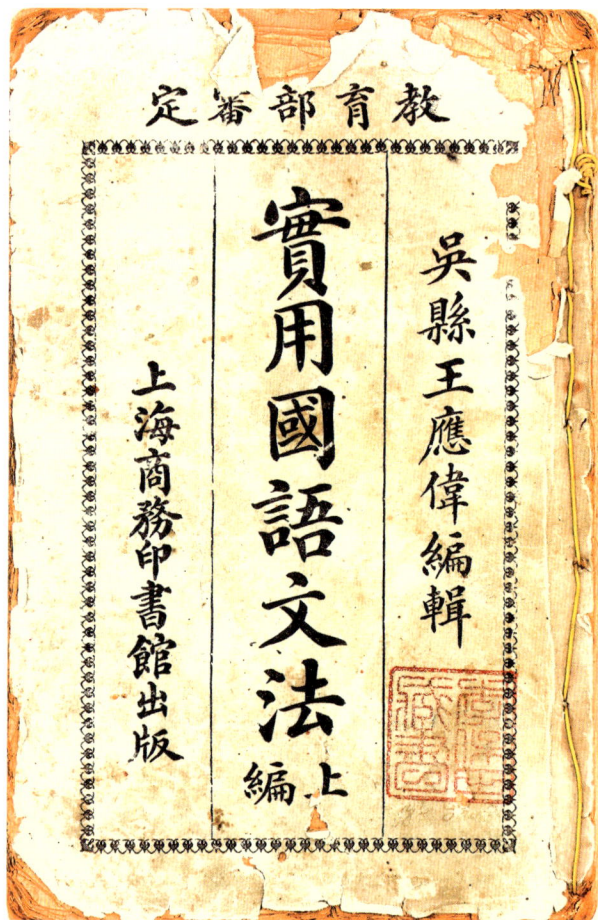

书名：高等国文法（大学丛书）

著者：杨树达 / 著

出版印行：商务印书馆

出版时间：民国十九年（1930）初版　民国二十八年（1939）国难后改订第1版

册数：一

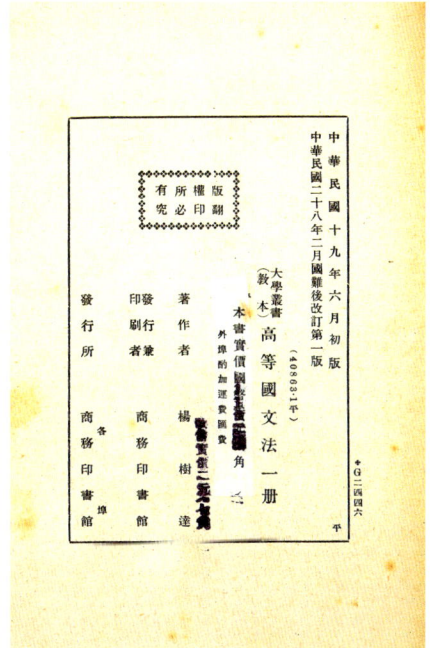

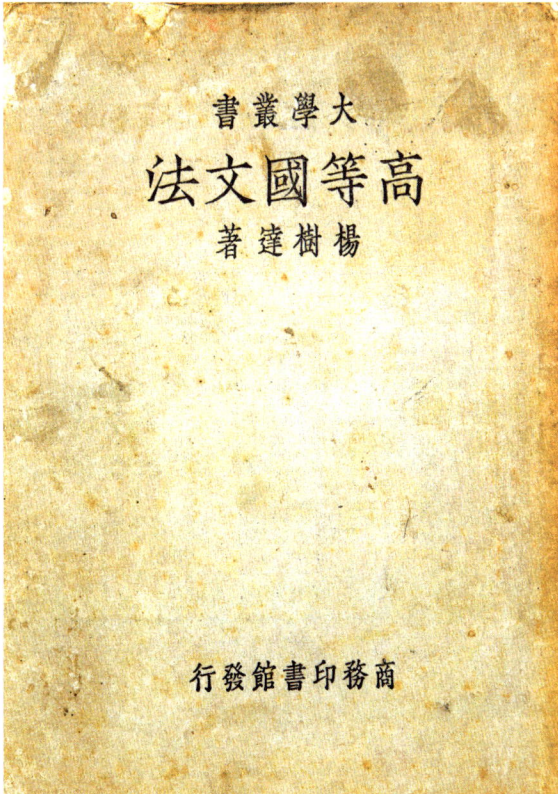

606 书名：世界第一种初小国语教学法（新课程标准教科书教员用书）

著者：钱畊莘 / 编辑　朱翊新 / 校订

出版印行：世界书局

出版时间：民国二十二年（1933）初版　民国二十三年（1934）5 版

册数：八

照教育部審定本編輯

新課程標準教學教科書教員用書

世界第一種

初小國語教學法

第一冊

錢畊莘編輯　朱翊新校訂

①

世界書局印行

教師參考用書

世界書局出版

小學訓育法ABC　一冊五角

教育測驗ABC　一冊五角

教育心理學ABC　一冊五角

做學教ABC　一冊五角

現實主義與教育　一冊六角

蒙台梭利與其教育　一冊四角

教育法概要　二冊八角

教育學概要　一冊四角

新64.26

中華民國二十三年六月五版
中華民國二十二年五月初版

新課程標準
世界第一種　初級小學教員用書
國語讀本教學法（全八冊）

（外埠酌加郵費滙費）
一至四冊每冊價洋六角
五至八冊每冊價洋七角

編輯者　錢畊莘

校訂者　朱翊新

發行人　沈知方

出版者　世界書局
上海大連灣路

印刷者　世界書局
上海薪閘路

作有　此書
　　　翻印
必究　權　　必究

總發行所　世界書局
上海四馬路中市

分發行所　世界書局
南京　長沙
福州　北平　天津　太原　濟南　漢口
廈門　徐州　重慶　南昌　蕪湖　九江
廣州　杭州　溫州
汕頭　開封
梧州　閩路

书名：复兴国语教学法（小学校初级用）

著者：顾志贤／编著　沈百英／校订

出版印行：商务印书馆

出版时间：民国二十二年（1933）初版　民国二十三年（1934）25版

册数：八

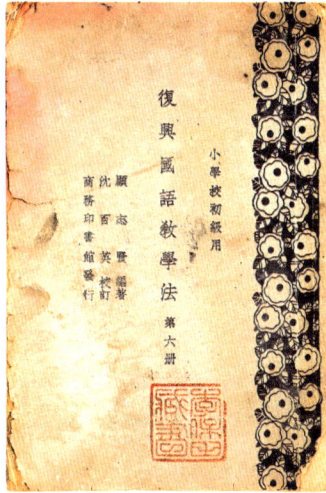
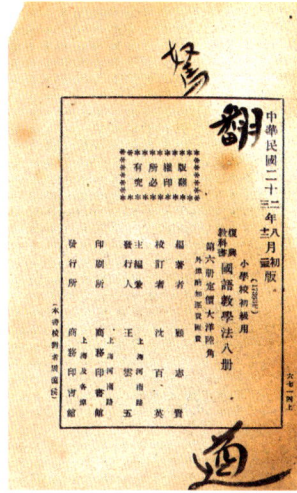

书名：复兴国语教学法（初级小学适用）

著者：赵景源、顾志贤、冯维敏、沈白英／编校

出版印行：商务印书馆

出版时间：民国二十六年（1937）改编本第1版　民国二十七年（1938）改编本第4版

册数：八

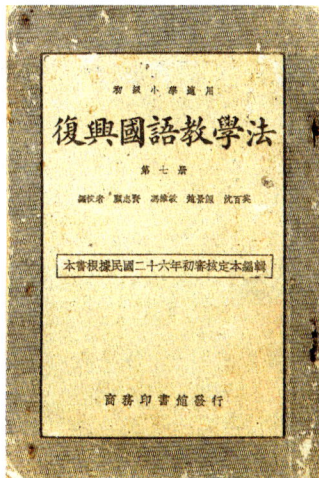
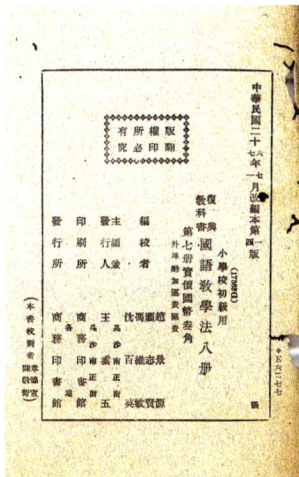

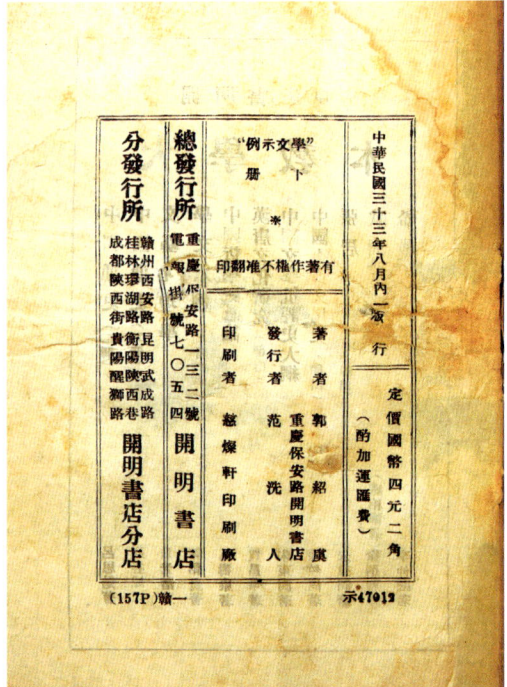

书名：师范学校教科书中国文典
著者：商务印书馆编译所 / 编纂
出版印行：商务印书馆
出版时间：丙午年（1906）初版　民国三年（1914）再版
册数：一

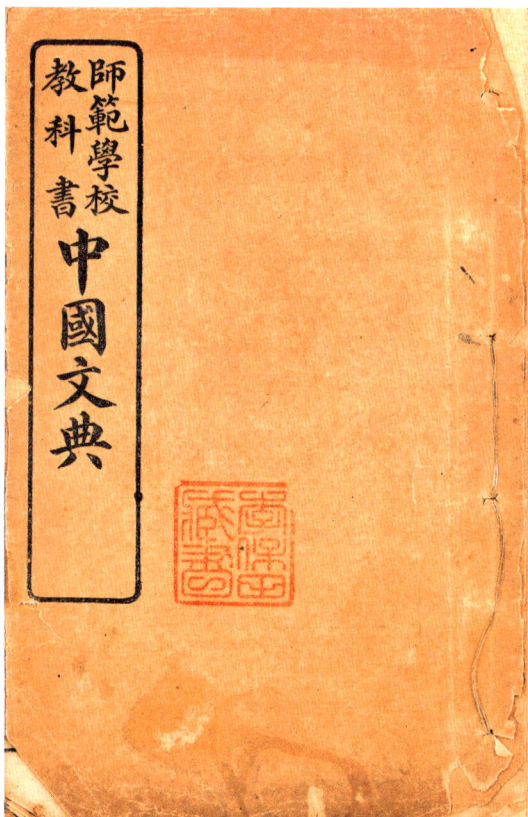

④ 传统读物教材

師範學校教科書 中國文典

清文匯　原名國朝文匯

一千三百家
一萬數千篇
一百又一册

中國通史紙印
定價三十二元
特價十八元

一代文章必有匯刻之本以集其大成在唐有文粹。在宋有文鑑。在元有文類。在明有文在。萃其精華蔚成一代文章之所。清時雖有文錄之刻然成於嘉道之年道咸以降缺然不備本書成於清之末葉。首尾完具。其搜羅之宏富較之宋文粹唐文鑑元文類明文在諸書又遠過之。一代之文獻盡在是矣存書無多購者從速

寄售處

上海 商務印書館 各省分館

壬八七〇

NORMAL SCHOOL SERIES

A BRIEF COURSE OF CHINESE GRAMMAR

COMMERCIAL PRESS, LTD.

編纂者　商務印書館編譯所
發行者　商務印書館
印刷所　上海北河南路北首寶山路 商務印書館
總發行所　上海 棋盤街中市 商務印書館
分售處　北京 崇文門内大街 濟南院署街 商務印書館分館
分售處　商務印書館分館
杭州福州廣州潮州雲南香港 安慶 沙桂林漢口雲南昌長沙 南京保定奉天蕪江吉林天津 西安成都重慶

※ 此書有著作權翻印必究 ※

師範學校 教科書 中國文典 （一册）
（每册定價大洋貳角伍分）

丙午年九月初版
中華民國三年三月再版

三八〇九

610　书名：初学古文活套法（初编、二编）
　　　著者：王家治、施崇恩
　　　出版印行：广益书局
　　　出版时间：民国四年（1915）
　　　册数：二

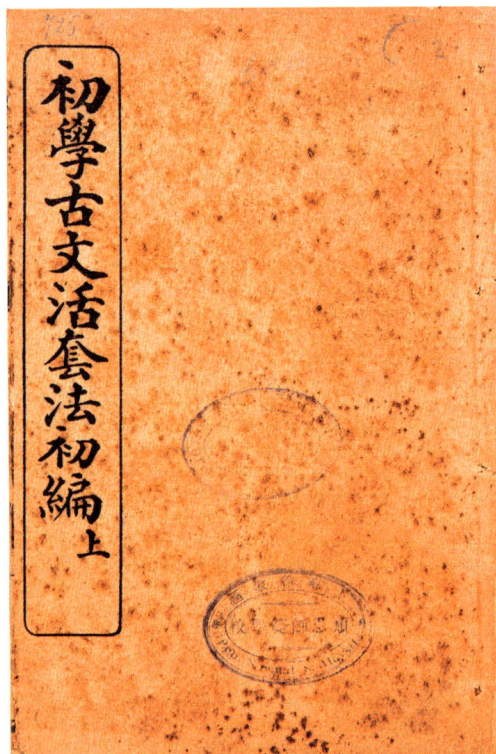

书名：中华故事

著者：潘武、屠元礼 / 编辑

出版印行：中华书局

出版时间：民国四年（1915）发行　民国十二年（1923）16版

册数：不详

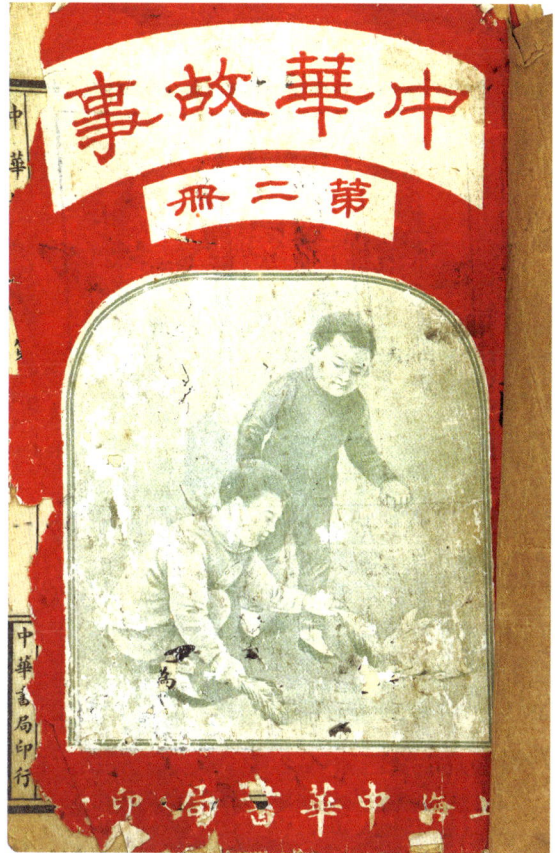

中 华 故 事

第 二 册

中 华 书 局 印 行

上 海 中 华 书 局 印

（中華故事）

第二册定價銀一角

民國四年八月印刷
民國十二年十八月十六版發行

有著不准翻作著印權

編輯者　嘉定潘武　杭縣屠元禮

發行者　中華書局

印刷者　中華書局

印刷所　上海靜安寺路一九二號　中華書局

總發行所　上海福州路轉角　中華書局

分發行所　北京　天津　奉天　濟南　太原……（九四六）

612　书名：小学字课图释

　　著者：广仓学窘 / 编辑

　　出版印行：广仓学窘

　　出版时间：民国五年（1916）

　　册数：一

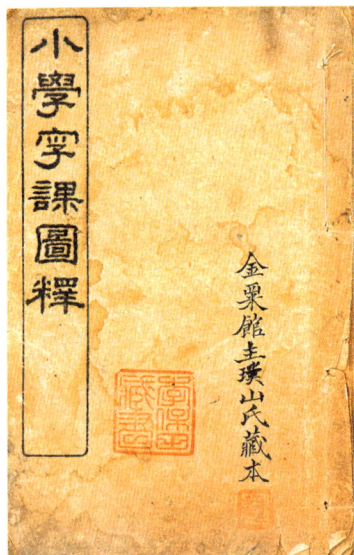
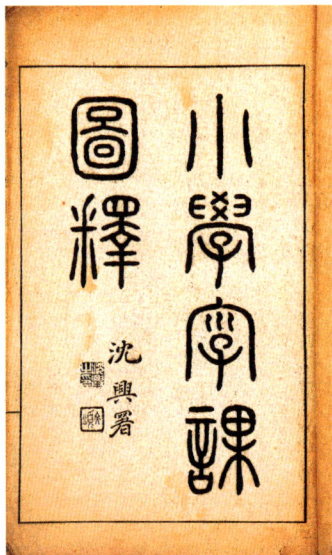
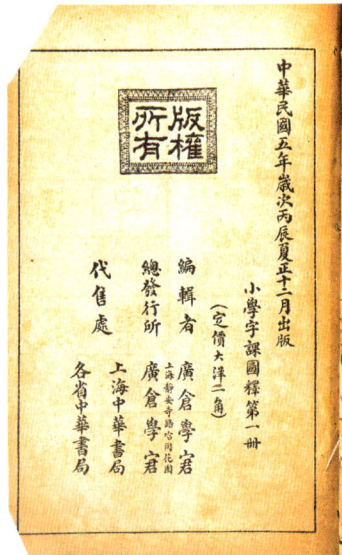

书名：古今小品精华（教科自修适用）

著者：中华书局

出版印行：中华书局

出版时间：1916年

册数：二

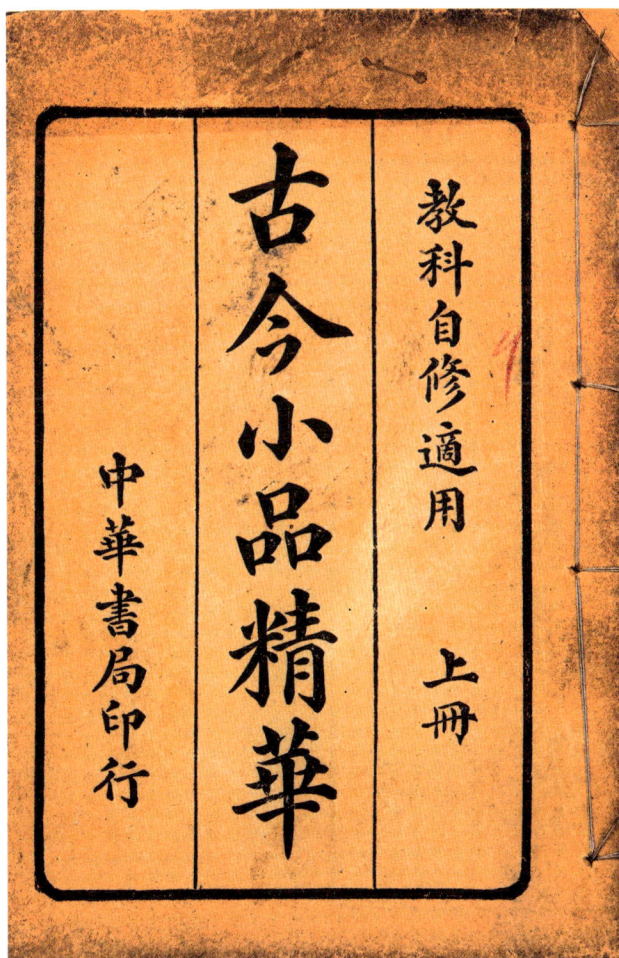

614 | 书名：评注古文读本（高等小学校用）
著者：林景亮 / 著　沈颐 / 校阅
出版印行：中华书局
出版时间：民国五年（1916）发行　民国十三年（1924）19版
册数：六

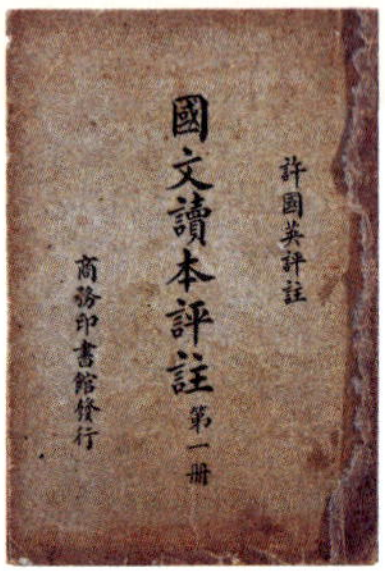

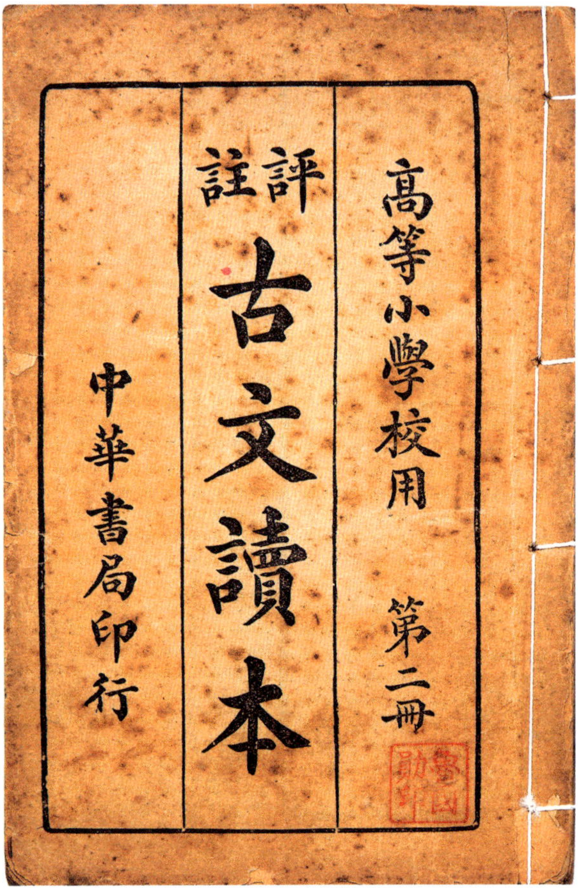

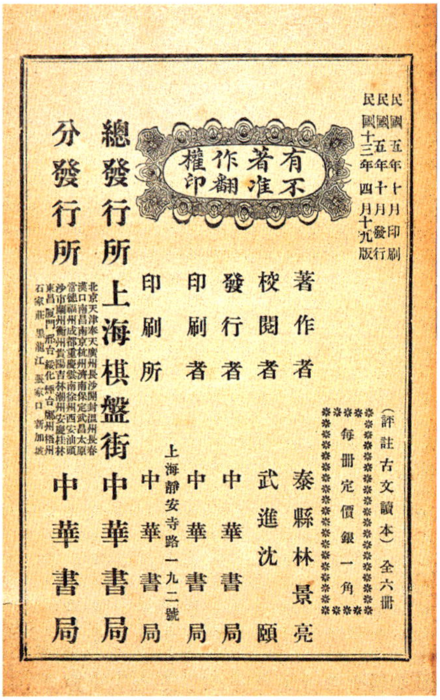

評註 古文讀本

高等小學校用 第二冊

評註古文讀本 中華書局印行

有不　著准　作翻　版權印

民國五年十月印　民國十三年四月十九版發行刷

（評註古文讀本）全六冊

著　作　者　泰縣林景亮

校　閱　者　武進沈頤

發　行　者　中華書局

印　刷　者　中華書局

上海靜安寺路一九二號

總發行所　上海棋盤街中華書局

分發行所　中華書局

北京　天津　南京　漢口　奉天　南昌　開封　濟南　成都　重慶　太原　廣州　南寧　昆明　杭州　福州　西安　長沙　貴陽　蘭州　桂林　公安　太原　新鄉　洛陽　石家莊　里　蕪湖

每冊定價銀一角

书名：字学举隅

著者：不详

出版印行：上海锦章图书局

出版时间：民国六年（1917）

册数：不详

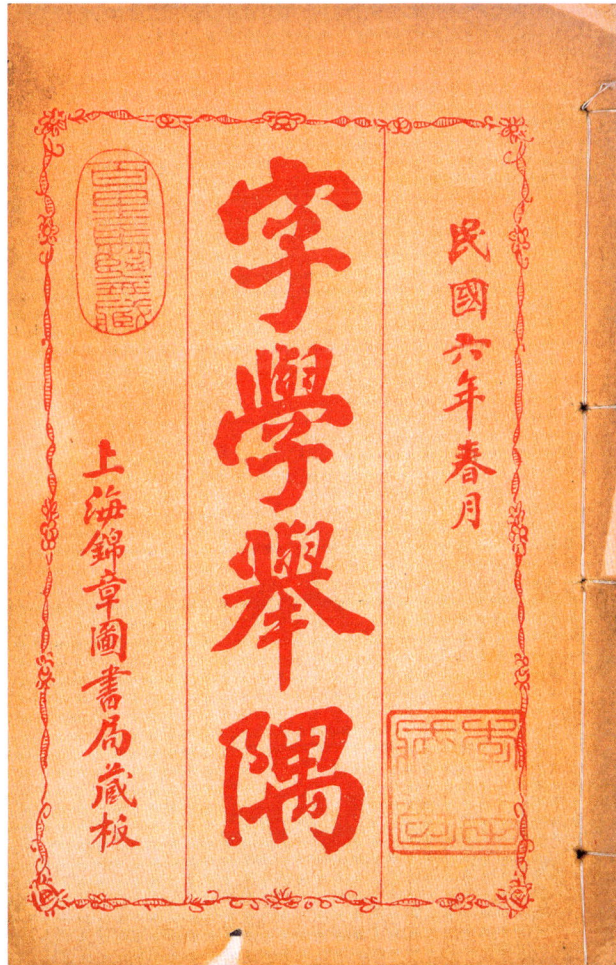

616　书名：蒙学识字字课图说

　　　著者：施崇恩

　　　出版印行：彪蒙书室 / 出版　广益书局 / 发行

　　　出版时间：民国七年（1918）

　　　册数：十

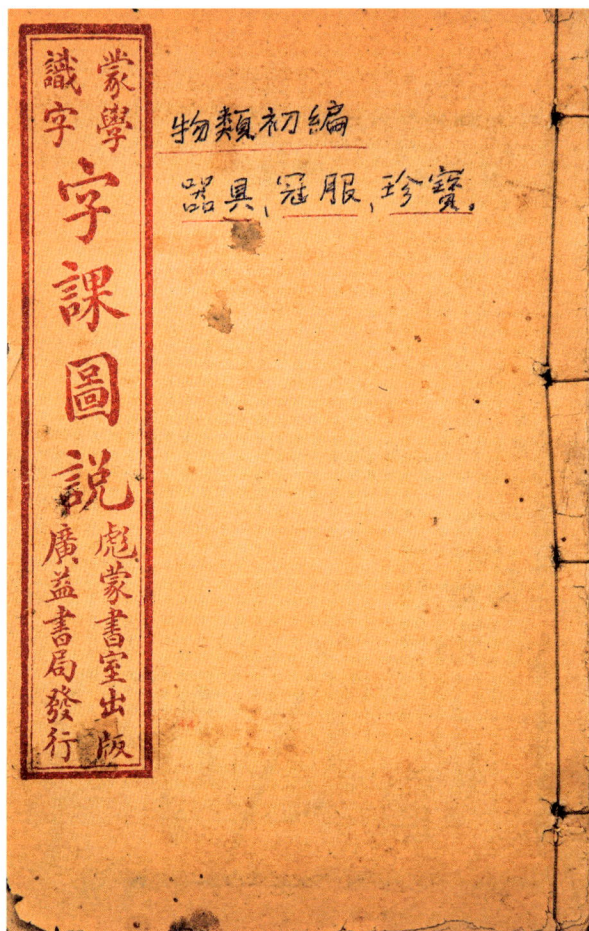

书名：校正龙文鞭影

著者：不详

出版印行：上海锦章图书局

出版时间：民国八年（1919）

册数：不详

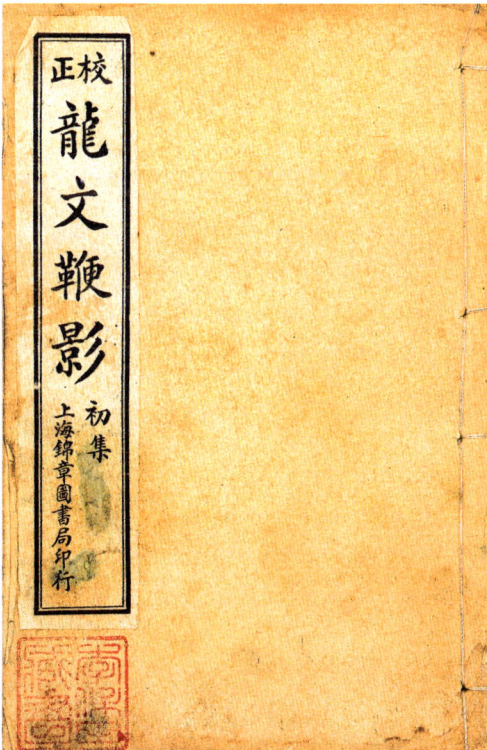

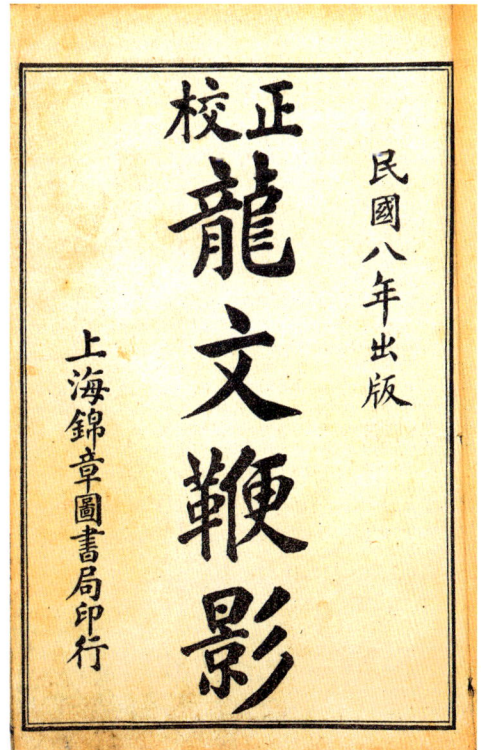

618　书名：校正增注二论引端详解

著者：刘忠荩

出版印行：广益书局

出版时间：民国八年（1919）再版

册数：不详

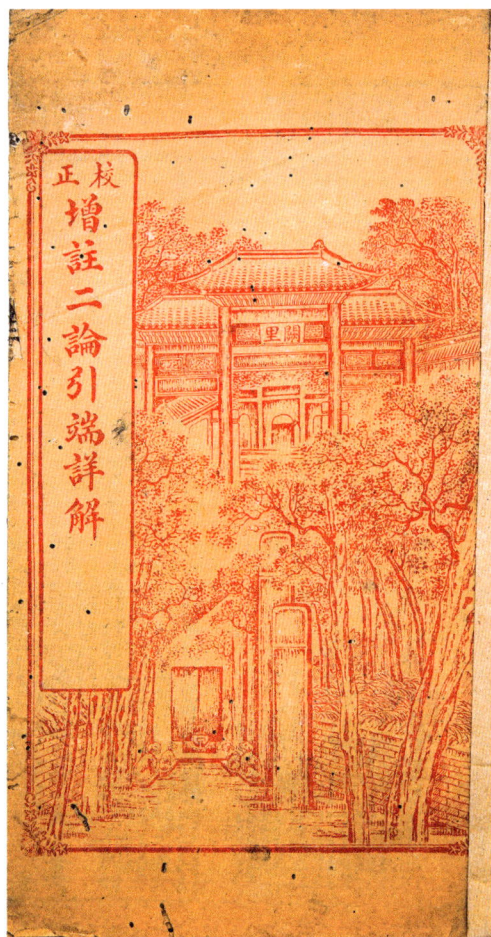

书名：孝经忠经白话注解合刊（小学校适用）

著者：广益书局编辑部／编纂

出版印行：广益书局

出版时间：民国十年（1921）

册数：一

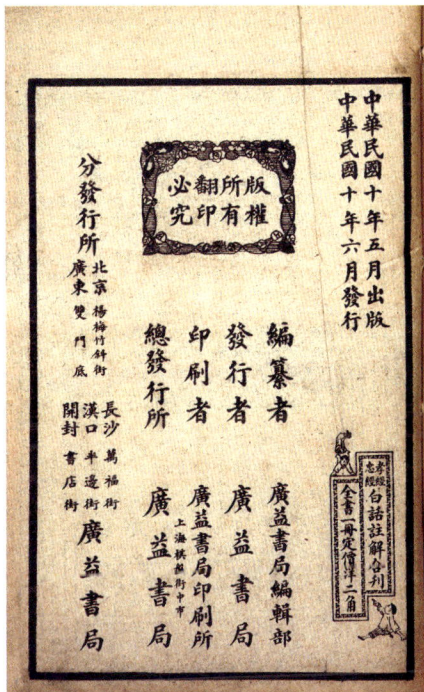

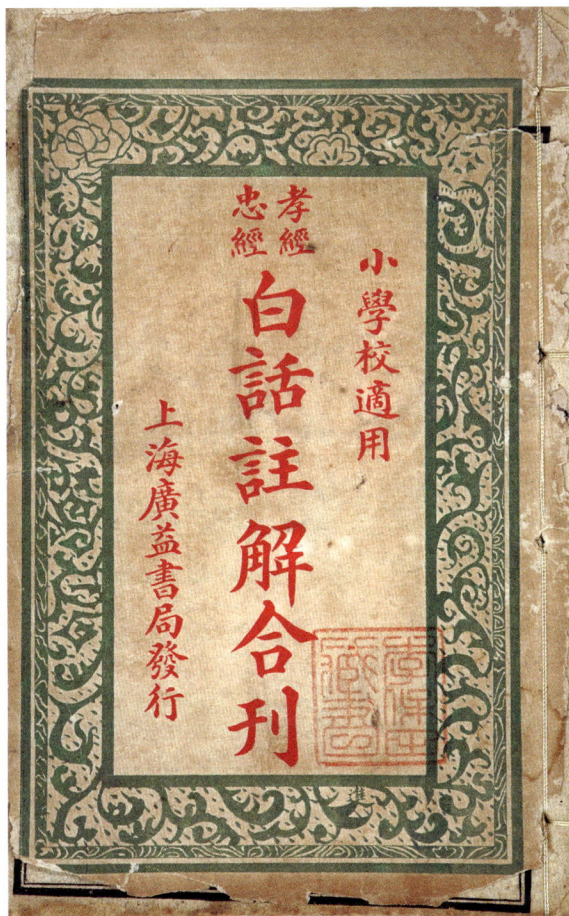

620 书名：详注分类字课图说
著者：不详
出版印行：上海鸿文书局
出版时间：民国十二年（1923）重刊
册数：八

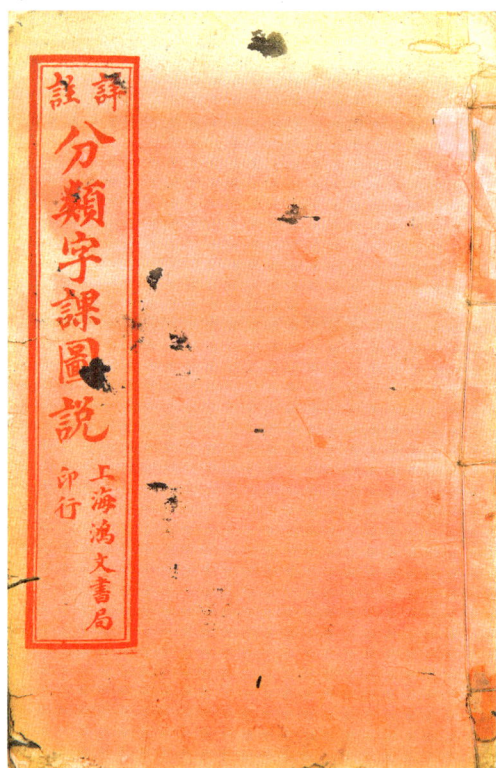

书名：中西绘图益幼杂字

著者：不详

出版印行：上海昌文书局

出版时间：民国十七年（1928）

册数：不详

622

书名：白话诠释学生字课图说

著者：费有容 / 选辑

出版印行：上海中原书局

出版时间：民国十八年（1929）

册数：八

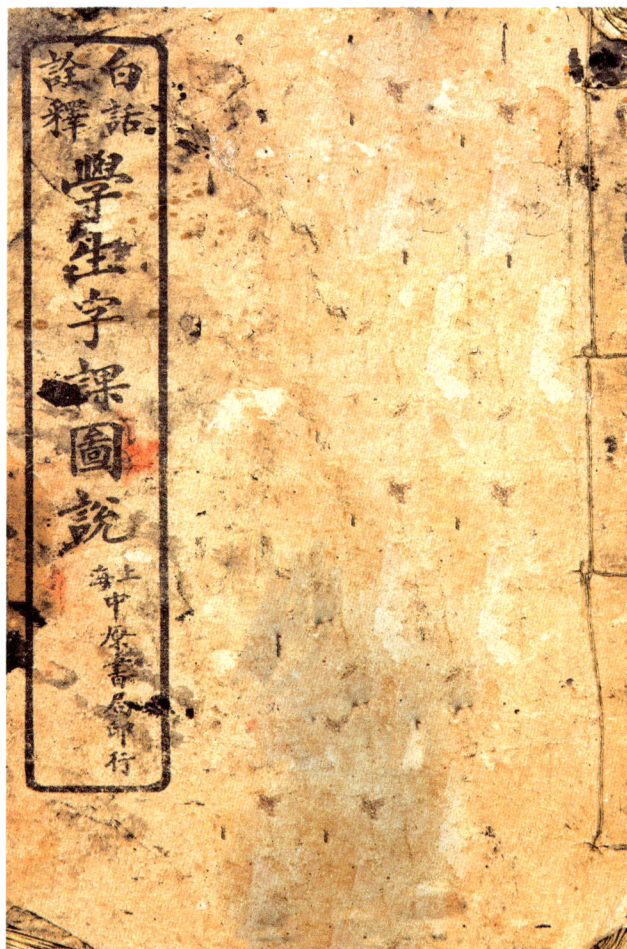

书名：字辨
著者：顾雄藻／编辑
出版印行：生活书店
出版时间：民国二十二年（1933）初版　民国二十二年（1933）4版
册数：一

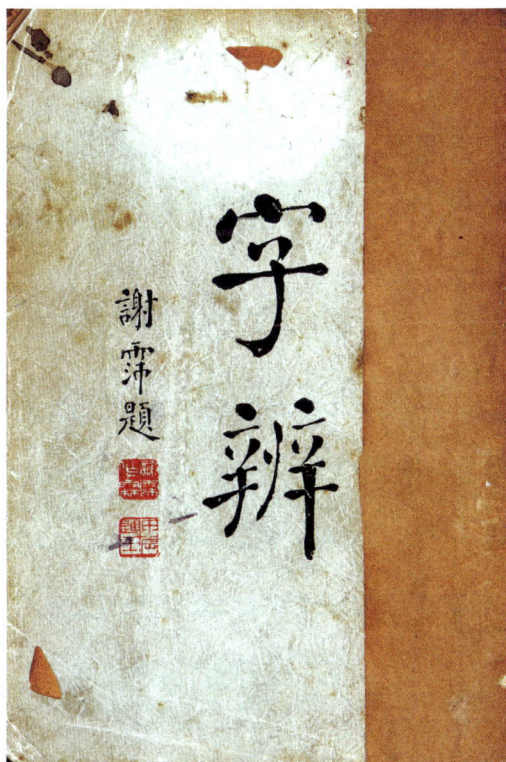

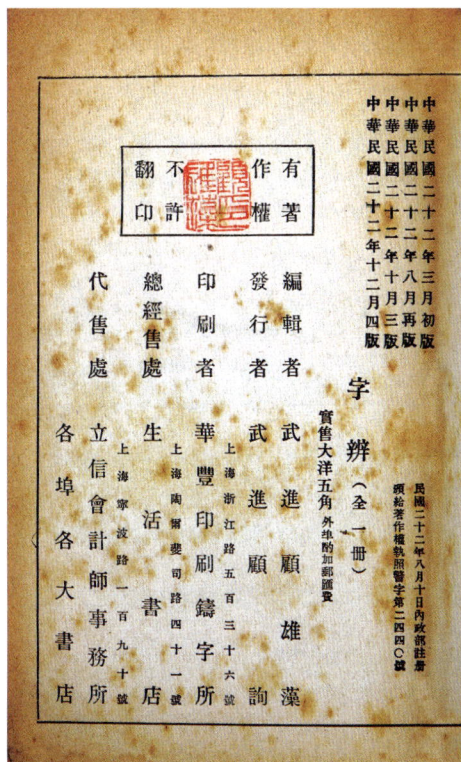

中華民國二十二年三月初版
中華民國二十二年八月再版
中華民國二十二年十月三版
中華民國二十二年十二月四版

字辨（全一冊）

實售大洋五角　外埠酌加郵費

有著作權　不許翻印

編輯者　武進顧雄藻
發行者　武進顧雄詢
印刷者　華豐印刷鑄字所
　　　　上海浙江路五百三十六號
總經售處　生活書店
　　　　上海陶爾斐司路四十一號
代售處　立信會計師事務所
　　　　上海家波路一百九十號
　　　各埠各大書店

民國二十二年八月十日內政部註冊
顧繪著作權執照暨字第二四四〇號

书名：绘图新增幼学故事琼林（增附英语入门）

著者：程允升 / 原著　嵩山居士 / 校阅

出版印行：鸿文书局

出版时间：民国廿五年（1936）再版

册数：一

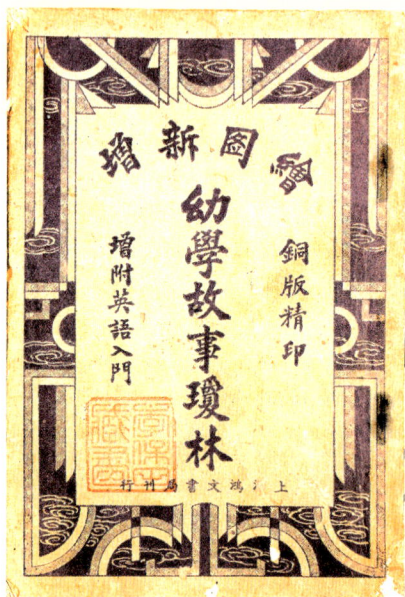

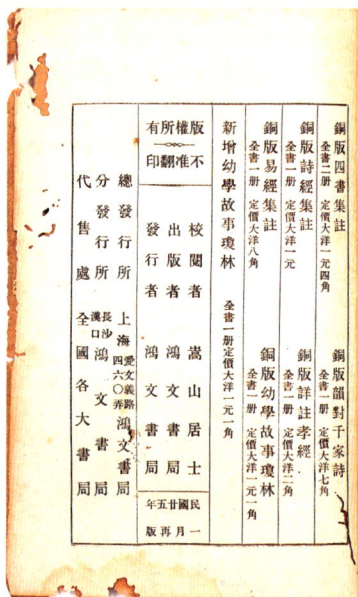

书名：初学实用幼学琼林

著者：程允升 / 原著

出版印行：鸿文书局

出版时间：民国廿四年（1935）

册数：一

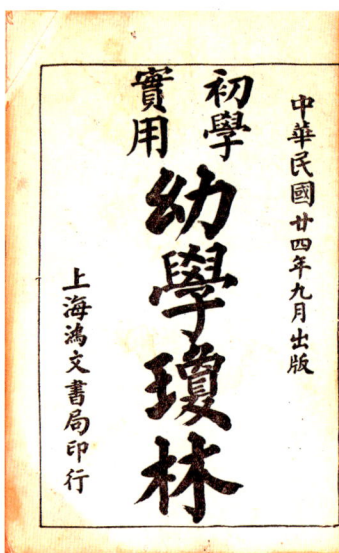

书名：童蒙训（万有文库第二集七百种）
著者：吕本中 / 著
出版印行：商务印书馆
出版时间：民国二十六年（1937）初版
册数：不详

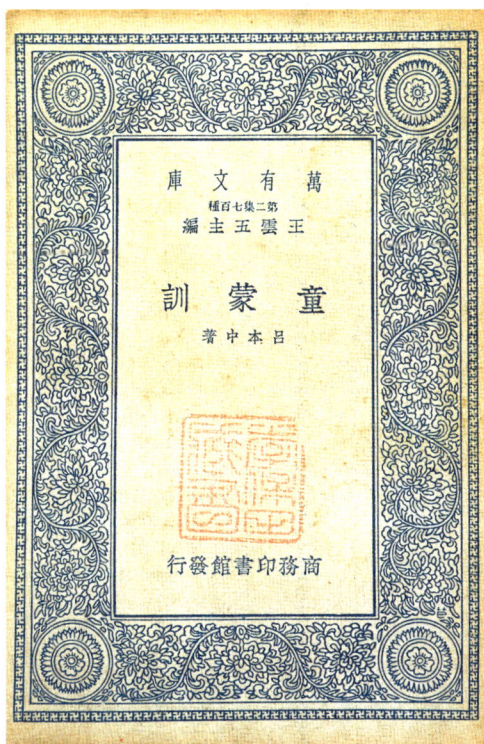

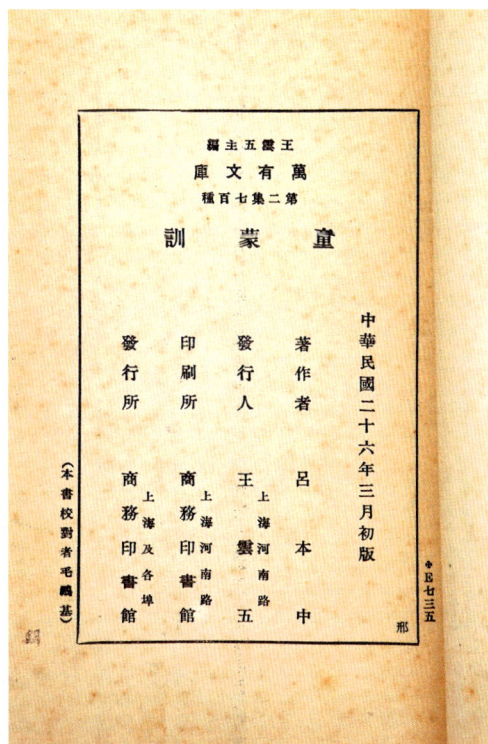

626

书名：广注论语读本（言文对照）

著者：世界书局

出版印行：世界书局

出版时间：1938年

册数：二

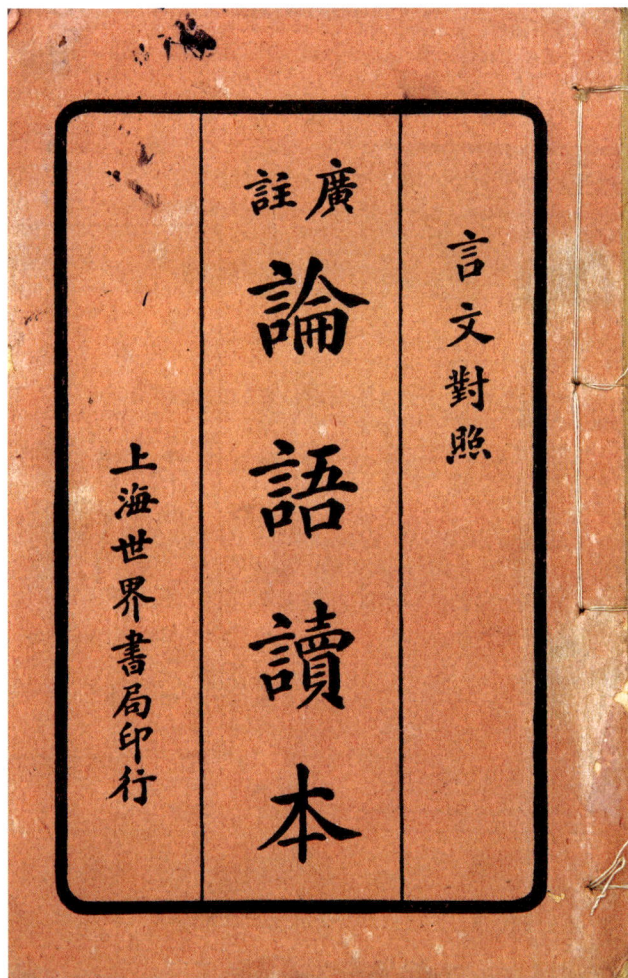

书名：教子图说

著者：郭立志 / 编辑

出版印行：北京琉璃厂豹文斋南纸店

出版时间：民国三十年（1941）初版

册数：不详

备注：科举最后一科状元刘春霖题写书名。

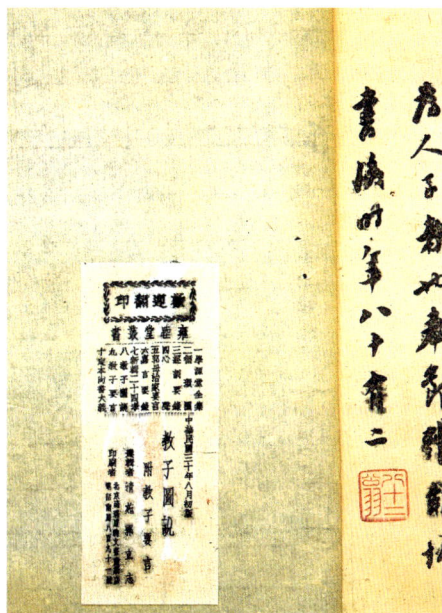

628

书名：增图校正诗经读本

著者：不详

出版印行：上海昌文书局

出版时间：民国三十年（1941）初版

册数：不详

增圖校正 詩經讀本

民國三十年春月出版

册叁千

上海昌文書局印行

书名：古文选（中学适用）

著者：山西省文化委员会 / 编

出版印行：新民印书馆

出版时间：民国三十二年（1943）

册数：一

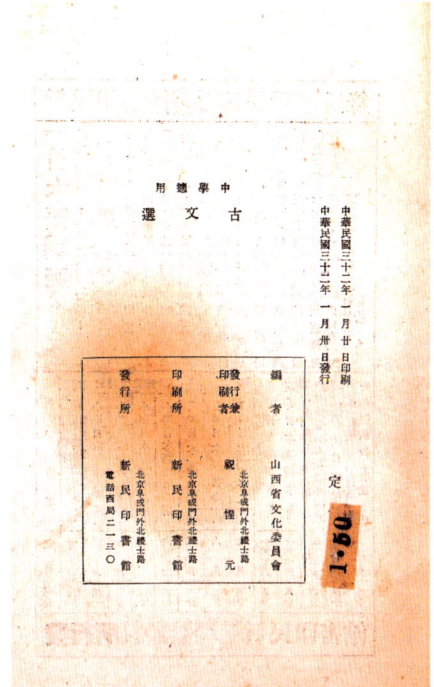

630　书名：精校新增绘图幼学故事琼林（增附英语入门）

著者：不详

出版印行：昌文书局

出版时间：不详

册数：不详

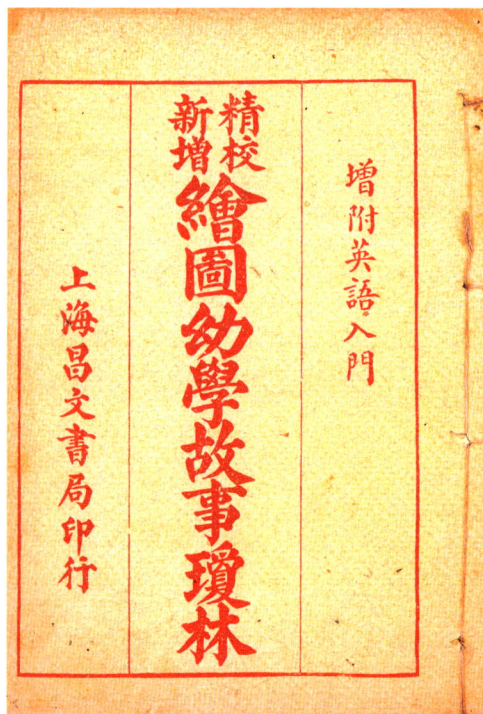

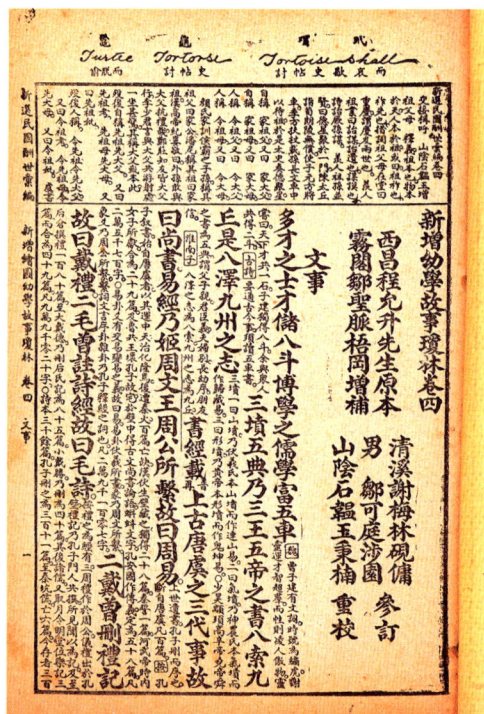

书名：四书集注 (铜版)
著者：不详
出版印行：上海文华书局 / 印行　广益书局 / 发行
出版时间：不详
册数：不详

632 书名：新注四书白话解说
著者：唐驼 / 署
出版印行：上海书业公所
出版时间：不详
册数：不详

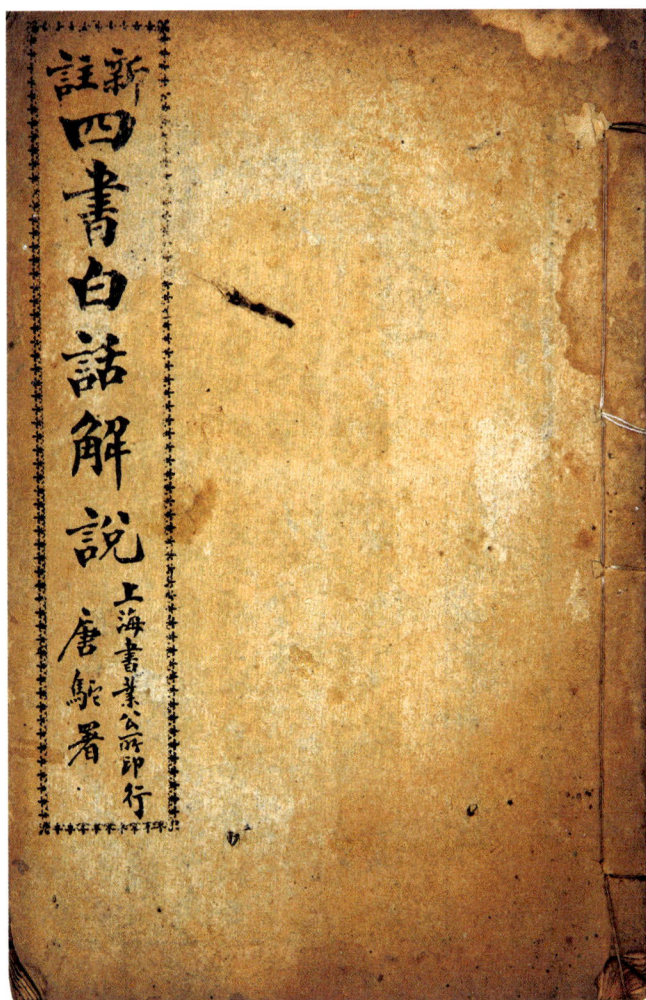

书名：六百字编通俗教育读本（教育部批准适用）

著者：董景安

出版印行：不详

出版时间：不详

册数：不详

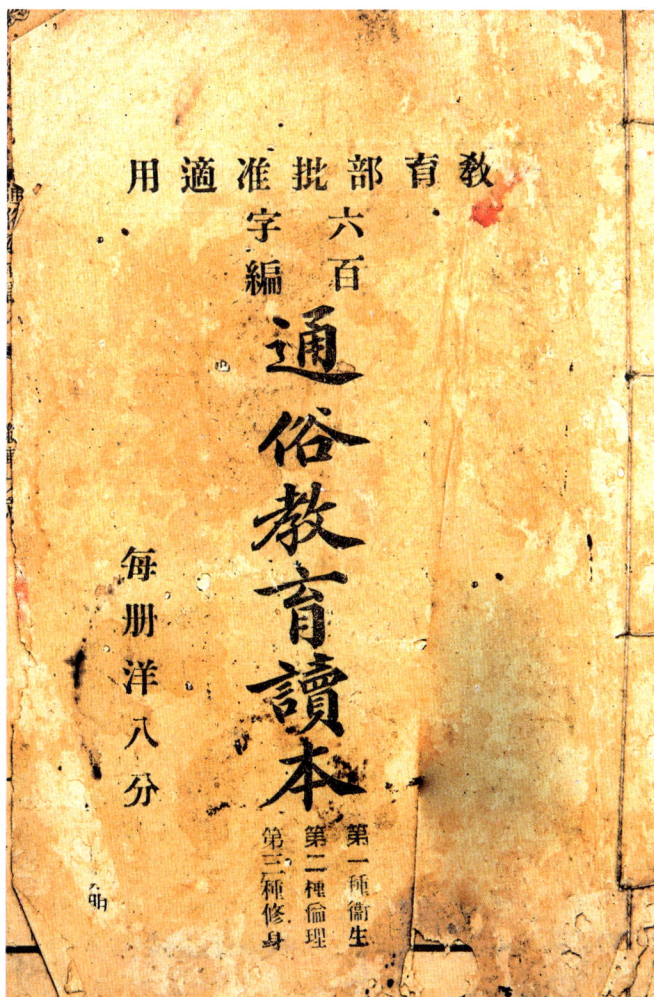

634　　书名：白话句解绘图四书读本

著者：不详

出版印行：上海沈鹤记书局

出版时间：不详

册数：不详

书名：王学精华（部颁教育纲要；中小学教员／学生适用）
著者：不详
出版印行：不详
出版时间：不详
册数：不详

书名：共和国民新读本（高等小学校用）
著者：孟森、秦瑞玠/编纂　商务印书馆编译所/校订
出版印行：商务印书馆
出版时间：民国元年（1912）初版　民国元年（1912）4版
册数：二

⑤社会教育类教材

定審部育教

高等小學校用

共和國民新讀本二

上海商務印書館出版

商務印書館出版版

| 第　册　角 | 商務印書館 | 第　册　角 |
| 二二半 | 新英文典 | 一一二 |

鄺富灼編

文典爲習英文之階梯學
者必研究之顧吾國學校
所用課本皆取歐美通行
之本其所列訓典又非吾國人
而引用典故既嫌繁重
所習知學者憾焉是書
文科進士鄺富灼編方法
書共分三集其編輯全
專教歐美課本之失爲程度
而其程度之淺深尤有循
循漸進之序第三集程度
增高藉樹學者一道素
之基鄺君於文學修詞
有專門此書尤爲其得意
之作洵爲學者必讀之書

壬六四四號

中華民國元年
五月四版
（共和國民新讀本二册）
（每部定價大洋叁角）

編纂者　　武進孟森
　　　　　無錫秦瑞玠
校訂者　　商務印書館編譯所
發行者　　商務印書館
印刷所　　上海北河南路北首寶山路
　　　　　商務印書館
總發行所　上海棋盤街中市
　　　　　商務印書館
分售處
　　　北京　奉天　龍江
　　　太原　天津　濟南
　　　西安　開封　重慶
　　　成都　安慶
　　商務印書分館
　　杭州　昌沙　桂林　漢口
　　鄖州　福州　贛州　漳州
　　潮州　南昌

◎翻印必究◎

九二九〇

书名：民众学校课本

著者：教育部 / 编纂

出版印行：新光印刷公司

出版时间：民国二十六年（1937）初版

册数：四

637

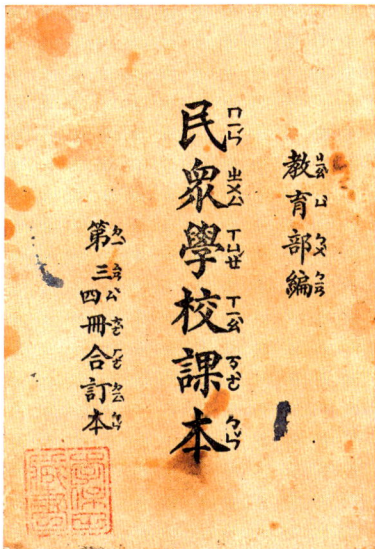
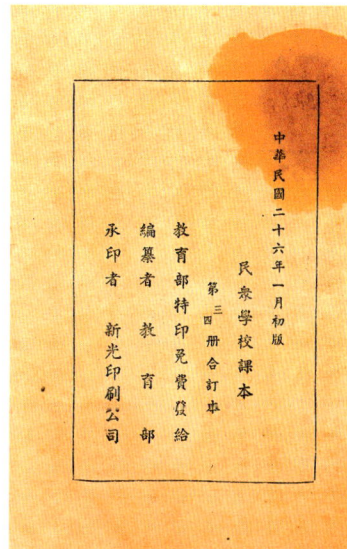
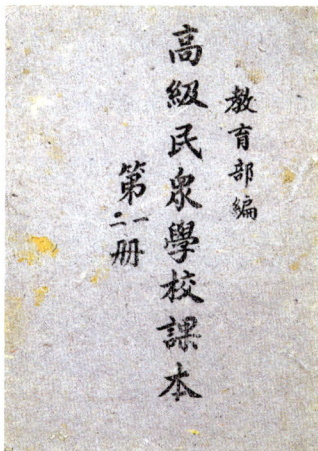
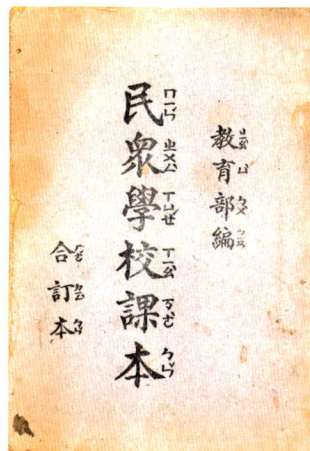

638　书名：民众识字课本

著者：国防部人民服务第二总队第四大队十四中队第四组 / 编　樊执敎 / 主编　南晓光 / 校对

出版印行：山西省洪洞县文化服务社

出版时间：民国三十六年（1947）

册数：一

书名：国语常识混合编制抗建读本（保国民学校／乡［镇］中心学校适用）

著者：吴子我、顾元培、闻颂平、杭淑娟／编著　顾树森／校订

出版印行：正中书局

出版时间：不详

册数：八

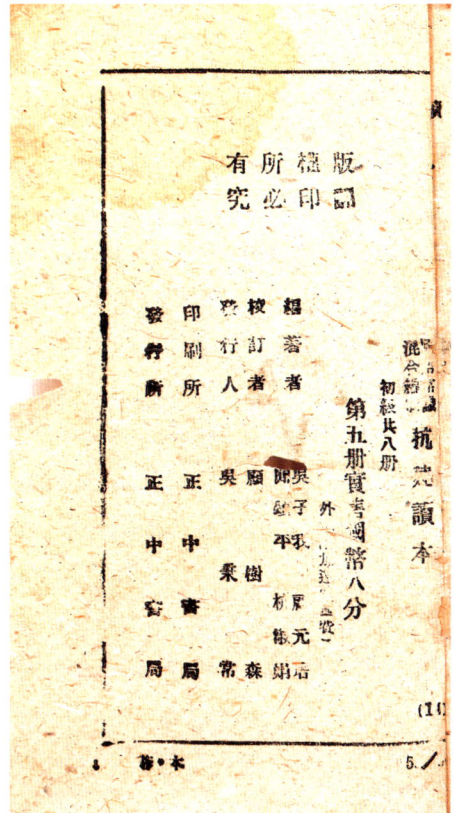

书名：最新国民读本
著者：不详
出版印行：不详
出版时间：不详
册数：不详

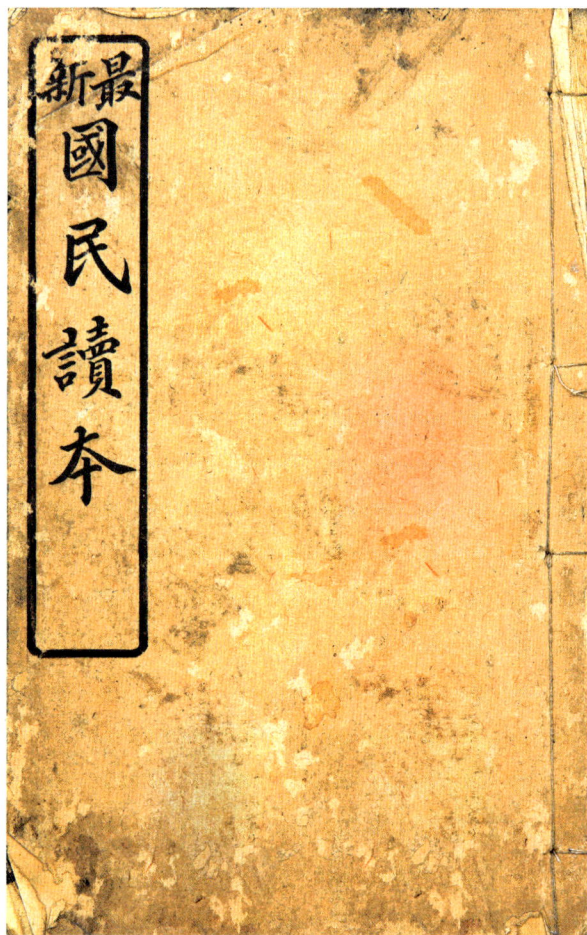

书名：战时读本（民众训练及小学校用；初级）
著者：张宗麟 / 主编　洞若、白桃 / 编辑
出版印行：生活书店
出版时间：民国二十六年（1937）初版
册数：四

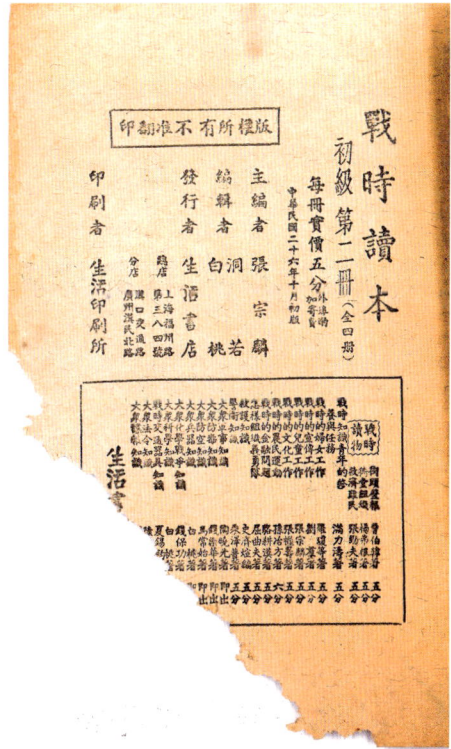

642　书名：国文科战时补充教材（中学适用）
著者：王宾 / 编辑
出版印行：商务印书馆
出版时间：民国二十七年（1938）初版
册数：二

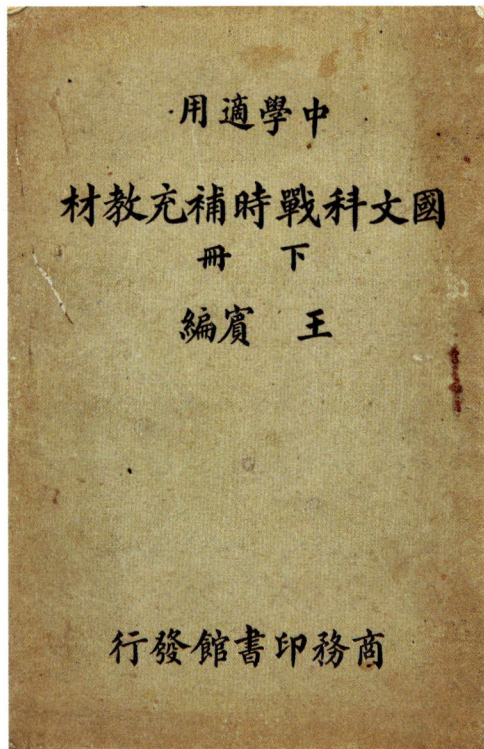

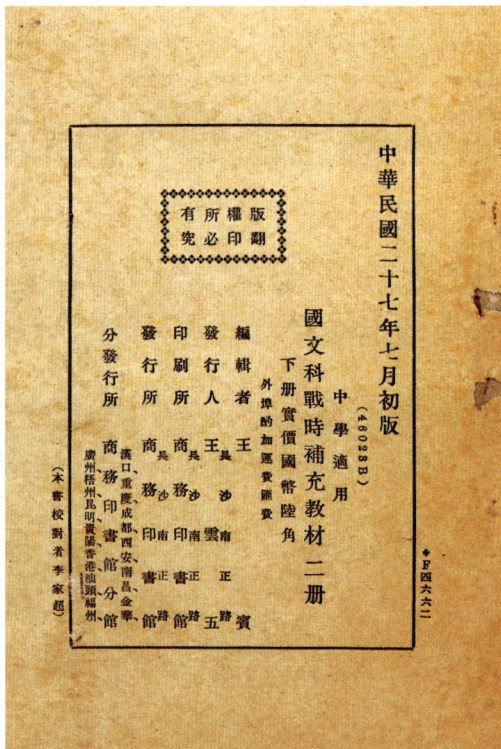

书名：战时民众学校课本

著者：福建省政府教育厅 / 编辑

出版印行：商务印书馆

出版时间：民国二十七年（1938）

册数：不详

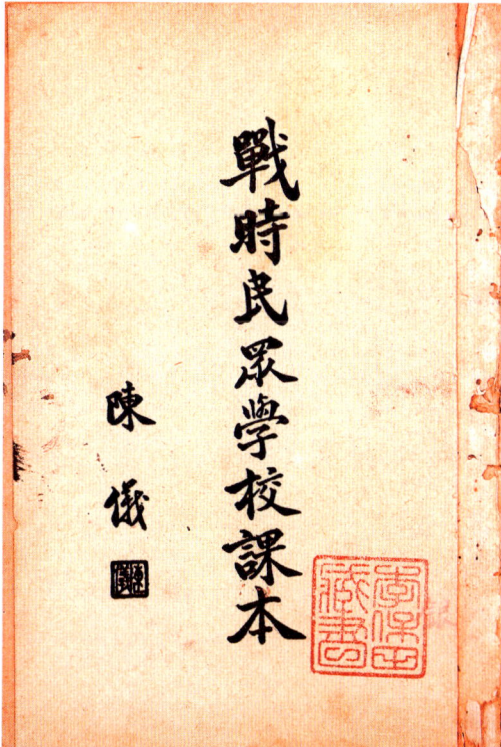

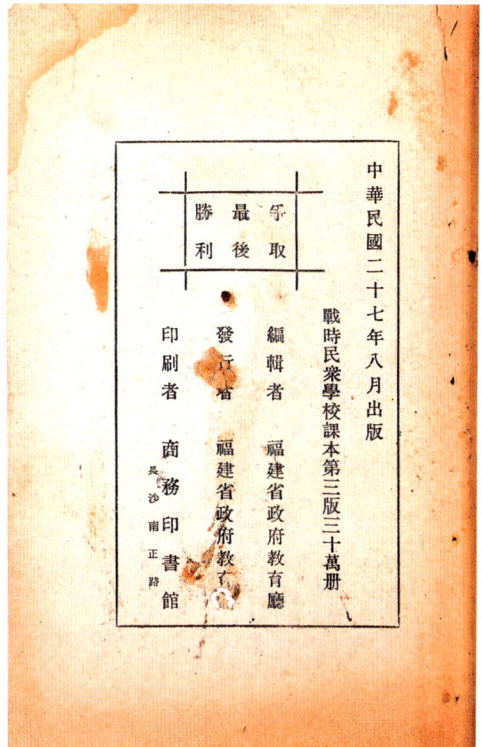

戰時民眾學校課本

陳儀

中華民國二十七年八月出版

戰時民眾學校課本第三版三十萬冊

爭取最後勝利

編輯者　福建省政府教育廳

發行者　福建省政府教育廳

印刷者　商務印書館

長沙南正路

644 | 书名：战时国语读本（初级小学校用）
著者：山东省小学教材编审委员会／编审　编审主干：芮麟
出版印行：山东省政府／出版　昌阳书局／印刷
出版时间：民国二十七年（1938）
册数：八

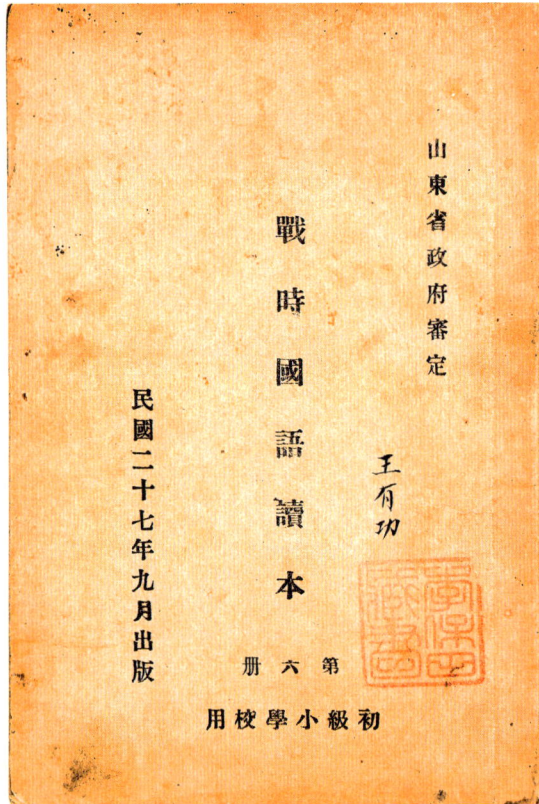

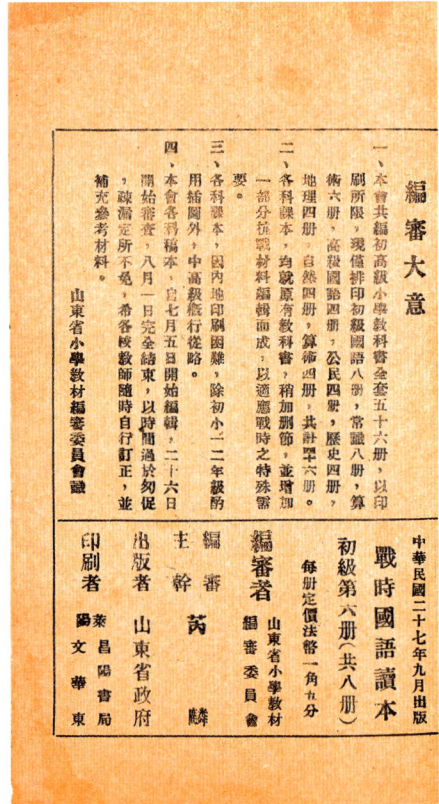

山東省政府審定

戰時國語讀本

王有功

民國二十七年九月出版

第六册

初級小學校用

編審大意

一、本會共編初高級小學教科書全套五十六册，以印刷所限，現僅排印初級國語八册，常識八册，算術六册，高級國語四册，公民四册，歷史四册，地理四册，自然四册，算術四册，共卅四册六册。

二、各科課本，均就原有教科書，稍加删節，並增加一部分抗戰材料編輯而成，以適應戰時之特殊需要。

三、各科課本，圖内地印刷困難，除初小二二年級的用插圖外，中高級概行從略。

四、本會各科稿本，自七月五日開始編輯，二十六日開始審查，八月一日完全結束，以時間過於匆促，疎漏定所不免，希各校教師隨時自行訂正，並補充參考材料。

中華民國二十七年九月出版

戰時國語讀本
初級第六册（共八册）

每册定價法幣一角五分

編審者　山東省小學教材
　　　　編審委員會

主幹　芮
　　　　麟

出版者　山東省政府

印刷者　萊昌陽書局
　　　　陽文華東

书名：战时国语读本

著者：山东省政府小学课本编审委员会 / 编辑

出版印行：山东荣成县政府 / 翻印　荣成文化书店 / 印刷

出版时间：民国二十九年（1940）

册数：不详

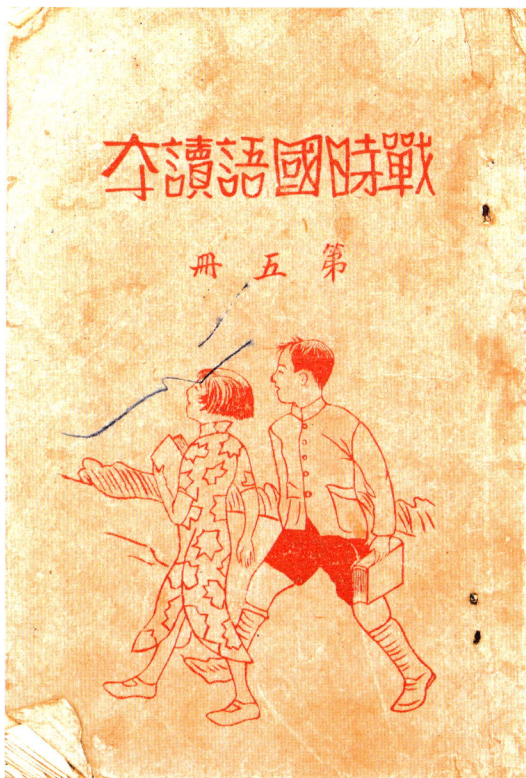

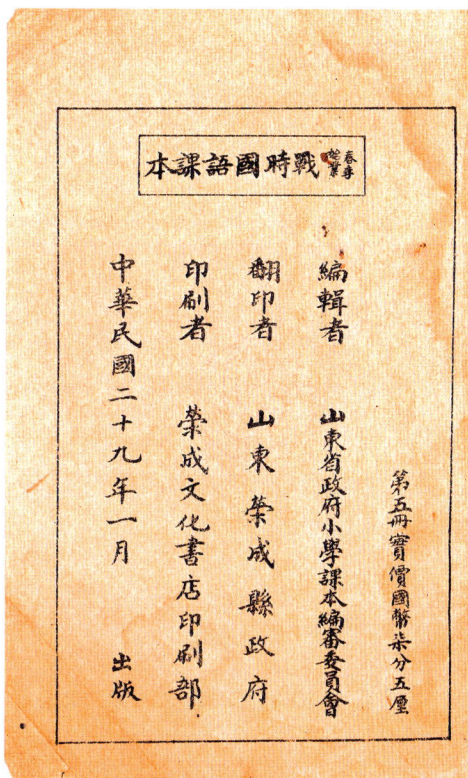

646

书名：共和国教科书文字源流（中学校用）
著者：张之纯、庄庆祥／编纂　蒋维乔／校订
出版印行：商务印书馆
出版时间：民国三年（1914）初版　民国十三年（1924）23版
册数：一

中學校用
共和國教科書
文字源流
商務印書館出版

商務印書館發行

高元國音學
一冊定價五角

高元先生深於發音學
且嫺英德法三國文字
道著是他的精釆之作
理論澈底證據充足張
一廔錢玄同黎錦熙胡
適諸先生都有序文推
崇備至

國語學草創
一冊四角五分

本書爲胡以魯先生的
遺著胡先生溍深語學
在二十年前首先討論
國語問題實爲國語書
中的第一部創作研究
國語者不可不讀

元(1473)

Republican Series
Origin and Development of Chinese Characters
For Middle Schools
The Commercial Press, Limited
All rights reserved

中華民國十三年九月廿三版
（共和國教科書文字源流一冊）
（中學校用）

※回（每册定價加連費隨覽）
（外埠酌加連費隨覽）大洋叁角

編纂者　江陰張之純　武進莊慶祥
校訂者　江陰蔣維乔
發行者　商務印書館
印刷所　商務印書館
總發行所　商務印書館
分售處　商務印書分館

※此書有著作權翻印必究※

中華民國三年九月十六日東部註册第十月二日領到文字第二百七十一號執照

书名：新式标点符号使用法

著者：马国英 / 编

出版印行：中华书局

出版时间：民国十一年（1922）发行　民国十八年（1929）23版

册数：一

647

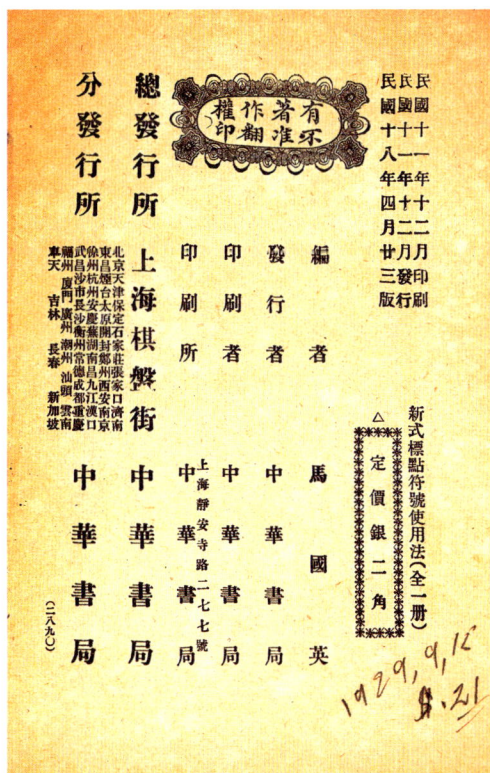

648 书名：仓颉篇（丛书集成初编）
著者：孙星衍／撰
出版印行：商务印书馆
出版时间：民国二十五年（1936）初版
册数：不详

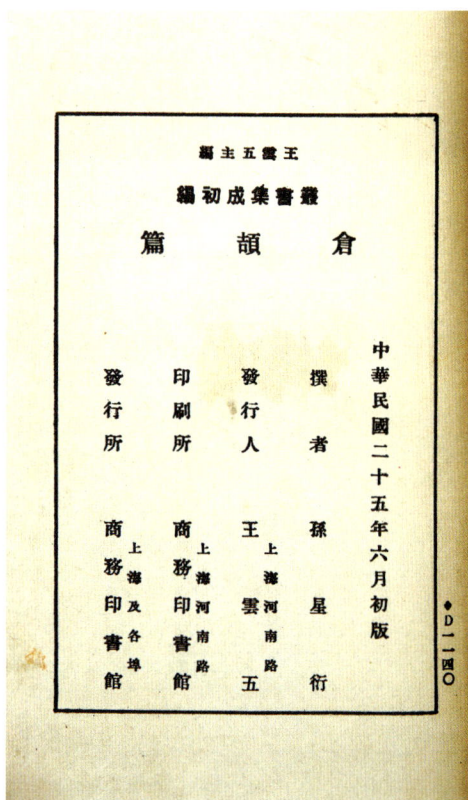

书名：新小学教科书国语读本编纂说明书（新学制适用）

著者：不详

出版印行：中华书局

出版时间：不详

册数：初级八册　高级四册

新學制適用

新小學教學科書

國語讀本編纂說明書

附各冊樣本

初級用

前四冊　各一角

後四冊　各一角二分

高級用

全四冊　各一角二分

特售七折　外埠加郵匯費

上海中華書局出版

（公民歷史地理科另有樣刊函索即寄）

小孩子最喜歡看的讀物！

中華書局出版

兒童週刊　小朋友　中華書局印行

這種週刊，是兒童們一種最相宜的課外讀物，一方面可以引起兒童讀書的興趣；一方面又可提高兒童讀書的能力。並且除間可欣賞的文學材料以外，還有許多灌輸知識和練習藝術的材料。他的特別長處，就是把新舊中西的一切材料，都使他受國語化。

本刊的內容

1 五彩封面畫	8 笑話	15 故事詩	22 小工藝
2 短篇故事	9 文藝圖	16 趣詩	23 小戲法
3 長篇故事	10 戲劇	17 故事畫	24 小朋友的創作
4 短篇小說	11 謎語	18 滑稽畫	25 小朋友的像片
5 長篇小說	12 歌曲	19 科學遊戲	26 懸賞
6 寓言	13 兒歌	20 社會談話	27 徵問
7 童話	14 詩	21 小遊戲	28 通訊

兒六（1）

② 尺牍与文集类教材

书名：童子尺牍（男女通用）

著者：不详

出版印行：广益书局

出版时间：民国九年（1920）订正

册数：不详

654　书名：儿童新尺牍（言文对照）

著者：不详

出版印行：上海锦章书局

出版时间：不详

册数：不详

书名：儿童新尺牍（言文对照）

著者：不详

出版印行：世界书局

出版时间：不详

册数：不详

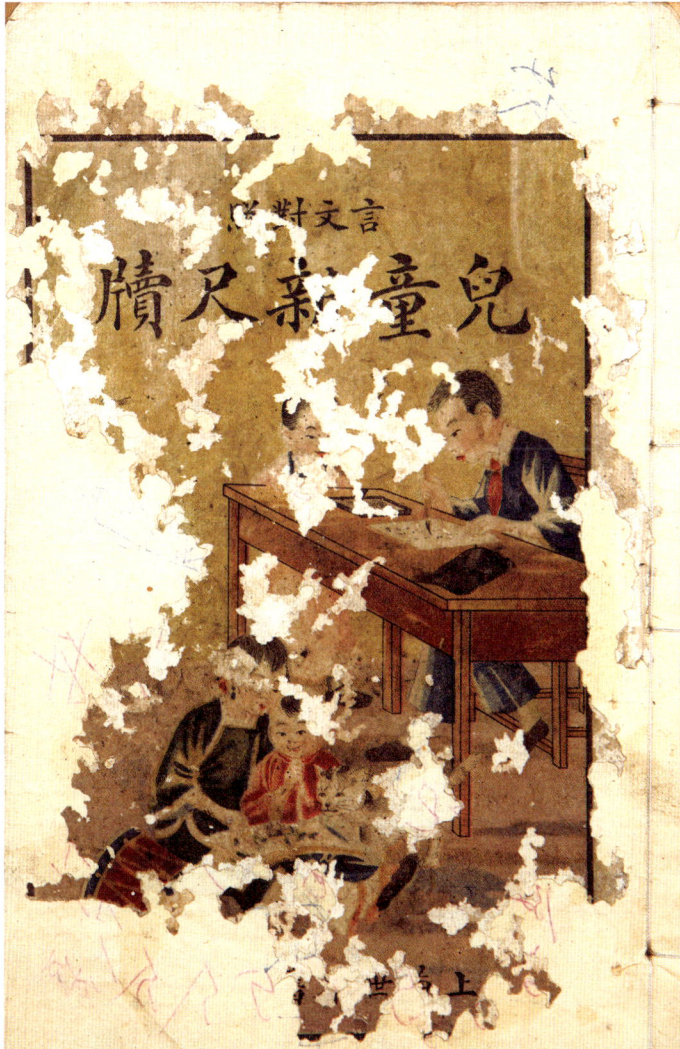

656　书名：新童子尺牍（言文对照）

著者：不详

出版印行：广益书局

出版时间：不详

册数：不详

书名：新法儿童尺牍（言文对照）

著者：不详

出版印行：广益书局

出版时间：不详

册数：不详

658　书名：绘图新法儿童尺牍（言文对照）

著者：不详

出版印行：广益书局

出版时间：不详

册数：不详

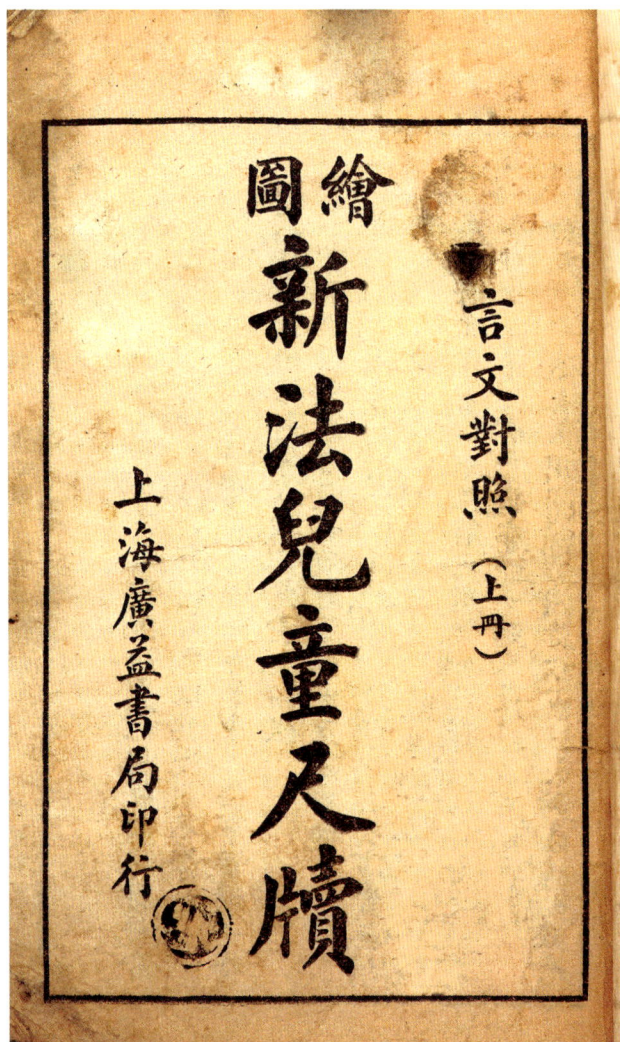

书名：订正新撰学生尺牍
著者：商务印书馆
出版印行：商务印书馆
出版时间：1907年初版　1915年16版
册数：二

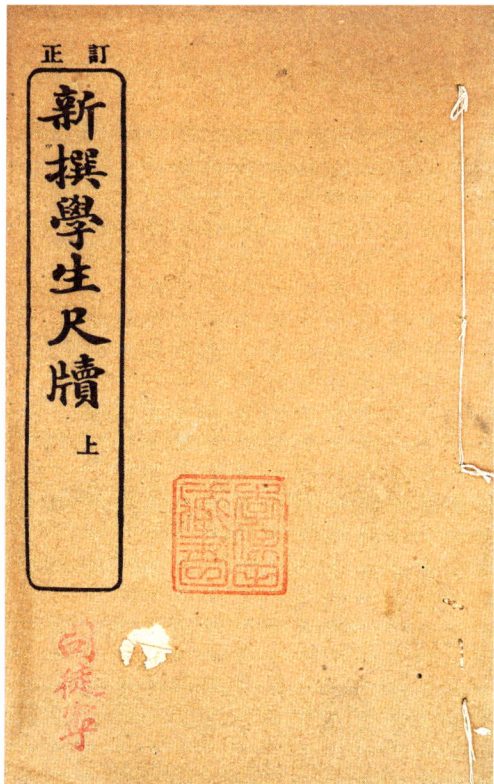

正訂

新撰學生尺牘　上

660 　书名：初级中学应用文
　　　著者：张鸿来 / 编
　　　出版印行：北平文化学社
　　　出版时间：民国十五年（1926）初版　民国二十年（1931）6版
　　　册数：不详

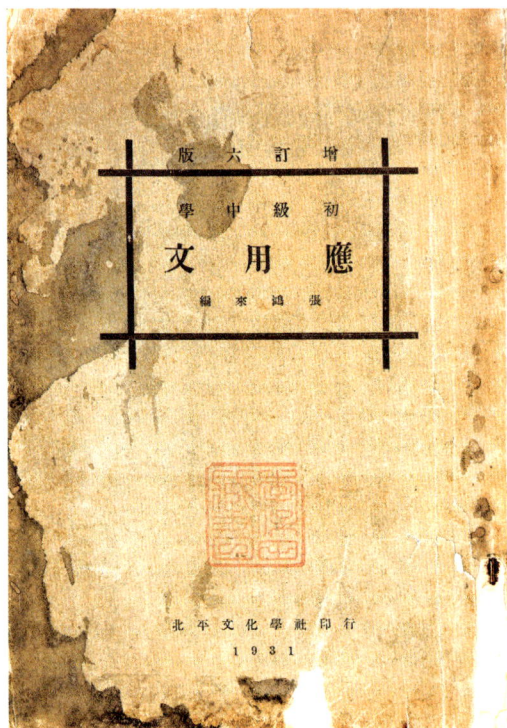

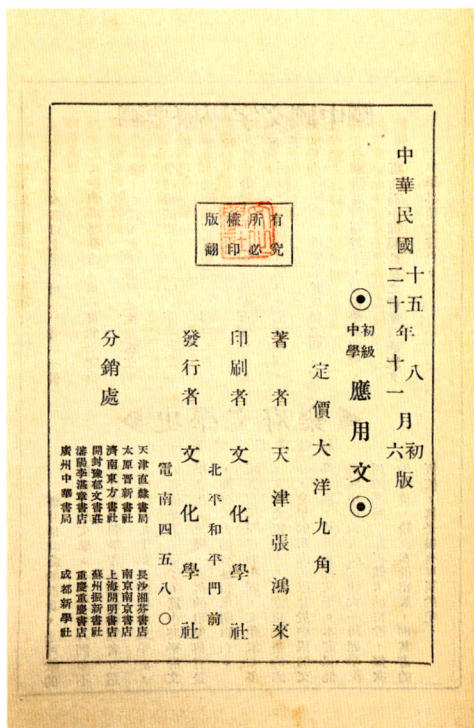

书名：应用文（中等学校适用）
著者：张须 / 编纂　庄适 / 校订
出版印行：商务印书馆
出版时间：民国十六年（1927）初版　民国十九年（1930）7版
册数：不详

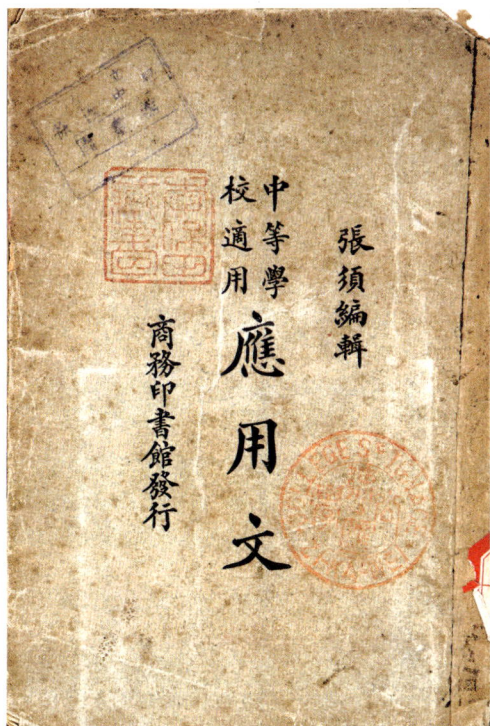

中等學校適用　張須編輯

應用文

商務印書館發行

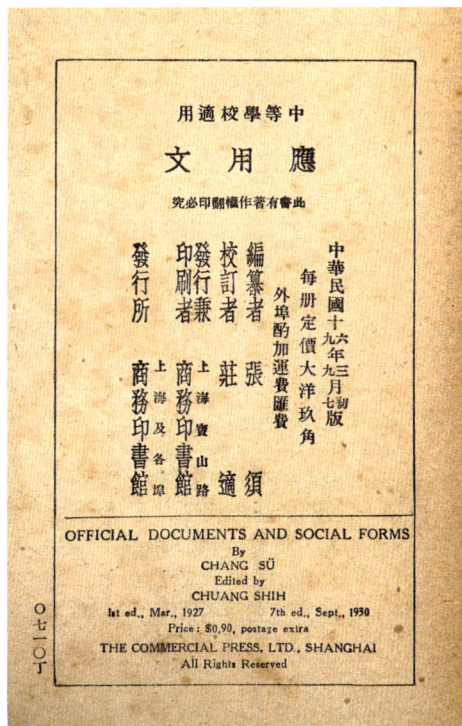

中等學校適用

應用文

此書有著作權翻印必究

中華民國十六年三月初版
中華民國十九年九月七版
每冊定價大洋玖角
外埠酌加運費匯費

編纂者　張　須
校訂者　莊　適
印刷兼發行者　上海寶山路　商務印書館
發行所　上海及各埠　商務印書館

OFFICIAL DOCUMENTS AND SOCIAL FORMS
By
CHANG SŬ
Edited by
CHUANG SHIH
1st ed., Mar., 1927　7th ed., Sept., 1930
Price: $0.90, postage extra
THE COMMERCIAL PRESS, LTD., SHANGHAI
All Rights Reserved

〇七一〇丁

662 书名：学生新尺牍（言文对照；自修适用）
著者：世界书局编辑所
出版印行：世界书局
出版时间：1929年第40版
册数：二

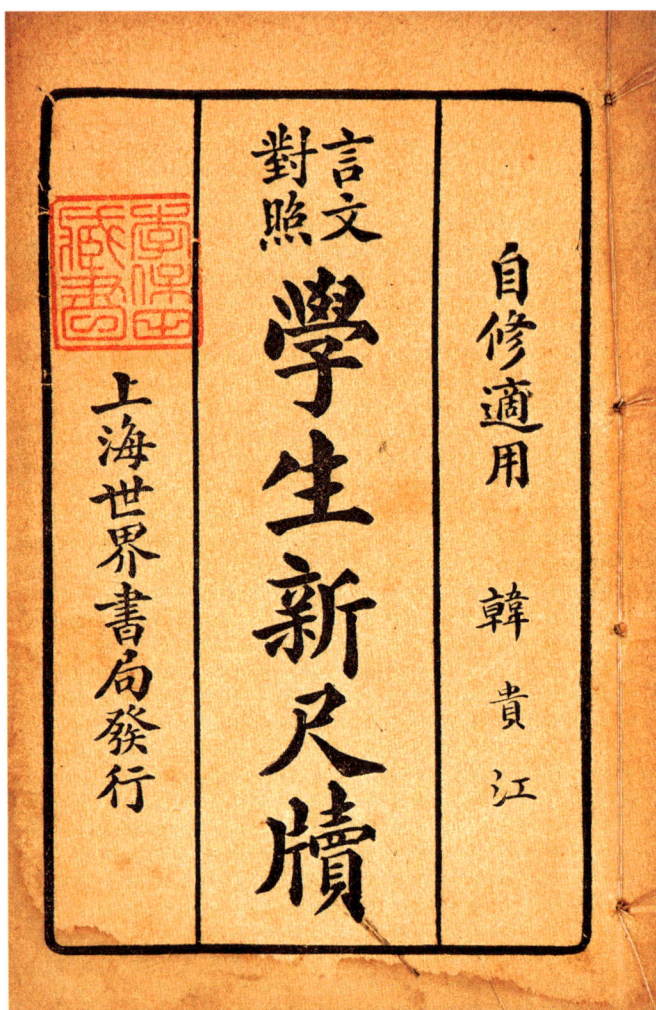

言文對照 學生新尺牘

自修適用

韓貴江

上海世界書局發行

书名：现代高级学生尺牍
著者：周有姜 / 编辑　徐学文 / 校阅
出版印行：世界书局
出版时间：民国二十年（1931）4版
册数：二

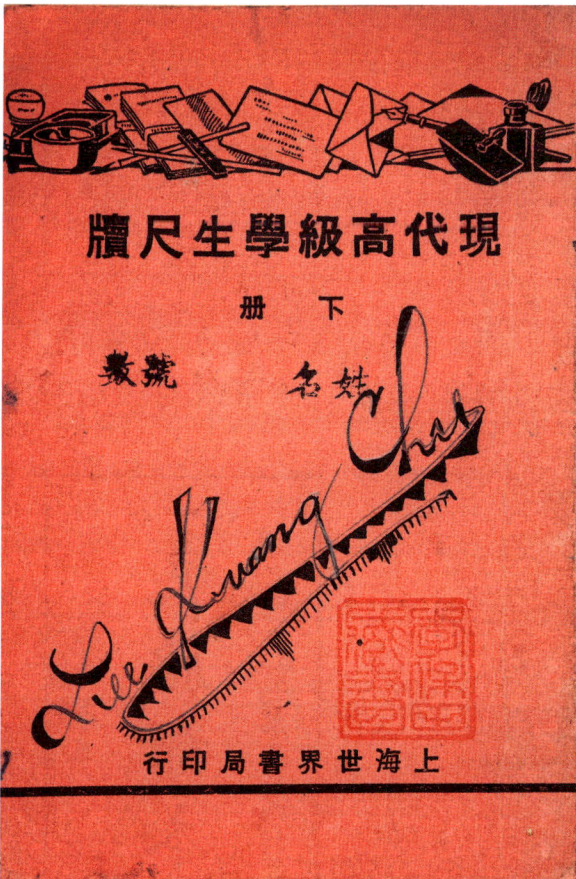

664 书名：高级小学尺牍课本

著者：刘大白 / 鉴定

出版印行：大众书局

出版时间：1932年初版　1940年10版

册数：四

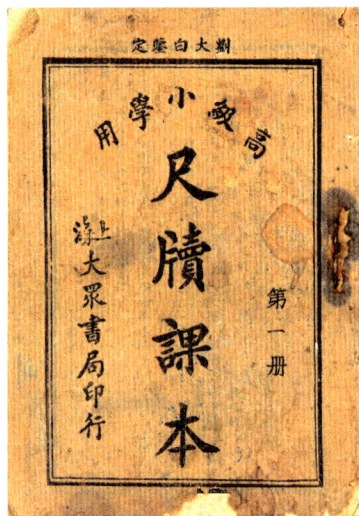

书名：战时尺牍课本（小学校及民众学校用）

著者：郑雁／主编　洞明、卢白／编辑

出版印行：大时代出版社

出版时间：民国二十九年（1940）5版

册数：三

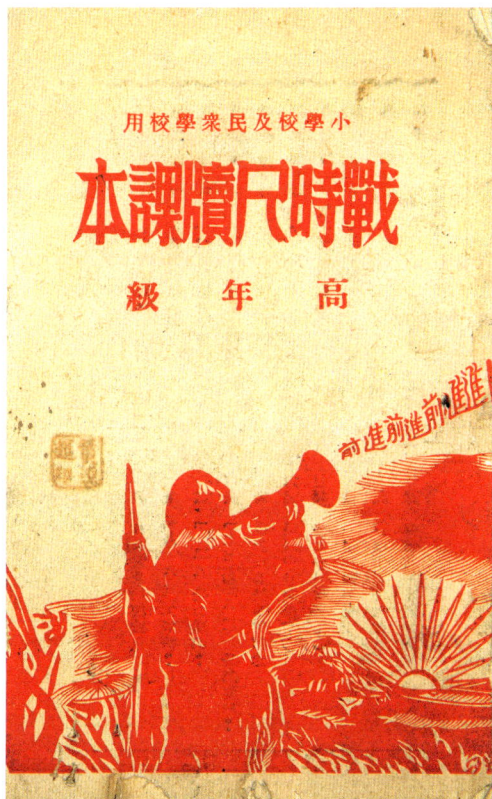

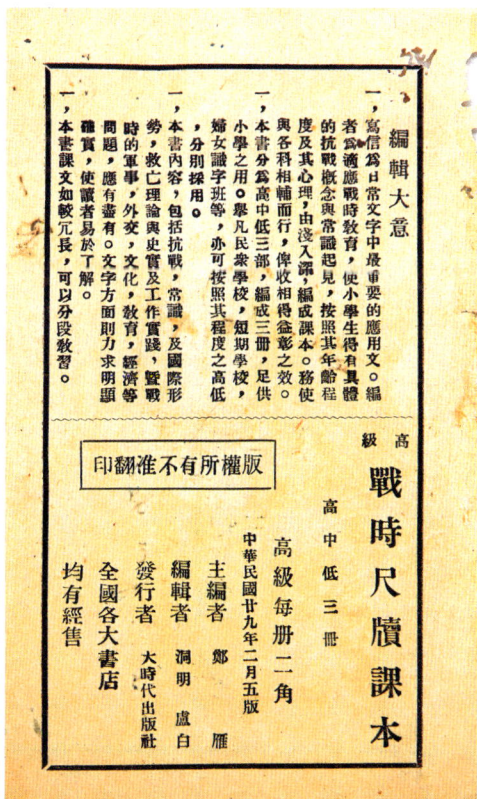

編輯大意

一，寫信爲日常文字中最重要的應用文。編者爲適應戰時教育，使小學生得有具體的抗戰概念與常識起見，按照其年齡程度及其心理，由淺入課，編成課本。務使與各科相輔而行，俾收相得益彰之效。

一，本書分爲高中低三部，編成三冊，足供小學之用。舉凡民衆學校，短期學校，婦女識字班等，亦可按照其程度之高低，分別採用。

一，本書內容，包括抗戰，常識，及國際形勢，救亡理論與史實及工作實踐，暨戰時的軍事，外交，文化，教育，經濟等問題，應有盡有。文字方面則力求明顯確實，使讀者易於了解。

一，本書課文如較冗長，可以分段教習。

高級　戰時尺牘課本

版權所有不准翻印

高中低三冊

高級每冊二角

中華民國廿九年二月五版

主編者　鄭　雁

編輯者　洞明　盧白

發行者　大時代出版社

全國各大書店

均有經售

666　书名：尺牍课本（初级小学用）
著者：刘大白／鉴定　周逸休、陆宝忠／编著
出版印行：大众书局
出版时间：民国二十九年（1940）重版
册数：八

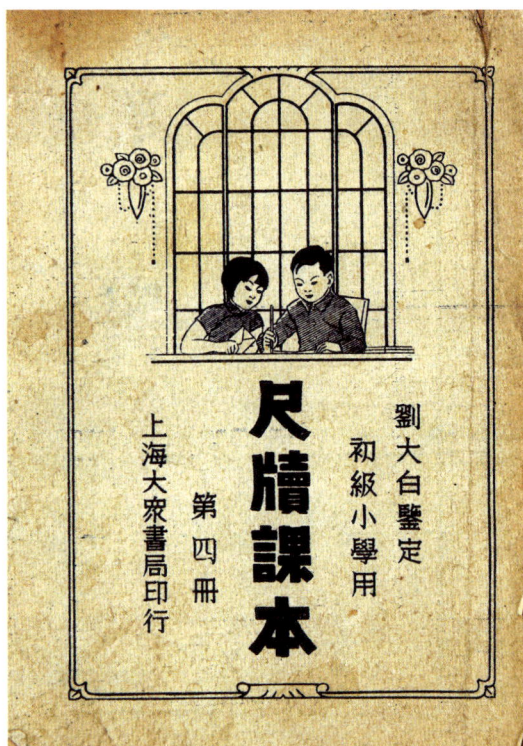

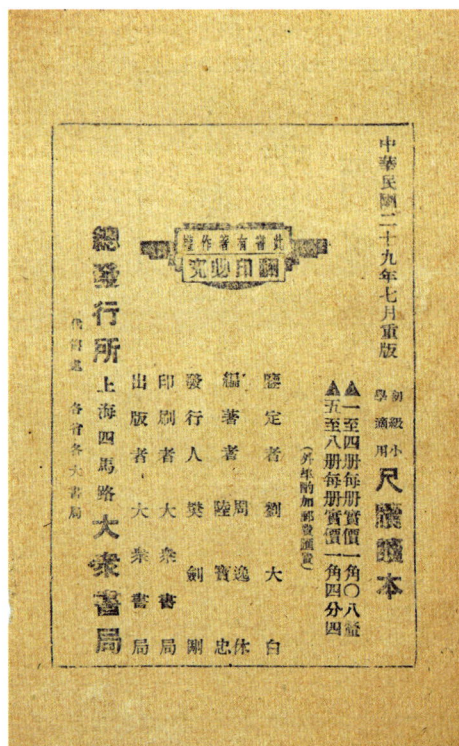

书名：万叶尺牍课本（小学高级用）

著者：王沂清、王修和／编著　钱君匋、徐菊庵／校订

出版印行：万叶书店

出版时间：民国三十三年（1944）初版

册数：八

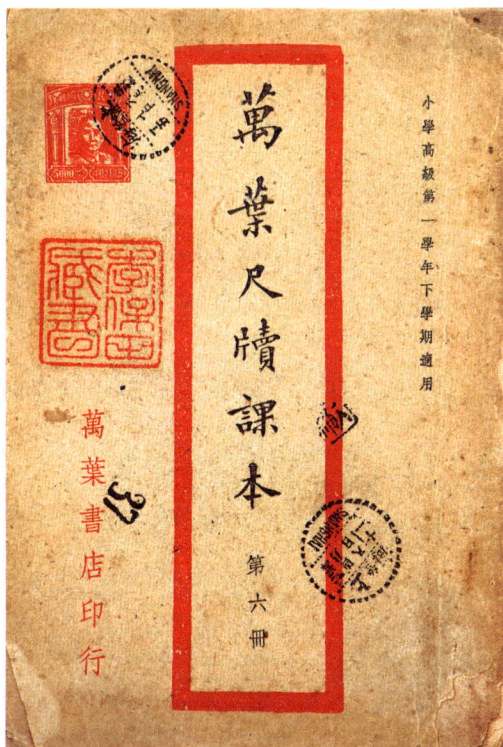

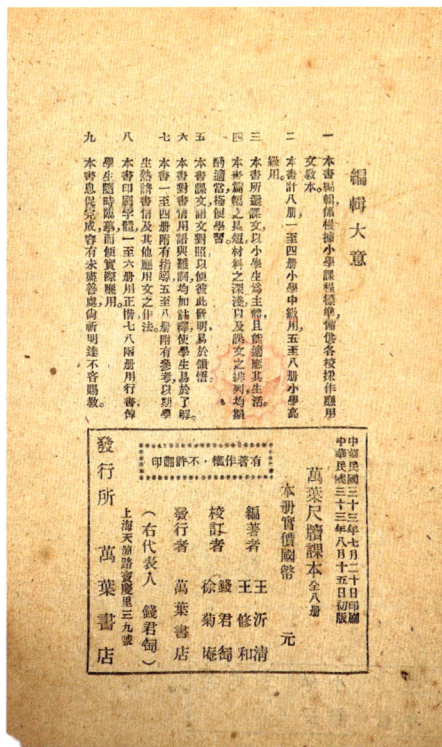

668　书名：高级小学建国尺牍课本（中心国民学校适用）
　　　著者：陈铙生 / 编著　王川芝 / 鉴定
　　　出版印行：中国文化书局
　　　出版时间：民国三十五年（1946）初版
　　　册数：二

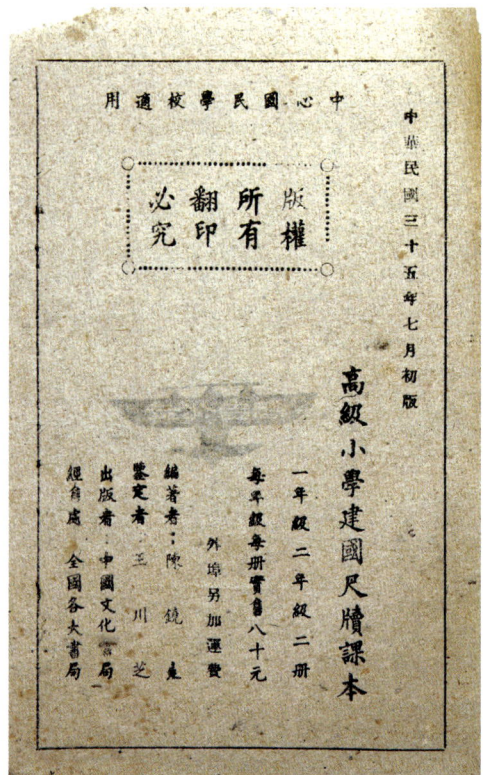

书名：学生白话尺牍
著者：储菊人 / 著
出版印行：上海惠民书局
出版时间：民国三十八年（1949）初版
册数：一

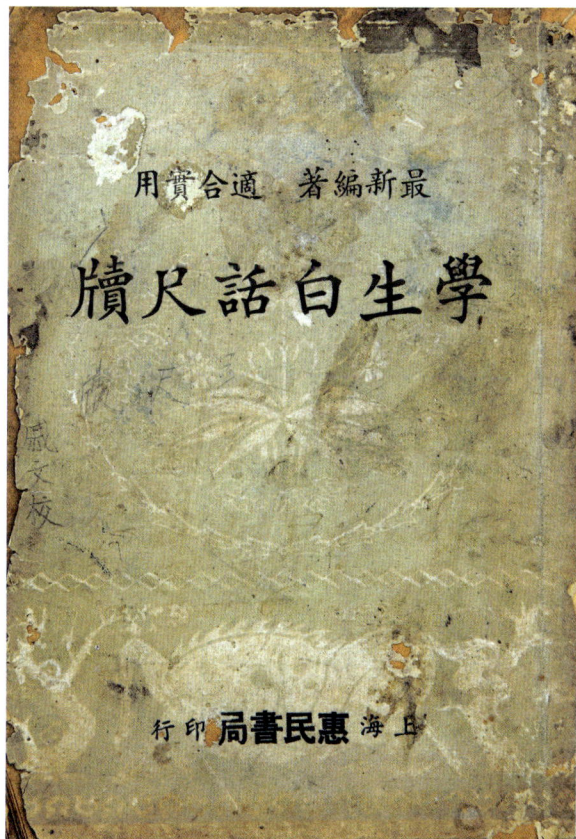

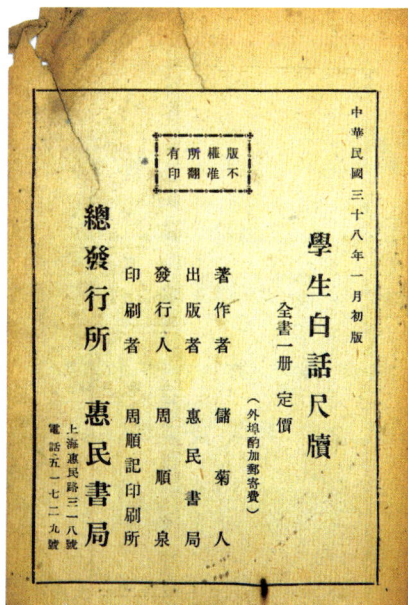

670 书名：高级小学生尺牍（言文对照）
著者：沈斐成
出版印行：大东书局
出版时间：不详
册数：二

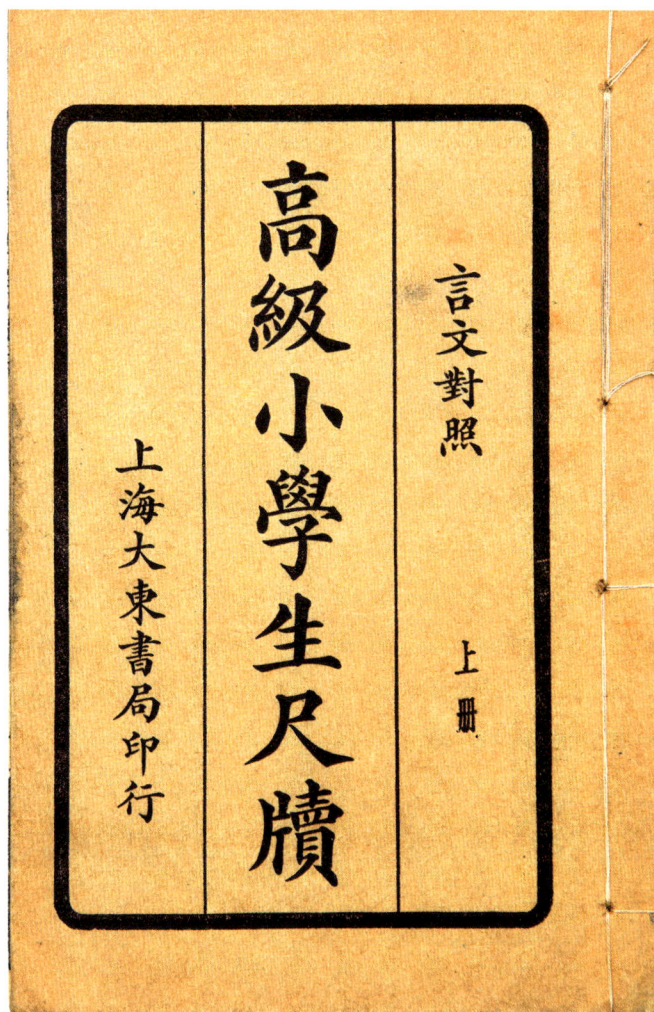

书名：学生新尺牍（言文对照；教科自修适用）
著者：不详
出版印行：世界书局
出版时间：不详
册数：二

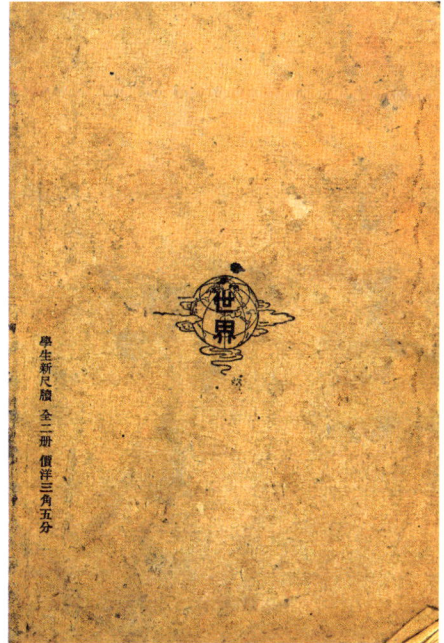

672

书名：实用文课本

著者：卢冠六 / 编

出版印行：上海三民图书公司

出版时间：不详

册数：不详

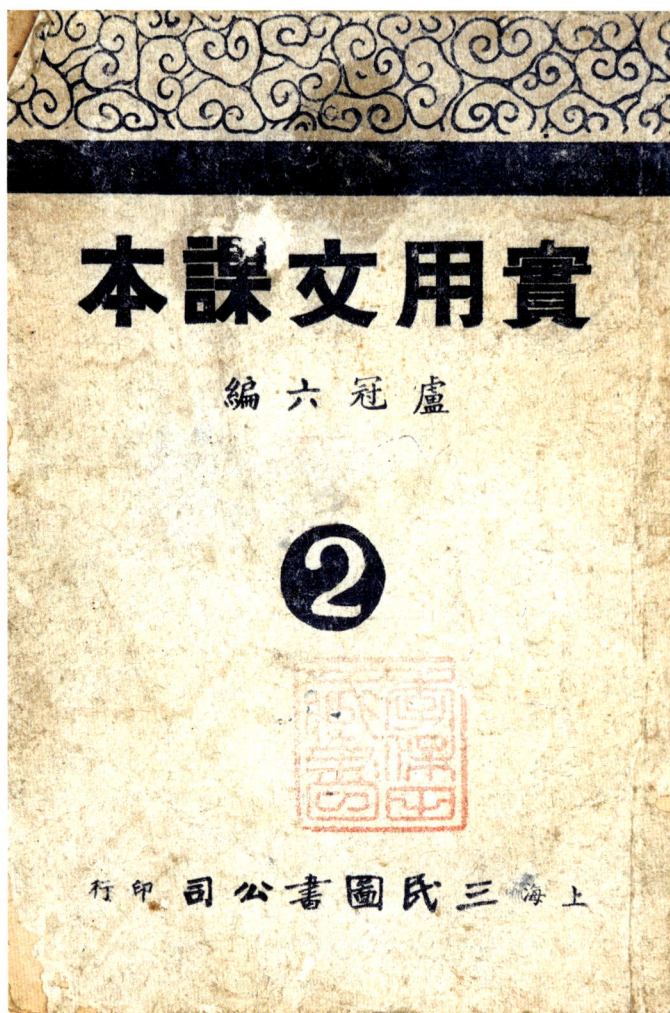

书名：识六百字能写信教科书

著者：岑锡祥 / 编

出版印行：广州光东书局

出版时间：不详

册数：不详

673

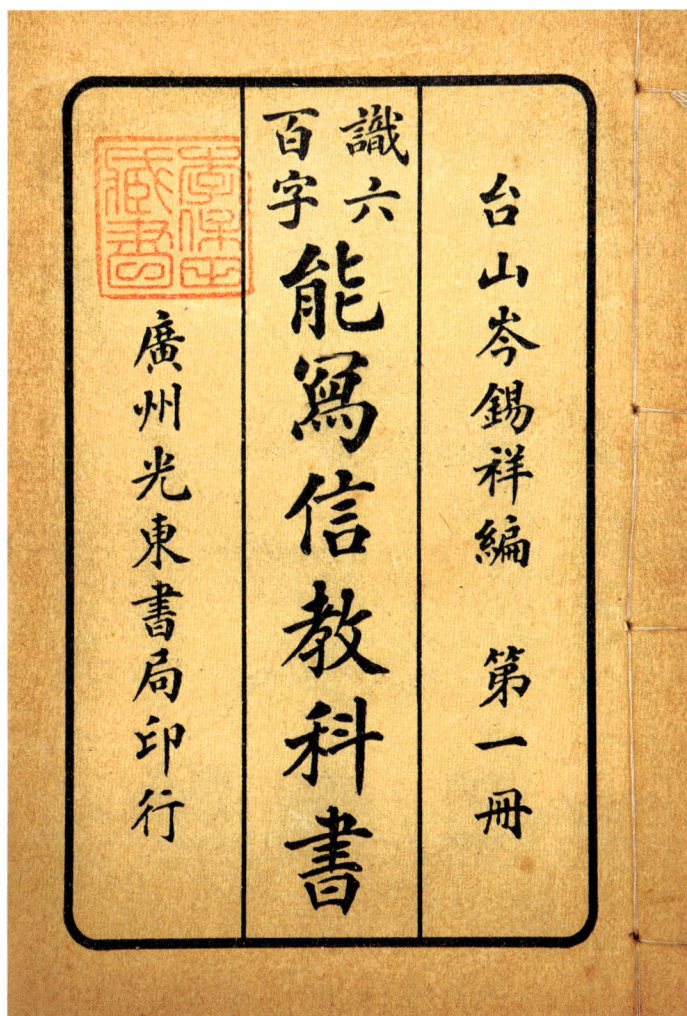

識六百字 能寫信教科書

台山岑錫祥編　第一冊

廣州光東書局印行

674　书名：小学生新尺牍（言文对照）
著者：不详
出版印行：大东书局
出版时间：不详
册数：不详

书名：第一简明造句启蒙（民国初等小学教科书）

著者：不详

出版印行：上海新学会社

出版时间：不详

册数：不详

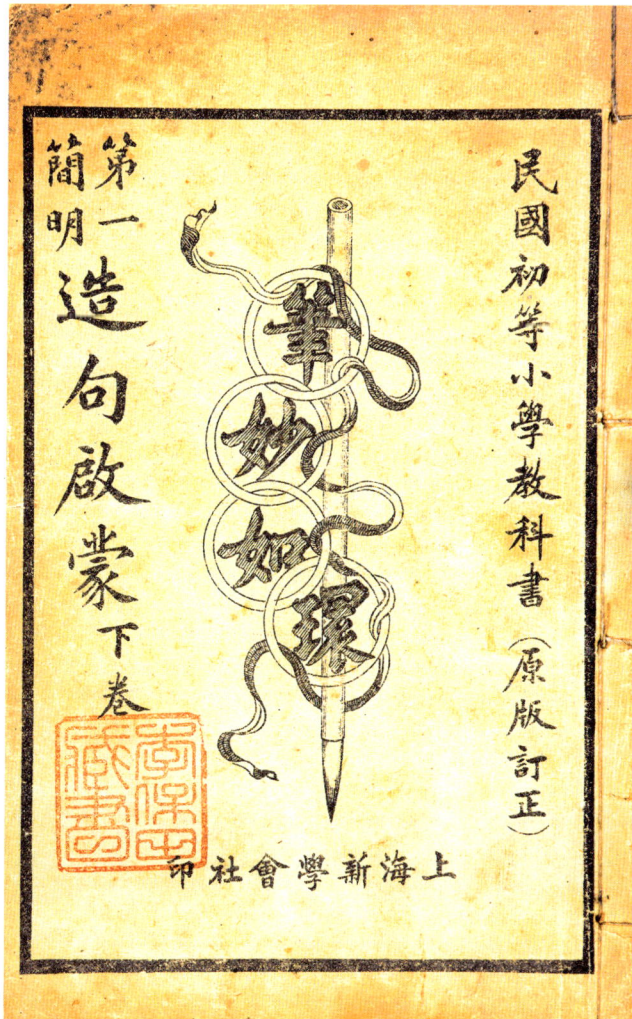

民國初等小學教科書（原版訂正）

第一簡明造句啟蒙 下卷

筆妙如環

上海新學會社印

书名：订正新撰女子尺牍
著者：商务印书馆编译所
出版印行：商务印书馆
出版时间：1907年初版　1921年23版
册数：二

③女子尺牍教材

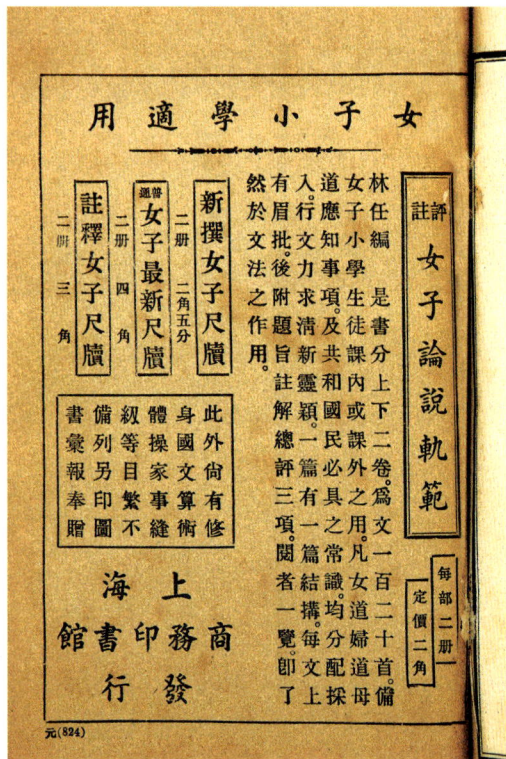

书名：最新应用女子尺牍教科书

著者：杜芝庭 / 著

出版印行：上海会文堂书局

出版时间：民国纪元前一年（1911）初版　民国九年（1920）9版

册数：二

最新應用女子尺牘教科書

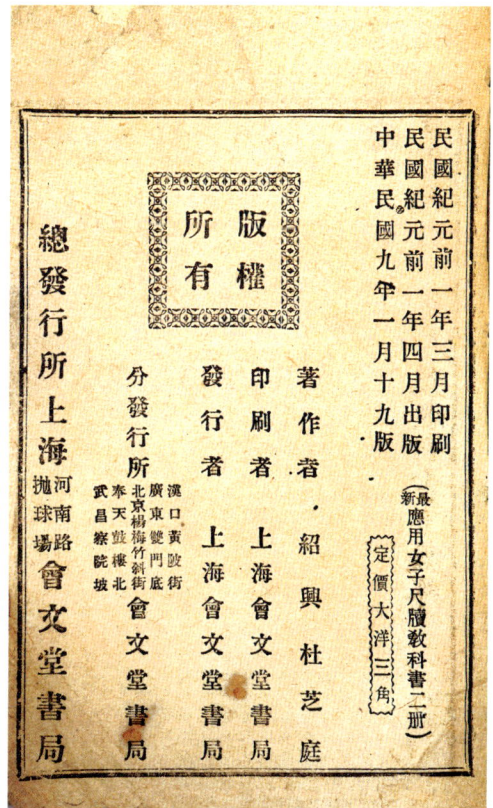

民國紀元前一年三月印刷
民國紀元前一年四月出版
中華民國九年一月十九版
（最新應用女子尺牘教科書〔二冊〕）
定價大洋三角

著作者・紹興杜芝庭

印刷者　上海會文堂書局

發行者　上海會文堂書局

分發行所
漢口黃陂街
廣東雙門底
北京楊梅竹斜街
奉天鼓樓北
武昌察院坡
會文堂書局

總發行所　上海抛球場　河南路　會文堂書局

版權所有

678 | 书名：女界进化尺牍
著者：不详
出版印行：上海大成书局
出版时间：民国十四年（1925）
册数：不详

书名：普通书信范本
著者：宋树基 / 编辑　夏曰瑑 / 校补
出版印行：中国图书公司和记
出版时间：丁未年(1907)初版　民国十四年（1925）15版
册数：二

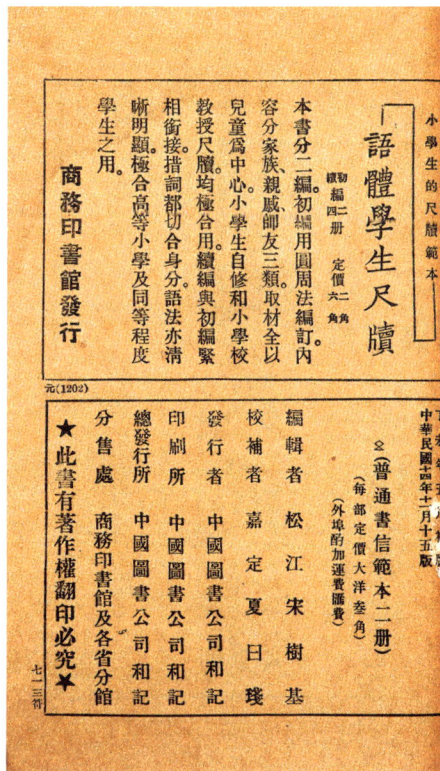

普通書信範本 下冊

小學生的尺牘範本

語體學生尺牘

本書分二編。初編用圓周法編訂內
容分家族、親戚卽友三類取材全以
兒童爲中心小學生自修和小學校
教授尺牘均極合用續編與初編緊
相銜接措詞都切合身分語法亦清
晰明顯極合高等小學及同等程度
學生之用。

續編二册　四册　定價六角

商務印書館發行

元(1202)

◇《普通書信範本二册》
（每部定價大洋叁角）
（外埠酌加運費膳費）

編輯者　松江　宋　樹　基
校補者　嘉定　夏　曰　瑑
發行者　中國圖書公司和記
印刷所　中國圖書公司和記
總發行所　中國圖書公司和記
分售處　商務印書館及各省分館

丁未年十二月初版
中華民國十四年十二月十五版

★ 此書有著作權翻印必究 ★

七一三

书名：中华国民尺牍（共和时代课本）

著者：不详

出版印行：上海姚文海书局

出版时间：民国元年（1912）初版

册数：二

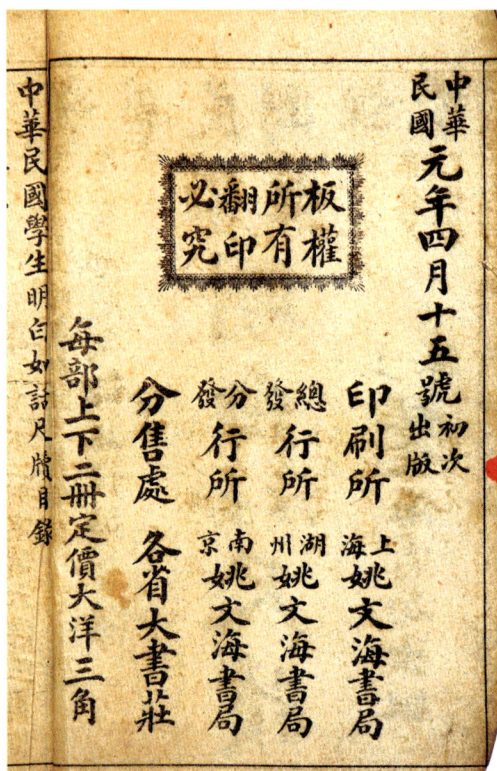

书名：应世杂文

著者：不详

出版印行：香江牖民书社 / 出版　华兴书局 / 发行

出版时间：民国二年（1913）

册数：一

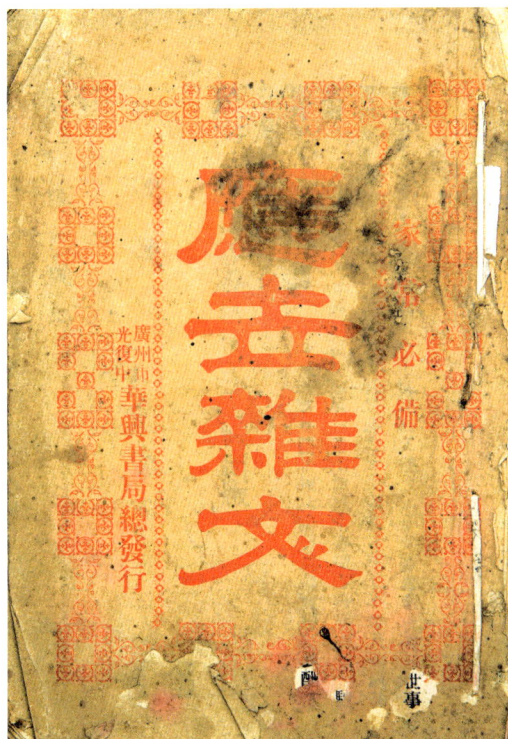

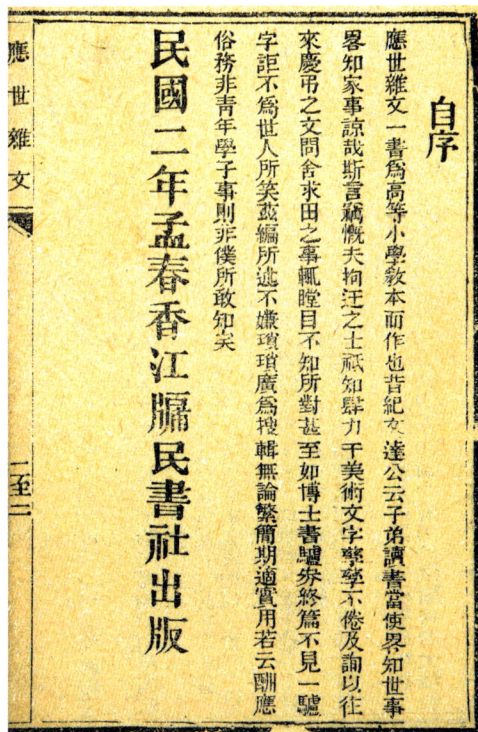

682　书名：共和新尺牍

著者：孔宪彭

出版印行：上海会文堂

出版时间：民国二年（1913）

册数：四

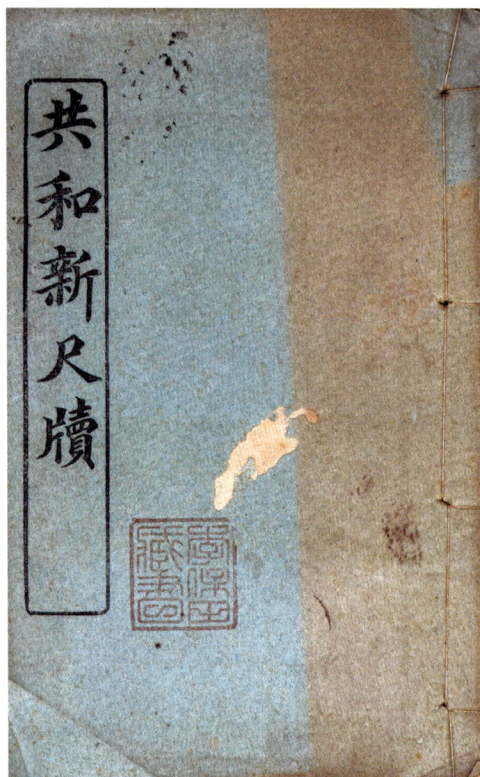

书名：中华尺牍大全
著者：沈瓶庵
出版印行：中华书局
出版时间：1915年
册数：一

684 　书名：民国普通适用新尺牍
　　　著者：不详
　　　出版印行：不详
　　　出版时间：1916年
　　　册数：六

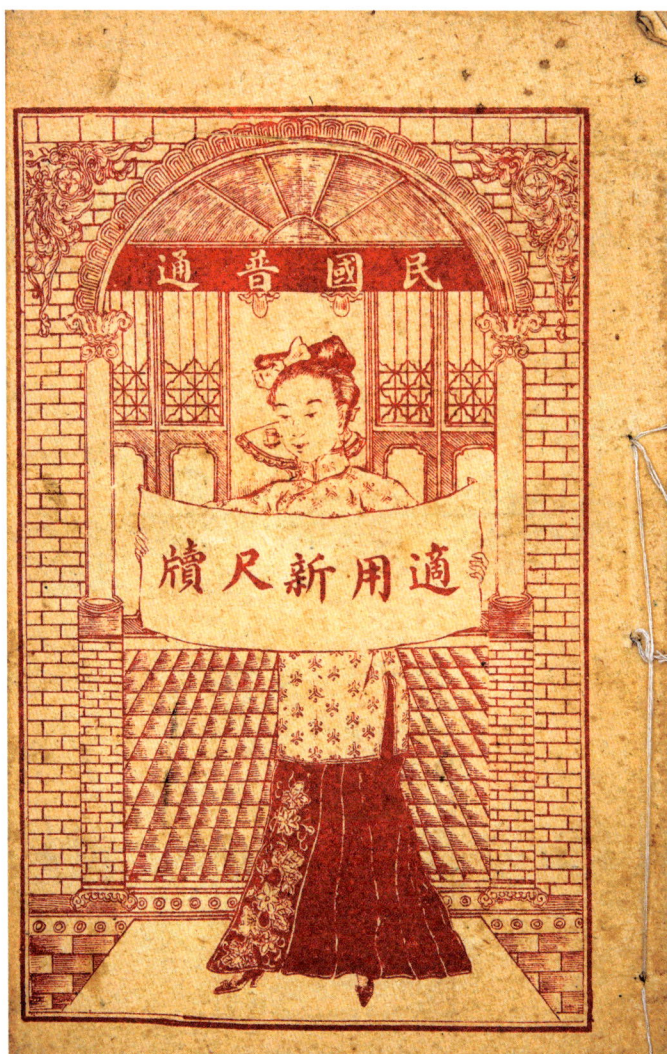

书名：注解浅释初学尺牍指南

著者：广益书局撰述部 / 著

出版印行：广益书局

出版时间：民国六年（1917）重订　民国廿三年（1934）71版

册数：二

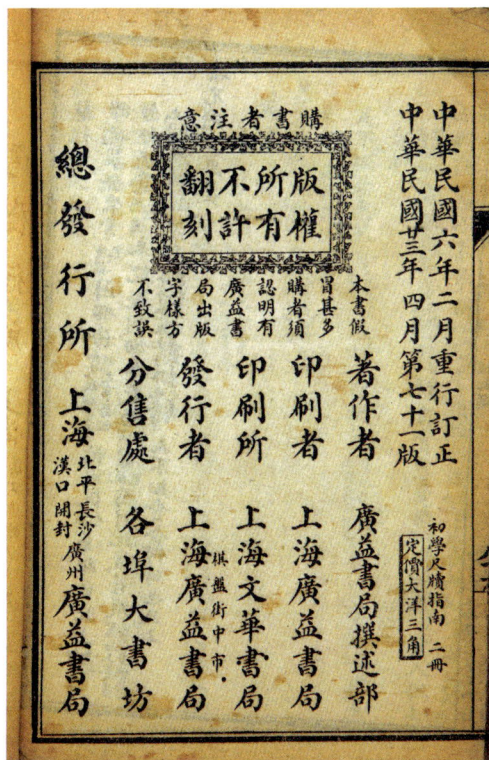

中華民國六年二月重行訂正

中華民國廿三年四月第七十一版

初學尺牘指南　二冊　定價大洋三角

著作者　廣益書局撰述部

印刷者　上海廣益書局

印刷所　上海文華書局

發行者　上海廣益書局

分售處　各埠大書坊

總發行所　上海　北平長沙漢口開封廣州廣益書局

686

书名：详注通用尺牍

著者：中华书局

出版印行：中华书局

出版时间：1917年

册数：四

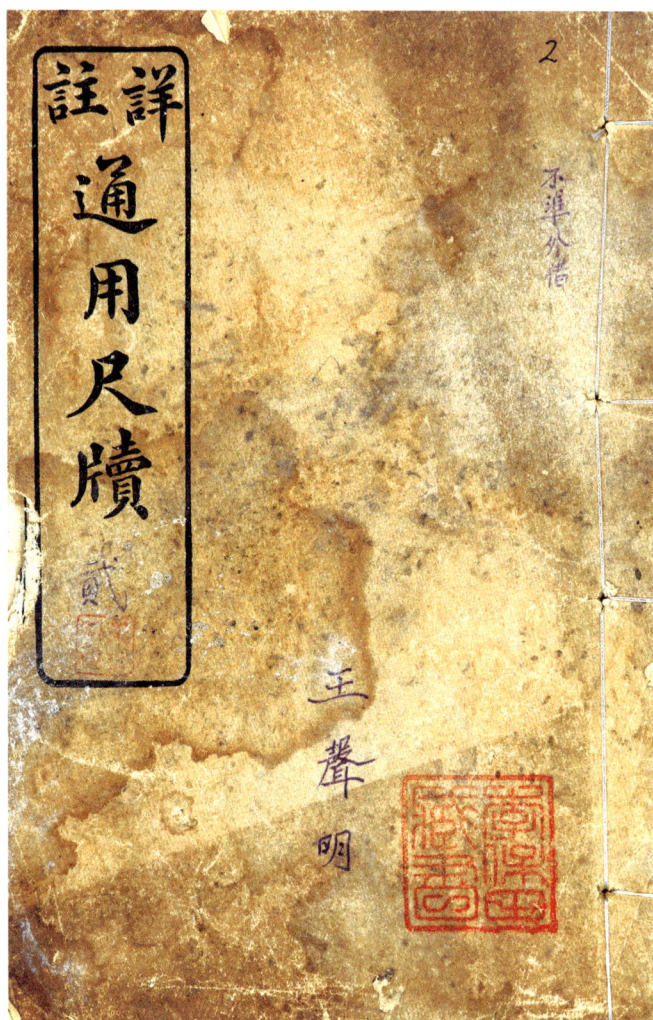

书名：中华文明尺牍（商业普通应用）

著者：不详

出版印行：文萃书局 / 印刷　上海文益书局 / 发行

出版时间：民国七年（1918）

册数：四

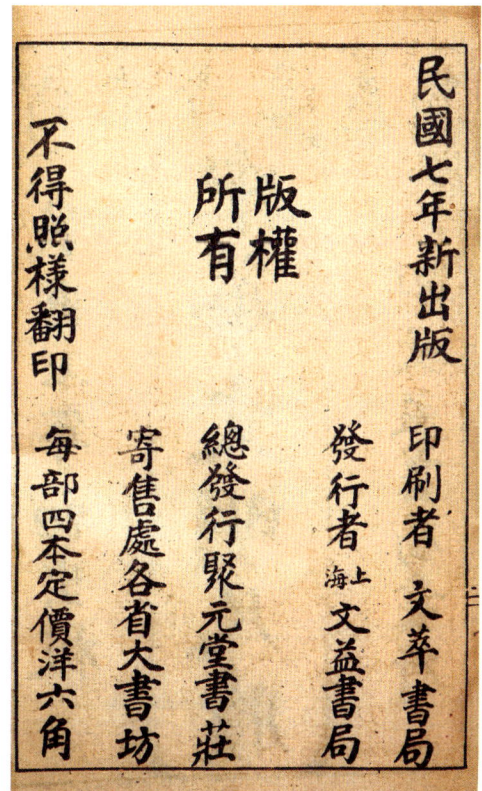

688 书名：新体广注秋水轩尺牍
著者：上海广文书局
出版印行：世界书局
出版时间：1919年
册数：二

书名：改良最新适用应世杂文

著者：不详

出版印行：香江牖民书社

出版时间：民国九年（1920）

册数：一

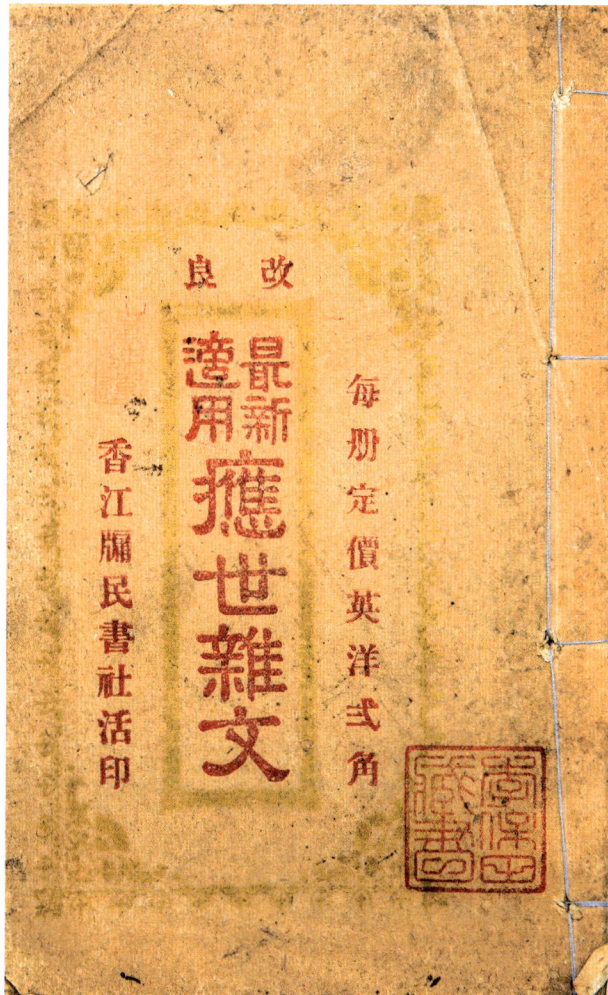

改良

最新适用应世雜文

每册定價英洋弍角

香江牖民書社活印

690

书名：商务正草白话尺牍

著者：广益书局编辑部

出版印行：广益书局

出版时间：1921年

册数：二

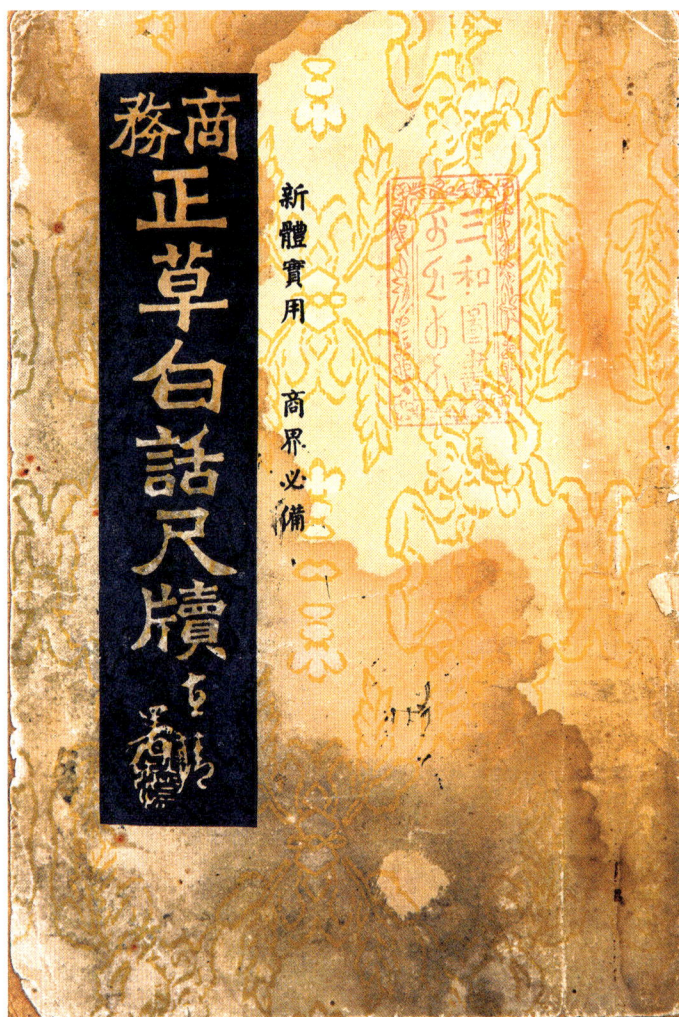

书名：广注写信必读（言文对照）

著者：世界书局编辑所

出版印行：世界书局

出版时间：民国十年（1921）

册数：一

692

书名：国民适用普通新尺牍

著者：不详

出版印行：光学社

出版时间：1923年重订校正

册数：六

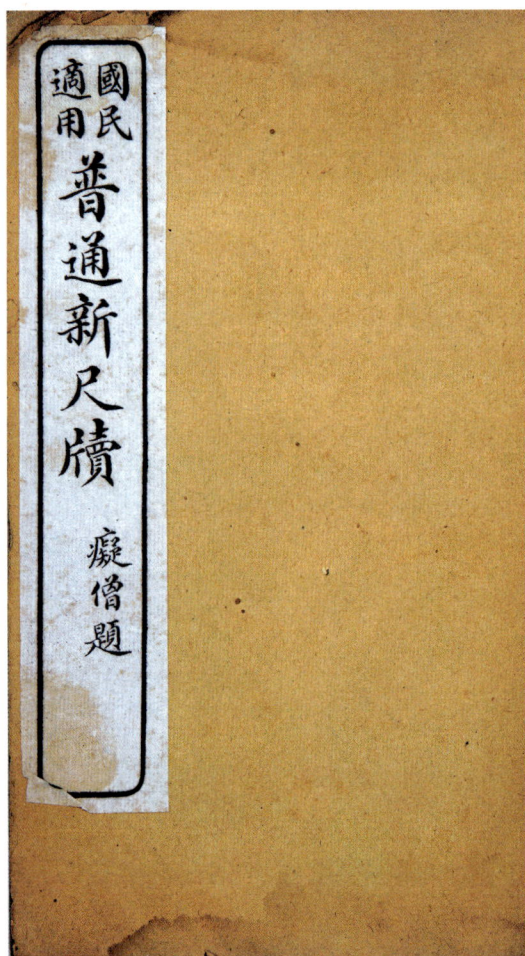

书名：新体注解秋水轩尺牍

著者：许思湄 / 著　邹友梅 / 注解

出版印行：大东书局

出版时间：民国十四年（1925）初版　民国十九年（1930）9版

册数：二

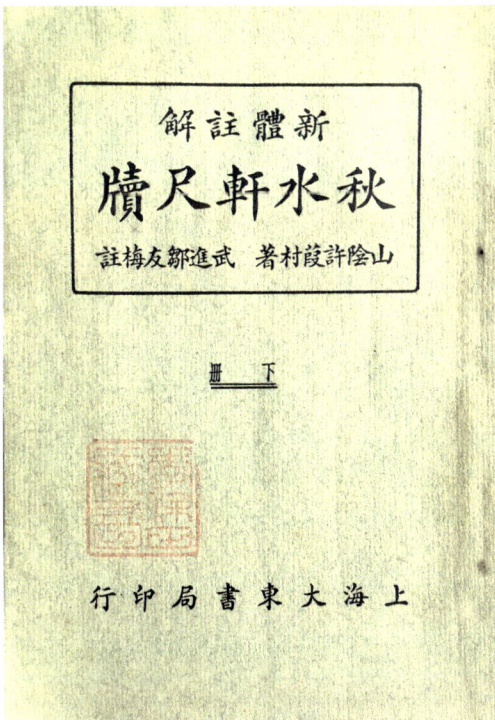

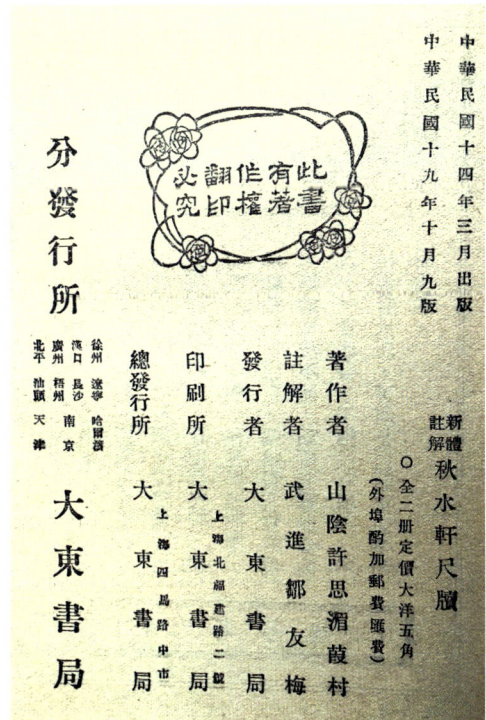

694 | 书名：新时代国民普通新尺牍

著者：袁韬壶

出版印行：上海锦章图书局

出版时间：1932年

册数：六

备注：书籍封面书名为《新时代国民普通新尺牍》，与函套所印书名不一，疑为当时印制之误。

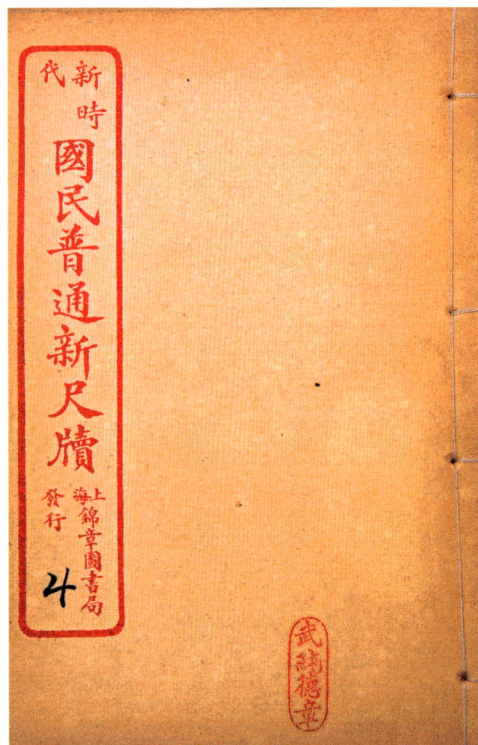

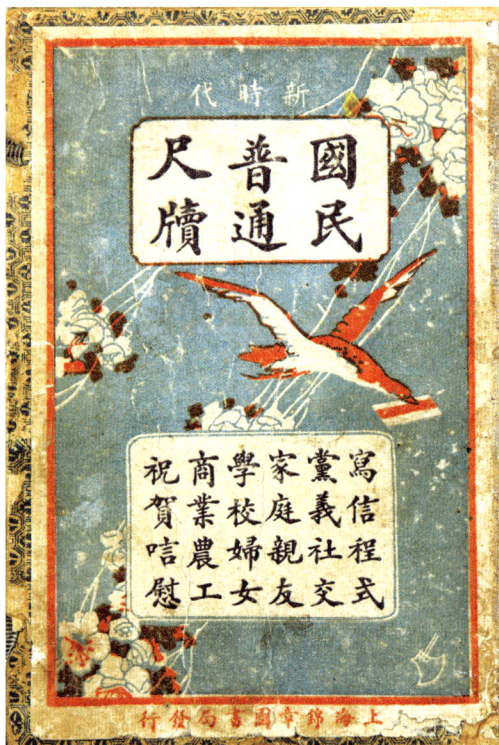

书名：书信作法

著者：王允文、曹懋唐、吴增芥、柳民元、汪重光、陈履周 / 编辑　殷佩斯 / 校订

出版印行：商务印书馆

出版时间：民国二十四年（1935）初版　民国三十六年（1947）13版

册数：三

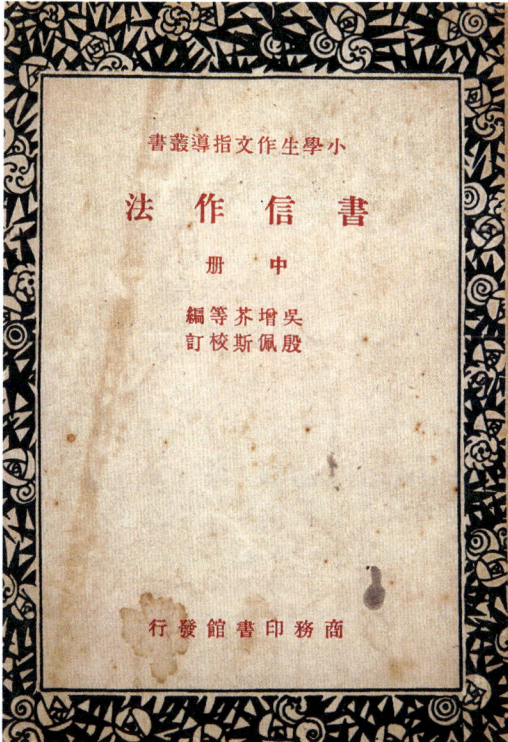

小學生作文指導叢書

書信作法

中冊

吳增芥等編
殷佩斯校訂

商務印書館發行

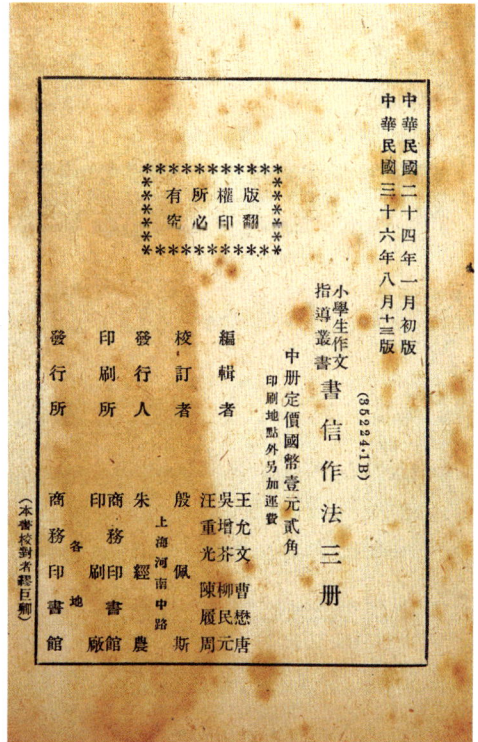

中華民國二十四年一月初版
中華民國三十六年八月十三版

（35224.1B）

小學生作文
指導叢書 書信作法 三冊

中冊定價國幣壹元貳角
印刷地點外另加運費

編輯者　　王允文　曹懋唐　吳增芥　柳民元　汪重光　陳履周

校訂者　　殷佩斯

發行人　　朱經農

印刷所　　商務印書館印刷各地廠

發行所　　商務印書館

（本書校對者經巨卿）

696 | 书名：普通新尺牍
著者：储菊人 / 编著
出版印行：群学书店
出版时间：民国三十七年（1948）
册数：一

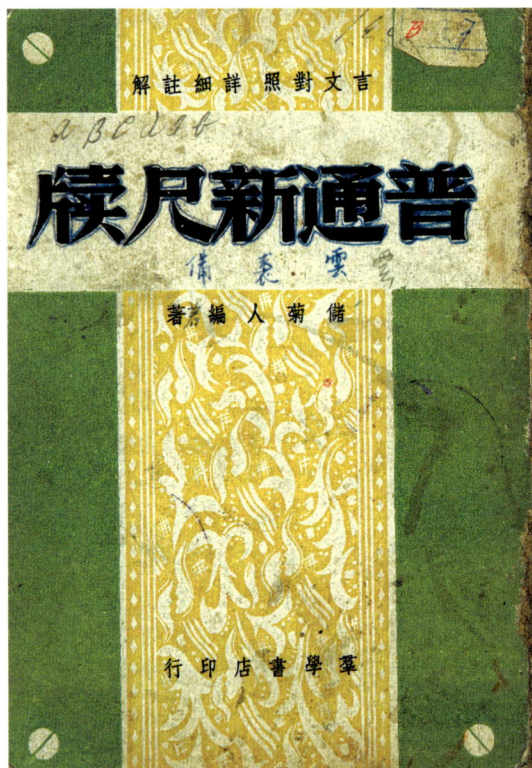

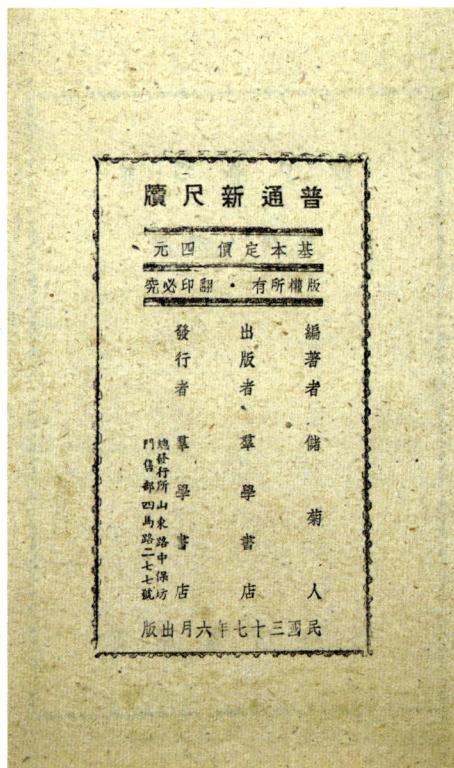

书名：普通应用尺牍教科
著者：不详
出版印行：不详
出版时间：不详
册数：二

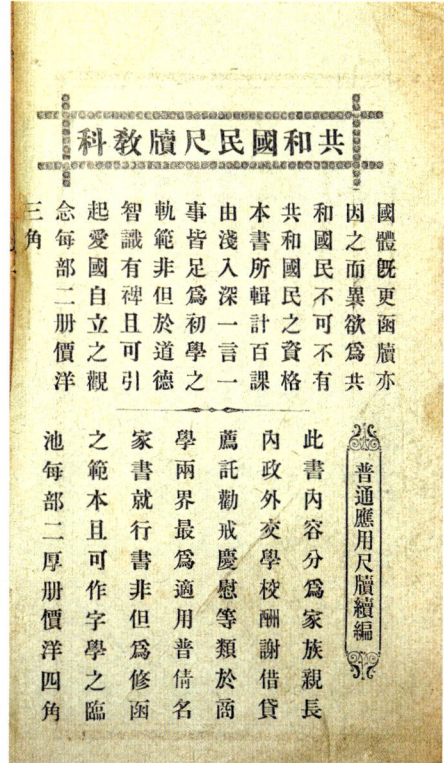

共和國民尺牘教科

普通應用尺牘續編

國體既更函牘亦
因之而異欲爲共
和國民不可不有
本書所輯計百課
由淺入深一言一
事皆足爲初學之
軌範非但於道德
智識有裨且可引
起愛國自立之觀
念每部二册價洋
三角

此書內容分爲家族親長
內政外交學校酬謝借貸
薦託勸戒慶慰等類於商
家書就行書非但爲修函
之範本且可作字學之臨
池每部二厚册價洋四角

698 | 书名：共和国民分类新写信必读
著者：陈安拙／编纂
出版印行：文明进行社
出版时间：不详
册数：四

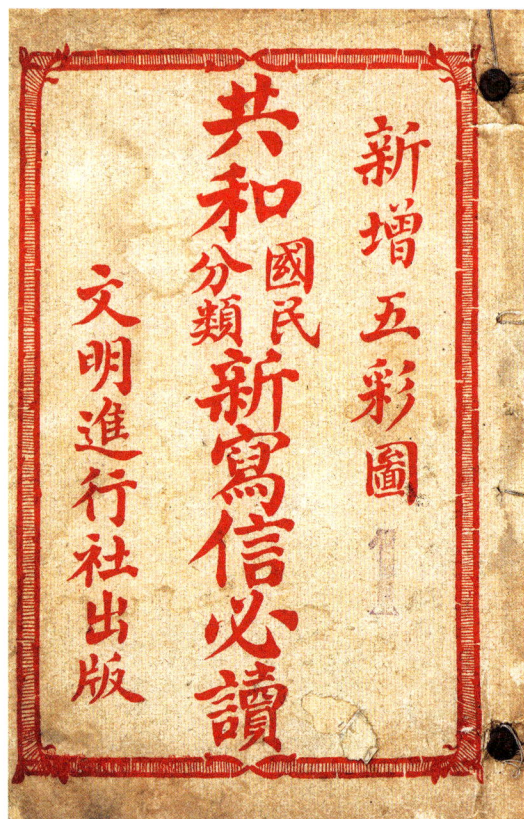

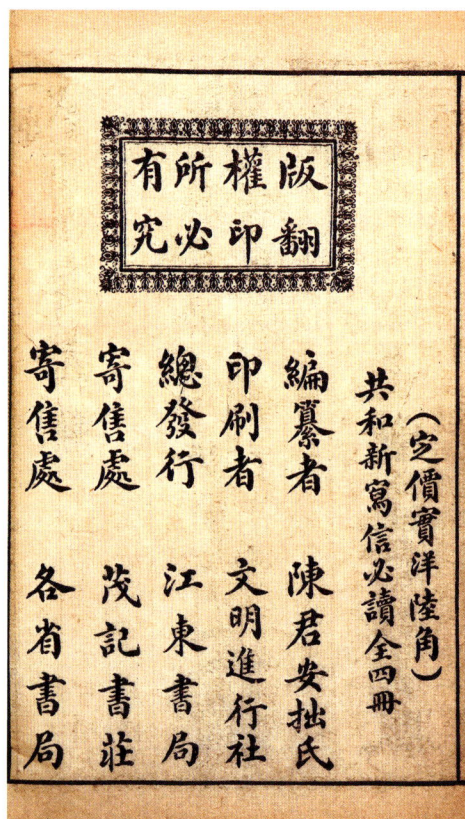

书名：最新字汇文明尺牍教科书
著者：不详
出版印行：不详
出版时间：不详
册数：不详

最新字彙文明尺牘教科書

宋芝記

專局印醫木星相開書尺牘畫譜法帖批發

外科正宗　洋三角
三家醫案　洋三角
竹林女科　洋三角
地理辨訣　洋三角
增廣玉匣記　洋二角
經驗良方　洋一角
痧症全書　洋一角
燕山外史　洋一角
麻衣神相　洋一角
柳莊相法　洋五分
相面不求人　洋五分
算命不求人　洋五分
日用雜字　洋一角
寫信不求人　洋二角五分
寫信必讀　洋一角五分

尺牘教科書　洋二角
怕案驚奇　洋二角
帕案驚奇二集　洋二角
說唐全傳　洋二角
烈女鵑魂　洋二角
遊戲團說　洋一角
雙鳳奇緣　洋一角
真假聊齋　洋一角
九夫拿天　洋一角
十賢手札　洋二角五分
施公案全集　洋二角
醫宗金鑑　洋一元
大字青囊夢　洋五分
繪圖前後海公傳　洋五分
相軍平逆　洋一角
五代殘唐　洋三角
前後三門街　洋三角
十大家畫譜　洋三角
希奇古怪　洋一角
如意君傳　洋一角
牙牌神數　洋五分
永慶昇平　洋七角
陳修園四十種　洋二元
攷正字彙　洋一元二角

發行所
廣東雙門底海左分局
上海四馬路海左書局
上海舊教場海左書局
分售处　湖州姚文海書莊

书名：正草商学新尺牍（高等学堂课本）

著者：不详

出版印行：上海姚文海书局

出版时间：不详

册数：二

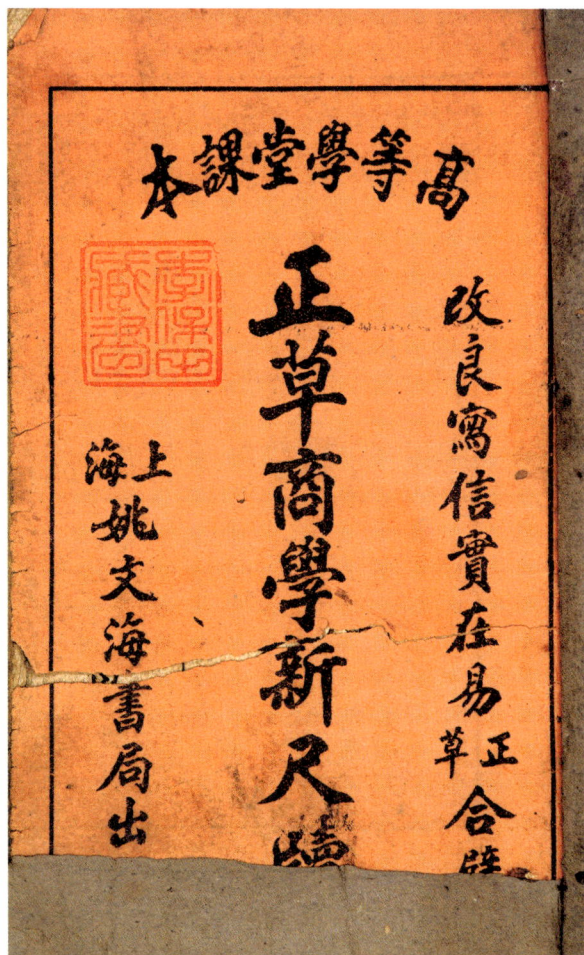

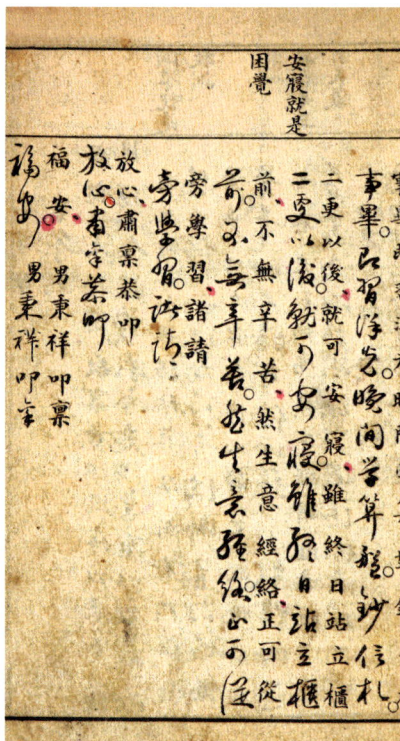

书名：新编注解初学指南尺牍

著者：任毓芝

出版印行：上海萃英书局

出版时间：不详

册数：二

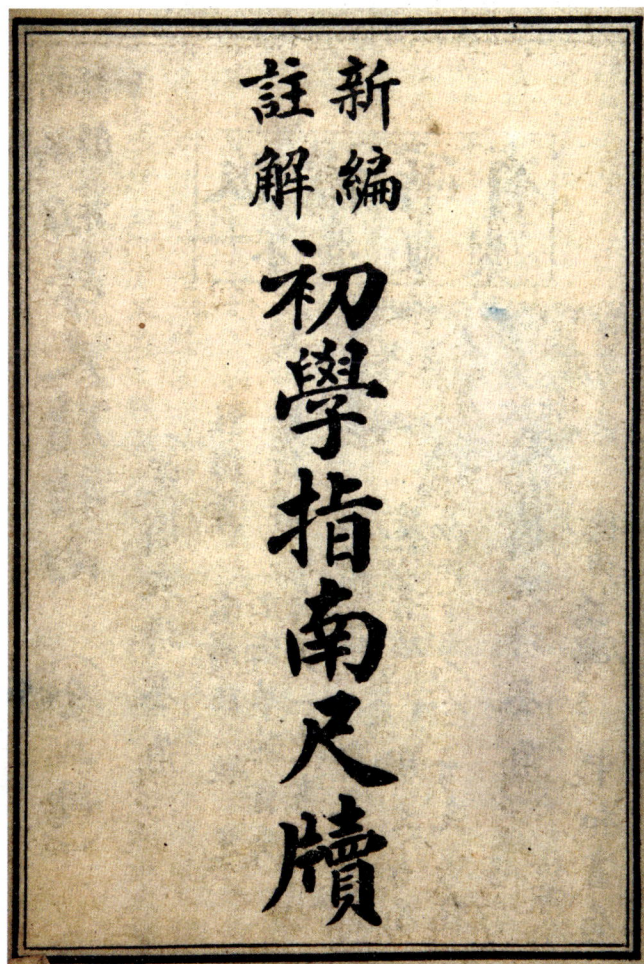

702

书名：北新文选（高级中学）

著者：姜亮夫

出版印行：上海北新书局

出版时间：1931年

册数：六

⑤模范作文

书名：儿童活叶文选

著者：徐晋 / 选编　黄一德 / 勘校

出版印行：儿童书局

出版时间：民国二十年（1931）初版　民国二十一年（1932）10版

册数：一

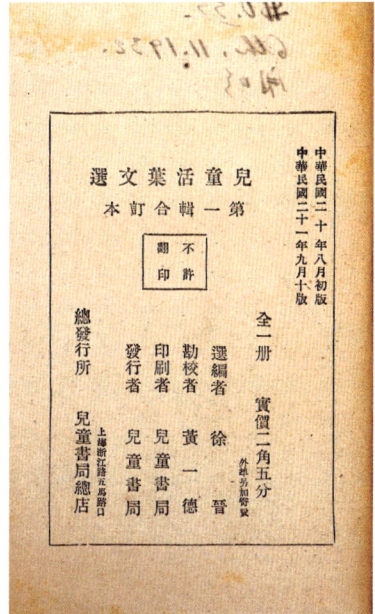

704 书名：北新文选（小学中年级适用）
著者：林兰、陈伯吹/编选
出版印行：北新书局
出版时间：1933年再版
册数：八

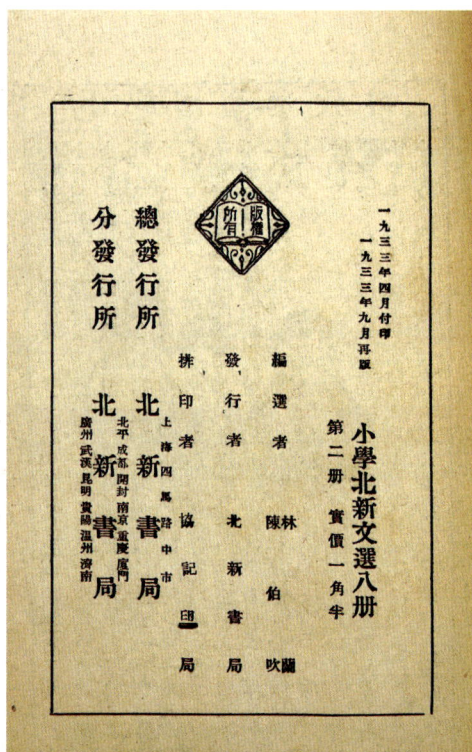

书名：全国儿童国语文选

著者：沈伯经 / 编辑

出版印行：上海大华书局

出版时间：民国二十四年（1935）初版　民国二十五年（1936）再版

册数：不详

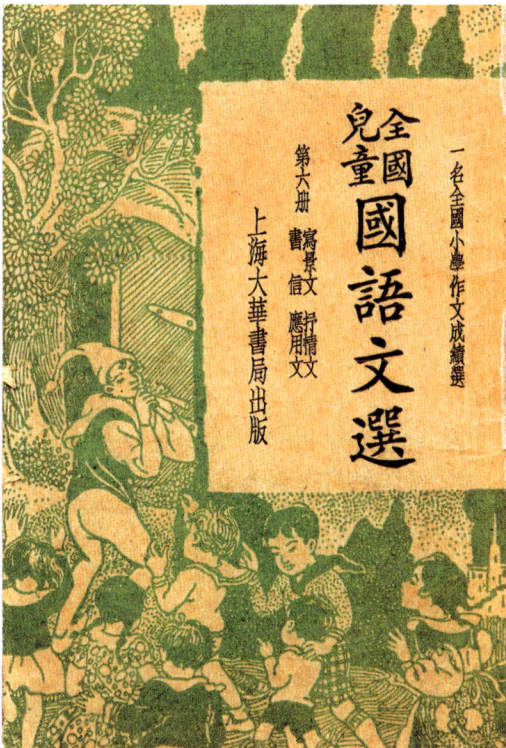

本書有著作權及版權不准抄襲及翻印	
書　　　名	全國小學學生作文成績選第六册
編　輯　者	沈　伯　經
出　版　者	上海公平路三十四號 大　華　書　局
排　印　者	上海三明印刷廠
出　版　日　期	中華民國二十四年六月初版 中華民國二十五年四月再版
裝訂册數	平　裝　一　册
定　　　價	大　洋　三　角
總　發　行　所	上海公平路三十四號 大　華　書　局
分　發　行　所	世界書局及各大書局
本書編號	221

706　书名：开明活叶文选（定装册）
著者：开明书店
出版印行：上海开明书店
出版时间：1936年
册数：不详

书名：模范作文

著者：黄晋父 / 编辑

出版印行：不详

出版时间：民国二十六年（1937）

册数：一

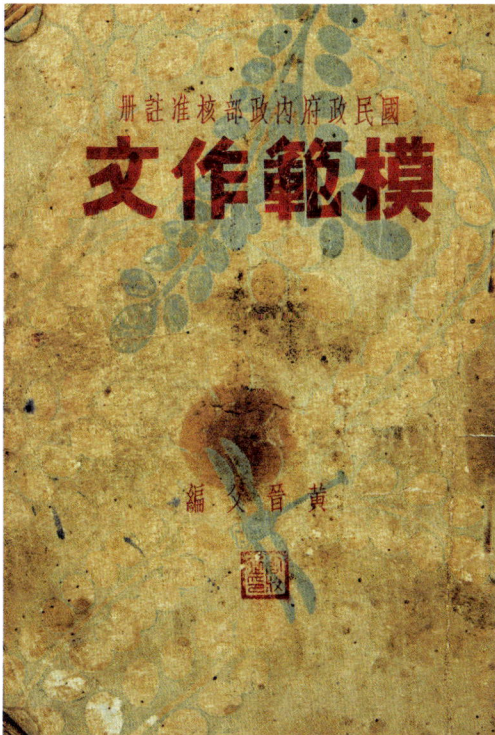

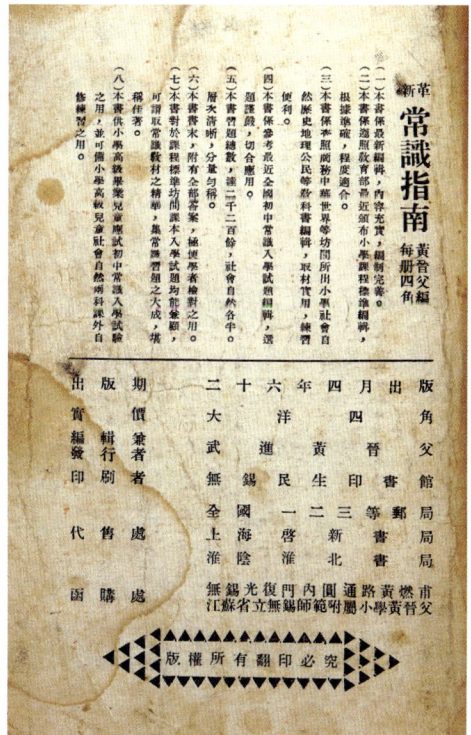

书名：抒情文选（初中国文分类选读）
著者：胡云翼 / 编
出版印行：中华书局
出版时间：民国二十六年（1937）发行　民国二十八年（1939）再版
册数：二

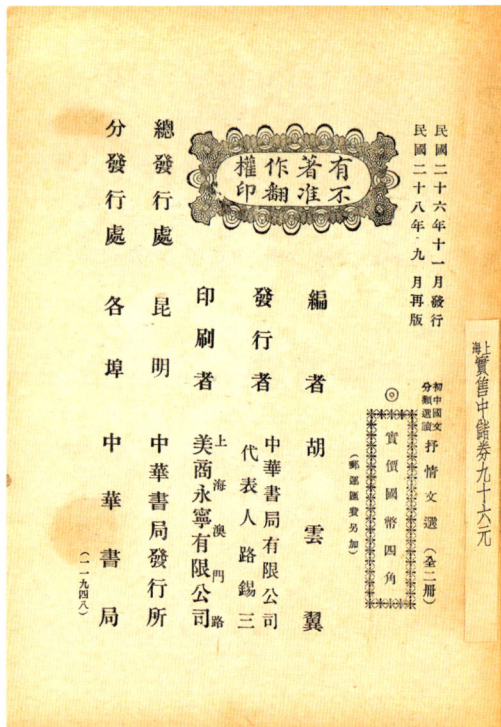

书名：战时初中文选（修正课程标准适用）

著者：赵景深／编辑

出版印行：上海北新书局

出版时间：民国二十七年（1938）初版

册数：不详

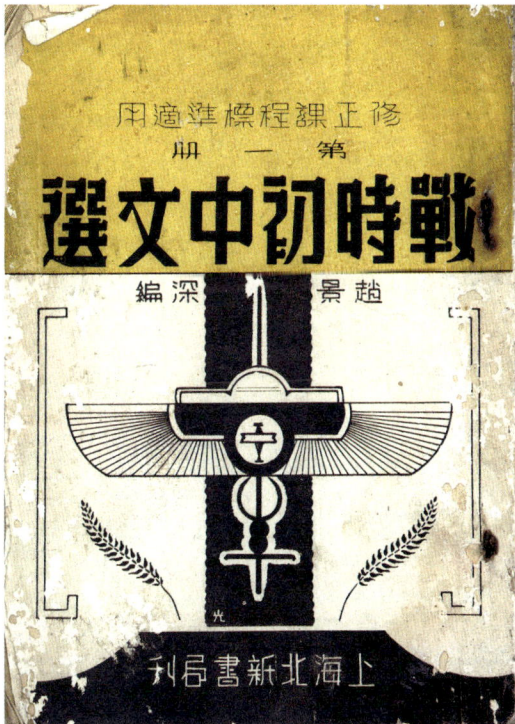

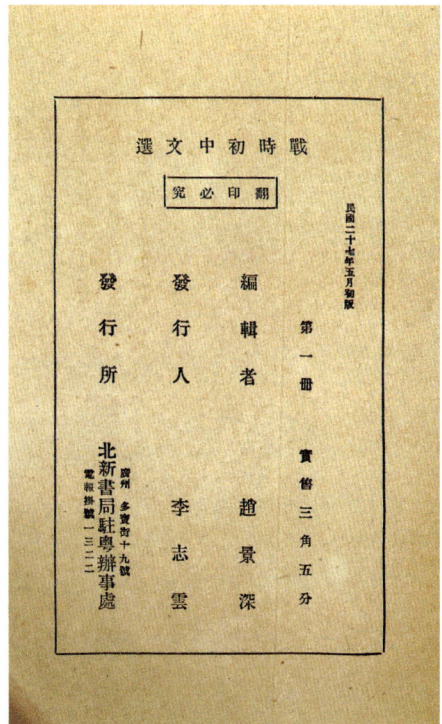

戰時初中文選

修正課程標準適用

第一冊

趙景深 編

上海北新書局刊

戰時初中文選

翻印必究

民國二十七年五月初版

第一冊　實售三角五分

編輯者　趙景深

發行人　李志雲

發行所　北新書局駐粤辦事處

廣州　多寶路十九號

電報掛號一三二二

710

书名：缉熙国文选本（新编）

著者：台城缉熙学校

出版印行：台城缉熙学校

出版时间：民国廿九年（1940）

册数：不详

书名：最新模范作文（高级小学适用；战时补充读本）

著者：金仲实 / 编著

出版印行：上海现代文化出版社

出版时间：民国三十年（1941）

册数：一

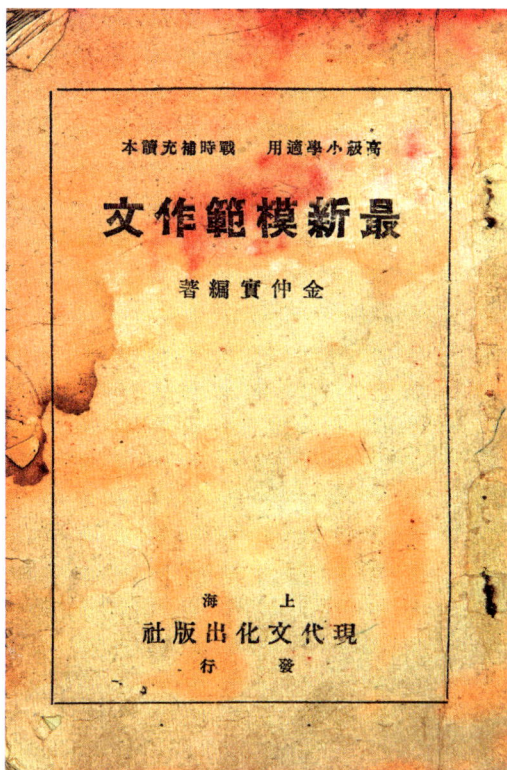

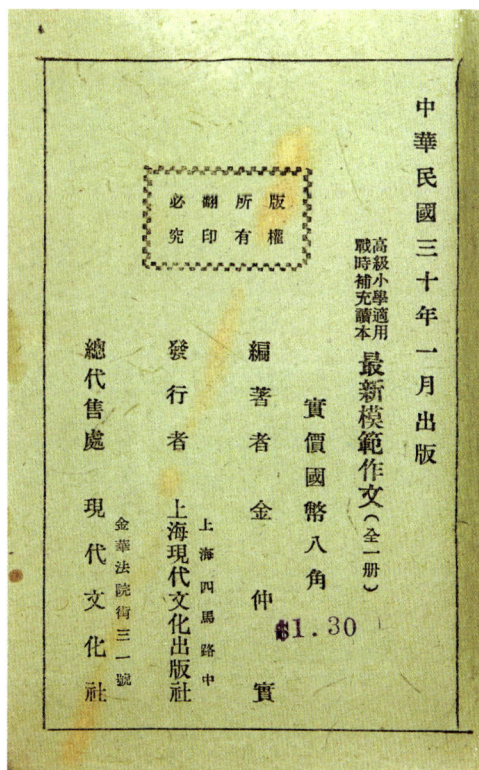

712　书名：最新模范作文选（少年国语补充读物）

　　　著者：王郁芬 / 选编

　　　出版印行：上海学生书社

　　　出版时间：1942年

　　　册数：一

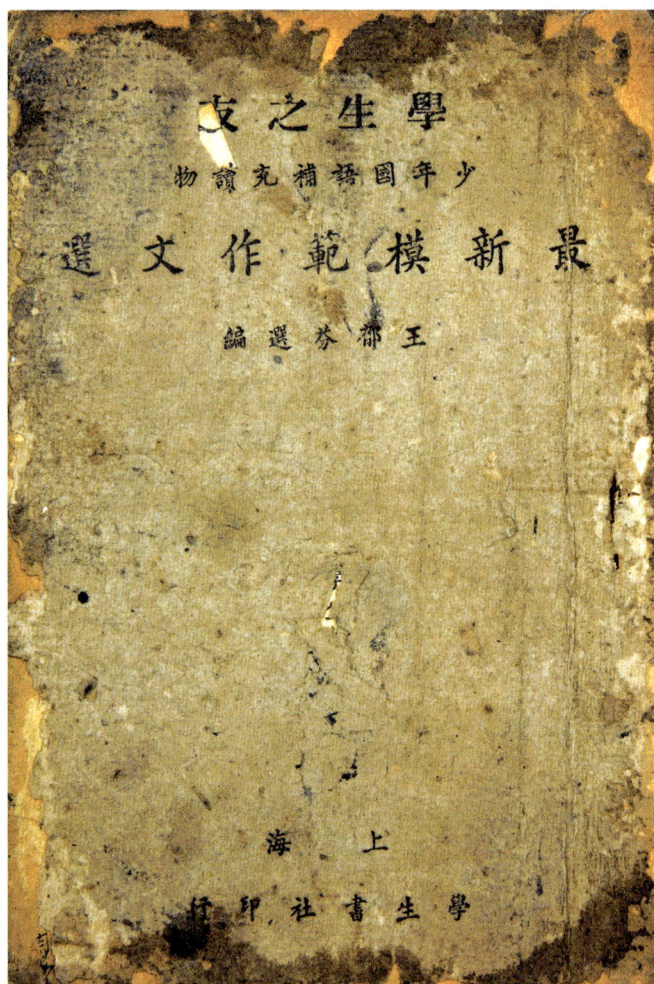

书名：中学模范日记

著者：储菊人 / 编著　诸有人 / 校订

出版印行：上海合众书店

出版时间：民国三十五年（1946）3版

册数：一

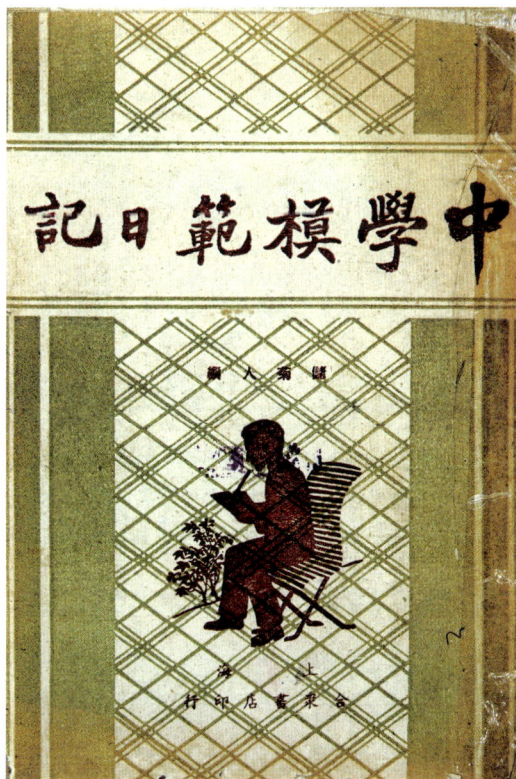

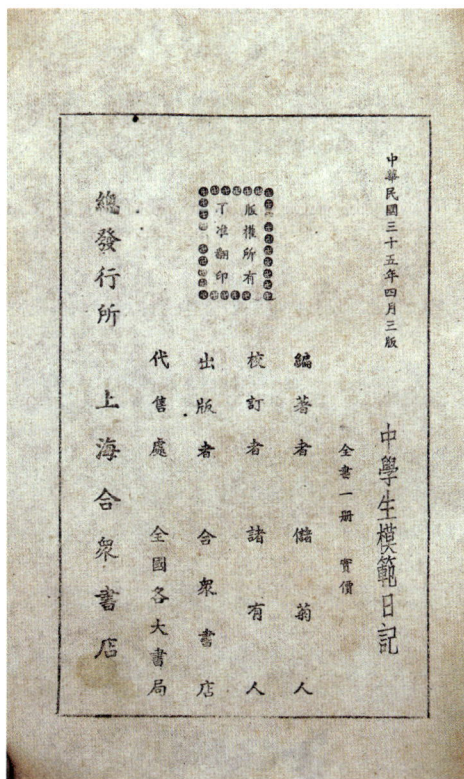

714　书名：新编模范作文（胜利版）

　　　　著者：瞿世镇／主编

　　　　出版印行：三民图书公司

　　　　出版时间：民国卅五年（1946）新2版

　　　　册数：一

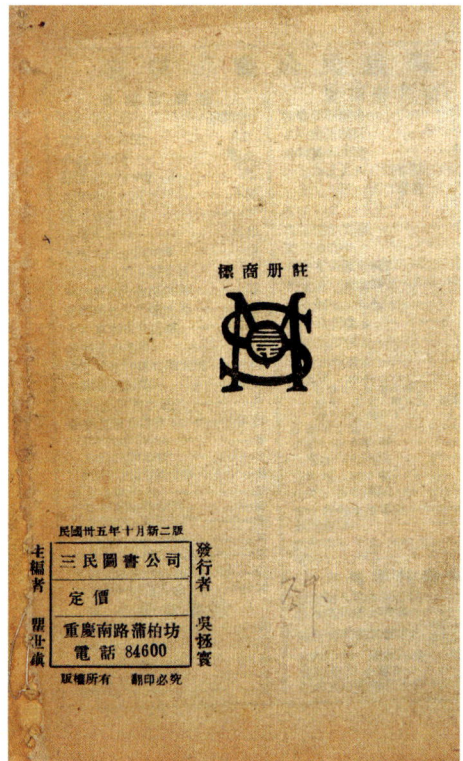

书名：新编模范作文（小学校高年级适用）

著者：进修编译社／编辑

出版印行：上海文友合作出版社

出版时间：民国三十五年（1946）再版

册数：一

716 书名：初级模范作文（胜利版）

著者：吴拯寰/主编

出版印行：上海三民图书公司

出版时间：民国卅五年（1946）新4版

册数：不详

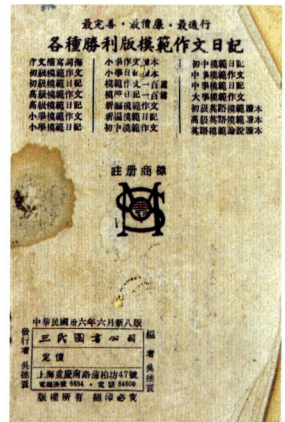

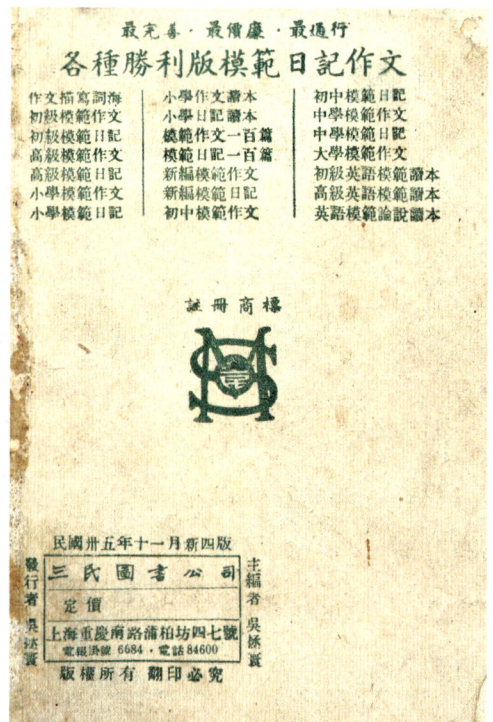

书名：中学模范日记
著者：周忠治 / 编著
出版印行：南光书店
出版时间：民国三十五年（1946）2版
册数：不详

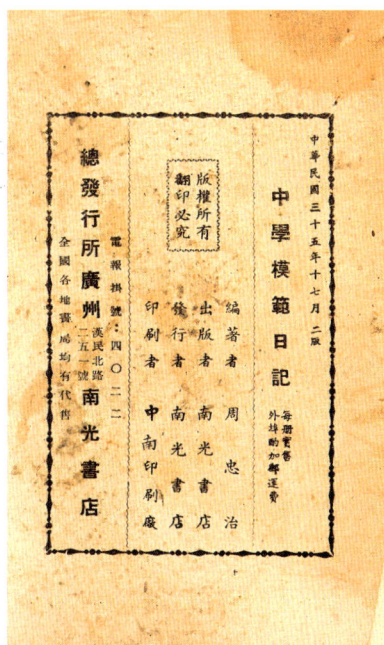

中學模範日記

中華民國三十五年七月二版

中學模範日記

編著者　周忠治
出版者　南光書店
發行者　南光書店
印刷者　中南印刷廠

版權所有
翻印必究

總發行所廣州
漢民北路
二五一號　南光書店
電報掛號：四〇二二
全國各地書局均有代售

每冊實售
外埠酌加郵運費

718　书名：中学模范作文

著者：章铎声 / 编著

出版印行：正气书局、文益书局

出版时间：民国卅六年（1947）

册数：一

最新編纂　自修適用

中學模範作文

上海正氣書局
文益書局印行

正氣書局
文益書局出版

小學生日記指導　　　一冊
小學生作文導指　　　一冊
初級模範作文　　　　一冊
初級模範日記　　　　一冊
高級模範作文　　　　一冊
高級模範日記　　　　一冊
中學模範作文　　　　一冊
中學模範日記　　　　一冊
高小作文精選　　　　一冊
高小日記精選　　　　一冊
作文與日記　　　　　一冊
文章作法講話　　　　一冊
初級論說精華　　　　一冊
高級論說精華　　　　一冊

民國卅六年十一月出版

充讀物　中學模範作文　全一冊　實價國幣

編著者　章鐸聲

出版者　文益書局

發行者　正氣書局

　　　　上海山東路二〇九號
　　　　上海山東路中保坊

特約發行

　　　　西安中山街
　　　　廣州漢民北路
　　　　長沙民教街
　　　　杭州教仁街
　　　　蕪湖相相衡
　　　　漢口新書店
　　　　徐州新書店

全國各大書局均有代售

·版權所有·翻印必究·

书名：学生模范作文（国语补充读本）

著者：李金言／编辑

出版印行：广州民智书店

出版时间：民国三十六年（1947）初版

册数：一

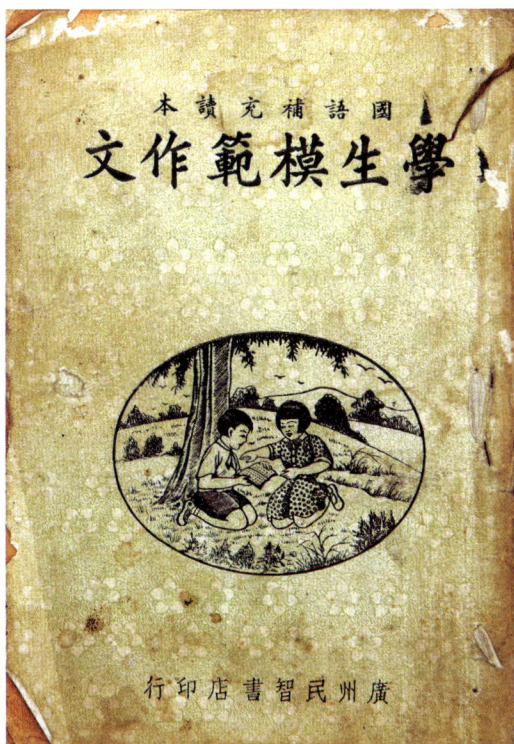

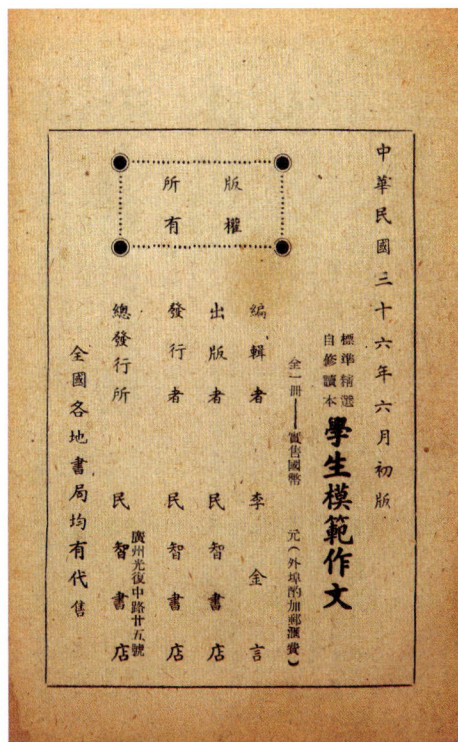

720　书名：初级模范作文（国语补充读物）
著者：巴雷／编著
出版印行：上海大方书局
出版时间：民国三十六年（1947）再版
册数：一

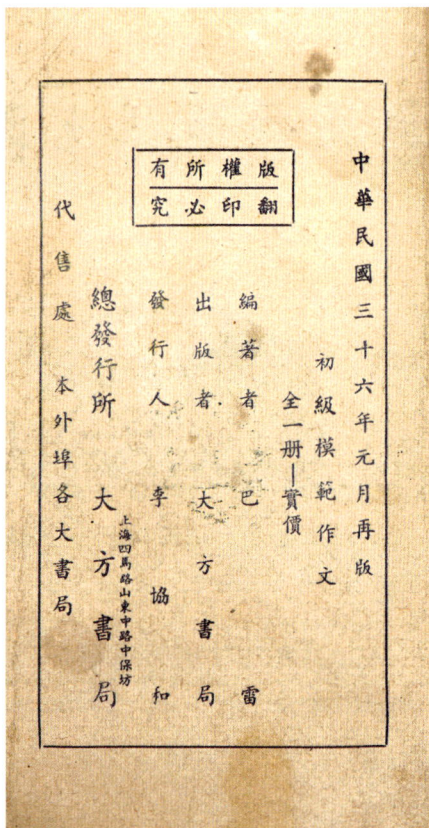

书名：中华文选（初中适用）
著者：宋文翰 / 编
出版印行：中华书局
出版时间：1947年
册数：六

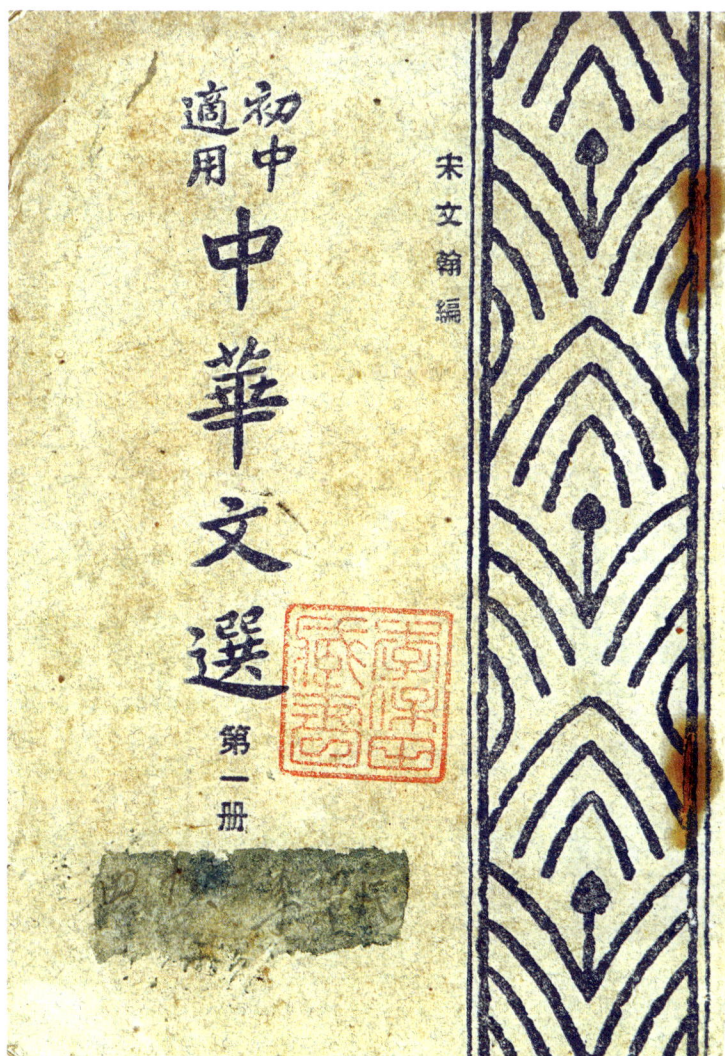

书名：中学模范作文
著者：周忠治／编著
出版印行：南光书店
出版时间：民国三十六年（1947）最新版
册数：不详

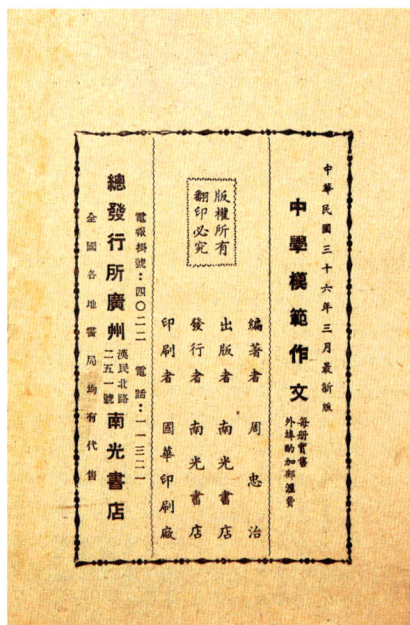

书名：全国高中作文精华

著者：马崇淦 / 主编　谢恩皋、朱翊新、邰爽秋 / 评阅

出版印行：上海勤奋书局

出版时间：1948年

册数：三

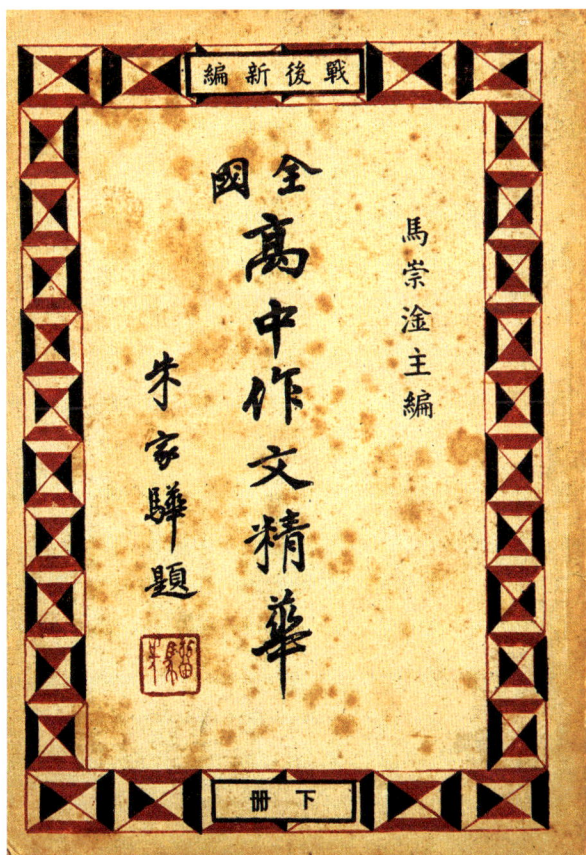

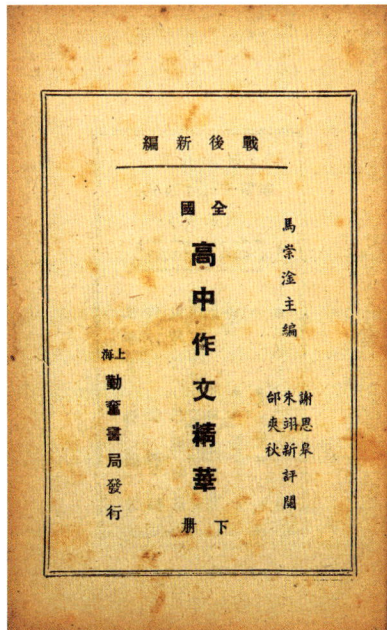

724　书名：国文精选（初中适用）

著者：俞子夷 / 原复选编校　汪定奕、张圣瑜、沈荣龄、许梦因、周侯于 / 原选注　张裕光 / 重选注
出版印行：正中书局
出版时间：民国三十七年（1948）初版　民国三十七年（1948）沪2版
册数：六

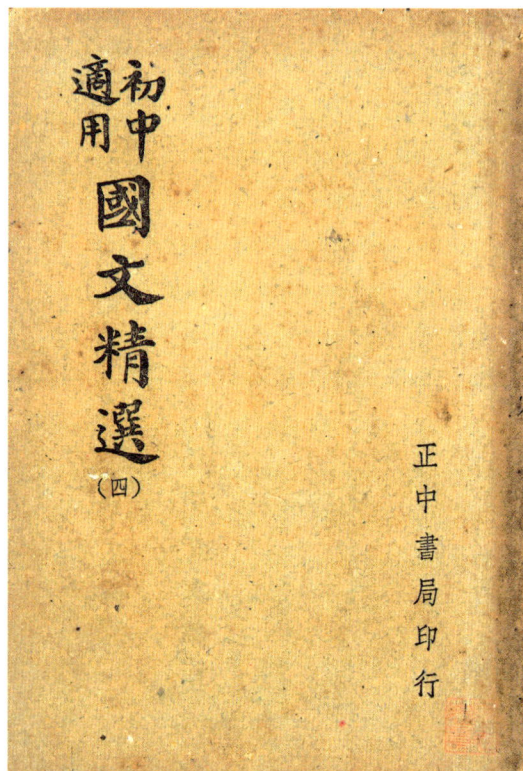

书名：新编模范作文（国语科补充读本）

著者：王原培 / 编辑

出版印行：南光书店

出版时间：民国三十七年（1948）最新版

册数：一

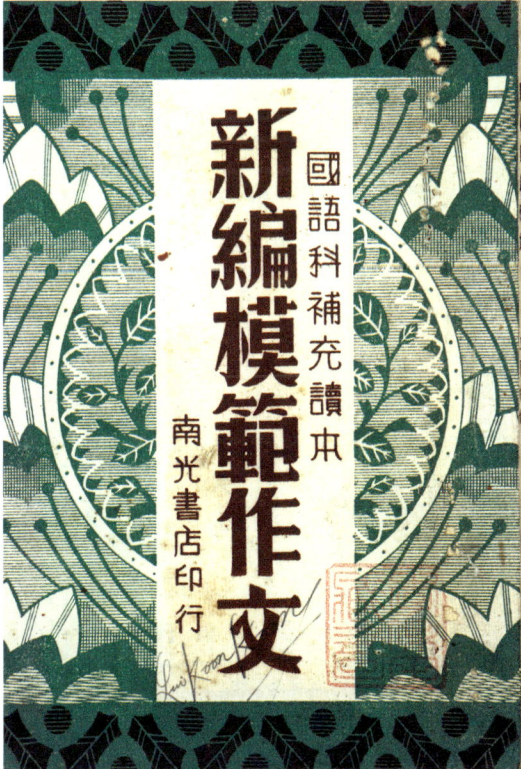

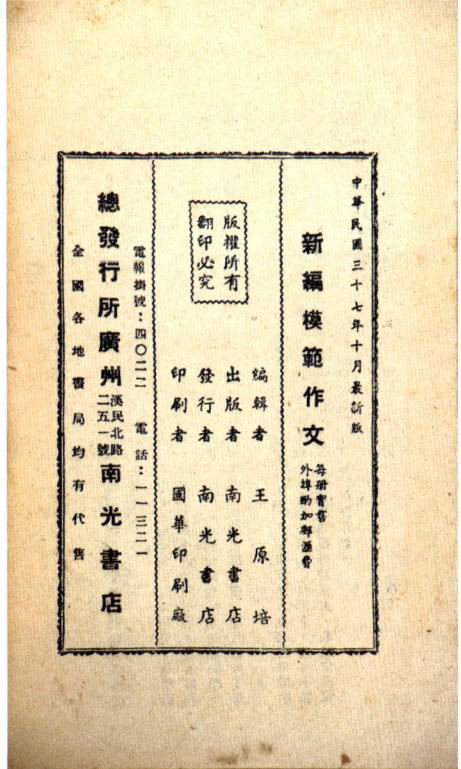

中華民國三十七年十月最新版

新編模範作文
每冊實售
外埠酌加寄運費

版權所有
翻印必究

總發行所廣州漢民北路二五一號南光書店

電報掛號：四〇二二　電話：一二三二一

全國各地書局均有代售

編輯者　王原培

出版者　南光書店

發行者　南光書店

印刷者　國華印刷廠

书名：中学生作文日记合编
著者：雪庵 / 编著　应一凡 / 校阅
出版印行：上海春明书店
出版时间：民国三十七年（1948）
册数：一

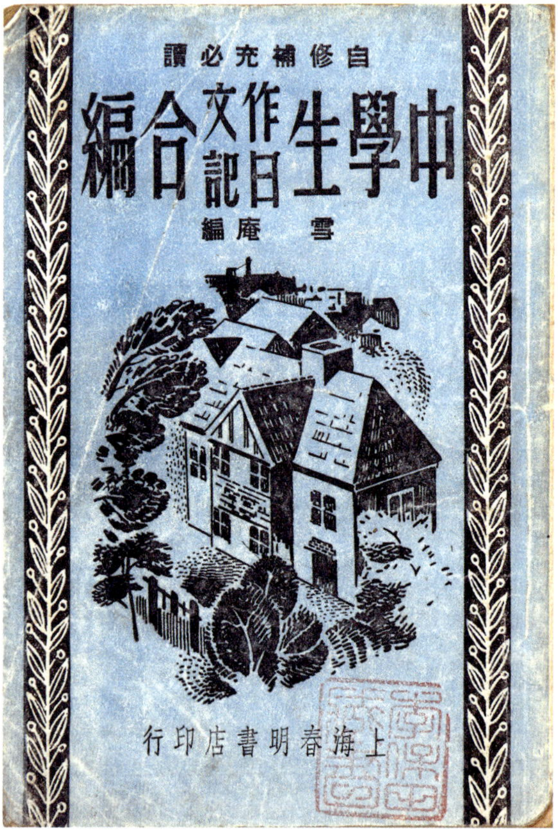

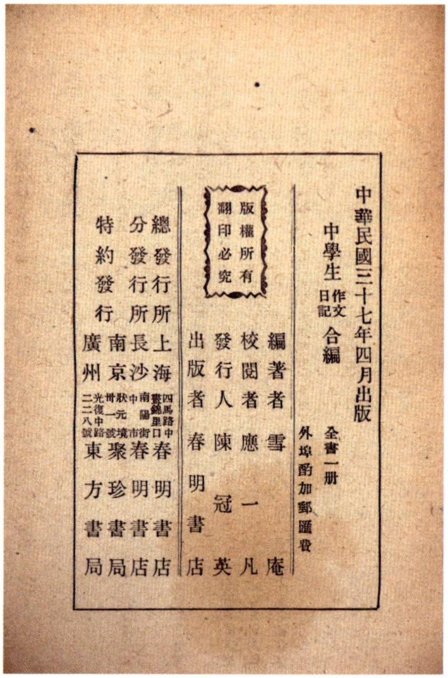
中華民國三十七年四月出版
中學生作文日記合編
全書一册
外埠酌加郵匯費
版權所有
翻印必究
編著者　雪庵
校閱者　應一凡
發行人　陳冠英
出版者　春明書店
總發行所　上海四馬路中書錦里口　春明書店
分發行所　長沙南陽街　春明書店
　　　　　南京中市境一元號　聚珍書局
特約發行　廣州光復中路二二八號　東方書局

书名：初级模范作文（初小学生自修读物）

著者：董志强 / 编著

出版印行：上海春明书店

出版时间：民国三十八年（1949）再版

册数：一

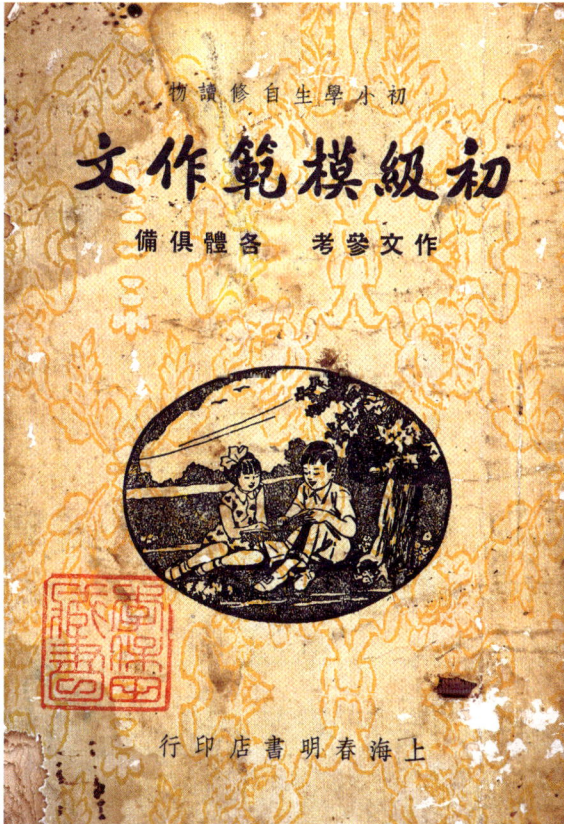

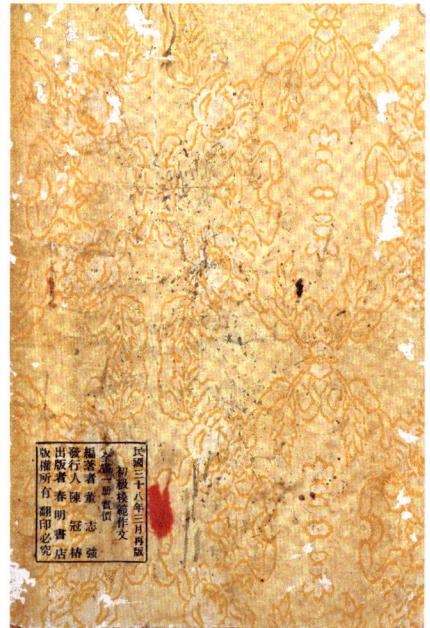

728 书名：国语精读文选（小学高级国语科教学自修适用）

著者：不详

出版印行：上海春江书局

出版时间：不详

册数：不详

书名：新编精读文选（中学生及自学青年适用）

著者：不详

出版印行：生活·读书·新知三联书店

出版时间：不详

册数：不详

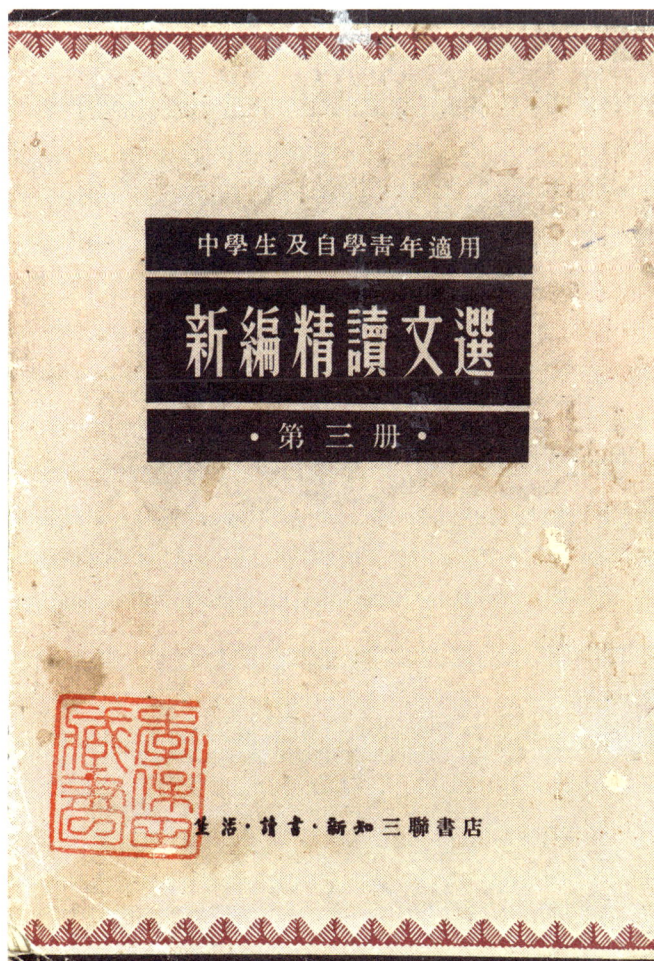

730 | 书名：现代名家模范文选（名家杰作文艺读物）
著者：不详
出版印行：上海书局
出版时间：不详
册数：不详

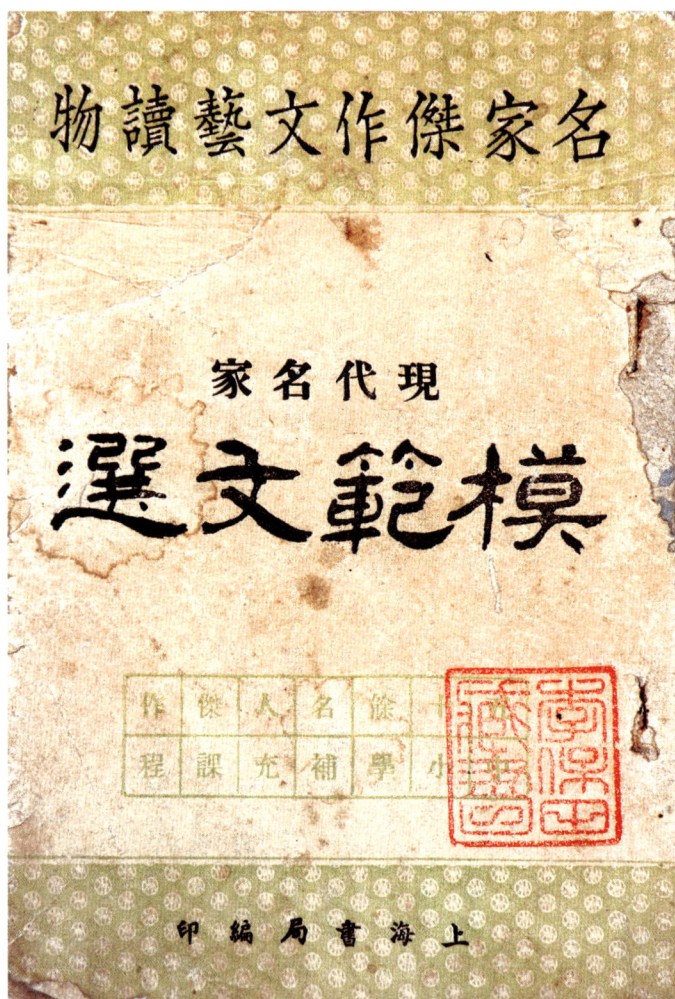

书名：初学论说文范

著者：邵伯棠／撰述

出版印行：上海会文堂书局

出版时间：民国纪元前二年（1910）出版　民国九年（1920）81版

册数：四

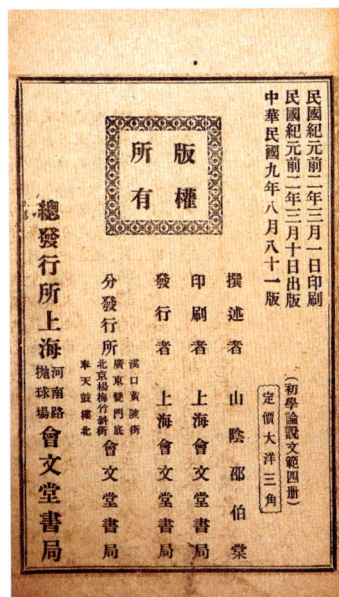

民國紀元前二年三月一日印刷
民國紀元前二年三月十日出版
中華民國九年八月八十一版

〔初學論說文範四冊〕

〔定價大洋三角〕

版權
所有

撰述者　山陰邵伯棠

印刷者　上海會文堂書局

發行者　上海會文堂書局

分發行所　漢口黃陂街
　　　　　廣東雙門底
　　　　　北京楊梅竹斜街會文堂書局
　　　　　奉天鼓樓北

總發行所上海
　　　　河南路
　　　　拋球場會文堂書局

732　书名：高小论说文范（自修适用）

著者：邵伯棠

出版印行：上海会文堂书局

出版时间：1911年

册数：四

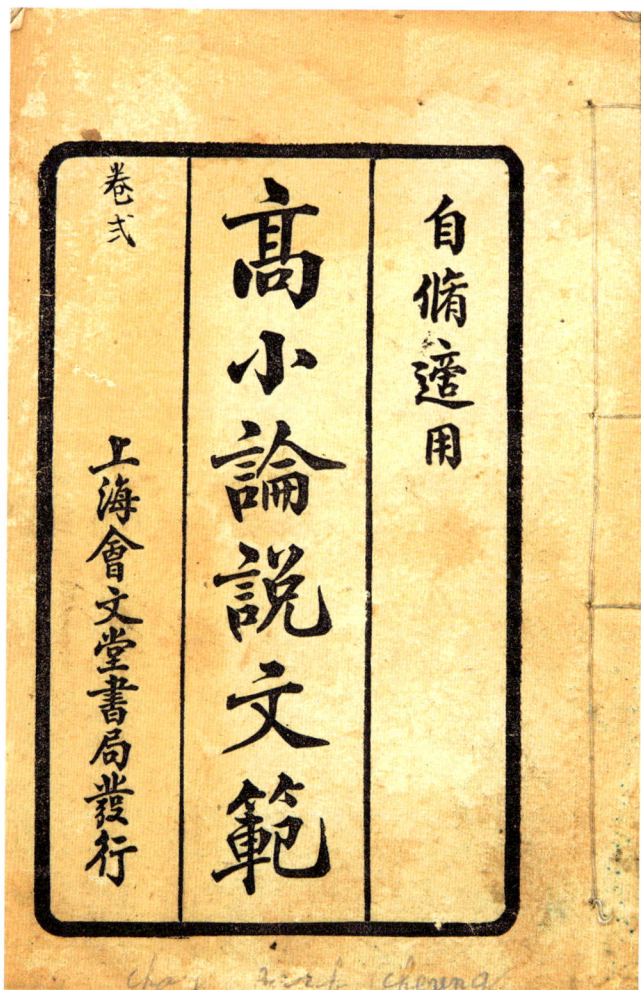

卷弍　高小論説文範　自脩適用

上海會文堂書局發行

书名：高等小学论说文范

著者：邵伯棠 / 著述

出版印行：上海会文堂书局

出版时间：民国纪元前一年（1911）出版　民国九年（1920）修正35版

册数：四

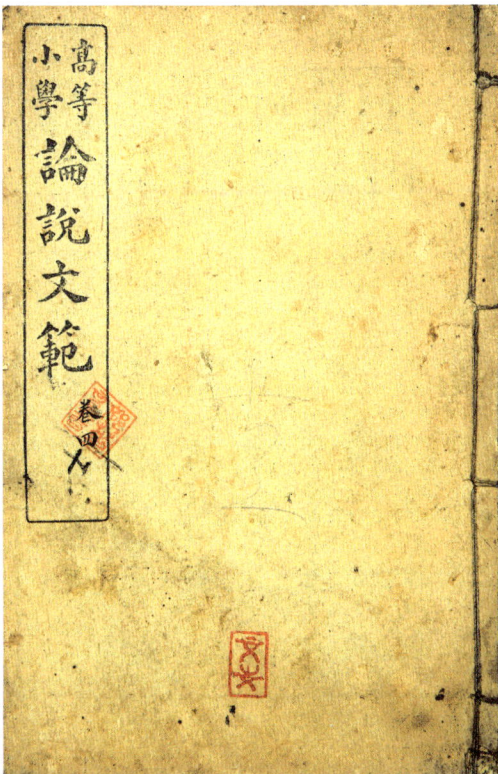

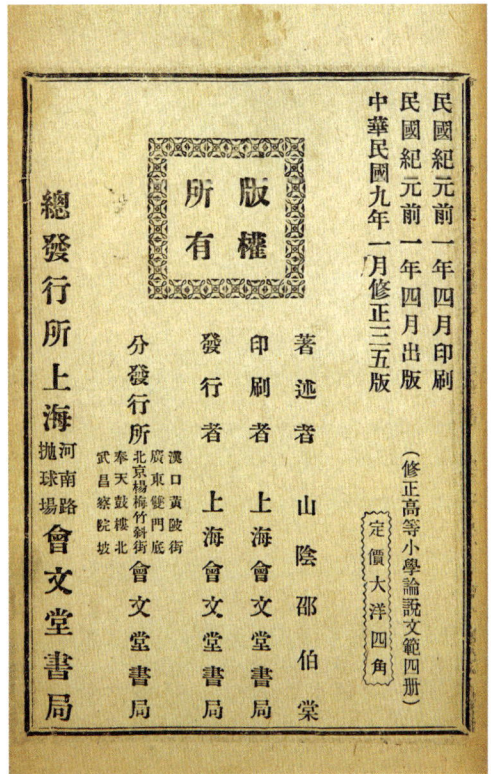

734

书名：中等新论说文范

著者：蔡锷／著述　邵希雍／评校

出版印行：上海会文堂书局

出版时间：民国元年（1912）初版　民国二年（1913）13版　民国二年（1913）订正初版

册数：不详

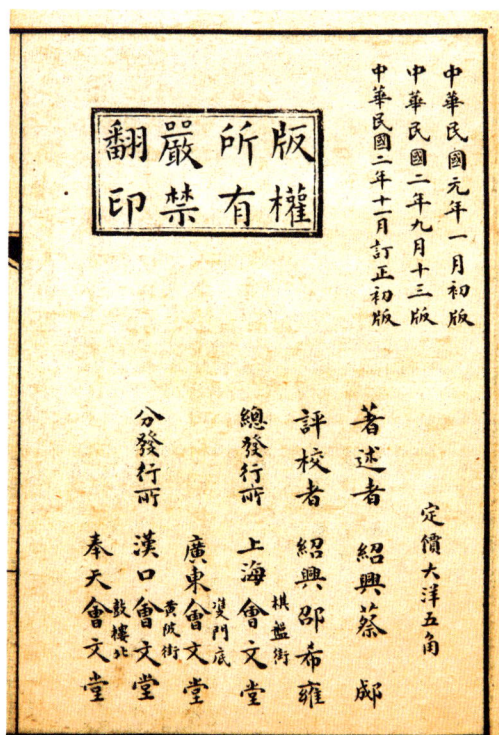

书名：常识文范
著者：梁任公先生（梁启超）/ 著
出版印行：中华书局
出版时间：1916年
册数：四

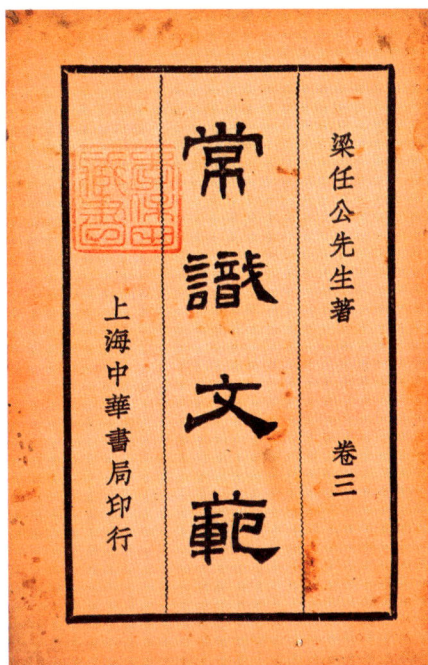

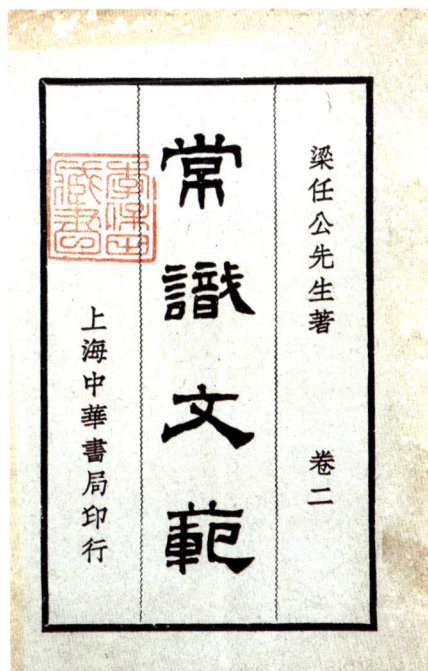

736　书名：初学新文范（言文对照）

著者：沈元起、蔡其清

出版印行：广益书局

出版时间：民国十年（1921）

册数：四

书名：高等作文新范（言文对照；教科自修适用）
著者：周祝封、张祖贤／编辑　张云石、张廷华／校订
出版印行：世界书局
出版时间：民国二十一年（1932）初版
册数：三

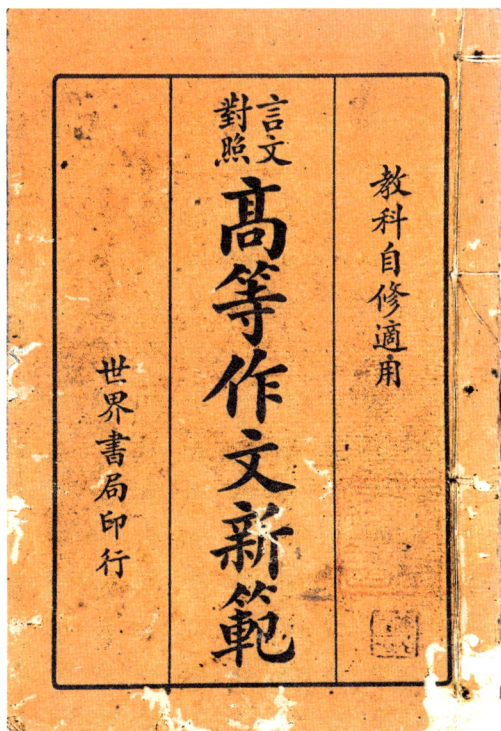

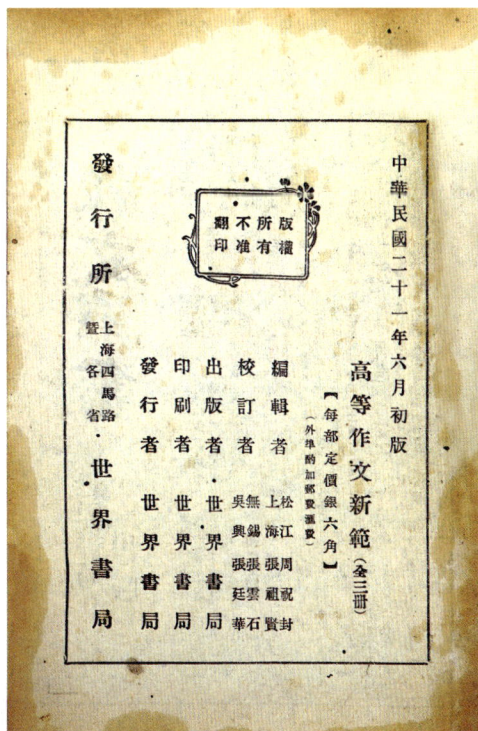

738

书名：新时代学生文范（言文对照；国民学校用）

著者：世界书局 / 编辑

出版印行：世界书局

出版时间：民国十九年（1930）26版

册数：初等四册、高等三册

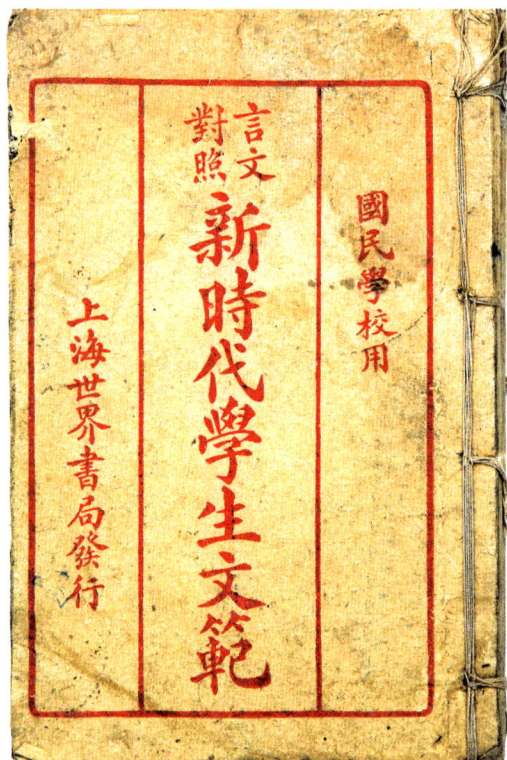

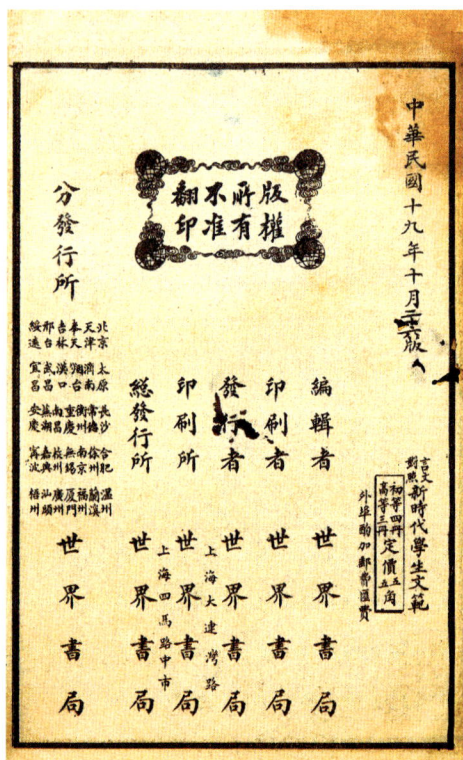

言文
對照
新時代學生文範

國民學校用

上海世界書局發行

中華民國十九年十月三版

版權所有　不准翻印

言文對照新時代學生文範
初等四册
高等三册定價五角
外埠酌加郵費匯費

編輯者　　世界書局

印刷者　　世界書局

發行者　　世界書局
　　　　　上海大連灣路

印刷所　　世界書局

總發行所　世界書局
　　　　　上海四馬路中市

分發行所

北京　天津　太原　湘潭　吉林　綏遠
白林　本溪　武昌　漢口　宜昌　南昌
長沙　重慶　南京　安慶　湖州　徐州
合肥　南京　無錫　嘉興　寧波
温州　蘭州　福州　廈門　廣州　汕頭
潮州　門州　滇州　桂州

书名：新时代学生文范（言文对照；高级小学校用）

著者：不详

出版印行：世界书局

出版时间：不详

册数：不详

书名：全国学校国语成绩精华

著者：不详

出版印行：广益书局

出版时间：民国十一年（1922）

册数：不详

⑦国语成绩精华

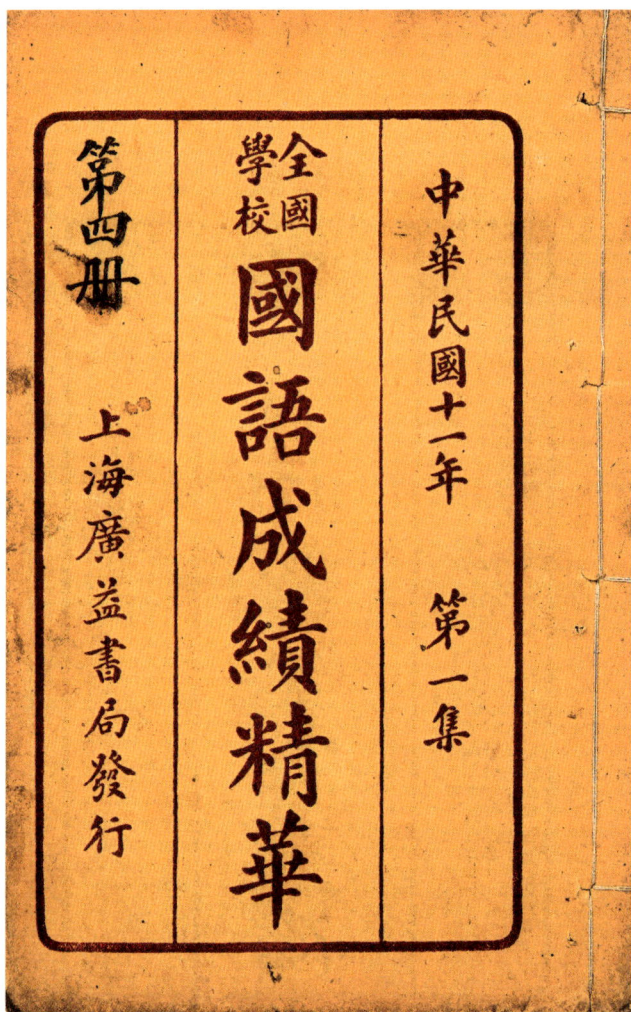

全國學校國語成績精華 第四冊 上海廣益書局發行 中華民國十一年 第一集

书名：全国学校国文精华录

著者：葛遵礼、蒋箸超 / 选辑　汤寿铭 / 校阅

出版印行：上海会文堂书局

出版时间：民国十二年（1923）出版　民国十三年（1924）4版

册数：四

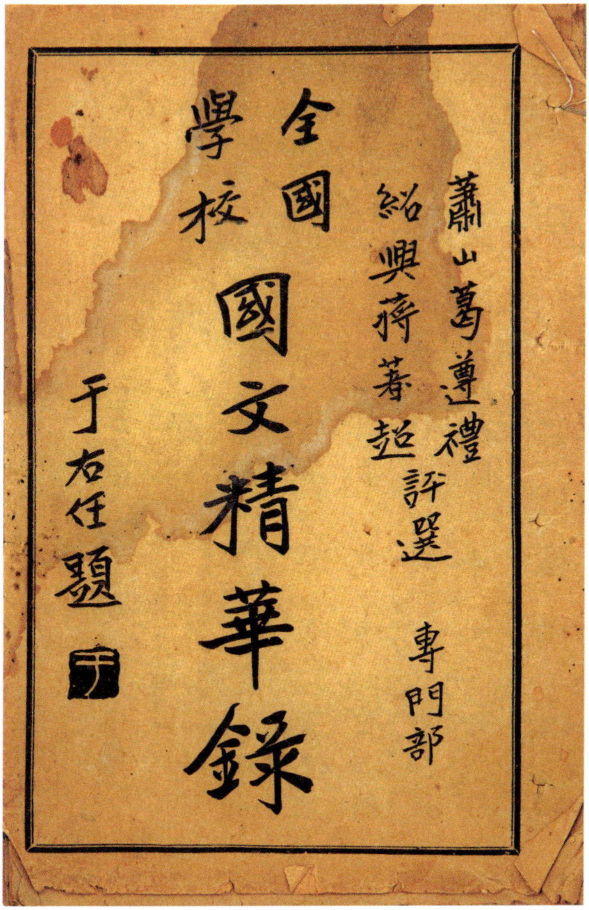

全國
學校
國文精華錄

蕭山葛遵禮
紹興蔣箸超　許選　專門部

于右任題

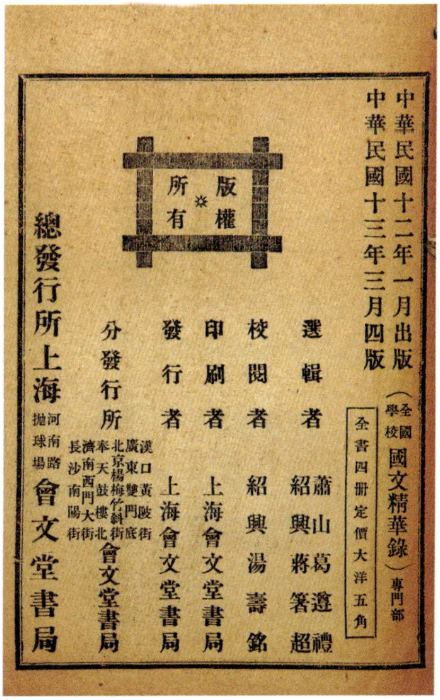

中華民國十二年一月出版
中華民國十三年三月四版

（全國學校國文精華錄）專門部

選輯者　蕭山葛遵禮
　　　　紹興蔣箸超

校閱者　紹興湯壽銘

印刷者　上海會文堂書局

發行者　上海會文堂書局

分發行所

總發行所上海
拋球場河南路
會文堂書局

全書四冊定價大洋五角

书名：全国中学国语文成绩大观
著者：世界书局编辑所 / 编辑
出版印行：世界书局
出版时间：民国十七年（1928）初版　民国廿一年（1932）9版
册数：六

全中國學
國語文成績大觀
上海世界書局出版

全中國學
國語文成績大觀
中華民國十七年徽集
Man, Cam, For.
上海世界書局出版

版權所有
不准翻印

分發行所
奉天
北平　天津　太原　濟南　重慶
漢口　長沙　衢州　南昌　燕湖　徐州
南京　無錫　杭州　溫州　開巖　汕谿
贛州　廈門　廣州　　　　　　梧州　汕頭

總發行所

編輯者　世界書局編輯所
印刷者　世界書局
發行者　世界書局
印刷所　世界書局
上海大通灣路中市局
上海四馬路世界書局
世界書局

中華民國廿一年十月九版
中華民國十七年八月初版
全國中學校國語文成績大觀（全六册）
【每部定價銀一元二角五分】
（外埠酌加郵費滙費）

书名：全国学校国文成绩新文库

著者：中央图书局编辑部

出版印行：上海中央编译局

出版时间：1944年第33版

册数：六

备注：蔡元培鉴定。

744　书名：全国学校国文成绩大观
著者：毕公天 / 选辑
出版印行：上海国学书局
出版时间：不详
册数：三
备注：题字者为于右任。

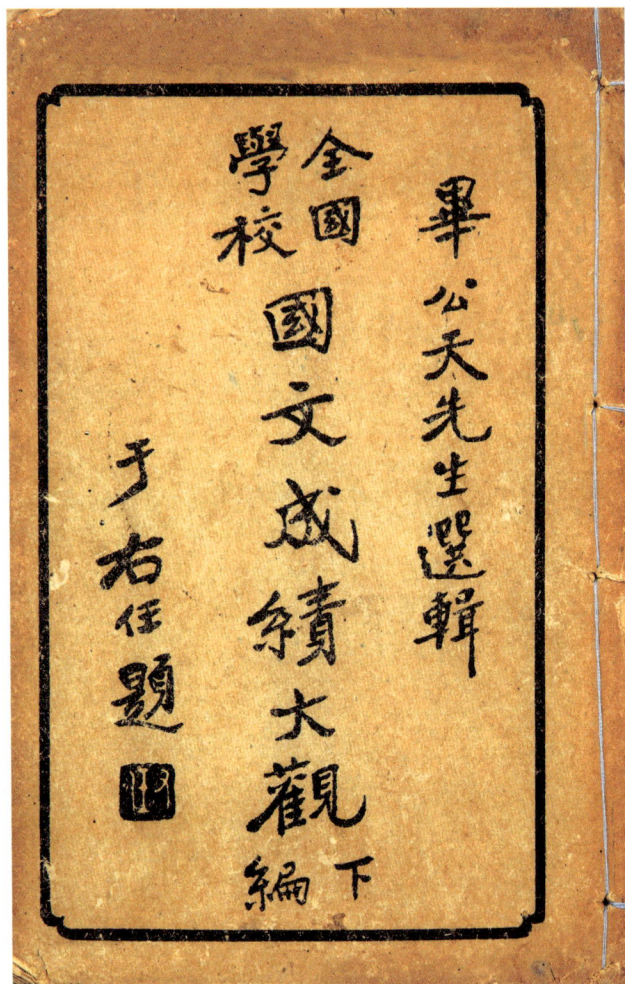

全国学校国文成绩大观编 下
毕公天先生选辑
于右任题

书名：全国学校国文成绩新文库

著者：卢寿籛 / 辑选

出版印行：崇文书局

出版时间：不详

册数：不详

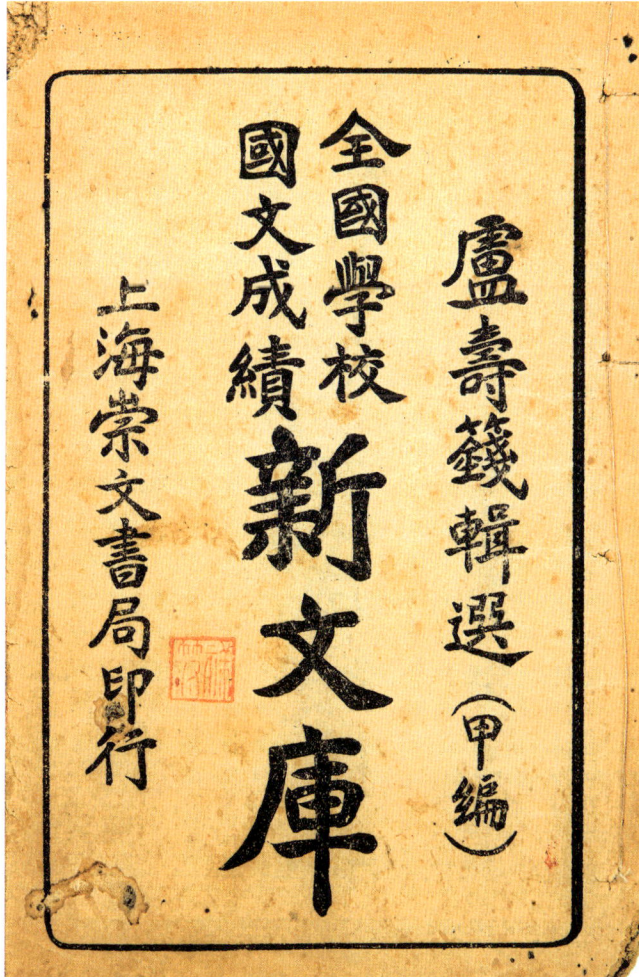

746

书名：评点各省小学国文成绩选粹（历史类）
著者：不详
出版印行：中华书局
出版时间：不详
册数：不详

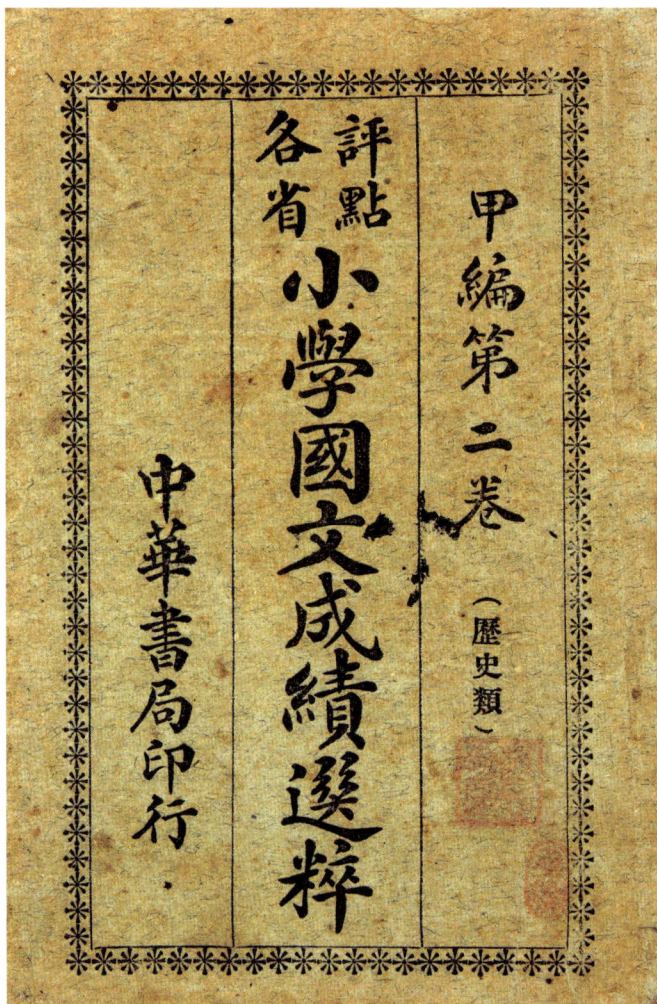

书名：全国学校文府

著者：邹登泰 / 评选

出版印行：不详

出版时间：不详

册数：八

748　书名：高等小学论说文范
　　　著者：邵伯棠
　　　出版印行：上海会文堂
　　　出版时间：1911年
　　　册数：四

⑧ 论说精华

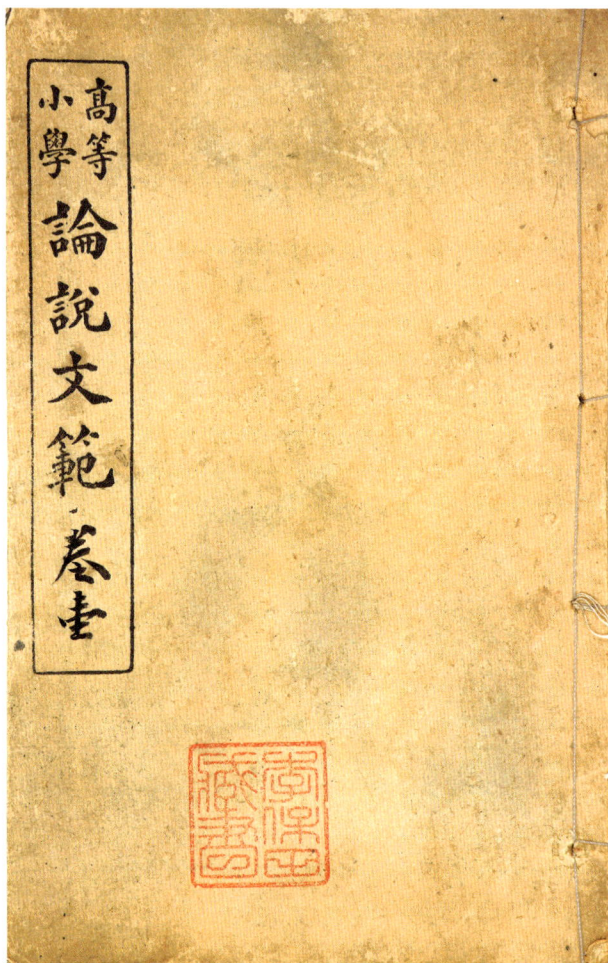

书名：小学论说精华
著者：胡君复 / 评选
出版印行：商务印书馆
出版时间：民国三年（1914）初版　民国五年（1916）5版
册数：四

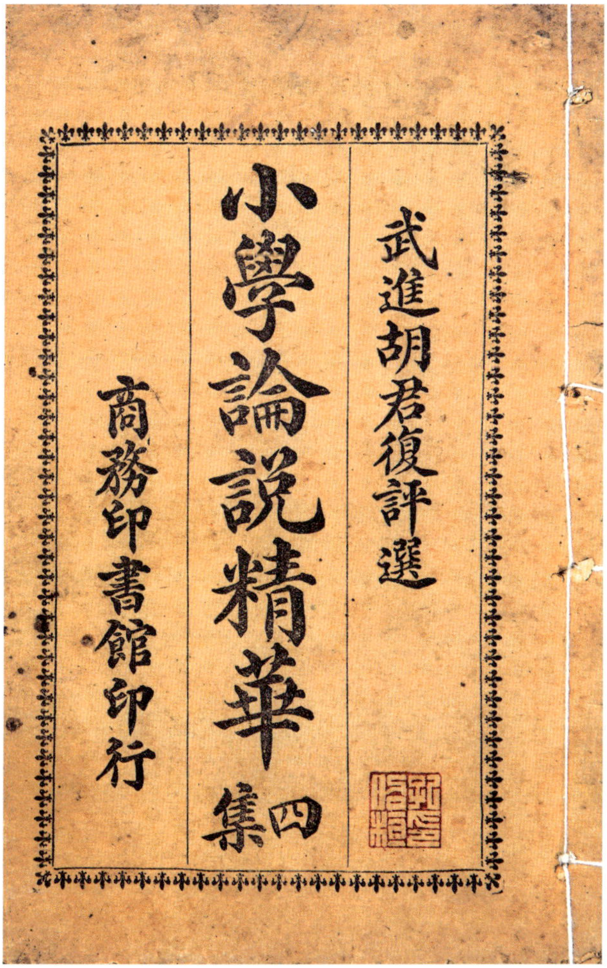

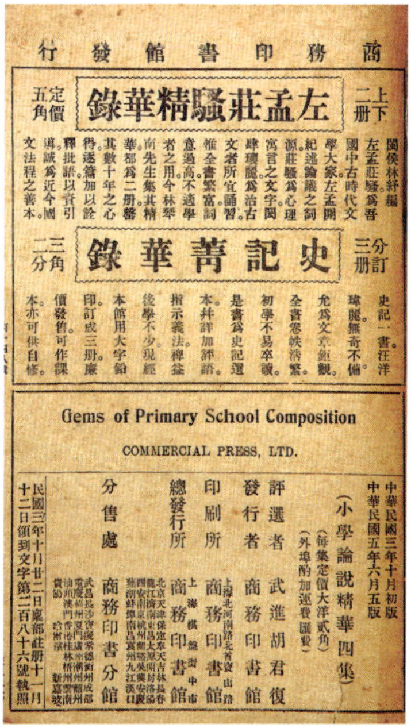
商務印書館發行

上下二冊　左孟莊騷精華錄　定價五角

閩侯林紓編

左孟莊騷。爲吾國中古時代文學大家。左孟開紀述論議之嗣源。莊騷爲心理寓言之文字。閎肆瑰麗。爲治古文者所宜誦習。惟全書繁富。詞意過高。不適學者之用。今林琴南先生集其精華。都爲二冊。罄其數十年之心得。逐篇加以詮釋批語。以資引導。誠爲近今國文法程之善本。

分訂三冊　史記菁華錄　三角二分

史記一書。汪洋瑰麗。無奇不備。允爲文章鉅觀。全書卷帙浩繁。初學不易卒讀。是書爲史記選本。并詳加評語。指示義法。裨益後學不少。現經本館用大字鉛印。訂成三冊。廉價發售。可作課本。亦可供自修。

Gems of Primary School Composition

COMMERCIAL PRESS, LTD.

中華民國三年十月初版
中華民國五年六月五版

（小學論說精華四集）
（每集定價大洋貳角）
（外埠酌加運費匯費）

評選者　武進胡君復
發行者　商務印書館
印刷所　上海北河南路北首寶山路　商務印書館
總發行所　上海棋盤街中市　商務印書館
分售處　商務印書館分館
北京　天津　保定　奉天　吉林　長春　龍江　濟南　東昌　太原　開封　洛陽　西安　南京　杭州　蘭谿　安慶　蕪湖　蚌埠　南昌　贛州　九江　漢口　武昌　長沙　寶慶　常德　衡州　成都　重慶　福州　廈門　廣州　潮州　韶州　汕頭　澳門　香港　桂林　梧州　雲南　貴陽　哈爾濱　新嘉坡

民國三年十月廿二日稟部註冊十一月十二日領到文字第二百八十六號執照

750 书名：新撰初学论说指南

著者：陆保璿 / 著　　汪庆琪 / 校订

出版印行：广益书局

出版时间：民国五年（1916）初版　民国十五年（1926）18版

册数：四

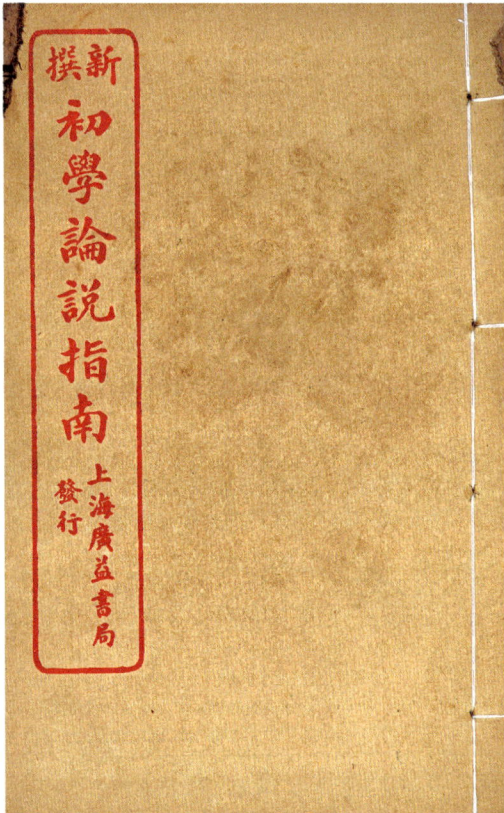

书名：论说法程（高初适用）
著者：陈鹄屏
出版印行：燮记书局
出版时间：1919年
册数：二

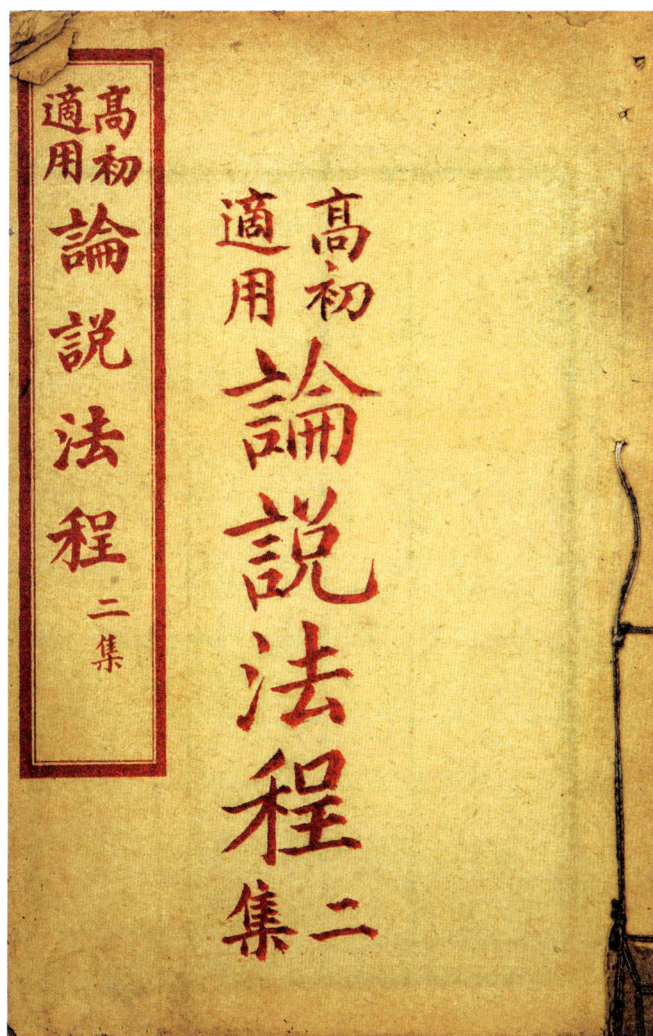

752 书名：新式初等论说指南（言文对照；国民学校适用）
著者：陆保璿
出版印行：广益书局
出版时间：1921年
册数：四

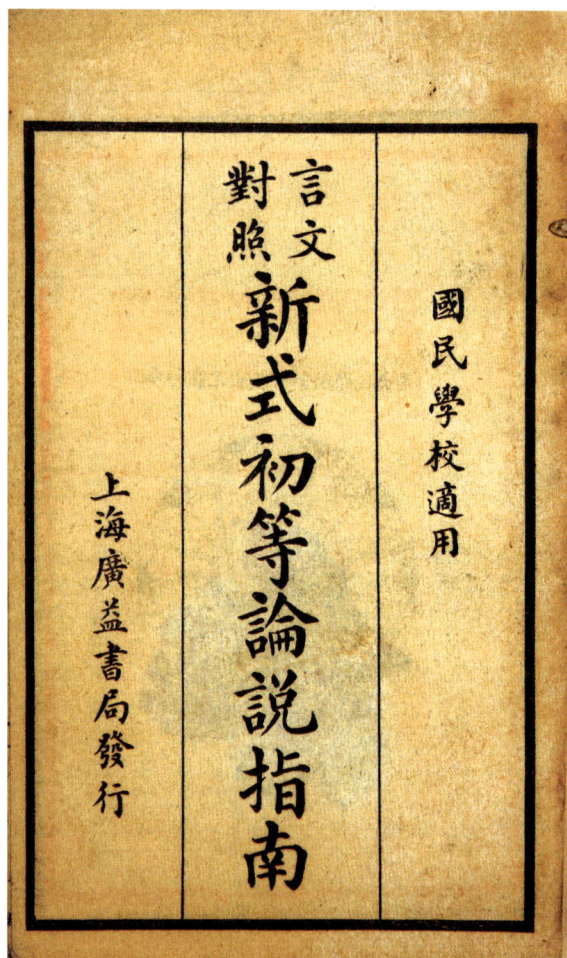

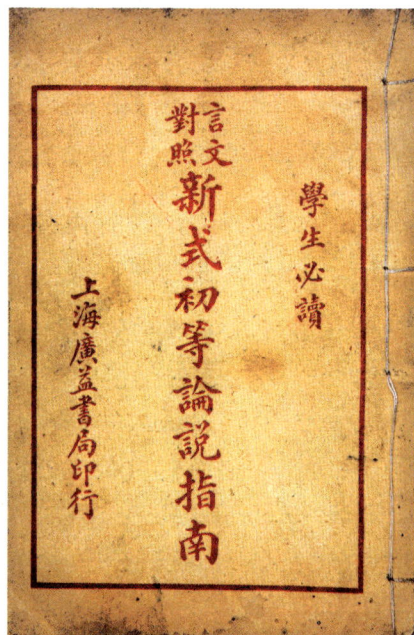

书名：初学论说启蒙（言文对照）

著者：程宗总

出版印行：广益书局

出版时间：民国十年（1921）

册数：不详

753

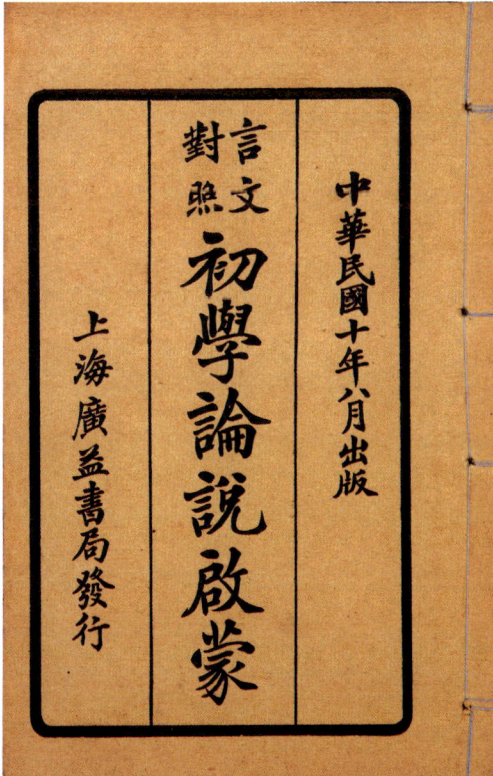

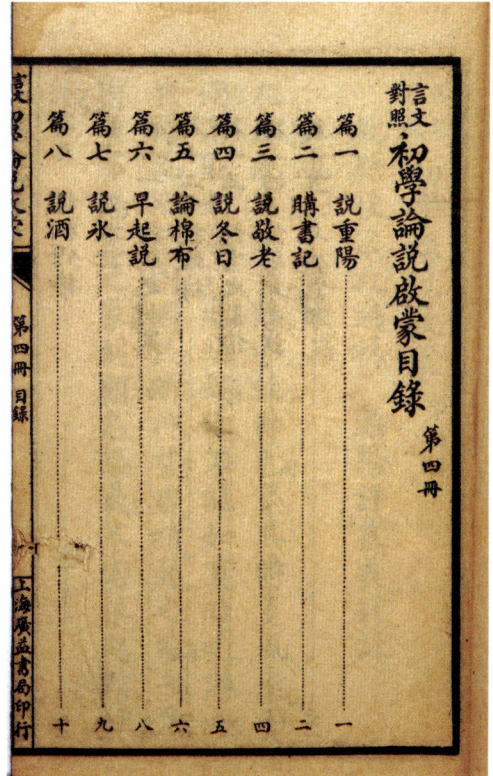

754

书名：初等论说新范

著者：秦同培

出版印行：世界书局

出版时间：1930年17版

册数：二

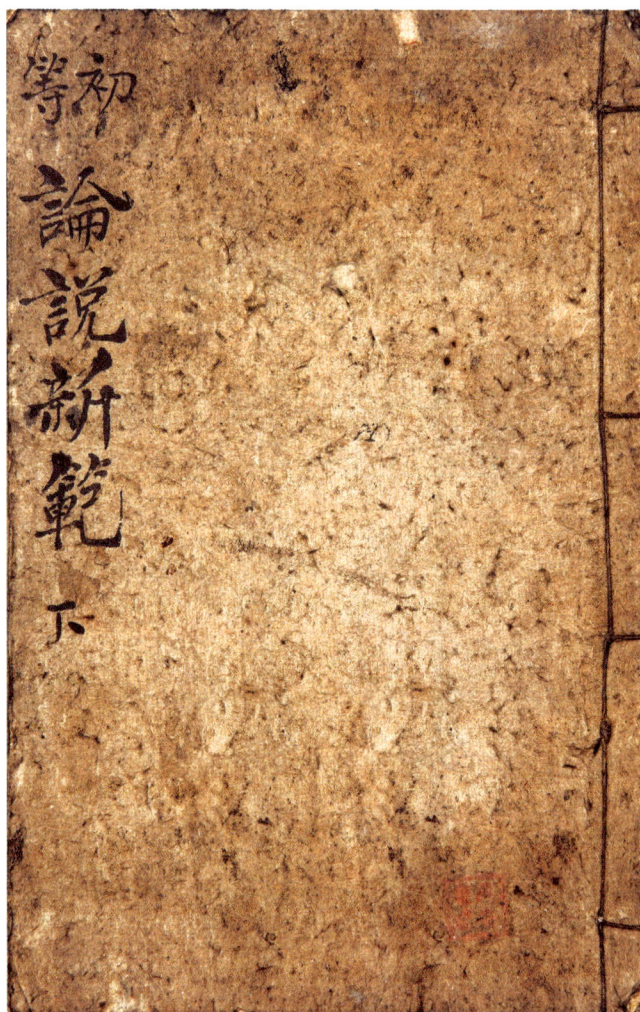

书名：初学论说精华（言文对照；学校适用）

著者：不详

出版印行：广益书局

出版时间：不详

册数：不详

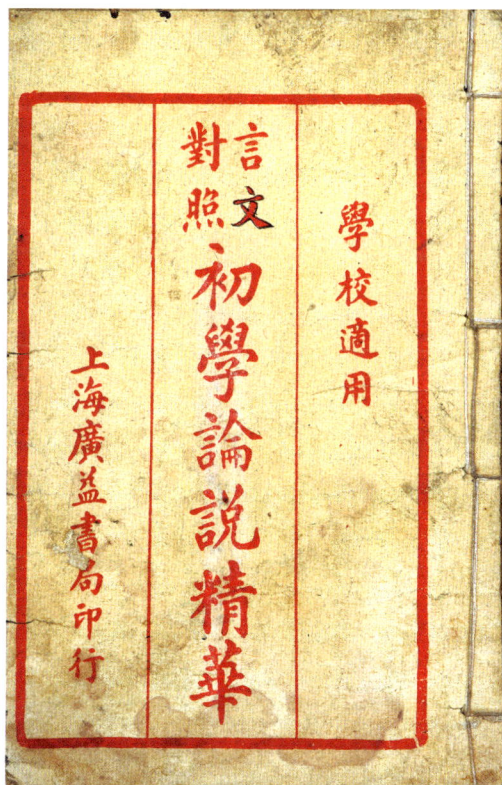

书名：小学作文入门
著者：秦同培／评选
出版印行：商务印书馆
出版时间：民国三年（1914）初版　民国十六年（1927）28版
册数：不详

⑨写作指导类教材

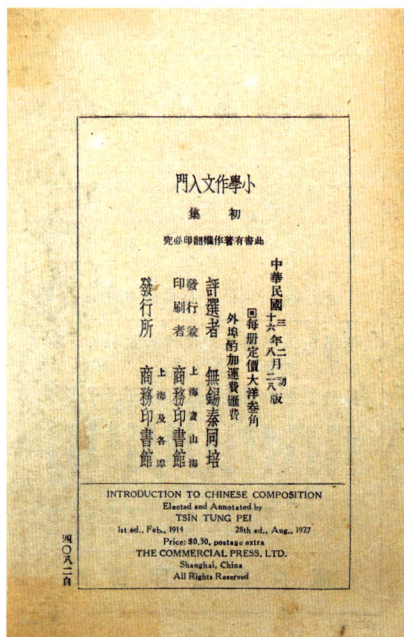

無錫秦同培評選

小學作文入門　初集

上海商務印書館印行

小學作文入門

初集

此書著作權作者印製所有翻印必究

中華民國三年二月初版
十六年八月二十八版

每册定價大洋參角
外埠酌加運費匯費

評選者　　無錫秦同培

發行兼
印刷者　　商務印書館
上海寶山路

發行所　　商務印書館
上海及各埠

INTRODUCTION TO CHINESE COMPOSITION
Elected and Annotated by
TSIN TUNG PEI
1st ed., Feb., 1914　28th ed., Aug., 1927
Price: $0.30, postage extra
THE COMMERCIAL PRESS, LTD.
Shanghai, China
All Rights Reserved

书名：新体作文材料
著者：谢璇
出版印行：上海会文堂书局
出版时间：1918年
册数：四

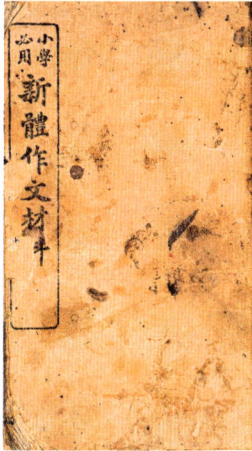
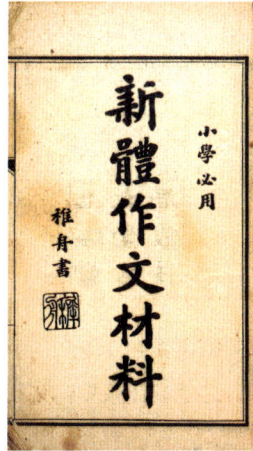

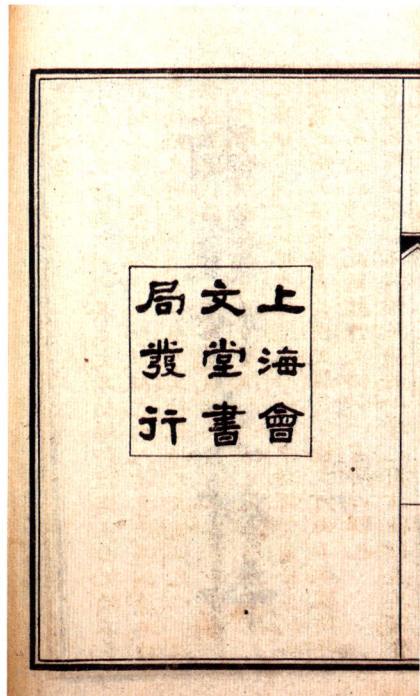

书名：国语笔法百篇
著者：戴一鹤 / 编辑
出版印行：上海中国书局
出版时间：民国十年（1921）
册数：一

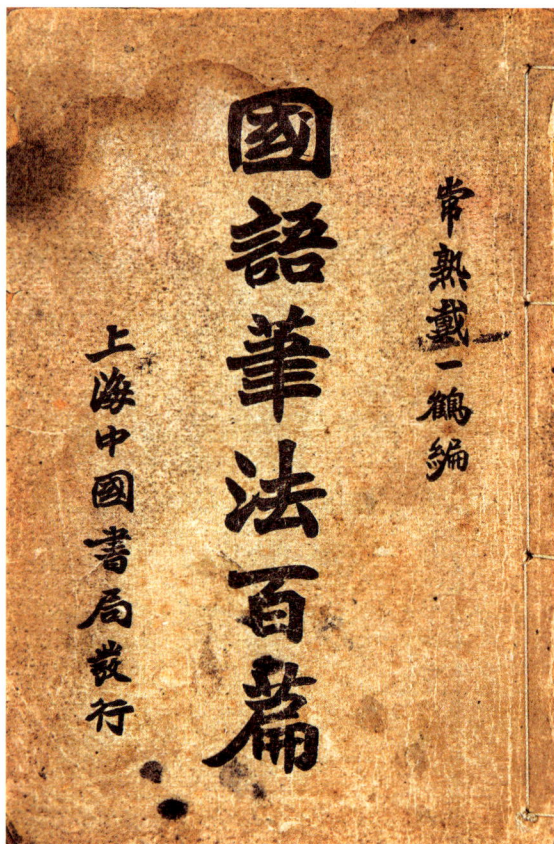

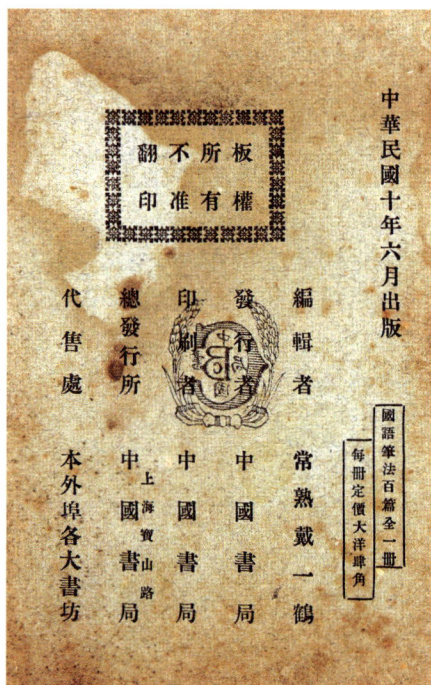

书名：新体广注书翰文自修读本
著者：陆翔／评选
出版印行：世界书局
出版时间：1921年
册数：二

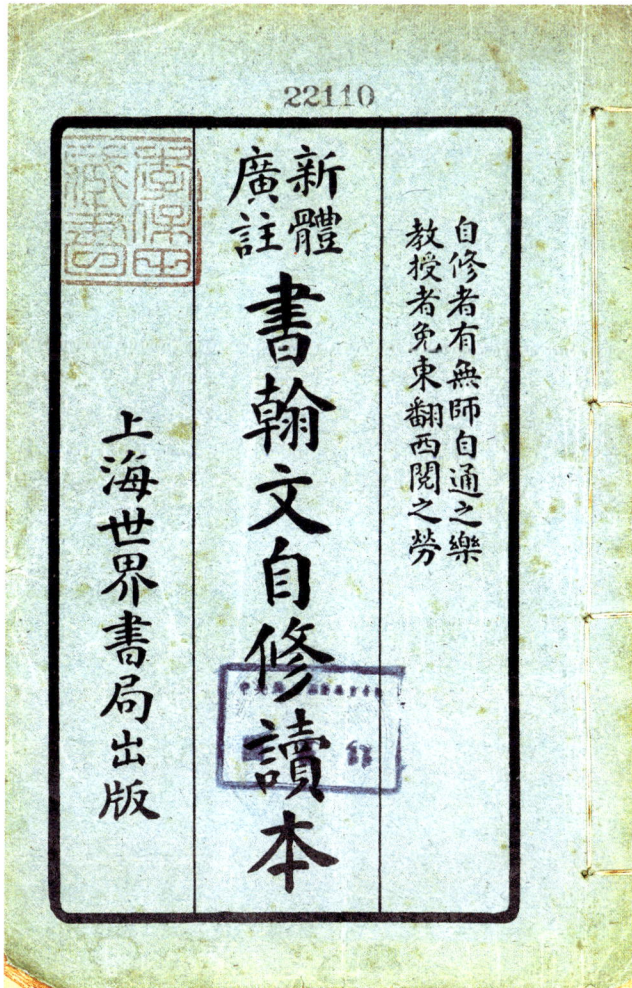

760　书名：初等作文新秘诀（自修适用）
　　　著者：王兰仲／编辑
　　　出版印行：广益书局
　　　出版时间：民国十一年（1922）初版
　　　册数：四

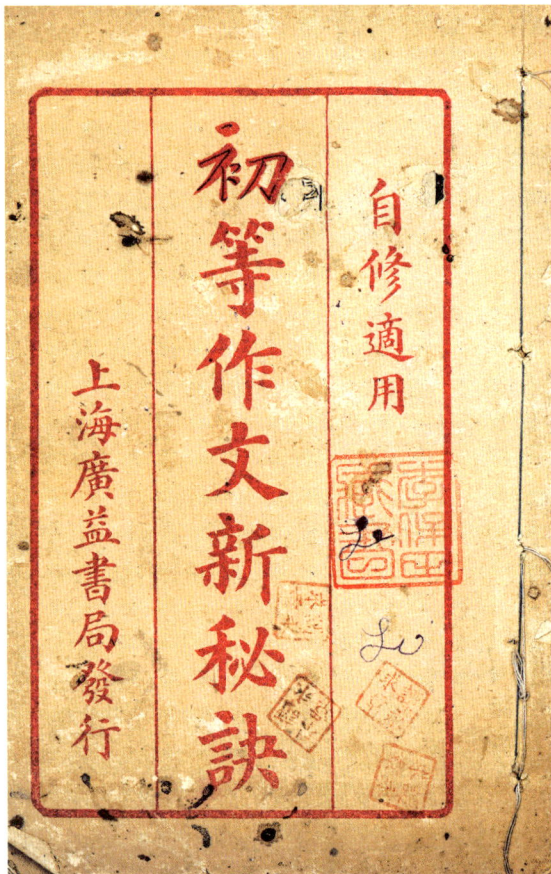

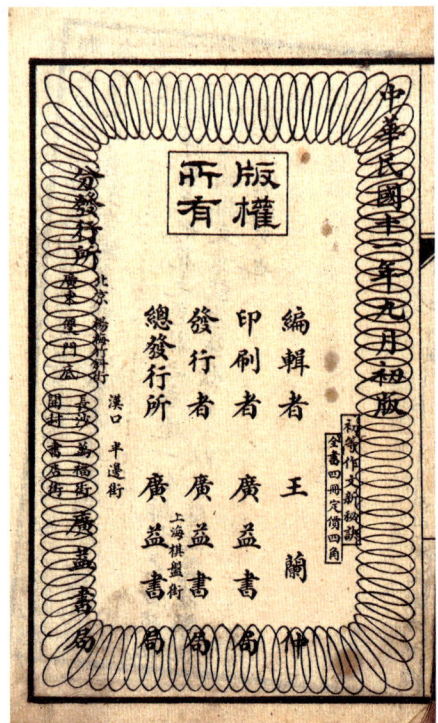

书名：修辞学（新学制高级中学参考用书）

著者：王易 / 著

出版印行：商务印书馆

出版时间：民国十五年（1926）初版　民国十六年（1927）再版

册数：一

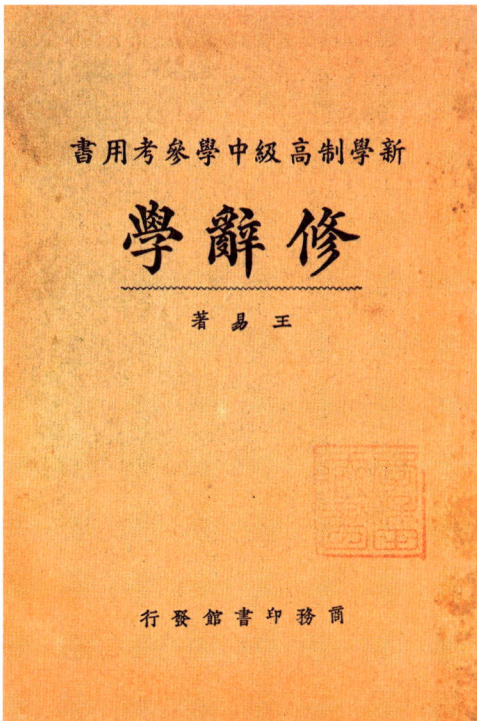

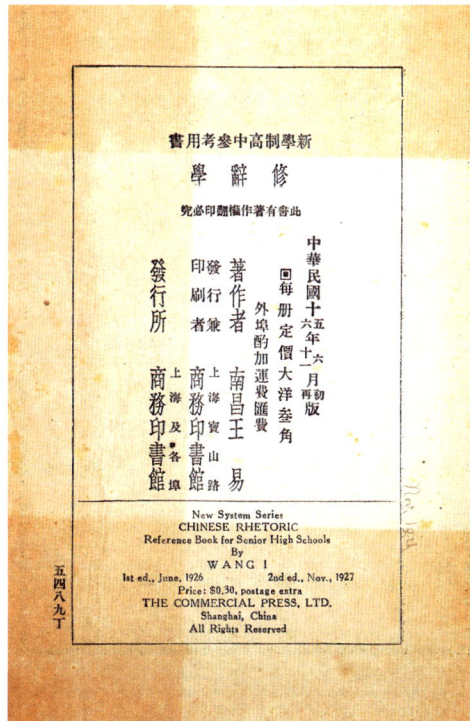

762　书名：文法与作文（初级中学学生用）
　　　著者：黄洁如 / 著
　　　出版印行：开明书店
　　　出版时间：民国十九年（1930）初版　民国二十一年（1932）6版
　　　册数：一

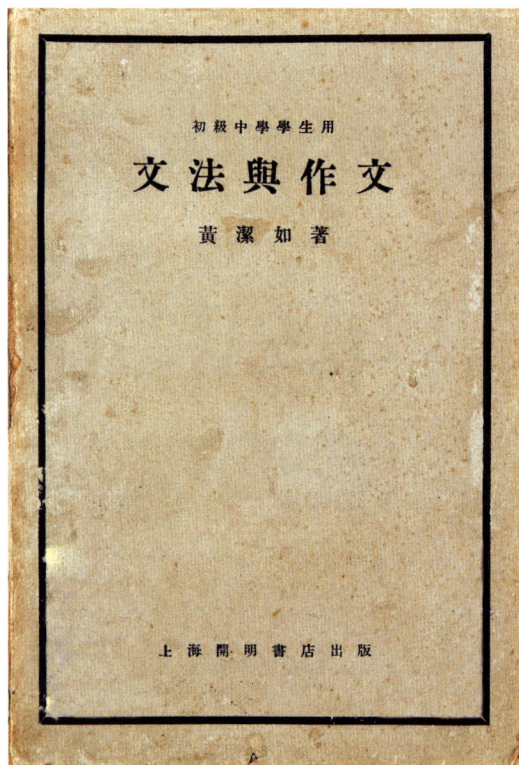

初級中學學生用

文法與作文

黃潔如著

上海開明書店出版

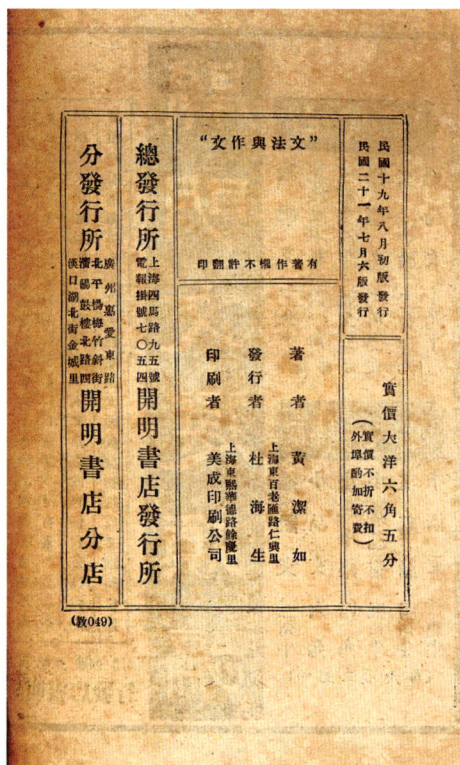

"文法與作文"

民國十九年八月初版發行
民國二十一年七月六版發行

有著作權　不准翻印

著　者　黃潔如
發行者　杜海生　上海東百老匯路仁興里
印刷者　美成印刷公司　上海東鴨綠路餘慶里

總發行所　上海四馬路七〇九五四號　電報掛號　開明書店發行所

分發行所　廣州惠愛東路　北平楊梅竹斜街　漢口湖北街金城里　開明書店分店

實價大洋六角五分
（實價不折不扣）
（外埠酌加寄費）

(教049)

书名：小学作文百法（新学制适用）

著者：陆保璿、沈元起

出版印行：广益书局

出版时间：1934年

册数：四

764 　书名：作文描写辞源
　　　著者：李白英 / 编
　　　出版印行：上海中央书店
　　　出版时间：1935年
　　　册数：一

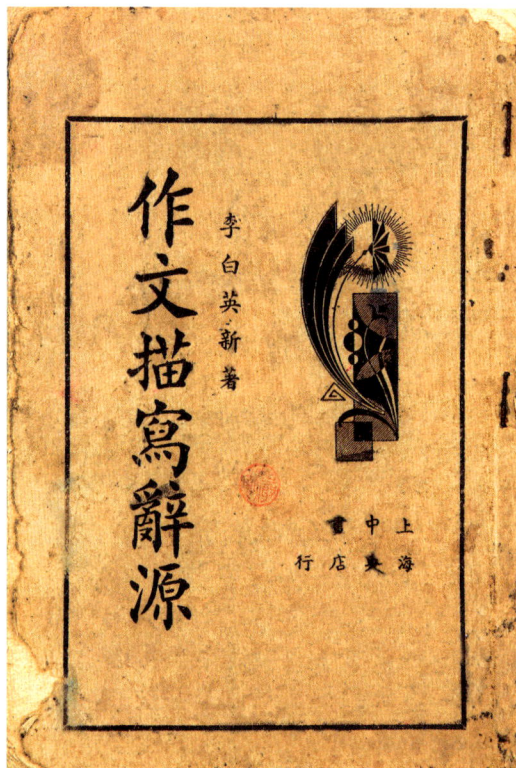

书名：中学生作文典

著者：郭坚白／编

出版印行：中华书局

出版时间：民国二十六年（1937）发行　民国二十八年（1939）3版

册数：一

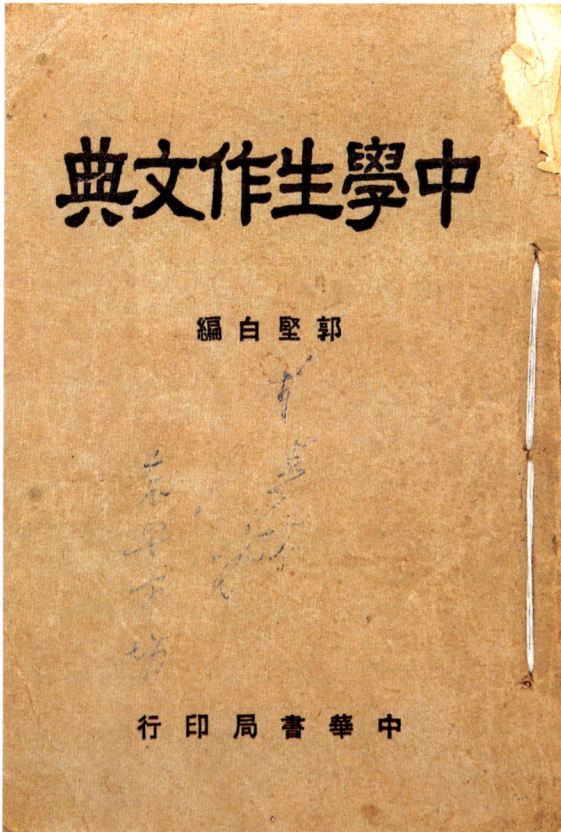

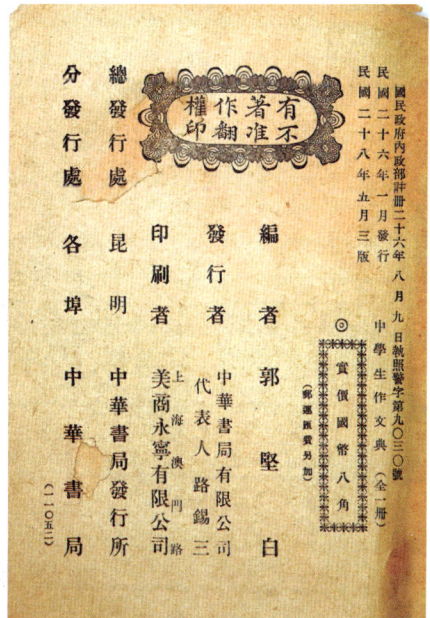

國民政府內政部許冊二六年八月九日執照警字第九〇三〇號

民國二十六年八月九日執照

民國二十六年一月發行

民國二十八年五月三版

中學生作文典（全一冊）

實價國幣八角

（郭運所賣免加）

有著作權

不准翻印

編　著　者　郭　坚　白

發　行　者　中華書局有限公司
　　　　　　代表人路錫三

印　刷　者　上海澳門路
　　　　　　美商永寧有限公司

總發行處　昆明
　　　　　　中華書局發行所

分發行處　各埠
　　　　　　中華書局

（二〇五二）

766　书名：模范作文读本（国语科补充读物；高小初中适用）

著者：瞿世镇 / 编

出版印行：申江文化书局

出版时间：1942年

册数：一

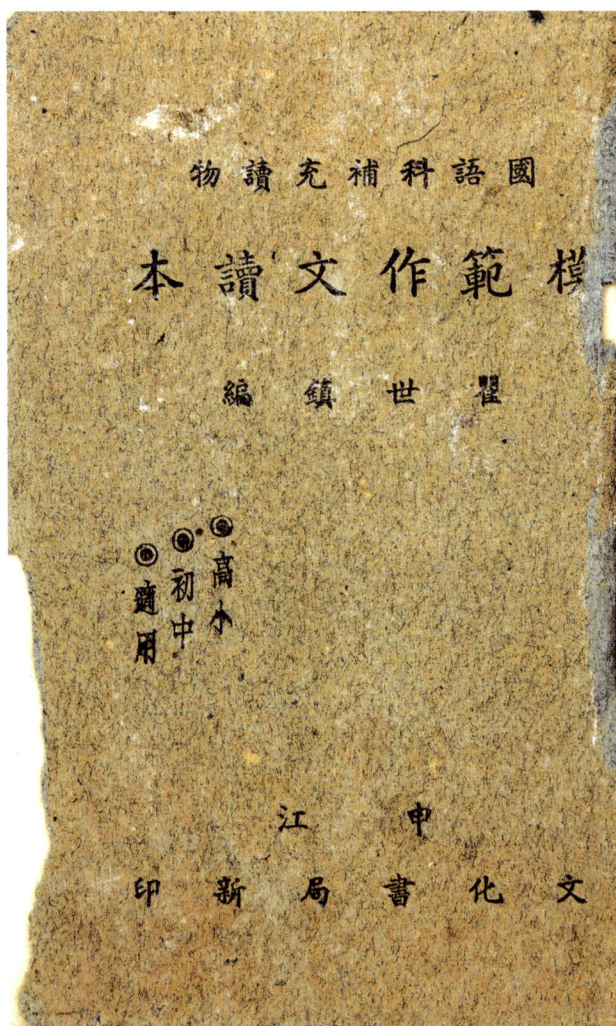

书名：作文辞文大辞典（中学生适用）
著者：平生／编著
出版印行：上海文锋书店
出版时间：民国三十六年（1947）
册数：一

中學生適用

作文大辭典

作文辭句 參考用書

寫作顧問 自修必備

上海文鋒書店印行

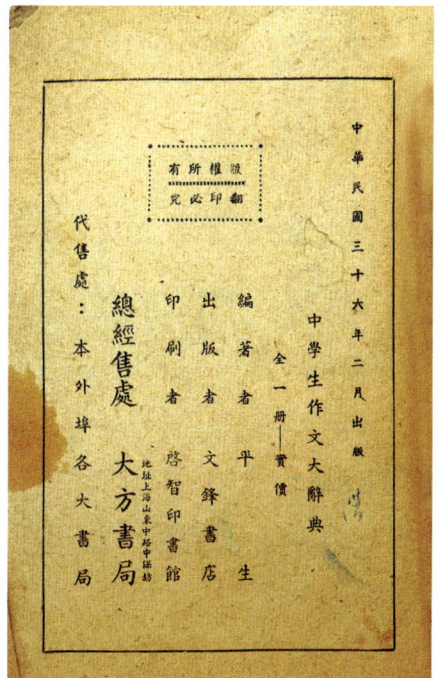

中華民國三十六年二月出版

中學生作文大辭典

全一冊 實價

編著者 平生

出版者 文鋒書店

印刷者 啟智印書館

總經售處 大方書局

地址上海山東中路中匯約

代售處：本外埠各大書局

版權所有 翻印必究

书名：作文成语辞典
著者：吴瑞书 / 编纂　杨同华 / 校阅
出版印行：上海春明书店
出版时间：民国三十七年（1948）再版
册数：一

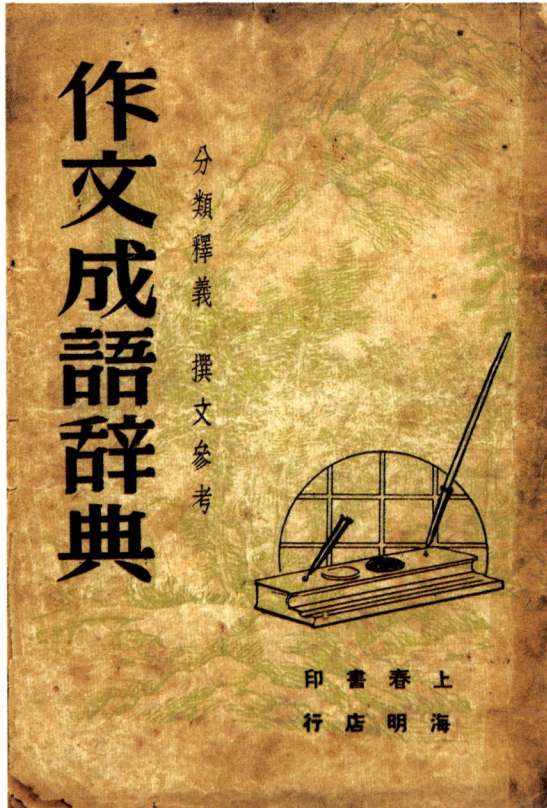

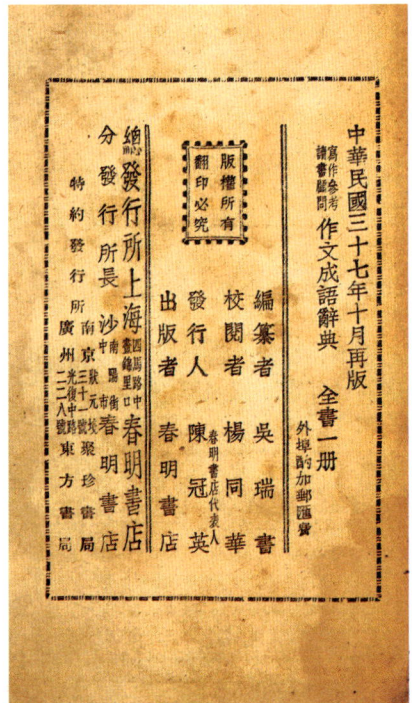

3 算术、珠算、笔算、三角、几何、代数类教材

①初小、高小算术教材
②初中算术教材
③珠算类教材
④师范类学校用算术教材
⑤算术教授书
⑥算术教科书样书
⑦三角教材
⑧几何教材
⑨代数教材
⑩其他教材

书名：订正最新笔算教科书（初等小学用）

著者：徐㠓／编纂　杜亚泉、张元济／校订

出版印行：商务印书馆

出版时间：甲辰年（1904）初版　民国元年（1912）18版

册数：四

訂正

最新筆算教科書　第二冊

中華民國初等小學用

上海商務印書館出版

行發館書印務商

可歌可誦有興有味之新書

共和國民唱歌集　定價二角

華誕琭編

唱歌足以激發志氣

發揚精神，苟有佳集，

獲益匪淺。今者民國

成立，凡吾國民，晉受

共和之幸福。共和政

定觀感有關之宗旨，編成

特選一册。凡家庭社會，

事實集明潤。種種

唱詞歌典，填譜新歌，

大學校以及各種

皆可適用。

民必以先覩爲快也。

本館地內購書可郵票代錢另有章程彙載報中

圖書館函索即寄贈

CHINESE PRIMARY SCHOOL

ELEMENTARY ARITHMETIC

COMMERCIAL PRESS, LTD.

翻印必究

（初等小學最新筆算教科書四册）

（第二册定價大洋壹角伍分）

甲辰年七月初版

中華民國元年五月十八版

編纂者	陽湖徐㠓
校訂者	紹興杜亞泉 上海鹽城張元濟
發行所	上海北河南路北首寶山路 商務印書館
印刷所	商務印書館
總發行所	上海四馬路中市 商務印書館
分售處	京師　奉天　天津　漢口安慶　長沙　龍江　潭口福州　杭州　常德　西安廣州　南昌　潮湖　商務印書分館

772　书名：高等小学算术教科书
　　　著者：吴廷璜 / 编辑
　　　出版印行：南洋公学
　　　出版时间：民国前二年（1910）初版　民国五年（1916）5版
　　　册数：四

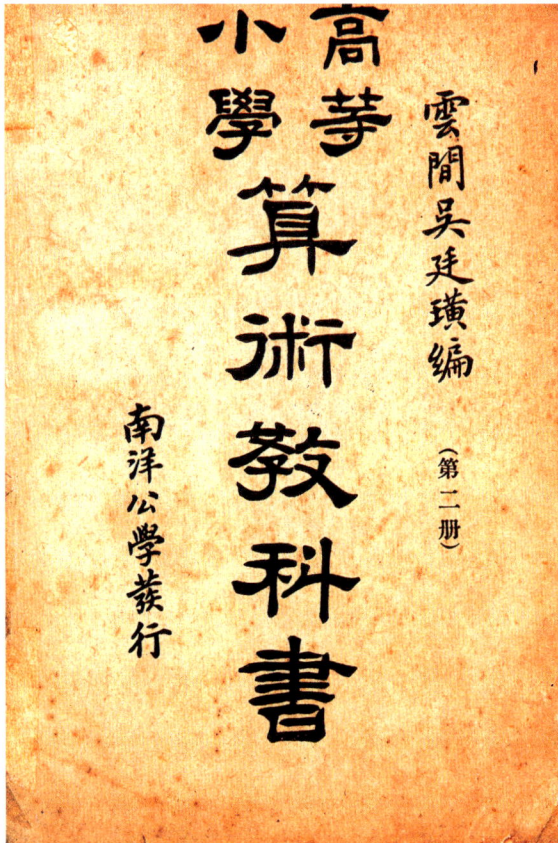

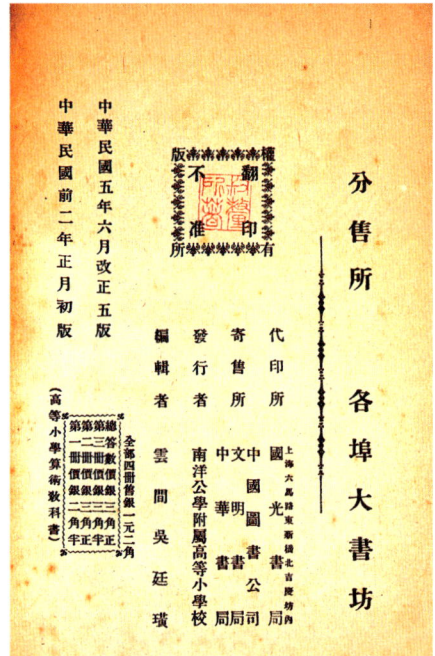

书名：共和国教科书新算术（国民学校春季始业学生用）　　　　773

著者：寿孝天 / 编纂　商务印书馆编译所 / 校订

出版印行：商务印书馆

出版时间：民国元年（1912）初版　民国九年（1920）316 版

册数：八

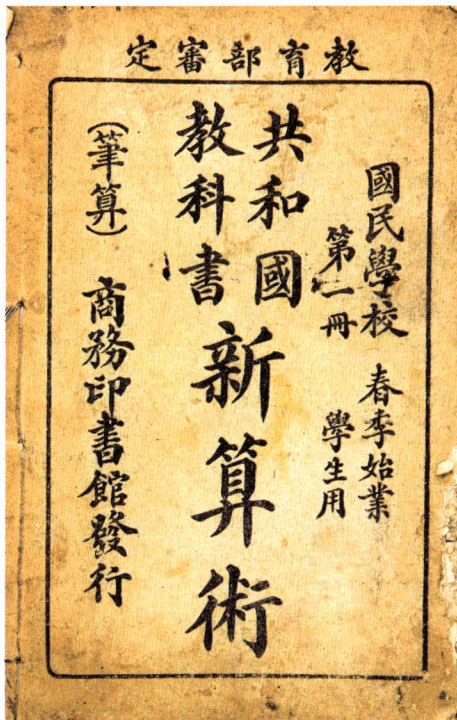

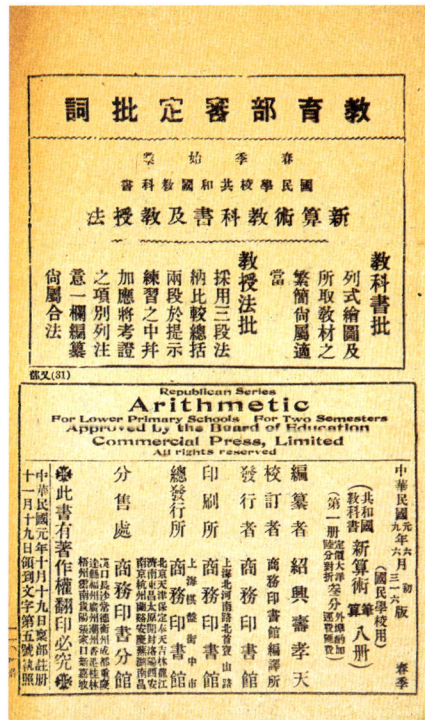

774 | 书名：共和国教科书新算术（高等小学校春季始业学生用）
著者：骆师曾 / 编纂　寿孝天 / 校订
出版印行：商务印书馆
出版时间：民国元年（1912）初版　民国十三年（1924）179版
册数：六

教育部审定

（笔算）

共和國教科書新算術

高等小學校　春季始業　學生用

第一册

250

商務印書館發行

教育部審定批詞

春季始業

高等小學校共和國教科書

新算術教科書及教授法

教科書編輯淺尚適用教法理頗願晰
亦深屬宜授譚明

圖又（40）

Arithmetic
Republican Series
For Higher Primary Schools　For Two Semesters
Approved by the Board of Education
Commercial Press, Limited
All rights reserved

中華民國元年六月七九版

（共和國教科書新算術　算六册）

（第一册定價大洋陸分實售七折）
（外埠酌加運費匯費）

編纂者　紹興駱師曾

校訂者　紹興壽孝天

發行者　商務印書館

印刷所　商務印書館

總發行所　上海棋盤街中市　商務印書館

分售處　商務印書分館

中華民國元年十月十九日奉到文字第十二號執照十一月十九日領部批册

书名：中华初等小学算术教科书 775

著者：顾树森 / 编辑

出版印行：中华书局

出版时间：民国元年（1912）初版　民国元年（1912）5版

册数：八

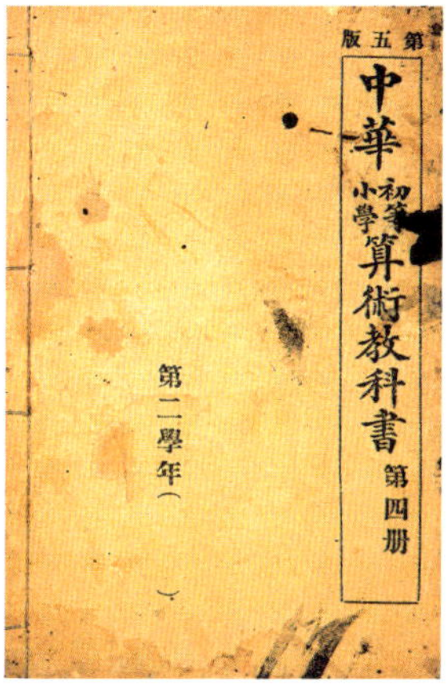

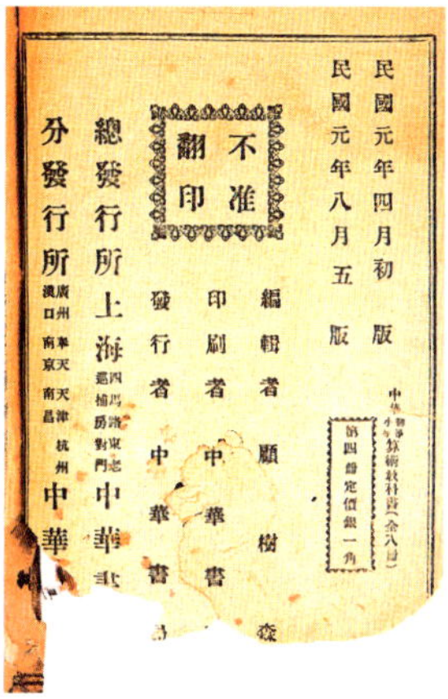

书名：中华高等小学算术教科书

著者：费筱藩、陈赞 / 编　戴克敦、沈颐、陆费逵 / 阅

出版印行：中华书局

出版时间：民国元年（1912）初版　民国二年（1913）7版

册数：四

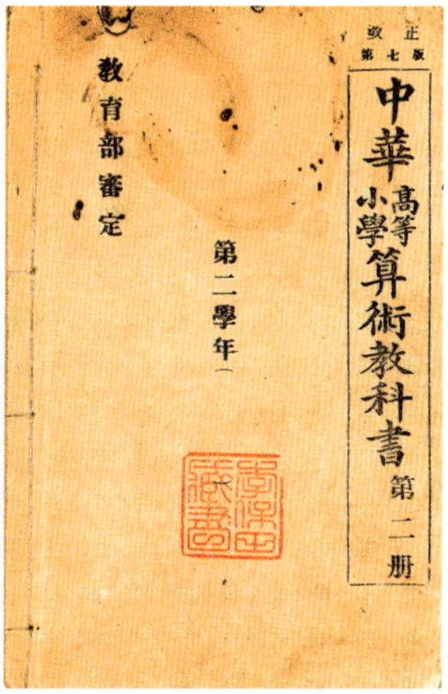

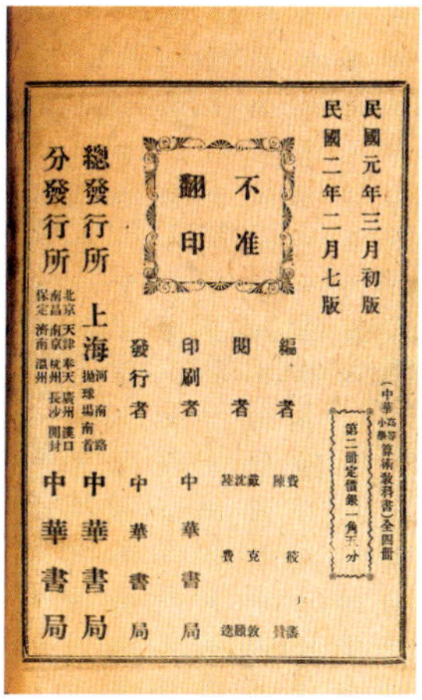

776　书名：新编中华算术教科书（春季始业初等小学校用）

　　著者：顾树森、沈煦／编　范源廉、沈颐／阅

　　出版印行：中华书局

　　出版时间：民国二年（1913）初版　民国三年（1914）2版

　　册数：八

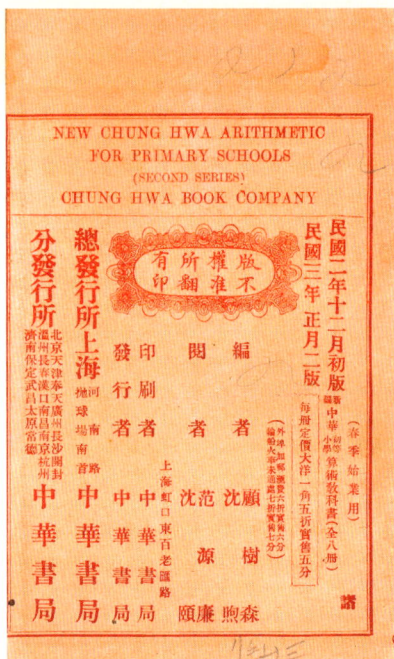

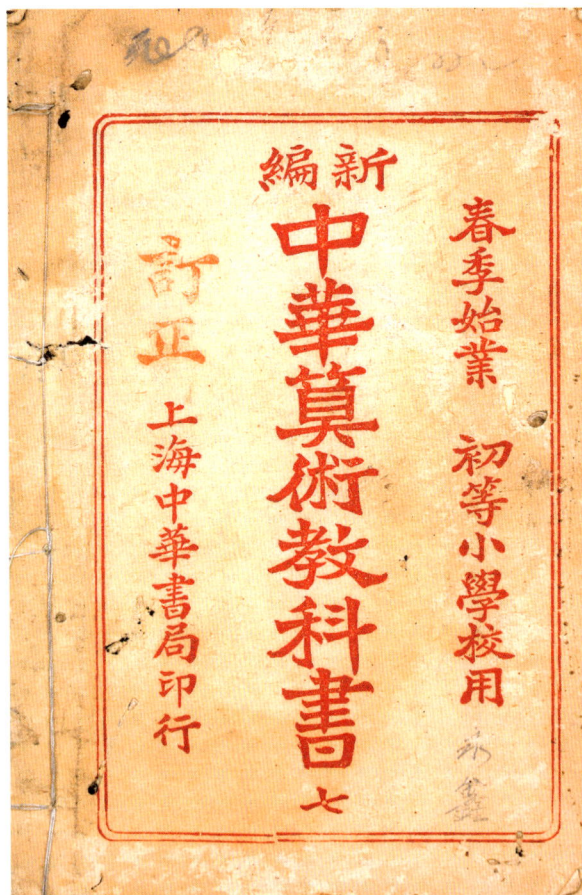

书名：新制中华算术教科书

著者：顾树森、戴克敦 / 编　沈颐、陆费逵 / 阅

出版印行：中华书局

出版时间：民国二年（1913）初版　民国二年（1913）5版

册数：十二

新制

中華算術教科書

第十册

初等小學校用

第四學年　第一學期

美侍毆

上海

中華書局發行

NEW CHUNG HWA ELEMENTRY ARITHMETIC

FOR PRIMARY SCHOOL

CHUNG HWA BOOK COMPANY

不翻准印

民國二年一月初版
民國二年三月五版

（新中華初等小學算術教科書）全十二册

每册定價大洋一角五折實售五分

（外埠加郵匯費六折　售價六分）
（輪船火车再來題七折售售七分处）

編　者　顧樹森

閱　者　沈頤　戴克敦

印刷者　中華書局

發行者　中華書局　陸費逵

總發行所上海　中華書局

分發行所
北京天津奉天廣州長沙開封
溫州長春漢口南昌南京杭州
濟南保定武昌太原
中華書局

778　书名：民国新教科书算术（中学师范适用）
　　　著者：徐善祥、秦汾／编纂
　　　出版印行：商务印书馆
　　　出版时间：民国二年（1913）初版　民国二十一年（1932）国难后第2版
　　　册数：一

民國新教科書

算術

上海徐善祥
嘉定秦　汾　合編

商務印書館發行

民國二十一年一月二十九日

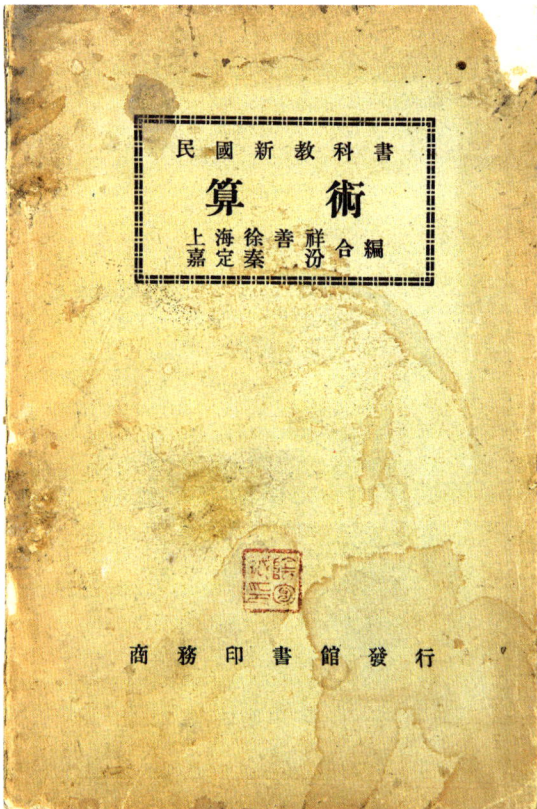

敝公司突遭國難總務處印刷所編譯所書棧房均被炸燬附設之涵芬樓東方圖書館尚公小學亦遭殃及盡付焚如三十五載之經營驟於一旦迭遭浩劫各界慰問督望恢復詞意懇摯衛術或何窮能館難處境觀原困不敢不勉爲其難因將各校需用各書先行覆印其他各種亦將次第出版惟是圖版所限不能盡如原式事勢所限廖原謹布下忱統新上海商務印書館謹垂

民國新教科書

算術一冊

中學師範適用
（此書有著作權翻印必究）
中華民國二年十月初版
二十一年五月國難後第二版
每冊定價大洋壹元貳角

編纂者　　　上海徐善祥
　　　　　　嘉定秦　汾

發　行　兼
印　刷　者　上海商務印書館

　　　　　　　上海及各埠
發　行　所　商務印書館

书名：单级算术教科书（初等小学）

著者：顾树森

出版印行：商务印书馆

出版时间：民国二年（1913）

册数：十二

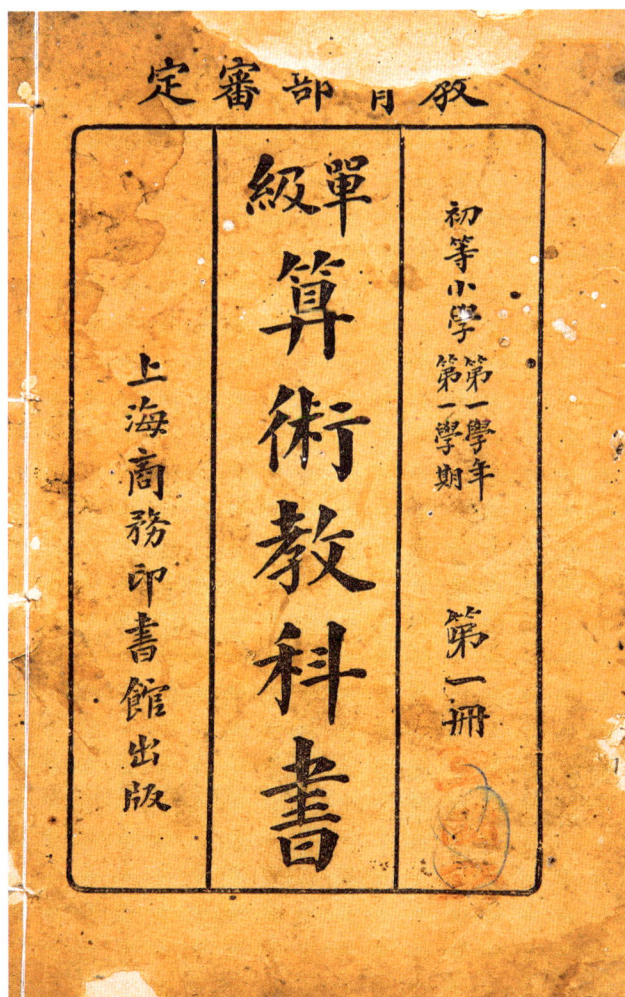

780

书名：算术教科书（讲习适用）

著者：顾树森 / 编　陆费逵、姚汉章、戴克敦 / 阅

出版印行：中华书局

出版时间：民国三年（1914）发行　民国十二年（1923）27 版

册数：一

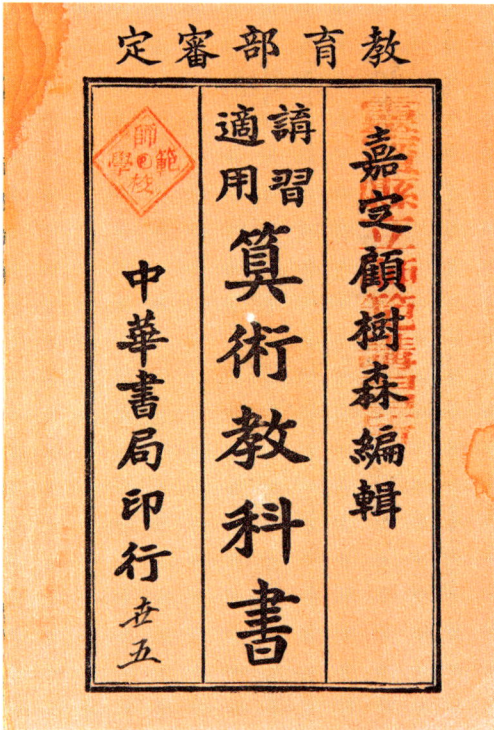
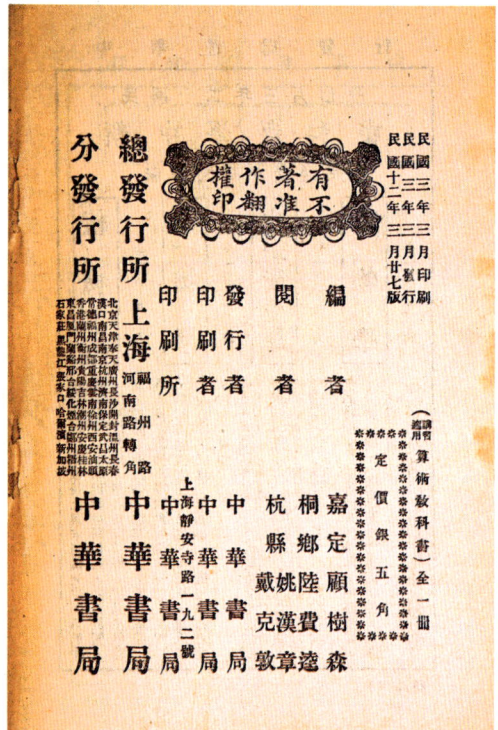

书名：新制单级算术教科书（初等小学校）

著者：顾树森 / 编

出版印行：中华书局

出版时间：民国三年（1914）初版　民国三年（1914）2版

册数：十二

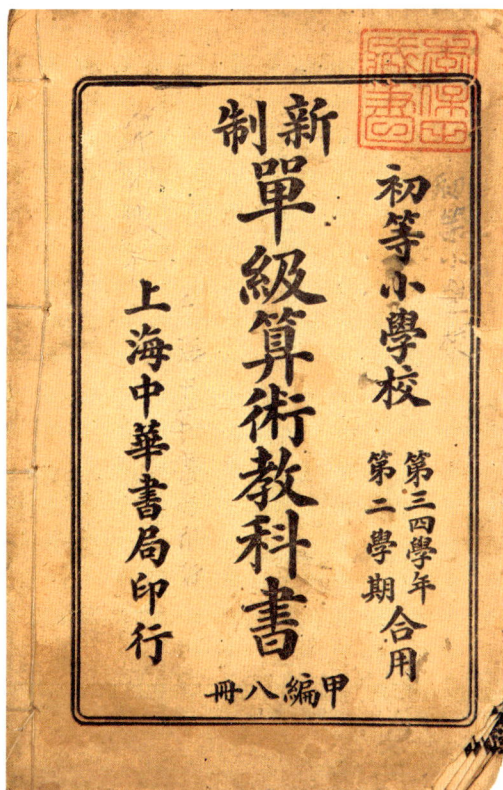

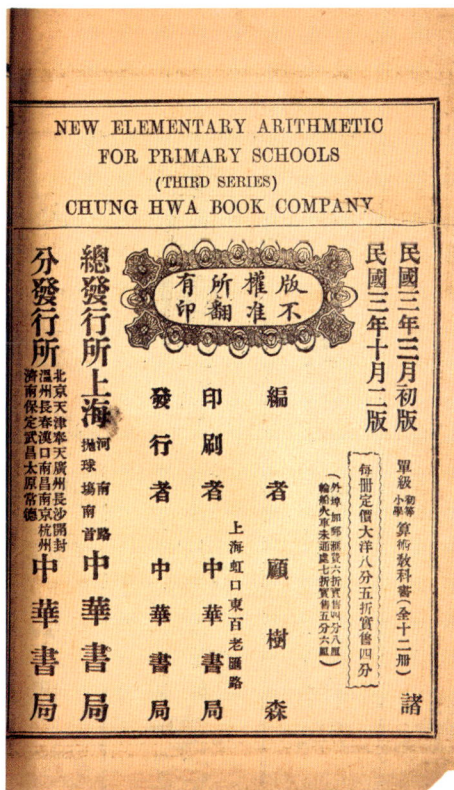

782

书名：实用算术教科书（高等小学校春季始业学生用）

著者：北京教育图书社／编纂　邓庆澜、骆师曾、王凤岐／校订

出版印行：商务印书馆

出版时间：民国四年（1915）初版

册数：六

實用算術教科書

高等小學校　春季始業　學生用　第一冊

上海商務印書館出版

商務印書館發行

最新編纂　春季始業

高等小學實用教科書

本書選照最新章程編輯與國民學校接近為一氣實用近今高等小學之教科學校最新最良書亦陸續出版員之用專供教科之教授

實用修身教科書　各六册　教科書折實每角三分

實用國文教科書　各六册　教科書折實每角五分

實用算術教科書　各六册　教科書折實每角五分

實用歷史教科書　各六册　教科書折實每角四分

實用地理教科書　各六册　教科書折實每角四分

實用理科教科書　各六册　教科書折實每角四分

PRACTICAL SERIES

Arithmetic

FOR HIGHER PRIMARY SCHOOLS

(for Two Semesters)

COMMERCIAL PRESS, LTD.

中華民國四年十二月初版

（高等小學實用算術教科書六冊）

（第一冊流通券附外另加）

編纂者　北京教育圖書社

校訂者　天津鄧慶瀾　元氏王鳳岐　駱師曾

印刷者　商務印書館

發行者　商務印書館

總發行所　上海商務印書館

分售處　商務印書館

此書有著作權翻印必究

春季始業

书名：新式算术教科书（高等小学校用）

著者：倪文奎 / 编

出版印行：中华书局

出版时间：民国五年（1916）发行　民国八年（1919）26 版

册数：六

教育部審定

新式算術教科書

高等小學校用　第一冊

上海中華書局印行

右瑾

CHUNG HWA ARITHMETIC
FOR HIGHER PRIMARY SCHOOLS
(NEW EDITION)
CHUNG HWA BOOK COMPANY

有著作權　不准翻印

民國五年三月發行
民國五年三月印刷
民國八年八月廿六版

新式高等小學算術教科書（全六冊）諸

中國毛邊紙印每冊定價銀圓八分

編　著　無錫倪文奎

發行者　中華書局

印刷者　中華書局

印刷所　中華書局
上海醫安學路一九二號

總發行所上海棋盤街中華書局
中華書局

分發行所
北京　天津　奉天　漢口　南昌　南京　開封　杭州　長沙
太原　濟南　廣州　成都　武昌　西安　潮州　南寧　貴陽
福州　蕪湖　重慶　安慶　蘇州　九江　蚌埠　保定　梧州
石家莊　張家口　新鄉　加城　東昌　龍化　宜昌　寧波
中華書局

784　　书名：新式算术教科书（国民学校用）

　　　　著者：顾树森、沈煦 / 编　沈颐、李步青 / 阅

　　　　出版印行：中华书局

　　　　出版时间：民国五年（1916）发行　民国十二年（1923）76版

　　　　册数：八

教育部審定

新式算術教科書

國民學校用

錦鎧

第三冊

上海中華書局印行

兒童常識畫：
五顏六色，
真美麗·
有圖有字，
真好看·
哥哥買一本，
妹妹看見哈哈笑。

兒童常識畫 第一集
定價大洋一角
中華書局印行

兒字（4）

CHUNG HWA ARITHMETIC
FOR LOWER PRIMARY SCHOOLS
(NEW EDITION)
CHUNG HWA BOOK COMPANY LTD.

民國五年一月發行
民國十二年五月七六版

新式國民學校算術教科書（全八冊）

（錦册定價銀八分七折實指五分六厘）

（外埠酌加郵費費）

編者　顧樹森　沈煦

閱者　沈頤　李步青

印刷者　中華書局

發行者　中華書局

總發行所　上海一九二四中華書局

印刷所　上海靜安寺路中華書局

分發行所　中華書局

浦

※有著作權不准翻印※

书名：布利氏新式算学教科书
著者：徐甘棠／译述　寿孝天／校订
出版印行：商务印书馆
出版时间：民国九年（1920）初版　民国十二年（1923）9版
册数：一

教育部審定

布利氏 新式算學教科書 第一編

花縣徐甘棠譯述
紹興壽孝天校訂

上海商務印書館出版

教育部審定批詞

布利氏 新式算學教科書

呈及布利氏新式算學教科書第一二冊均悉查是書獨關蹊徑極融合

元提要會通發揮撮覽代數幾何三角各法鈎事相關之問題解滯疑人易忘之公式批隙導窾曲類旁通能使學者造詣於算術實不可以道里計第二編所述幾何三角各題隨事引證不拘一格極運用事變化之理至苦措詞之淺顯習題之舊籍僅撮論理法敷設一反三之效其去墨守陳相倣製此書者所能望其項背洵屬完備學校及甲種實業學校算術科用書潔淨譯筆亦復明朗修之結構條分比節允稱准予審定作爲中等學校及甲種實業學校算術科用書

十二年一月三十一日

部（487）

Breslich's First-Year Mathematics
Commercial Press, Limited
All rights reserved

中華民國九年十二月初版
十二年一月九版

布利氏新式算學教科書第一冊
（每冊定價大洋壹元陸角）
（外埠酌加運費匯費）

譯述者　花縣徐甘棠
校訂者　紹興壽孝天
發行者　商務印書館
印刷所　商務印書館
　　　　上海北河南路北寶山路
總發行所　商務印書館
　　　　上海棋盤街中市
分售處　商務印書館分館

书名：新教育教科书算术（国民学校用春秋季通用）

著者：钱梦渭、黄丹簏、华襄治 / 编辑及校阅

出版印行：中华书局

出版时间：民国十年（1921）发行　民国十年（1921）再版

册数：八

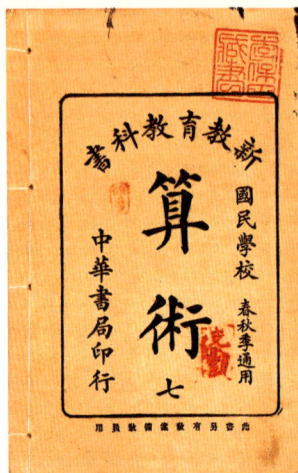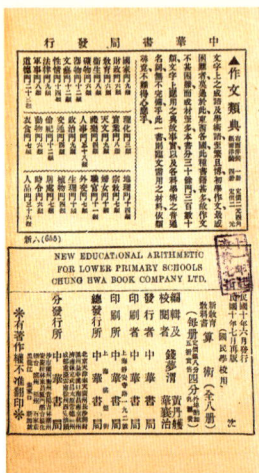

书名：新教育教科书算术（高等小学校用）

著者：钱梦渭、华襄治、黄丹簏、张鹏飞 / 编辑及校阅

出版印行：中华书局

出版时间：民国十年（1921）发行　民国十二年（1923）11版

册数：六

书名：新法算术教科书（高等小学学生用）

著者：樊平章、郑炳渭、金声、周十义／编纂　杨嘉椿、寿孝天／校订

出版印行：商务印书馆

出版时间：民国十年（1921）初版　民国十一年（1922）20版

册数：八

 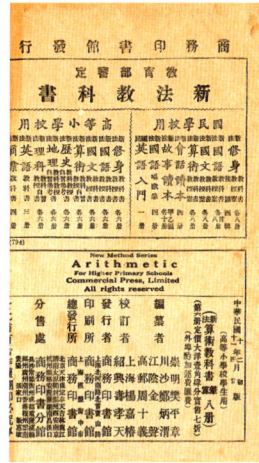

书名：新法算术教科书（国民学校学生用）

著者：寿孝天／编纂　骆师曾／校订

出版印行：商务印书馆

出版时间：民国十一年（1922）初版　民国十五年（1926）6版

册数：二

 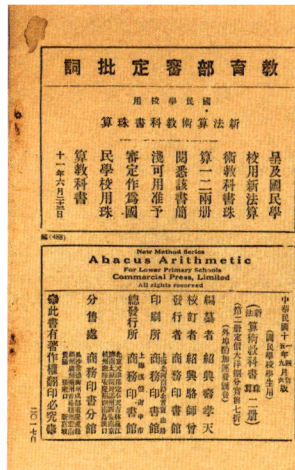

788　书名：新法笔算教科书（新学制小学后期用）

著者：寿孝天 / 编纂　骆师曾 / 校订

出版印行：商务印书馆

出版时间：民国十一年（1922）初版　民国十三年（1924）25版

册数：四

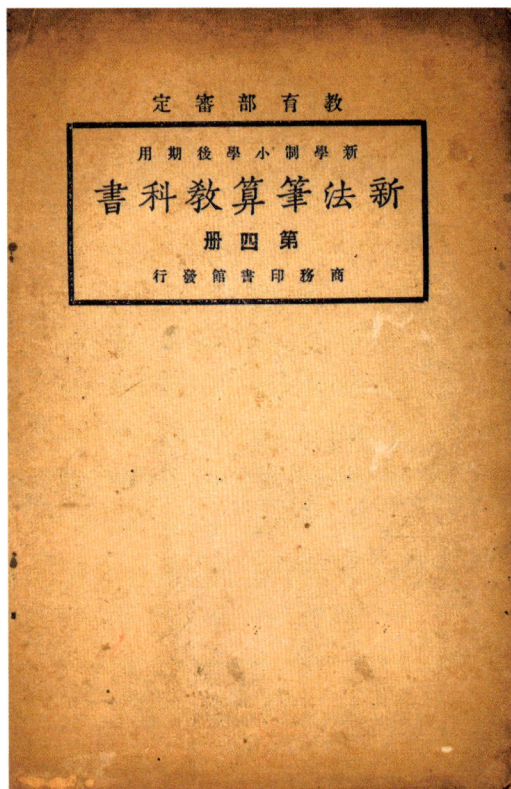

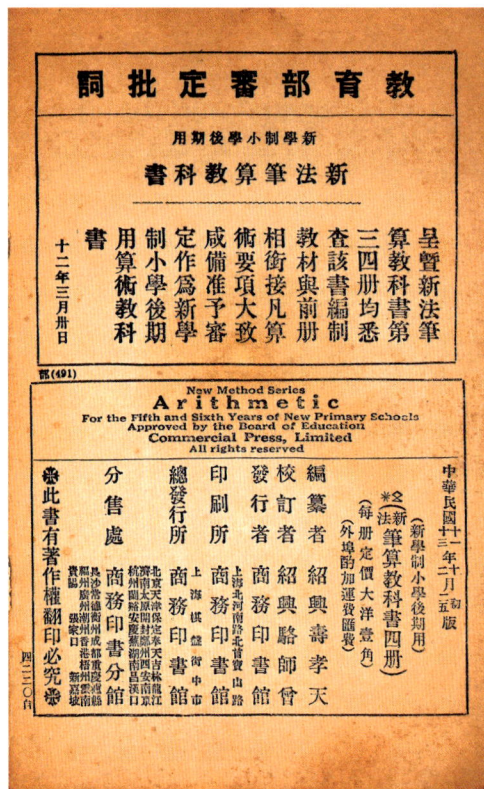

书名：小学笔算新教科书详草

著者：张景良 / 原著　吴澧 / 演草

出版印行：文明书局

出版时间：民国十一年（1922）9版

册数：一

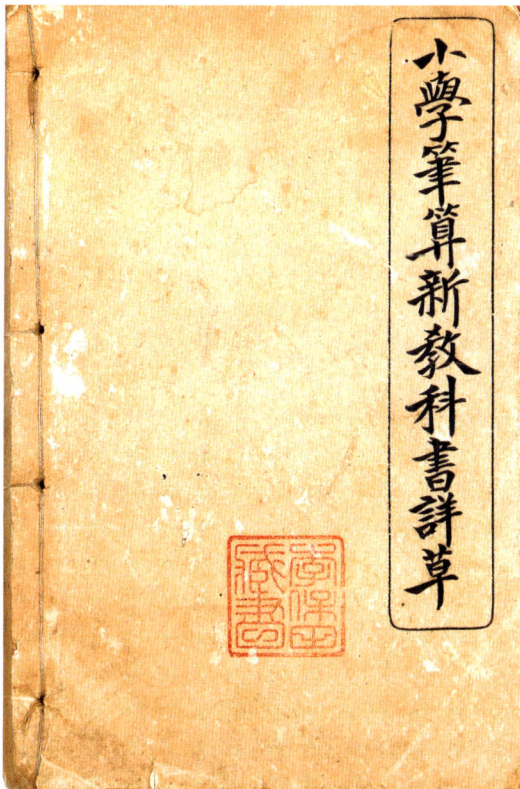

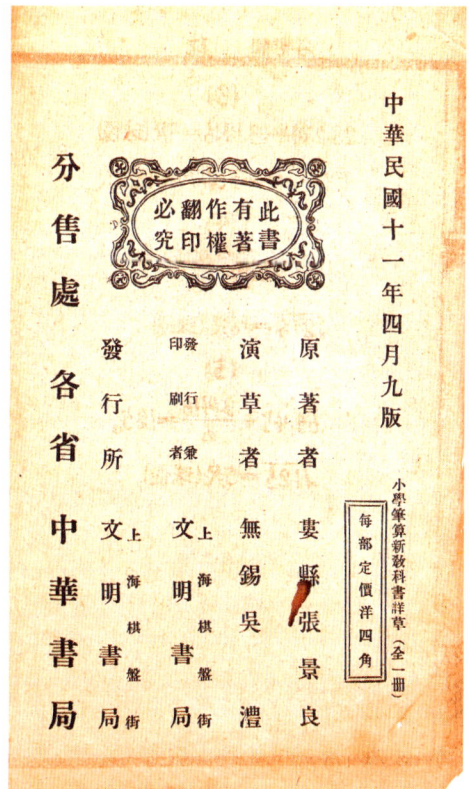

小學筆算新教科書詳草

中華民國十一年四月九版

小學筆算新教科書詳草（全一冊）

每部定價洋四角

必翻作有此
究印權著書

原著者　婁縣　張景良

演草者　無錫　吳澧

印發刷行者兼　上海棋盤街　文明書局

發行所　上海棋盤街　文明書局

分售處　各省　中華書局

书名：新小学教科书算术课本（新学制适用；初级）

著者：顾柟、徐焕文、朱开乾、郑沔渭、赵凤、唐宗福 / 编　邓庆澜、张鹏飞、俞宗振 / 校

出版印行：中华书局

出版时间：民国十二年（1923）发行　民国十三年（1924）20 版

册数：八

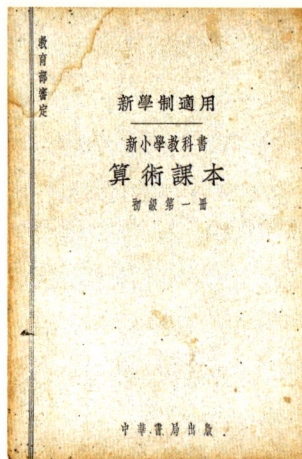 

书名：新小学教科书算术课本（新学制适用；高级）

著者：张鹏飞 / 编　糜赞治 / 校

出版印行：中华书局

出版时间：民国十二年（1923）发行　民国十二年（1923）14 版

册数：四

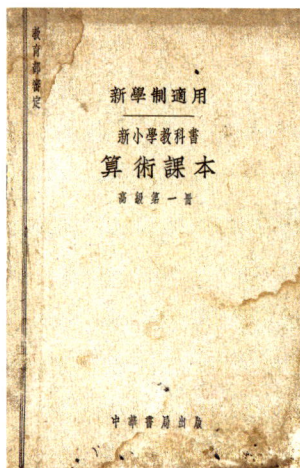 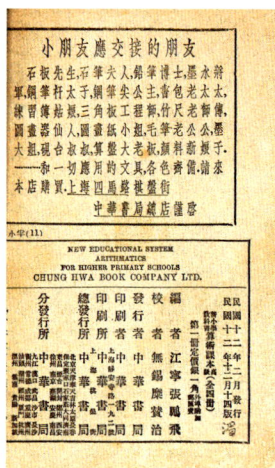

书名：新学制算术教科书（小学校初级用）
著者：骆师曾 / 编纂　王岫庐、段育华 / 校订
出版印行：商务印书馆
出版时间：民国十三年（1924）初版　民国十四年（1925）65版
册数：八

第八冊　小學校初級用

新學制算術教科書

商務印書館出版

此書有著作權翻印必究

行發館書印務商

（教育部審定）

制新學 初級小學用書

這套書是由教育學者，算地教育者，和富有編輯經驗者，採用科學的方法合作而成，其編制與取材，完全根據小學課程綱要所以最為新穎適用。

新學小制
國語教科書
八冊

新學小制
社會教科書
八冊

新學小制
自然教科書
八冊

新學小制
算術教科書
八冊

新學小制
常識教科書
八冊

新學小制
形象藝術教科書
八冊

新學小制
工用藝術教科書
八冊

新學小制
音樂教科書
八冊

新學小制
作文教科書
八冊

（以上各書均有教授書）

元又（1541）

New System Series
Arithmetic
For Lower Primary Schools
Commercial Press, Limited
All rights reserved

中華民國十三年三月初版
十四年六月六五版

（小學校初級用）
（新學制算術教科書八冊）
（第八冊定價大洋捌分實售七折）
（外埠酌加運費匯兌）

編纂者　骆師曾

校訂者　王岫庐　段育華

發行者　商務印書館

印刷所　商務印書館

總發行所　上海棋盤街中市　商務印書館

分售處　商務印書分館

商務印書分館
北京天津保定太原安慶
南昌開封濟南太原濟南南昌西安新鄉
上海北四川路虹口横浜橋
梧州南寧龍州桂林梧州昭通昆明
昆明長沙常德衡州成都重慶嘉定敘州
福州廈門泉州汕頭潮州
江江浙浙杭州蘇州嘉興寧波紹興温州
廣州潮州汕頭香港

此書有著作權翻印必究

792

书名：订正新学制算术教科书（小学校高级用）

著者：骆师曾、段育华 / 编纂　王云五、陈文 / 校订

出版印行：商务印书馆

出版时间：民国十三年（1924）初版　民国十八年（1929）150版

册数：四

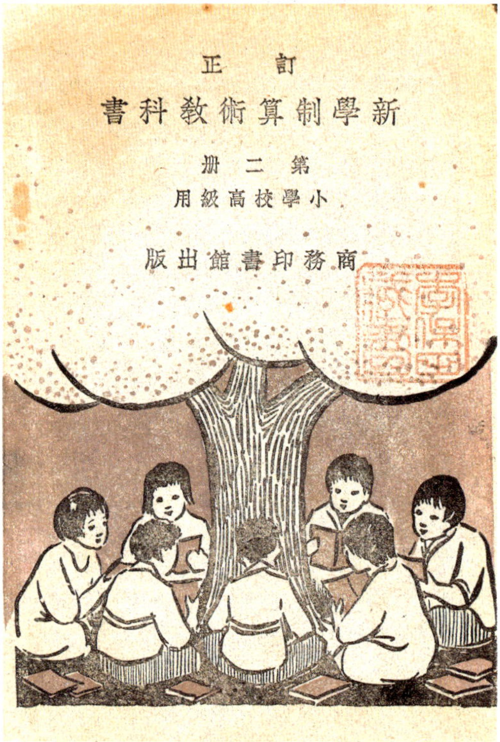

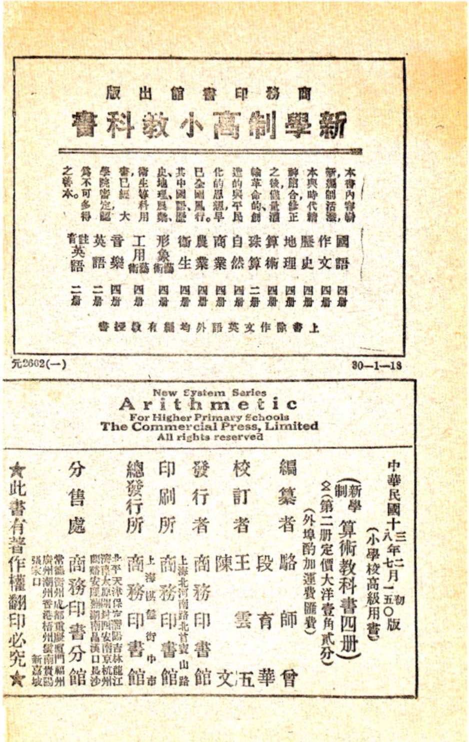

书名：新撰算术教科书（新学制小学校高级用）
著者：骆师曾、胡达聪／编纂　段育华、王岫庐、陈文／校订
出版印行：商务印书馆
出版时间：民国十三年（1924）初版　民国十三年（1924）10版
册数：四

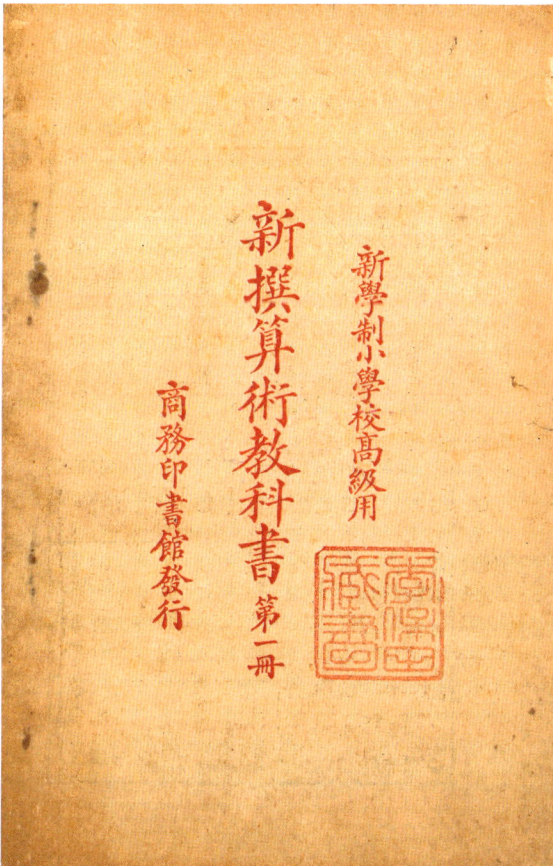

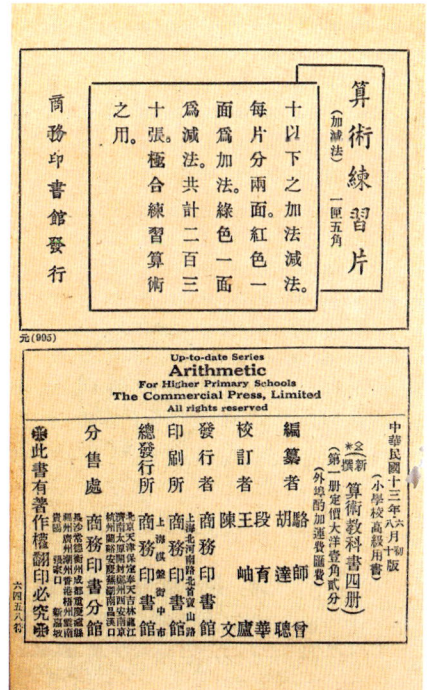

794

书名：新学制小学教科书初级算术课本

著者：戴渭清、何恭甫、谢季超、朱建侯、盛志良 / 编辑

范祥善、佘恒、胡仁源、张肇熊、秦同培、马客谈 / 参订

出版印行：世界书局

出版时间：民国十三年（1924）初版　民国十四年（1925）26版

册数：八

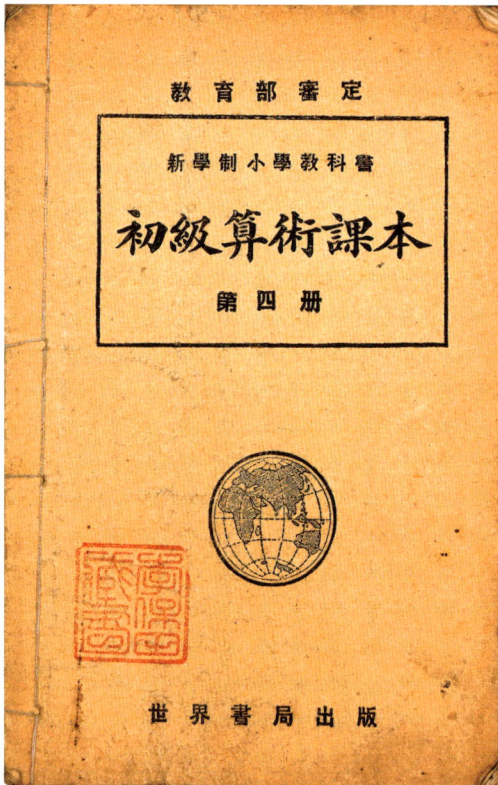

教育部審定

新學制小學教科書

初級算術課本

第四冊

世界書局出版

教育部審定批詞

新學制小學教科書 初級算術課本

及：教學法……

據呈及新學制小學教科書初級算術課本暨其教學法均悉教學之道莫難于初等小學而初等小學之中尤以算術寫難教談書以小兒習見之物或喜閒之動物輸入課中便其計算又益以啟愛算術觀念之童話使向親爲畏途之習算一化而爲深有趣味之陶冶殊尚嘉尚應卽准予審定作爲新學制小學算術科書原書發還此批

ELEMENTARY ARITHMETIC: BOOK I TO BOOK VIII
Specially compiled under the New System
For the Use of Lower Primary Schools
THE WORLD BOOK CO., LTD.
All Rights Reserved

中華民國十三年六月初版
中華民國十四年五月分十六版
新學制小學教科書 初級算術課本八册
（一册至八册每册定價銀一角）
（外埠酌加郵費滙費）

編輯者　戴渭清　何恭甫　范祥善　謝季超　朱建侯　盛志良

參訂者　胡仁源　張肇熊　秦同培　馬客談　佘恒　江蘇第四中學　附屬小學校範

供給材料者　世界書局

發行者　上海世界書局

印刷所　上海世界書局

總發行所　上海世界書局

分發行所　北京天津漢口武昌南京杭州寧波溫州衢州烟台青島太原長沙常德吉林哈爾濱開封

▲此書有著作權翻印必究▼

书名：新学制小学教科书高级算术课本

著者：杨逸章 / 编辑　戴渭清、马客谈、佘恒 / 校订

出版印行：世界书局

出版时间：民国十四年（1925）初版　民国十八年（1929）23版

册数：四

言文對照

文範

高小學生適用

解決學生的難題

學生作文每每苦思不管經意寫不出句子臨是用一件經驗

文題活泛　註解詳明

造意措詞　一思卽得

如若選讀本局出版下列各書自修練習可得舉一反三之敎

作文難題都可解決

言文高等　學生文範……三角

對照

言文學生　應用文範……二角

對照

言文高等　作文新範……六角

對照

言文高小　新文範……三角

對照

言文高小論說新範……四角二角

對照

言文學生　作文新範……三角

對照

ELEMENTARY ARITHMETIC: BOOK I TO BOOK IV
Specially Compiled under the New System
For the Use of Higher Primary Schools
THE WORLD BOOK CO., LTD.
All Rights Reserved

中華民國十四年三月初版
中華民國十八年八月二十三版
新學制小學教科書高級算術課本四冊
（一册至四冊每册定價銀一角六分）
（外埠酌加郵費ँ費）

編輯者　楊逸章

校訂者　戴渭清　馬客談　佘恒

供給材料者　江蘇省立第四師範附屬小學校

印刷者　世界書局

發行所　世界書局

印刷所　世界書局

總發行所　上海

分發行所　北京　天津　保定　煙台　邳縣　武昌　漢口　宜昌　南昌　安慶　合肥　蕪湖　鎭江　杭州　寧波　蘇州　常熟　長沙　太原　廣州　重慶

此書有著作權翻印必究
世界書局出版

高級算術課本
第三册
新學制小學教科書
世界書局出版

796　书名：新国民算术教科书（小学校初级用）
　　　著者：胡大中 / 著　吴和士 / 校订
　　　出版印行：国民书局
　　　出版时间：民国十四年（1925）初版
　　　册数：八

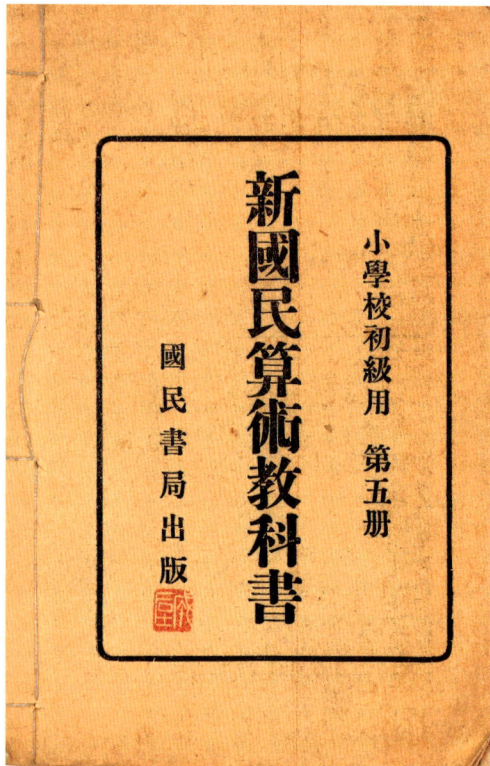

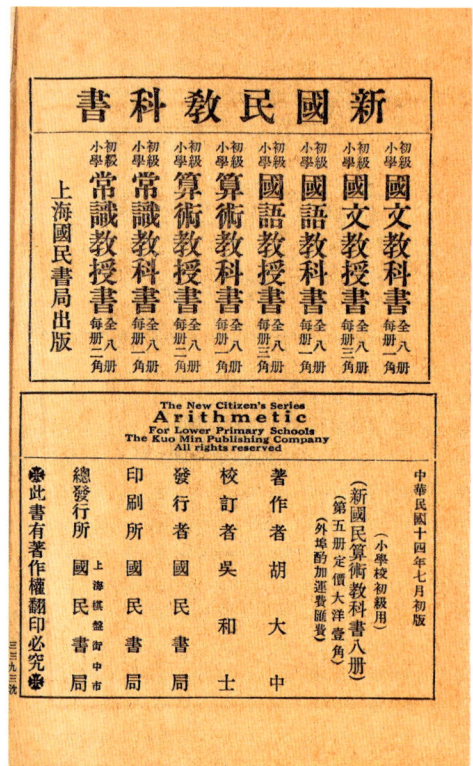

新國民算術教科書

小學校初級用　第五册

國民書局出版

新國民教科書

上海國民書局出版

初級小學 國文教科書 全八册 每册一角
初級小學 國語教授書 全八册 每册三角
初級小學 國語教授書 全八册 每册三角
初級小學 算術教授書 全八册 每册三角
初級小學 算術教授書 全八册 每册一角
初級小學 常識教授書 全八册 每册二角
初級小學 常識教科書 全八册 每册一角

The New Citizen's Series
Arithmetic
For Lower Primary Schools
The Kuo Min Publishing Company
All rights reserved

中華民國十四年七月初版

（小學校初級用）
（新國民算術教科書八册）
（第五册定價大洋壹角）
（外埠酌加運費匯費）

著作者　胡大中
校訂者　吳和士
發行者　國民書局
印刷所　國民書局
總發行所　國民書局
　　　上海棋盤街中市

三三九三號

书名：前期小学算术课本（新主义教科书）

著者：戴渭清、何恭甫、赵宗预、朱建侯、谢季超、盛志良 / 编辑

魏冰心、范祥善 / 校订　于右任 / 校阅

出版印行：世界书局

出版时间：民国十六年（1927）初版　民国十七年（1928）29 版

册数：八

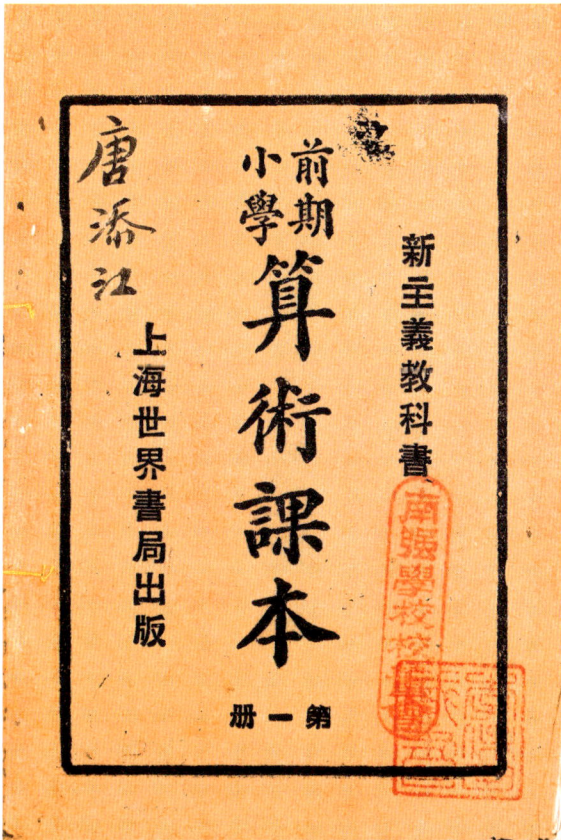

书名：新时代算术教科书（小学校初级用）
著者：胡通明 / 著　新时代教育社 / 编印
出版印行：商务印书馆
出版时间：民国十六年（1927）初版　民国十六年（1927）20版
册数：八

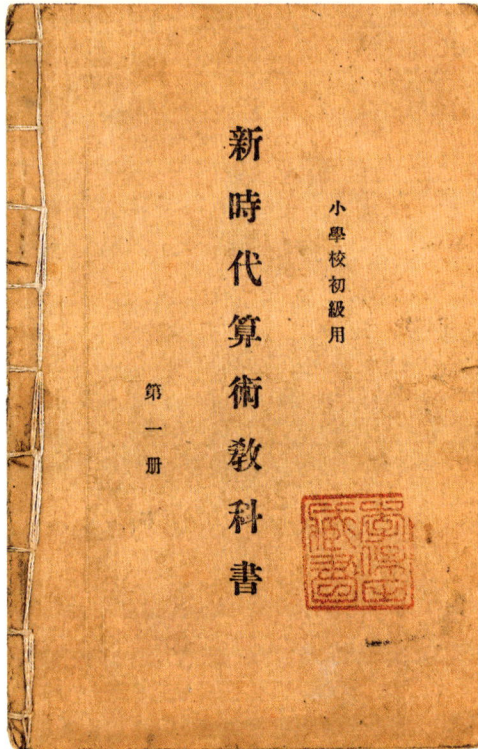

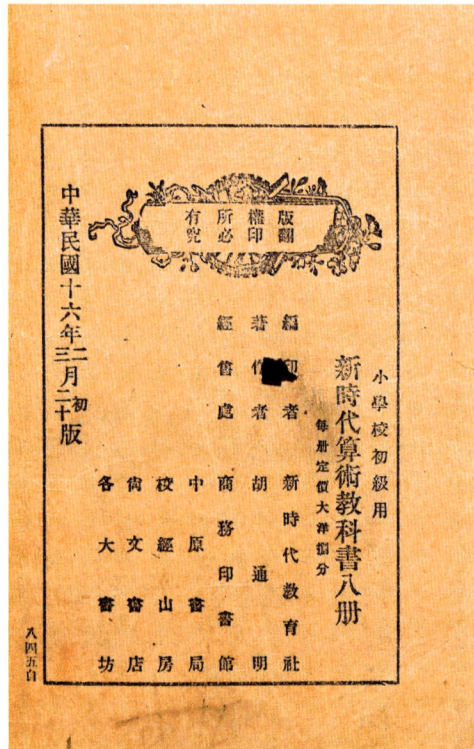

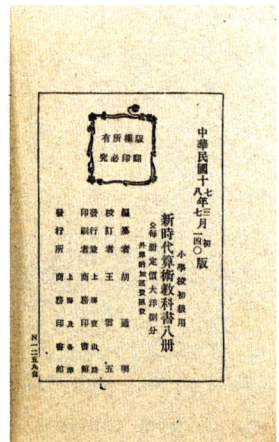

书名：新中华教科书算术课本（小学校初级用）

著者：顾柟、郑炳渭、朱开乾、黄铁崖、赵凤、张德骥 / 编辑

出版印行：新国民图书社 / 出版　中华书局 / 发行

出版时间：民国十六年（1927）发行　民国十九年（1930）44版

册数：八

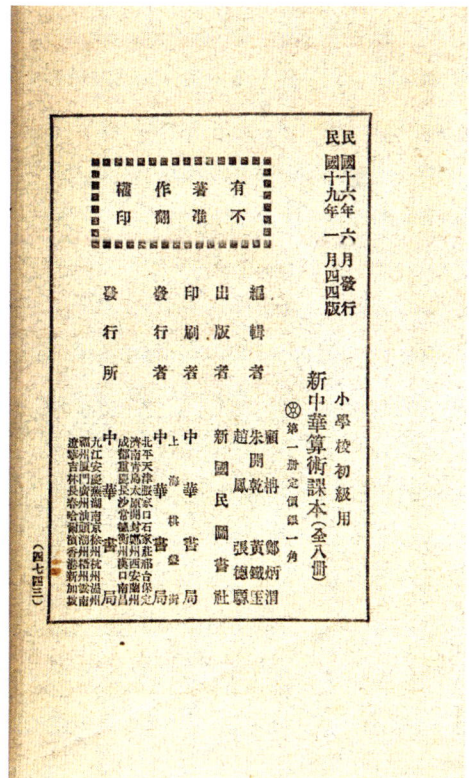

800　书名：新中华算术课本（小学校高级用）

著者：顾柎、郑炳渭、朱开乾、黄铁厓、赵凤、张德骥 / 编辑

出版印行：中华书局

出版时间：民国十六年（1927）发行　民国十九年（1930）第19版

册数：四

小學校高級用

新中華算術課本

第二冊

編輯者	顧　柎	鄭炳渭
	朱開乾	黃鐵厓
	趙　鳳	張德驥

教育部審定（民國十八年二月六日）

上海中華書局印行

民國十六年十一月發行

民國十九年九月十九版

小學校高級用

新中華算術課本（全四冊）

@ 第二冊定價銀一角

| 有著作權 | 不准翻印 |

編輯者　顧柎　鄭炳渭　朱開乾　黃鐵厓　趙鳳　張德驥

出版者　新國民圖書社

印刷者　中華書局

發行者　中華書局

發行所　上海棋盤街

中華書局

北平天津濟南青島太原石家莊張家口封丘保定開封成都重慶長沙常德衡州衡陽安慶蕪湖南昌九江安慶廣州汕頭梧州桂林福州廈門温州寧波杭州蘇州徐州揚州鎮江南京雲南貴陽香港新加坡哈爾濱奉天吉林

（四八四九）

书名：新编算术教科书（高级小学用）

著者：刘曾佑／编辑　侯叔达、张怀义／校阅

出版印行：中国图书服务社

出版时间：民国十八年（1929）初版　民国二十九年（1940）10版

册数：四

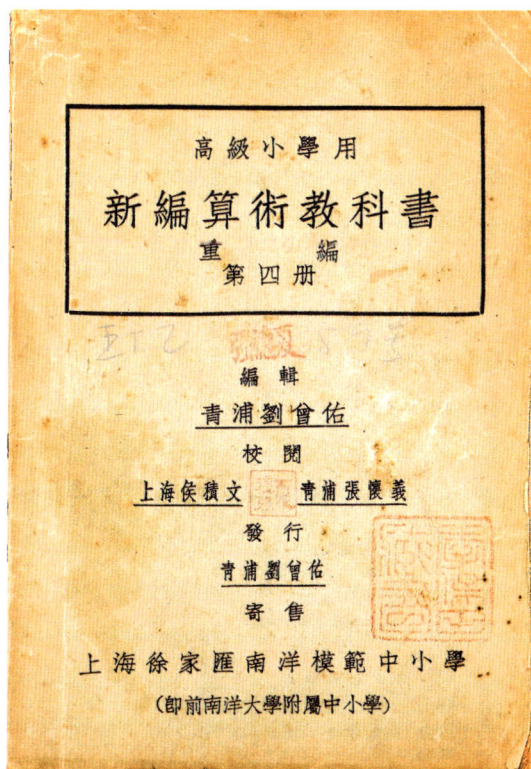

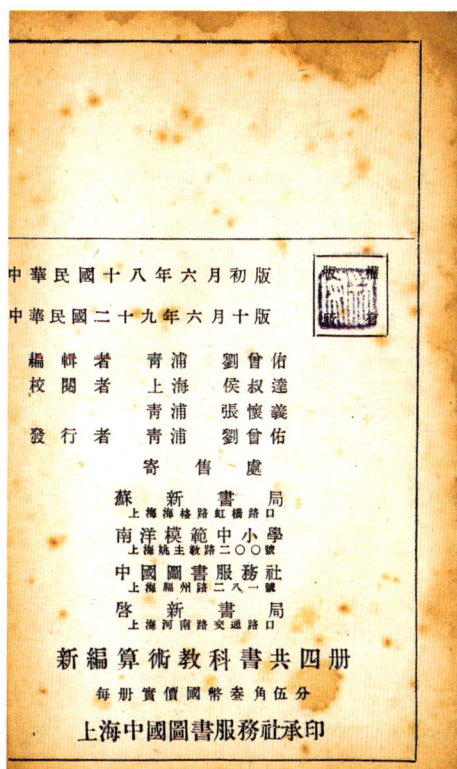

书名：新主义算术课本（小学初级学生用）

著者：戴渭清、何恭甫、赵宗预、朱建侯、谢季超、盛志良／编辑

出版印行：世界书局

出版时间：民国十八年（1929）审定　民国二十年（1931）25版

册数：八

 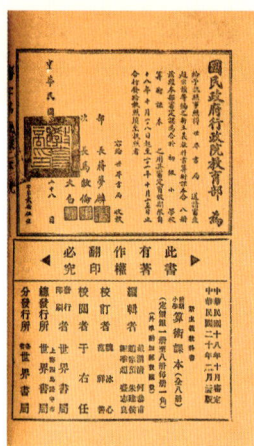

书名：新主义算术课本（小学高级学生用）

著者：杨逸群、唐数躬／编辑　戴渭清、马客谈、佘恒／校订

出版印行：世界书局

出版时间：民国廿一年（1932）52版

册数：四

书名：新课程算术课本（小学初级学生用）

著者：张匡 / 编辑　龚昂云 / 校订

出版印行：世界书局

出版时间：民国二十年（1931）初版　民国廿一年（1932）110版

册数：八

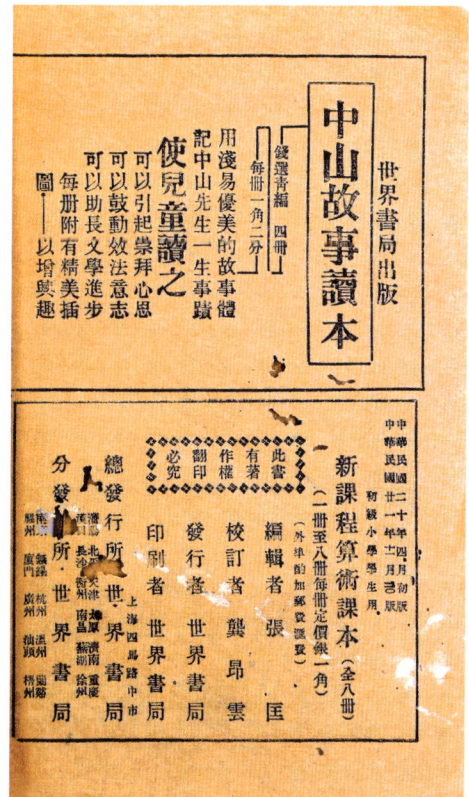

书名：基本教科书算术（小学初级用）

著者：骆师曾 / 编辑　段育华、周颂久 / 校订

出版印行：商务印书馆

出版时间：民国二十年（1931）初版　民国二十年（1931）30版

册数：八

民國二十年七月十四日題

教育部審定

領到審字第一〇八號軌照

基本

教科書

算術

小學校初級用

商務印書館發行

第四冊

編校
輯訂
者者

骆師曾

段育華　周頌久

中華民國二十年八月三〇版
初

基本省本

小學校初級用

算術八冊

第四冊定價加區費圖畫

外埠前加區費圖畫

第四冊定價大洋壹角

有所權版
完必印翻

編輯者　骆師曾

校訂者　段育華
　　　　周頌久

發行人　王雲五
　　　　上海寶山路五〇一

印刷所　商務印書館
　　　　上海寶山路五號

發行所　商務印書館及各埠分館

本書經教育部審定二十年七月一〇四日標號教館

二五六八一

书名：开明算术课本（小学初级学生用）
著者：刘薰宇 / 编纂　都冰如 / 绘
出版印行：开明书店
出版时间：民国二十一年（1932）初版　民国廿二年（1933）11版
册数：八

本書編輯要旨

一. 本書依據教育部最近頒布的小學算術課程標準編輯，全部八册，專供小學初級算術科教學之用。
二. 本書依據兒童的學習心理編制，分成三個階段：首二册不列算式，純用圖畫，使兒童由具體的認識得到關於數、量的抽象觀念和計算法則，以確定心算的基礎。三四册以草式爲主，圖畫爲輔，使兒童便於理解，並得節省時間，反復練習。第五册以後，漸進於算式的計算，使兒童抽象地理解各種法則間的關係。
三. 本書取材均以兒童經驗過的或能經驗到的爲範圍，以期適應兒童生活。
四. 本書注重直觀，使兒童對於數、量及計算法易於領悟，並得到正確、明晰的觀念。
五. 本書注重趣味，對於一切原理、方法，均依歸納和類推兩法則，由淺近的事例逐漸導入，使兒童易於理解和領受。
六. 本書注重練習，以期養成兒童思考敏捷和計算正確、迅速等良好習慣。
七. 本書應用問題多採用故事的形式，使兒童易於思索，獲得日常生活上計算的能力。
八. 本書的排列，每頁自成起訖，或一頁爲一個單元，或二三頁爲一個單元，不分課數，以便教學時易於活動分配。
九. 本書另有「教學法」八册，包含「算術科教學概論」及各單元的實際教學方案，并對教材加以補充、闡發，教師據以教學本書，可得圓滿的效果。

民國二十一年六月初版發行
民國廿二年六月十一版發行
小學初級學生用 開明算術課本 八册
第八册定價一角
有著作權 不許翻印
編纂者 劉薰宇
發行者 杜海生 上海福州路八十五號
印刷者 美成印刷公司 上海東熙華德路餘慶里
總發行所 上海福州路八十五號 開明書店
分發行所 南京太平路 廣州惠愛東路 北平楊梅竹斜街 漢口中山路 長沙南陽街 開明書店分店
(公199)

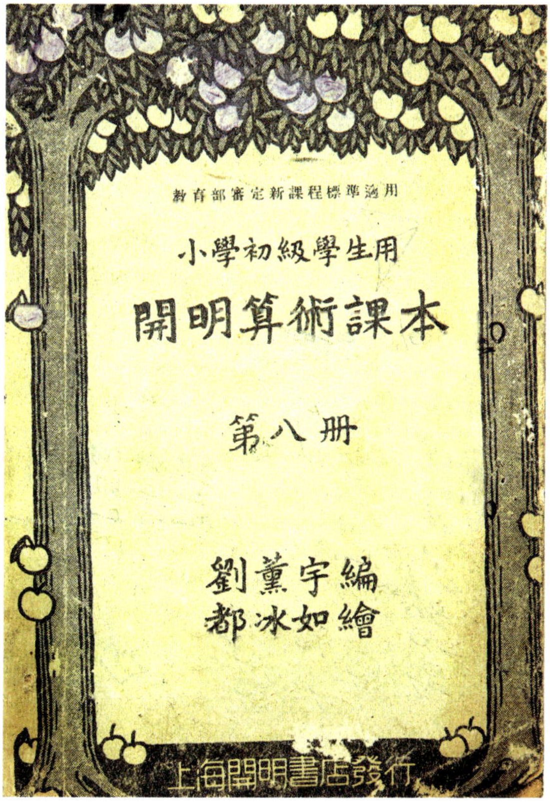

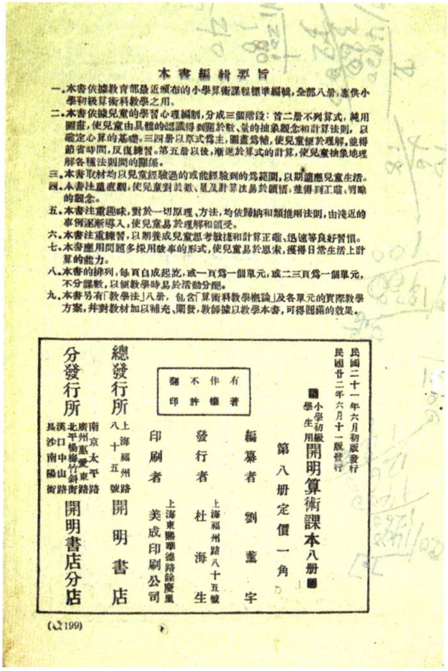

806

书名：复兴算术教科书（小学校初级用）

著者：许用宾、沈百英 / 编校

出版印行：商务印书馆

出版时间：民国二十二年（1933）初版　民国二十六年（1937）审定本第1版

　　　　　民国二十六年（1937）审定本第80版

册数：八

书名：分类实用算术指导

著者：赵余勋 / 编著

出版印行：春江书局

出版时间：民国二十二年（1933）初版　民国二十五年（1936）增订6版

册数：不详

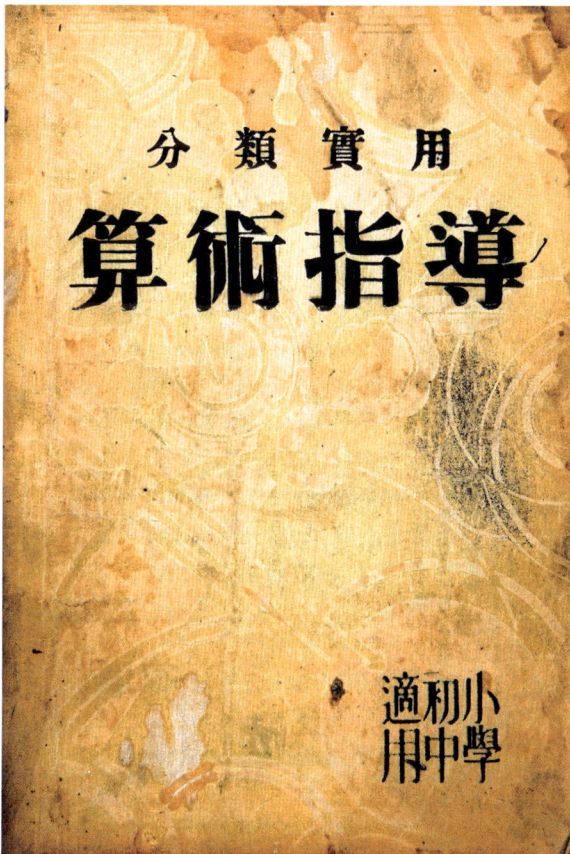

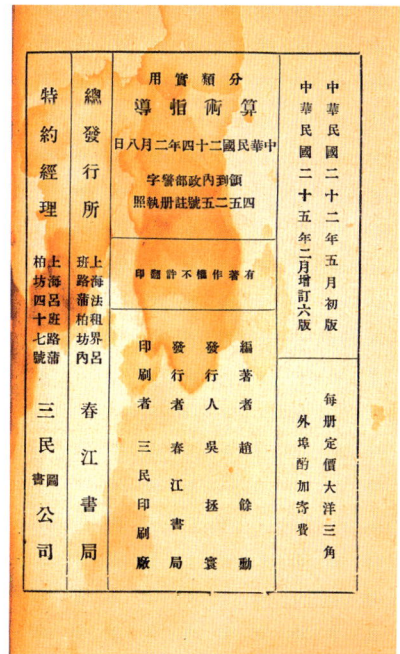

808

书名：算术课本（小学高级学生用）

著者：陈邦彦、徐九皋、秦启文、束云遽 / 编辑　施仁夫、骆师曾、龚昂云 / 校订

出版印行：世界书局

出版时间：民国二十二年（1933）初版　民国二十四年（1935）55版

册数：四

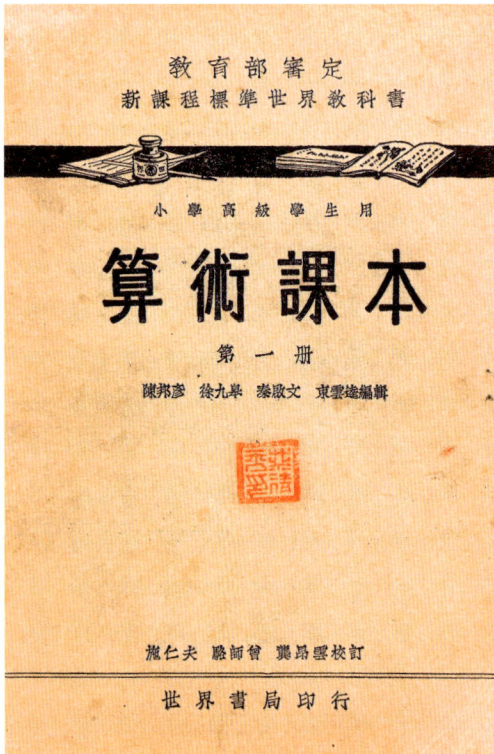

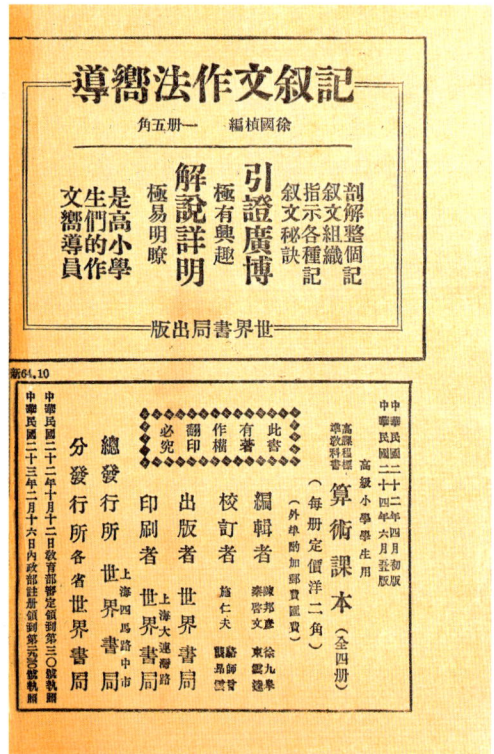

书名：新生活教科书算术（小学校初级用）
著者：薛天汉、江效唐／编辑
出版印行：大东书局
出版时间：民国二十二年（1933）第70版
册数：八

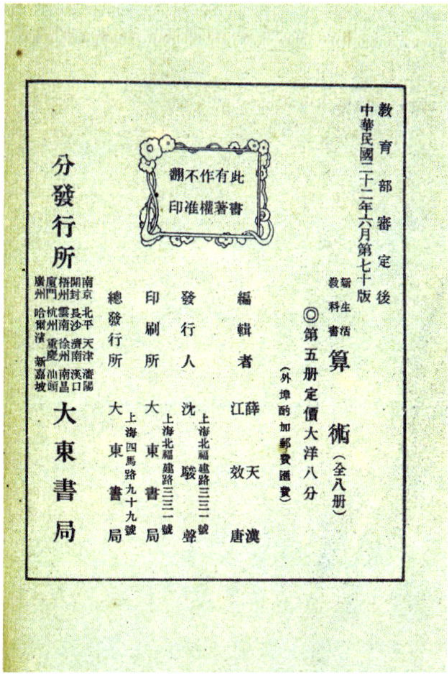

中華民國二十二年五月
教育部審定
新生活教科書
小學校初級用
算術
第五冊
上海大東書局印行

教育部審定後
中華民國二十二年六月第七十版
新生活
教科書 算術 （全八冊）
◎第五冊定價大洋八分
（外埠酌加郵費匯費）

翻不作有此
印准權著書

編輯者　薛天漢　江效唐

發行人　沈駿聲
上海北福建路三三一號

印刷所　大東書局
上海北福建路三三一號

總發行所　大東書局
上海四馬路九十九號

分發行所　大東書局

南京　開封　廣州
北平　昆明　廣門
南昌　長沙　梧州
南陽　天津　杭州
漢口　徐州　哈爾濱
嘉興　重慶

810

书名：小学算术课本（新课程标准适用）

著者：张咏春、程旭清、黄铁崖、赵侣青、徐迥千、顾荫千、许观光、朱开谦、钱选青、徐子华、周轶群、
　　　丁伯威／编　雷琛、金兆梓、华襄治、张鹏飞／校

出版印行：中华书局

出版时间：民国廿二年（1933）发行　民国廿四年（1935）139版

册数：八

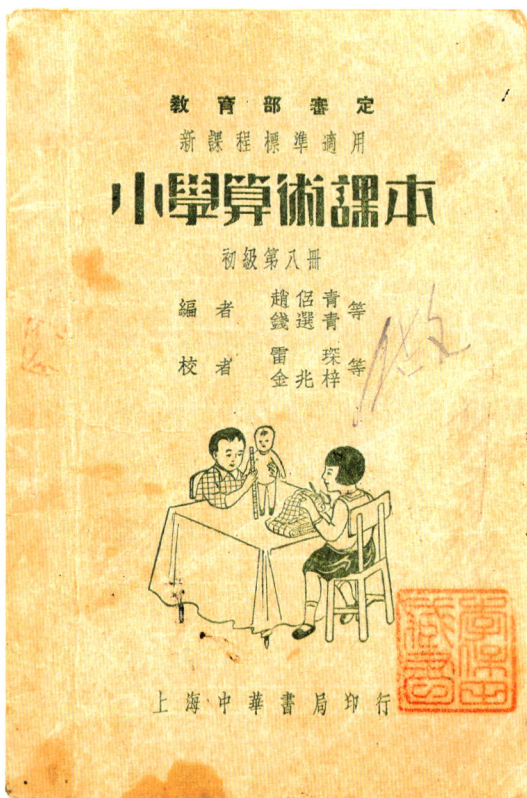
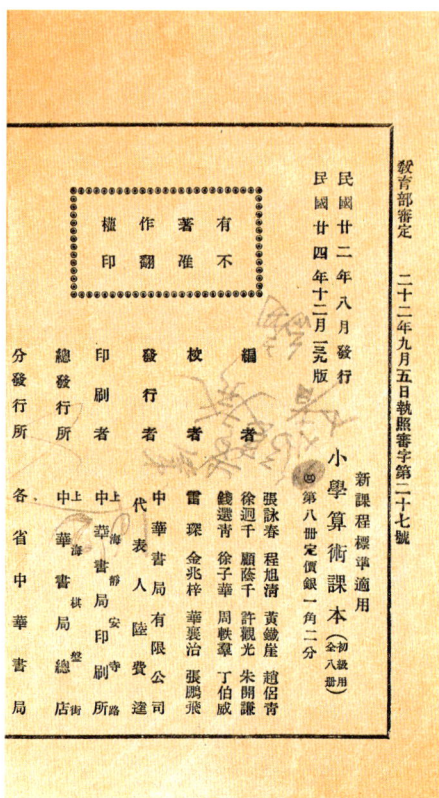

书名：世界第一种算术课本
著者：张匡、骆师曾 / 编辑　龚昂云 / 校订
出版印行：世界书局
出版时间：民国廿三年（1934）34 版
册数：八

教育部審定
新課程標準教科書

①

世界第一種

算術課本

第四册

小學二年級下學期用

編輯者骆師曾　張匡

世界書局印行

是作文的頂好助手

初小
文範

世界書局出版

三民主義初級　現代初小學生文範四　言文對照初等論說新範三　言文對照初等作文新範四　言文對照初等學生文範五　新式作文範本二

材料多　看一遍　文法好　就懂了　一題到手容易做　並且做得很美妙

64.12

新課程標準　初級小學適用
算術課本（全八册）

第一册　二角　第二册　二角　（外埠酌加郵費匯費一角）

編輯者　骆師曾　張匡
校訂者　龚昂雲
發行人　沈知方
印刷者　世界書局
發行所　世界書局
總發行所　世界書局
分發行所　世界書局

812 书名：算术课本（一年短期小学用）
著者：陶鸿翔、徐天游／编　华襄治／校
出版印行：中华书局
出版时间：民国二十四年（1935）发行　民国二十五年（1936）37版
册数：二

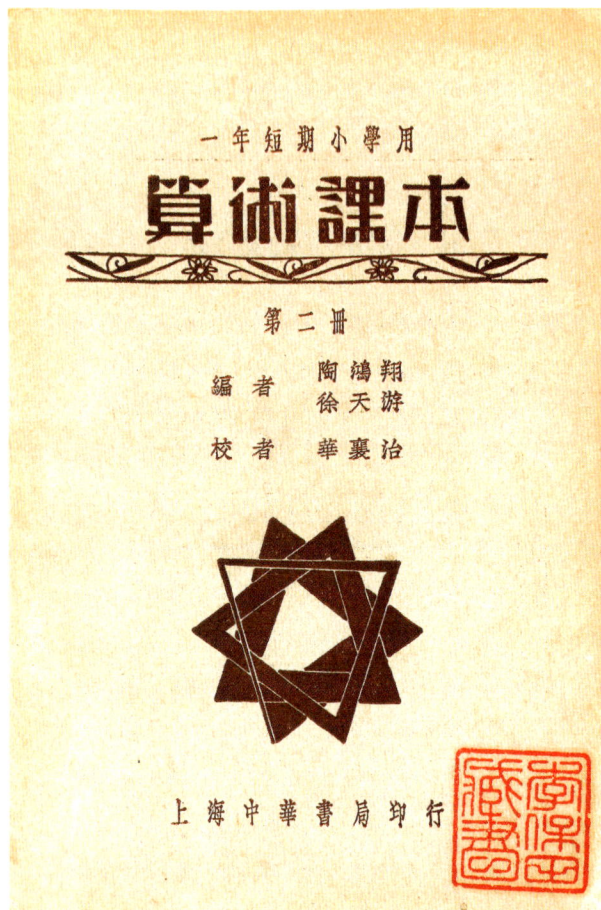

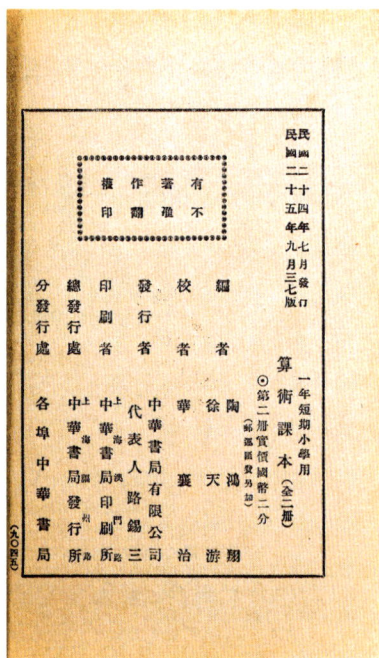

书名：新算术之友（小学校四年级用）

著者：赵余勋 / 编著

出版印行：春江书局

出版时间：民国二十五年（1936）初版　民国二十五年（1936）再版

册数：不详

813

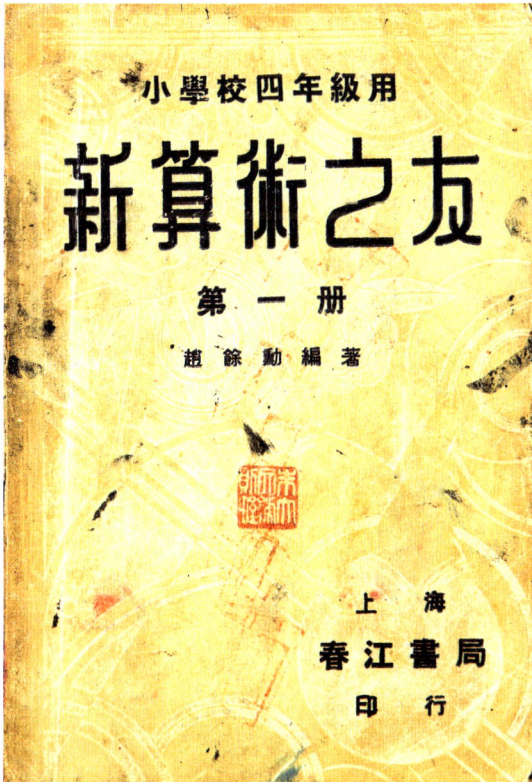

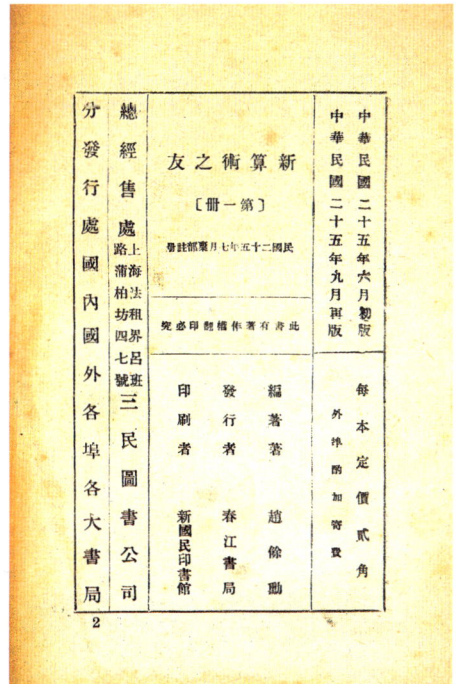

814 　书名：复兴算术教科书（小学校高级用）
　　　著者：顾柟、胡达聪 / 编校
　　　出版印行：商务印书馆
　　　出版时间：民国二十六年（1937）审定本第1版　民国二十六年（1937）审定本第60版
　　　册数：四

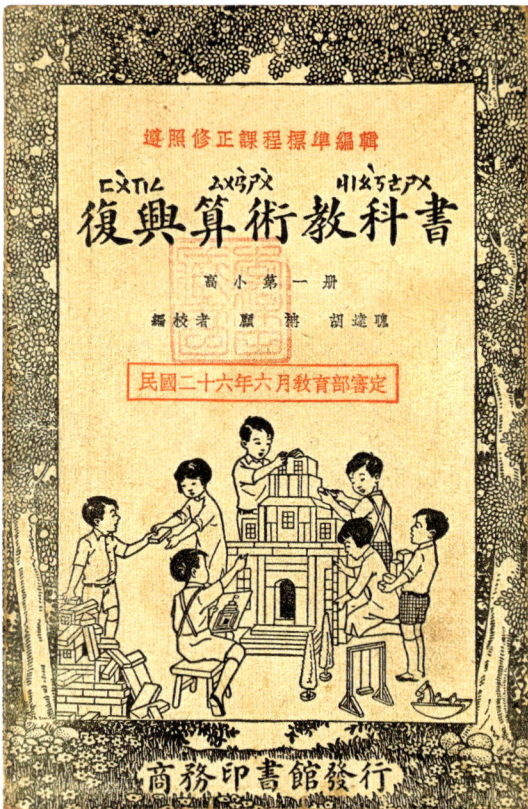

书名：初小新算术

著者：赵侣青、骆师曾、钱选青 / 编辑

出版印行：世界书局

出版时间：民国二十六年（1937）初版

册数：八

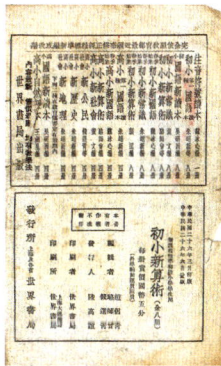

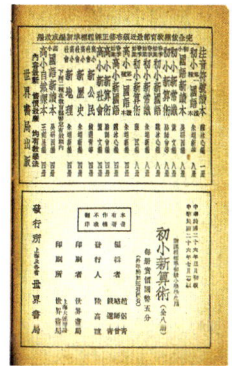

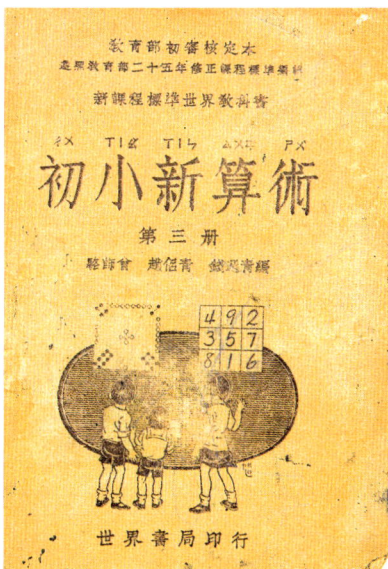

816　书名：新编初小算术课本教学法（修正课程标准适用）

　　　著者：徐允昭、陈邦贤、杨寿柟、陈致中、华丽衡、何寿斋／编　华襄治、张鹏飞、陶鸿翔、徐天游／校

　　　出版印行：中华书局

　　　出版时间：民国二十六年（1937）6版

　　　册数：八

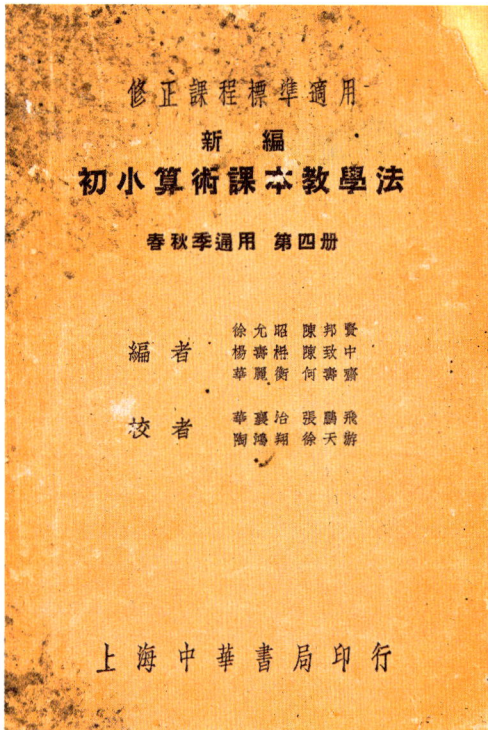

书名：算术教科书（小学校高级用）

著者：国立编译馆 主编

出版印行：商务印书馆、中华书局、世界书局、正中书局、大东书局、开明书店

出版时间：民国二十六年（1937）14版

册数：不详

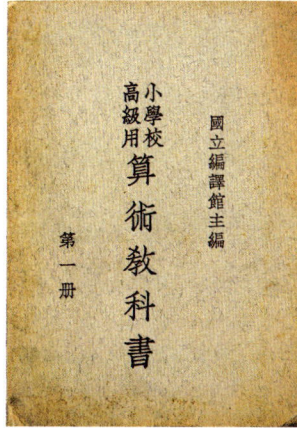

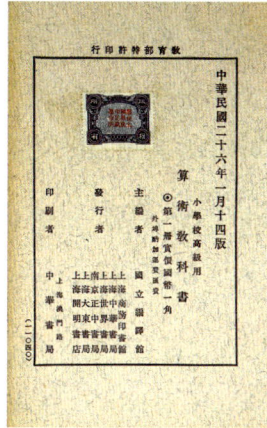

书名：高级小学算术课本

著者：国立编译馆 / 主编　薛元龙 / 编辑　薛天汉 / 校阅　唐冠芳 / 绘图

出版印行：文通书局、中华书局、商务印书馆、开明书店

出版时间：民国三十六年（1947）第一次修订本

册数：四

备注：本类算术课本均由国立编译馆主编，含初小、高小两种，多个单位出版印行。

818

书名：复兴初小算术教科书

著者：许用宾、沈百英／编校

出版印行：商务印书馆

出版时间：民国二十六年（1937）审定本第1版　民国三十三年（1944）渝第53版

册数：八

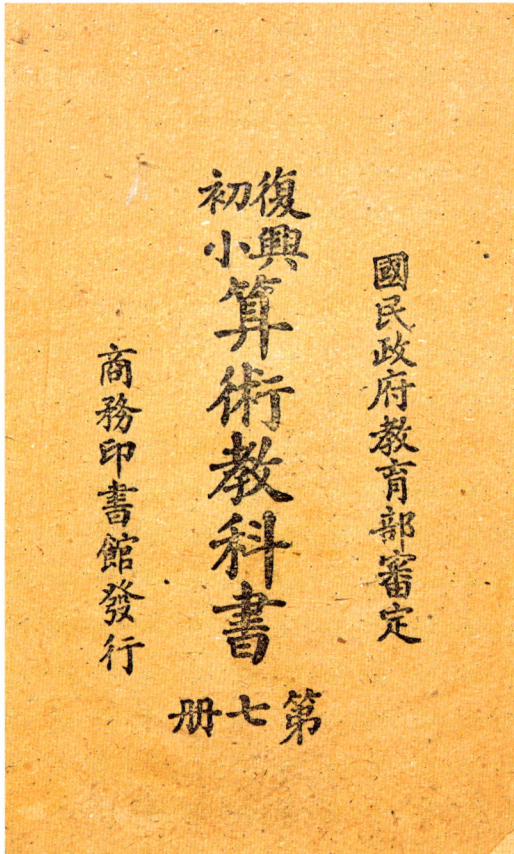

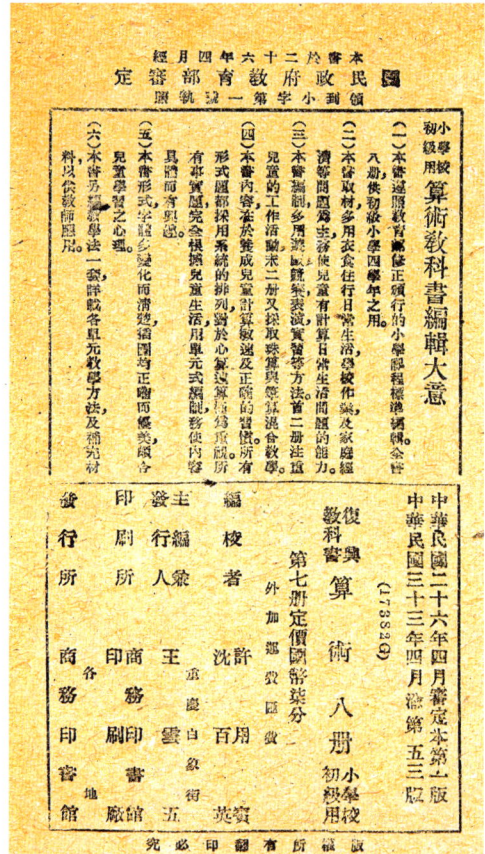

书名：新编初小算术课本（春秋季通用）

著者：徐允昭、华铁欧、何寿斋、张若南、陈致中、陈邦贤 / 编　华襄治、张鹏飞、陶鸿翔、徐天游 / 校

出版印行：中华书局

出版时间：民国二十九年（1940）261版

册数：八

民國二十九年三月二六一版
修正課程標準適用
新編初小算術課本（春秋季通用 全八冊）
⊙第二冊原定價國幣陸分
同業公議加八發售 實售國幣壹角零捌厘
（郵運匯費另加）
有著作權 不准翻印
編者 徐允昭 華鐵歐 何壽齋 張若南 陳致中 陳邦賢
校者 華襄治 張鵬飛 陶鴻翔 徐天游
發行者 中華書局有限公司 代表人 路錫三
印刷者 上海澳門路 美商永寧有限公司 昆明
總發行處 中華書局發行所
分發行處 各埠中華書局
42（一一三九三）（天）

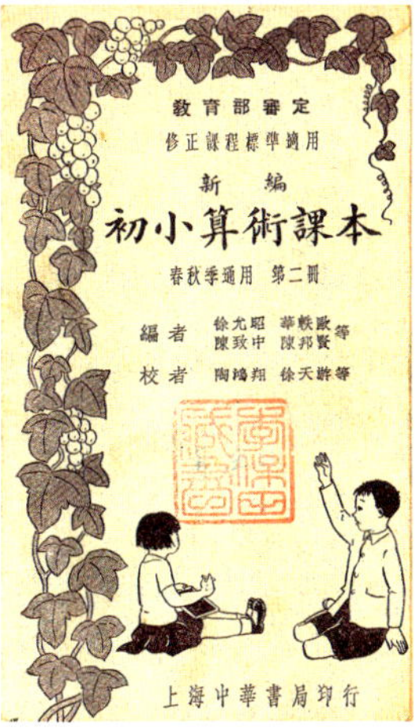

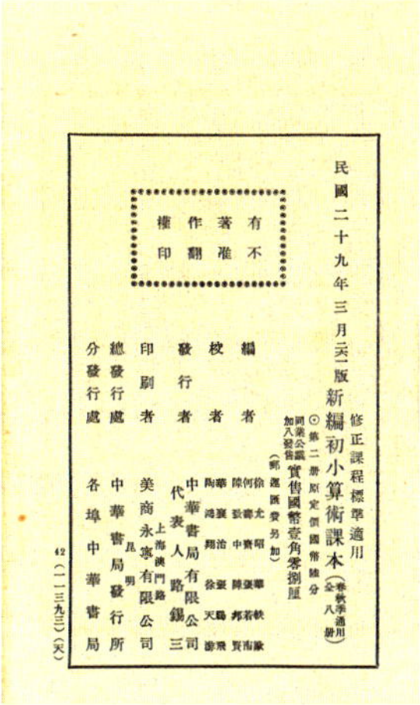

书名：新编高小算术课本（修正课程标准适用）

著者：徐允昭、华铁欧、何寿斋、张若南、陈致中、陈邦贤 / 编　华襄治、张鹏飞、陶鸿翔、徐天游 / 校

出版印行：中华书局

出版时间. 民国二十八年（1939）第102版

册数：四

民國二十八年十二月一〇二版
修正課程標準適用
新編高小算術課本（春秋季通用 全四冊）
⊙第一冊實價國幣八分
（郵運匯費另加）
有著作權 不准翻印
編者 徐允昭 華鐵歐 何壽齋 張若南 陳致中 陳邦賢
校者 華襄治 張鵬飛 陶鴻翔 徐天游
發行者 中華書局有限公司 代表人 路錫三
印刷者 香港九龍北帝街 中華書局印刷所
總發行處 中華書局發行所
分發行處 各埠中華書局
（一一五九九）

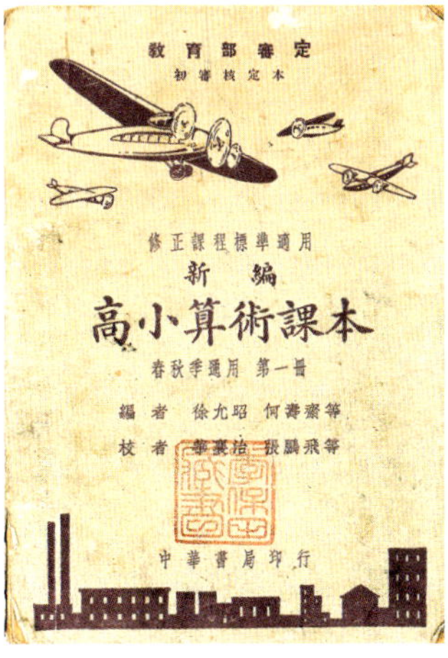

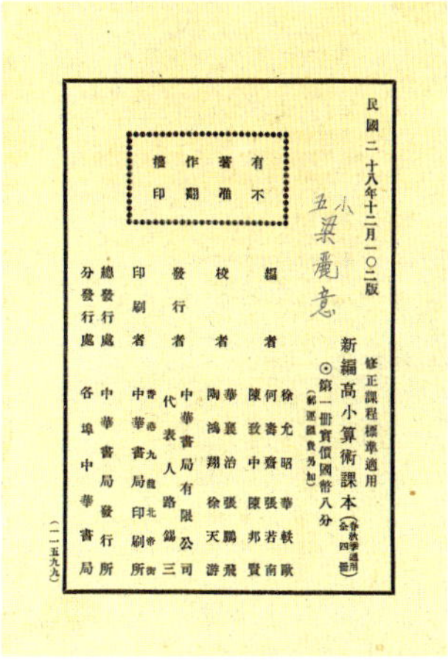

820　书名：初级小学算术

　　　著者：不详

　　　出版印行：新湖北印书馆八区分馆

　　　出版时间：民国三十二年（1943）

　　　册数：不详

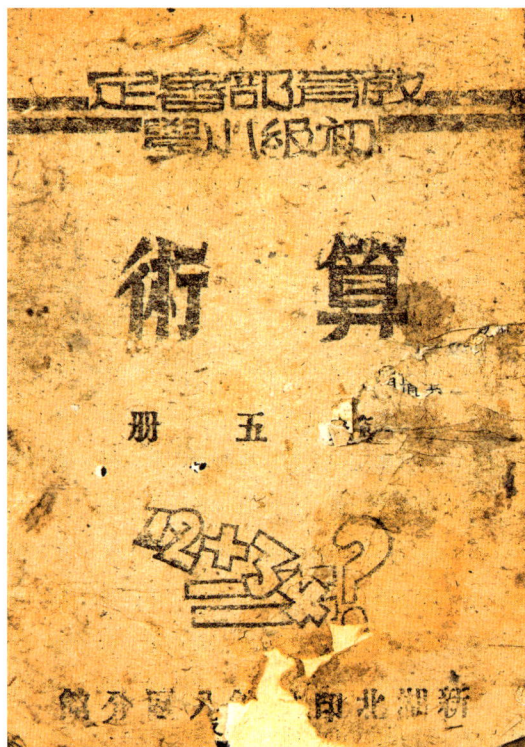

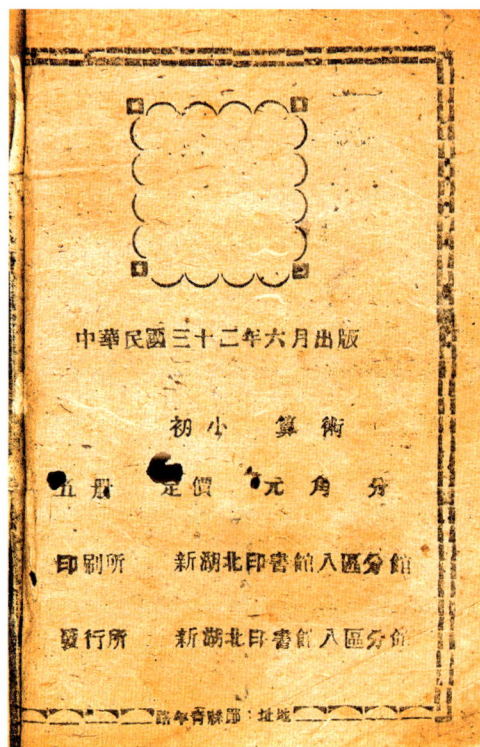

书名：初级小学算术课本

著者：国民编译社 / 编

出版印行：国民编译社

出版时间：民国卅三年（1944）初版　民国卅五年（1946）12版

册数：八

編輯要旨

一、本書依照民國三十一年教育部公佈小學算術科課程標準編輯。

二、本書教材之組織採直進法與圓周法兩法交互參用。

三、本書分一學期爲四段，每段一複習，學期末總複習。

四、本書特別注重心算，取材務期養成兒童計算正確思考敏捷等良好習慣。

五、本書取材由兒童日常生活，家庭，學校，農業，工業，以至於國防皆以興趣濃厚者爲主

中華民國卅三年七月初版
中華民國卅五年一月十二版

初級小學算術課本八冊　每冊定價一角六分

遵照　教育部國定本實價國幣四元（外埠酌加運費匯費）

編輯兼發行者　國民編譯社
印刷者　國民小學教科書聯合供應社
東南總發行者　中國文化服務社梅縣支社
分售處　中國文化服務社各縣支社
代售處　各省各縣市書店

本書經呈

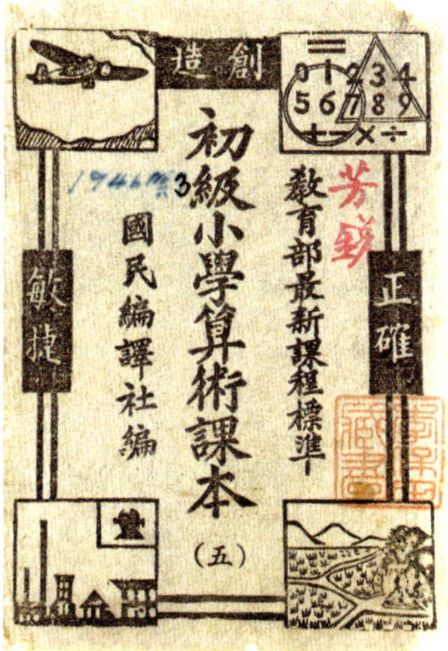

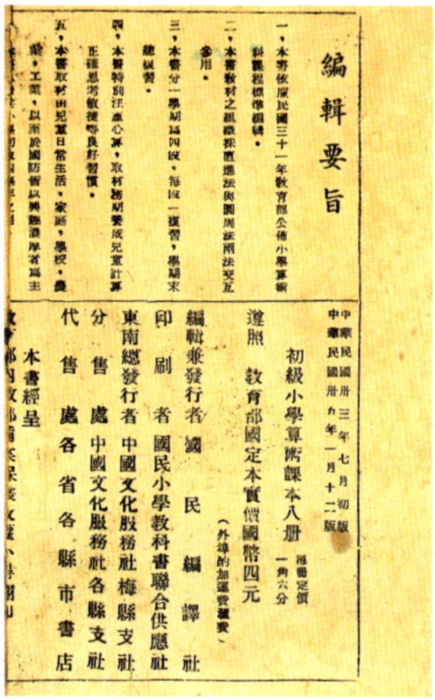

书名：初级小学算术课本

著者：教育部 / 征选　大东书局、中华书局 / 应选　国立编译馆 / 校订

　　　吴云鹏、莫明坤、薛天汉 / 参阅　方洞、沈麓元、周其义 / 绘图

出版印行：国定中小学教科书七家联合供应处

出版时间：民国三十五年（1946）白报纸本粤第1版

册数：八

本書經教育部特許印行不得翻印

中華民國三十五年一月白報紙本粵第一版

初級小學算術課本八冊（第四冊　定價玖分伍釐）

遵照　教育部核定　實售國幣伍元陸角

外埠另加運費匯費

徵選者　教育部
應選者　大東書局　中華書局
校訂者　國立編譯館
參閱者　吳雲鵬　莫明坤　薛天漢（以姓名筆劃繁簡爲序）
繪圖者　方洞　沈蘢元　周其義
發行者　國定中小學教科書七家聯合供應處　重慶復興路十五號

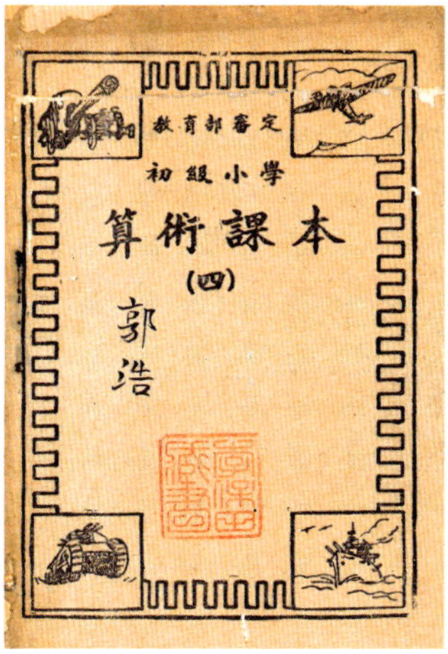

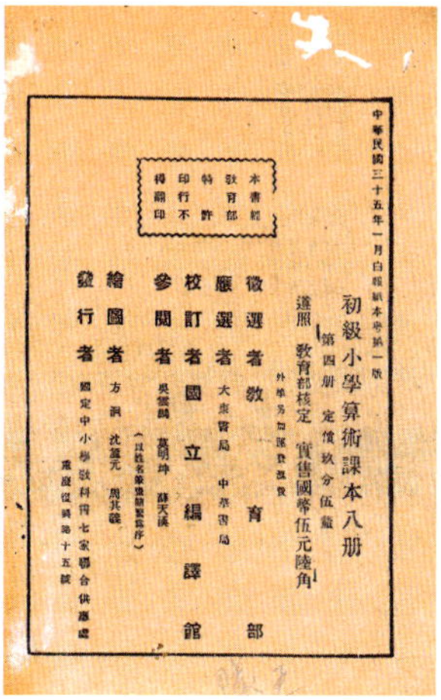

822 | 书名：高小算术（高级小学适用）
著者：薛天汉、沈慰霞 / 编辑
出版印行：大东书局
出版时间：民国三十六年（1947）第16版
册数：四

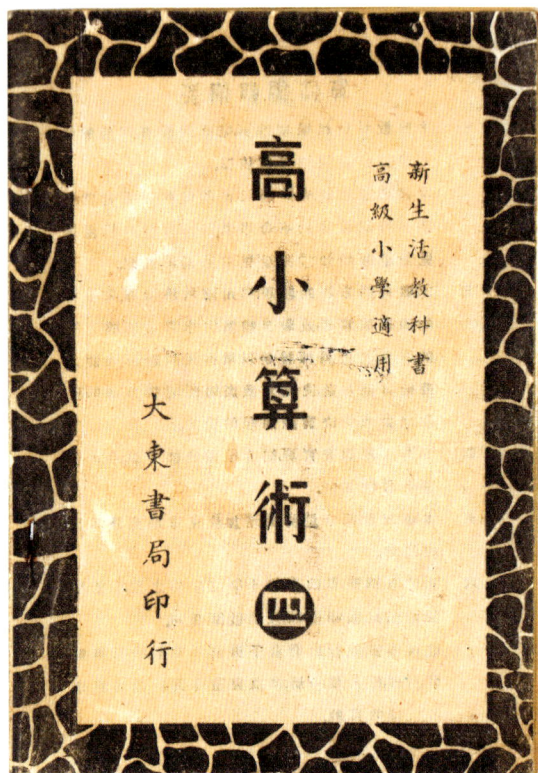

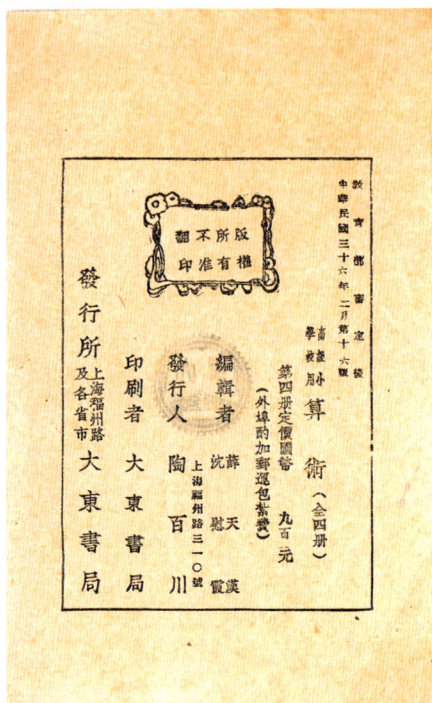

书名：新算术之友（小学五年级适用）
著者：赵余勋 / 编著
出版印行：三民图书公司
出版时间：民国三十六年（1947）新5版
册数：不详

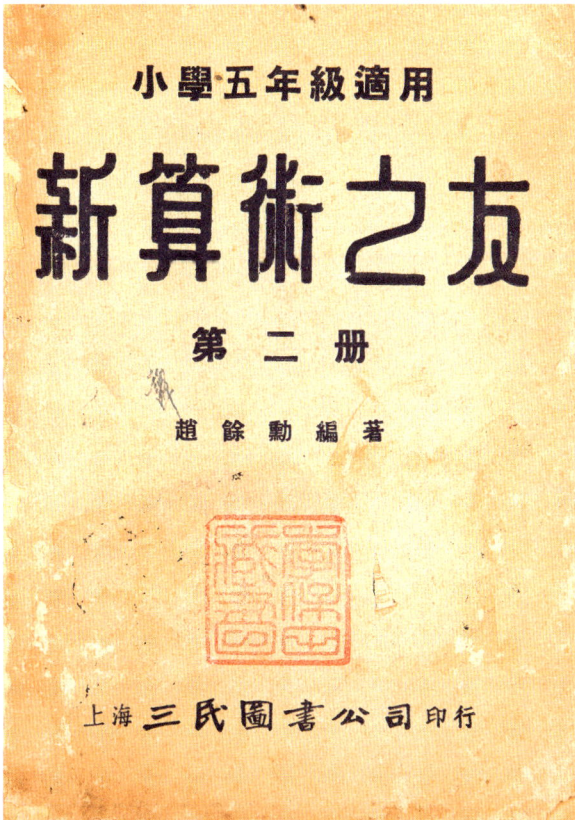

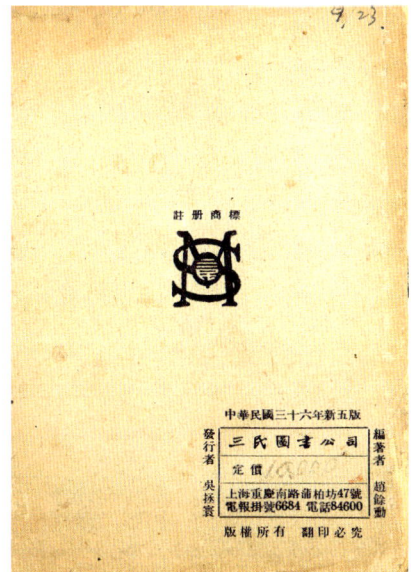

小學·五年級適用

新算術之友

第 二 册

趙餘勳編著

上海 三民圖書公司 印行

註册商標

中華民國三十六年新五版

發行者 三民圖書公司

定價

吳拯寰

上海重慶南路蒲柏坊47號
電報掛號6684 電話84600

編著者 趙餘勳

版權所有 翻印必究

824 书名：国民学校副课本算术

著者：薛天汉、蒋息岑 / 编辑　钦关淦、沈长庚 / 修订

出版印行：大东书局

出版时间：民国三十七年（1948）初版

册数：八

國民學校副課本
算術
第八册
四年級下學期用

國民學校
副課本
算術編輯大意

㈠本書係就本局審定本小學算術教科書加以改編。該書於民國二十六年經教育部審定，編制精審，選材適當。茲復詳加校訂，增添新教材，益求完善。全書八册，最爲適宜。

㈡本書所選教材，除適合兒童經驗和兒童日常生活外，特別注意鄉村生活及民族精神有關之材料，以激起兒童愛國愛鄉的思想。

㈢本書各種方法的教學，均用歸納法指導。先用實物觀察和實測，或舉其體實例來證驗某種方法的性質；其次練習題，以增進兒童計算的能力；最後爲應用題，使兒童澈底明瞭某種方法的運用，以養成解決實際問題的能力。

㈣本書多用圖畫遊戲，從直觀及與趣方面，引起兒童學習的動機。

㈤本書形式，字體多變化，插圖優美活潑，以適合兒童學習心理。

㈥本書另編教學指引八册，以供教師參攷。

版權不准翻印
所有
國民學校
副課本
算術（全八册）

中華民國三十七年　五月初版

第八册定價國幣三角
（外埠酌加郵運包紮費）

編輯者　薛天漢　蔣息岑

修訂人　欽關淦　沈長庚

印刷者　大　東　書　局
　　　　上海福州路三一〇號

發行人　杜　　鏞

發行者　大　東　書　局

發行所　大　東　書　局
　　　　上海福州路及各省市

书名：算术课本（高级小学用）   825
著者：国立编译馆 / 主编　薛元龙 / 编辑　薛天汉 / 校阅　陈江风 / 绘图
出版印行：南光书店
出版时间：民国三十七年（1948）第1版
册数：四

教育部審定
三十六年修訂本
高級小學
算術課本
第四册
國立编譯館編　南光書店印行

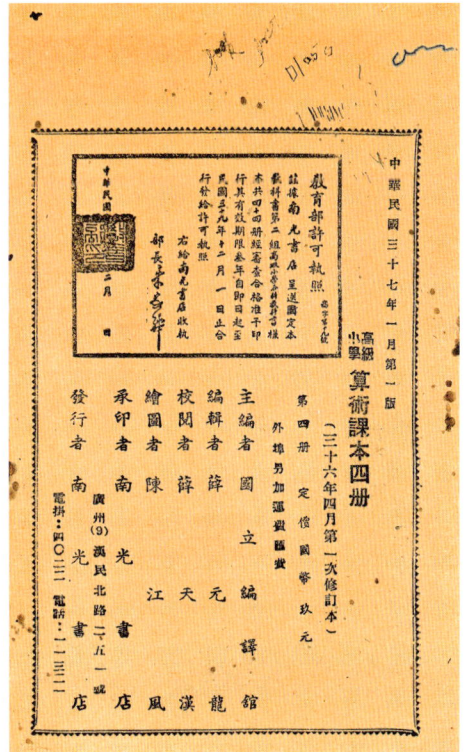

中華民國三十七年一月第一版

高級小學 算術課本四册
（三十六年四月第一次修訂本）

第四册　定價國幣玖元
外埠另加匯費匯費

主編者　國立編譯館
編輯者　薛元龍
校閱者　薛天漢
繪圖者　陳江風
承印者　南光書店
發行者　南光書店
廣州（9）漢民北路二七五一號
電掛：四〇三二　電話：二二三二

826　书名：算术课本（一年制短期小学适用）
著者：宋文藻、沈百英 / 编校
出版印行：商务印书馆
出版时间：不详
册数：二

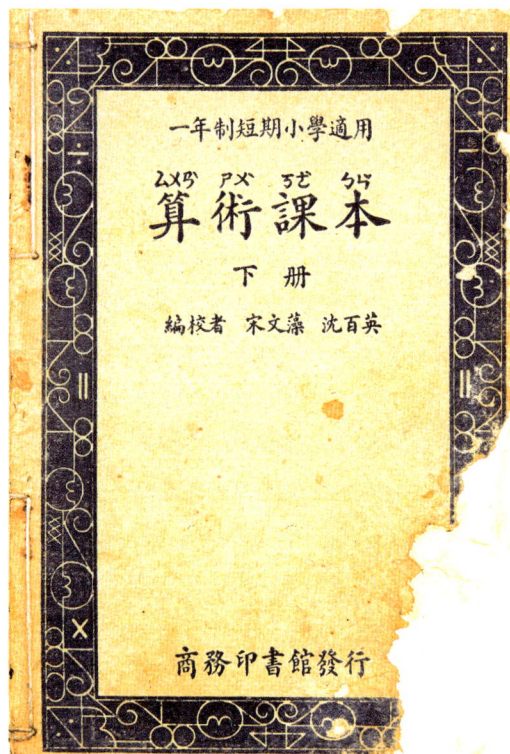

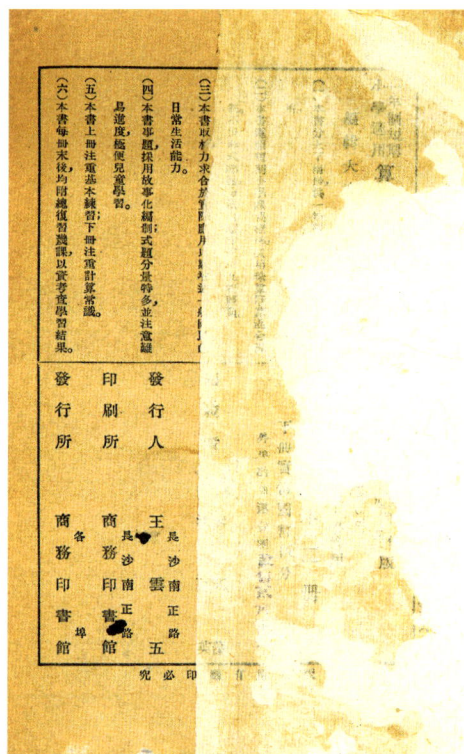

书名：高级算术课本
著者：不详
出版印行：不详
出版时间：不详
册数：不详

828　书名：最新高等小学教科书数学拾级

著者：不详

出版印行：不详

出版时间：不详

册数：不详

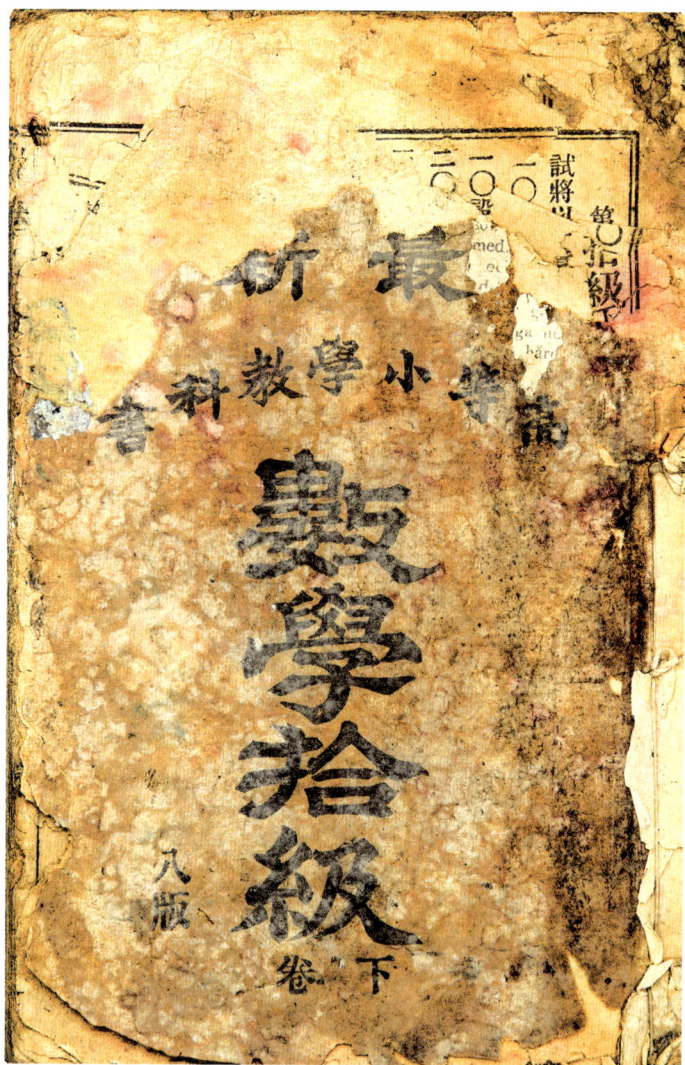

书名：共和国教科书算术（中学校用）

著者：寿孝天 / 编纂　骆师曾 / 校订

出版印行：商务印书馆

出版时间：民国二年（1913）初版

册数：一

中学校用

共和國

教科書

算術

商務印書館出版

商務印書館出版

新編中學校教科書

共和国教科书	本國史二册	教育部審定卷上
共和国教科书	東亞各國史一册	國文讀本四册
教科书	西洋史二册	中學英文法
民国教科书	本國地理二册	修身要義二卷
化學一册	卷上	
物理學		
法制大要		
經濟大要		
算術		
代數學二册		
兵式教練		

REPUBLICAN SERIES

ARITHMETIC

FOR MIDDLE SCHOOLS

COMMERCIAL PRESS, LTD.

編纂者　紹興壽孝天	中華民國二年九月初版
校訂者　紹興駱師曾	（共和國教科書）算術（中學校用）一册
發行者　商務印書館	
印刷所　上海北河南路北首寶山路 商務印書館	
總發行所　上海棋盤街中市 商務印書館	
分售處　商務印書分館	

北京保定辛天津汴梁汉口吉林天津
济南开封太原西安成都重庆
安庆长沙桂林汉口南昌
潮州福州赣州潮州

※ 此書有著作權翻印必究 ※

830　　书名：实用主义中学新算术

　　　　著者：陈文／著

　　　　出版印行：科学会编辑部、商务印书馆

　　　　出版时间：民国五年（1916）初版　民国十一年（1922）11版

　　　　册数：不详

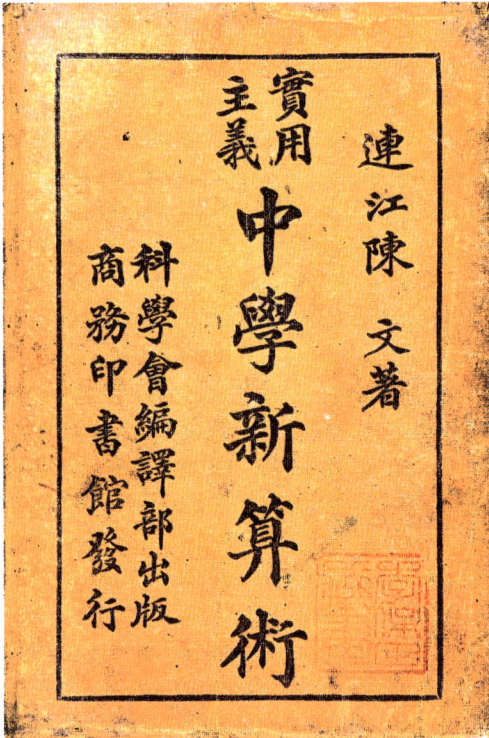

實用主義中學新算術

連江陳文著

科學會編譯部出版

商務印書館發行

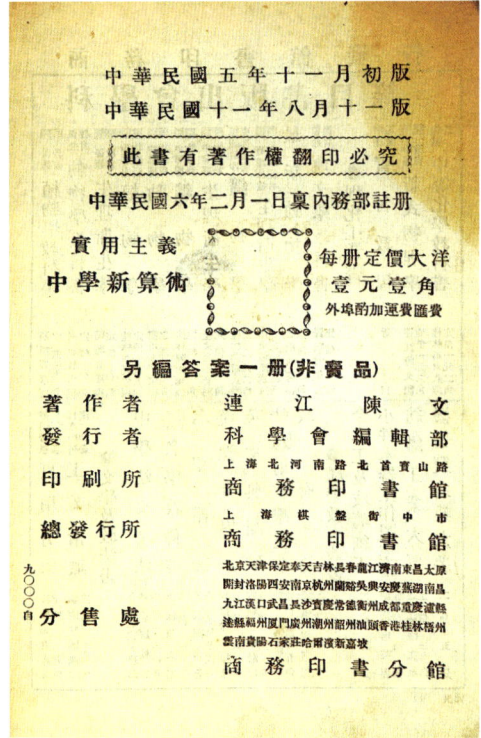

中華民國五年十一月初版
中華民國十一年八月十一版

此書有著作權翻印必究

中華民國六年二月一日禀內務部註册

實用主義　中學新算術　　每册定價大洋　壹元壹角　外埠酌加運費匯費

另編答案一册（非賣品）

著作者　　　連江陳文

發行者　　　科學會編輯部

印刷所　　上海北河南路北首寶山路　商務印書館

總發行所　上海棋盤街中市　商務印書館

分售處　北京天津保定奉天吉林長春龍江濟南東昌太原開封洛陽西安南京杭州蘭谿吳興安慶蕪湖南昌九江漢口武昌長沙寶慶常德衡州成都度瀘縣達縣福州厦門潮州韶州汕頭香港桂林梧州雲南貴陽石家莊哈爾濱新嘉坡

商務印書分館

书名：新中学教科书算术

著者：吴在渊、胡敦复 / 编　华襄治、张鹏飞 / 校

出版印行：中华书局

出版时间：民国十一年（1922）发行　民国十四年（1925）13版

册数：一

新中學教科書

算術

全一冊

編者

武進　吴在淵　無錫　胡敦復

校者

無錫　華襄治　江寧　張鵬飛

STY

中華書局印行

中華書局發行

（敎）（育）（叢）（書）

中學訓練問題

陳啟天編述

一册　一角五分

本書根據著者多年從事中等敎育的經驗與研究，發爲懇切審之言論，企圖解決現在最難解決的中學訓練問題。

數六（3）

有著作權不准翻印

編者　武進　吴在淵
　　　無錫　胡敦復

校者　無錫　張襄治
　　　江寧　張鵬飛

發行者　中華書局

印刷所　中華書局

總發行所　上海　中華書局

分發行所

算術（全一冊）

定價銀八元六角
（外埠酌加郵票费）

民國十一年六月發行
民國十四年五月壹版

832　书名：新中学教科书算术习题详解
　　　著者：范作乘、张鹏飞、华襄治 / 编纂及校阅
　　　出版印行：中华书局
　　　出版时间：民国十一年（1922）发行　民国十七年（1928）8 版
　　　册数：一

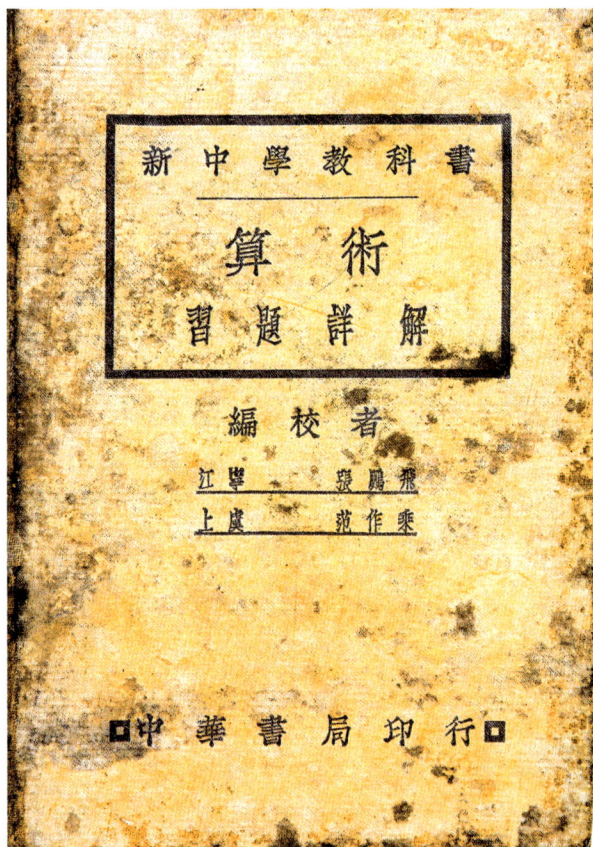

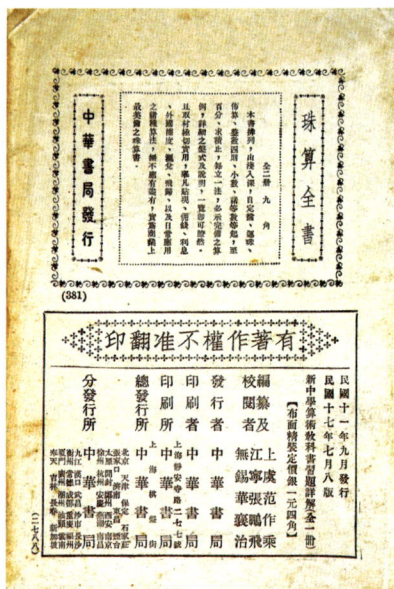

书名：新中学教科书初级混合数学
著者：程廷熙、傅种孙 / 编　张鹏飞、华襄治 / 校
出版印行：中华书局
出版时间：民国十二年（1923）修订本　民国十四年（1925）7版
册数：六

833

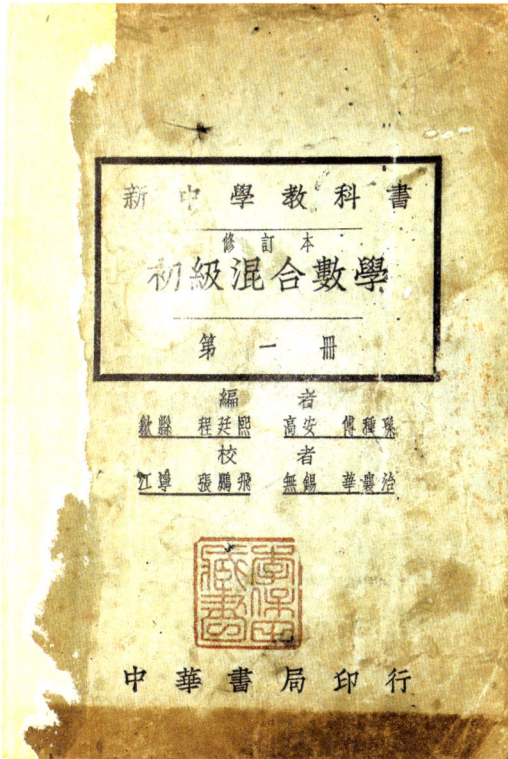

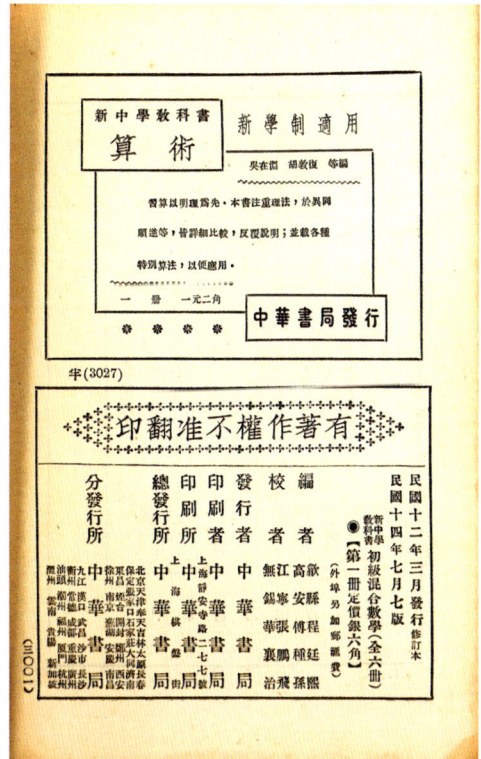

834   书名：现代初中教科书算术

著者：严济慈／编辑　段育华／校订

出版印行：商务印书馆

出版时间：民国十二年（1923）初版　民国二十年（1931）265版

册数：不详

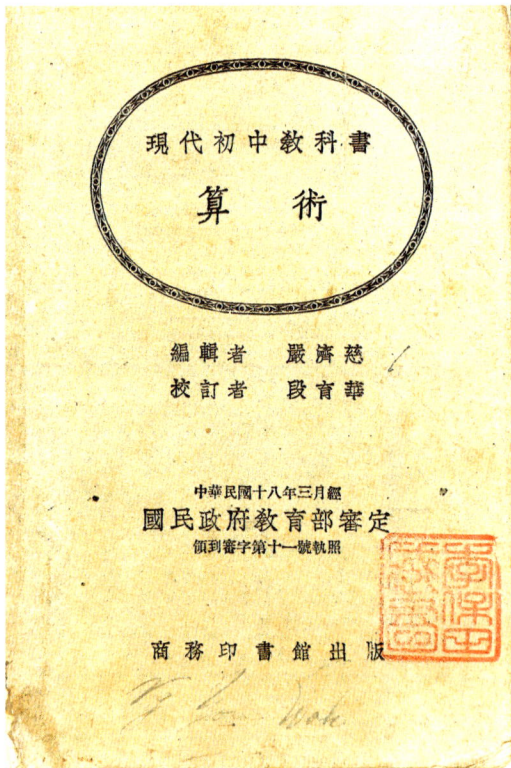

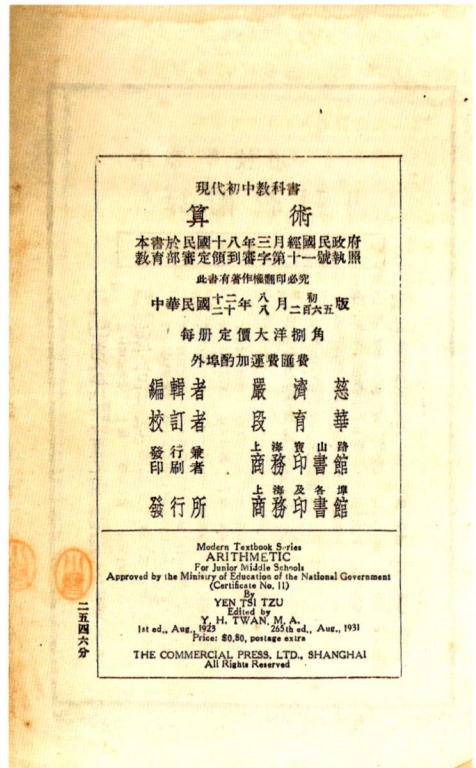

书名：新学制混合算学教科书（初级中学用）

著者：段育华 / 编辑　胡明复 / 校阅

出版印行：商务印书馆

出版时间：民国十二年（1923）初版　民国十五年（1926）96版

册数：六

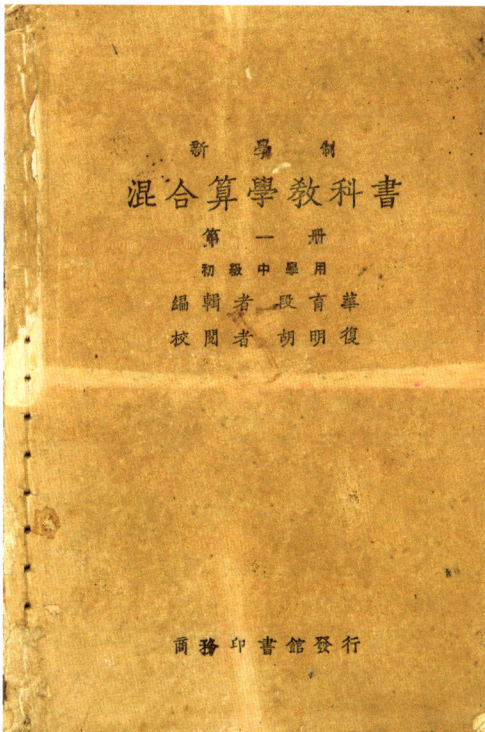

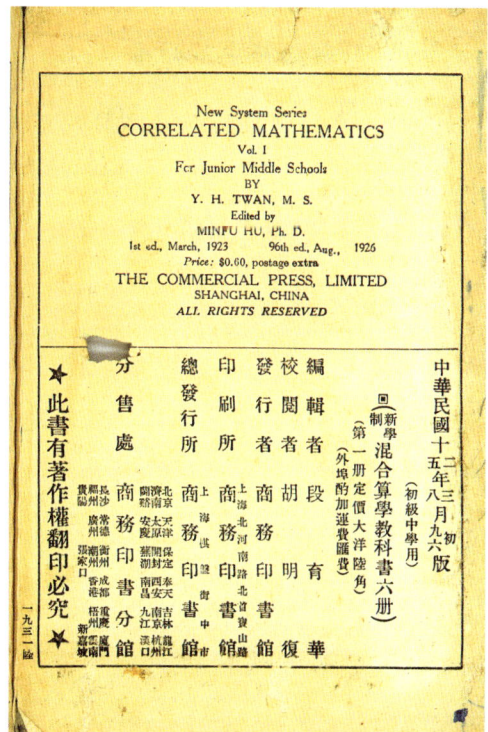

836 书名：现代初中教科书算数术

著者：严济慈／编纂　段育华／校订

出版印行：商务印书馆

出版时间：民国十二年（1923）初版　民国二十四年（1935）国难后订正第76版

册数：二

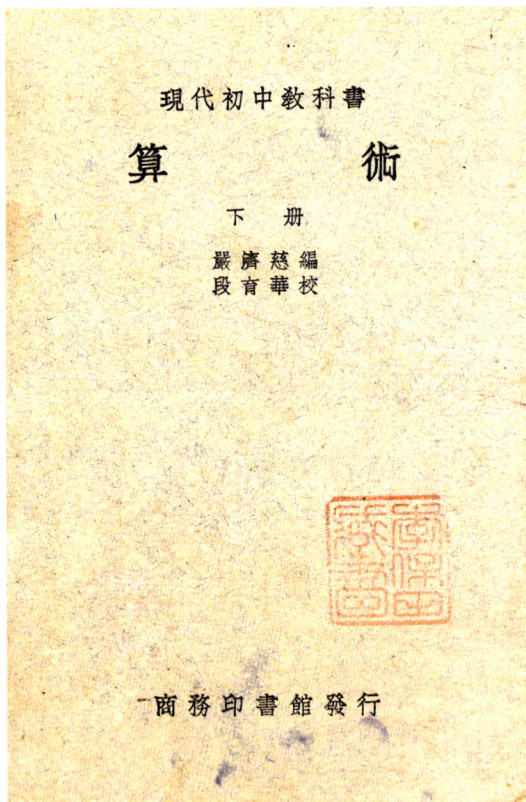

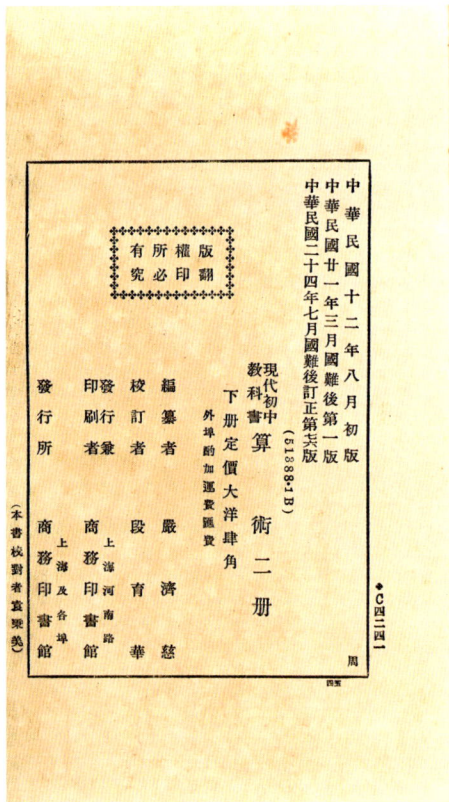

书名：现代初中教科书算术习题解答
著者：余介石、陈伯琴／编纂　董涤尘／校订
出版印行：商务印书馆
出版时间：民国十五年（1926）初版　民国十七年（1928）4 版
册数：一

现代初中教科書
算術習題解答
此書有著作權翻印必究
中華民國十七年九月初版四版
每冊定價大洋壹元
外埠酌加運費匯費

編纂者	余　介　石
	陳　伯　琴
校訂者	董　滌　塵
發行兼 印刷者	上海寶山路 商務印書館
發行所	上海及各埠 商務印書館

Modern Textbook Series
KEY TO "ARITHMETIC"
For Junior Middle Schools
By
YU CHIAI SHIH and CHEN PE CHIN
Edited by
TUNG TI CHEN
1st ed., Oct., 1926　　4th ed., Sept., 1928
Price : $1.00, postage extra
THE COMMERCIAL PRESS, LTD., SHANGHAI
All Rights Reserved

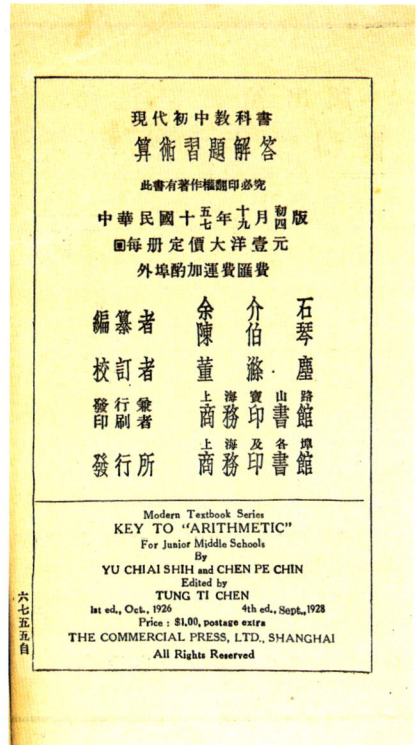

現代初中教科書
算　術
習題解答

余介石　陳伯琴編
董滌塵校

商務印書館出版

书名：算术进阶

著者：齐雨亭 / 编辑　如虞 / 校订

出版印行：不详

出版时间：民国十七年（1928）初版　民国二十二年（1933）7版

册数：一

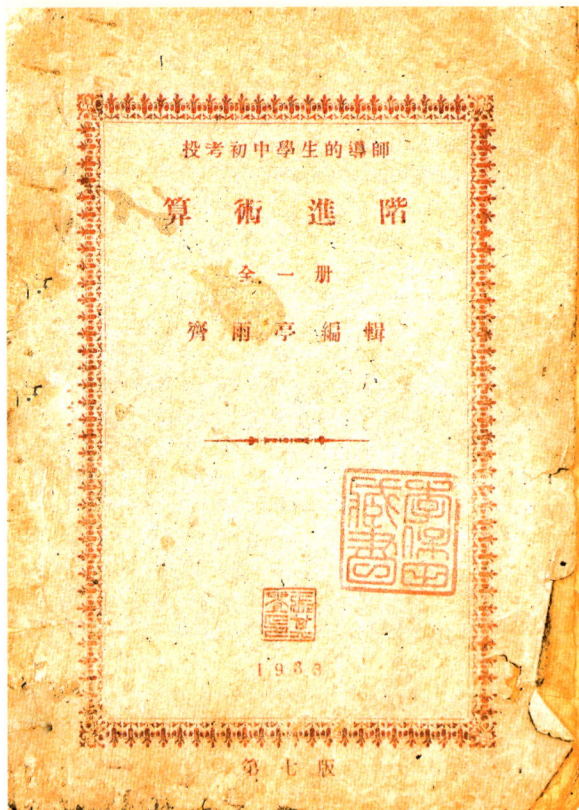

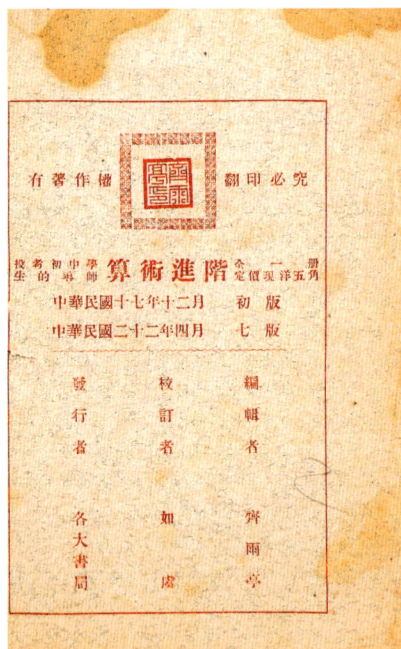

书名：简易笔算数学（中学校用）

著者：不详

出版印行：不详

出版时间：1928年3版

册数：不详

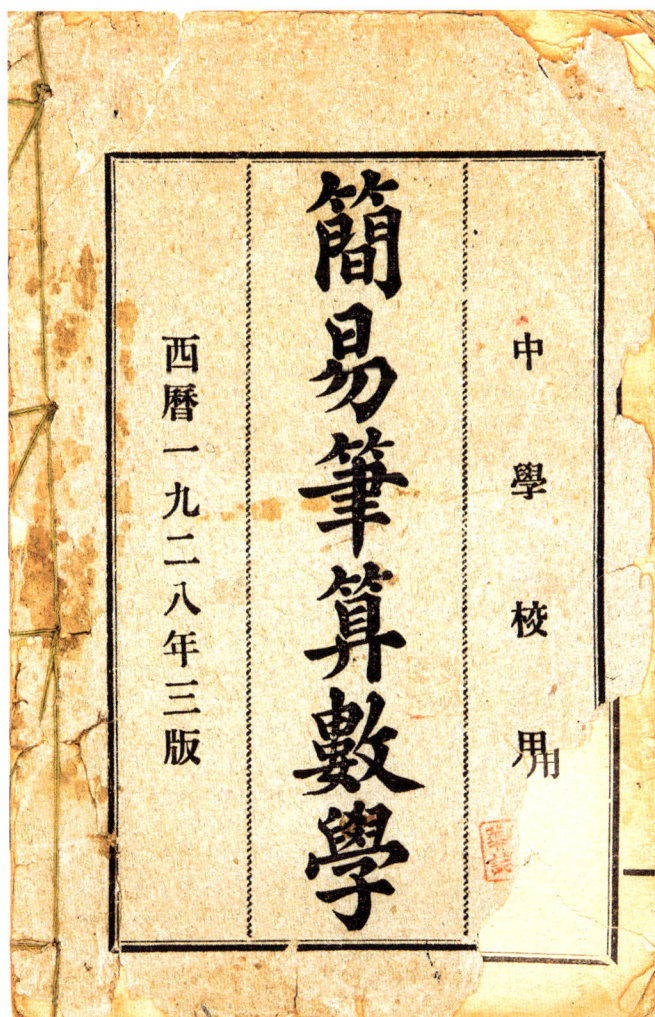

840　书名：开明算学教本算术（初级中学学生用）
　　　著者：周为群、刘薰宇、章克标、仲光然 / 编著
　　　出版印行：开明书店
　　　出版时间：民国十八年（1929）初版　民国廿二年（1933）修正11版
　　　册数：二

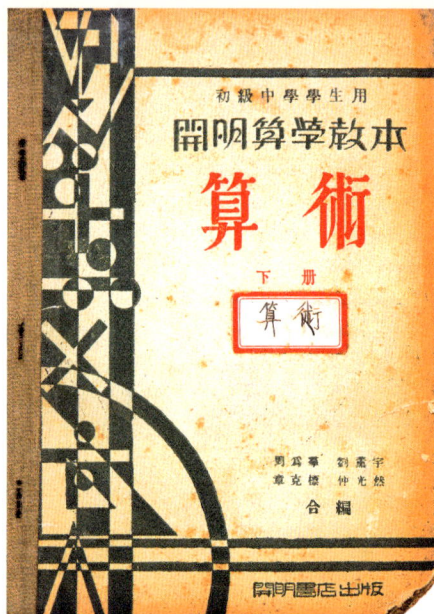

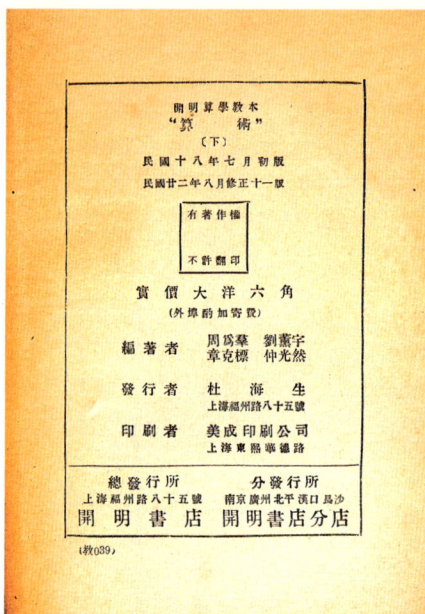

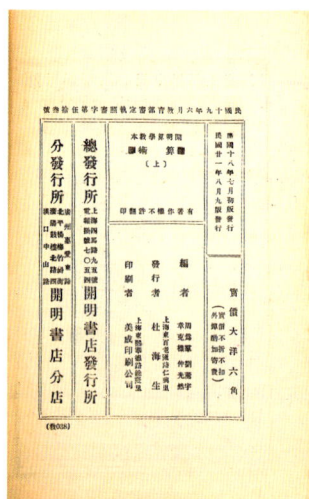

书名：初中算术

著者：余介石、甘源淹／编　段调元／校

出版印行：北新书局

出版时间：民国二十年（1931）付排　民国二十三年（1934）3版

册数：不详

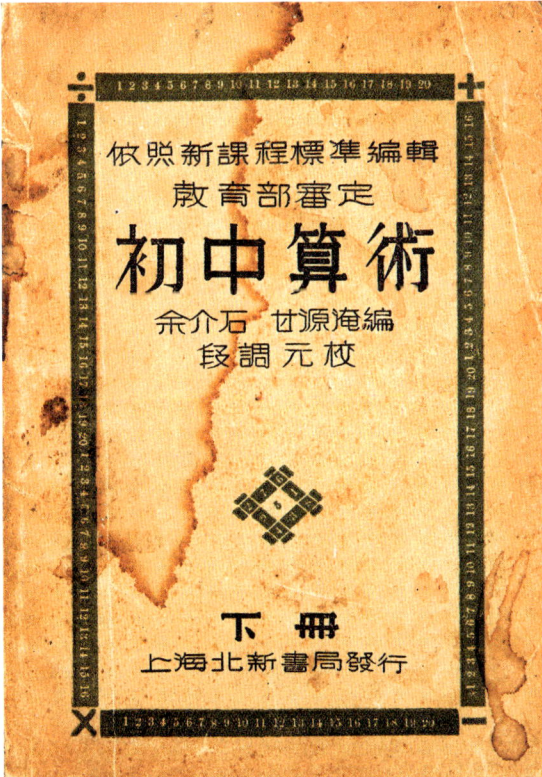

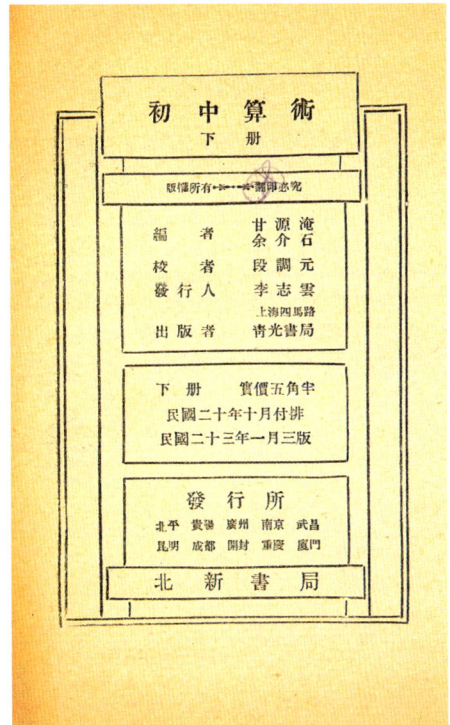

842　书名：复兴初级中学教科书算术

著者：骆师曾 / 编著　段育华 / 校订

出版印行：商务印书馆

出版时间：民国二十二年（1933）初版　民国二十四年（1935）110版

册数：二

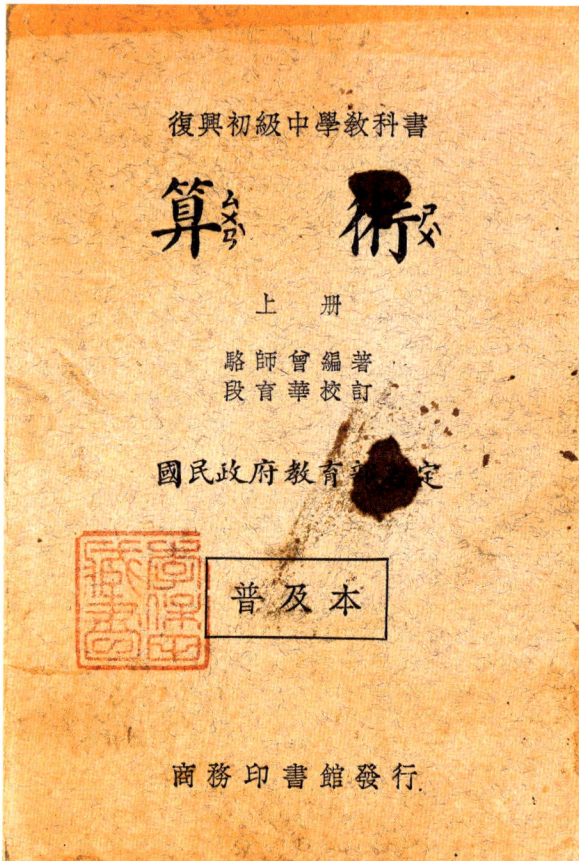

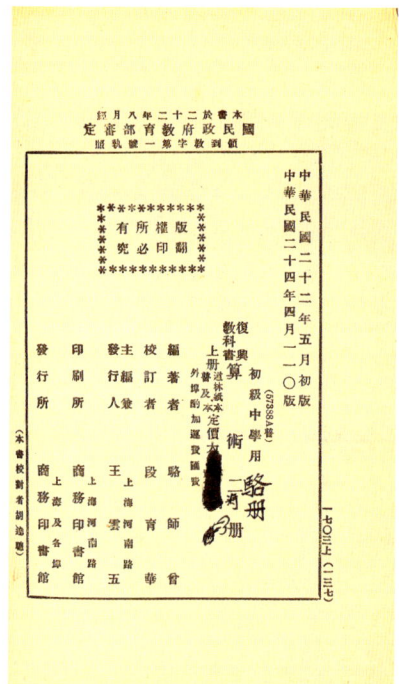

书名：王氏初中算术（初级中学学生用）

著者：王刚森 / 编著

出版印行：世界书局

出版时间：民国二十二年（1933）初版　民国二十四年（1935）6版

册数：二

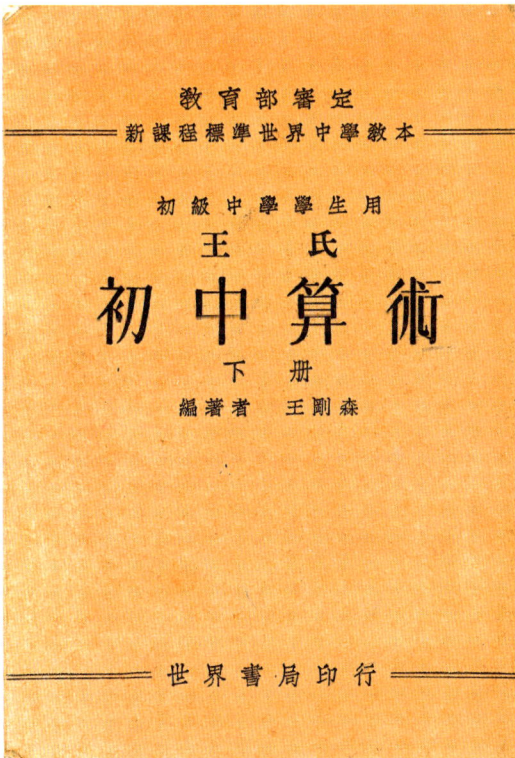

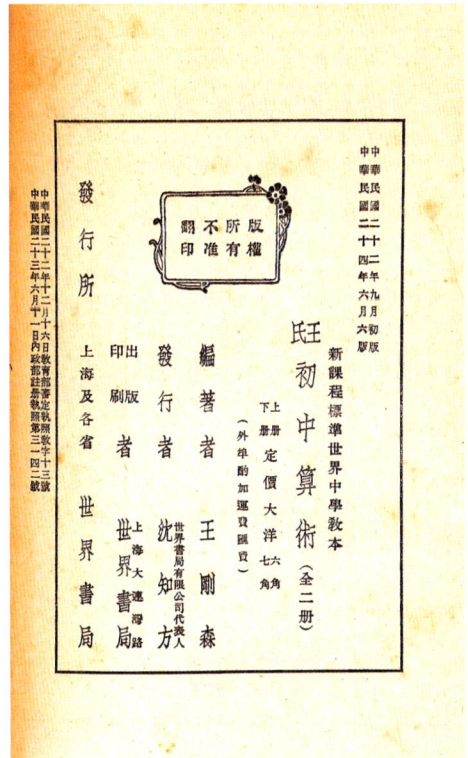

844　书名：骆氏初中算术（初级中学学生用）

著者：骆师曾／编著

出版印行：世界书局

出版时间：民国二十二年（1933）初版　民国二十三年（1934）4版

册数：二

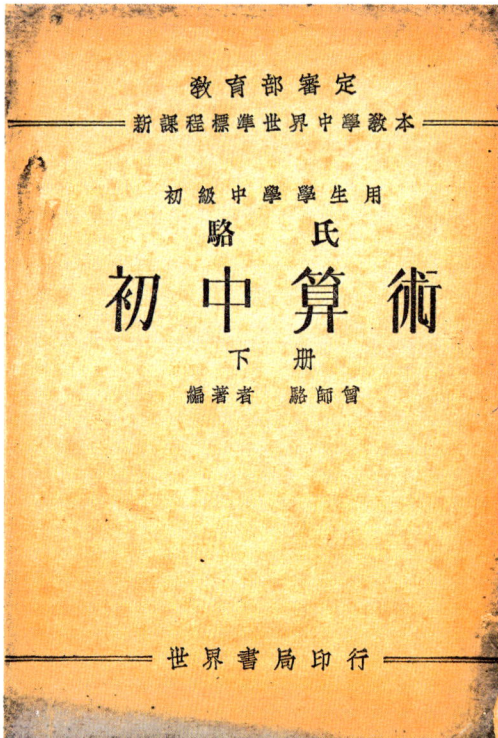

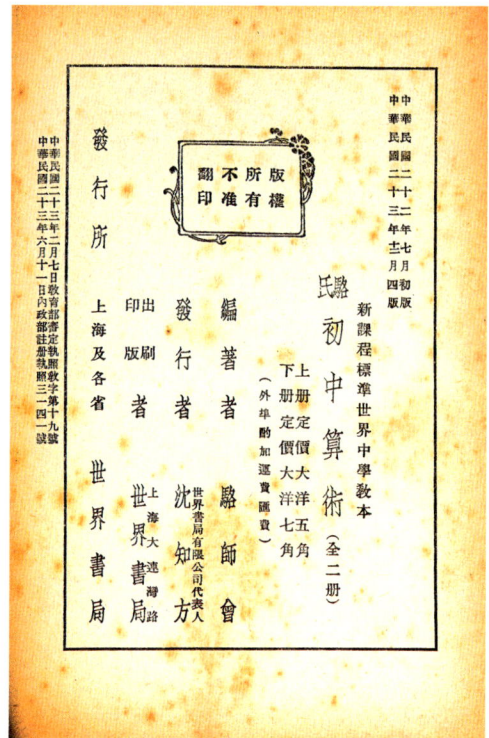

书名：开明算术讲义
著者：刘薰宇 / 编著
出版印行：开明书店
出版时间：民国二十四年（1935）初版　民国三十八年（1949）9版
册数：不详

845

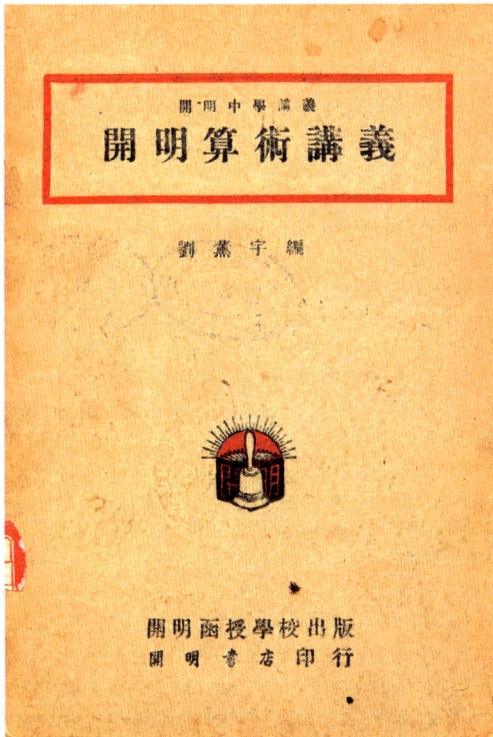

開·明中學講義

開明算術講義

劉薰宇 編

開明函授學校出版
開明書店印行

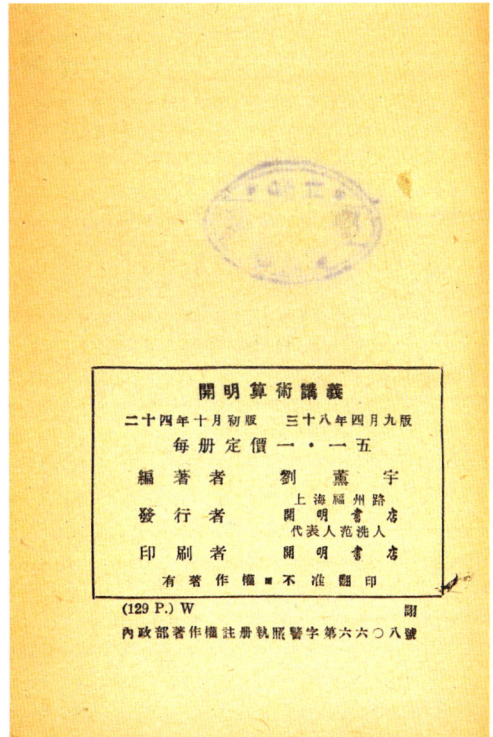

開明算術講義

二十四年十月初版　三十八年四月九版

每册定價一·一五

編著者　劉薰宇

發行者　開明書店
上海福州路
代表人范洗人

印刷者　開明書店

有著作權　不准翻印

(129 P.) W　閔

內政部著作權註册執照警字第六〇八號

书名：建国教科书初级中学算术

著者：余信符、汪桂荣／编

出版印行：正中书局

出版时间：民国二十七年（1938）初版　民国二十八年（1939）28版

册数：不详

书名：新中国教科书初级中学算术

著者：汪桂荣、余信符／编著

出版印行：正中书局

出版时间：民国三十五年（1946）沪37版　民国三十五年（1946）沪审定本沪20版

册数：二

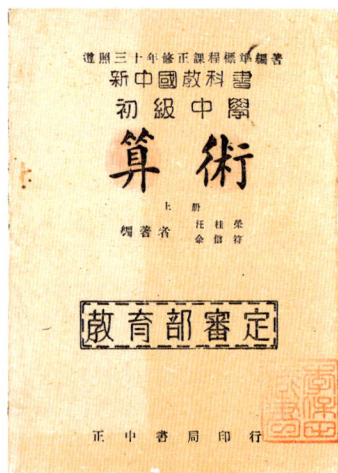

书名：初中算术教本（修正课程标准适用）

著者：刘薰宇、孙瀚、张志渊 / 编著

出版印行：开明书店

出版时间：民国二十八年（1939）初版　民国卅六年（1947）8版

册数：二

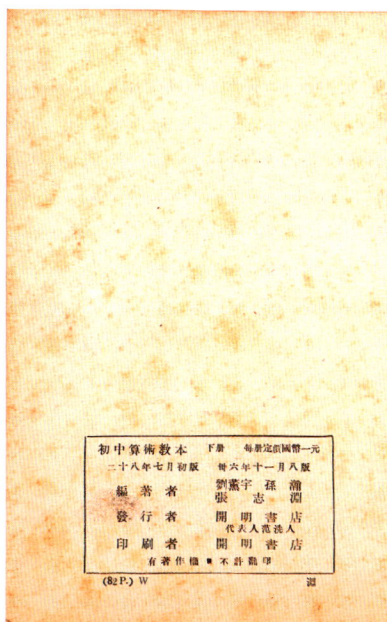

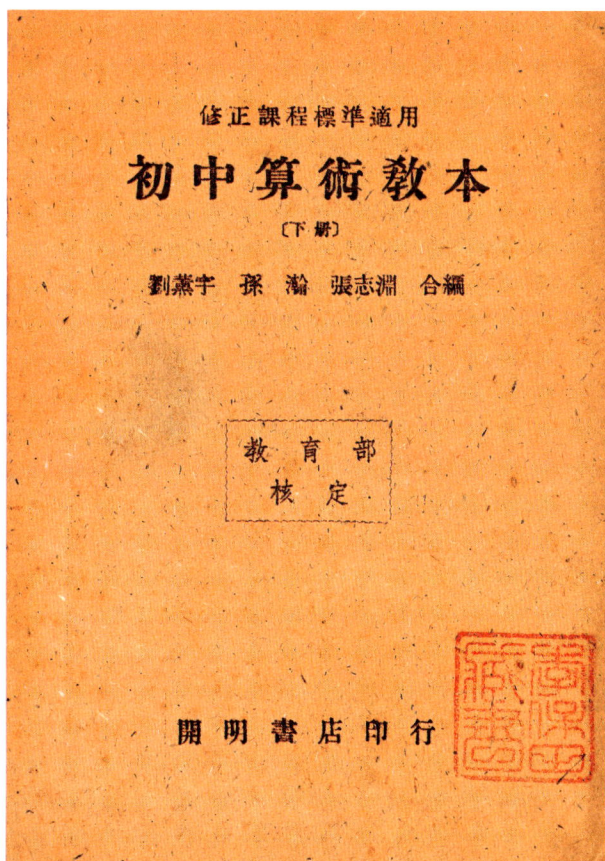

书名：初中算术（最新课程标准适用）
著者：陆子芬、孙振宪／编　余介石／校
出版印行：中华书局
出版时间：民国三十三年（1944）发行　民国三十六年（1947）沪6版
册数：二

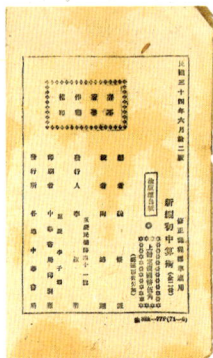

书名：新编初中算术（修正课程标准适用）
著者：魏怀谦／编　陶鸿翔／校
出版印行：中华书局
出版时间：民国三十四年（1945）渝2版
册数：二

书名：新编初中算术（修正课程标准适用）
著者：魏怀谦／编　陶鸿翔／校
出版印行：中华书局
出版时间：民国三十五年（1946）22版
册数：二

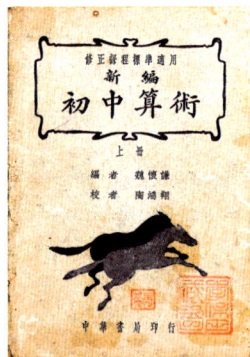

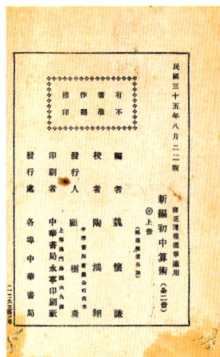

书名：开明新编初中算术教本
著者：夏承法、叶至善 / 编著
出版印行：开明书店
出版时间：1946年初版　1949年8版
册数：不详

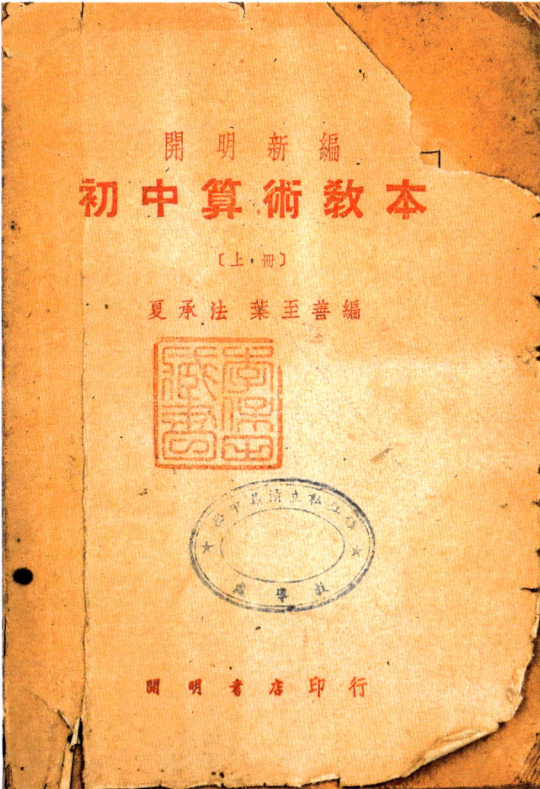

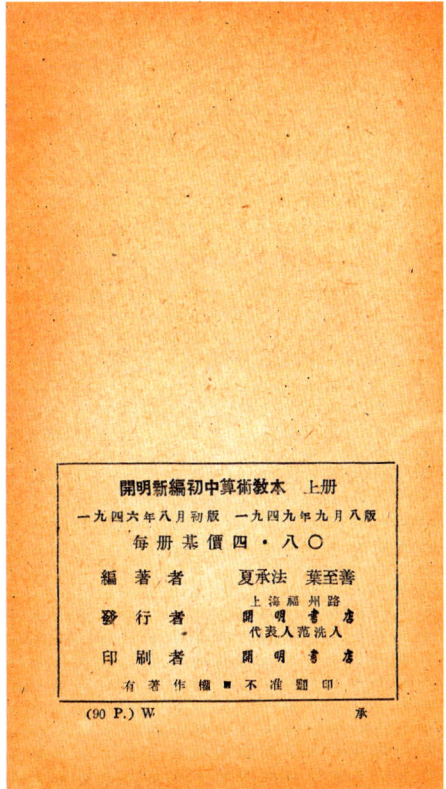

849

開明新編
初中算術教本
〔上冊〕

夏承法 葉至善編

開明書店印行

開明新編初中算術教本　上冊
一九四六年八月初版　一九四九年九月八版
每冊基價四·八〇
編著者　夏承法 葉至善
發行者　上海福州路　開明書店　代表人范洗人
印刷者　開明書店
有著作權 ■ 不准翻印
(90 P.) W.　　　承

850 | 书名：初中新算术（修正课程标准适用）
著者：蔡泽安 / 编著　骆师曾 / 校订
出版印行：世界书局
出版时间：民国三十六年（1947）修正初版
册数：二

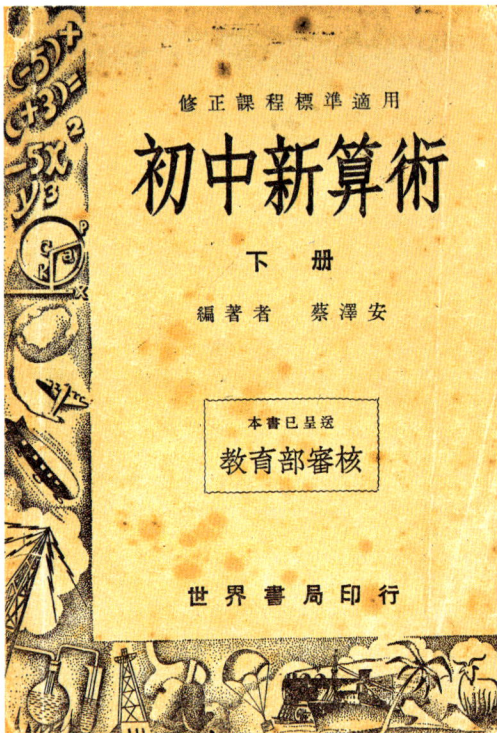

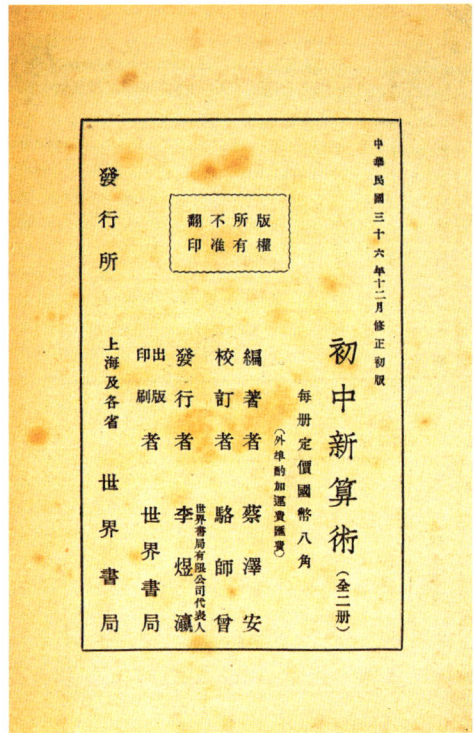

书名：易进初中算术

著者：郁祖同 / 编辑

出版印行：易进出版社、模范书局

出版时间：民国三十八年（1949）审定第1版

册数：二

易進初中算術

下　册

郁祖同　編輯

中華民國三十七年三月教育部審定 執照中教字第十四號
中華民國三十七年五月內政部註冊 執照內審字第11096號

中華民國三十八年一月　審定第一版

易進初中算術　下册　（全兩册）

版權所有
聽彝
翻印必究

編　輯　兼
發　行　人　郁　　祖　　同

上海(11)浙江路536號
印　刷　者　中　和　印　刷　廠

大通路138弄(同壽里)11號
發　行　處　易　進　出　版　社

上海福州路281號
模　範　書　局

經
售
處

上　海　各　大　書　局

作者　廣　益　文　化　東南　新科學　東新
建國　求　益　春秋　宏文　新莊　聯益
上海　文　怡　模　範　立達　友聲　其昌

◆全國各大書局◆

852 书名：现代初中教科书算术习题解答

著者：余介石、陈伯琴 / 编辑　董涤尘 / 校订

出版印行：商务印书馆

出版时间：不详

册数：不详

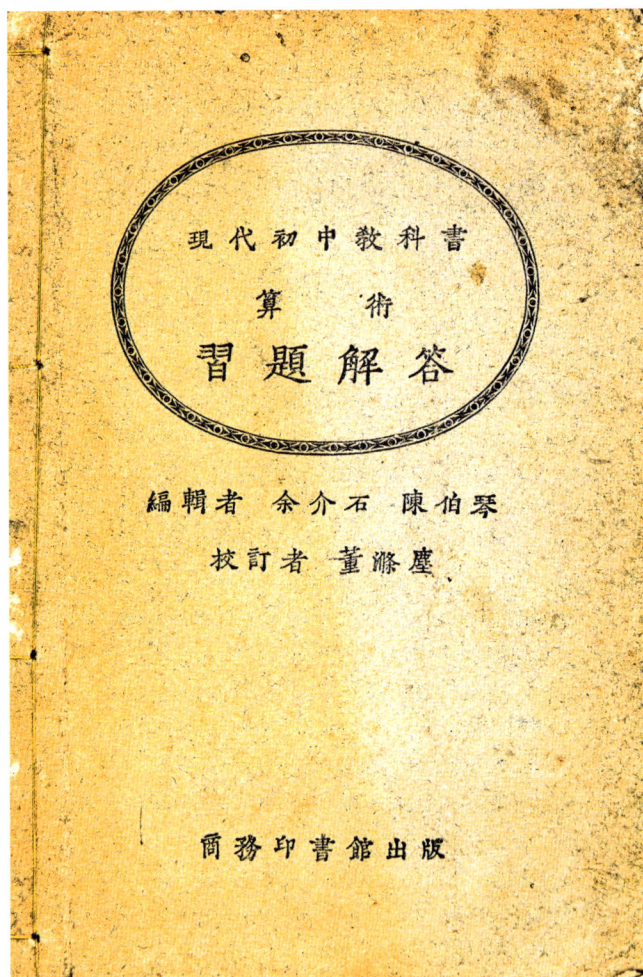

书名：订正普通珠算课本（高等小学用）
著者：蒋仲怀／编纂
出版印行：商务印书馆
出版时间：丙午年（1906）初版　民国二年（1913）17版
册数：一

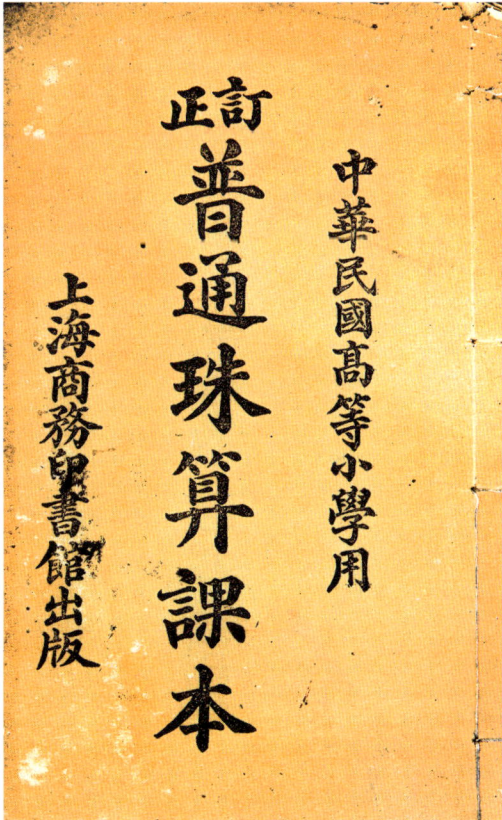

854　书名：珠算课本（学生用）
　　　著者：寿孝天／编纂
　　　出版印行：商务印书馆
　　　出版时间：庚戌年（1910）初版　民国十三年（1924）11版
　　　册数：一

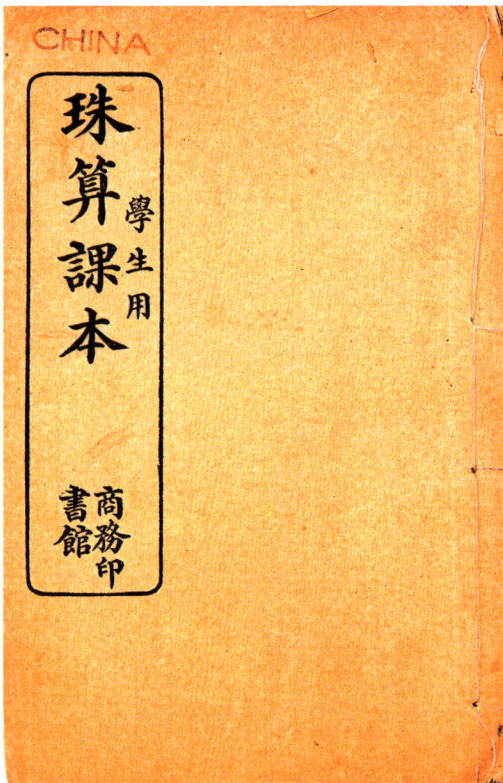

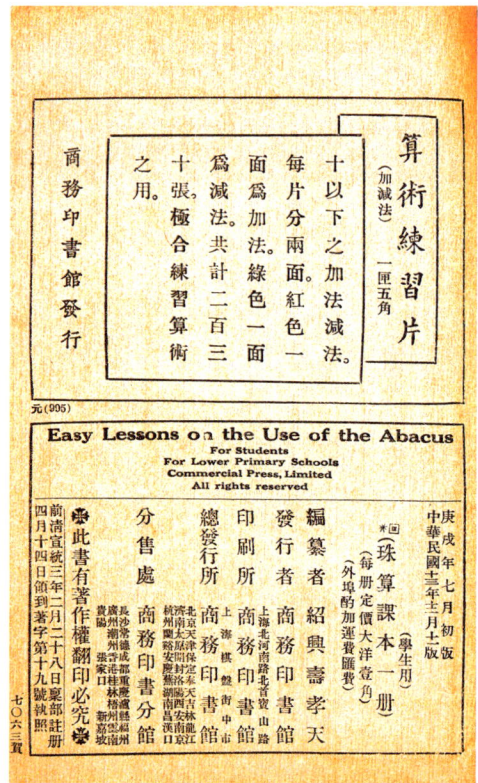

书名：共和国教科书新算术·珠算（高等小学校用）

著者：骆师曾 / 编纂　寿孝天 / 校订

出版印行：商务印书馆

出版时间：民国二年（1913）初版　民国十四年（1925）25版

册数：三

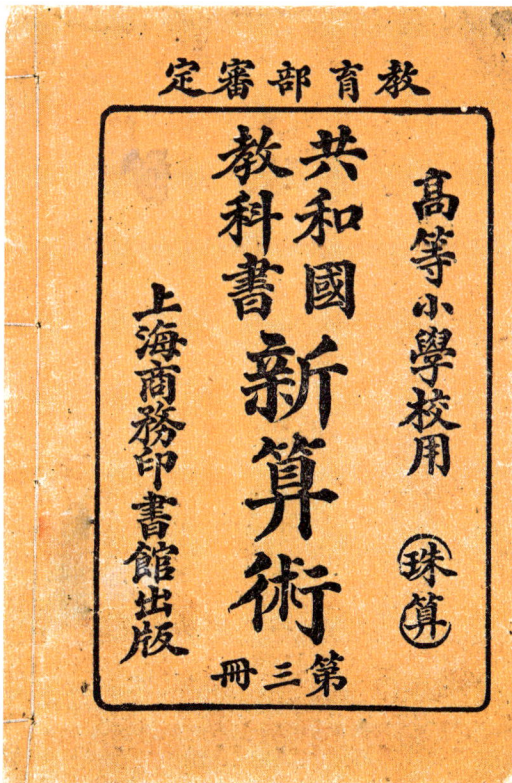

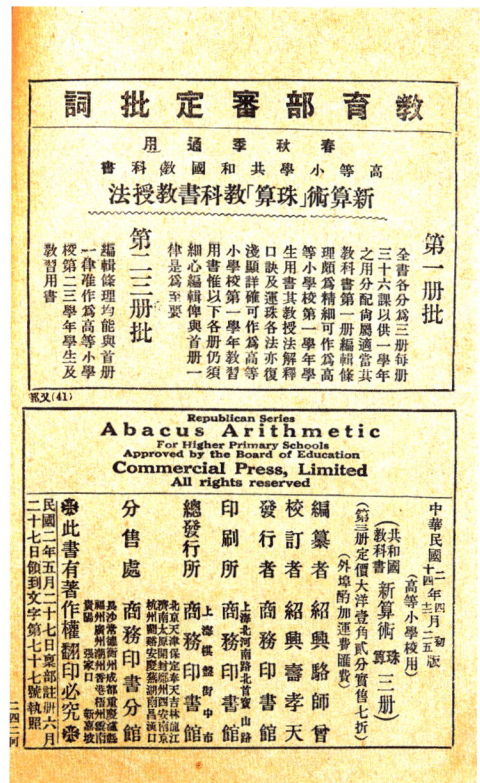

856 | 书名：中华珠算教科书（高等小学校用）
著者：徐增 / 编
出版印行：中华书局
出版时间：民国三年（1914）发行　民国八年（1919）9版
册数：三

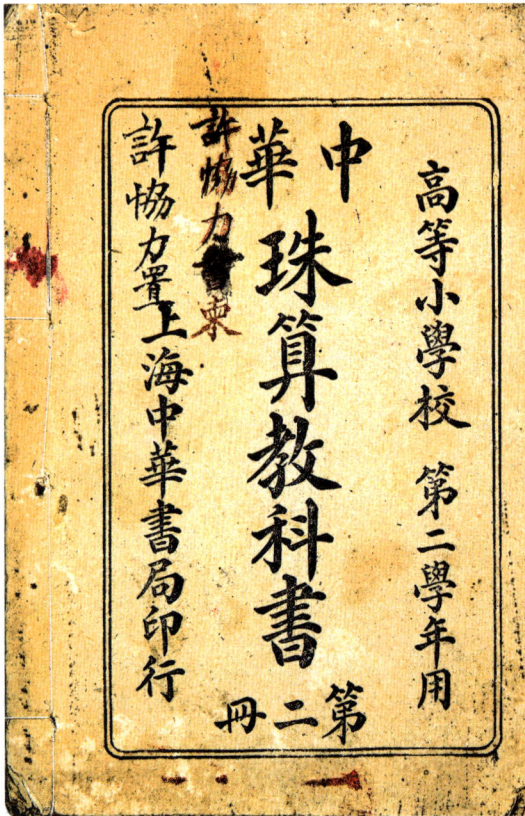

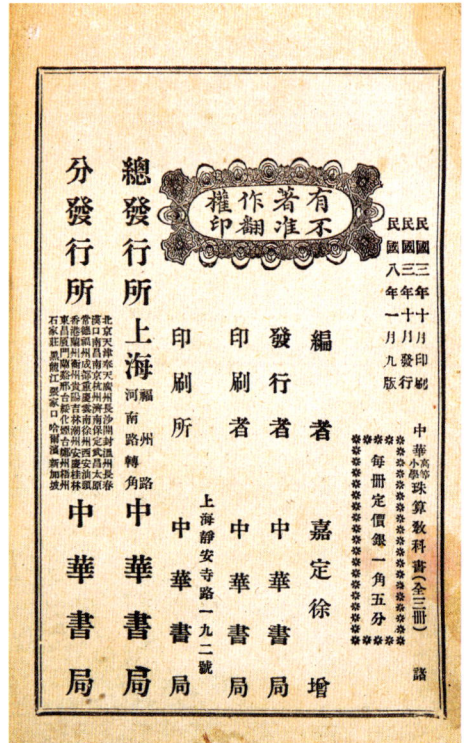

书名：改良绘图珠算课本

著者：不详

出版印行：江东书局

出版时间：民国四年（1915）

册数：不详

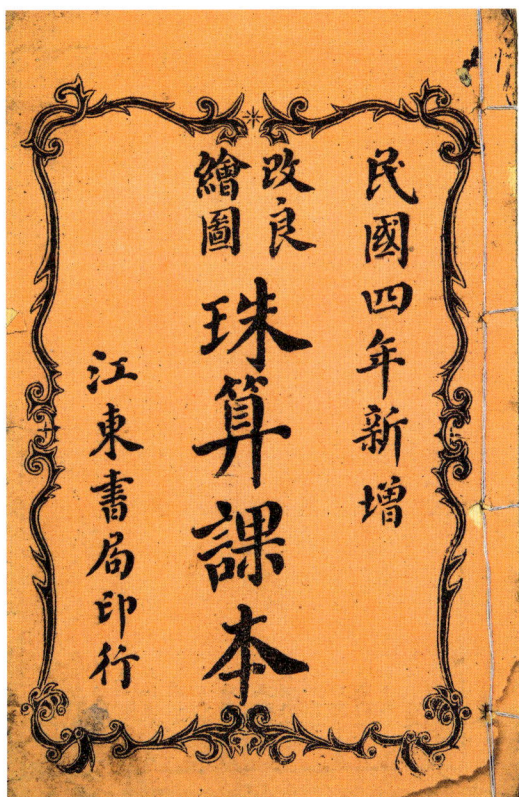

858　书名：珠算详解

著者：赵沅芬 / 编

出版印行：粤东编译公司

出版时间：民国四年（1915）初版

册数：不详

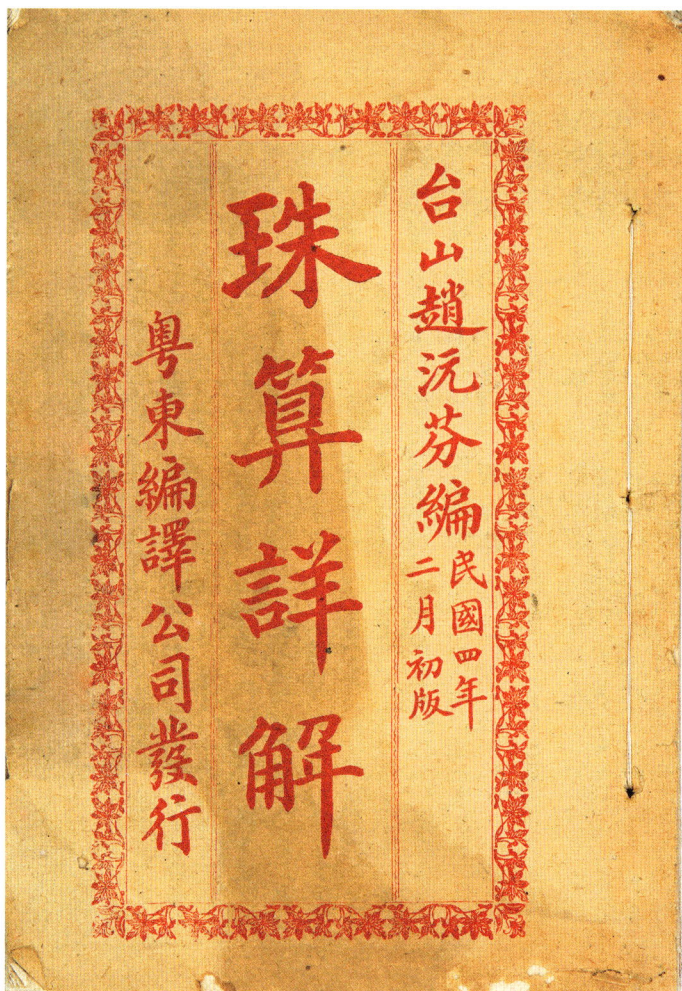

台山趙沅芬編　民國四年二月初版

珠算詳解

粤東編譯公司發行

书名：最新珠算指掌大全浅解

著者：不详

出版印行：以文堂

出版时间：民国四年（1915）新辑

册数：不详

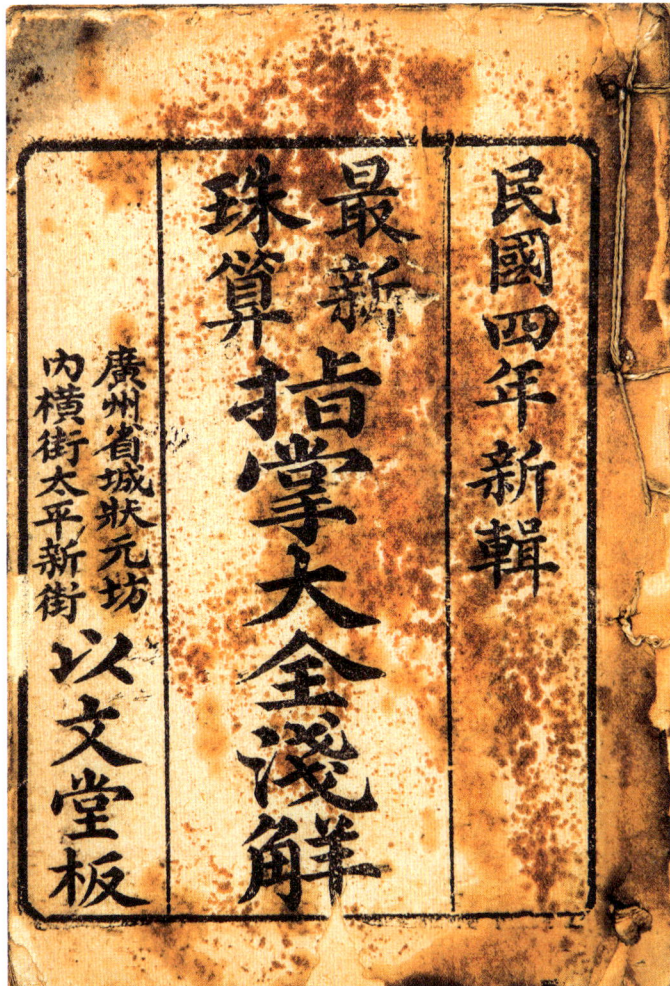

书名：新式珠算教科书（国民学校用）

著者：沈煦／编　华襄治／阅

出版印行：中华书局

出版时间：民国七年（1918）发行　民国十二年（1923）15版

册数：三

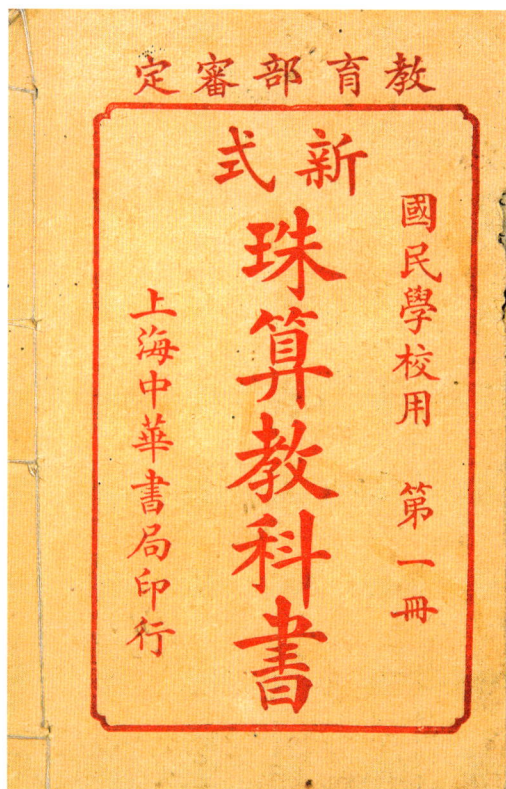

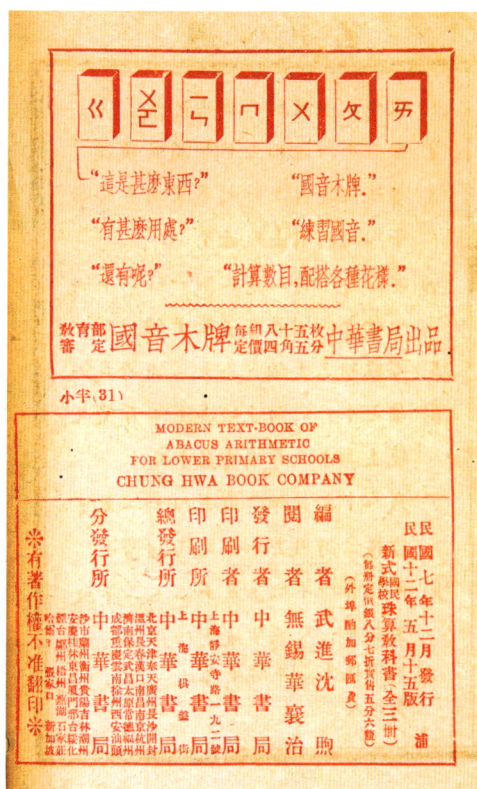

书名：珠算捷径

著者：伍秩南 / 编辑

出版印行：广州光东书局

出版时间：民国八年（1919）初版　民国十年（1921）订正再版

册数：一

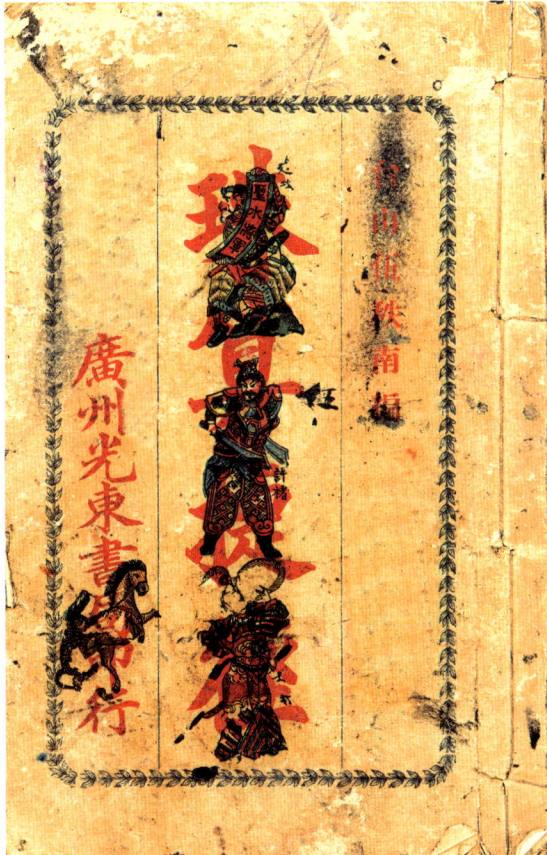

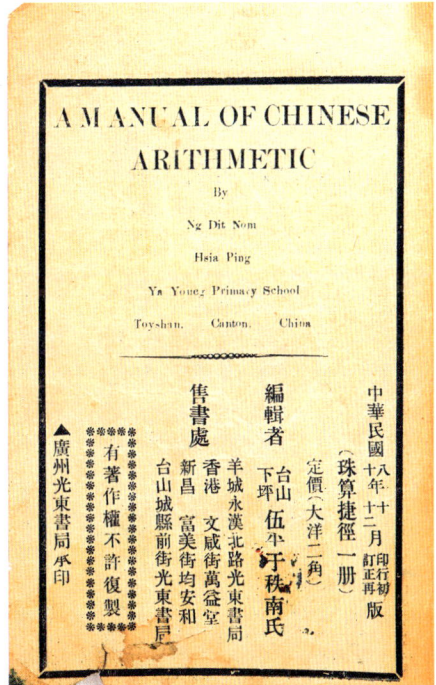

862

书名：新撰珠算捷径

著者：伍秩南 / 编辑

出版印行：新光书局

出版时间：民国八年（1919）初版　民国十八年（1929）新撰 5 版

册数：一

新撰

珠算捷径

台山伍平于编

内容

算法歌诀
算法初步
算法示范
算法仿习
算法杂录

台山五十（新）（光）（书）（局）营业广告

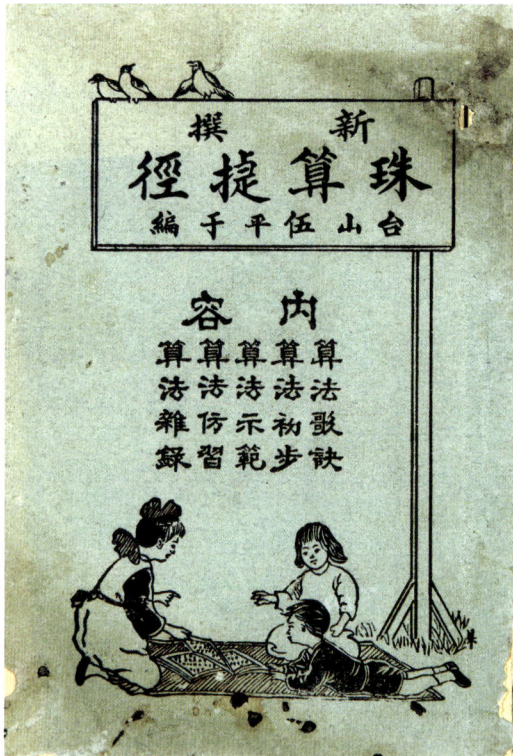

本號運售書籍校具筆墨紙張廳
聆藥品足光電芯華洋百貨代理
省港台山報紙派送快捷接登報
紙告白承印傳單兼採最新染術
用德國名廠靛料精染各色新舊
絲綢羽毛棉夏衣服布疋嬌艷耐
用（台山全邑農工出品展覽會
本號染術獲一等獎牌）諸君惠
顧無任歡迎

司理伍平于啟

編輯者　台山下坪伍平于秩南氏

發行處　台山五十新光書局

分售處　各城市大書局

中華民國十八年六月印行初版新撰五版

珠算捷徑一册
定價一角二分

此書有著作權翻印必究

书名：珠算全书

著者：马骏钧/编辑　华襄治、张鹏飞/校阅

出版印行：中华书局

出版时间：民国十年（1921）发行　民国廿一年（1932）13版

册数：二

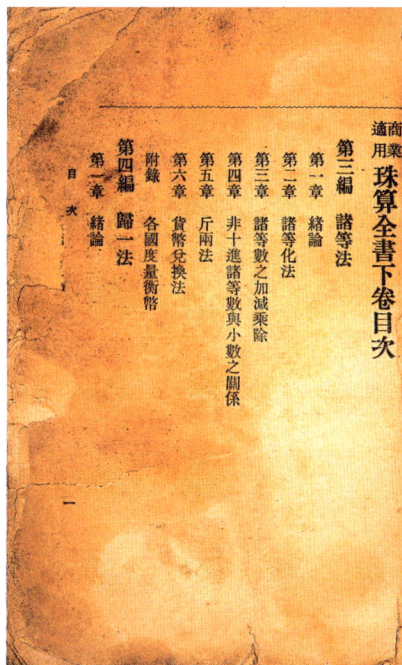

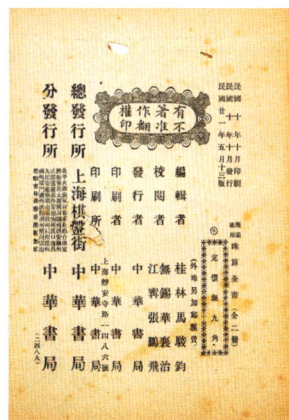

864　书名：国民必备珠算课本
　　　著者：不详
　　　出版印行：广益书局
　　　出版时间：民国十年（1921）
　　　册数：不详

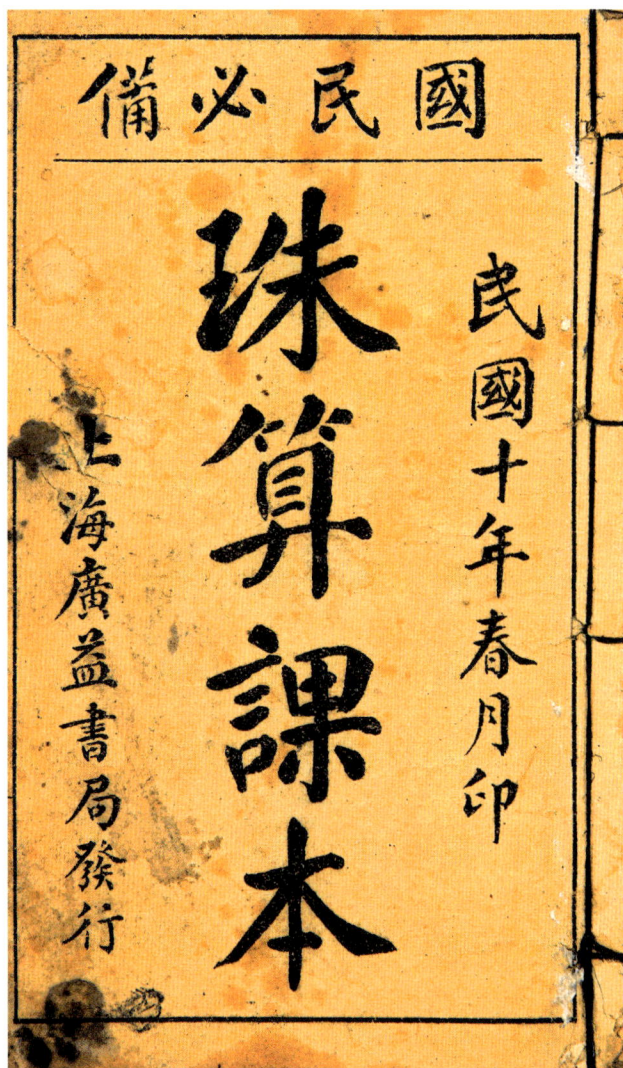

书名：新编专门珠算
著者：郭维城 / 编纂
出版印行：交通印书所（代印）
出版时间：民国十二年（1923）第11版
册数：不详

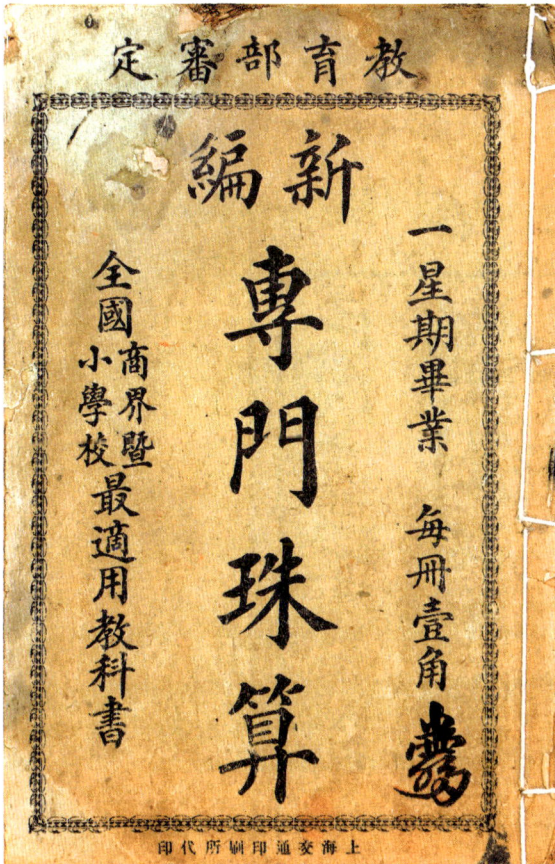

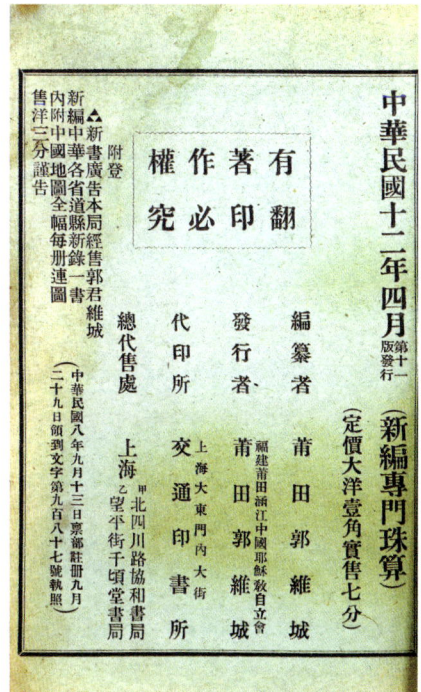

866　书名：指明算法九九全编
　　　著者：不详
　　　出版印行：绥定明德堂
　　　出版时间：民国十三年（1924）新刊
　　　册数：不详

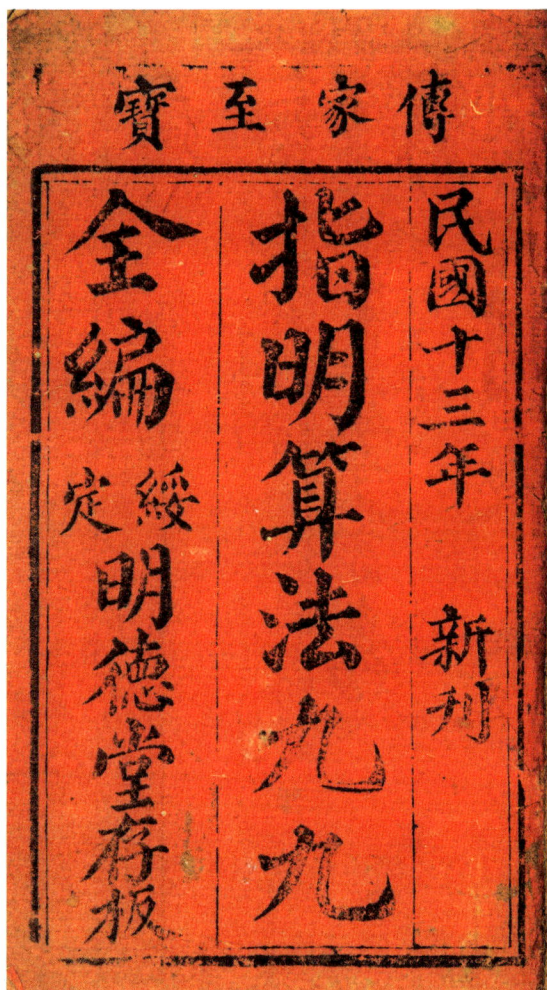

书名：新学制珠算教科书（小学校用）

著者：骆师曾 / 编纂　段育华 / 校订

出版印行：商务印书馆

出版时间：民国十五年（1926）初版　民国二十一年（1932）国难后第4版

册数：四

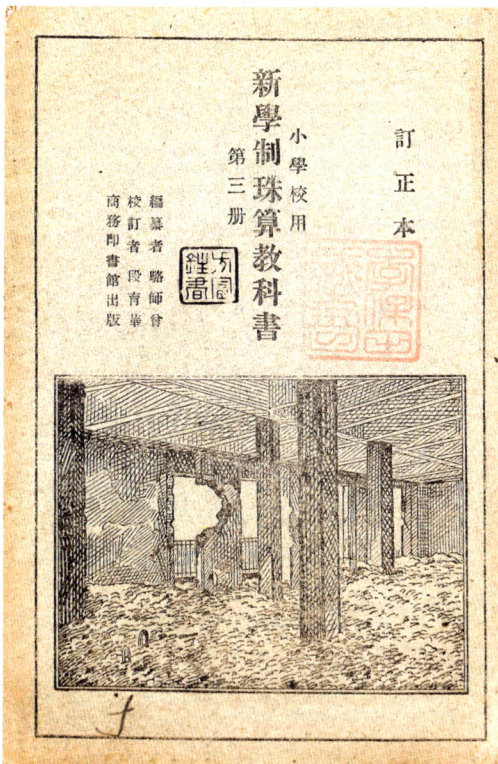

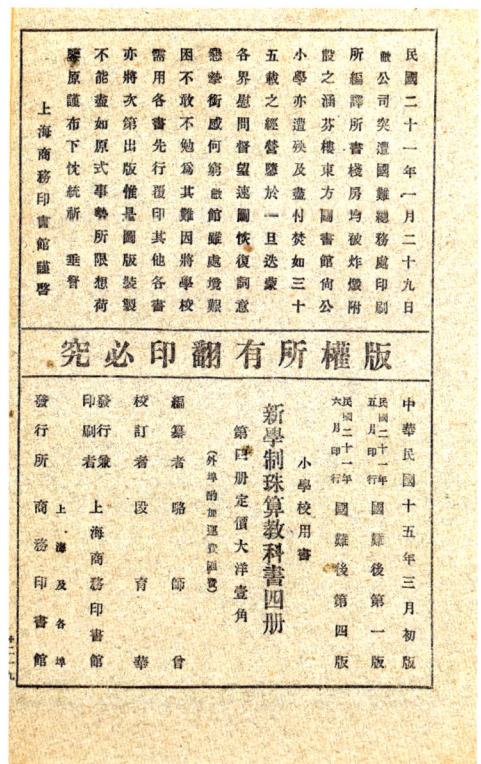

868　书名：新时代民众学校珠算课本

著者：骆师曾 / 编纂

出版印行：商务印书馆

出版时间：民国十八年（1929）初版　民国十九年（1930）14版

册数：不详

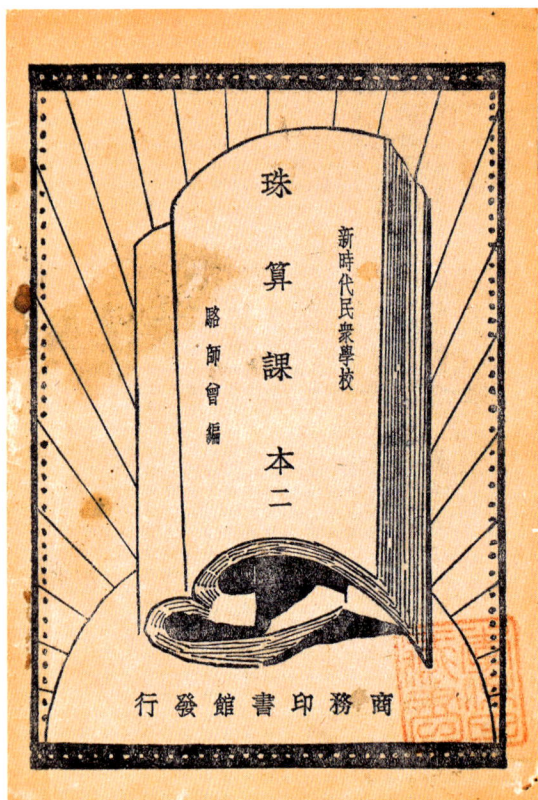

珠算课本二

新時代民眾學校

駱師曾編

行發館書印務商

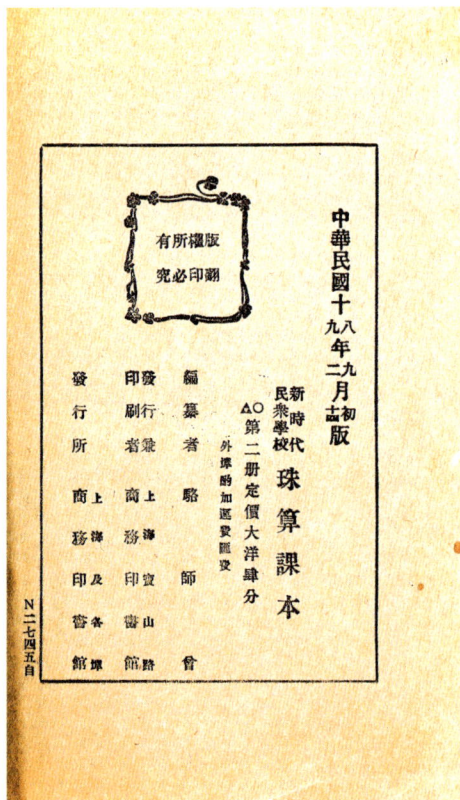

中華民國十八年九月古版
中華民國十九年二月古版

有所權版
究必印翻

新時代
民眾學校 珠算課本

△○第二册定價大洋肆分
外埠酌加運費匯兑

編纂者　駱師曾

發行兼　上海寶山路
印刷者　商務印書館

發行所　上海及各埠
　　　　商務印書館

N二七四五自

书名：珠算自修课本
著者：新智书局编辑所 / 编辑
出版印行：新智书局
出版时间：民国廿二年（1933）
册数：不详

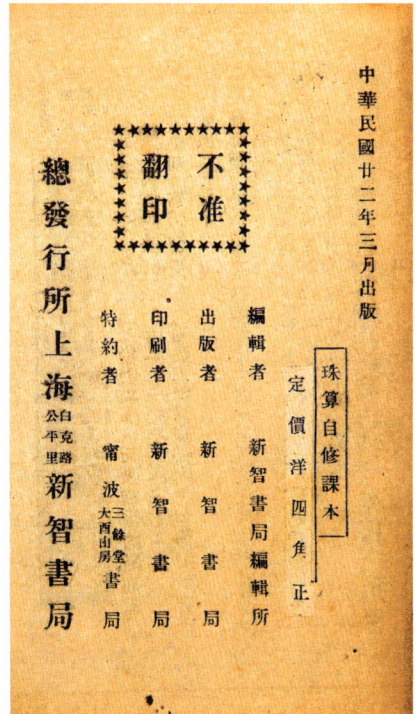

870 书名：复兴珠算课本（小学校初级用）

著者：宋文藻、沈百英／编校

出版印行：商务印书馆

出版时间：民国二十三年（1934）初版　民国三十六年（1947）28版

册数：二

國民政府教育部審定
新課程標準適用
ㄈㄨˋㄒㄧㄥ ㄓㄨㄙㄨㄢˋ ㄎㄜˋㄅㄣˇ
復興珠算課本
初小第一册
（四年級上學期用）

編校者　宋文藻　沈百英

商務印書館發行

本書於二十四年二月經
國民政府教育部審定
領到審字第六十六號執照

小學校初級用
珠算課本
編輯大意

（一）本書遵照教育部正式頒布的小學課程標準編輯。

（二）本書係供初級小學四年級上下兩學期之用。

（三）本書凡珠算與筆算分開教學之用但內容部十分注意於與筆算聯絡。

（四）本書取材多用表食往行日常生活各校作爲及家庭經濟等問題多主藝供兒童有計算日常生活問題的能力。

（五）本書內容十分充下排列供失避溫，格俾兒童自學自修之用。

（六）本書另編指導法圖册附載各課指導方法及補充材料以備教師應用。

編校者　沈百英　宋文藻
主編者　王雲五
發行人　朱經農
印刷所　商務印書館印刷廠　上海河南中路
發行所　商務印書館　各地

復興珠算課本
小學校初級用
第一册定價國幣壹角伍分
（17310A）
印刷增點外另加運費

中華民國二十三年三月初版
中華民國三十六年三月八版

版權所有翻印必究

书名：新生活教科书珠算（小学校初级用）

著者：张匡／编辑　蒋息岑／校阅

出版印行：大东书局

出版时间：民国二十三年（1934）初版

册数：二

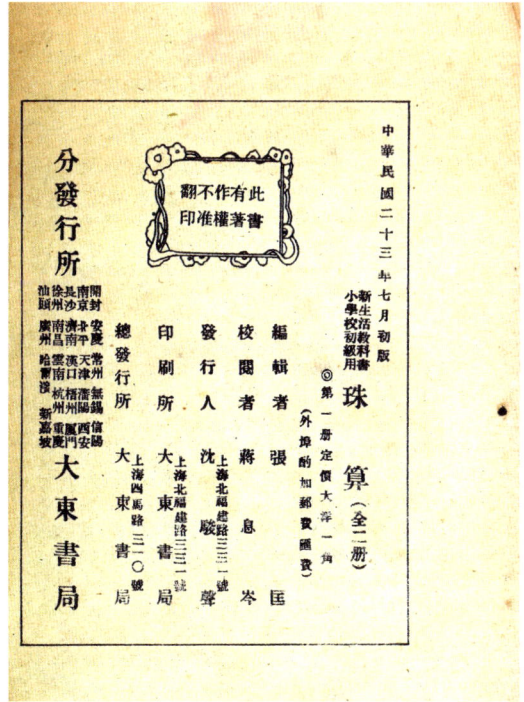

872 | 书名：算迪（丛书集成初编）
著者：何梦瑶／撰
出版印行：商务印书馆
出版时间：民国二十四年（1935）初版
册数：七

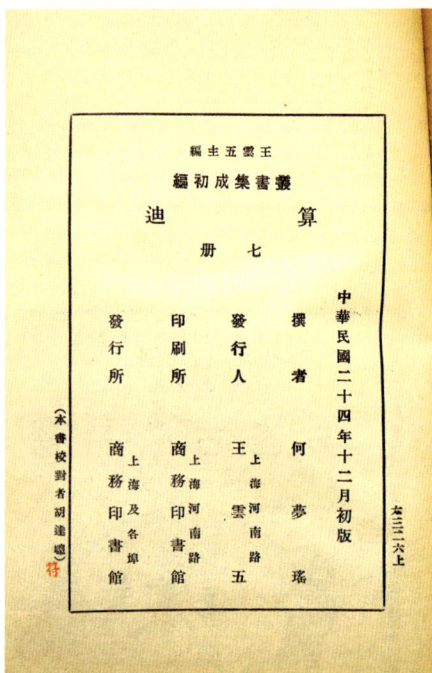

书名：珠算课本（新课程标准；小学初级用）

著者：张匡 / 编著

出版印行：大众书局

出版时间：民国二十四年（1935）出版　民国二十四年（1935）重版

册数：二

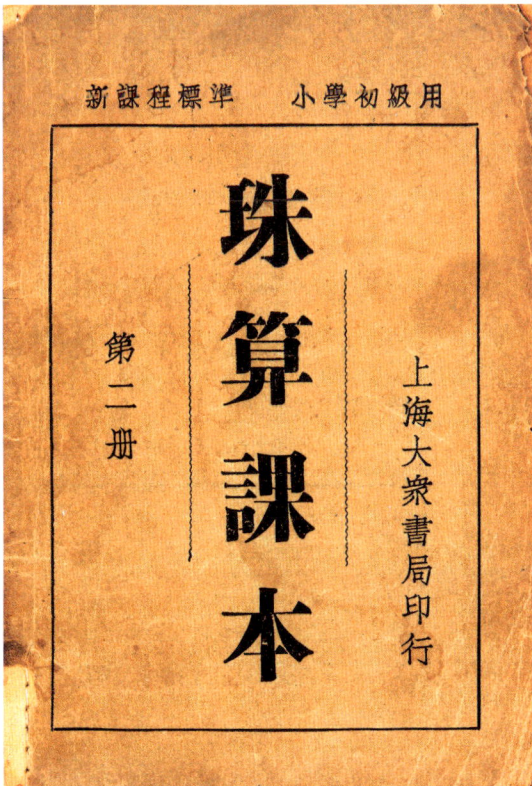

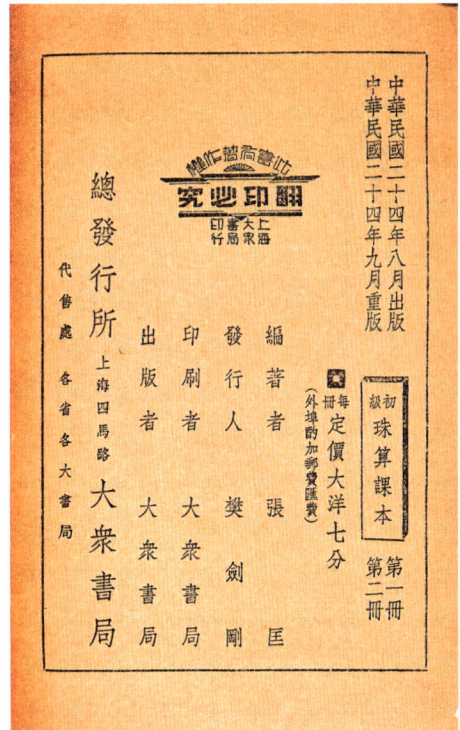

874　书名：新式珠算课本
　　　著者：孙志劲 / 编辑
　　　出版印行：世界书局
　　　出版时间：民国二十四年（1935）17版
　　　册数：二

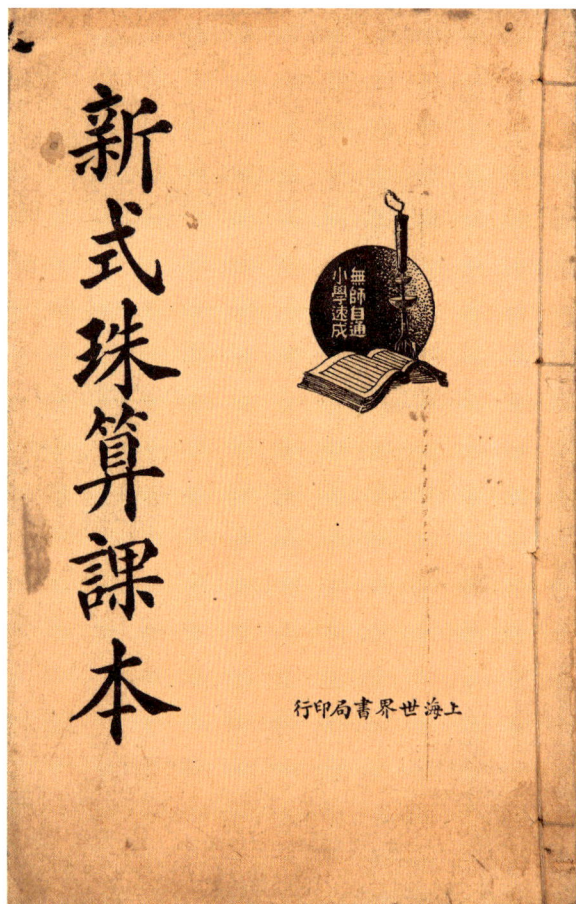

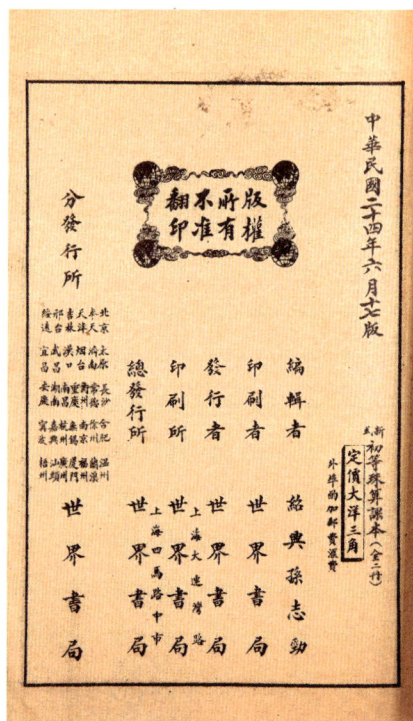

书名：全图珠算课本

著者：万里鹏 / 编辑　洪子良 / 校勘

出版印行：广益书局

出版时间：民国二十五年（1936）

册数：不详

九九八十一归算法

附飛歸

全圖珠算課本

廣益書局刊行

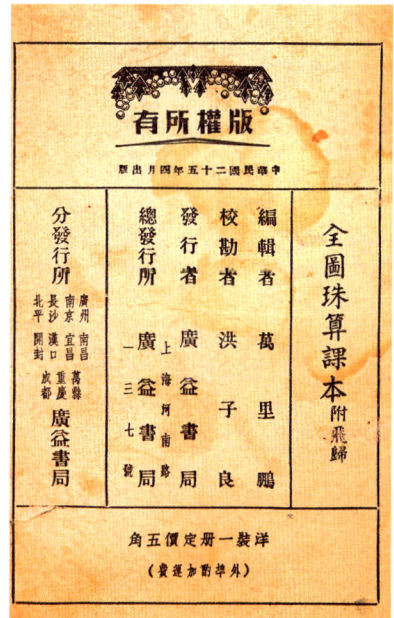

版權所有

中華民國二十五年四月出版

全圖珠算課本 附飛歸

編輯者　萬里鵬

校勘者　洪子良

發行者　廣益書局

總發行所　上海河南路　廣益書局　一三七號

分發行所　廣州　南昌　南京　萬縣　宜昌　長沙　漢口　北平　重慶　開封　成都　廣益書局

洋裝一冊定價五角

（外埠酌加郵運費）

书名：珠算大全
著者：叶织雯 / 著　吴度均 / 校订
出版印行：广州洛阳印务馆
出版时间：民国二十六年（1937）初版
册数：一

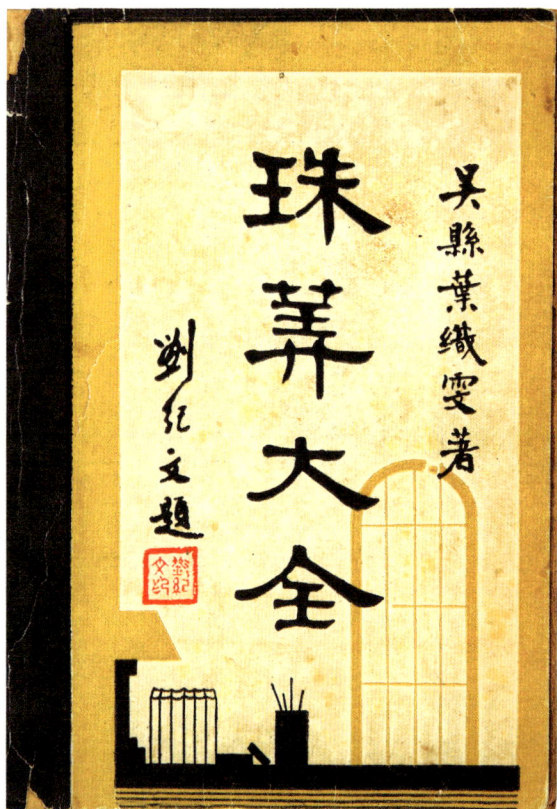

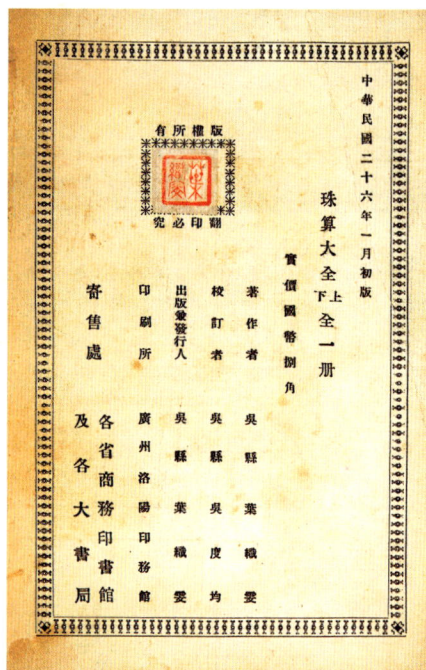

书名：新标准高级珠算课本（高级小学用）
著者：潘文安、顾兆文 / 编校
出版印行：上海春江书局
出版时间：民国卅一年（1942）新2版
册数：不详

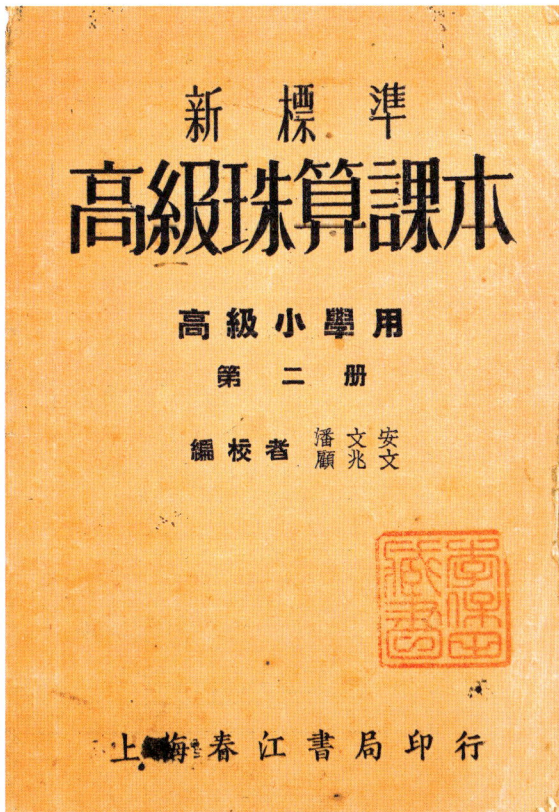

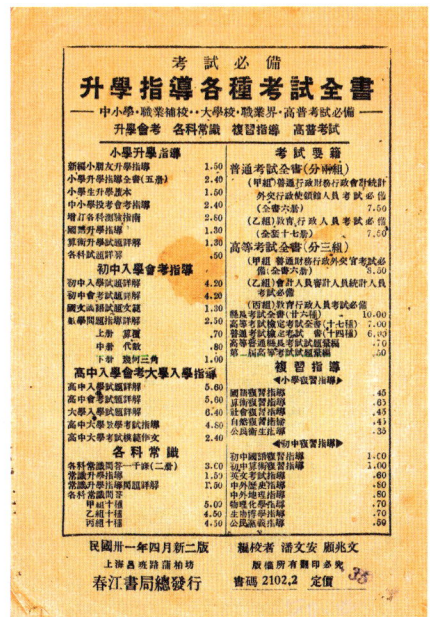

878 | 书名：珠算一月通
著者：苏廉 / 编著
出版印行：世界书局
出版时间：民国三十三年（1944）再版
册数：不详

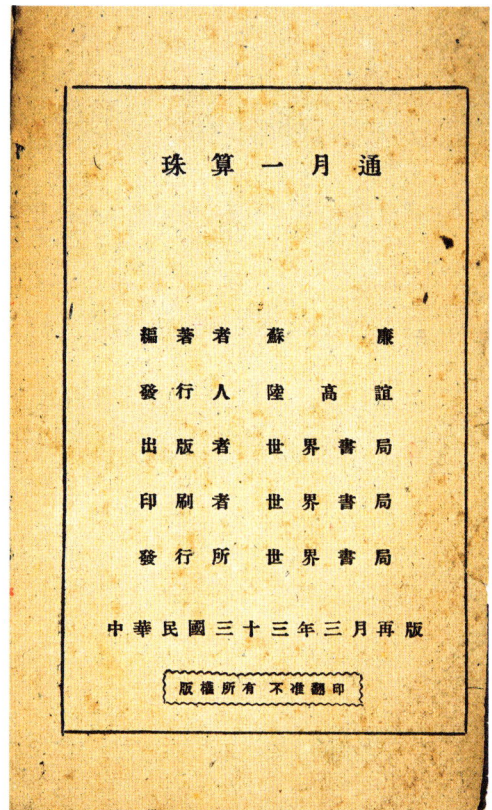

书名：新袖珍本珠算课本

著者：不详

出版印行：天津义华书局

出版时间：民国三十六年（1947）新刊

册数：不详

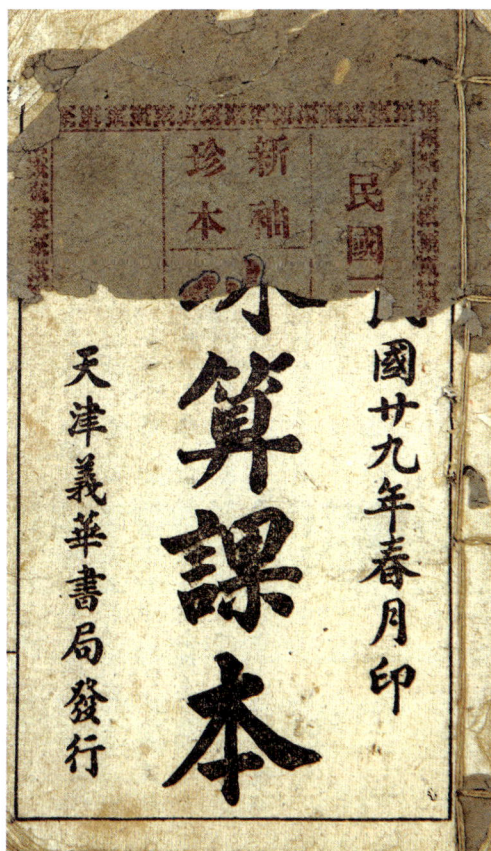

880 书名：珠算课本

著者：春明书店编辑部 / 编纂

出版印行：上海春明书店

出版时间：民国三十六年（1947）

册数：一

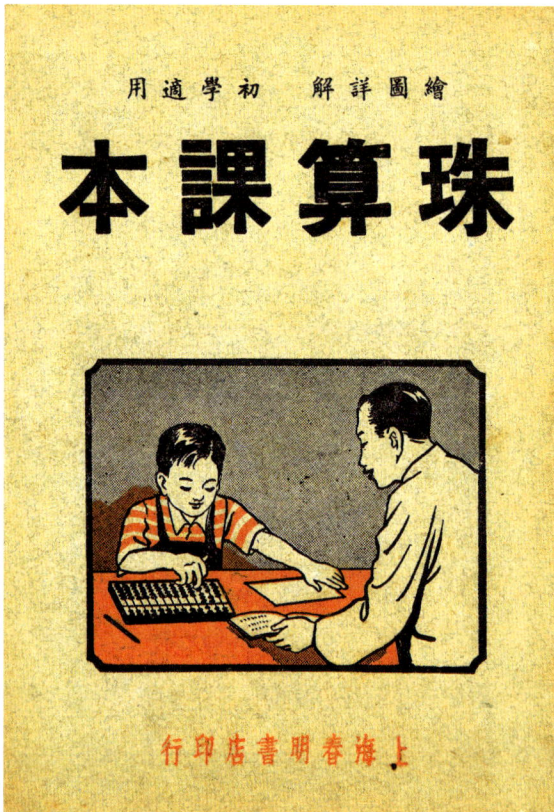

繪圖詳解　初學適用

珠算課本

上海春明書店印行

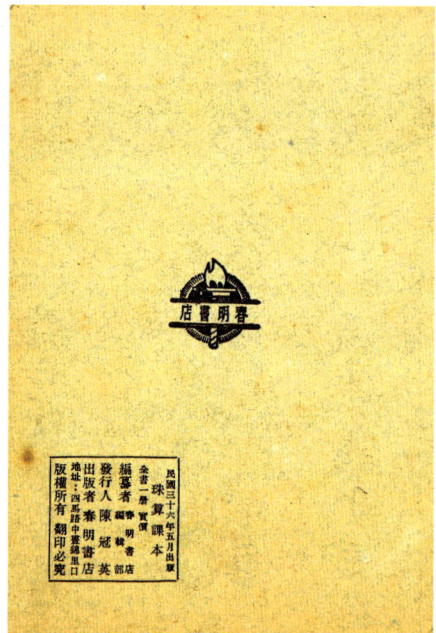

春明書店

民國三十六年五月出版

珠算課本　全書一冊實價

編纂者　春明書店編輯部

發行人　陳冠英

出版者　春明書店

地址：四馬路中華新里口

版權所有　翻印必究

书名：简明珠算
著者：不详
出版印行：不详
出版时间：不详
册数：不详

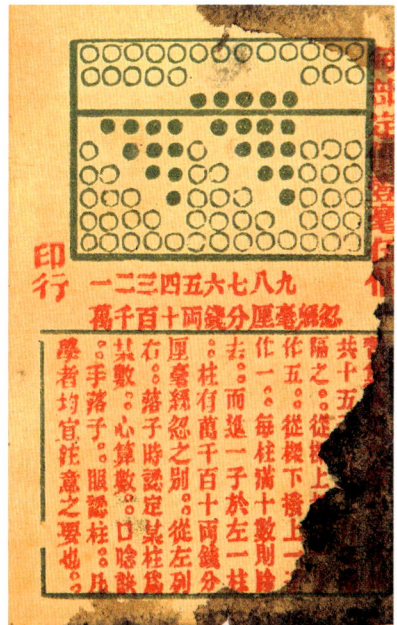

882

书名：新珠算

著者：不详

出版印行：新会文明印书局

出版时间：不详

册数：不详

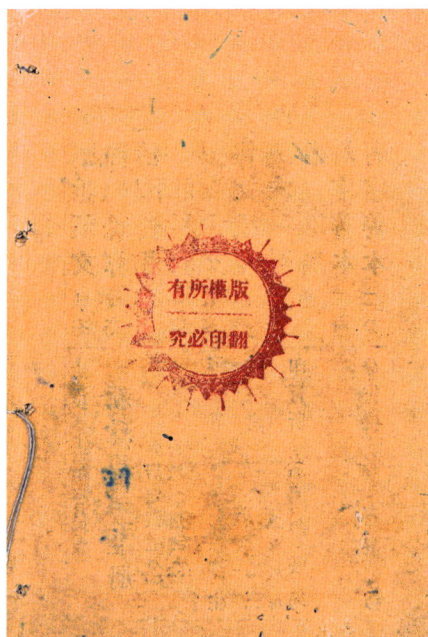

书名：最新全图小学简明珠算课本

著者：不详

出版印行：上海昌文书局

出版时间：不详

册数：不详

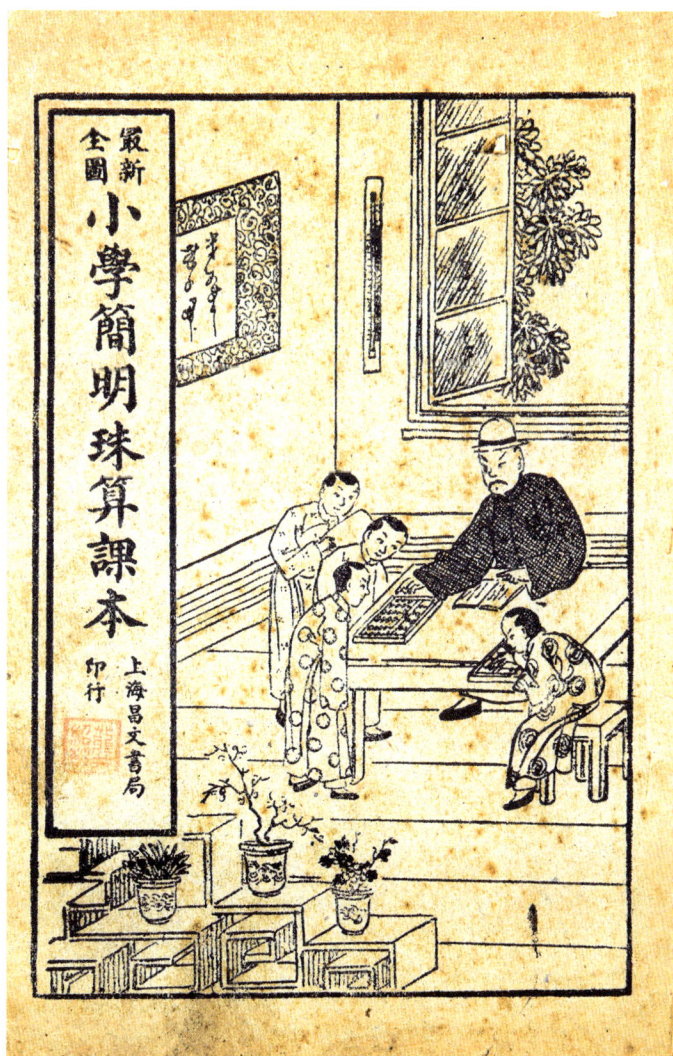

884　书名：最新简明珠算课本
著者：不详
出版印行：不详
出版时间：不详
册数：不详

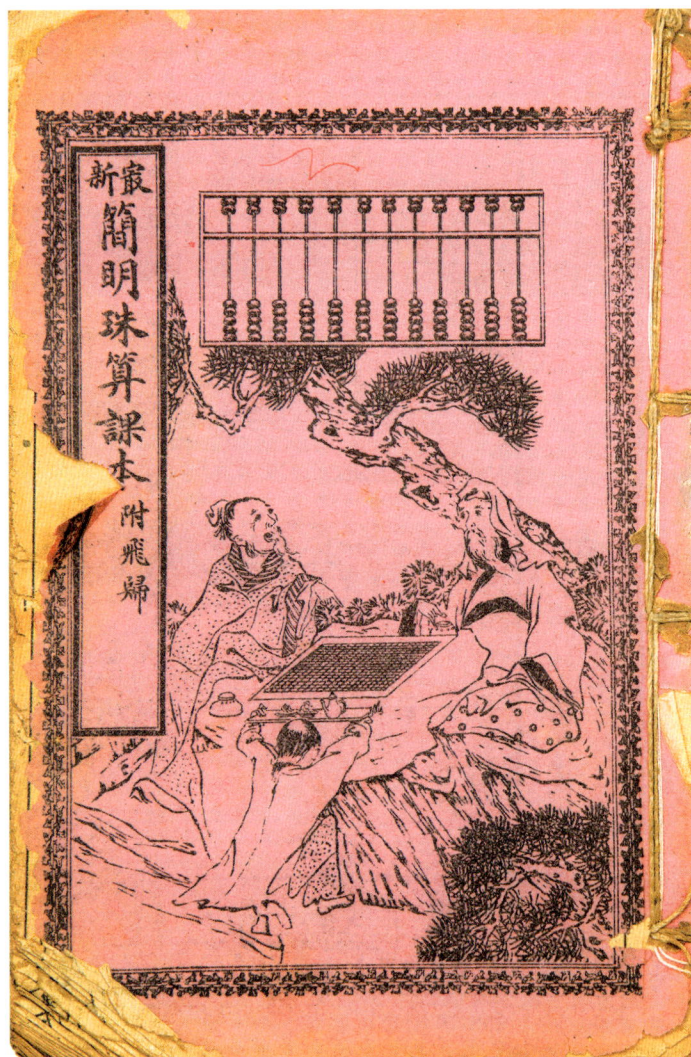

书名：加增飞归珠算课本

著者：不详

出版印行：上海大成书局

出版时间：不详

册数：不详

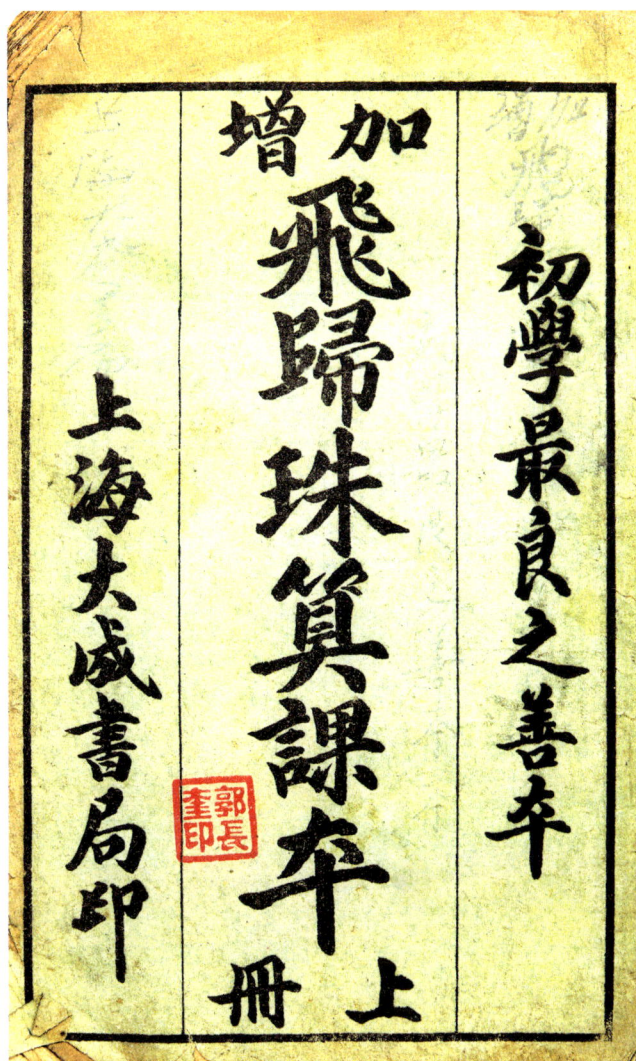

加增飞归珠算课本 上册

初学最良之善本

上海大成书局印

郭长奎印

886　书名：简明珠算课本（学生适用）

著者：不详

出版印行：上海育才书局

出版时间：不详

册数：不详

书名：简明珠算

887

著者：不详

出版印行：第八甫华兴隆书局

出版时间：不详

册数：不详

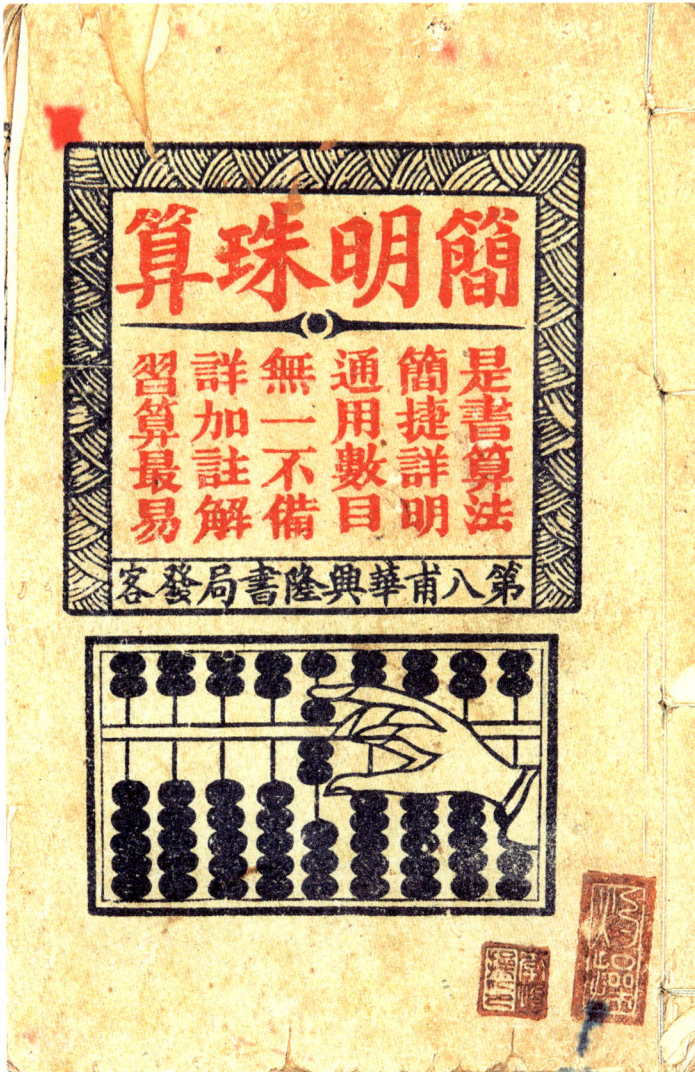

888　书名：最新简明珠算大全（小学适用）

著者：不详

出版印行：上海文华书局

出版时间：不详

册数：不详

书名：一月毕业珠算指南（上海商业学校试验教本）

著者：不详

出版印行：世界书局

出版时间：不详

册数：不详

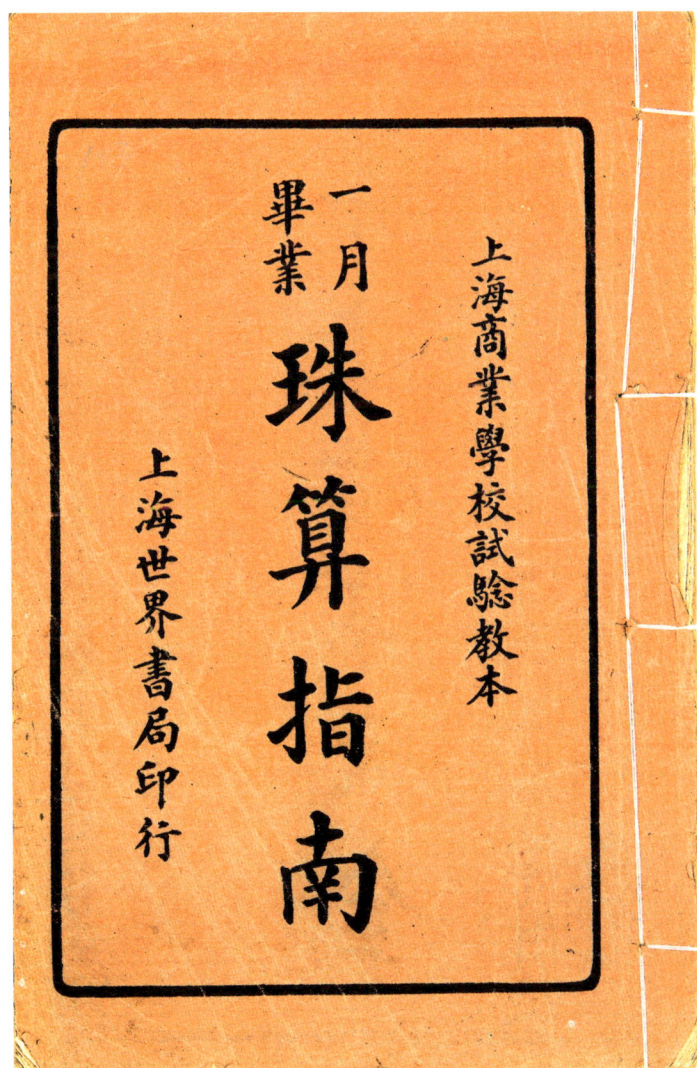

890　书名：算法指掌大全

著者：不详

出版印行：不详

出版时间：不详

册数：不详

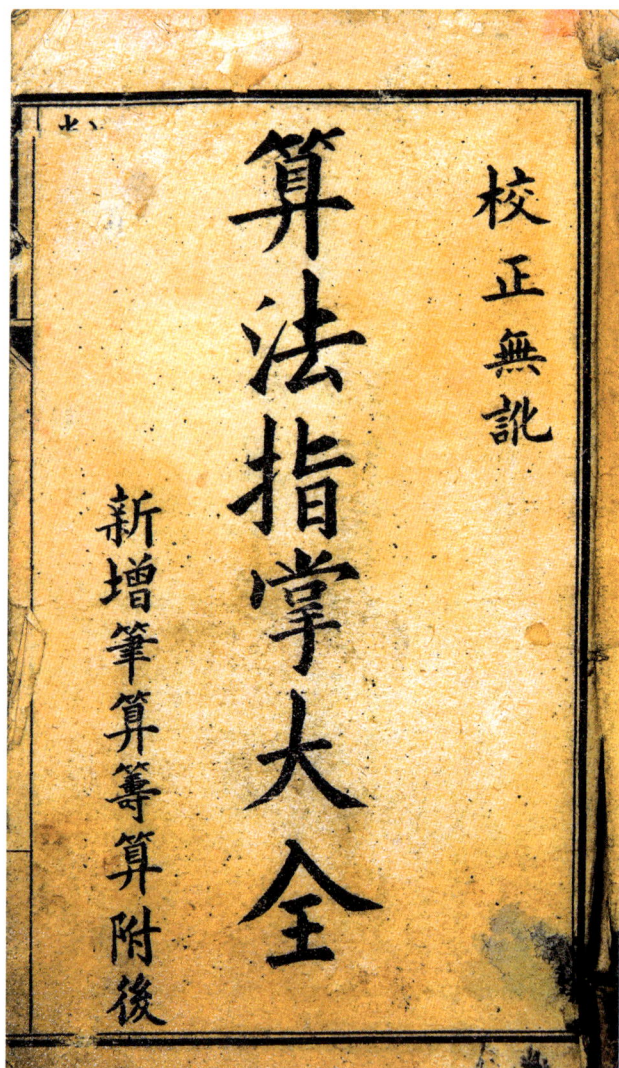

书名：文达珠算课本

著者：不详

出版印行：北京文达书局

出版时间：不详

册数：一

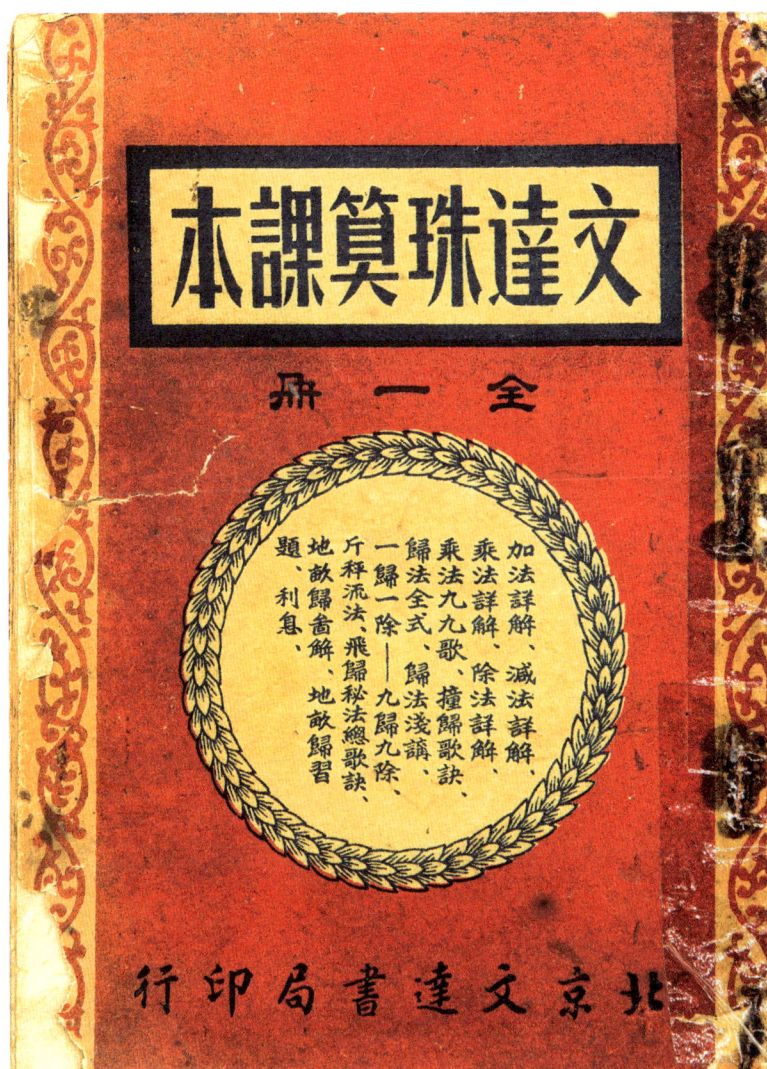

892 | 书名：农村自修新珠算大全

著者：不详

出版印行：上海锦章书局

出版时间：不详

册数：不详

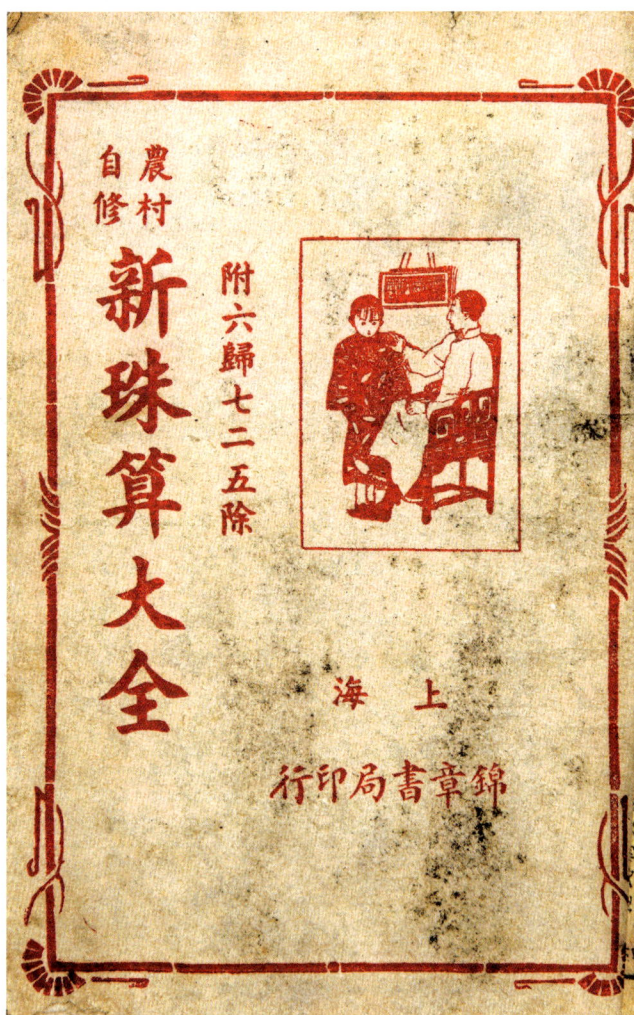

书名：珠算课本
著者：不详
出版印行：北京益昌书局
出版时间：不详
册数：不详

894　书名：简明珠算课本（学生适用）

著者：不详

出版印行：上海福禄寿书局

出版时间：不详

册数：不详

书名：简明珠算

著者：不详

出版印行：民智书店

出版时间：不详

册数：不详

896　书名：绘图详解简明珠算课本

著者：不详

出版印行：北京宝文堂书店

出版时间：不详

册数：不详

书名：袖珍注解新珠算课本

著者：不详

出版印行：北京宝文堂书局

出版时间：不详

册数：不详

898　　书名：珠算课本

著者：不详

出版印行：长春德和义生记

出版时间：不详

册数：不详

书名：图式初学珠算课本（最新简明归除算法）

著者：不详

出版印行：北京泰山堂书庄

出版时间：不详

册数：不详

书名：铜版精校简明珠算
著者：不详
出版印行：不详
出版时间：不详
册数：不详

书名：最新全图小学简明珠算课本（附飞归）
著者：不详
出版印行：上海昌文书局
出版时间：不详
册数：不详

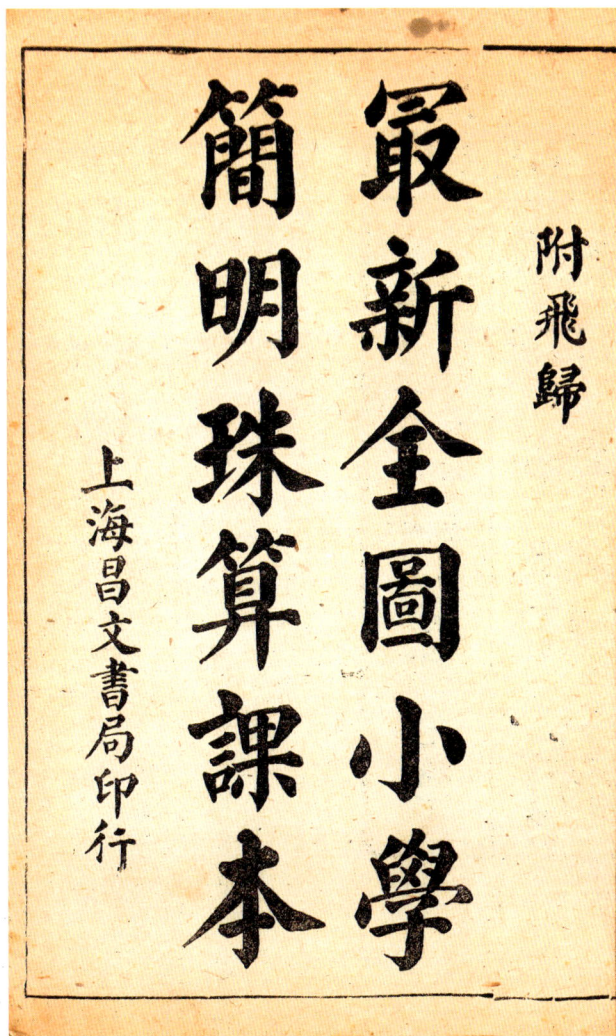

902　书名：民国新教科书算术（中学校师范学校用）
　　　著者：徐善祥、秦汾 / 编纂
　　　出版印行：商务印书馆
　　　出版时间：民国二年（1913）初版
　　　　　　　　民国五年（1916）5版
　　　册数：一

④ 师范类学校用算术教材

教育部审定

中学校师范学校用

民国新教科书算术（上编）

美國耶路大學理科學士徐善祥
美國哈佛大學天算碩士秦汾　合編

上海商務印書館出版

教育部審定批詞

民國新教科書

算術

是書取材宏博印
刷精良秩序適當
條理清晰且於淺
易諸術僅述大概
而於實用諸題討
論詳盡不特可爲
代數幾何之階梯
并可爲高等科學
之預備共分十三
章後附對數及圖
解二章專爲高級
生徒之用習題新
穎饒有興味

實用(90)

又

The New Scientific Series:—Arithmetic

Approved by the Board of Education

COMMERCIAL PRESS, LTD.

編纂者　上海徐善祥嘉定秦汾

發行者　商務印書館

印刷所　商務印書館

總發行所　上海棋盤街中商務印書館

分售處　商務印書館分館

民國新教科書算術一冊

中華民國五年八月五版
民國二年十月初版

（每冊定價大洋壹元肆角
外埠酌加運費匯費）

书名：师范学校教科书算学

著者：余介石、梅慕塤／编纂

出版印行：商务印书馆

出版时间：民国二十四年（1935）初版　民国二十四年（1935）3版

册数：不详

903

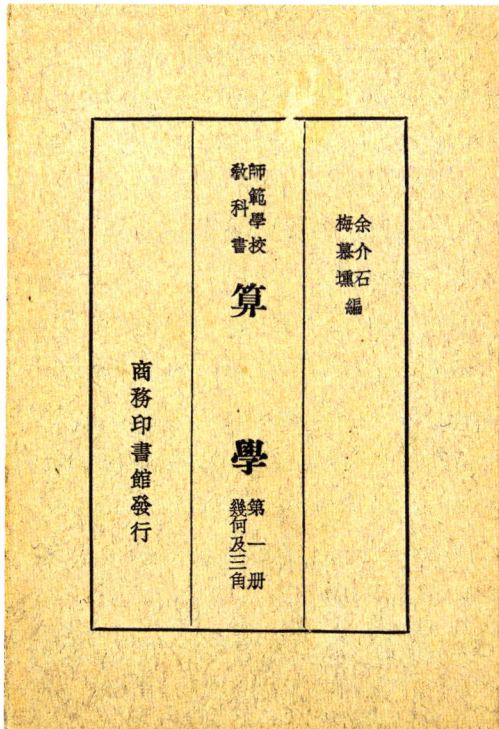

師範學校
教科書
算
學
第一册
幾何及三角

余介石
梅慕塤 編

商務印書館發行

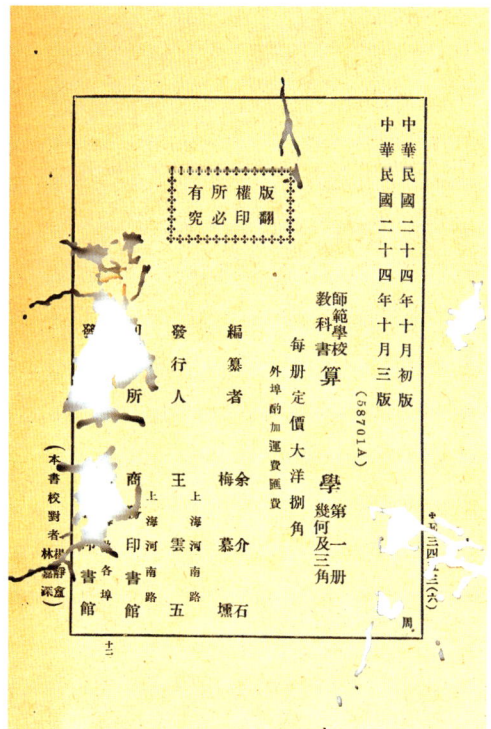

中華民國二十四年十月初版
中華民國二十四年十月三版

（58701A）

師範學校
教科書
算
學 第一册
幾何及三角

每册定價大洋捌角
外埠酌加運費匯費

編纂者　余介石　梅慕塤

發行人　王雲五
上海河南路

印刷所　商務印書館
上海河南路

發行所　商務印書館
各埠

（本書校對者林靜深）

有版
所權
究必
印翻

904 书名：算学（简易师范学校及简易乡村师范学校用）
著者：任诚 / 编著
出版印行：正中书局
出版时间：民国二十五年（1936）京初版　民国三十五年（1946）沪21版
册数：不详

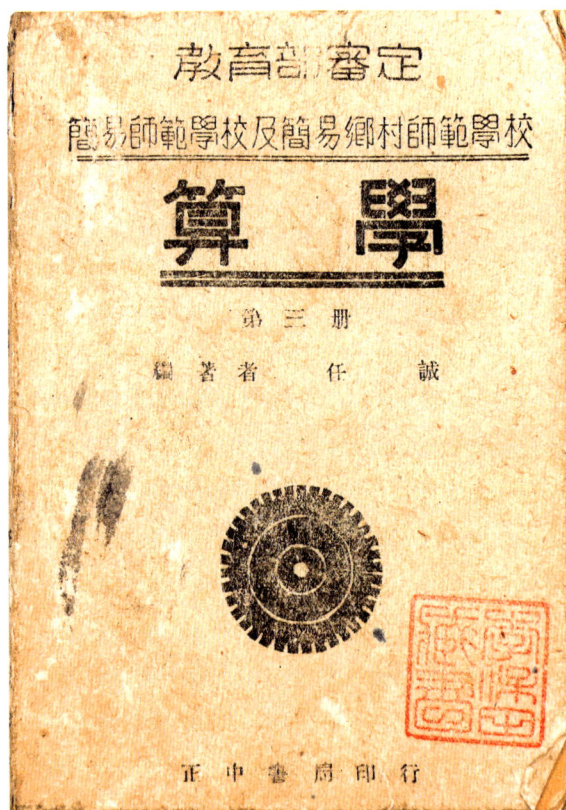

书名：算学（新课程标准师范、乡村师范学校适用）

著者：陆子芬 / 编

出版印行：中华书局

出版时间：民国廿八年（1939）6版

册数：一

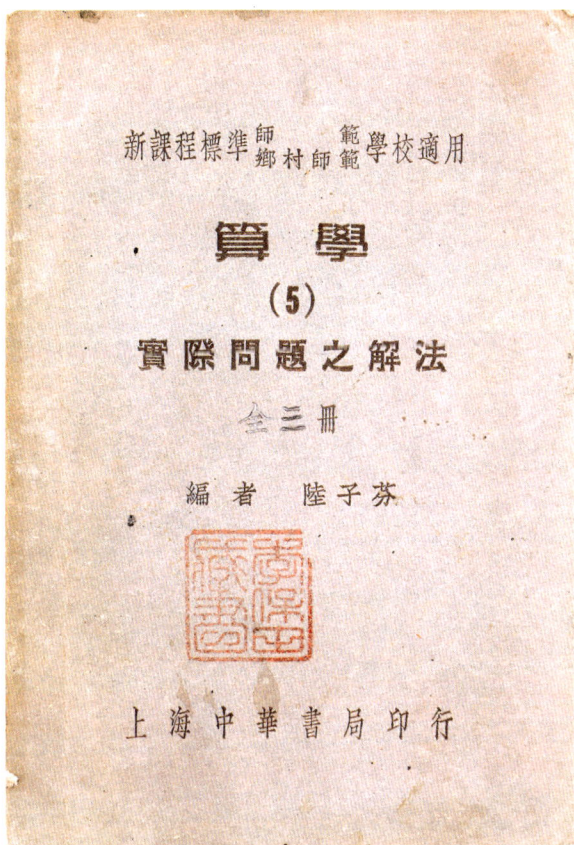

新課程標準師範
鄉村師範學校適用

算 學

（5）

實際問題之解法

全三冊

編者　陸子芬

上海中華書局印行

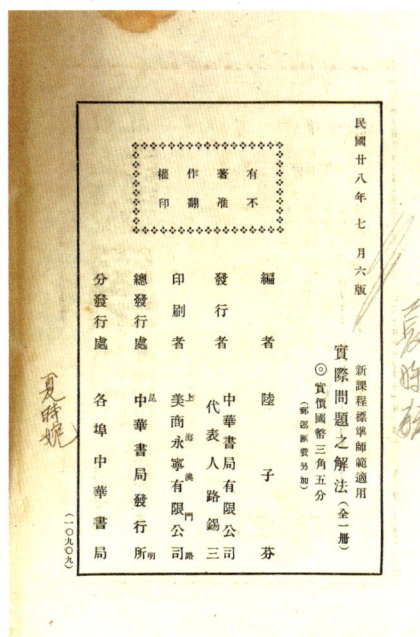

民國廿八年七月六版

實際問題之解法（全一冊）

新課程標準師範適用

◎實價國幣三角五分

（郵運匯費另加）

有著作權　不准翻印

編　者　　陸子芬

發行者　　中華書局有限公司

印刷者　　代表人路錫三
　　　　　上海美商永寧有限公司
　　　　　門路

總發行所　中華書局發行所

分發行處　各埠中華書局

夏時婉

（一〇九）

书名：算术（高中师范简易师范乡村师范适用）
著者：吴沧 / 编著
出版印行：上海永祥印书馆
出版时间：民国三十五年（1946）初版
册数：一

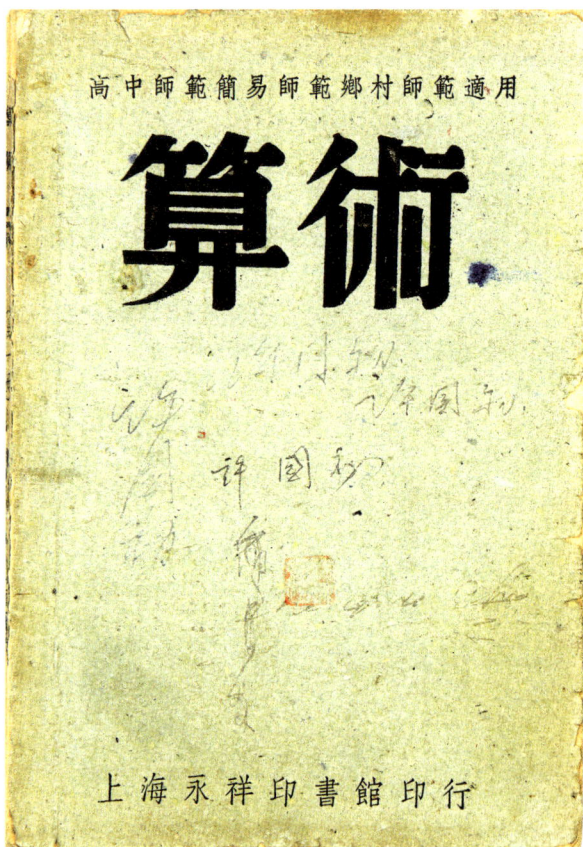

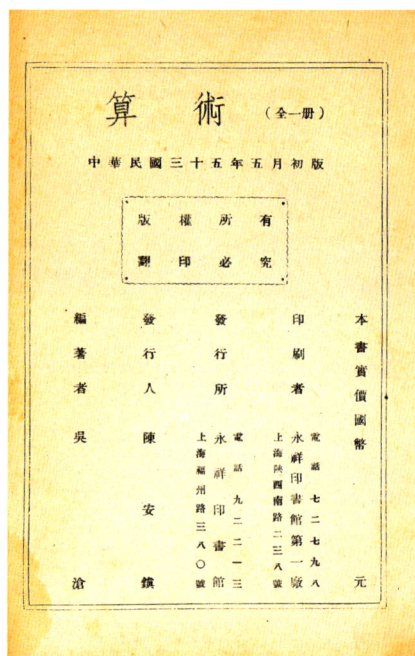

书名：共和国教科书新算术教授法（高等小学校春季始业教员用）

著者：骆师曾 / 编纂　寿孝天 / 校订

出版印行：商务印书馆

出版时间：民国元年（1912）初版　民国二年（1913）6版

册数：不详

教育部审定

共和国
教科书
新算术教授法
（笔算）
商务印书馆发行

高等小学校
第五册
春季始业
教员用

最廉价永久对折发售

高等小学校共和国教科书

新修身教授法 六册
新国文教授法 六册
新历史教授法 六册
新地理教授法 六册
新算术教授法 六册
新理科教授法 六册
新农业教授法 六册
新图画教授法 六册

商务印书馆发行

The Teacher's Manual for the New Arithmetic
for Higher Primary Schools
COMMERCIAL PRESS, LTD.

翻印必究

编纂者　骆师曾
校订者　寿孝天
发行者　商务印书馆
印刷所　商务印书馆
总发行所　上海
分售处　商务印书馆分馆

中华民国元年四月六日初版
高等小学新算术教授法
（第五册）

908　书名：新编中华算术教授书（春季始业高等小学校用）
　　　著者：顾树森／编
　　　出版印行：中华书局
　　　出版时间：民国二年（1913）初版　民国四年（1915）2版
　　　册数：六

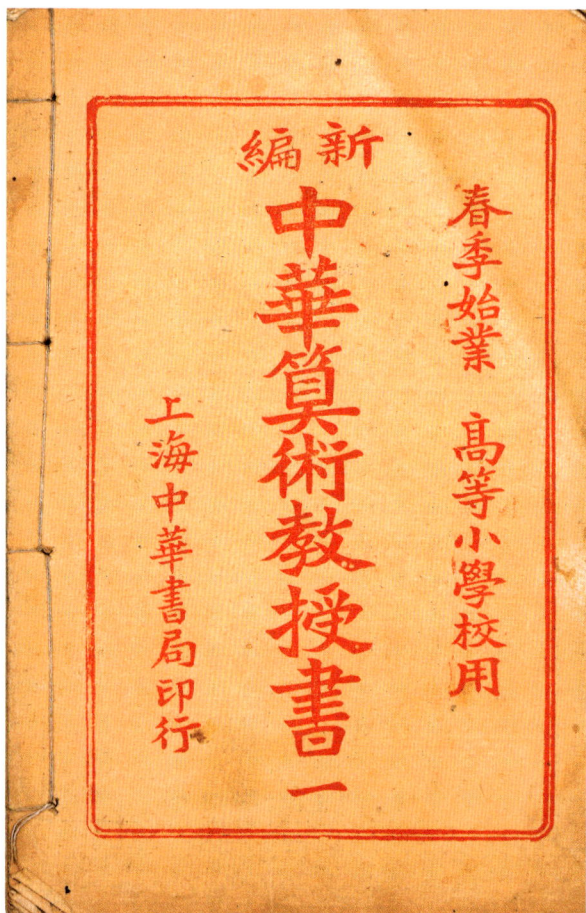

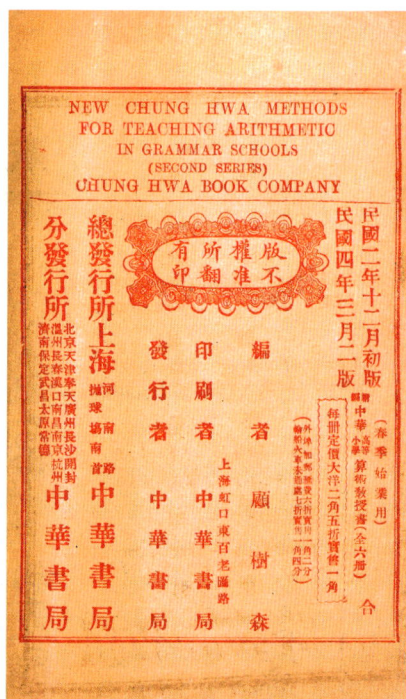

新编
中華算術教授書一

春季始業　高等小學校用

上海中華書局印行

NEW CHUNG HWA METHODS
FOR TEACHING ARITHMETIC
IN GRAMMAR SCHOOLS
(SECOND SERIES)
CHUNG HWA BOOK COMPANY

版權所有
不准翻印

民國二年十二月初版
民國四年三月二版

（春季始業用）
新編　高等　小學　算術教授書（全六冊）

編者　顧樹森

印刷者　上海虹口東百老匯路　中華書局

發行者　中華書局

總發行所上海　抛球場南首河南路　中華書局

分發行所　北京　天津　奉天　廣州　漢口　南京　杭州　常德　太原　武昌　保定　濟南　南昌　長沙　溫州　福州

每冊定價大洋二角五分實售一角

（外埠函購如帶購買照六折實洋一角二分
　郵票九五本局嘉七折實洋一角四分）

合

书名：中华初等珠算教授书（国民学校用）

著者：徐增 / 编

出版印行：中华书局

出版时间：民国四年（1915）发行　民国十年（1921）4 版

册数：一

教育部审定

國民學校　第四學年用

中華初等珠算教授書

上海中華書局印行

TEACHER'S MANUAL FOR
TEXT-BOOK OF ABACUS ARITHMETIC
FOR LOWER PRIMARY SCHOOLS
CHUNG HWA BOOK CO., LTD.

有不
著准
作翻
權印

民國十四年五月四版發行
民國四年五月發行
民國四年五月印刷

（中華初等珠算教授書）全一冊類

分發行所

北京天津奉天開封長沙南昌漢口廈門濟南成都杭州太原福州貴陽廣州梧州重慶潮州雲南桂林蕪湖廣西石家莊黑龍江張家口新州加坡

總發行所　上海棋盤街中華書局

發行者　中華書局

印刷者　中華書局

印刷所　上海靜安寺路一九二號　中華書局

編著　徐　增

定價銀一角五分

中華書局

910　书名：新法算术教授案（国民学校教员用）
　　　著者：寿孝天 / 编纂　骆师曾 / 校订
　　　出版印行：商务印书馆
　　　出版时间：民国十一年（1922）初版　民国十一年（1922）3版
　　　册数：二

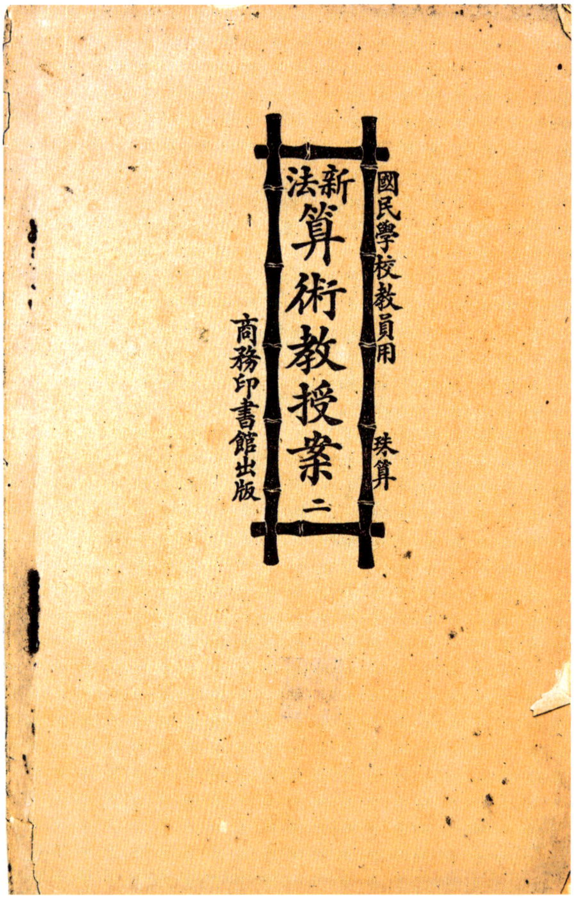

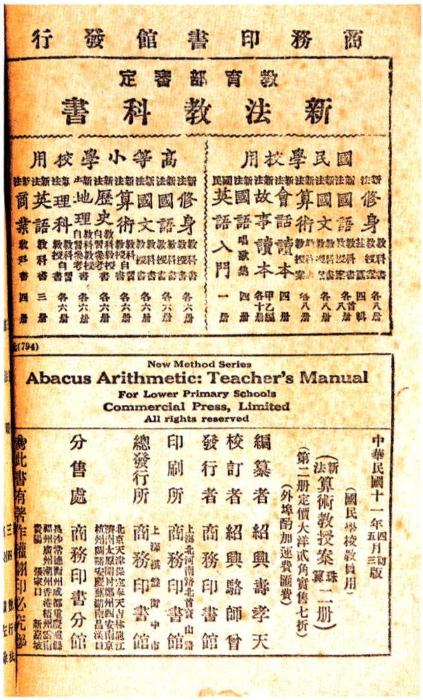

书名：初级算术课本教学法（新学制小学教员用书）

著者：戴渭清、吕云彪 / 编辑　范祥善、魏冰心 / 校订

出版印行：世界书局

出版时间：民国十三年（1924）初版　民国十六年（1927）8 版

册数：八

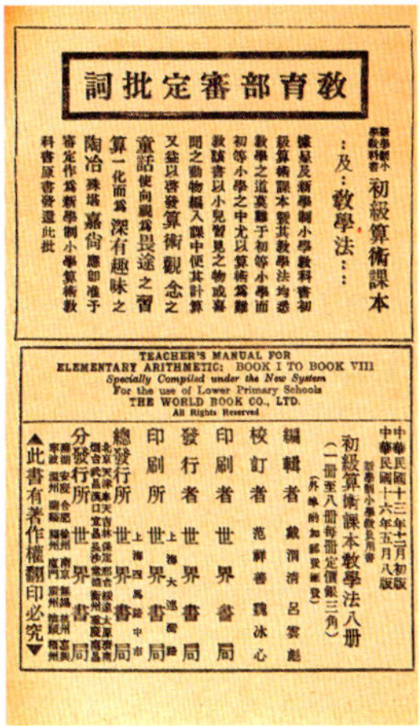

书名：高级算术课本教学法（新学制小学教员用书）

著者：杨逸群 / 编辑　戴渭清 / 校订

出版印行：世界书局

出版时间：民国十四年（1925）初版

册数：四

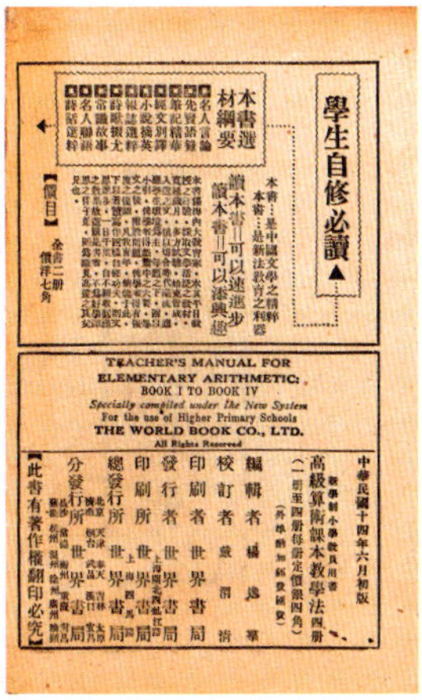

书名：前期小学算术课本教学法（新主义教科书教员用书）

著者：戴渭清、吕云彪、赵霭吴 / 编辑　范祥善、魏冰心 / 校订

出版印行：世界书局

出版时间：民国廿一年（1932）修正5版

册数：八

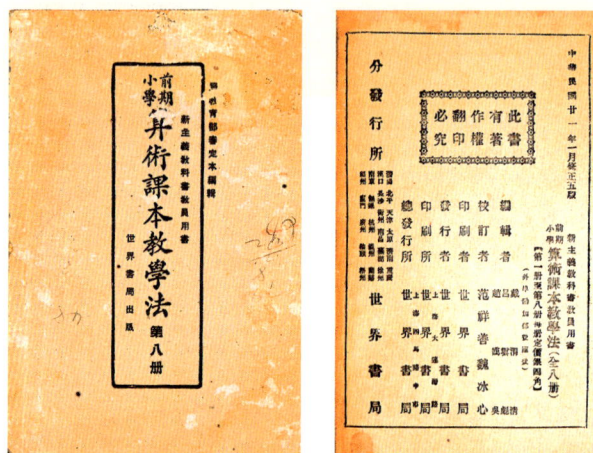

书名：高级小学算术课本教学法（新主义教科书教员用书）

著者：杨逸群、唐数躬 / 编辑　戴渭清、马客谈、佘恒 / 校订

出版印行：世界书局

出版时间：民国二十年（1931）8版

册数：四

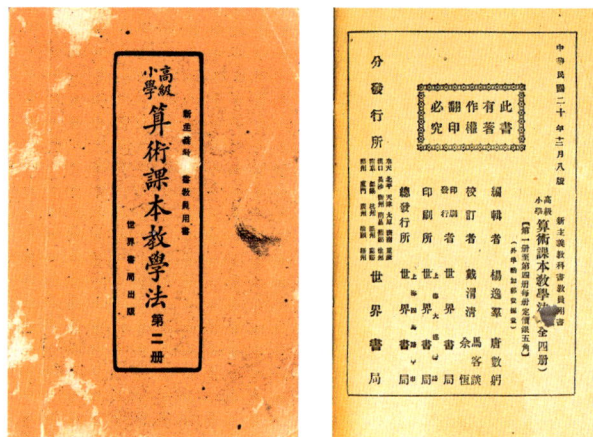

书名：新学制初中教科书混合算学教员准备书
著者：陈岳生、余介石、廖辛初 / 编纂　段育华 / 校订
出版印行：商务印书馆
出版时间：民国十六年（1927）初版
册数：六

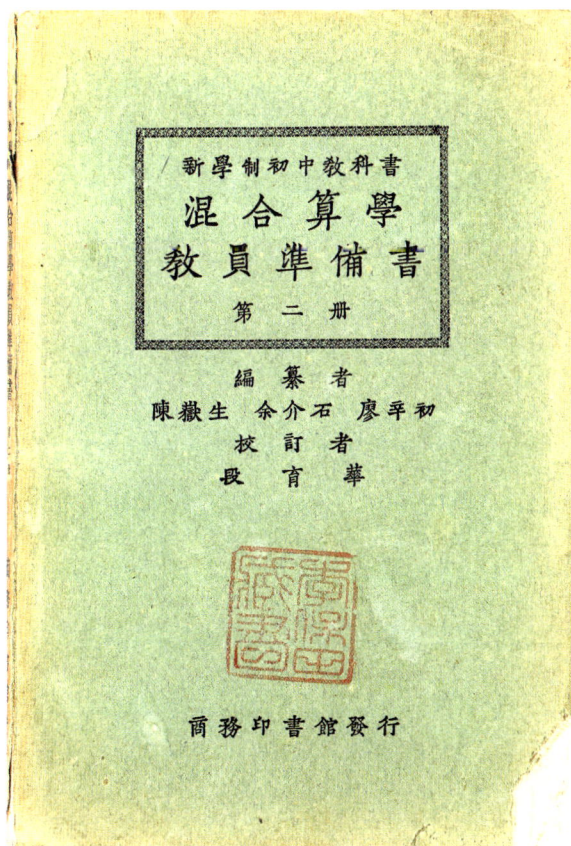

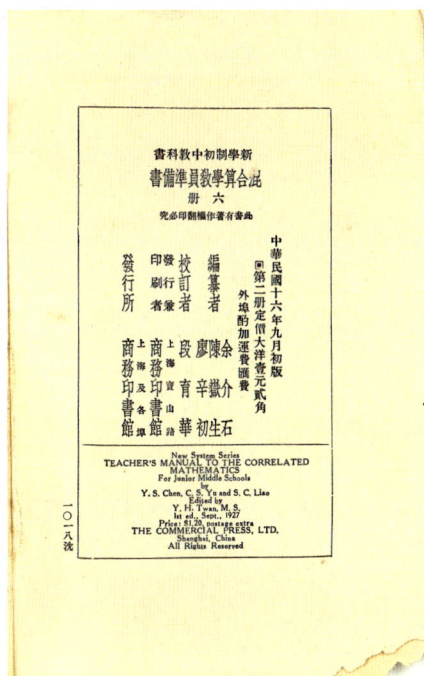

新學制初中教科書

混合算學

教員準備書

第二册

編纂者

陳嶽生　余介石　廖辛初

校訂者

段育華

商務印書館發行

新學制初中教科書

混合算學教員準備書

六册

版權所有翻印必究

中華民國十六年九月初版
（一）第二册定價大洋壹元貳角
外埠酌加運費圖書

編纂者　余介石　陳嶽生　廖辛初
校訂者　段育華
印刷發行者　上海商務印書館
發行所　上海及各埠商務印書館

New System Series
TEACHER'S MANUAL TO THE CORRELATED
MATHEMATICS
For Junior Middle Schools
Edited by
Y. S. Chen, C. S. Yu and S. C. Liao
Y. H. Tuan, M. S.
1st ed., Sept., 1927
Price: $1.20, postage extra
THE COMMERCIAL PRESS, LTD.
Shanghai, China
All Rights Reserved

一〇一八沈

914 书名：新生活教科书算术教学做法（小学校初级用）

著者：江效唐、杨士枡、袁昂／编辑　薛天汉／校阅

出版印行：大东书局

出版时间：民国二十二年（1933）初版

册数：八

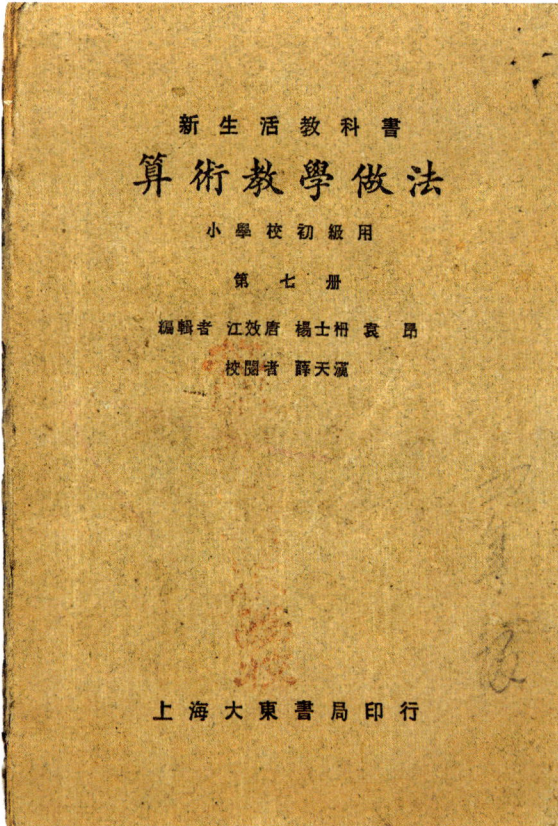

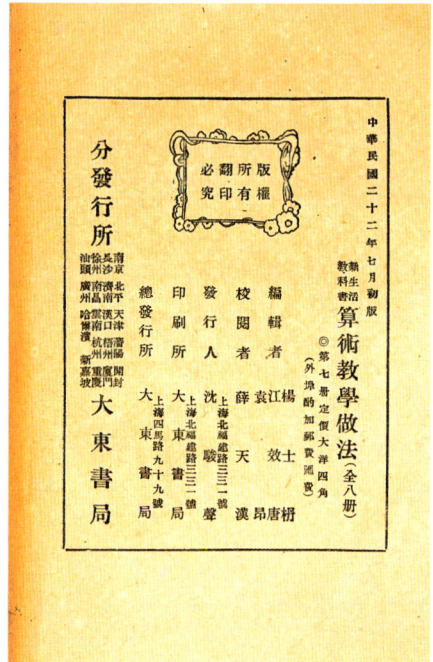

新 生 活 教 科 書

算 術 教 學 做 法

小 學 校 初 級 用

第 七 冊

編輯者 江效唐 楊士枡 袁昂

校閱者 薛天漢

上 海 大 東 書 局 印 行

中華民國二十二年七月初版

新生活
教科書

算術教學做法（全八冊）

第七冊定價大洋四角
（外埠酌加郵費匯費）

編輯者　江效唐 楊士枡 袁昂

校閱者　薛天漢

發行人　沈駿聲

印刷所　上海北福總路三三二號

總發行所　大東書局

大　東　書　局

分發行所

南京 北平 天津 漢口 開封
長沙 濟南 南昌 蘇州 重慶
徐州 汕頭 廣州 常南 杭州
哈爾濱 新嘉坡 寧波

必翻所版
究印有權

书名：小学算术课本教学法（新课程标准适用）

著者：张咏春、潘子瑜、黄铁崖、赵侣青、徐迴千、顾荫千、许观光、朱开谦、钱选青、徐子华、周轶群、

　　　卢冠六／编　　雷琛、金兆梓、华襄治、张鹏飞／校

出版印行：中华书局

出版时间：民国二十二年（1933）发行　　民国二十三年（1934）7版

册数：八

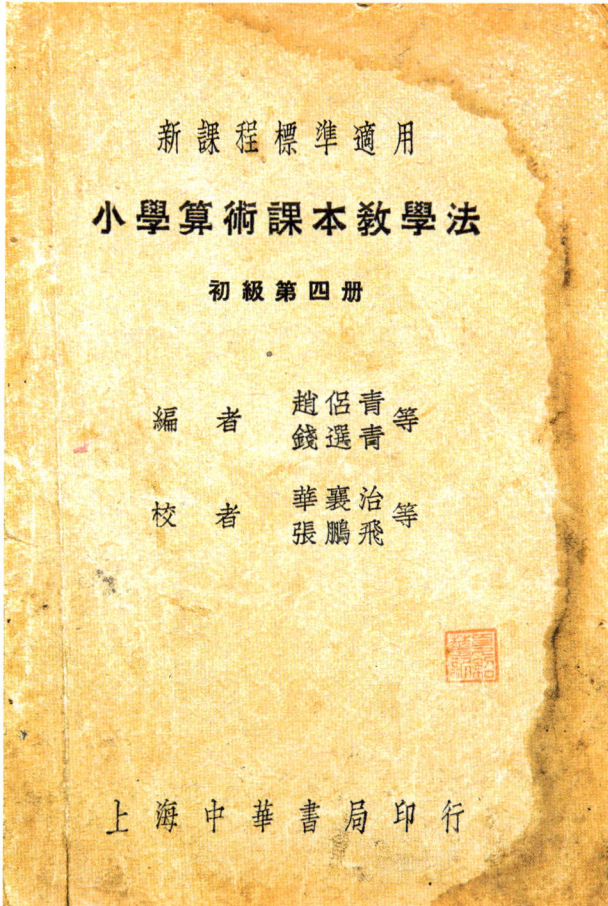

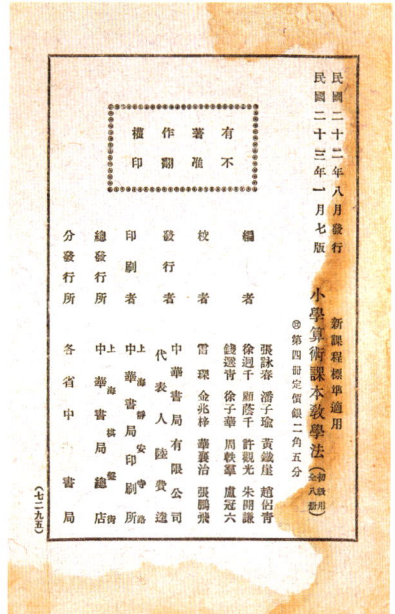

916

书名：复兴算术教学法（小学校初级用）
著者：江景双、许用宾、杨茂芬、苏顽夫、
　　　钱英、许汉宾、茅文培、沈百英 / 编校
　　　王云五 / 主编兼发行
出版印行：商务印书馆
出版时间：民国二十六年（1937）改编本第1版
　　　　　民国二十七年（1938）第15版
册数：八

书名：复兴算术教学法（小学校高级用）
著者：钱重六、顾柟、郑叔璜、吴家骧 / 编著
　　　赵景源 / 校订　王云五 / 主编兼发行
出版印行：商务印书馆
出版时间：民国二十二年（1933）初版
　　　　　民国二十三年（1934）2版
册数：四

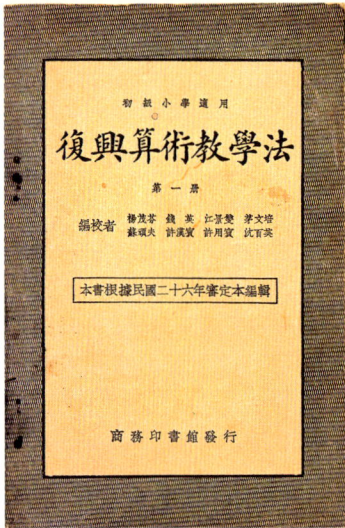

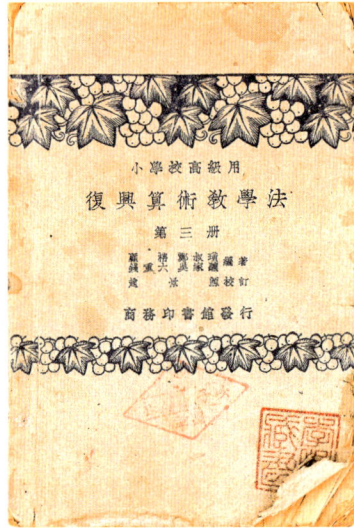

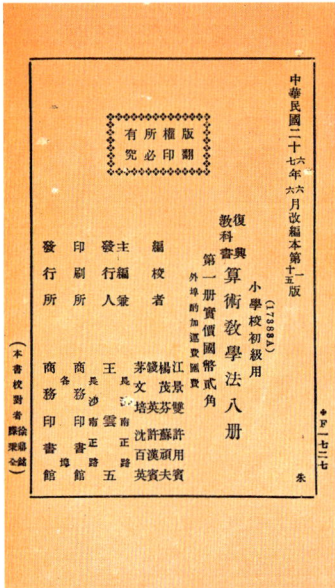

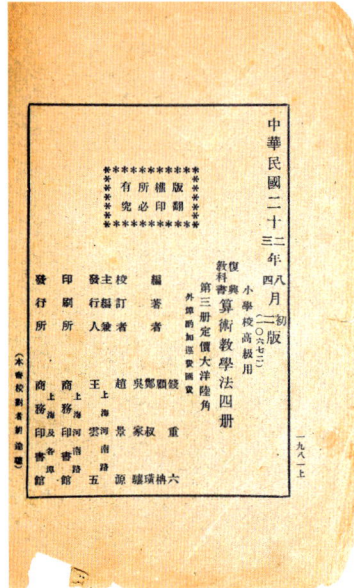

书名：实用算术教授书（国民学校春季始业教员用）

著者：不详

出版印行：商务印书馆

出版时间：不详

册数：不详

917

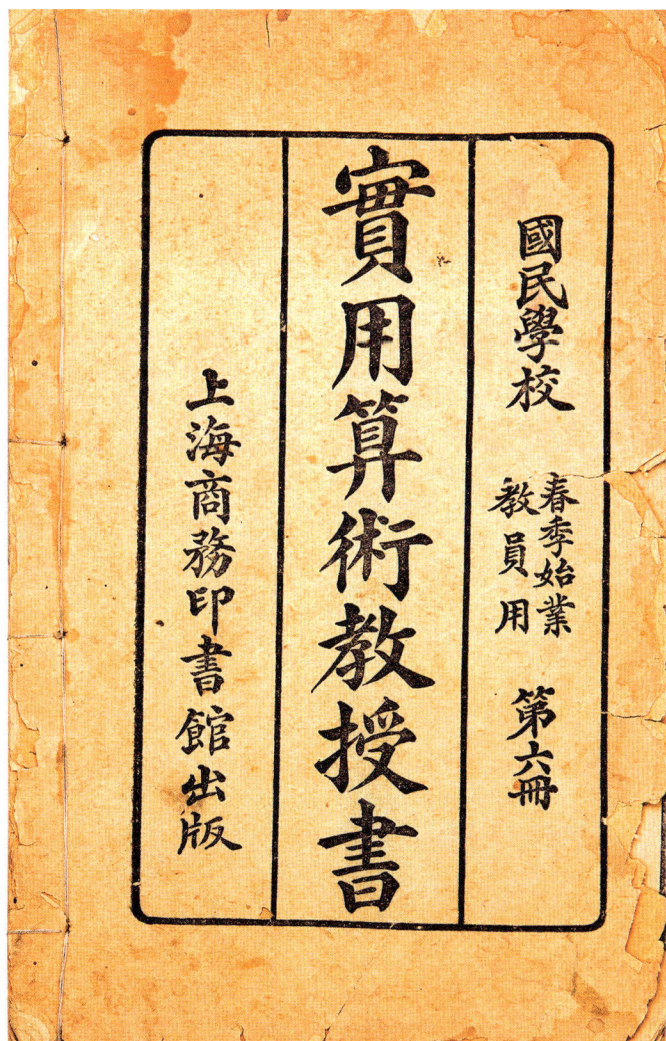

國民學校　春季始業　教員用　第六冊

實用算術教授書

上海商務印書館出版

918　书名：新编中华算术教科／授书样本（春季始业初等小学校用）

著者：顾树森、沈煦／编　范源廉、沈颐／阅

出版印行：中华书局

出版时间：民国四年（1915）2版

册数：八

⑥算术教科书样书

定審部育教

新编中華算術教科授書樣本

春季始業　初等小學校用

上海中華書局印行

洪六

NEW CHUNG HWA ARITHMETIC
FOR PRIMARY SCHOOLS
(SECOND SERIES)
CHUNG HWA BOOK COMPANY

民國四年七月二版

（春季始業用）
新編中華初等小學算術教科書（全八冊）
（每冊定價大洋一角五折實售六分）
（外埠加郵匯費六折實售六分）
（輪船火車未進處七折實售七分）

編者　顧樹森
閱者　沈煦

范源廉
沈頤

總發行所　中華書局
印刷者　中華書局
發行者　上海河南路寶善街中華書局
分售處　北京天津奉天廣州長沙
　　　　南京杭州漢南保定武昌
　　　　太原溫州昆春漢口商昌
　　　　開封常德蘇州成都富寧
　　　　濟南徐州

由此書有著作權翻印必究用

上海虹口東百老匯路中華書局

NEW CHUNG HWA METHODS
FOR TEACHING ELEMENTARY ARITHMETIC
IN PRIMARY SCHOOLS
(SECOND SERIES)
CHUNG HWA BOOK COMPANY

民國四年七月二版

（春季始業用）
新編中華初等小學算術教授書（全八冊）
（每冊定價大洋二角五折實售一角）
（外埠加郵匯費六折實售一角二分）
（輪船火車未進處七折實售一角四分）

編者　顧樹森
　　　沈煦

總發行所　中華書局
印刷者　中華書局
發行者　上海河南路寶善街中華書局
分售處　北京天津奉天廣州長沙
　　　　南京杭州漢南保定武昌
　　　　太原溫州昆春漢口商昌
　　　　開封常德蘇州成都富寧
　　　　濟南徐州西安

由此書有著作權翻印必究用

上海虹口東百老匯路中華書局

书名：新体算术教科 / 授书样本（国民学校用书）
著者：周维城、范祥善 / 编辑
出版印行：商务印书馆
出版时间：不详
册数：不详

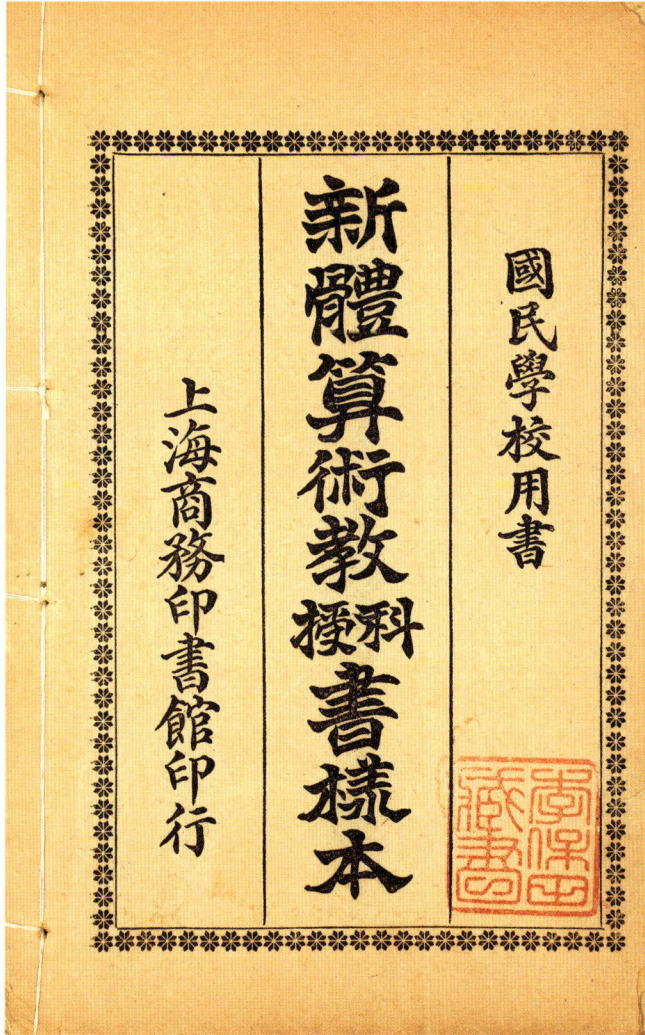

书名：共和国教科书平三角大要（中学校用）
著者：黄元吉 / 编纂　寿孝天、骆师曾 / 校订
出版印行：商务印书馆
出版时间：民国二年（1913）初版　民国八年（1919）12版
册数：一

⑦三角教材

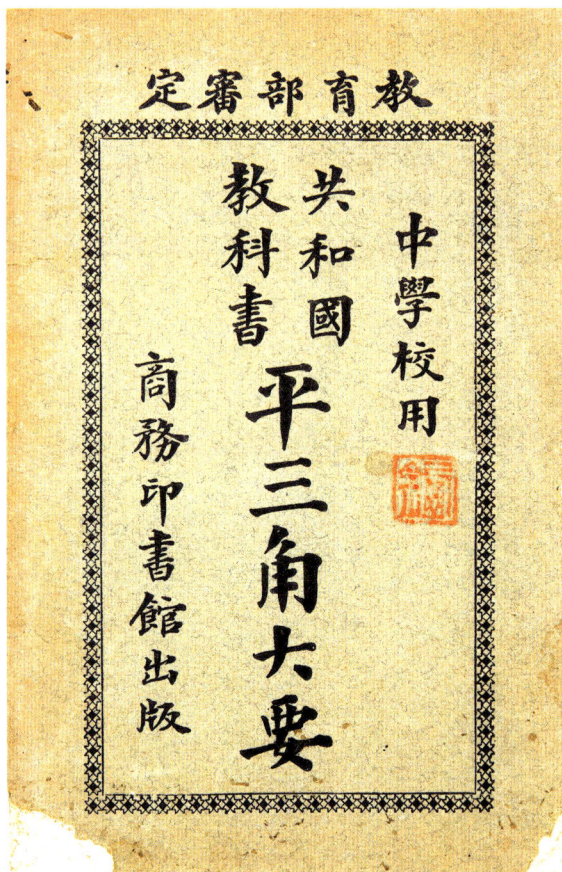

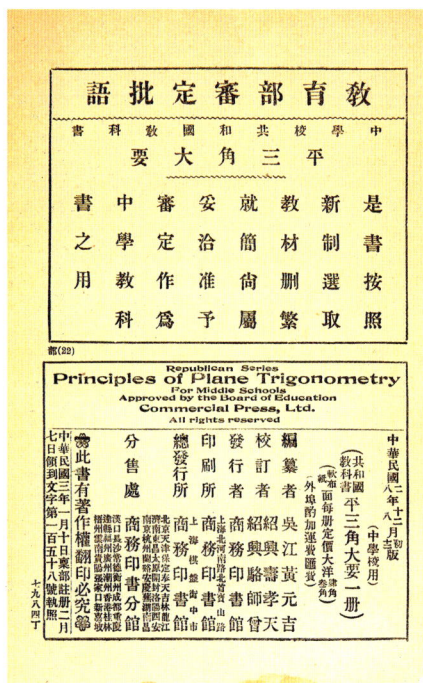

教育部審定

中學校用

共和國教科書平三角大要

商務印書館出版

教育部審定批語

中學校和共國教科書

平三角大要

是書按照新制選取教材删繁就簡尚治愈予准作為中學教科書之用

部(22)

Republican Series
Principles of Plane Trigonometry
For Middle Schools
Approved by the Board of Education
Commercial Press, Ltd.
All rights reserved

中華民國八年十二月初版
共和國
教科書平三角大要（一册）
（中學校用）
（每册定價大洋　角　外埠的加運費匯兌）

編纂者　黃元吉
校訂者　吳興壽孝天　江陰駱師曾
發行所　商務印書館
印刷所　商務印書館
總發行所　商務印書館
分售處　商務印書分館

中華民國三年一月十日　十七日　每部貳角　第一百五十八號執照
此書有著作權翻印必究

七九八四丁

书名：民国新教科书三角学（中学校师范学校用）
著者：秦汾 / 编纂
出版印行：商务印书馆
出版时间：民国二年（1913）初版　民国十八年（1929）11版
册数：一

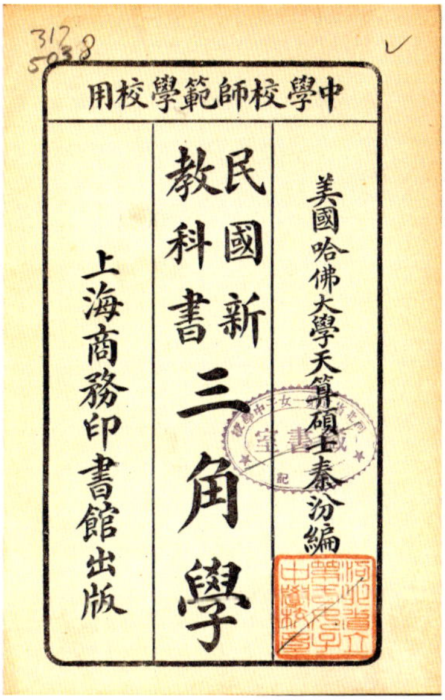

中學校師範學校用
民國新教科書
三角學
美國哈佛大學天算碩士秦汾編
上海商務印書館出版

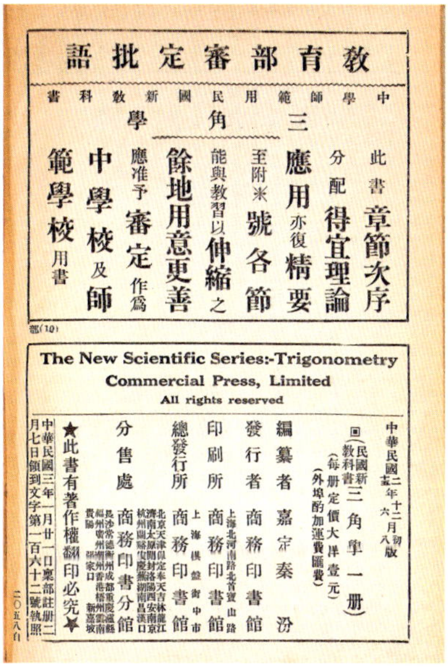

教育部審定批語
中學師範用民國新教科書
三角學
此書章節次序分配得宜理論應用亦復精要各節號附※至能與教習以伸縮之餘地用意更善應准予審定作為中學校及師範學校用書

The New Scientific Series:-Trigonometry
Commercial Press, Limited
All rights reserved

中華民國二年十二月初版
中華民國十五年六月八版
（民國新教科書三角學一册）
（每册定價大洋壹元）
（外埠酌加運費匯費）
編纂者　嘉定秦汾
發行者　商務印書館
印刷所　上海北河南路北首寶山路　商務印書館
總發行所　上海棋盤街中市　商務印書館
分售處　北京天津保定奉天吉林龍江濟南太原開封洛陽西安南京杭州蘭谿安慶蕪湖南昌漢口長沙常德衡州成都重慶瀘縣福州廣州香港梧州雲南貴陽張家口新嘉坡　商務印書分館
★此書有著作權翻印必究★
中華民國三年一月廿一日稟部註册二月七日領到文字第一百六十二號執照

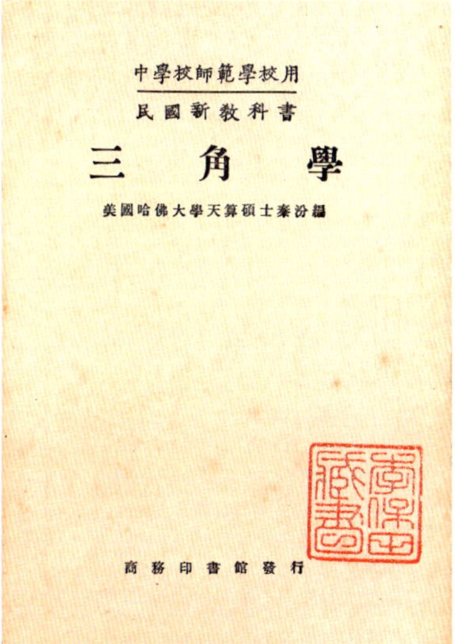

中學校師範學校用
民國新教科書
三角學
美國哈佛大學天算碩士秦汾編
商務印書館發行

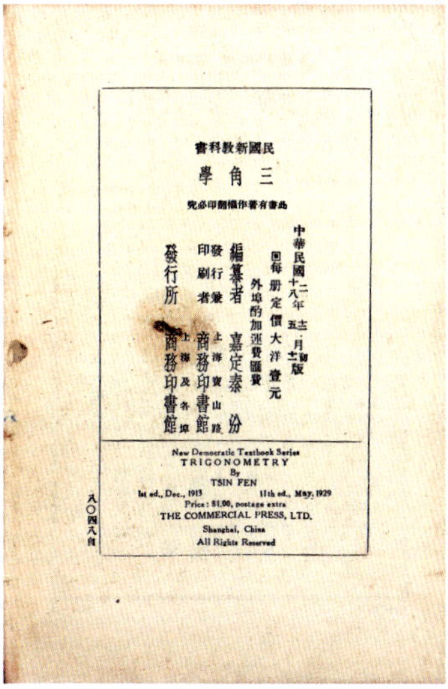

民國新教科書
三角學
此書有著作權翻印必究
中華民國二年十二月初版
中華民國十八年五月十一版
（每册定價大洋壹元）
外埠酌加運費匯費
編纂者　嘉定秦汾
發行兼印刷者　上海寶山路　商務印書館
發行所　上海及各埠　商務印書館

New Democratic Textbook Series
TRIGONOMETRY
By
TSIN FEN
1st ed., Dec., 1913　11th ed., May, 1929
Price: $1.00, postage extra
THE COMMERCIAL PRESS, LTD.
Shanghai, China
All Rights Reserved

922　书名：现代初中教科书三角术

　　　著者：刘正经 / 编辑　姜立夫 / 校订

　　　出版印行：商务印书馆

　　　出版时间：民国十二年（1923）初版　民国廿三年（1934）国难后第24版

　　　册数：一

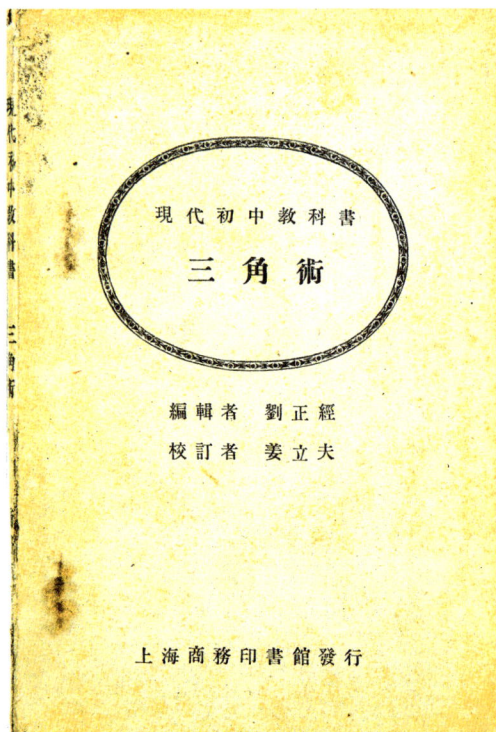

现代初中教科书

三角術

编辑者　劉正經

校訂者　姜立夫

上海商務印書館發行

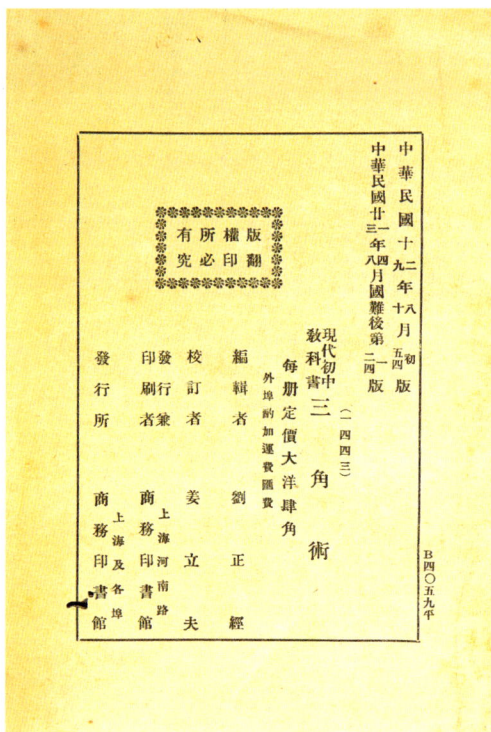

中華民國十二年八月初版　五四版

中華民國廿一年四月國難後第二四一版

有所權版　究必印翻

現代初中教科書

三角術

（一四四三）

每册定價大洋肆角

外埠酌加運費匯費

編輯者　劉正經

校訂者　姜立夫

印發刷行者兼　上海河南路商務印書館

發行所　上海及各埠商務印書館

B四〇五九年

书名：新中学平面三角法（初级中学用）

著者：胡仁源／编　张鹏飞／校

出版印行：中华书局

出版时间：民国十二年（1923）发行　民国廿一年（1932）32版

册数：一

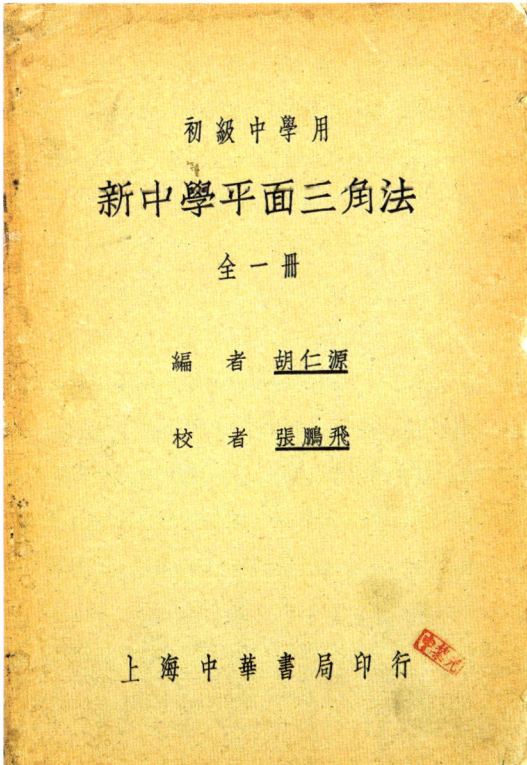

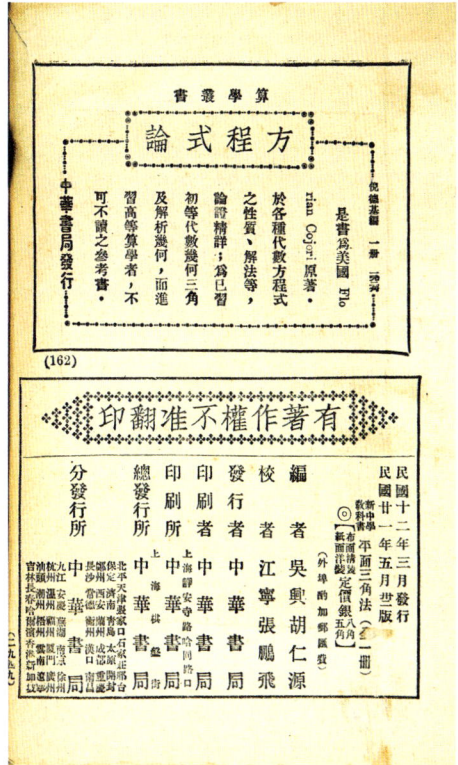

924 | 书名：汉译葛氏平面三角法教科书
著者：王国香／译述　冯祖荀／校订
出版印行：北平戊辰学社
出版时间：民国二十二年（1933）初版　民国二十三年（1934）再版
册数：一

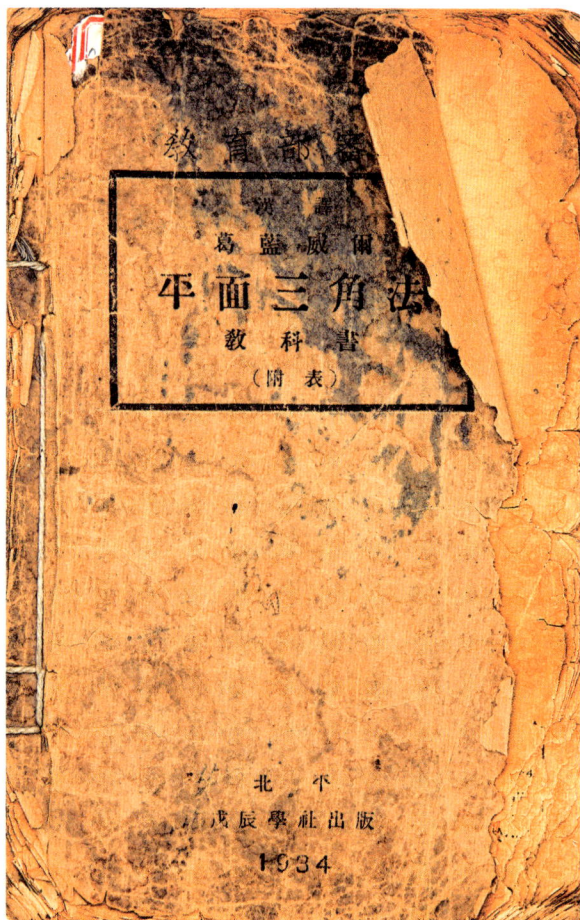

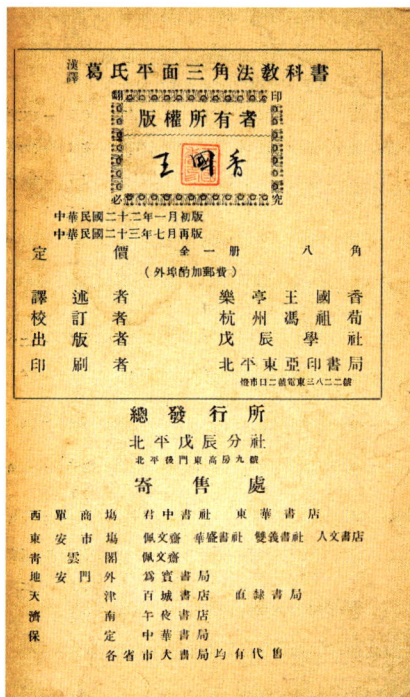

书名：复兴初级中学教科书三角

著者：周元瑞、周元谷 / 编著　王云五 / 主编兼发行

出版印行：商务印书馆

出版时间：民国二十二年（1933）初版　民国二十九年（1940）93版

册数：一

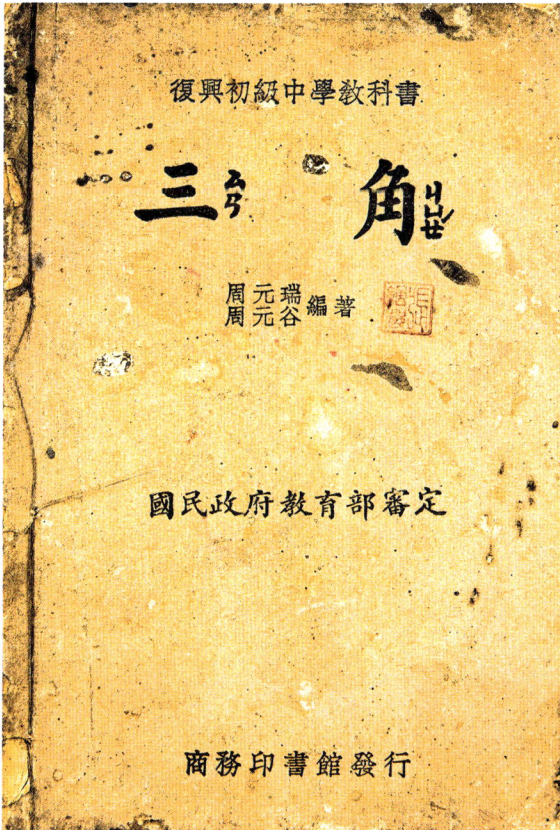

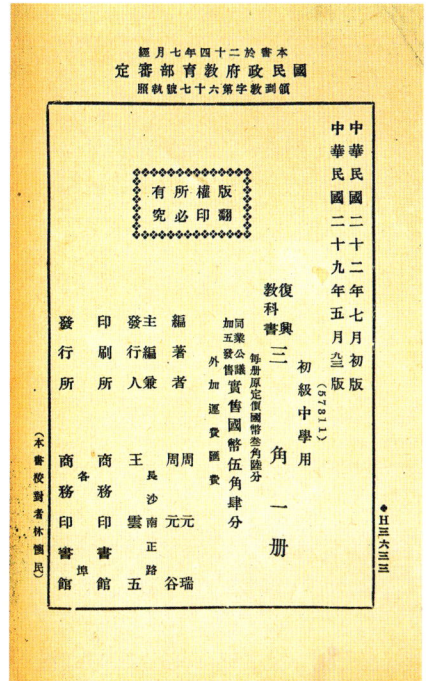

书名：汉译葛氏平面三角学（中等学校适用教本）

著者：W.A.Granville/ 原著　王绍颜 / 译述　赵进义 / 校订

出版印行：华北科学社

出版时间：民国二十四年（1935）初版　民国二十五年（1936）修订再版

册数：一

926

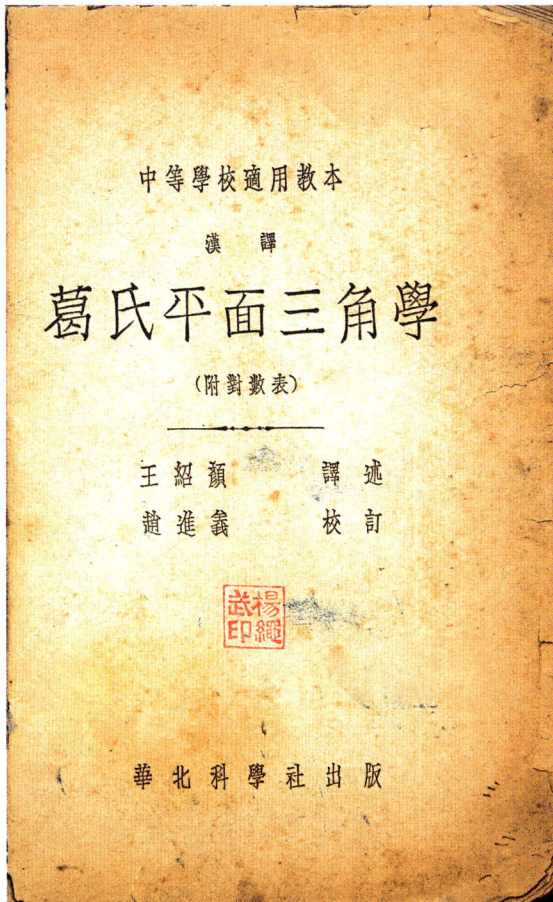

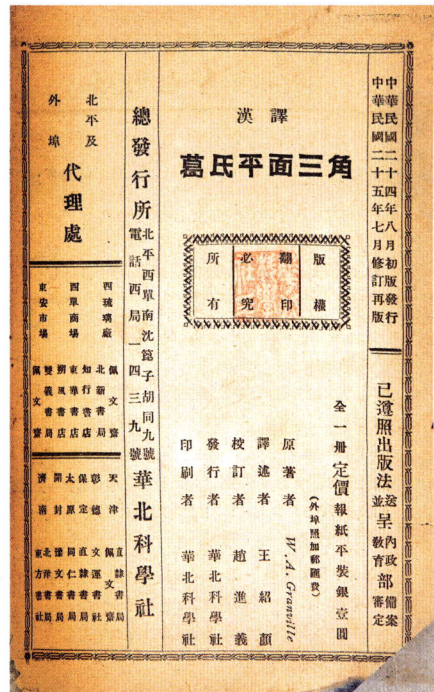

书名：高中三角学习题解答（新课程标准适用）

著者：范际平、李修睦 / 编　胡濮荪、余介石 / 校

出版印行：中华书局

出版时间：民国二十四年（1935）初版

册数：一

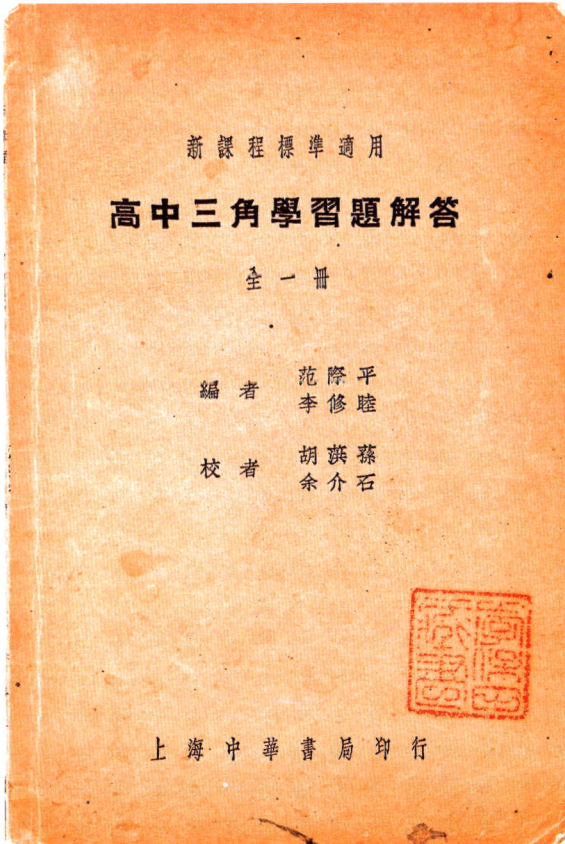

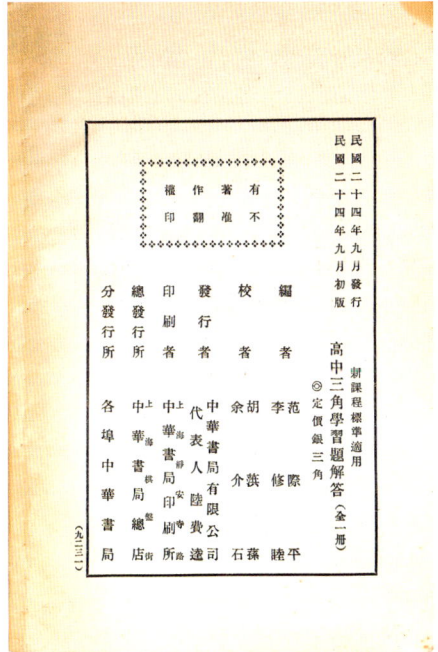

新課程標準適用

高中三角學習題解答

全一冊

編者　范際平
　　　李修睦

校者　胡濮荪
　　　余介石

上 海 中 華 書 局 印 行

民國二十四年九月發行
民國二十四年九月初版

高中三角學習題解答（全一冊）
◎定價銀三角
新課程標準適用

編　著者　范際平　李修睦

校　者　胡濮荪　余介石

印刷者　中華書局印刷所（上海靜安寺路）

發行者　中華書局有限公司
代表人陸費逵

總發行所　中華書局總店（上海棋盤街）

分發行所　各埠中華書局

(先0311)

928　书名：新课程标准世界中学教本高中新三角（高级中学学生用）

　　　著者：裘友石／编著

　　　出版印行：世界书局

　　　出版时间：民国二十五年（1936）印刷　民国三十六年（1947）8版

　　　册数：一

遵照教育部修正课程标准编辑

新课程标准世界中学教本

高级中学学生用

高中新三角

编著者　裘友石

世界书局印行

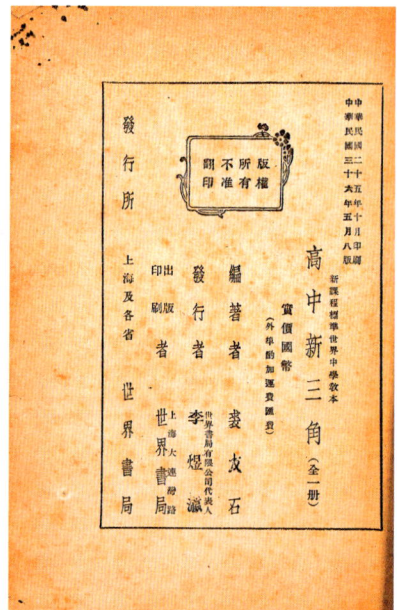

版權所有　不准翻印

高中新三角（全一冊）

新課程標準世界中學教本

中華民國二十五年十月初版
中華民國三十六年五月八版

編著者　裘友石　實價國幣（升學前加運費調整）

發行者　李煜瀛

出版
印刷者　世界書局　上海大連灣路

發行所　世界書局　上海及各埠

世界書局有限公司代表人

书名：复兴高级中学教科书三角学

著者：李蕃 / 编著

出版印行：商务印书馆

出版时间：民国二十五年（1936）

册数：一

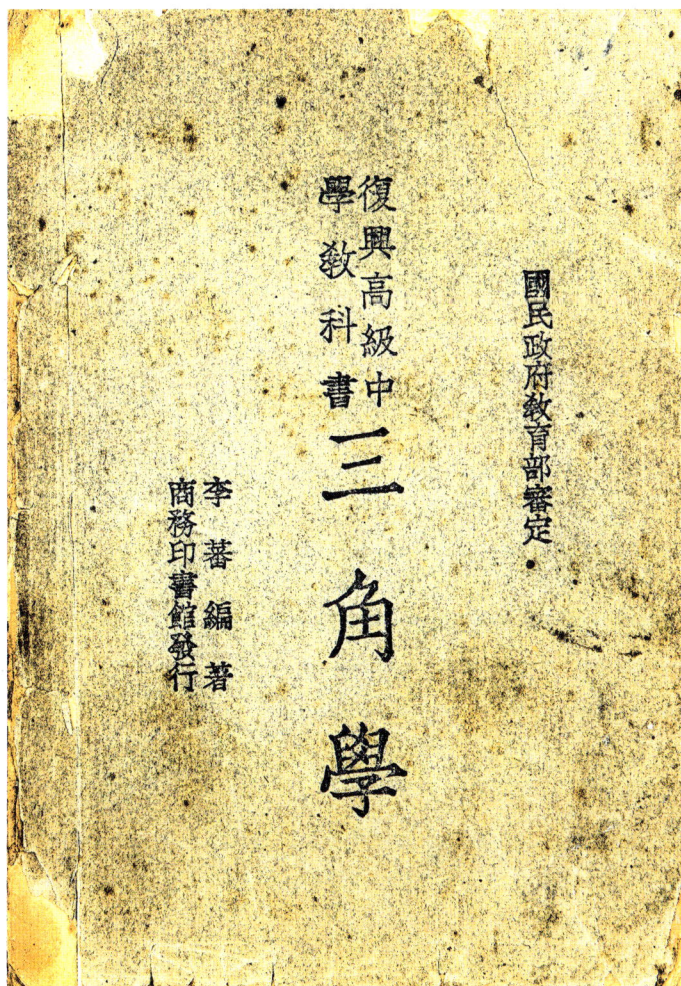

930 书名：新三角学讲义（中学丛书）

著者：朱凤豪 / 编著

出版印行：龙门联合书局

出版时间：民国二十九年（1940）初版　民国三十六年（1947）7版

册数：一

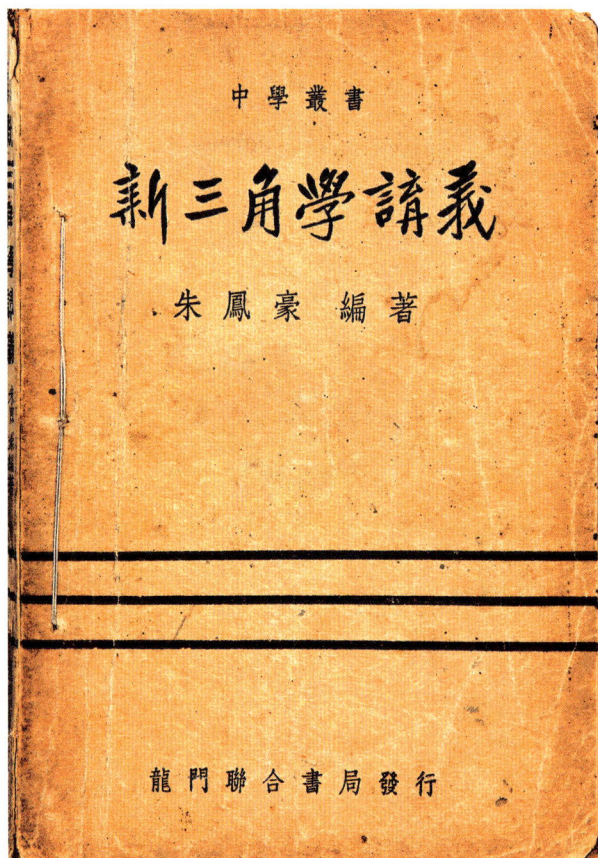

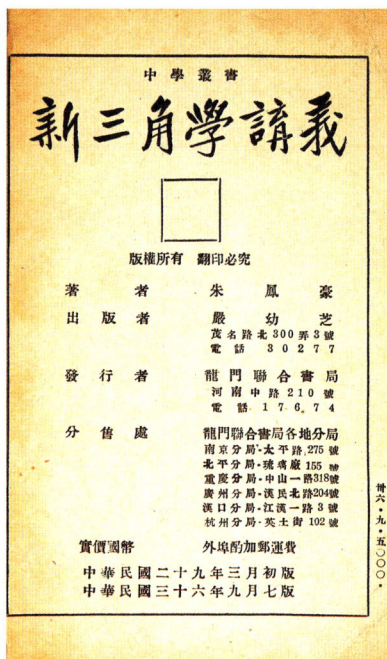

书名：汉译葛氏高中平面三角术

著者：黄锡训 / 编译　胡金昌 / 校阅

出版印行：荣兴书局

出版时间：民国三十一年（1942）初版　民国三十七年（1948）8版

册数：一

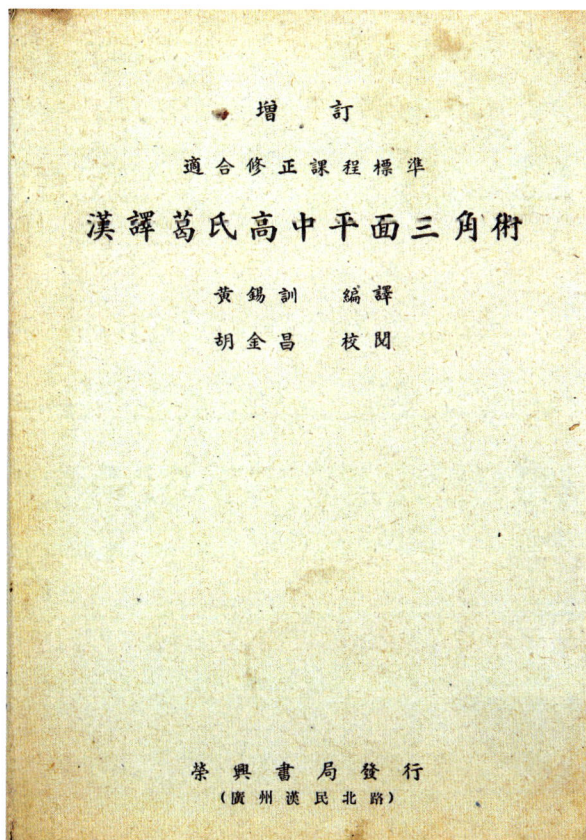

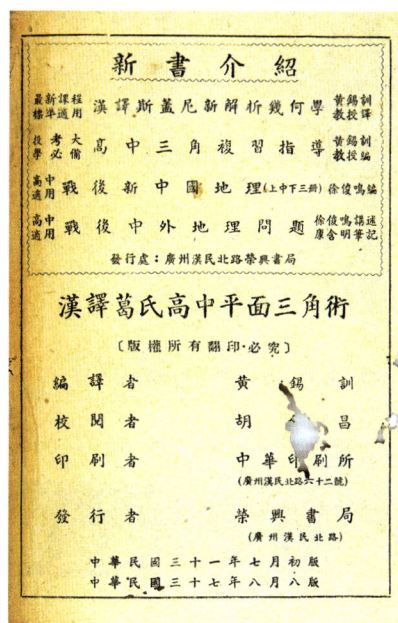

书名：葛氏平面三角学

著者：Granville-Smith Mikesh/ 原著　邱调梅 / 译　曹敬康 / 校订

出版印行：世界书局

出版时间：民国三十五年（1946）新11版

册数：一

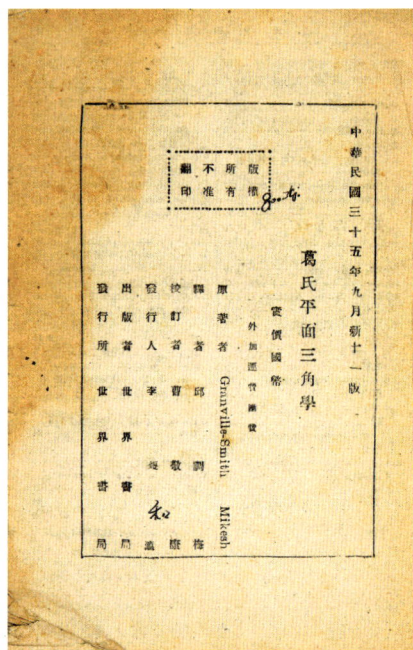

书名：汉译龙氏平面三角法

著者：章彬 / 译述　吴静山 / 校订

出版印行：上海新亚书店

出版时间：民国三十六年（1947）初版

册数：一

933

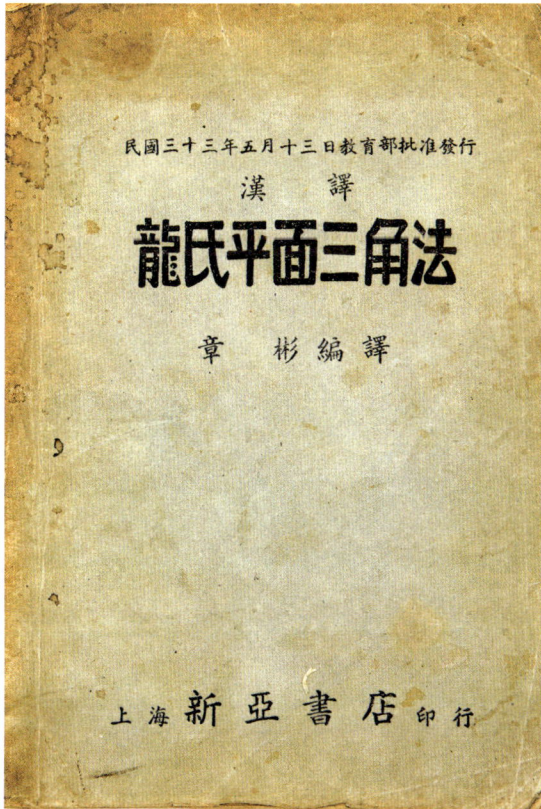

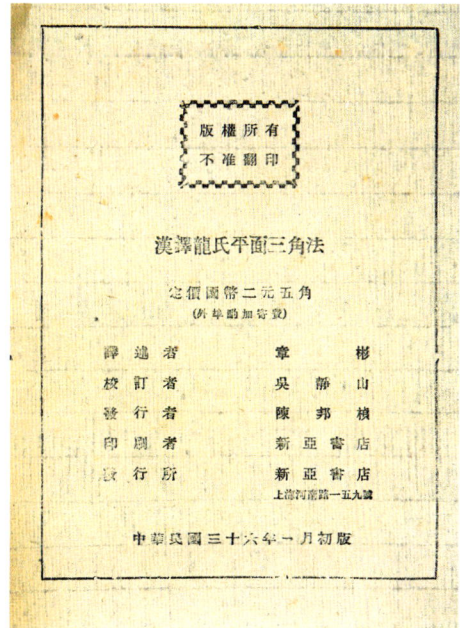

934   书名：龙氏平面三角学题解

著者：何耔嵌、冯克忠 / 编　孙炳章、黄斗懿、张廷襄、朱文虎 / 校

出版印行：重庆国风书局

出版时间：民国三十六年（1947）4版

册数：一

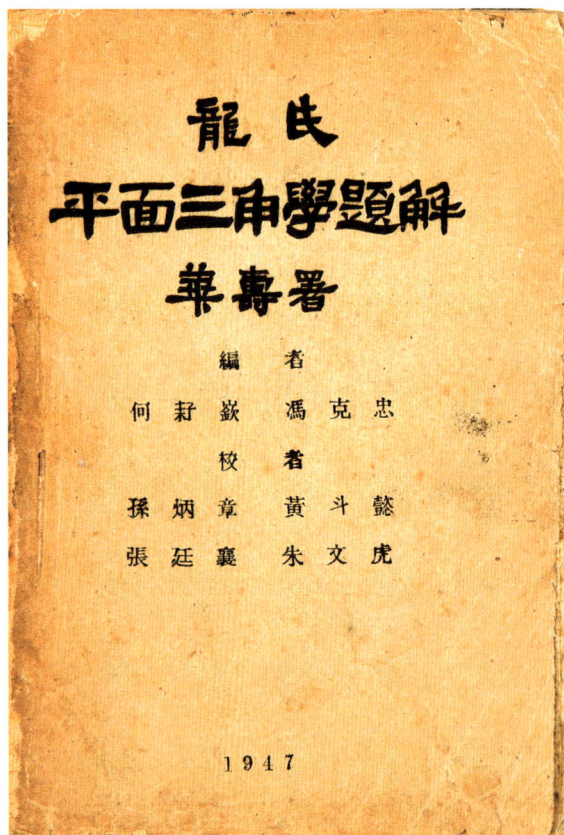

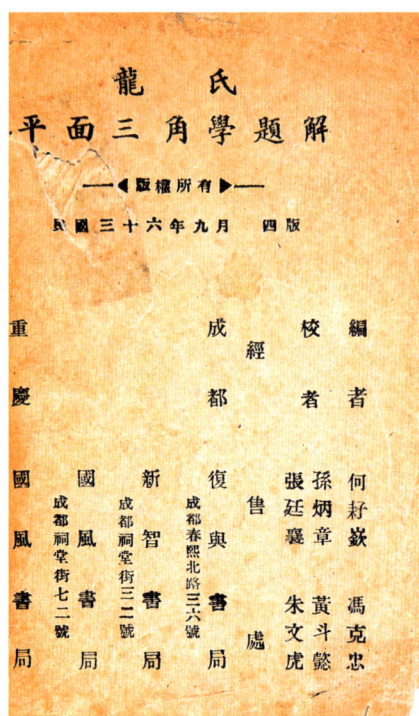

书名：新撰高中三角法（修正课程标准适用）
著者：孙瀚 / 编著
出版印行：成都普益图书公司
出版时间：不详
册数：不详

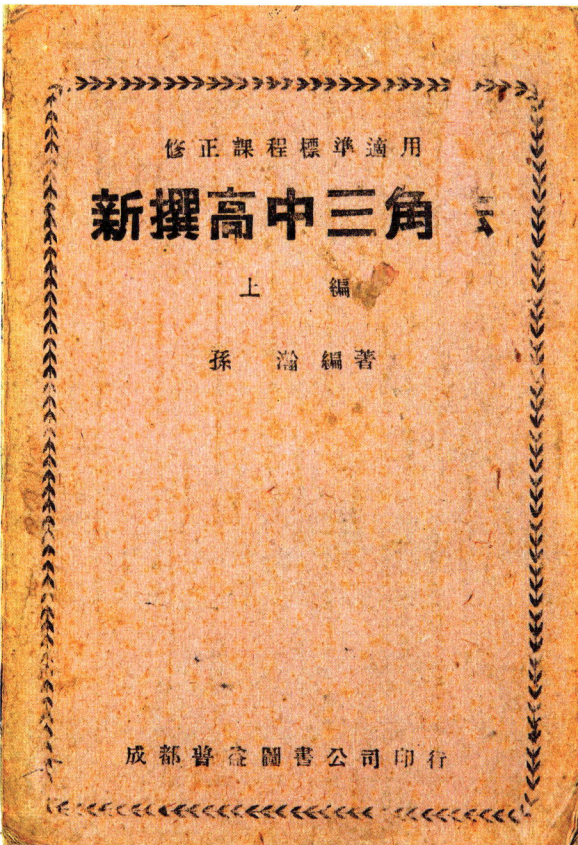

修正課程標準適用

新撰高中三角

上編

孫瀚編著

成都普益圖書公司印行

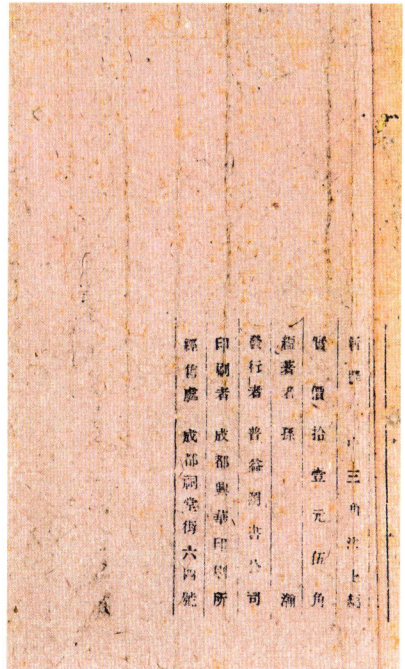

936

书名：平面几何学解法

著者：温特渥斯 / 原著　魏镜 / 译

出版印行：科学会编辑部 / 出版　商务印书馆 / 发行

出版时间：辛亥年（1911）初版　民国二十二年（1933）国难后第3版

册数：一

⑧ 几何教材

温特渥斯

平面幾何學解法

武康魏鏡譯

科學會編輯部出版
商務印書館發行

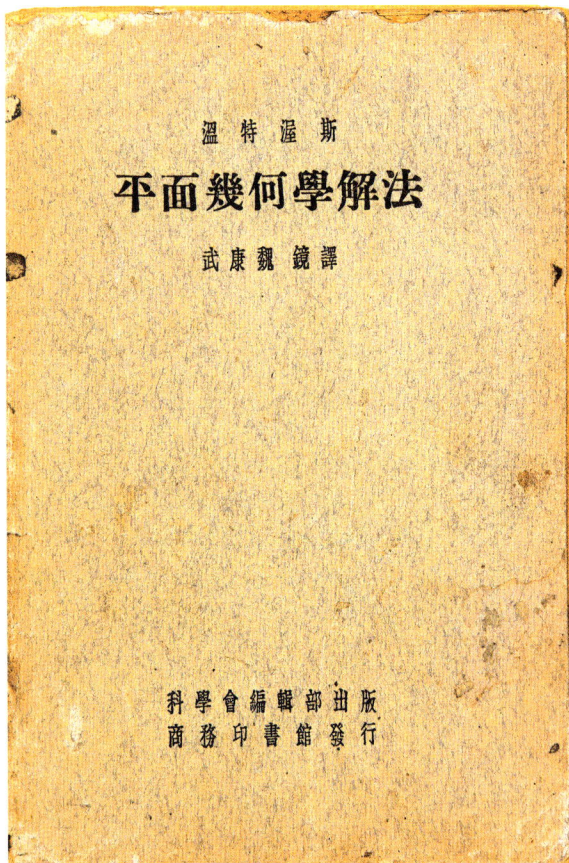

民國二十一年一月二十九日敝公司突遭國難總務處印刷所編譯所書棧房均被炸燬附設之涵芬樓東方圖書館向公小學亦遭燬及盡付焚如三十五載之經營惸於一旦迻蒙各界慰問督飭繳速闔恢復詞意懇摯衔咸何窮敝館雖處境艱困不敢爲其難因將需要各書亦次第出版惟是閣版裝製較切各書先行覆印其他各書不能盡如原式事勢所限想荷廖原讀布下忱統祈垂瞢

上海商務印書館謹啟

辛亥年閏六月初版
民國二十年八月國難後第一版
民國二十二年六月印行國難後第三版

（三三九）

溫特渥斯 平面幾何學解法

每冊定價大洋捌角
外埠酌加運費匯費

翻譯者　魏　鏡
出版兼發行者　科學會編輯部
印刷者兼發行所　上海河南路　商務印書館
發行所　商務印書館　上海及各埠

书名：汉译温氏高中几何学

著者：[美]温德华士/原著　张彝/译述

　　　周藩、寿孝天、孔庆莱/校订　骆师曾/参订

出版印行：商务印书馆

出版时间：民国元年（1912）初版　民国二十年（1931）39版

册数：一

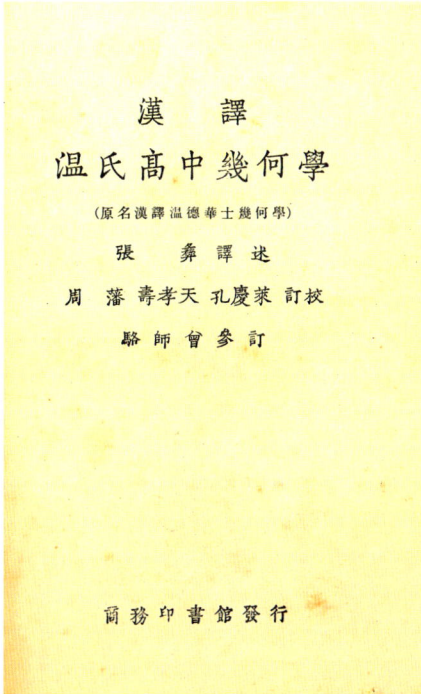

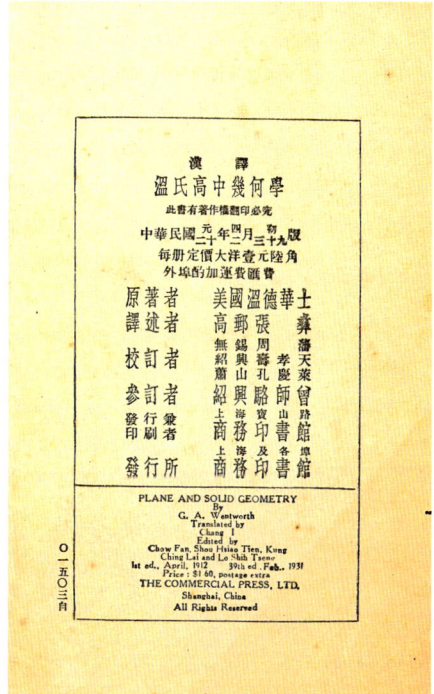

938 | 书名：解析几何学解法
著者：温特渥斯／原著　王藝／演草
出版印行：上海科学会编译部
出版时间：民国二年（1913）再版
册数：不详

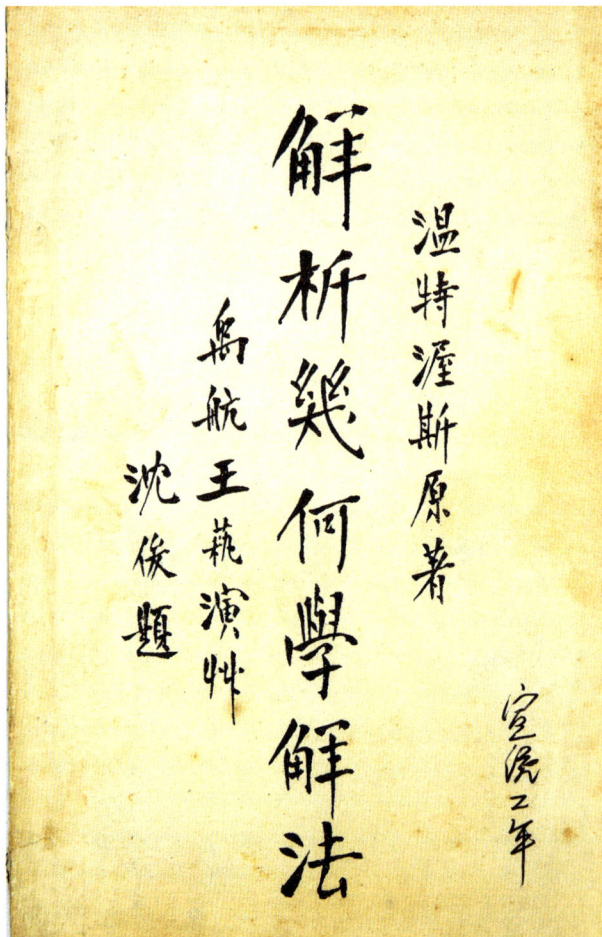

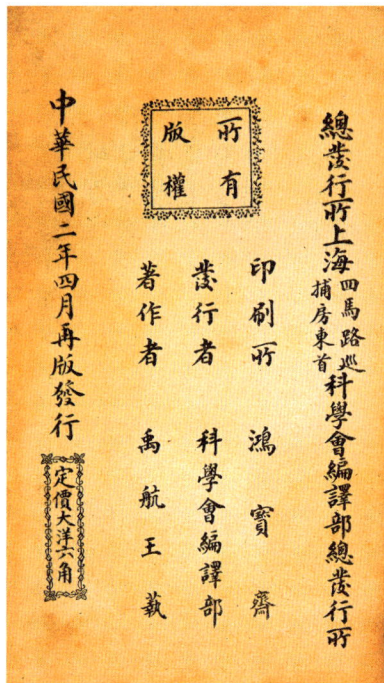

书名：共和国教科书平面几何（中学校用）
著者：黄元吉 / 编纂　寿孝天 / 校订
出版印行：商务印书馆
出版时间：民国二年（1913）初版　民国十三年（1924）20版
册数：一

教育部審定

中學校用

共和國
教科書
平面幾何

商務印書館出版

商務印書館出版

布利氏新式算學教科書

此書將中等學校應
習之代數幾何，二角
諸法，融會貫通，混合
編輯，選材慎重解釋
明晰，使學者領悟數
學之具體的意義及
其應用，頗與新學制
的精神相脗合

定價
第一編　一元八角
第二編　一元四角
第三編　二元

元(1743)

Republican Series
Plane Geometry
For Middle Schools
Approved by the Board of Education
The Commercial Press, Limited
All rights reserved

中華民國十三年十月二十版
（中學校用）

※共和國教科書 平面幾何一冊
（每冊定價大洋陸角）
（外埠酌加運費匯費）

編纂者　吳江黃元吉
校訂者　寿孝天
發行者　商務印書館
印刷所　商務印書館
總發行所　商務印書館
分售處　商務印書分館

940 | 书名：民国新教科书几何学（中学校师范学校用）
著者：秦沅、秦汾／编纂
出版印行：商务印书馆
出版时间：民国三年（1914）初版　民国十一年（1922）15版
册数：一

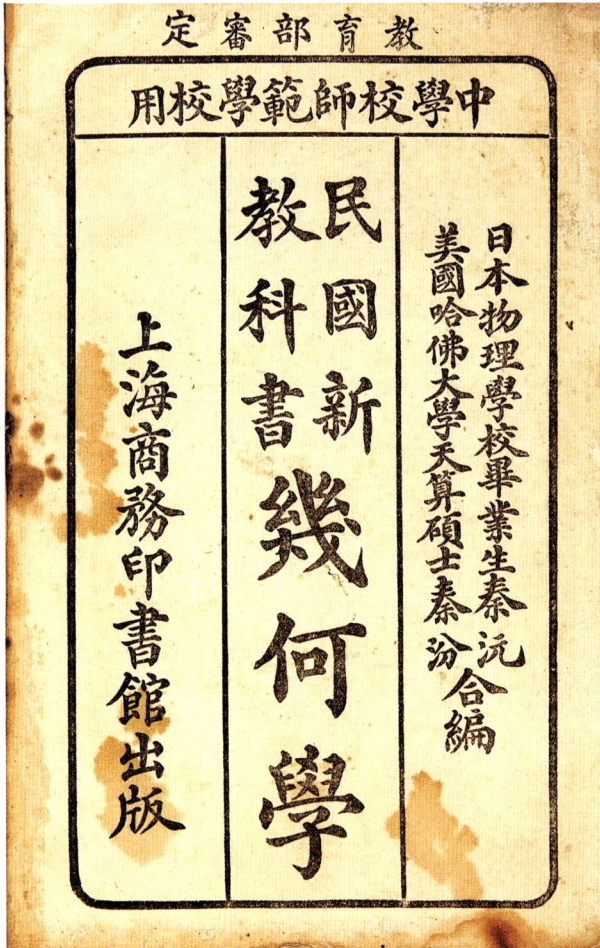

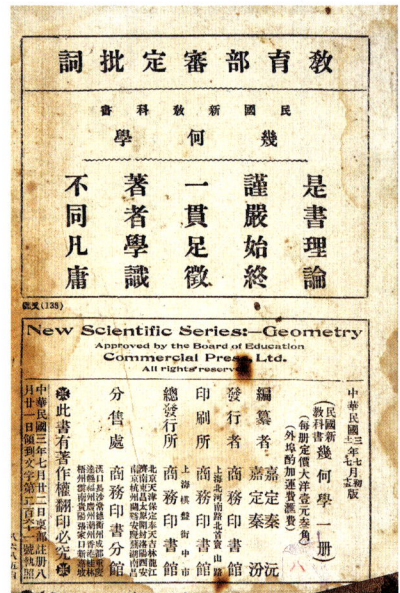

书名：现代初中教科书几何

著者：周宣德／编辑　段育华／校订

出版印行：商务印书馆

出版时间：民国十三年（1924）初版　民国十七年（1928）44版

册数：二

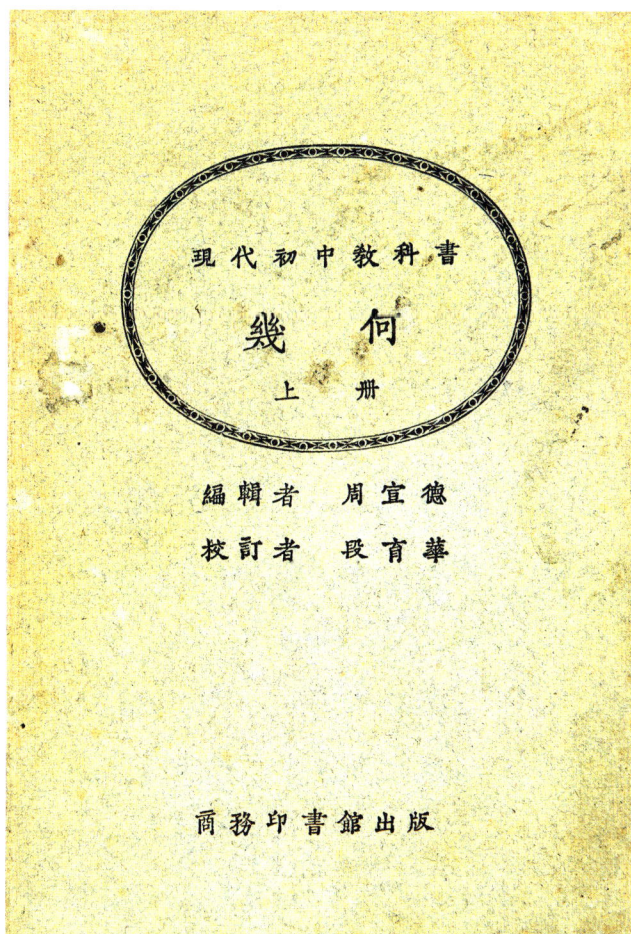

现代初中教科書

幾何

上册

编輯者　周宣德

校訂者　段育華

商務印書館出版

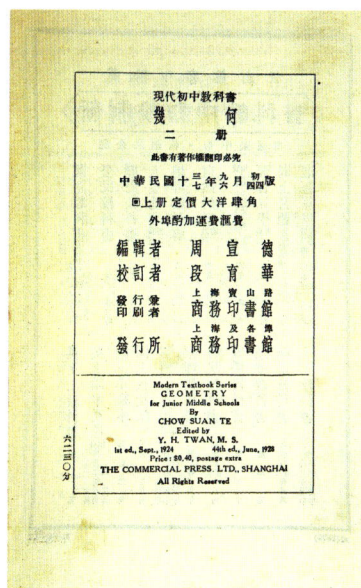

現代初中教科書

幾何

二册

此書有著作權翻印必究

中華民國十三年九月初版
十七年六月四四版

回上册定價大洋肆角

外埠酌加運費滙費

編輯者　周宣德

校訂者　段育華

發行兼　上海寶山路
印刷者　商務印書館

發行所　上海及各埠　商務印書館

Modern Textbook Series
GEOMETRY
for Junior Middle Schools
By
CHOW SUAN TE
Edited by
Y. H. TWAN, M. S.
1st ed., Sept., 1924　44th ed., June, 1928
Price: $0.40, postage extra
THE COMMERCIAL PRESS. LTD., SHANGHAI
All Rights Reserved

942　　书名：新中学教科书高级几何学

著者：胡敦复、吴在渊／编　胡明复／校

出版印行：中华书局

出版时间：民国十四年（1925）发行　民国十四年（1925）再版

册数：一

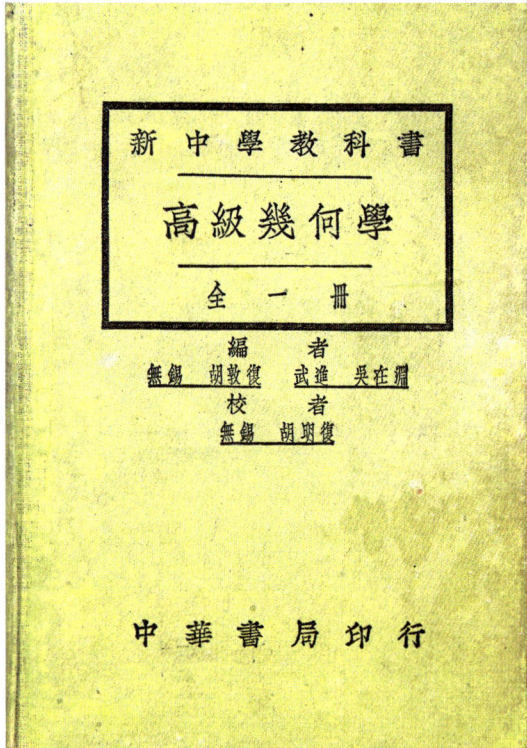

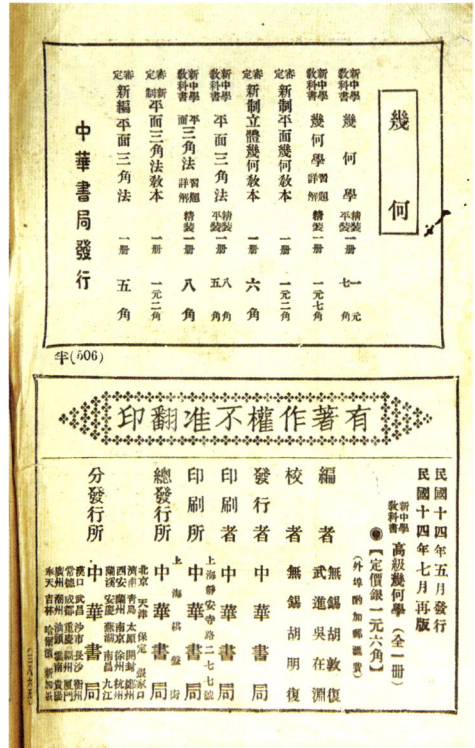

书名：平面几何学——圆（算学小丛书）

著者：东利作 / 原著　黄元吉 / 译述

出版印行：商务印书馆

出版时间：民国十八年（1929）初版　民国二十二年（1933）国难后第1版

册数：不详

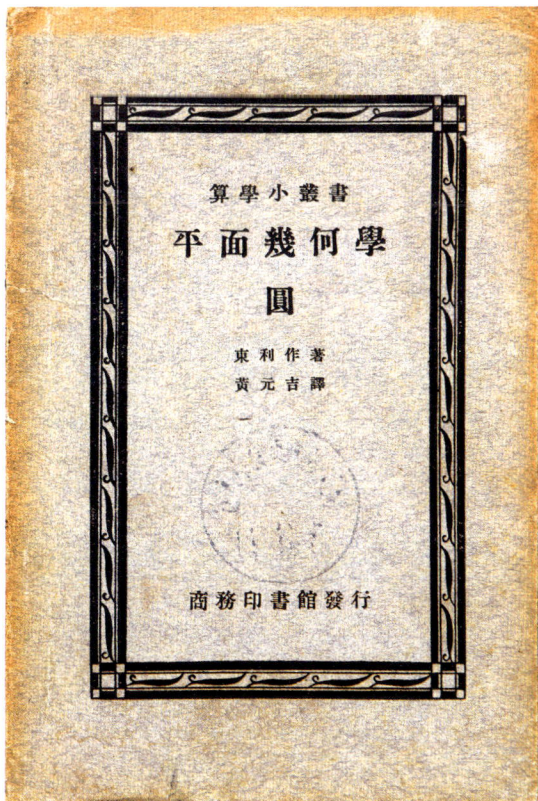

算學小叢書

平面幾何學

圓

東利作著

黃元吉譯

商務印書館發行

民國二十一年一月二十九日敝公司突遭國難總務處印刷所編譯所書棧房均被炸燬附設之涵芬樓東方圖書館俱公設之涵芬樓東方圖書館俱公小學亦遭殃及盡付焚如三十五載之經營燬於一旦迭蒙各界慰問督望速圖恢復詞意懇摯衛問督窮敝館離處境艱困不敢不勉爲其難因將需要較切各書先行覆印其他各書亦將次第出版惟是圖版裝製不能盡如原式事勢所限想荷鑒原諒布下忱祈所季督

上海商務印書館謹啓

算學小叢書
平面幾何學——圓

中華民國十八年十月初版
民國二十二年四月印行國難後第一版

每冊定價大洋叁角
外埠酌加運費匯費

（六三二）

原著者　東利作
譯述者　黃元吉
印刷者兼　上海河南路商務印書館
發行所　上海及各埠商務印書館

三二一七

944　书名：复兴初级中学教科书几何

著者：余介石、徐子豪／编著　段育华／校订

出版印行：商务印书馆

出版时间：民国二十二年（1933）初版　民国二十四年（1935）52版

册数：二

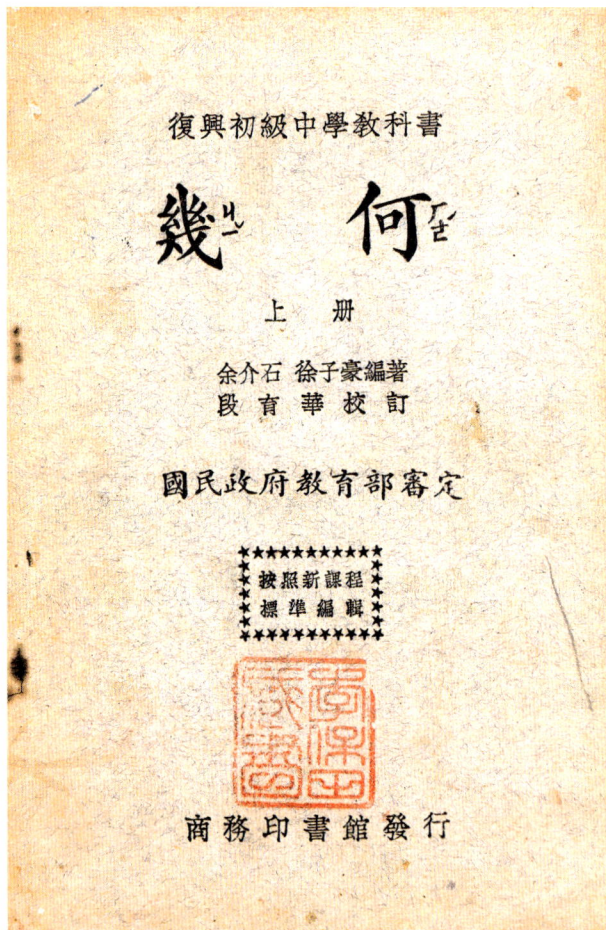

復興初級中學教科書

幾　何　上册

上　册

余介石　徐子豪編著
段育華校訂

國民政府教育部審定

★★★★★★★★★★★
★按照新課程★
★標準編輯★
★★★★★★★★★★★

商務印書館發行

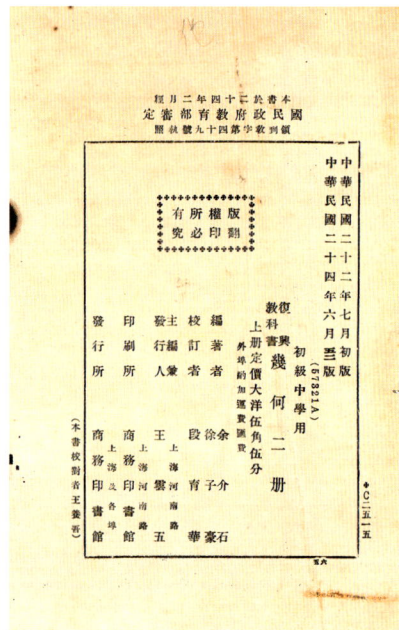

本書於二十四年二月經
國民政府教育部審定
領到教字第四十九號執照

中華民國二十二年七月初版
中華民國二十四年六月五十二版
（6732 1 A）

初級中學用

復興幾何二册
教科書

上册定價大洋伍角伍分
（外埠酌加運費匯費）

有所權版
究必印翻

編　著　者　余介石　徐子豪　河南　上海
校　訂　者　段育華　河南　上海
發　行　人　王雲五　上海
印　刷　所　商務印書館　上海
發　行　所　商務印書館及各埠

（本書校對者王養吾）

书名：黄氏初中几何（初级中学学生用）

著者：黄泰／编著　王刚森、骆师曾／校订

出版印行：世界书局

出版时间：民国二十三年（1934）初版　民国二十五年（1936）11版

册数：二

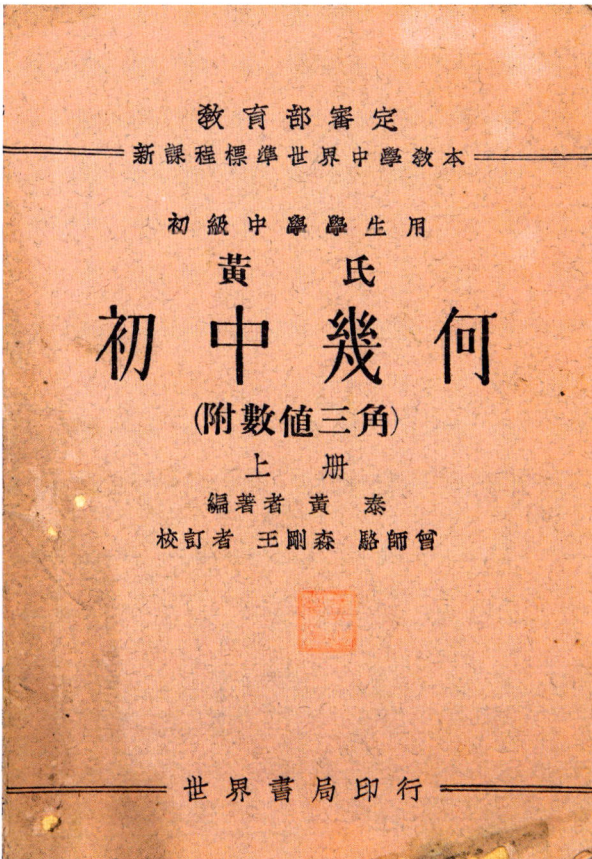

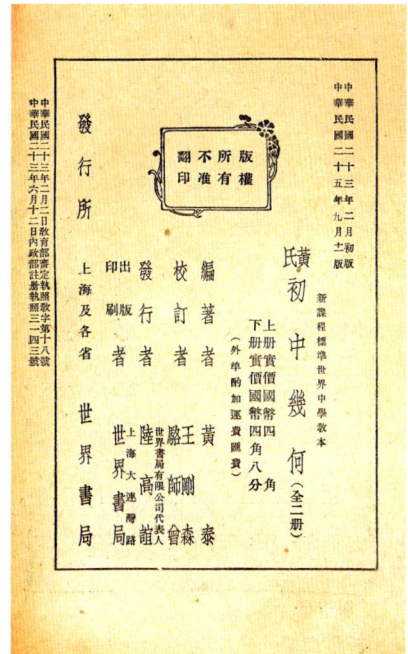

946　书名：开明几何讲义（开明中学讲义）

著者：刘薰宇 / 编著

出版印行：开明函授学校出版　开明书店印行

出版时间：民国二十四年（1935）初版　民国卅五年（1946）5版

册数：不详

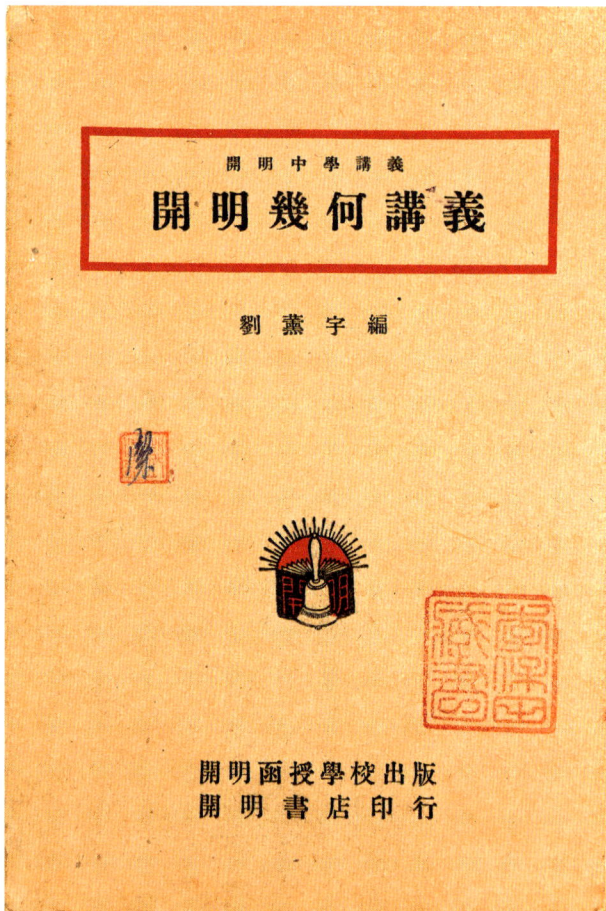

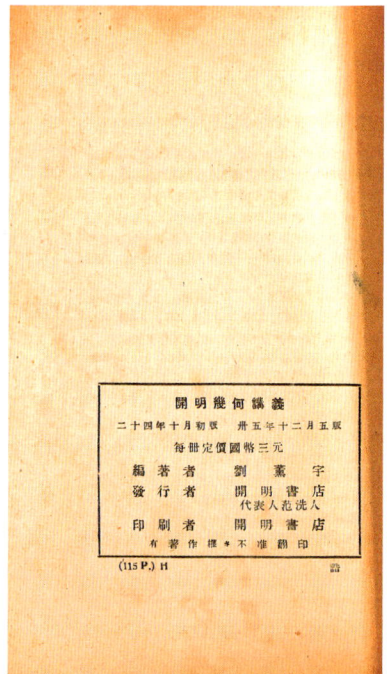

书名：复兴高级中学教科书平面几何学
著者：胡敦复、荣方舟 / 编著　王云五 / 主编
出版印行：商务印书馆
出版时间：民国二十五年（1936）初版　民国三十七年（1948）109版
册数：一

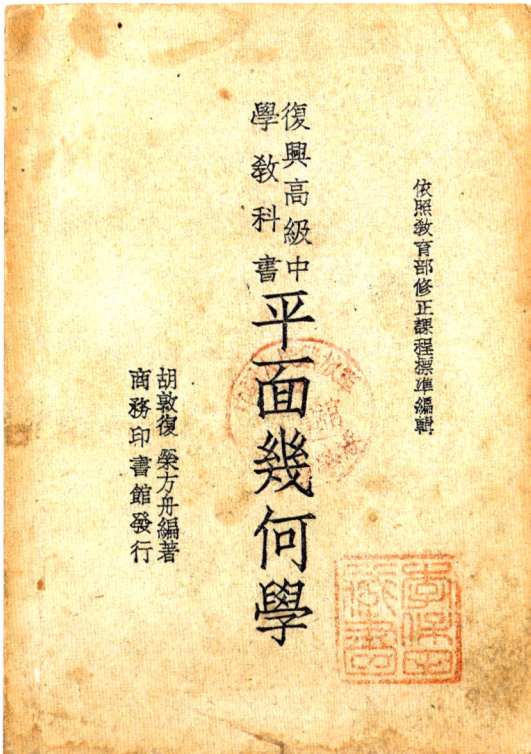

復興高級中學教科書
平面幾何學

依照教育部修正課程標準編輯

胡敦復 榮方舟編著
商務印書館發行

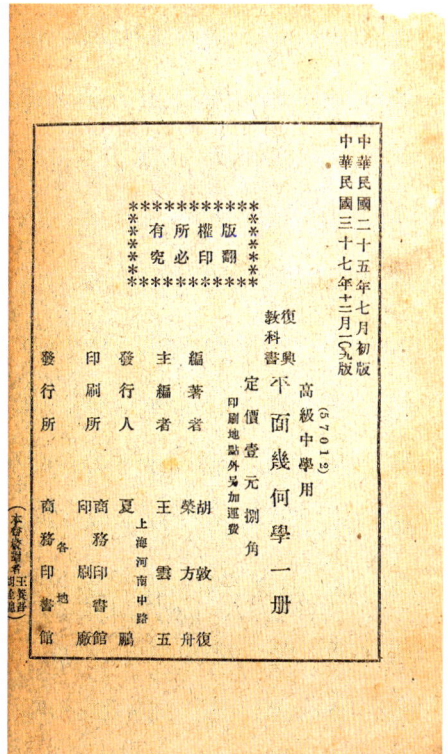

中華民國二十五年七月初版
中華民國三十七年十二月109版

(57012)

復興高級中學用
教科書平面幾何學一册
定價壹元捌角
印刷地點外另加匯費

版權所有
翻印必究

編著者　胡敦復　榮方舟
主編者　王雲五
發行人　夏鵬
　　　　上海河南中路
印刷所　商務印書館印刷廠
發行所　商務印書館
　　　　各地

948　书名：高中新平面几何（新课程标准世界中学教本；高级中学学生用）
　　　　著者：裘友石／编著
　　　　出版印行：世界书局
　　　　出版时间：民国二十六年（1937）印刷　　民国三十六年（1947）新10版
　　　　册数：一

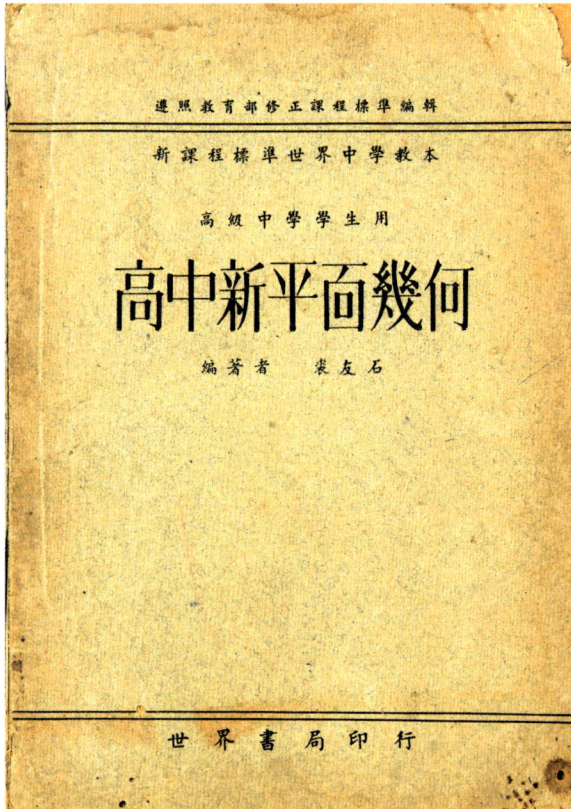

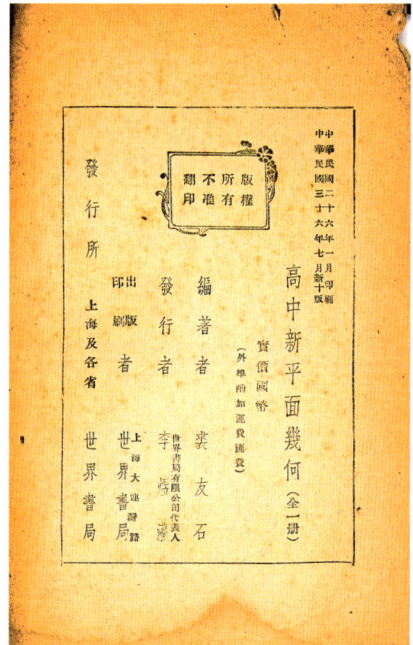

书名：中学各科要览几何学

著者：桂叔超、金品／编纂

出版印行：商务印书馆

出版时间：民国二十六年（1937）初版　民国二十八年（1939）5版

册数：二

949

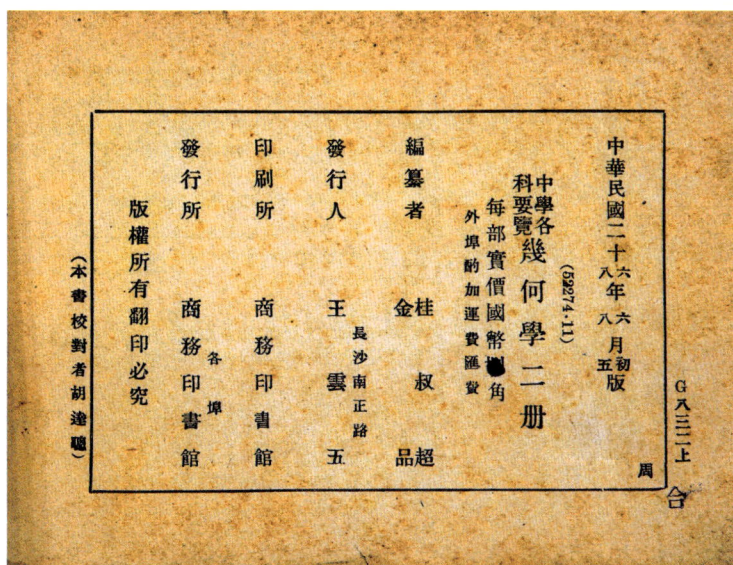

950 书名：高级中学教科书解析几何学（乙组用）
著者：段子燮 / 编纂
出版印行：商务印书馆
出版时间：民国二十七年（1938）初审核定本第1版
册数：一

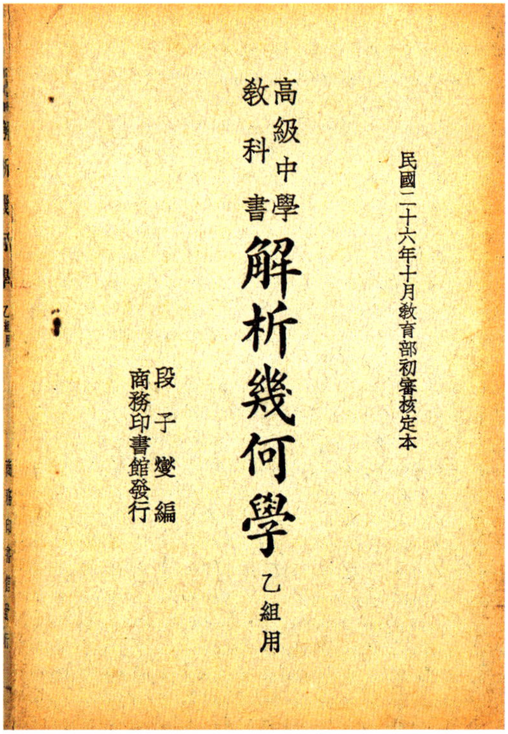

高級中學
教科書
解析幾何學
乙組用

民國二十六年十月教育部初審核定本

段 子 燮 編
商務印書館發行

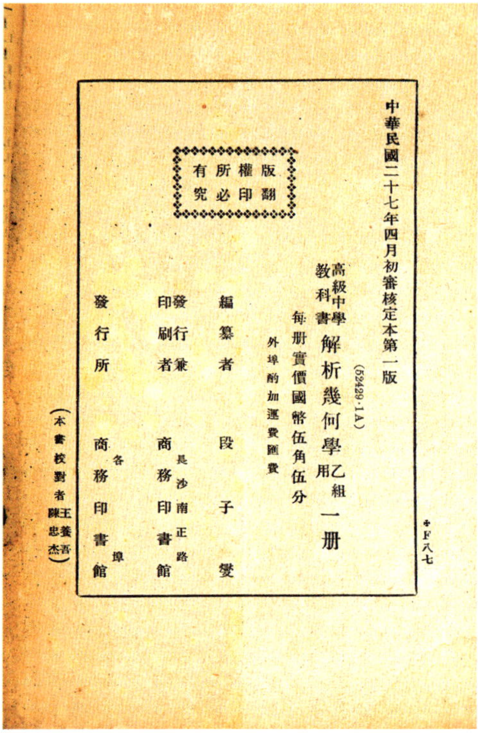

中華民國二十七年四月初審核定本第一版

（5949-1A）

高級中學
教科書 解析幾何學用乙組 一册

每册實價國幣伍角伍分
外埠酌加運費匯費

編纂者 段 子 燮

發行兼
印刷者 商務印書館
長沙南正路

發行所 商務印書館
各埠

有所權版
究必印翻

（本書校對者 王養吾 陳忠杰）

中F八七

书名：高中立体几何
著者：教育总署编审会／著作兼发行
出版印行：新民印书馆股份有限公司
出版时间：民国二十八年（1939）
册数：一

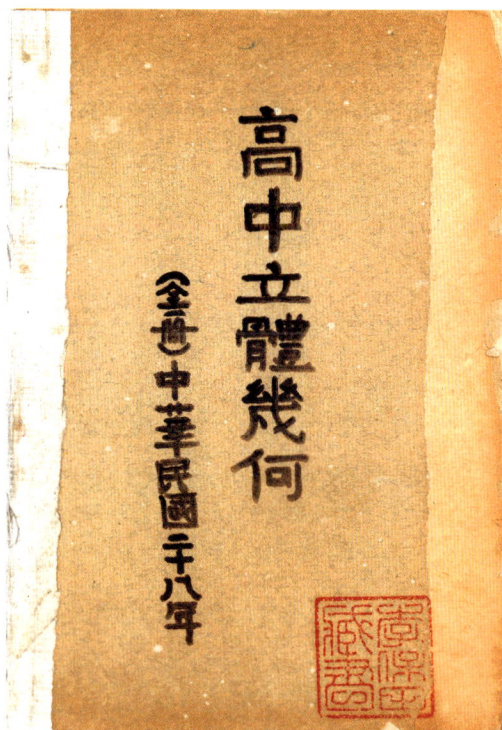

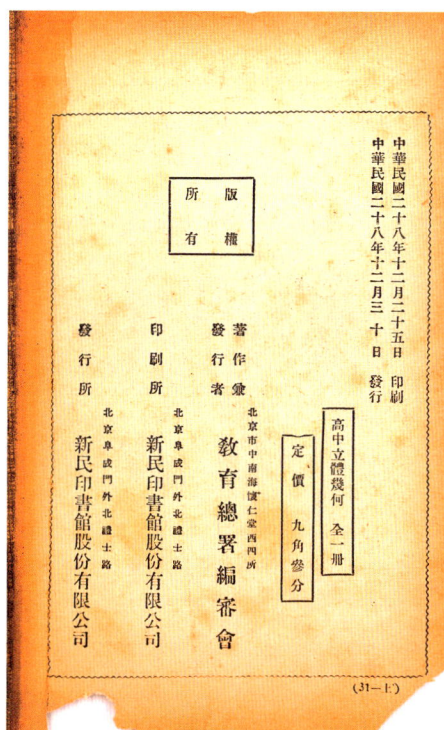

高中立體幾何

（全册）中華民國二十八年

中華民國二十八年十二月二十五日　印刷
中華民國二十八年十二月三十日　發行

版權所有

高中立體幾何　全一册

定價　九角參分

著作兼　北京市中南海懷仁堂西四所
教育總署編審會

發行者　北京阜成門外北禮士路
新民印書館股份有限公司

印刷所　北京阜成門外北禮士路
新民印書館股份有限公司

發行所　北京阜成門外北禮士路
新民印書館股份有限公司

（立一下）

952 书名：高中平面几何学

著者：金品 / 编著

出版印行：建国书局

出版时间：民国三十年（1941）初版

册数：一

高中平面幾何學

金 品編著

1941

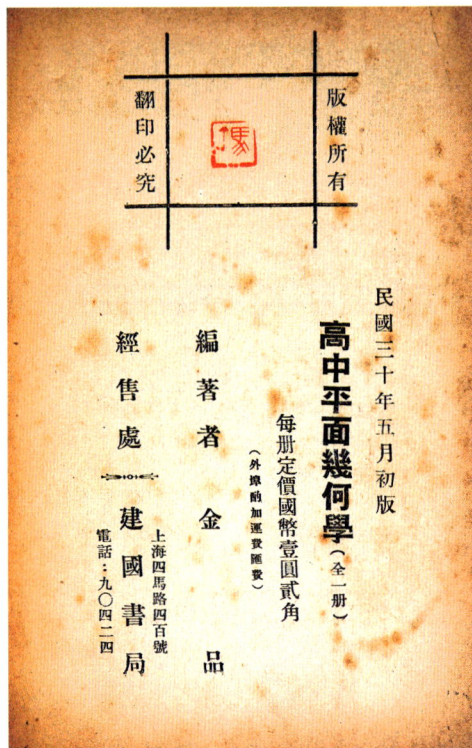

民國三十年五月初版

高中平面幾何學（全一册）

每册定價國幣壹圓貳角

（外埠酌加運費匯費）

編著者 金 品

經售處 建國書局

上海四馬路四百號

電話：九〇四二四

书名：新中国教科书高级中学平面几何学

著者：居秉瑶 / 编著

出版印行：正中书局

出版时间：民国三十五年（1946）渝初版　民国三十六年（1947）平65版

册数：一

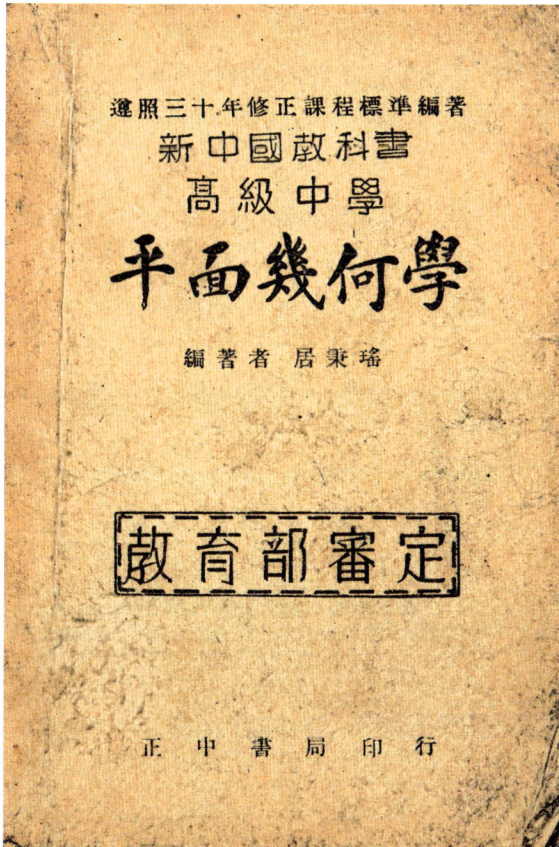

954　书名：立体几何学

著者：舒塞斯／原著　李熙如／译述

出版印行：北平文化学社

出版时间：民国三十六年（1947）5版

册数：一

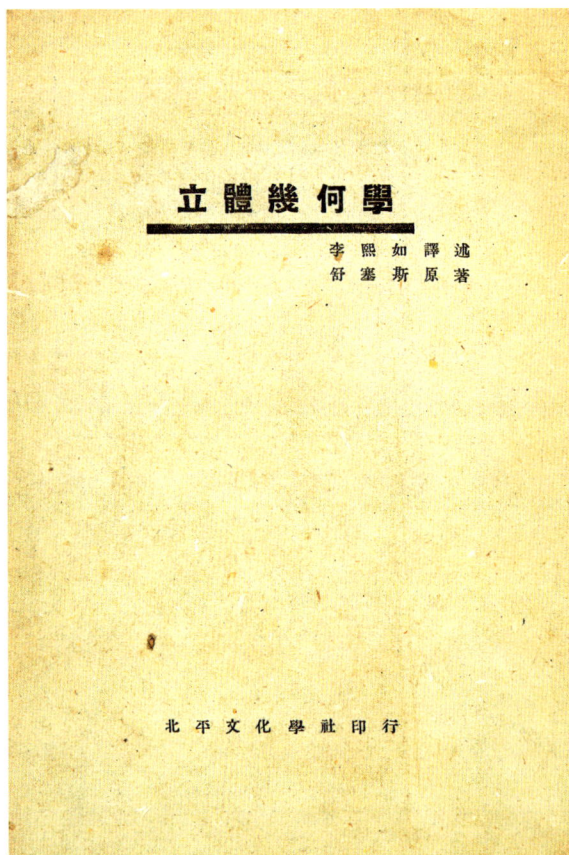

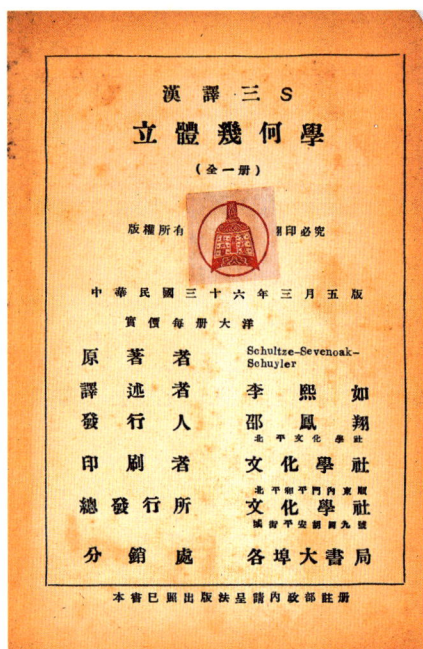

书名：三 S 平面几何学题解
著者：Schultze-Sevenonk-Schuyler/ 原著　蒋伯苍 / 编演
出版印行：世界书局
出版时间：民国三十六年（1947）新 8 版
册数：一

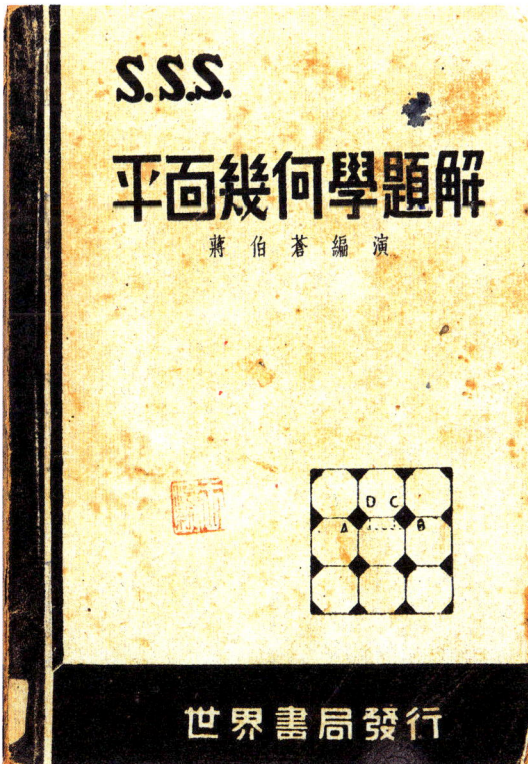

956 | 书名：汉译斯盖二氏解析几何学

著者：吴菊辰／译述　吴静山／校订

出版印行：新亚书局

出版时间：民国三十七年（1948）渝初版

册数：不详

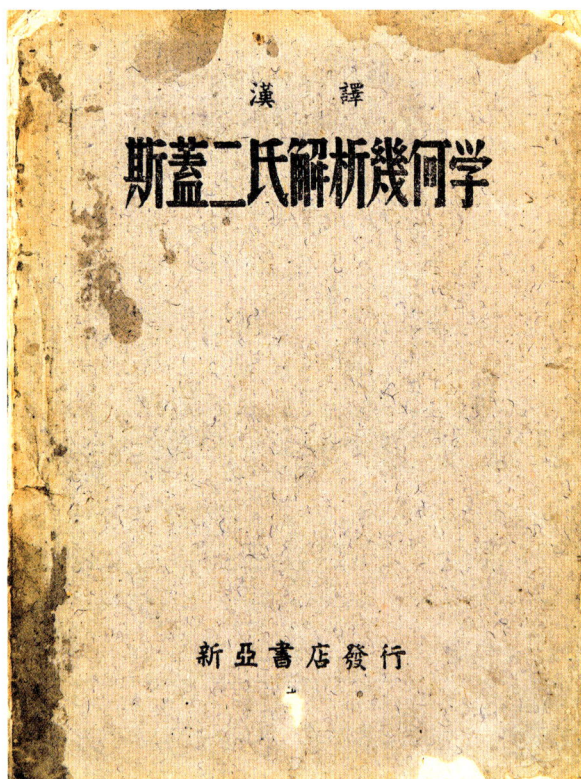

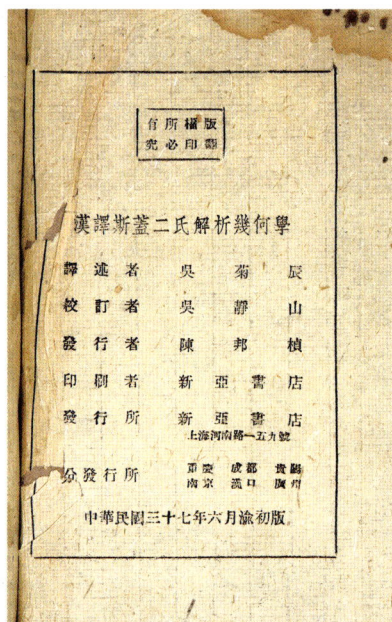

书名：解析几何题解
著者：蒋宪淞 / 编演
出版印行：世界书局
出版时间：民国三十七年（1948）新9版
册数：一

957

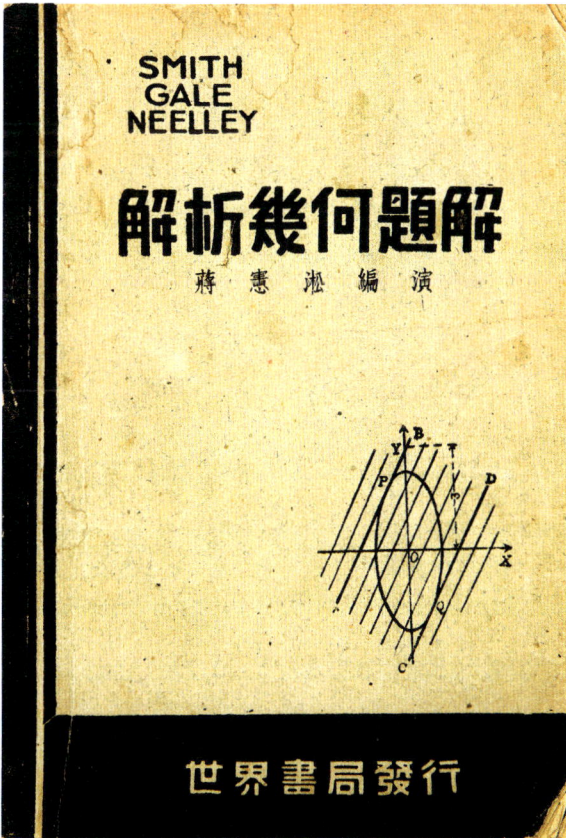

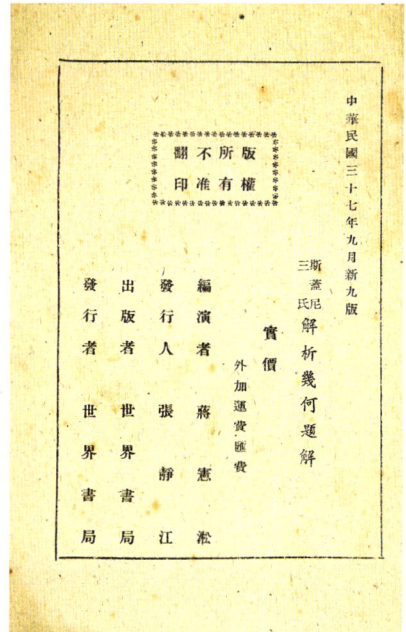

中華民國三十七年九月新九版

斯蓋尼三氏 解析幾何題解

實價

外加運費匯費

編演者　蔣憲淞

發行人　張靜江

出版者　世界書局

發行者　世界書局

958　书名：初中几何（新课程标准适用）

著者：余介石、徐子豪、胡术五 / 编　周家树、张鸿基 / 校

出版印行：中华书局

出版时间：民国三十七年（1948）55 版

册数：二

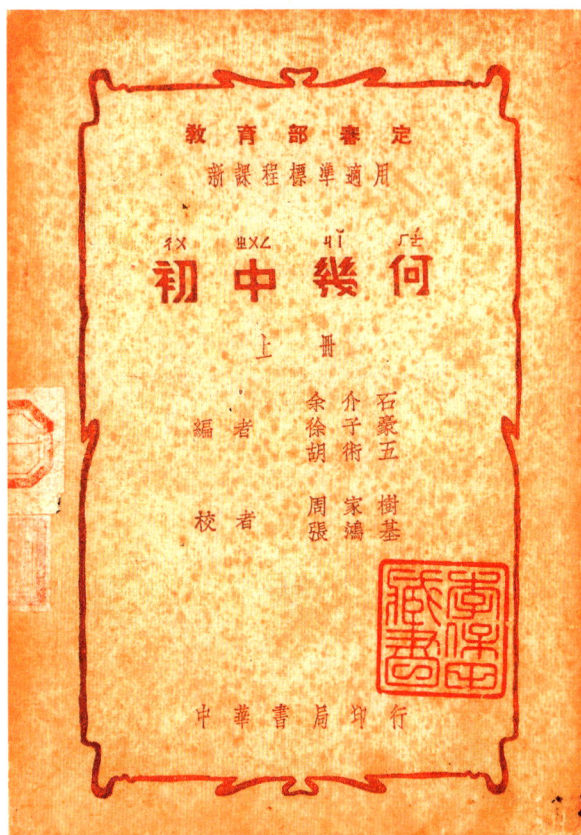

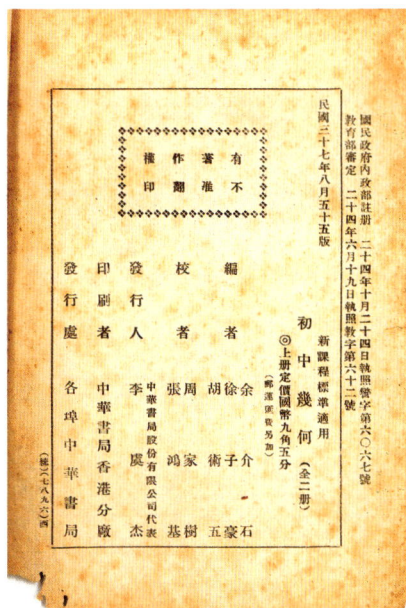

教育部審定

新課程標準適用

初中幾何

上　冊

編　者　　石豪五　介子術　余徐胡

校　者　　樹基　家鴻　周張

中華書局印行

有　著　作　權

不　准　翻　印

國民政府內政部註冊二十四年十月二十四日

教育部審定二十四年六月十九日執照教字第六〇六七號

民國三十七年八月五十五版

新課程標準適用

初中幾何（全二冊）

◎上冊定價國幣九角五分

（郵運匯費另附）

編　者　　余介石　徐子豪　胡術五

校　者　　周家樹　張鴻基

發行人　　張虞杰

印刷者　　中華書局股份有限公司代表　李

發行處　　中華書局香港分廠

各埠中華書局

书名：解析几何学
著者：Smith-Gale-Neelley/ 原著　邱调梅 / 译　马地泰 / 校订
出版印行：世界书局
出版时间：民国三十八年（1949）新14版
册数：一

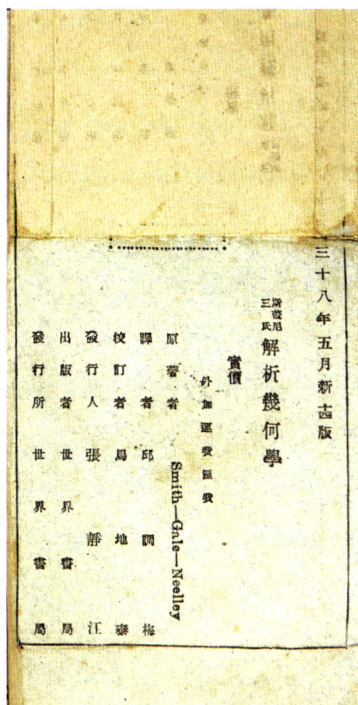

960 书名：建国教科书初级中学几何学

著者：薛德炯 / 编著

出版印行：正中书局

出版时间：不详

册数：一

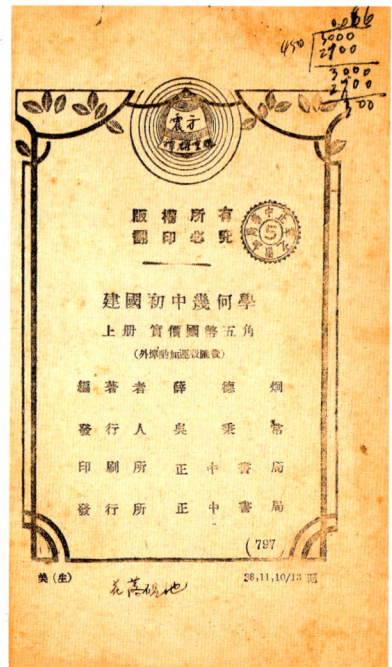

书名：民国新教科书几何学问题详解
著者：崔朝庆 / 编纂
出版印行：商务印书馆
出版时间：不详
册数：一

教育部審定

民國新教科書

静海崔朝慶編纂

幾何學問題詳解

上海商務印書館印行

商務印書館發行

中等學校適用

民國新教科書

本書共計十種專供中學校數學自然兩種科目之用編輯人均係留學歐美之碩士學士搜取最新學說叅合本國材料內容完善編制整齊排印用大小兩號字預備教授時之伸縮欲詳則兼講大字尤為特色今列編輯人姓名如左。

英國大學格致科學士　王兼善

愛丁堡大學文藝科碩士

英國大學理科學士

格拉斯哥大學理科學士

美國大學天算碩士　秦汾

美國耶魯大學教育科學士　徐善祥

哈佛大學　奚善祥

日本物理學校畢業生

物理學　王兼善　一元六角

化學　王兼善　一元六角

生理及衛生學　王兼善　一元

植物學　丁文江　一元三角

動物學　秦汾　一元四角

礦物學　徐善祥　一元二角

算術　秦汾　一元四角

代數學　秦汾　一元

幾何學　秦汾　一元

三角　王兼善　一元

各科術語　附註西文

數學各書　另刊答案

△△數理各科

材料豐富

都凡十種

條理明晰

元1421(一)　　　　　30-11-15

962　　书名：高中几何学（高级中学甲组用）

著者：陈建功、郦福绵／编

出版印行：不详

出版时间：不详

册数：不详

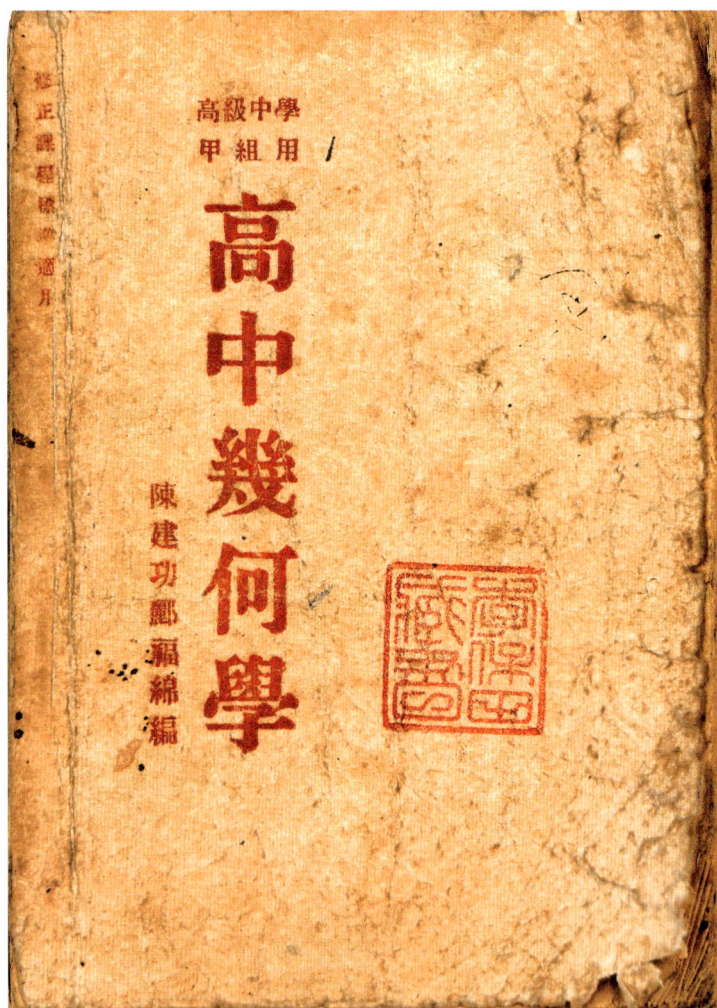

书名：解析几何（师范学校用）

著者：陈守绂 / 编辑　程廷熙、闵嗣鹤 / 校订

出版印行：北平厂甸师大附中算学丛刻社

出版时间：不详

册数：不详

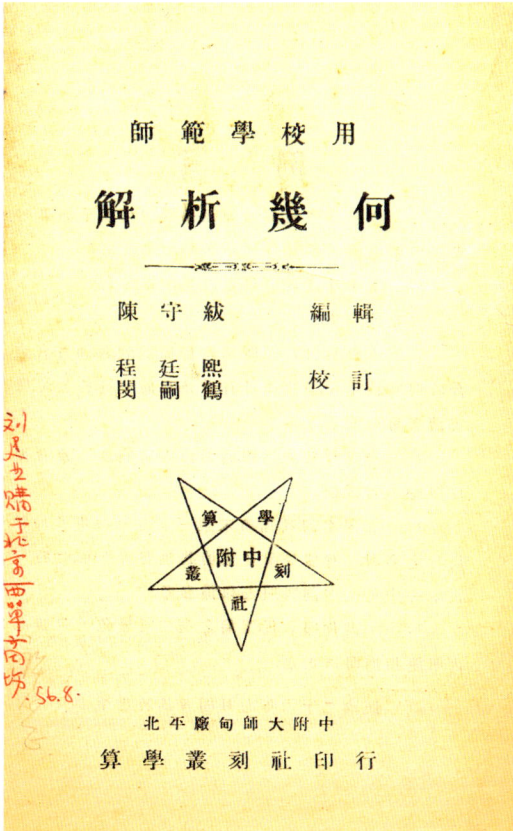

師 範 學 校 用

解 析 幾 何

陳 守 紱　　　編 輯

程 廷 熙　　　校 訂
閔 嗣 鶴

學　算
附 中 刻
叢　　社

北 平 廠 甸 師 大 附 中

算 學 叢 刻 社 印 行

版
有　　　所
權

高 中 師 範 通 用

解 析 幾 何 學 教 科 書

定 價 國 幣 陸 角

外 埠 酌 加 郵 費

編 著 者　陳 守 紱

校 訂 者　程 廷 熙

發 行 者　程 仁 厚　算 學 叢 刻 社

印 刷 者　算 學 叢 刻 社

經 售 處　新 華 書 店 西 河 沿 185號

964 | 书名：大代数学讲义
著者：上野清 / 原著　王家萩、张廷华 / 译述
　　　骆师曾、王积沂、赵秉良、寿孝天 / 校
出版印行：商务印书馆
出版时间：己酉年（1909）初版　民国三十七年（1948）第11版
册数：二

⑨ 代数教材

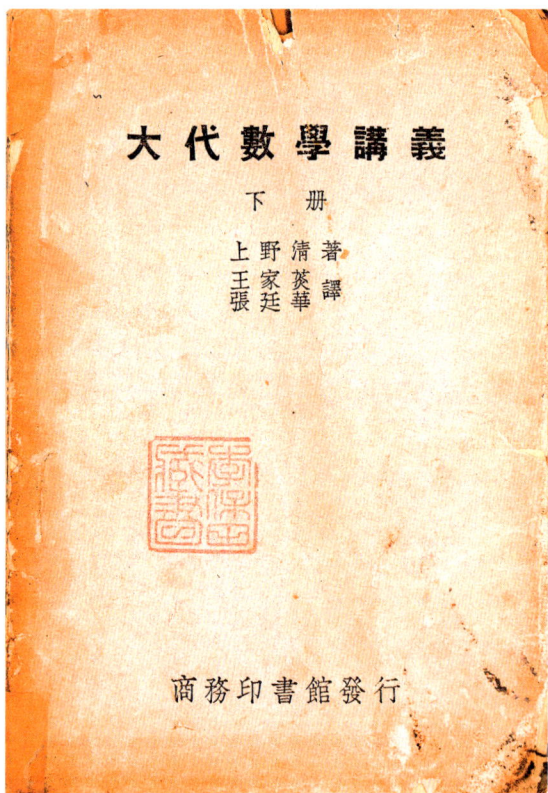

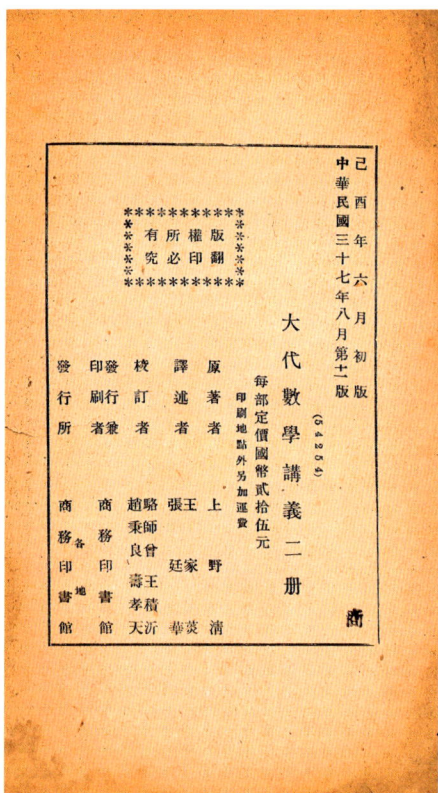

书名：汉译温氏高中代数学

著者：屠坤华 / 译述　骆师曾、寿孝天 / 校订

出版印行：商务印书馆

出版时间：庚戌年（1910）初版　民国十八年（1929）27版

册数：一

譯澳

溫氏高中代數學

此書有著作權翻印必究

庚戌年十一月初版

中華民國十八年十二月二七版

◎每冊定價大洋壹元陸角

外埠酌加運費匯費

譯述者　宣城屠坤華

校訂者　紹興駱師曾　紹興壽孝天

印刷者兼發行者　商務印書館　上海寶山路

發行所　商務印書館　上海及各埠

ELEMENTARY ALGEBRA
By
G. A. WENTWORTH
Translated by
TU KUN HUA
Edited by
LO SHIH TSENG AND SHOU HSIAO TIEN
1st ed., Nov., 1910　27th ed., Dec., 1929
Price: $1.60, postage extra
THE COMMERCIAL PRESS, LTD.
Shanghai, China
All Rights Reserved

N三三二四自

966

书名：共和国教科书代数学（中学校用）

著者：骆师曾 / 编纂　寿孝天 / 校订

出版印行：商务印书馆

出版时间：民国二年（1913）初版　民国十年（1921）24版

册数：二

教育部审定

中學校用　卷上

共和國教科書

代數學

商務印書館出版

教育

中學校用　共和

代　數　學

此書頗簡單明曉。准作中學教科書。校用教

(160)

Republican Series
ALGEBRA
For Middle Schools
Approved by the Board of Education
Commercial Press, Ltd.
All rights reserved

中華民國十年九月二十四版初版

（共和國教科書）代數學一冊（中學校用）

（卷上紙布面每册定價大洋壹角半）

（外埠酌加運費滙費）

編纂者　紹興駱師曾

校訂者　紹興壽孝天

發行者　商務印書館

印刷所　上海北河南路北首寶山路商務印書館

總發行所　上海棋盤街中商務印書館

分售處　商務印書分館

北京東城天津保定府奉天吉林成都重慶南京東昌太原廣州潮州香港桂林南京杭州開封香港漢口新嘉坡濟南龍江安慶廣西張掖潮南西安桂林成都

此書有著作權翻印必究

中華民國二年十月七日裝部註册十一日領到文字第一百十八號執照

书名：民国新教科书代数学问题详解

著者：叶振铎 / 编纂　骆师曾、刘远尘 / 校订

出版印行：商务印书馆

出版时间：民国六年（1917）初版　民国十年（1921）6 版

册数：一

民國新教科書 代數學問題詳解

教科書

餘姚葉振鐸編纂

上海商務印書館印行

商務印書館發行

查理斯密 小代數學　一元四角

小代數學解式　定價八角

陳文譯　是書以簡單之方法解釋代數學之原理於原則運算之解說及證明特加注意習問亦極豐富淺初習代數學者之善本也用爲中學校及師範學校教科書均甚相宜

曾彥譯　本書將查理斯密小代數學所有問題一二演解列成詳程式旣極簡明印刷亦甚清楚誠習查氏小代數學者最良好之參考書也

丙(615)

Key to
The New Scientific Series:—Algebra
Commercial Press, Ltd.

中華民國十六年六月初版
（民國新教科書代數學問題詳解一册）
（每册定價大洋壹元至角）
（外埠酌加運費滙費）

編纂者　餘姚葉振鐸

校訂者　紹興駱師曾　紹興劉遠塵

發行者　商務印書館

印刷所　商務印書館

總發行所　上海北河南路北首寶山路　商務印書館

分售處　上海棋盤街中市　商務印書館

商務印書分館

漢口　昌沙　常德　衡州　成都　重慶　濟南　東昌　太原　開封　洛陽　南京　杭州　潮州　蕪湖　安慶　蘇州　雲南　貴陽　長沙　南昌　梧州　香港　桂林　張家口　新嘉坡

四〇六五

968

书名：代数学要览（受验准备用书）

著者：匡文涛／编译　骆师曾／校订

出版印行：商务印书馆

出版时间：民国七年（1918）初版　民国廿二年（1933）国难后第1版

册数：二

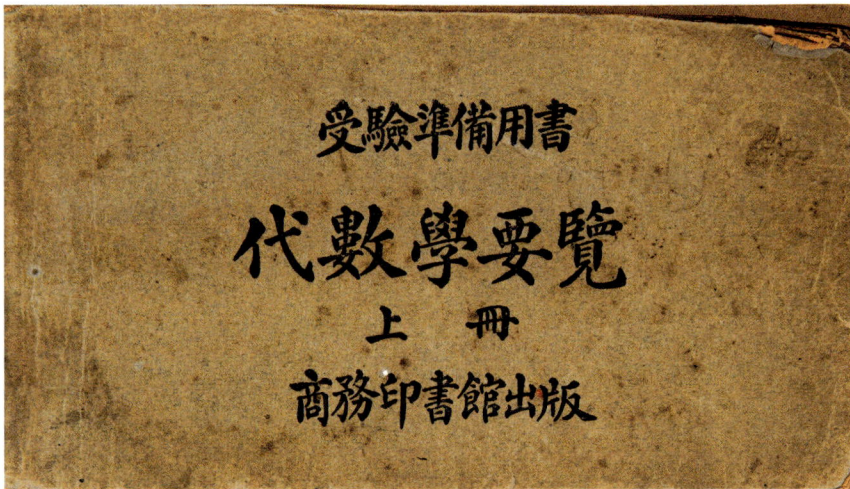

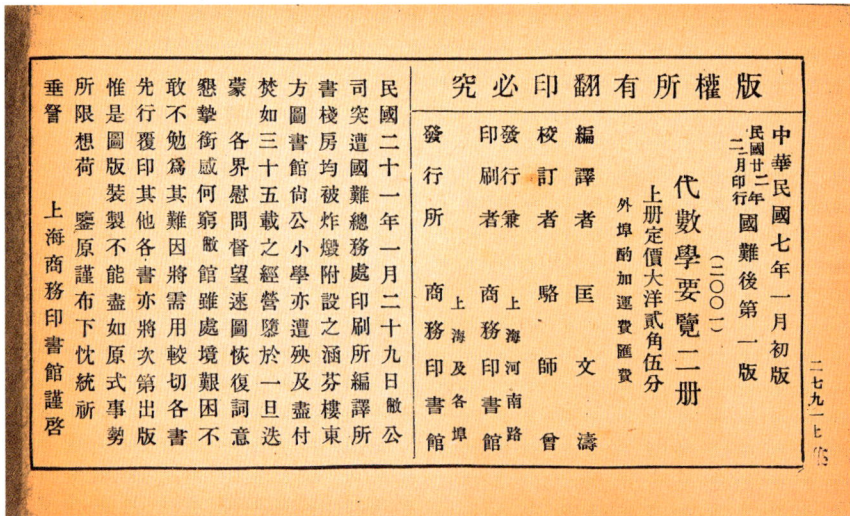

书名：现代初中教科书代数学
著者：吴在渊 / 编纂　胡敦复、胡明复 / 校订
出版印行：商务印书馆
出版时间：民国十二年（1923）初版　民国十六年（1927）56版
册数：二

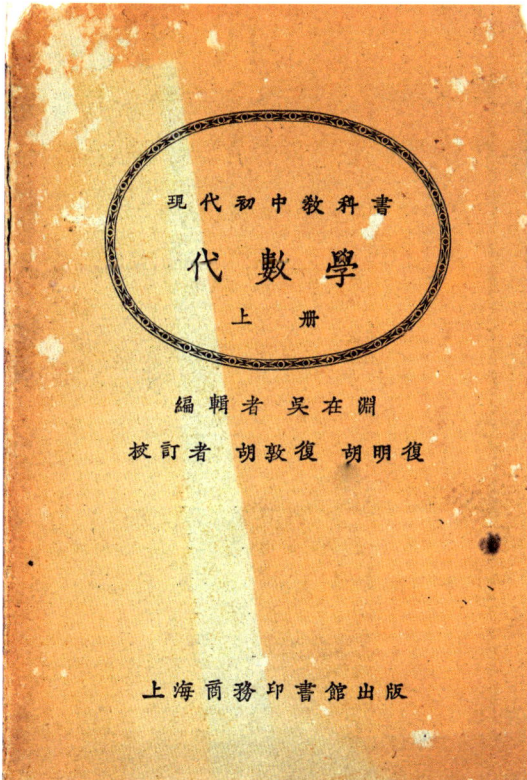

现代初中教科书

代数学

上册

编辑者 吴在渊

校订者 胡敦复 胡明复

上海商务印书馆出版

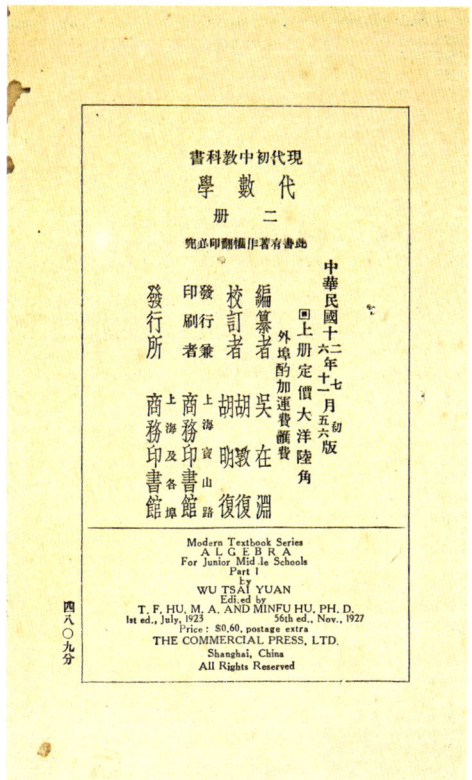

現代初中教科書

代數學

冊 二

典有著作權翻印必究

中華民國十二年七月初版
十六年七月五六版

上册定價大洋陸角
外埠酌加運費匯費

校訂者　胡明復　胡敦復

編纂者　吳在淵

印刷者兼
發行所
商務印書館
上海寶山路及各埠

Modern Textbook Series
ALGEBRA
For Junior Middle Schools
Part I
by
WU TSAI YUAN
Edited by
T. F. HU, M. A. AND MINFU HU, PH. D.
1st ed., July, 1923　56th ed., Nov., 1927
Price : $0.60, postage extra
THE COMMERCIAL PRESS, LTD.
Shanghai, China
All Rights Reserved

四八〇九分

970　书名：开明算学教本代数（初级中学学生用）

著者：周为群、刘薰宇、章克标、仲光然 / 编

出版印行：开明书店

出版时间：民国十八年（1929）初版　民国廿二年（1933）7版

册数：不详

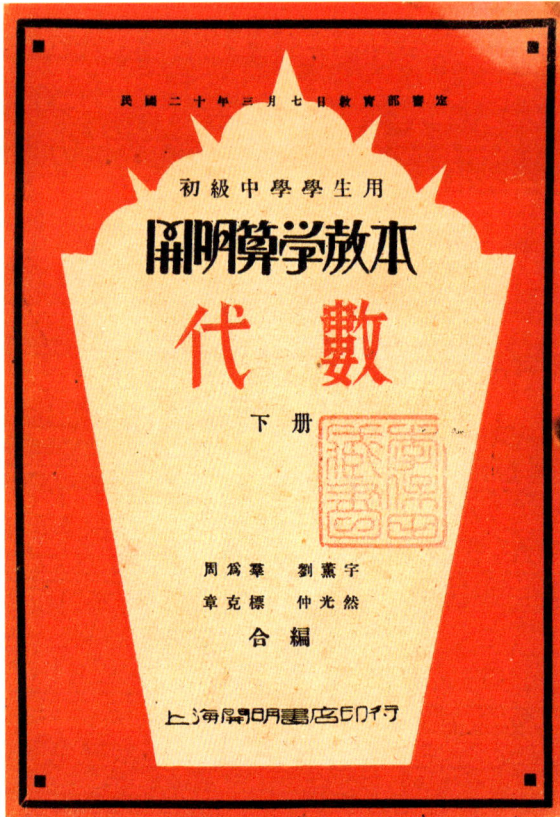

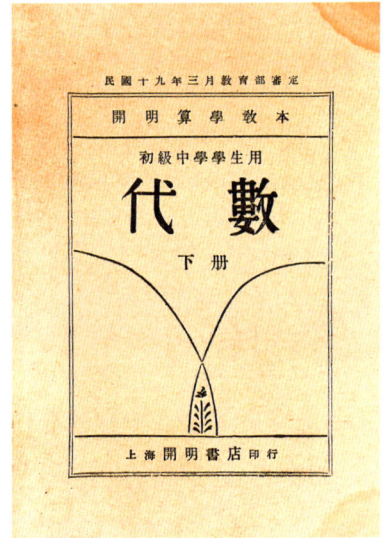

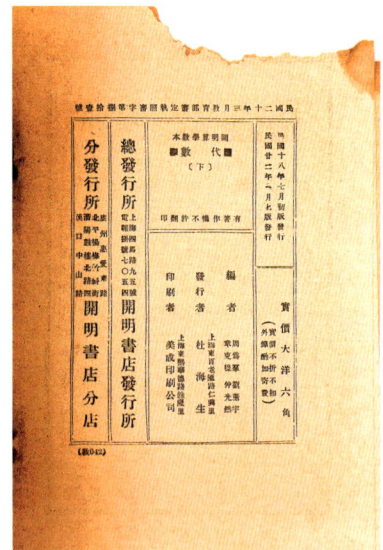

书名：开明代数教本（初级中学学生用）

著者：刘薰宇／编著

出版印行：开明书店

出版时间：民国十八年（1929）初版　民国三十五年（1946）21版

册数：不详

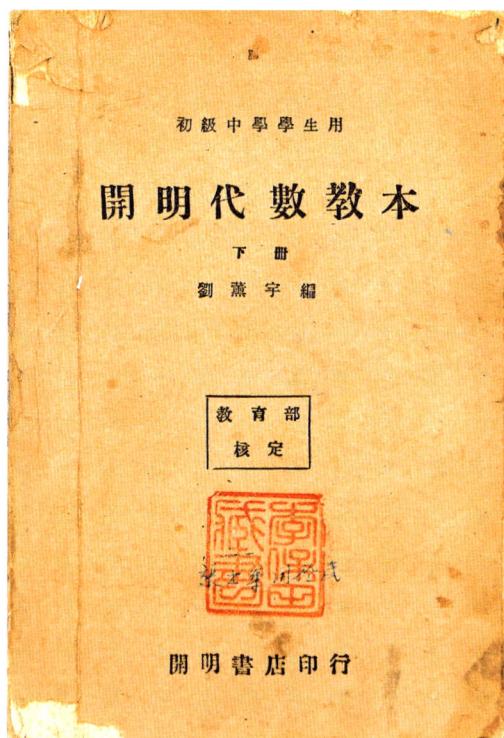

初級中學學生用

開明代數教本

下　冊

劉薰宇　編

教育部
核定

開明書店印行

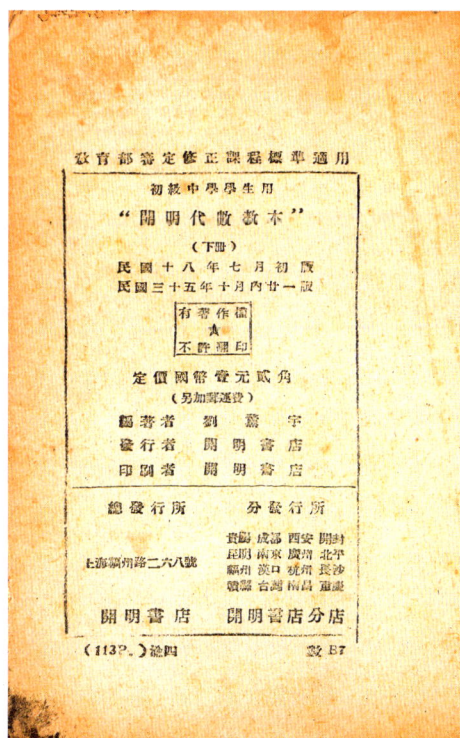

教育部審定修正課程標準適用

初級中學學生用

"開明代數教本"

（下冊）

民國十八年七月初版
民國三十五年十月內廿一版

有著作權
不許翻印

定價國幣壹元貳角
（另加郵運費）

編著者　劉薰宇
發行者　開明書店
印刷者　開明書店

總發行所	分發行所	
上海福州路二六八號	貴陽 成都 西安 開封	
	昆明 南京 廣州 北平	
	衢州 漢口 梘州 長沙	
	贛縣 台灣 桂昌 重慶	
開明書店	開明書店分店	

（113？．）論四　　　　　　數 57

972　书名：复兴初级中学教科书代数

著者：虞明礼／编著　段育华／校订　王云五／主编及发行

出版印行：商务印书馆

出版时间：民国二十二年（1933）初版

册数：二

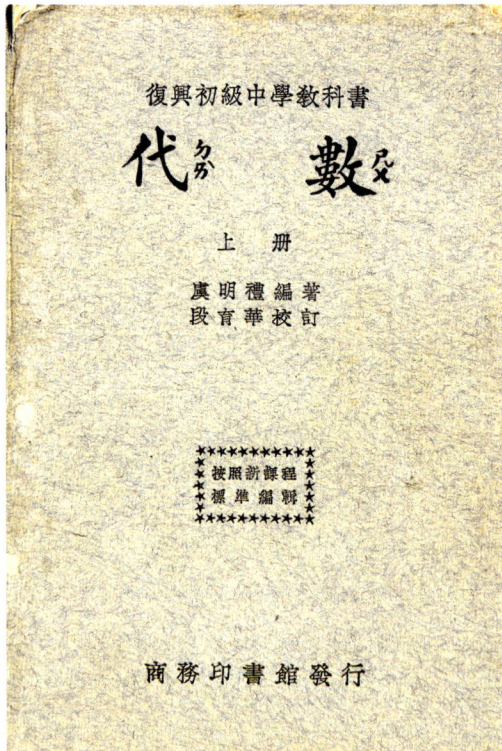

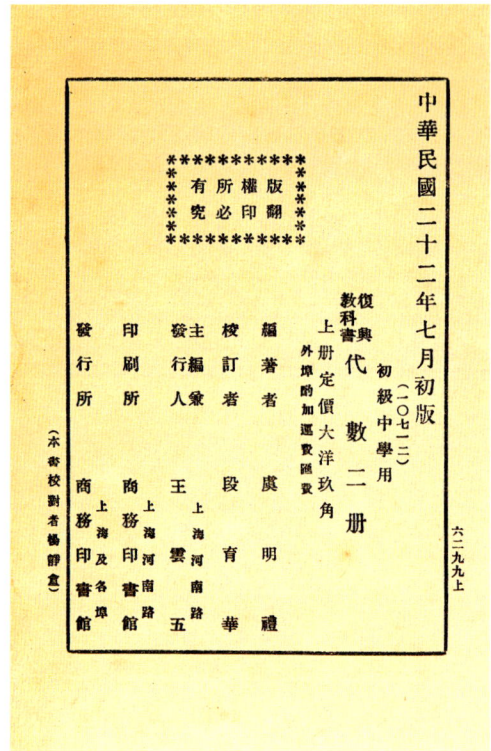

书名：高中代数学（高级中学学生用）

著者：陈建功、毛路真 / 编著

出版印行：开明书店

出版时间：民国廿二年（1933）初版　民国廿四年（1935）5版

册数：一

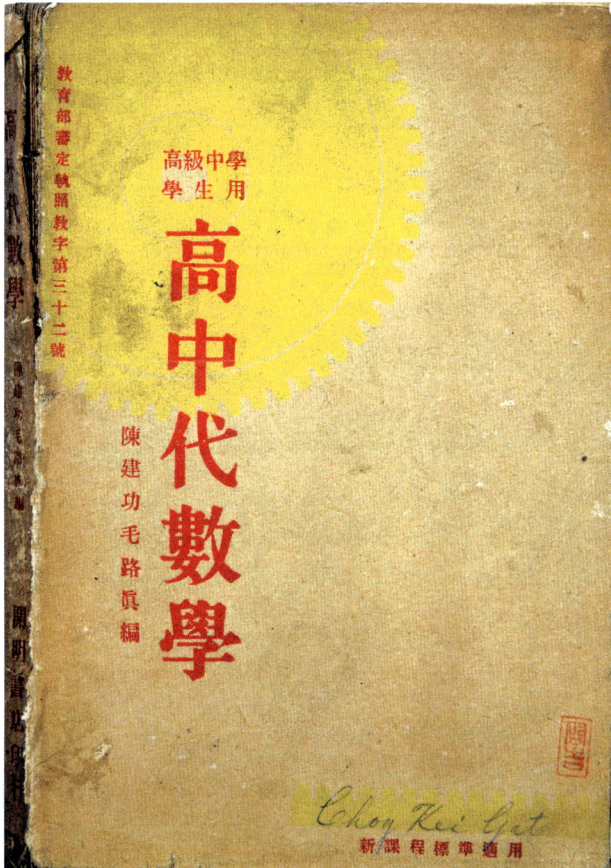

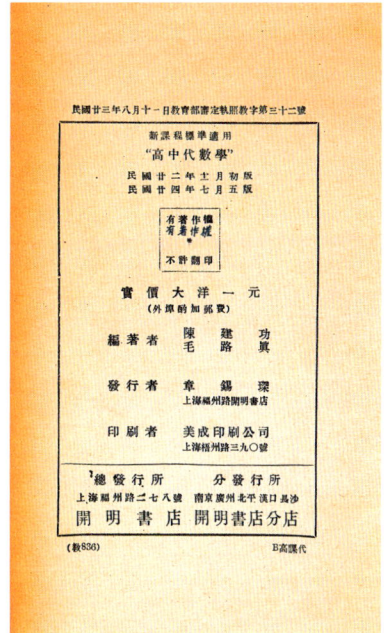

书名：薛氏初中代数（初级中学学生用）

著者：薛天游／编著　王刚森、骆师曾／校订

出版印行：世界书局

出版时间：民国二十七年（1938）新1版

册数：二

书名：薛氏高中代数学（高级中学学生用）

著者：薛天游／编著　王刚森／校订

出版印行：世界书局

出版时间：民国二十二年（1933）

册数：一

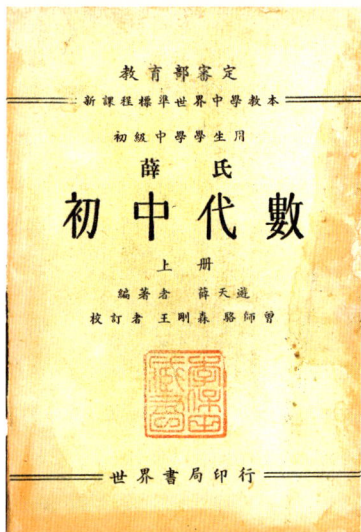

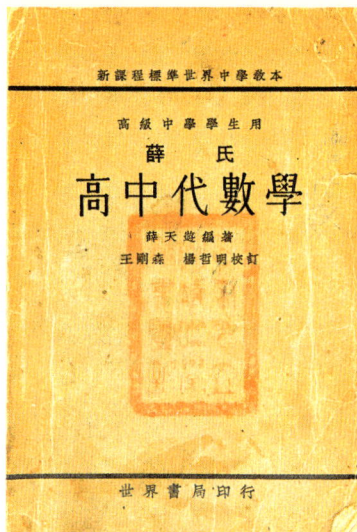

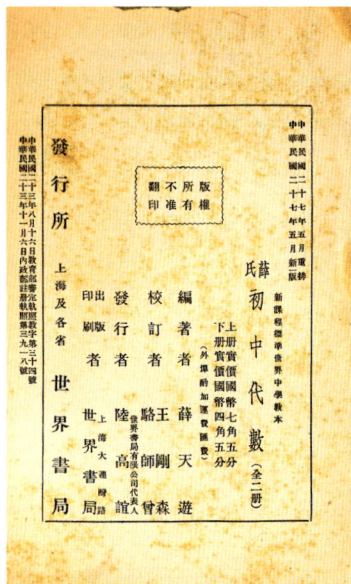

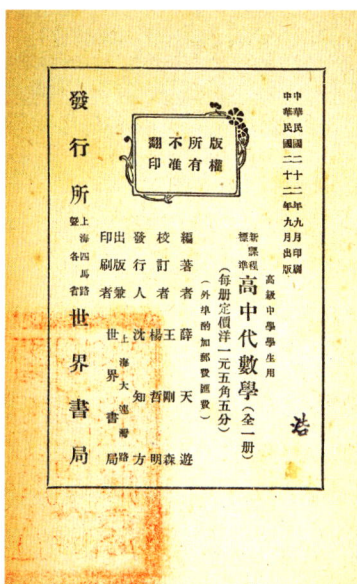

书名：复兴高级中学教科书代数学（甲组用）

著者：虞明礼／原编　荣方舟／改编　王云五／主编兼发行

出版印行：商务印书馆

出版时间：民国二十四年（1935）初版　民国二十七年（1938）第二次订正16版

册数：二

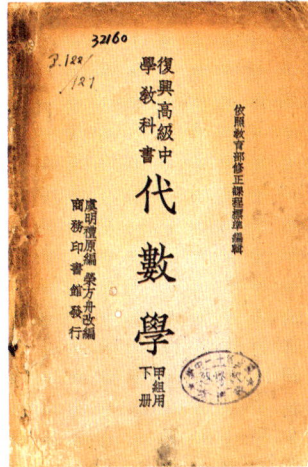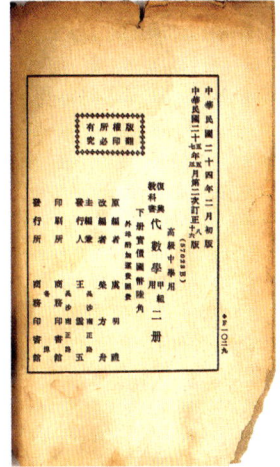

书名：复兴高级中学教科书代数学（乙组用）

著者：荣方舟／编著　王云五／主编

出版印行：商务印书馆

出版时间：民国二十五年（1936）初版　民国三十七年（1948）44版

册数：二

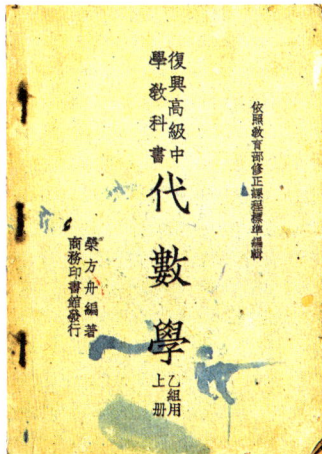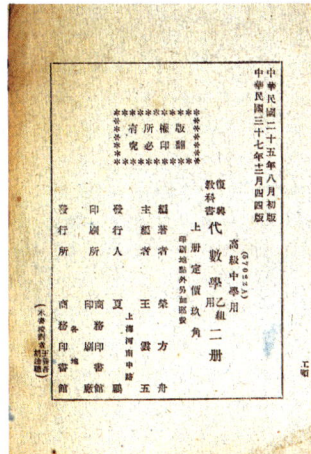

976　书名：开明代数讲义（开明中学讲义）

　　　著者：刘薰宇 / 编

　　　出版印行：开明函授学校出版、开明书店印行

　　　出版时间：民国二十四年（1935）初版　民国三十八年（1949）10 版

　　　册数：不详

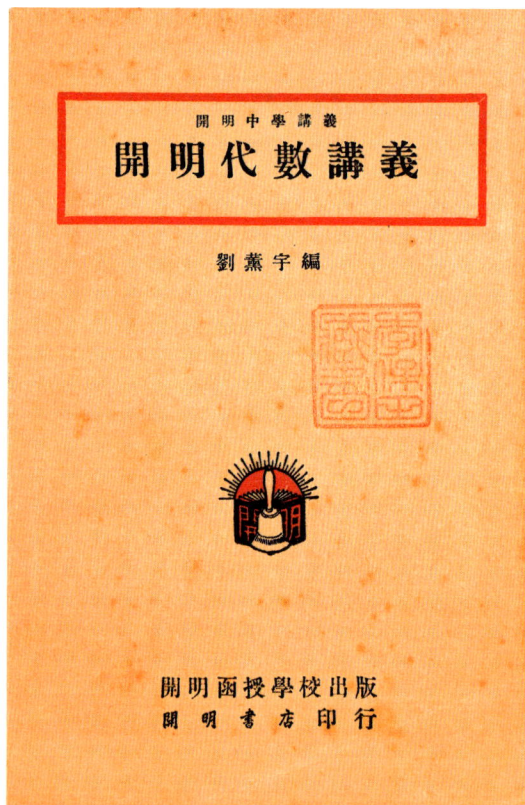

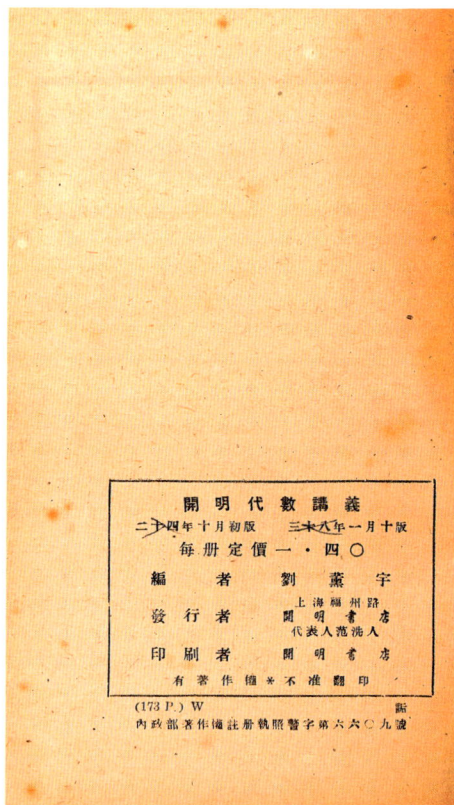

书名：初中代数教本
著者：杨晓初、杨明轩 / 编著
出版印行：开明书店
出版时间：1939年初版　1949年平1版
册数：不详

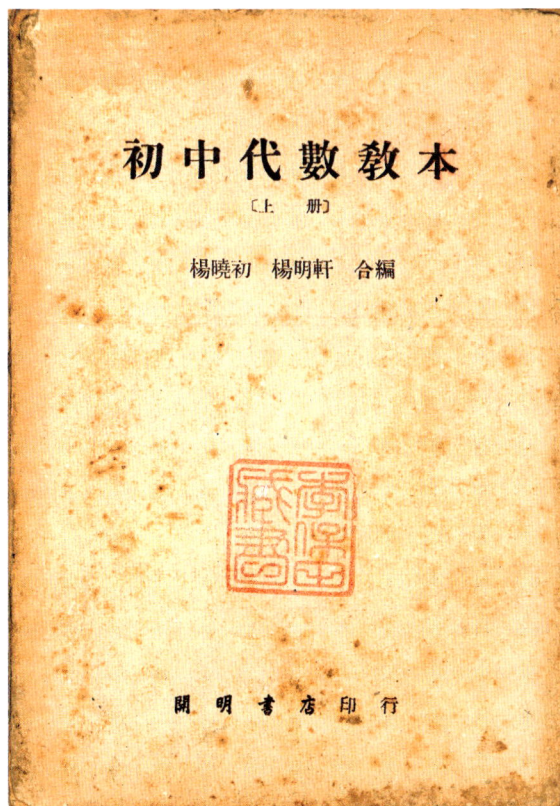

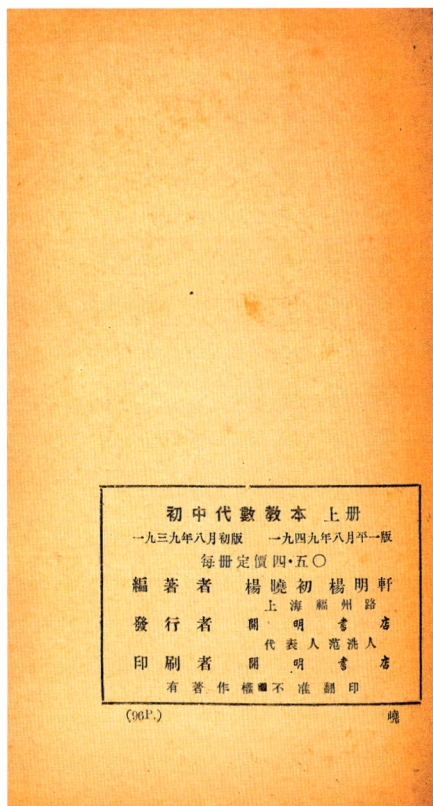

初 中 代 數 教 本

[上 册]

楊曉初　楊明軒　合編

開 明 書 店 印 行

初中代數教本　上册
一九三九年八月初版　一九四九年八月平一版
每冊定價四·五〇
編 著 者　楊曉初 楊明軒
上海福州路
發 行 者　開 明 書 店
代表人范洗人
印 刷 者　開 明 書 店
有著作權·不准翻印
(96P.)　曉

978　书名：初中代数
　　　著者：郁祖同 / 编辑
　　　出版印行：不详
　　　出版时间：民国三十年（1941）修订
　　　册数：不详

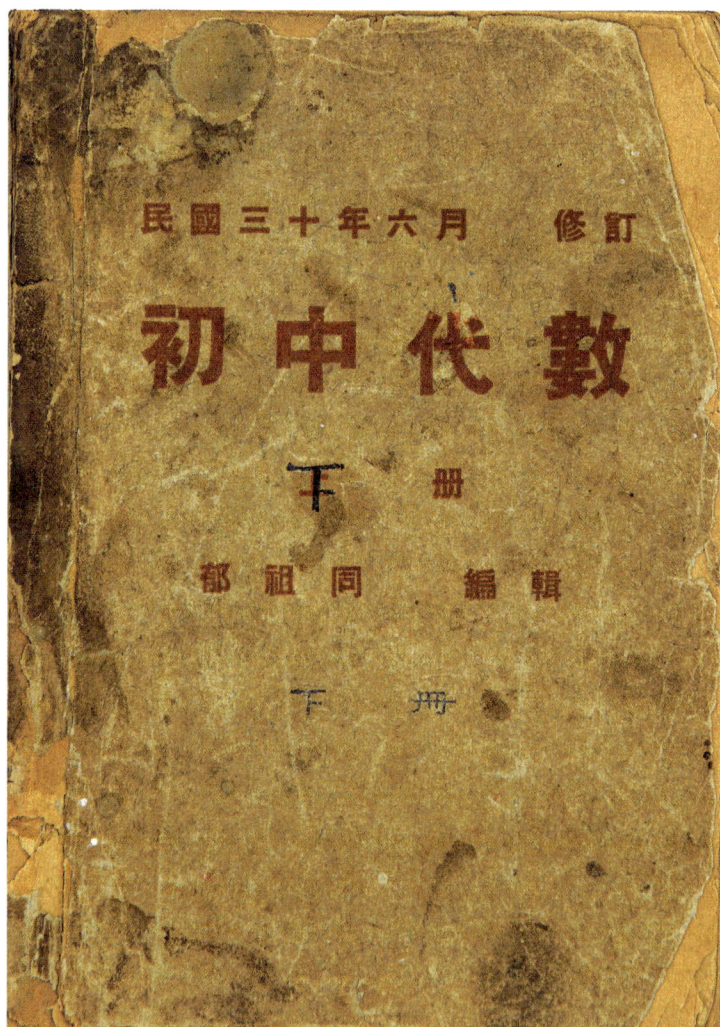

书名：高初中代数学习题详解（高初中及师范适用）　　　　979

著者：李友梅／编辑

出版印行：成都新生书局

出版时间：民国三十一年（1942）再版　民国三十二年（1943）蓉版

册数：一

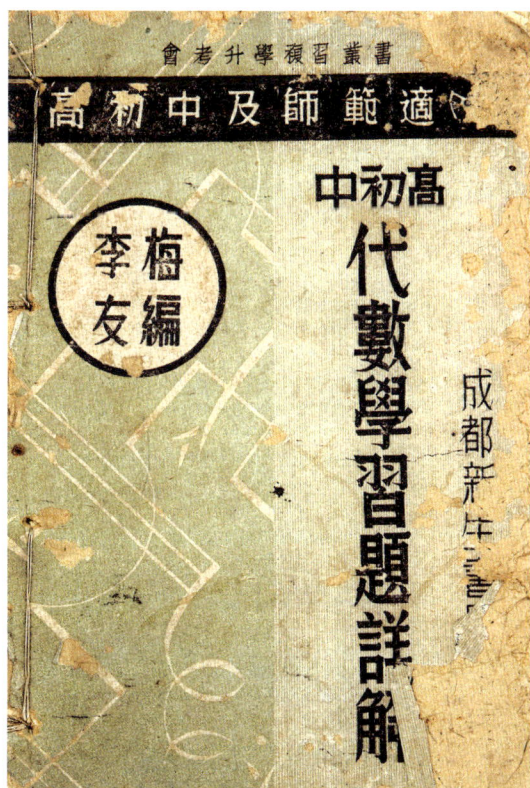

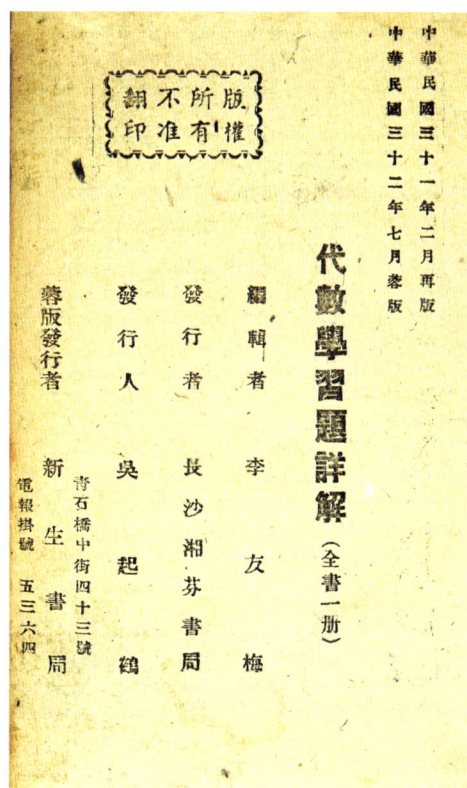

980 书名：范氏大代数

著者：Henry Burchard Fine/原著　骆师曾、吴维一/译　庄礼深/校订

出版印行：世界书局

出版时间：民国三十五年（1946）新14版

册数：不详

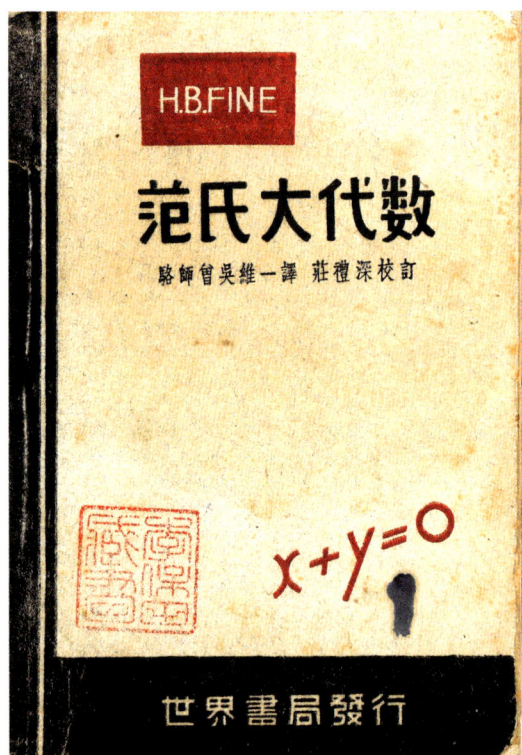

H.B.FINE

范氏大代數

骆師曾吳維一譯 莊禮深校訂

x+y=0

世界書局發行

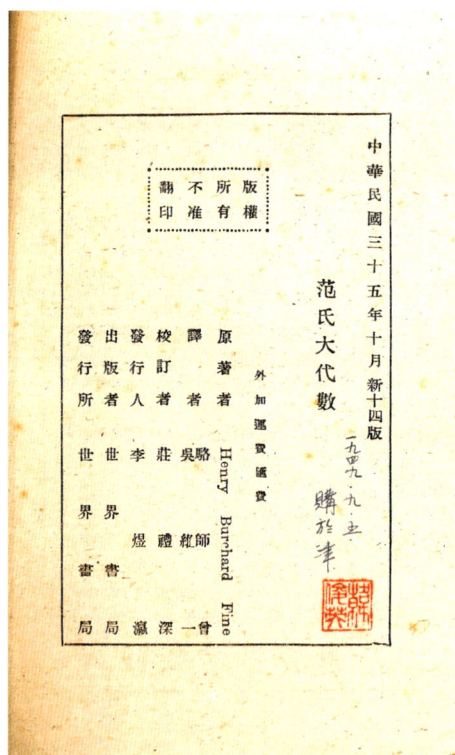

版權所有 翻印不准

中華民國三十五年十月新十四版

范氏大代數

外加運費匯費

原著者　Henry Burchard Fine

譯者　吳維一　骆師曾

校訂者　莊禮深

發行人　李煜瀛

出版者　世界書局

發行所　世界書局

书名：代数表解

著者：吴祖龙 / 编

出版印行：中华书局

出版时间：民国三十六年（1947）初版

册数：一

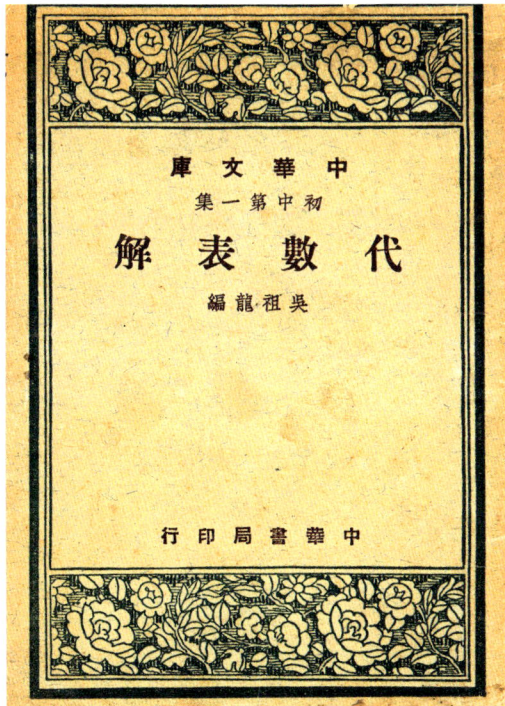

中華文庫

初中第一集

代數表解

吳祖龍 編

中華書局印行

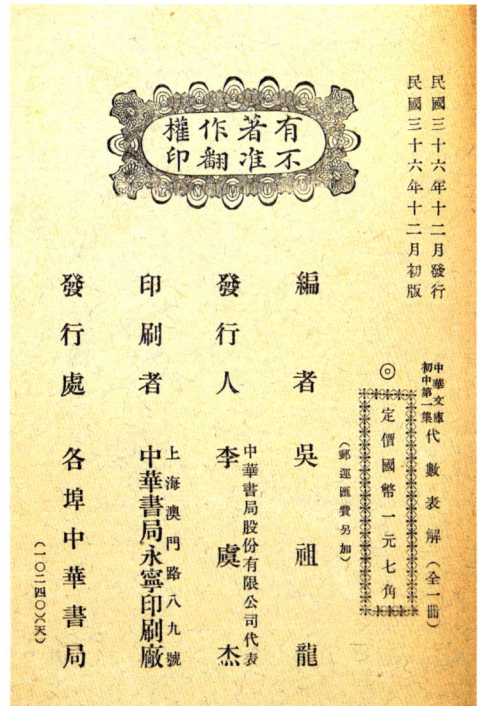

民國三十六年十二月發行

民國三十六年十二月初版

中華文庫 初中第一集 代數表解（全一冊）

定價國幣一元七角

（郵運匯費另加）

（10二四〇六天）

編　者　吳祖龍

發行人　李　虞　杰

印刷者　中華書局股份有限公司代表

發行處　中華書局永寧印刷廠

上海澳門路八九號

各埠中華書局

982　书名：新编初中代数（修正课程标准适用）
　　　著者：高季可 / 编　张鹏飞、任诚、徐天游 / 校
　　　出版印行：中华书局
　　　出版时间：民国三十六年（1947）57版
　　　册数：四

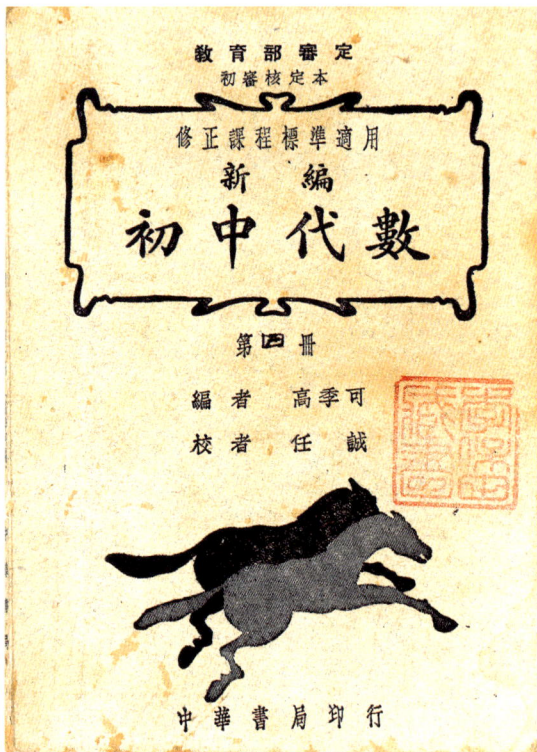

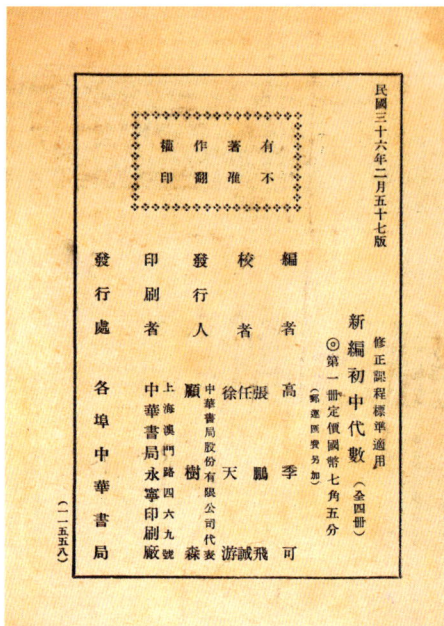

教育部審定
初審核定本

修正課程標準適用
新編
初中代數

第四冊

編者　高季可
校者　任　誠

中華書局印行

民國三十六年二月五十七版

版權所有
不准翻印

新編初中代數（全四冊）

修正課程標準適用

第一冊定價國幣七角五分
（郵匯匹費另加）

編者　高季可
校者　張鵬飛　任誠　徐天游
發行人　顧樹森
印刷者　中華書局股份有限公司代表
　　　　上海澳門路四六九號
發行處　中華書局永寧印刷廠
　　　　各埠中華書局

（二一五五八）

书名：新译范氏大代数

著者：郑宗元 / 译述

出版印行：群益书社

出版时间：不详

册数：一（精装）

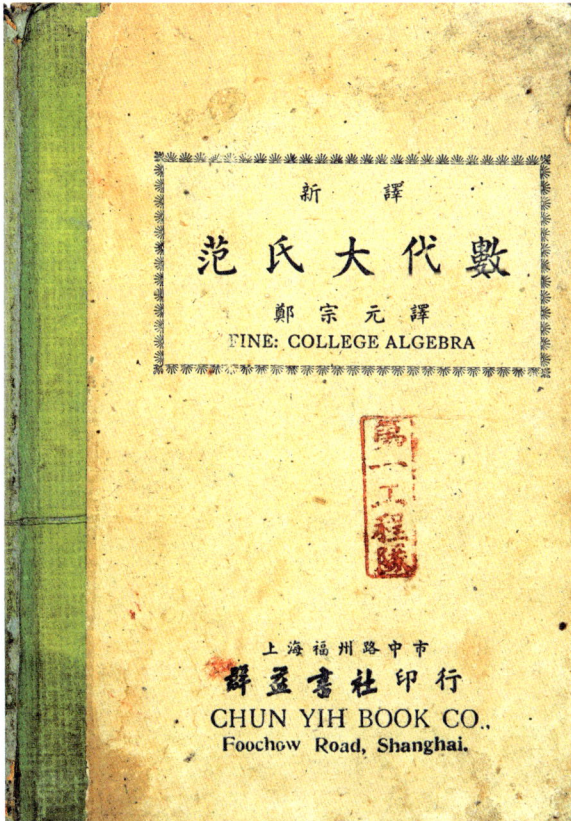

书名：代数问题解法指导
著者：李修睦、张伯康、刘左杰 / 合著
出版印行：上海国民学术检讨社
出版时间：不详
册数：不详

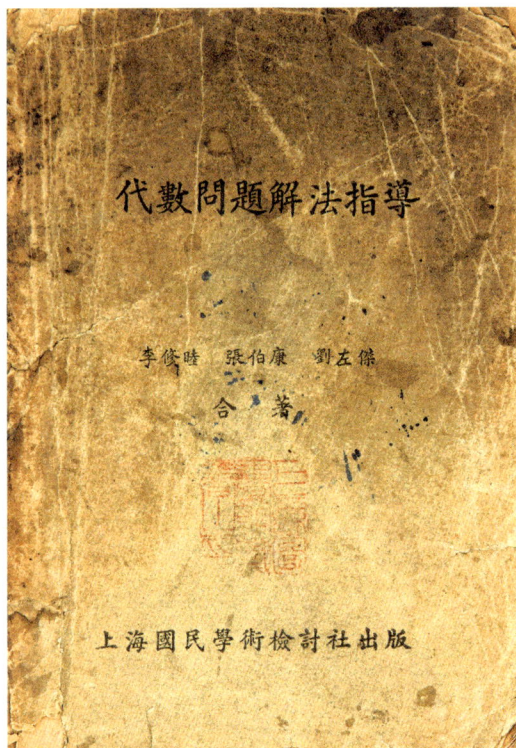

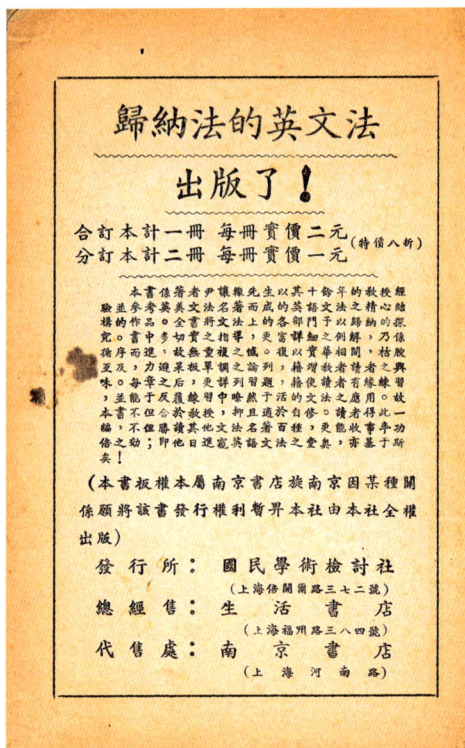

书名：初级中学代数学
著者：黄泰、戴维清 / 编著　任诚 / 校订
出版印行：正中书局
出版时间：不详
册数：不详

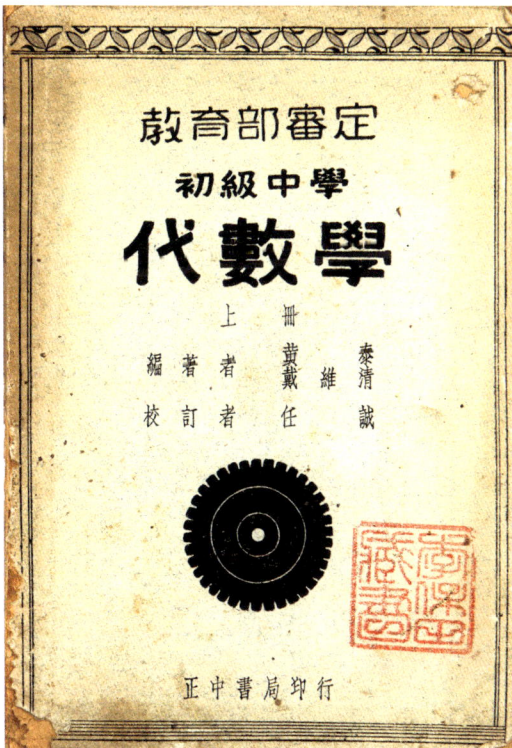

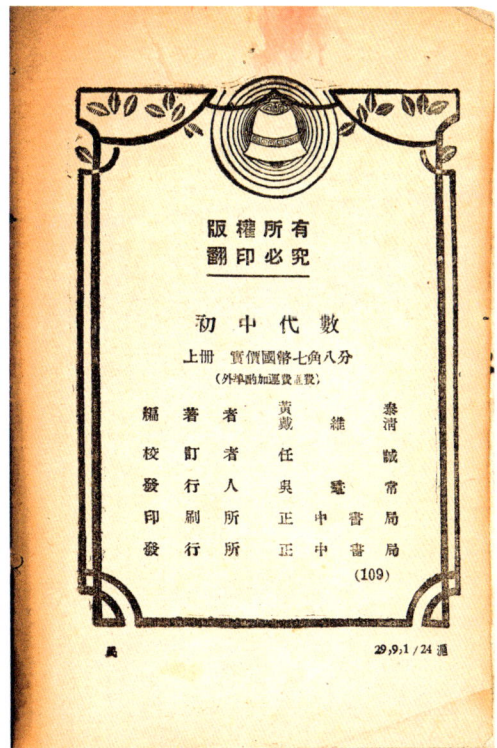

986 | 书名：中学代数学教科书
著者：不详
出版印行：商务印书馆
出版时间：不详
册数：不详

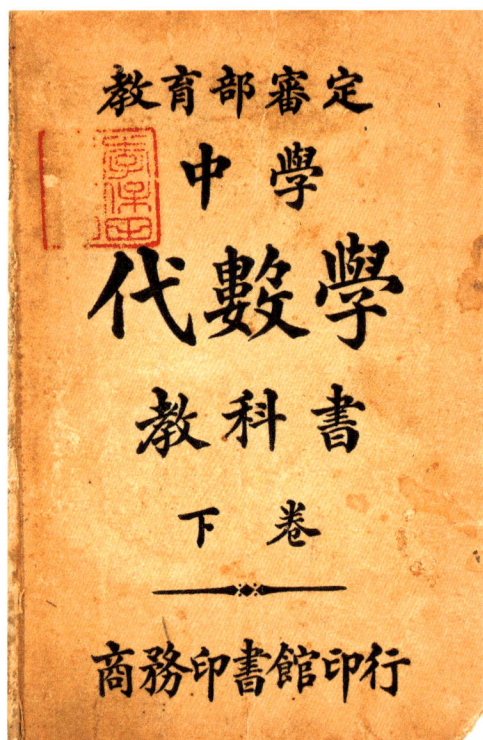

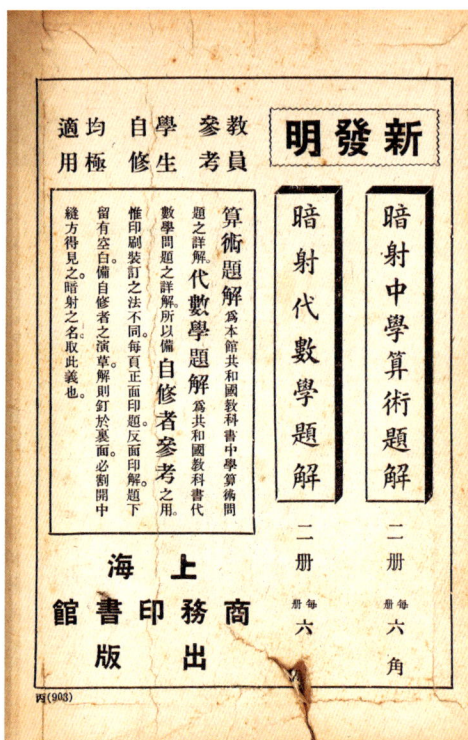

书名：初学代数学（大同大学丛书；初级中学适用）

著者：不详

出版印行：商务印书馆

出版时间：不详

册数：一

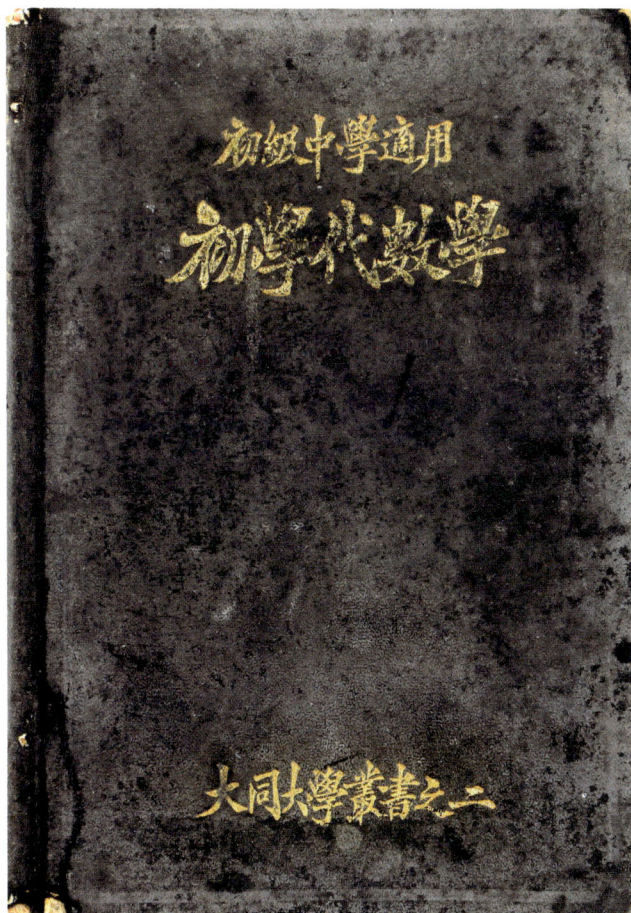

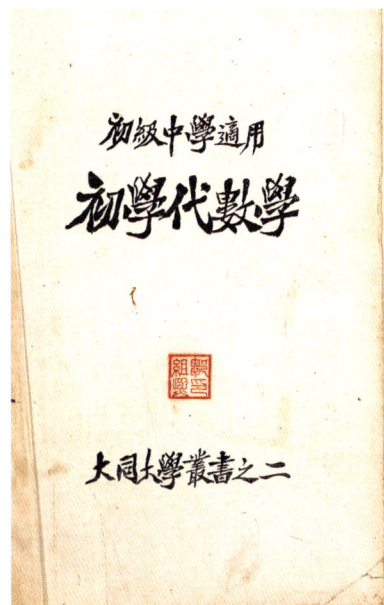

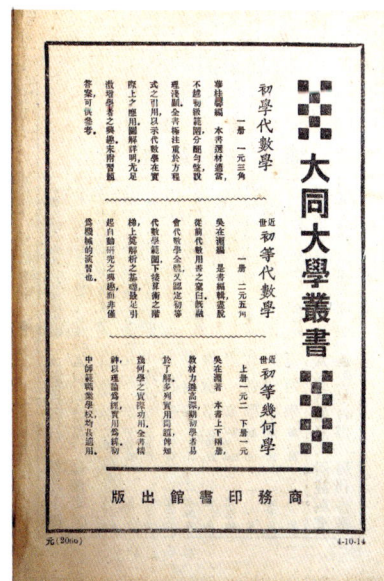

988

书名：高中代数学习题解答（新课程标准适用）

著者：范际平、张伯康 / 编　胡濊荪、余介石 / 校

出版印行：中华书局

出版时间：不详

册数：一

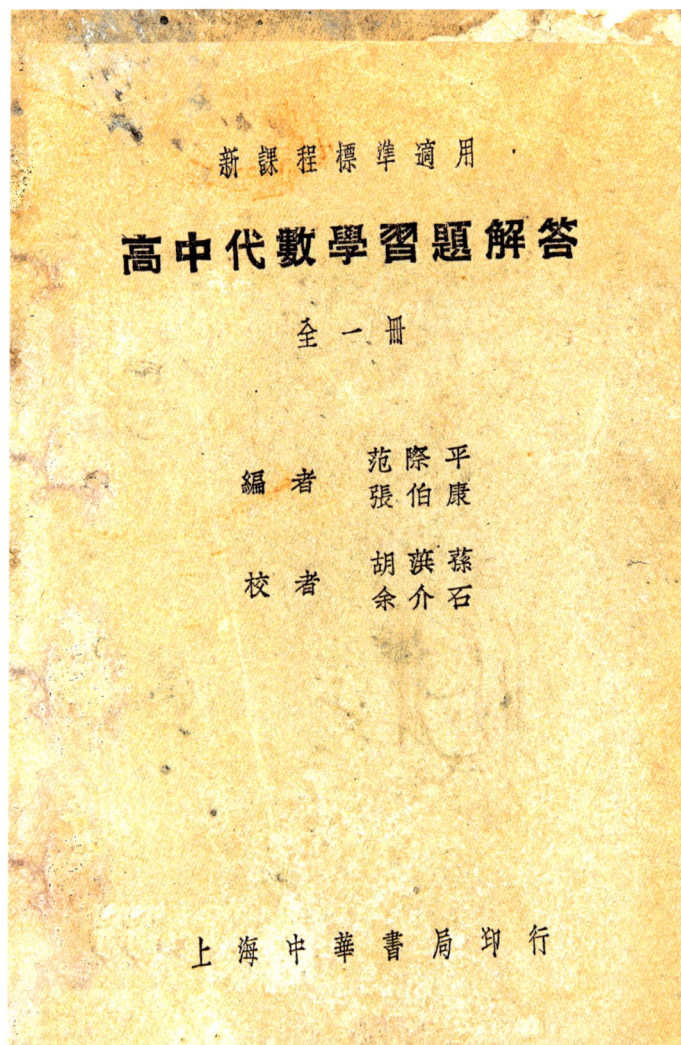

书名：代数学演习指导
著者：薛德炯 / 编译
出版印行：上海新亚书店
出版时间：不详
册数：不详

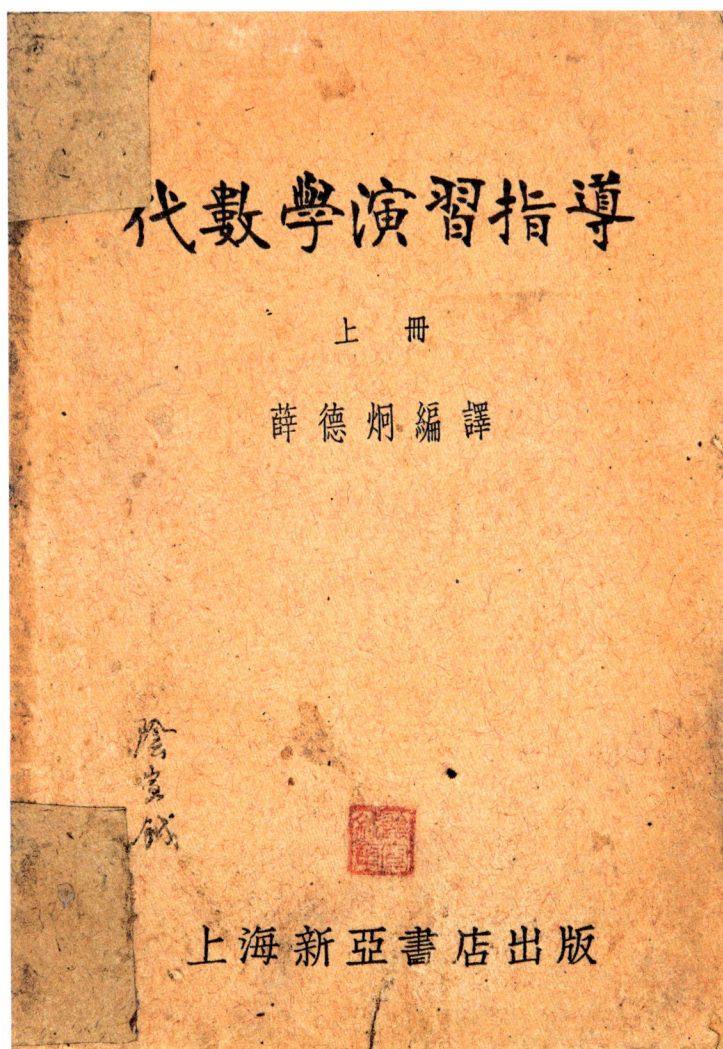

代數學演習指導

上 冊

薛德炯編譯

上海新亞書店出版

990　书名：增删算法统宗

　　　著者：不详

　　　出版印行：广益书局

　　　出版时间：民国三年（1914）

　　　册数：四

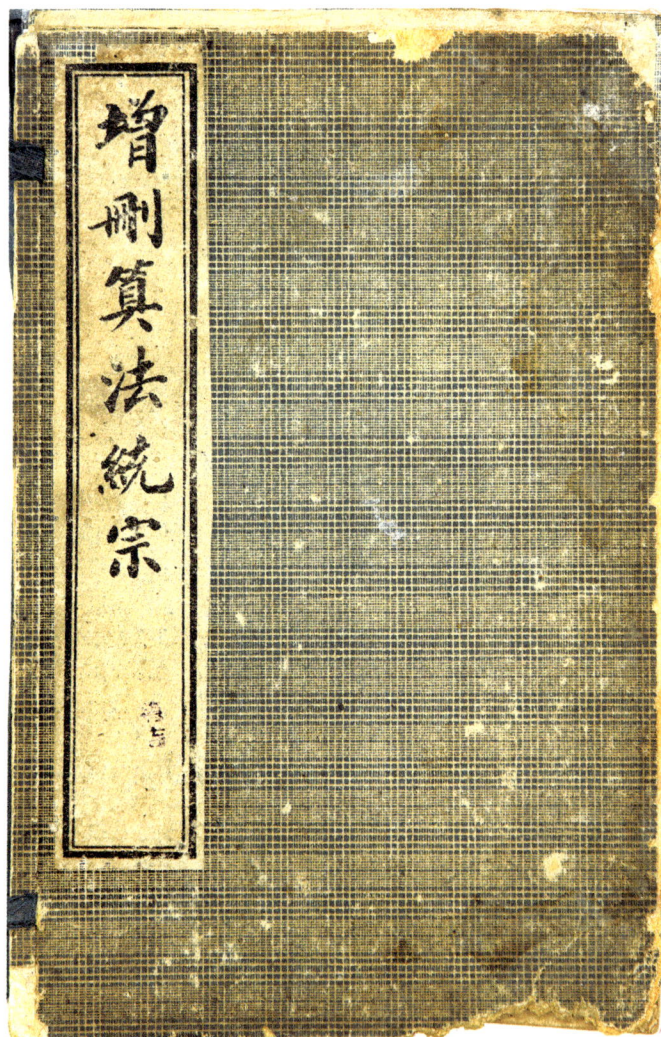

书名：初学算法大成

著者：不详

出版印行：广益书局

出版时间：民国六年（1917）

册数：不详

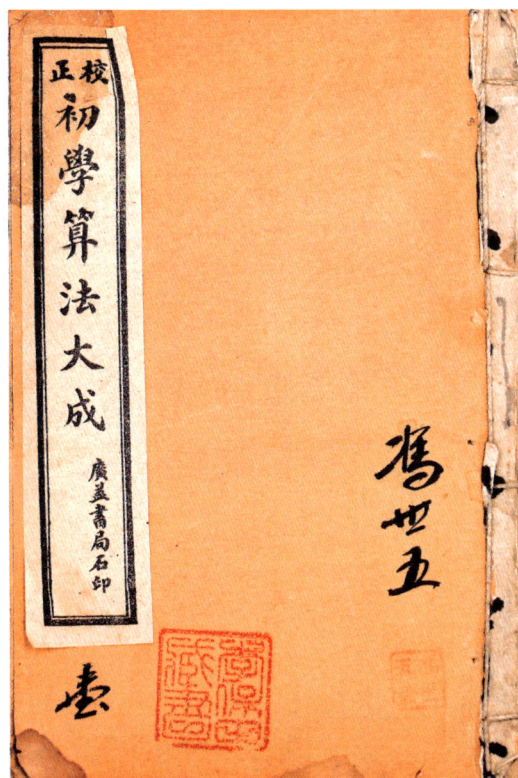

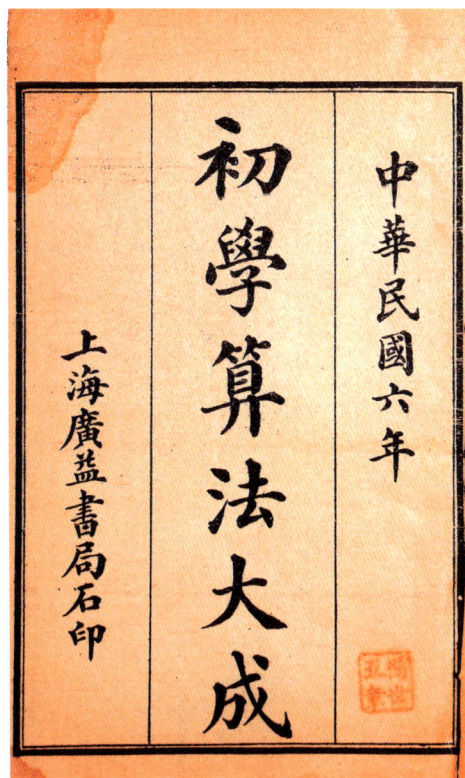

992　书名：算术杂题
　　　著者：二师附小数理研究会 / 采择
　　　出版印行：不详
　　　出版时间：民国廿年（1931）
　　　册数：不详

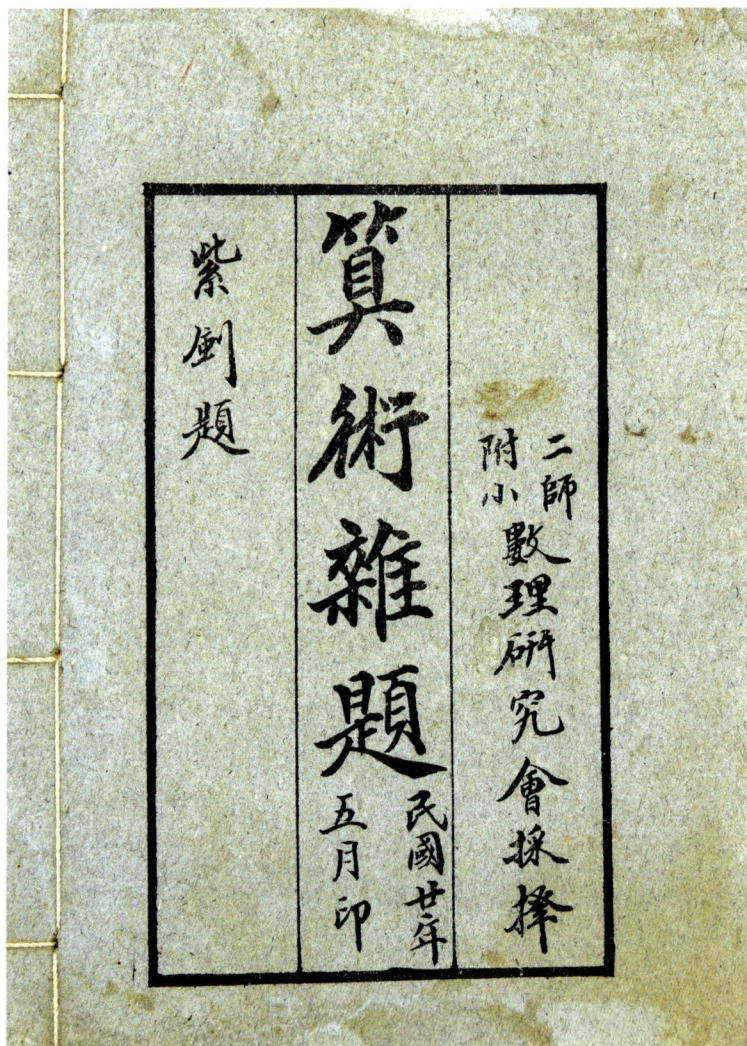

书名：各科题解（乙集）

著者：宋子俊、陶秋英 / 编著

出版印行：世界书局

出版时间：民国廿二年（1933）订正 3 版

册数：一

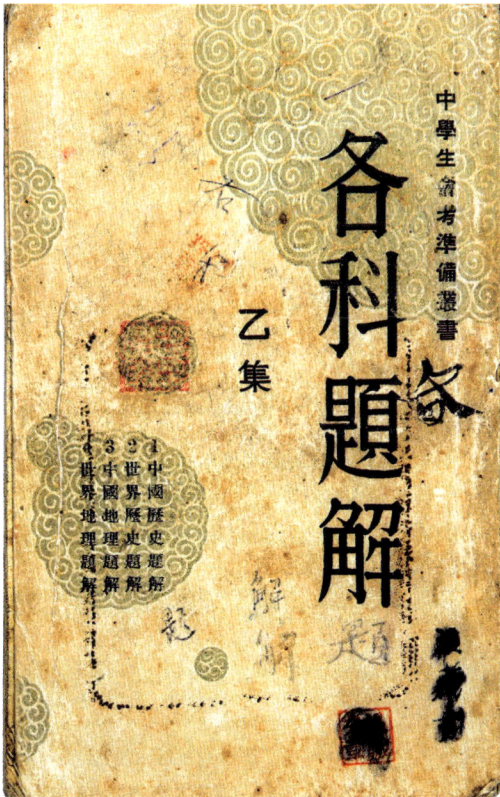

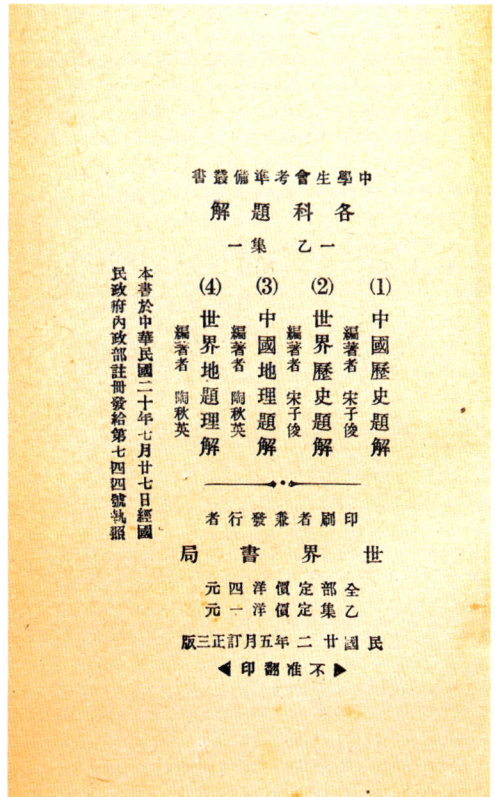

中學生會考準備叢書

各科題解

乙集

3 2 1
世 中 中
界 國 國
地 歷 歷
理 史 史
題 題 題
解 解 解

解題科各
一 乙 一
集

中學生會考準備叢書

本書於中華民國二十年七月廿七日經國
民政府內政部註冊發給第七四四號執照

(1) 中國歷史題解
編著者 宋子俊

(2) 世界歷史題解
編著者 宋子俊

(3) 中國地理題解
編著者 陶秋英

(4) 世界地理題解
編著者 陶秋英

印 刷 者 叢書發行者

世 界 書 局

全 部 定 價 洋 四 元
乙 集 定 價 洋 一 元

民 國 廿 二 年 五 月 訂 正 三 版

◀不准翻印▶

994 书名：数学全书
著者：Von H.Weber/ 原著　郑太朴 / 译述
出版印行：商务印书馆
出版时间：民国二十三年（1934）初版
册数：不详

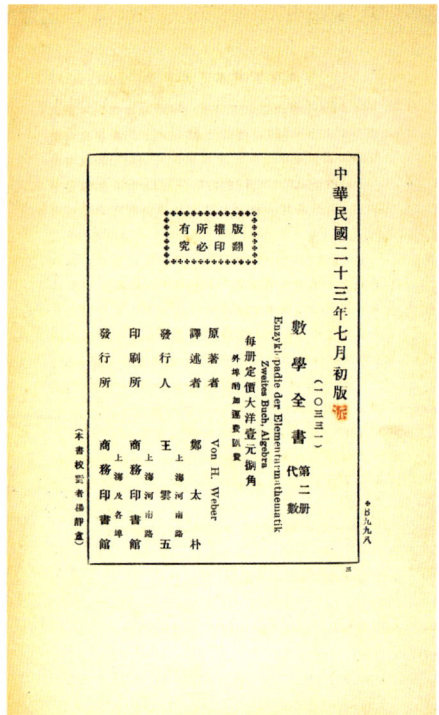

书名：算术一千难题详解
著者：骆风和 / 编著
出版印行：中华印书局
出版时间：民国二十三年（1934）
册数：不详

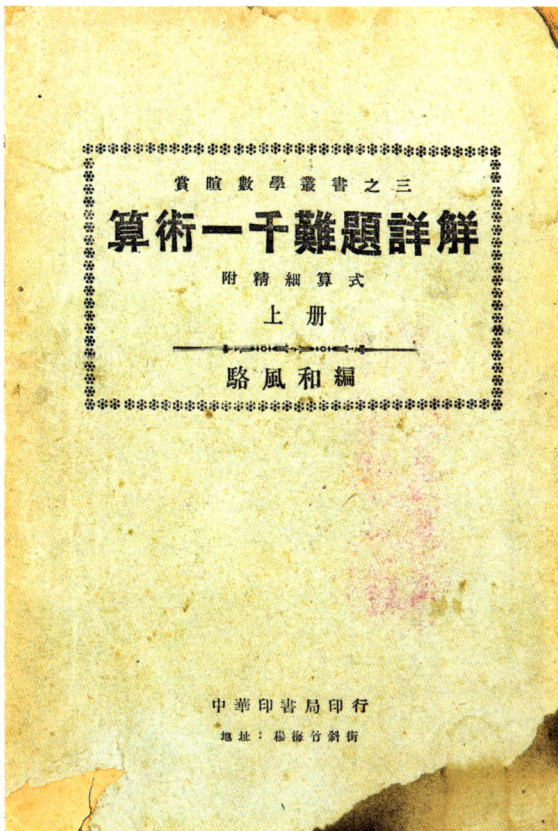

賞瞳數學叢書之三

算術一千難題詳解

附精細算式

上 册

駱風和編

中華印書局印行

地址：楊梅竹斜街

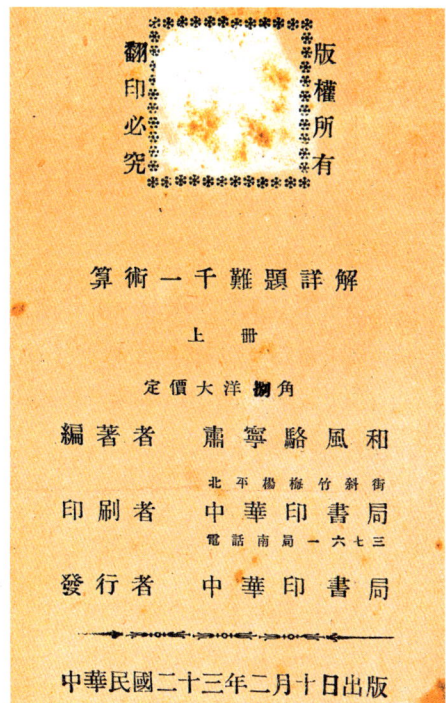

算術一千難題詳解

上 册

定價大洋捌角

編著者　肅寧駱風和

北平楊梅竹斜街

印刷者　中華印書局

電話南局一六七三

發行者　中華印書局

中華民國二十三年二月十日出版

996 书名：商业算术（商学小丛书）

著者：徐任吾 / 著

出版印行：商务印书馆

出版时间：民国二十三年（1934）初版　民国二十四年（1935）3版

册数：一

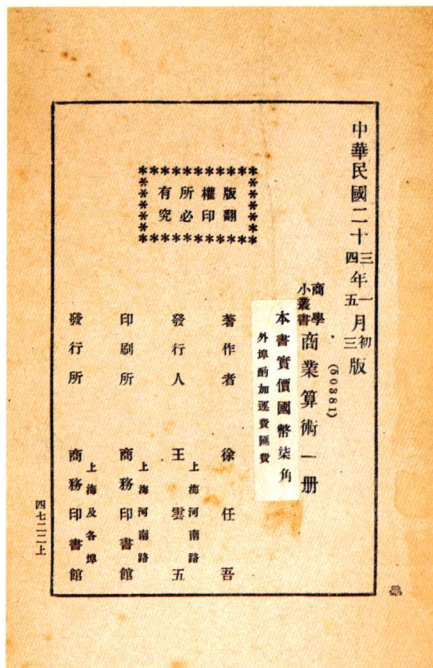

中華民國二十三年五月一月初版

中華民國二十四年三版

（5038D）

商學小叢書

商業算術一冊

本書實價國幣柒角

外埠酌加運費匯費

著作者　徐任吾

發行人　王雲五　上海河南路

印刷所　商務印書館　上海河南路

發行所　商務印書館　上海及各埠

＊＊＊＊＊＊＊＊＊＊＊
＊　版權所有　＊
＊　翻印必究　＊
＊＊＊＊＊＊＊＊＊＊＊

四七三三上

商學小叢書

商業算術

徐任吾著

商務印書館發行

书名：五位算学用表

著者：余介石 / 编

出版印行：中华书局

出版时间：民国廿三年（1934）发行　民国三十年（1941）6版

册数：一

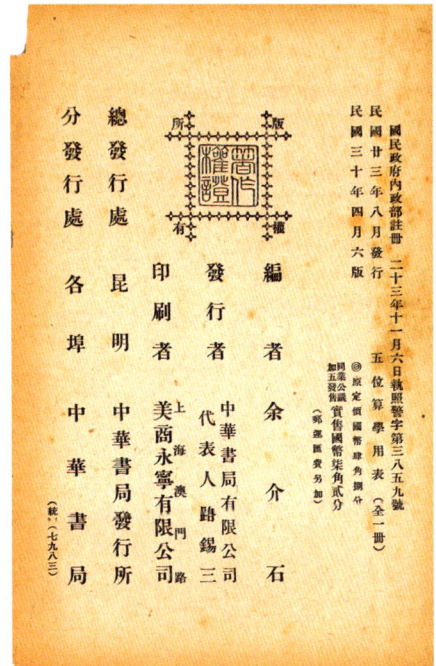

國民政府內政部註冊　二十三年十一月六日警字第三八五九號

民國廿三年八月發行　五位算學用表（全一冊）

民國三十年四月六版

版權所有

編　著　者　余介石

發　行　者　中華書局有限公司　代表人路錫三

印　刷　者　美商永寧有限公司　上海澳門路

總發行處　中華書局發行所

分發行處　昆明　中華書局

各埠　中華書局

◎原定價國幣肆角貳分　同業公議加五發售　實售國幣柒角貳分　（郵運匯費另加）

（銷：一七九八三）

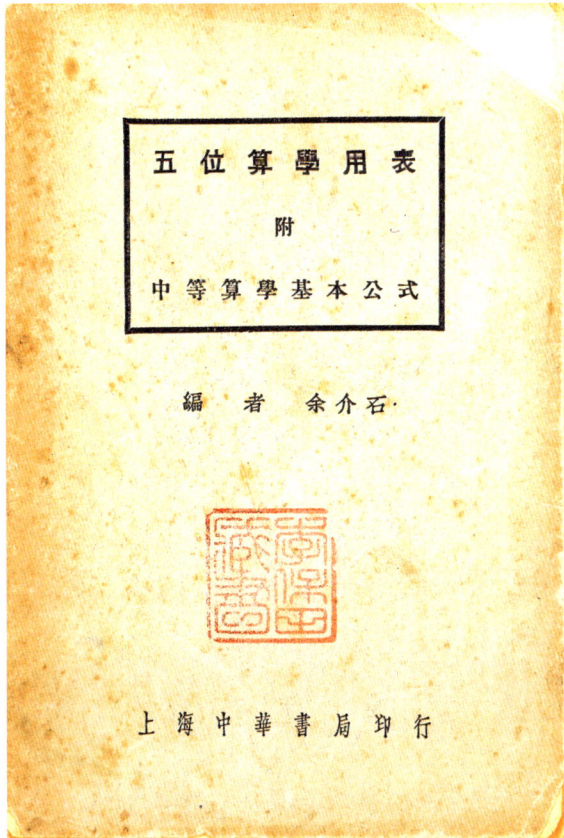

五位算學用表

附

中等算學基本公式

編　者　余介石·

上海中華書局印行

998

书名：微分方程式

著者：H.T.H.PIAGGIO/ 原著　余介石、周雪鸥 / 译述　孙镛 / 校阅

出版印行：国立编译馆

出版时间：民国二十四年（1935）初版

册数：一

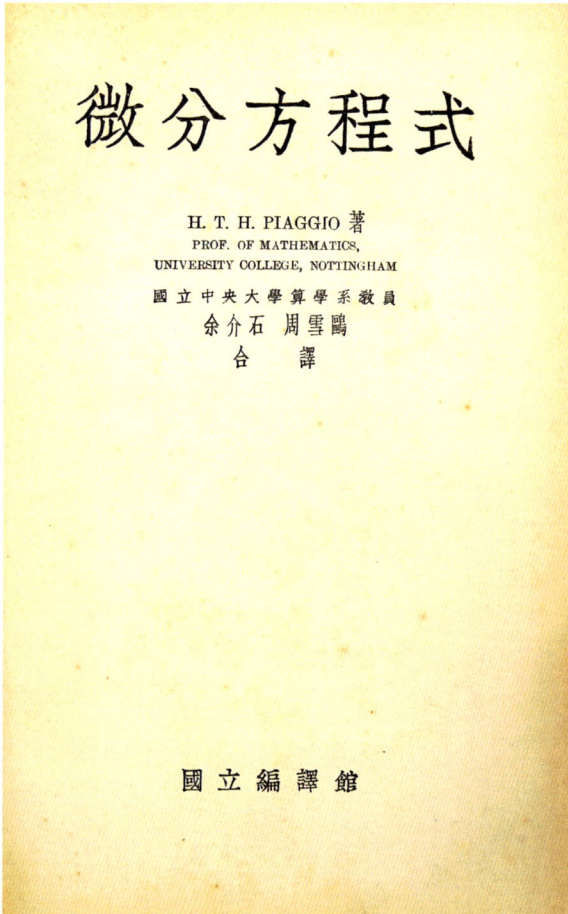

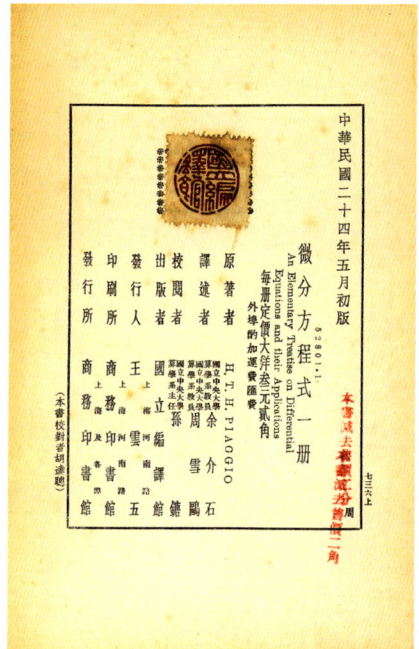

书名：微积分学

著者：W.M.Baker/ 原著　黄守中、张季信、程纶 / 译著　周家树、张鸿基 / 校订

出版印行：中华书局

出版时间：民国二十六年（1937）发行　民国三十七年（1948）5 版

册数：一

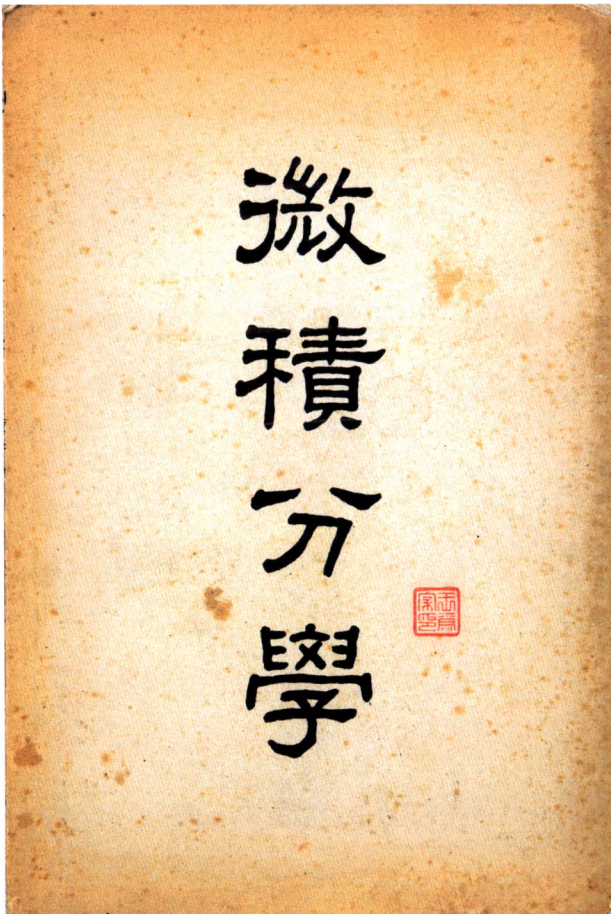

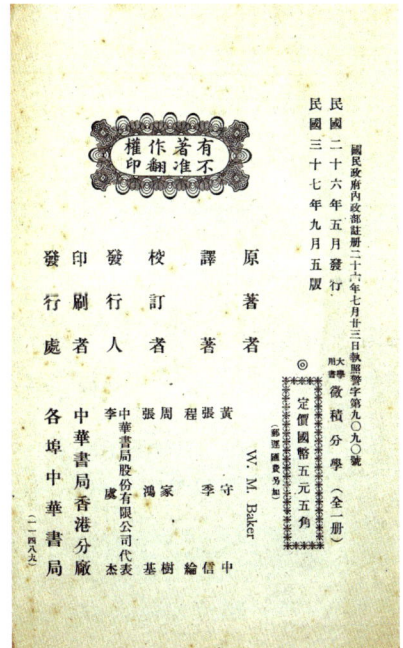

微積分學

有著作權不准翻印

國民政府內政部註冊二十六年七月廿三日執照警字第九〇九〇號

民國二十六年五月發行
民國三十七年九月五版

大學 微積分學（全一册）
（郵運匯費另加）
定價國幣五元五角

原　著　者　　W. M. Baker

譯　著　者　　黄守中　張季信　程纶

校　訂　者　　周家樹　張鸿基

發　行　人　　李杰　中華書局股份有限公司代表

印　刷　者　　中華書局香港分廠

發　行　處　　各埠中華書局

（二）四八九

1000 | 书名：高小算术补充题例解
著者：李梓材 / 编选　曹嘉康 / 演算
出版印行：建业书局
出版时间：民国二十七年（1938）初版　民国三十三年（1944）8 版
册数：一

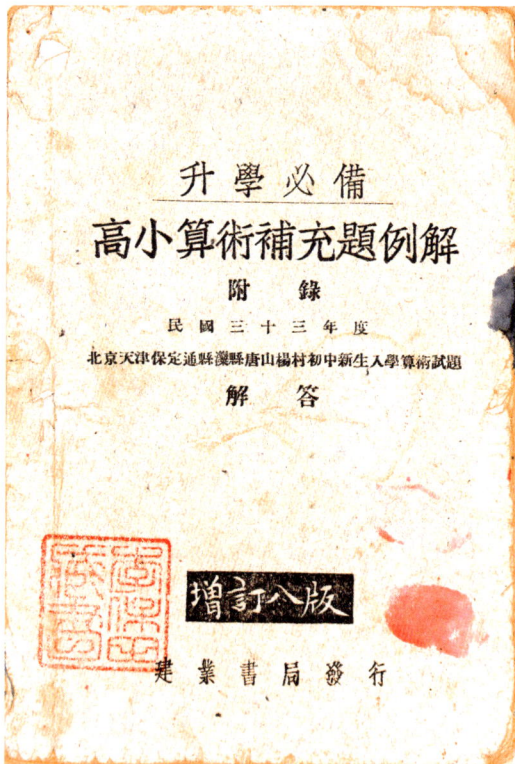

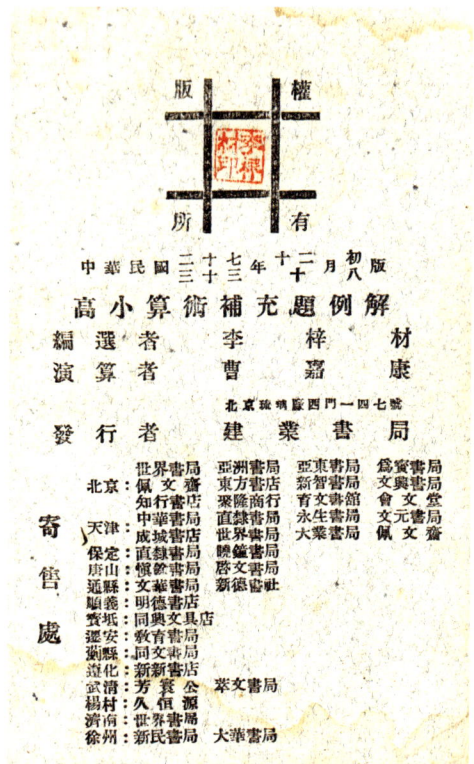

书名：矢算论（大学丛书）　　　　　　　　　　　　　　1001

著者：胡金昌 / 著

出版印行：商务印书馆

出版时间：民国二十八年（1939）初版　　民国三十六年（1947）再版

册数：一

大學叢書

矢算論

胡金昌著

商務印書館發行

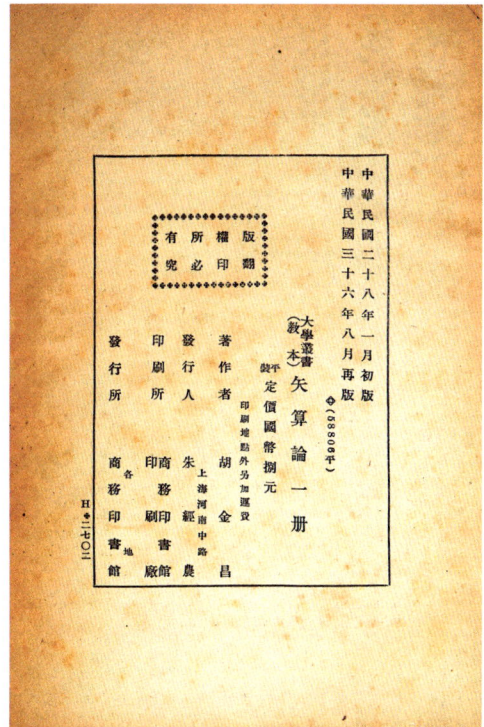

中華民國二十八年一月初版
中華民國三十六年八月再版

大學叢書 矢算論 一冊 （敎本）

有所權版
究必印翻

平裝定價國幣捌元
印刷地點外另加匯費

著作者　　胡金昌

發行人　　朱經農

印刷所　　上海河南中路
　　　　　商務印書館印刷廠

發行所　　商務印書館各地

书名：方程解法（算学小丛书）

著者：M.Merriman/ 原著　居秉瑶 / 译述

出版印行：商务印书馆

出版时间：民国二十八年（1939）初版

册数：一

书名：数之意义（算学小丛书）

著者：余介石、倪可权、李修睦 / 著　何鲁 / 校订

出版印行：商务印书馆

出版时间：民国三十四年（1945）重庆初版

　　　　　民国三十六年（1947）上海初版

册数：一

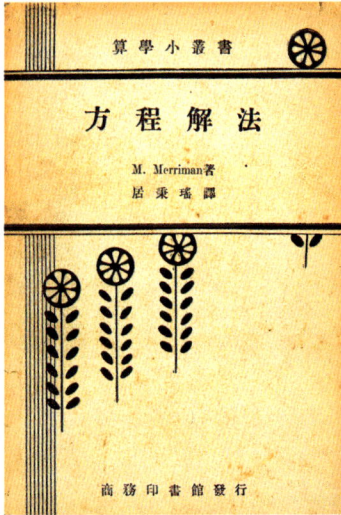

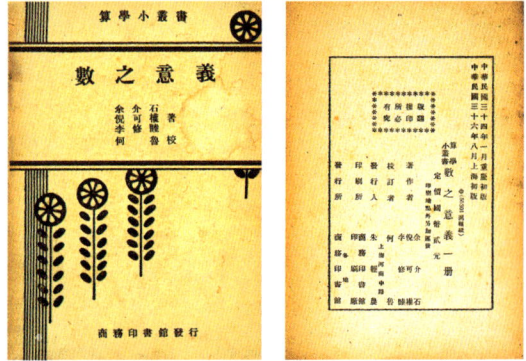

书名：直尺与圆规（算学小丛书）

著者：H.P.Hudson/ 原著　林辰 / 译述

出版印行：商务印书馆

出版时间：民国二十六年（1937）初版

册数：一

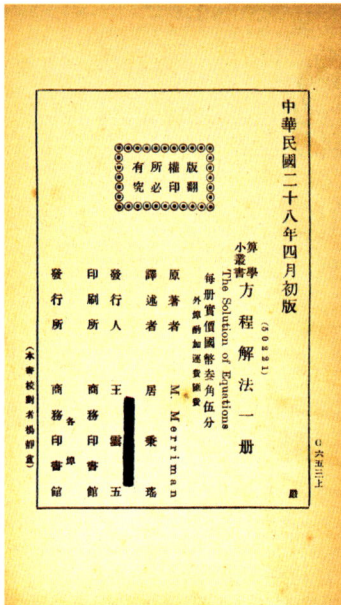

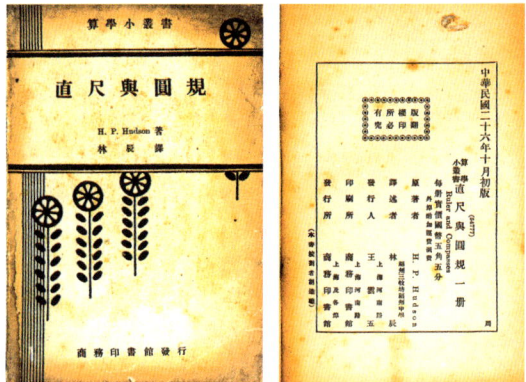

书名：微分方程初步（大学丛书）
著者：H.B.Phillips/ 原著　斐礼伯 / 译述　傅为方 / 校订
出版印行：商务印书馆
出版时间：民国二十九年（1940）初版
册数：一

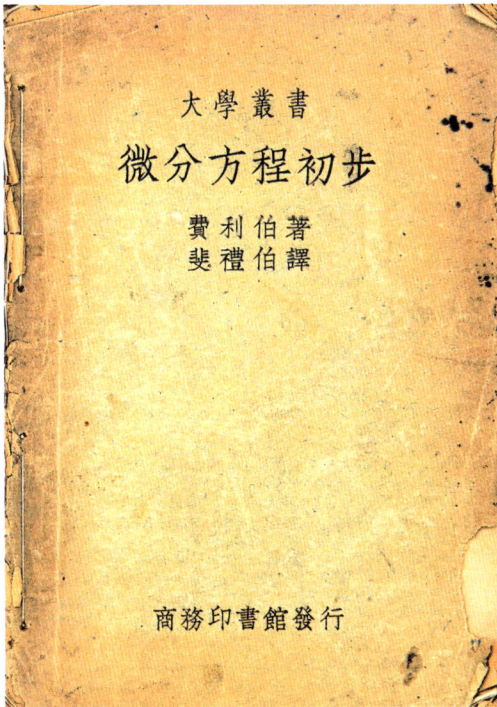

大學叢書

微分方程初步

費利伯著
斐禮伯譯

商務印書館發行

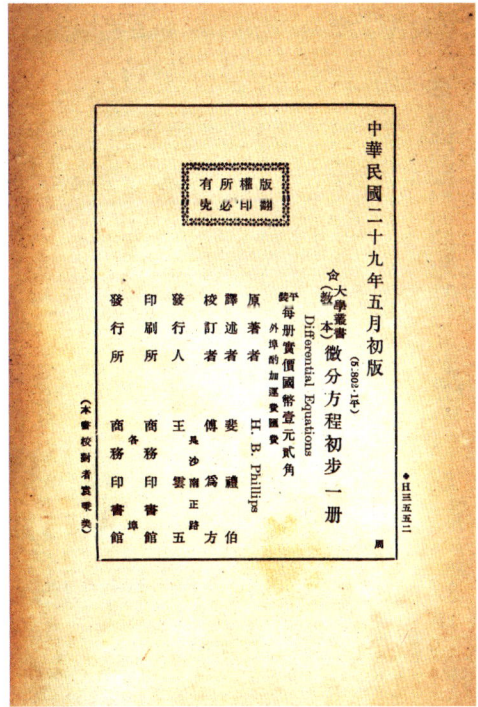

中華民國二十九年五月初版

大學叢書 （敎本）
微分方程初步 一冊

(5.302:1-F)

Differential Equations

有所權版
翻必印

平每冊實價國幣壹元貳角
外埠的加運費匯費

原著者　　H. B. Phillips
譯述者　　斐禮伯
校訂者　　傅為方
發行人　　王雲五
印刷所　　商務印書館
發行所　　商務印書館

1004 书名：国防算术（保国民学校／乡镇中心学校适用）
著者：俞子夷／编著
出版印行：正中书局
出版时间：民国三十年（1941）初版
册数：八

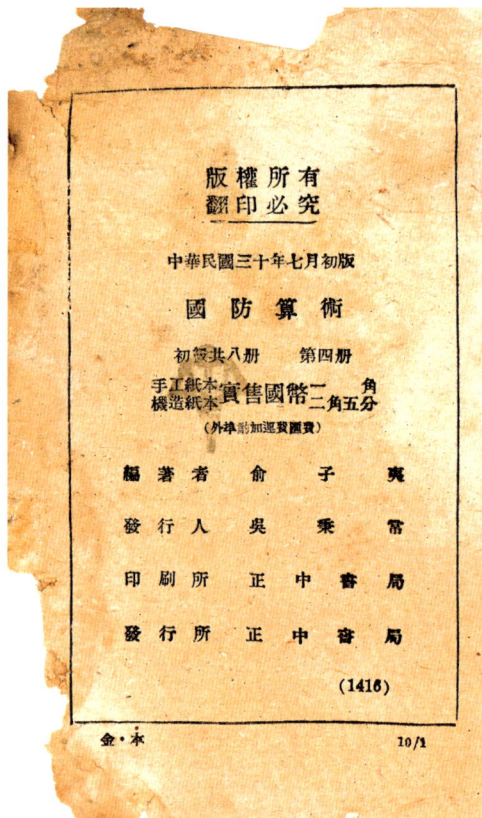

书名：心算术

著者：董士濂 / 著作

出版印行：国光印书局 / 印刷　天发祥皮货局 / 发行

出版时间：民国三十一年（1942）初版　民国三十一年（1942）再版

册数：不详

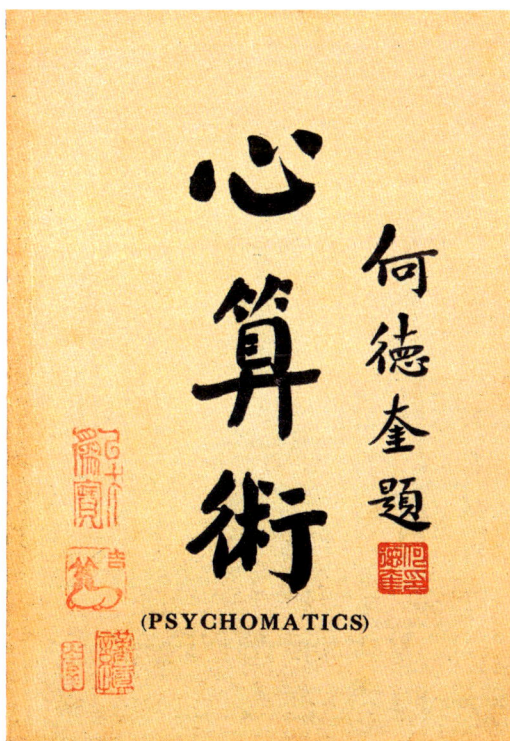

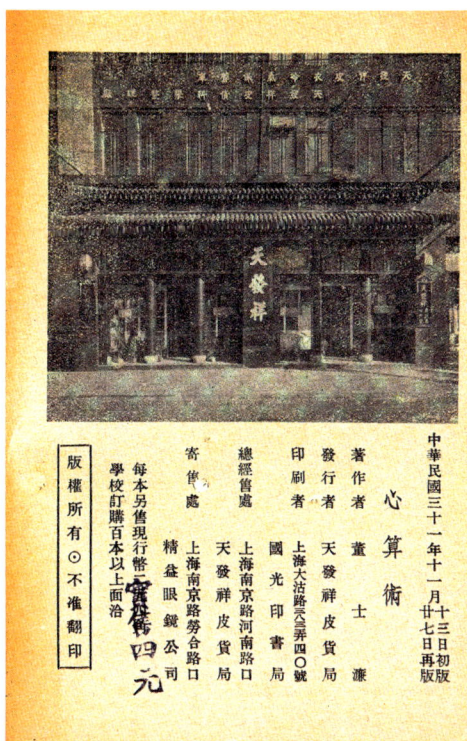

1006　书名：基本数学（中学活用课本）
　　　著者：骆师曾 / 编著　陆高谊 / 主编
　　　出版印行：世界书局
　　　出版时间：民国三十三年（1944）3 版
　　　册数：一

书名：小学升学准备总览算术总览
著者：韦启予 / 编著
出版印行：上海东方书店
出版时间：民国三十六年（1947）
册数：不详

1008　书名：数学

　　　著者：浣溪学社学术组 / 主编

　　　出版印行：浣溪学社出版委员会

　　　出版时间：民国三十七年（1948）初版

　　　册数：不详

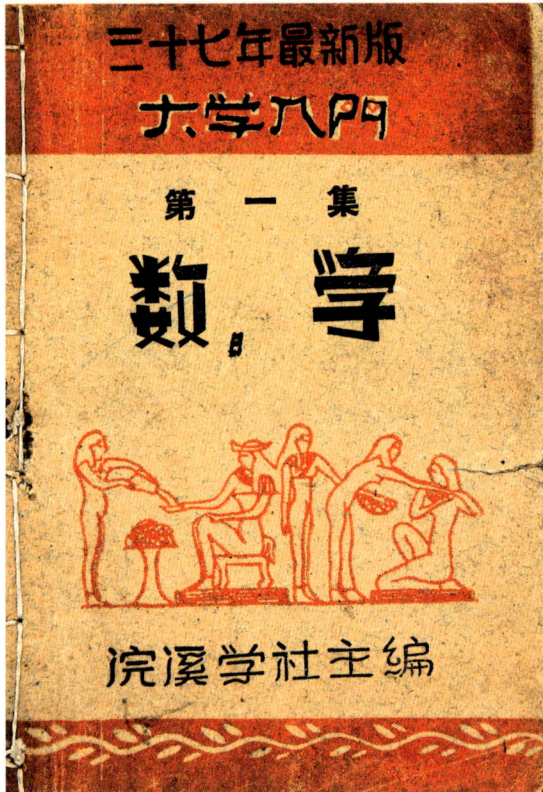

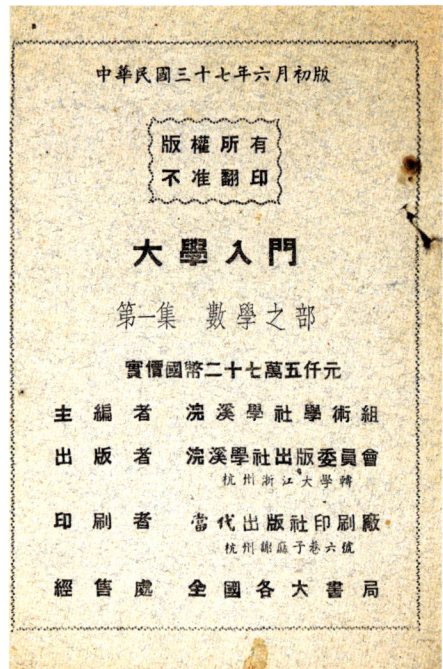

书名：最新实用数学问答
著者：王震保、蔡斌 / 合编
出版印行：东方文学社
出版时间：不详
册数：不详

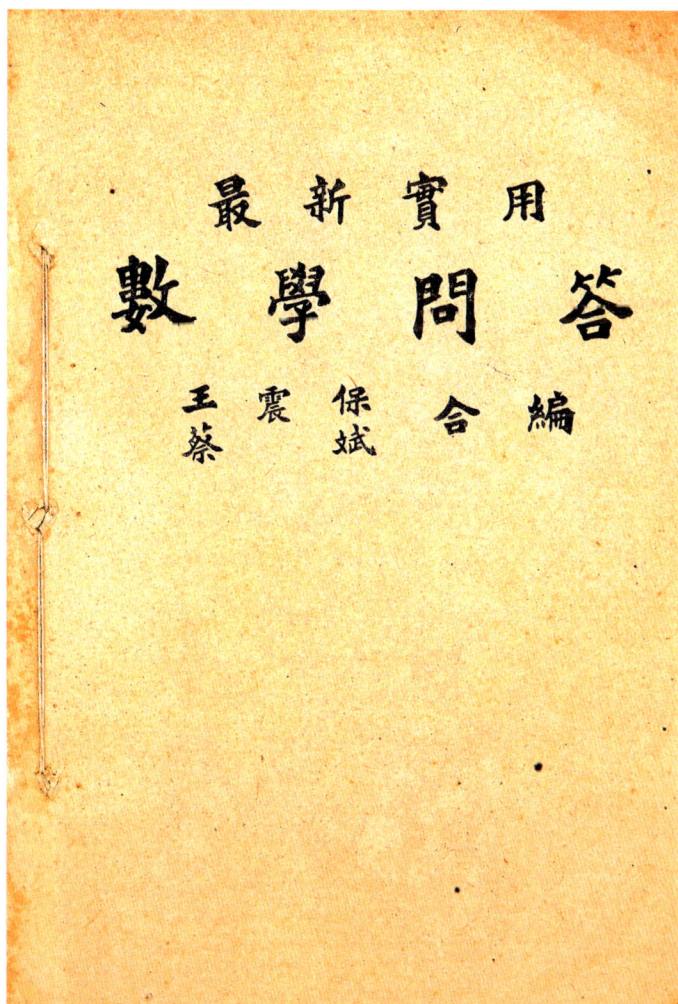

最新實用
數學問答
王　震　保　合　編
蔡　　斌

1010 书名：最新注解笔算数学详草
著者：不详
出版印行：不详
出版时间：不详
册数：不详

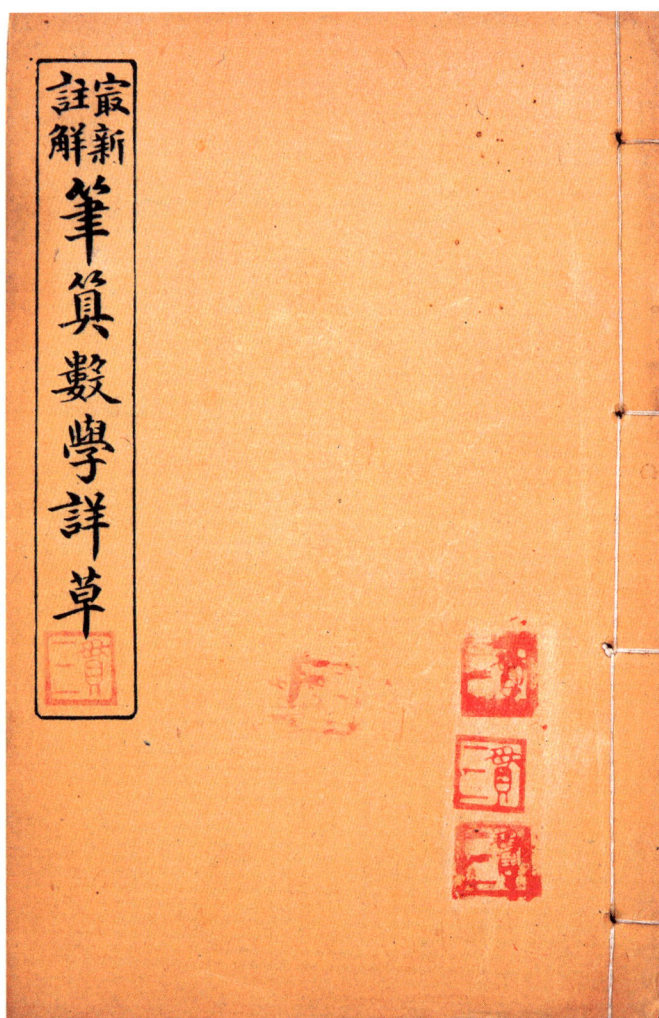

书名：笔算教本

著者：[日]泽田吾一 / 著　崔朝庆 / 译

出版印行：商务印书馆

出版时间：不详

册数：四

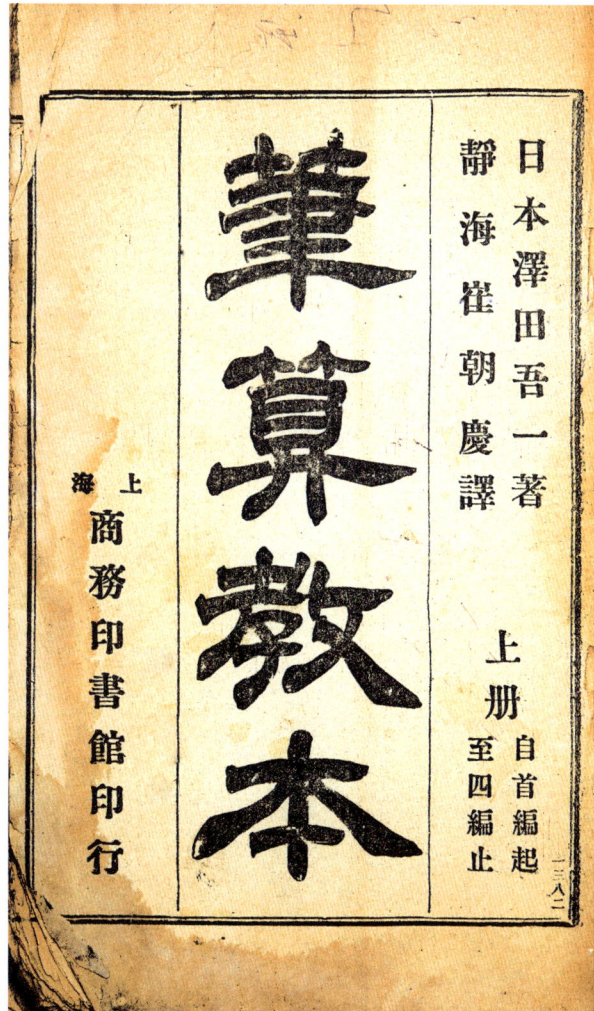

1012 | 书名：微积分入门（算学丛书）
著者：袁愈佺 / 译
出版印行：中华书局
出版时间：不详
册数：不详

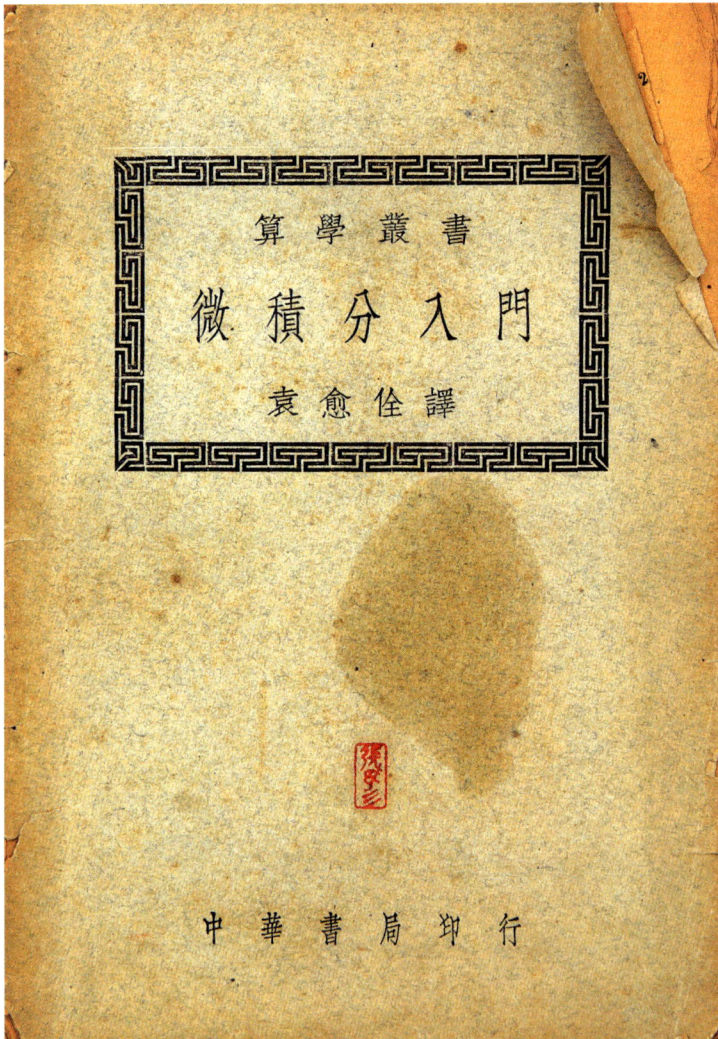

书名：新增算法撮要

著者：不详

出版印行：不详

出版时间：不详

册数：不详

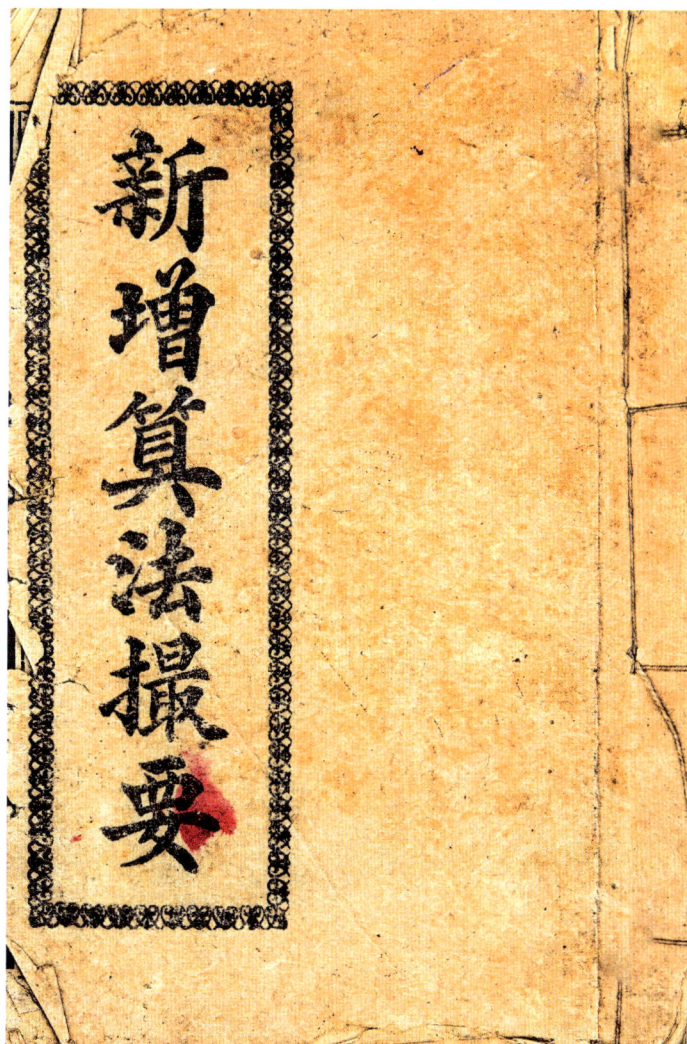

1014　书名：新增算法撮要（内附杂字）
著者：不详
出版印行：不详
出版时间：不详
册数：不详

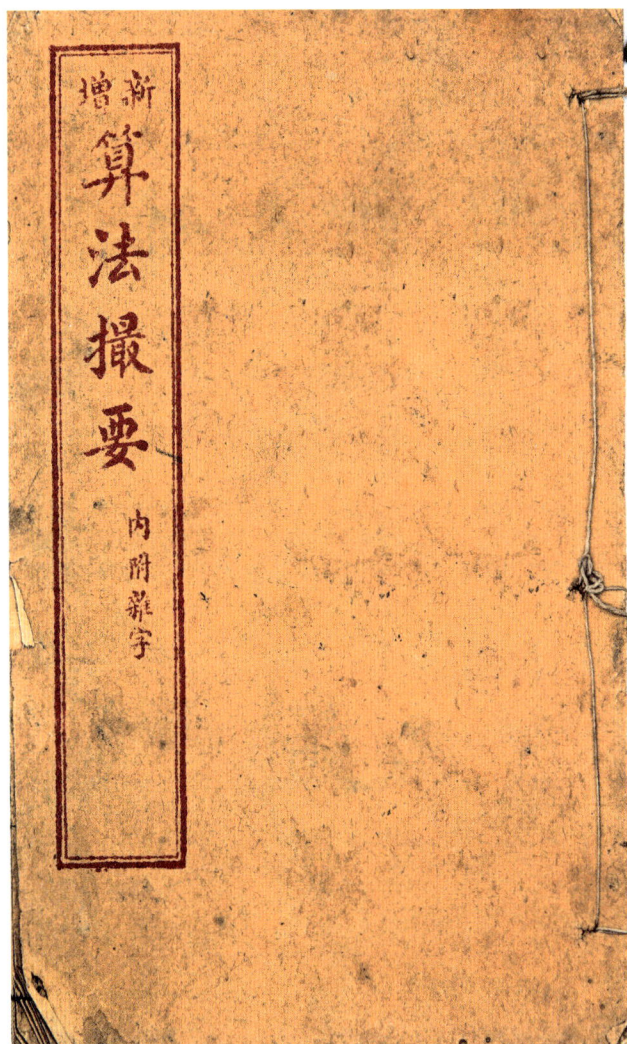

书名：初学算法正宗

著者：不详

出版印行：不详

出版时间：不详

册数：不详

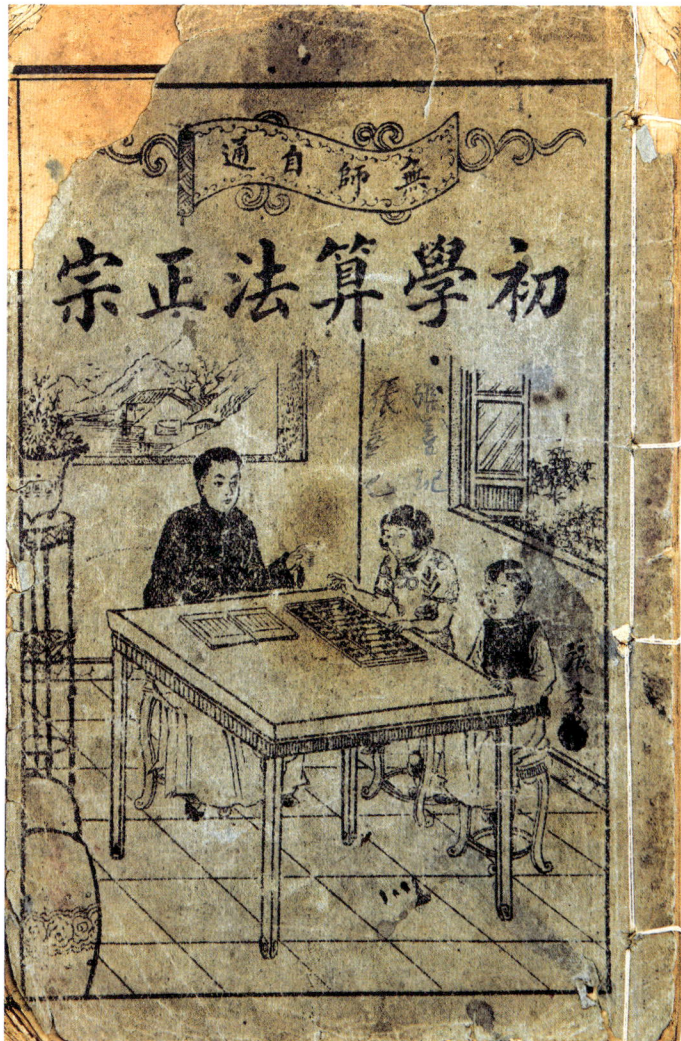

1016　　书名：偏微分方程式理论（大学丛书）

著者：魏嗣銮 / 著

出版印行：商务印书馆

出版时间：不详

册数：不详

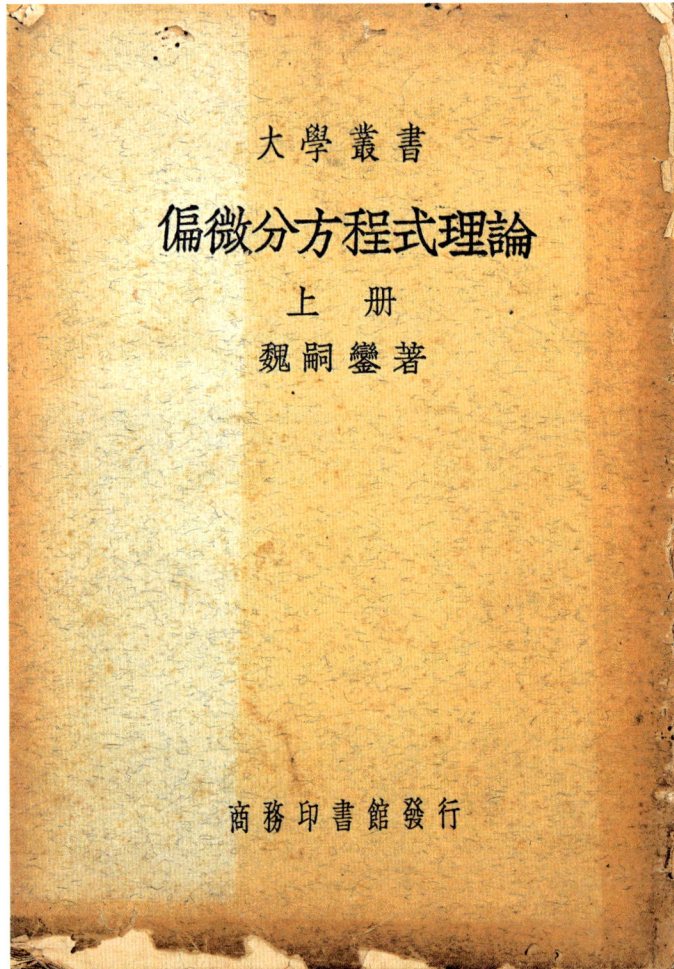

书名：国防算术（高小初中补习适用）
著者：程宽沼 / 著　赵欲仁 / 校
出版印行：商务印书馆
出版时间：不详
册数：不详

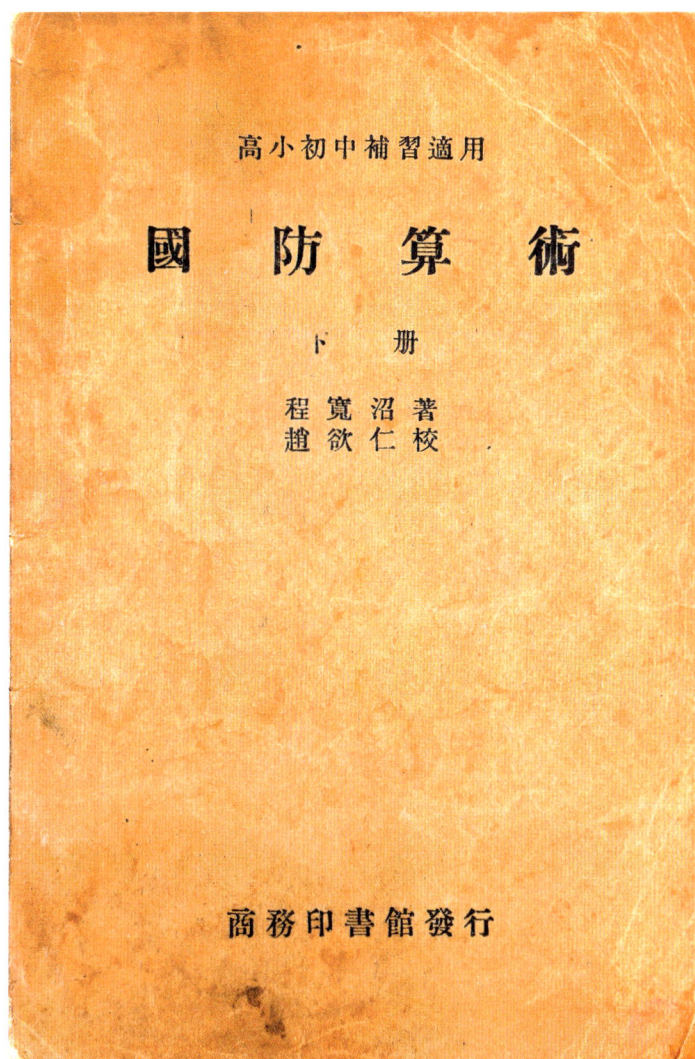

高小初中補習適用

國 防 算 術

下　册

程寬沼著
趙欲仁校

商務印書館發行